# Startup-Recht

2., aktualisierte und erweiterte Auflage

# Startup-Recht

*Praktischer Leitfaden für Gründung,*
*Unternehmensführung und -finanzierung*

*Jan Schnedler*

Jan Schnedler

Lektorat: Ariane Hesse
Korrektorat: Sibylle Feldmann, *www.richtiger-text.de*
Satz: III-satz, *www.drei-satz.de*
Herstellung: Stefanie Weidner
Umschlaggestaltung: Michael Oréal, *www.oreal.de*
Druck und Bindung: mediaprint solutions GmbH, 33100 Paderborn

Bibliografische Information der Deutschen Nationalbibliothek
Die Deutsche Nationalbibliothek verzeichnet diese Publikation in der Deutschen Nationalbibliografie;
detaillierte bibliografische Daten sind im Internet über *http://dnb.d-nb.de* abrufbar.

ISBN:
Print   978-3-96009-144-8
PDF     978-3-96088-999-1
ePub    978-3-96910-000-4
mobi    978-3-96910-001-1

2., aktualisierte und erweiterte Auflage
Copyright © 2020 dpunkt.verlag GmbH
Wieblinger Weg 17
69123 Heidelberg

Dieses Buch erscheint in Kooperation mit O'Reilly Media, Inc. unter dem Imprint »O'REILLY«.
O'REILLY ist ein Markenzeichen und eine eingetragene Marke von O'Reilly Media, Inc. und wird mit
Einwilligung des Eigentümers verwendet.

*Hinweis:*
Dieses Buch wurde auf PEFC-zertifiziertem Papier aus nachhaltiger Wald-
wirtschaft gedruckt. Der Umwelt zuliebe verzichten wir zusätzlich auf die
Einschweißfolie.

*Schreiben Sie uns:*
Falls Sie Anregungen, Wünsche und Kommentare haben, lassen Sie es uns wissen: kommentar@oreilly.de.

5 4 3 2 1 0

*Für meine Eltern Marie-Luise Schnedler und Dr. Ralf Schnedler*

# Inhalt

# Vorwort

Gründen liegt voll im Trend: Immer mehr Absolventen träumen vom eigenen Start-up anstatt von einer Karriere bei einer der großen Beratungen oder in einem Konzern. Auch die Politik hat das Thema »Startups« für sich entdeckt und schafft beispielsweise neue Fördermittel für Investoren und Steuererleichterungen für Startups. Im Rahmen meiner Tätigkeit als Rechtsanwalt habe ich bei der Beratung von Startups schnell gemerkt, dass sich alle Gründer – unabhängig vom konkreten Geschäftsmodell – immer wieder mit den gleichen rechtlichen Fragestellungen beschäftigen. Oftmals haben sie aber nicht das Geld, alle rechtlichen Fragen klären zu lassen.

Erstaunlicherweise gibt es fast keine Bücher zu den rechtlichen Hürden, die fast jeder Gründer zu meistern hat. Alle mir bekannten Bücher behandeln zum einen nur Teilbereiche der relevanten Themen und sind zum anderen häufig für Juristen geschrieben. Daher habe ich vor acht Jahren begonnen, Praxisleitfäden für die rechtlichen Probleme zu verfassen, die bei den von mir beratenen Gründern immer wieder auftauchten. Mit dieser kostenlosen Hilfe konnten die Startups rechtliche Probleme, die nicht allzu dringend zu klären waren und für die sie kein Geld hatten, selbst angehen. Eine weitere Motivation zum Verfassen der Leitfäden war auch die schwer einzuschätzende Qualität der im Internet verfügbaren Informationen. Viele dieser Informationen sind veraltet, falsch oder unzureichend. Probleme oder Lösungen werden nur angerissen, sodass dem Startup letztlich nicht wirklich weitergeholfen wird. Als ich mehr als 30 Leitfäden erstellt hatte, kam ich auf die Idee, die Leitfäden in ein Buch einfließen zu lassen, das Gründern hilft, die meisten rechtlichen Stolpersteine aus dem Weg zu räumen oder zumindest zu wissen, wo überhaupt ein Problem auf sie wartet.

Startup-Recht ist dabei kein eigenes Rechtsgebiet. Es ist vielmehr ein Mix aus vielen verschiedenen Rechtsgebieten, der insbesondere durch das Gesellschaftsrecht geprägt ist. Startup-Recht beinhaltet neben dem Gesellschaftsrecht auch das Markenrecht, das Patentrecht, das Gebrauchsmusterrecht, das Know-how-Recht, das Urheberrecht, das Designrecht, das Vertragsrecht, das Datenschutzrecht, das IT-Recht, das Fördermittelrecht, das AGB-Recht und das Arbeitsrecht. Gerade das Startup-Recht ist von Anglizismen geprägt und hat ganz eigene Begriffe, die Sie im Rahmen dieses Buchs kennenlernen werden.

Ich habe versucht, die trockene Rechtsmaterie so anschaulich aufzubereiten, dass Sie das Buch ohne juristische Vorbildung verstehen können. So habe ich fast vollständig auf juristische Fachbegriffe bzw. »Juristendeutsch« verzichtet und von der Angabe von Paragrafen abgesehen. Die Kenntnis von Paragrafen und juristischen Fachbegriffen ist häufig für das Verständnis nicht notwendig. Die juristischen Fragestellungen sind der Verständlichkeit halber nicht unter juristisch-wissenschaftlichen Aspekten dargestellt, sondern sollen den praktischen Anforderungen von Gründern, Unternehmern und Geschäftsführern entsprechen. Das Buch ist für den Erstgründer geschrieben, sollte aber auch Neues für erfahrene (Serien-)Gründer bieten.

Wenn Sie gerade gründen, freuen Sie sich auf eine großartige Zeit voller extremer Emotionen in beide Richtungen. Ich habe in meiner gesamten Beratungspraxis noch keine weltbewegenden Katastrophen erlebt, die Gründer nach einem Scheitern des Unternehmens oder der Geschäftsidee völlig aus dem Gleis geworfen haben. Mut und Insolvenzen gehören aber dazu.

Eine Erfahrung kann ich auch teilen: Es wird schwer sein, wieder in Konzernen zu arbeiten, nachdem Sie einmal ein wirkliches Entrepreneur-Mindset verinnerlicht und sich an die Freiheiten eines eigenen Unternehmens gewöhnt haben. Viele meiner Mandanten haben gute Angebote von Konzernen bekommen, einige sind darauf eingegangen, sind aber meist wieder zurück in die Selbstständigkeit gegangen. Andere Gründer haben ihr Startup verkauft und haben erneut gegründet, sobald die letzte Meilensteinzahlung vom Käufer geleistet war.

Businessideen und Geschäftsmodelle zu entwickeln, kann einen erfüllen, wenn man es mit den richtigen Menschen macht. Die Suche nach geeigneten Mitstreitern kann durchaus ein paar Geschäftsideen oder sogar Unternehmen verschleißen. Schlaflose Nächte gehören ebenfalls dazu, aber auch einige spontane Wochentage am Strand oder mit der Familie.

Probieren Sie sich aus, solange Ihre Verpflichtungen noch nicht zu groß sind. Von der eigenen Geschäftsidee überzeugt zu sein und für das eigene Startup zu brennen, ist ein wichtiger Erfolgsfaktor. Anpassungen des Geschäftsmodells sind häufig nötig und völlig normal. Copycats sind meist nur mit großem Kapitalaufwand und unheimlicher Geschwindigkeit erfolgreich.

Die Finanzierung ist ein weiterer kritischer Punkt des Unternehmenserfolgs. Kümmern Sie sich frühzeitig um das Funding, wenn Sie auf externes Kapital angewiesen sind.

Ausdrücklich möchte ich hier noch einmal anmerken, dass dieses Buch Ihnen die erste Orientierung ermöglichen und das nötige Problembewusstsein vermitteln möchte. Eine Rechtsberatung durch einen geeigneten Fachanwalt, Steuerberater und Notar – die alle Aspekte Ihrer Situation berücksichtigt – kann dieses Buch selbstverständlich nicht ersetzen.

Ich hoffe, dieses Buch hilft Ihnen dabei, etwas Neues, Spannendes zu entwickeln, es zu skalieren und die Welt oder Ihr Leben ein wenig zu verbessern.

Viele Freunde, Kollegen und Mentoren haben mich seit den frühen Entwürfen des Buchs unterstützt und mir umfangreiches Feedback gegeben. Ich möchte mich insbesondere bei den folgenden Personen für die Unterstützung und die Zeit, die sie sich genommen haben, bedanken:

Dr. Ralf Schnedler, Alois Krtil, Katharina Keienburg, Dr. Matthias Vogt, Daniel Prause, Felix Gessert, Prof. Dr. Carsten Claussen, Takashi Themann und meiner Lektorin Ariane Hesse.

Ein besonderer Dank gilt auch meiner Frau Ommie und meiner Tochter Lenina.

Ich habe jedes Kapitel viele Male durchgelesen und habe jedes Mal wieder etwas verändert. Dennoch ist sicherlich noch nicht alles perfekt. Daher freue ich mich sehr über Anregungen und Verbesserungsvorschläge zu diesem Buch! Wenn Sie etwas entdeckt haben, andere Erfahrungen gemacht haben oder ein relevantes Thema noch nicht behandelt wurde, schicken Sie mir bitte eine Nachricht an meine E-Mail-Adresse:

*schnedler@kanzlei-schnedler.com.*

# KAPITEL 1

# Die Weichen stellen: mit der richtigen Gesellschaftsform starten

In der Gründungsphase müssen Sie das Gründungsteam zusammenstellen, Ihr Geschäftsmodell entwickeln, Ihren Eintrittsmarkt bestimmen, Ihr Minimum Viable Product testen, die Geschäftsanteile unter den Gründern verteilen, das Gründungskapital aufbringen u.v.a.m. Darüber hinaus ist auf der juristischen Seite viel zu klären: Das Gründungsteam muss – zumeist unter Zeitdruck – Entscheidungen treffen, die weitreichende Folgen haben. Eine sehr wichtige Entscheidung ist die Wahl einer geeigneten *Gesellschaftsform* – also ob Sie Ihre Unternehmung beispielsweise als GmbH, UG, AG, Ltd., GbR, KG, OHG oder GmbH & Co. KG gründen. Treffen Sie die falsche Entscheidung, kann ein Scheitern der Geschäftsidee nicht nur beträchtliche Konsequenzen für Ihr berufliches Leben haben, sondern sich auch auf Ihr Privatleben und das der anderen Gründer auswirken.

Weitere Themen in dieser ersten Phase sind: Was ist bei der *Gewerbeanmeldung*, der *Gestaltung des Gesellschaftsvertrags*, der *Wahl des Firmennamens* sowie dem *Kontakt mit dem Notar* zu beachten, und mit welchen *Kosten* müssen Sie für die Unternehmensgründung rechnen? Des Weiteren wird erläutert, welche Vorteile eine sogenannte *Holdingstruktur* hat.

---

### Hinweis: Definition Startup

Dieses Buch konzentriert sich auf Startups. Ein Startup ist nach gängiger Definition ein junges, technologiebezogenes oder innovatives Unternehmen mit mehreren Gründern, das sich noch nicht auf dem Markt etabliert hat und auf der Suche nach Finanzierungsmöglichkeiten ist, um schnell zu wachsen.

Ein Friseurladen oder ein Restaurant sind nach dieser Definition beispielsweise keine Startups. Dennoch sind fast alle Ausführungen in diesem Buch für traditionelle Unternehmensgründungen relevant und lassen sich auf diese übertragen.

---

Der Schwerpunkt dieses Kapitals liegt auf den für Firmengründer relevantesten Gesellschaftsformen: der *Gesellschaft mit beschränkter Haftung* (kurz GmbH) und der *Unternehmergesellschaft (haftungsbeschränkt)* (kurz UG).

Mit der *Wahl der Gesellschaftsform* und der *inneren Ausgestaltung* der Gesellschaft durch den *Gesellschaftsvertrag* stellen Sie ganz am Anfang der Gründung die Weichen und können sich absichern, um beispielsweise auch eine Privatinsolvenz zu verhindern, wenn das Startup scheitert.

## Häufig gewählte Gesellschaftsformen

Für Unternehmensgründer ist es enorm wichtig, die Gesellschaftsform zu wählen, die am besten zu ihrem Startup passt. Aber was unterscheidet GmbH, UG, AG, GbR, OHG, KG, Ltd. und wie sie alle heißen? Und welche dieser Gesellschaftsformen kommen überhaupt für Startups infrage?

Zum besseren Verständnis zunächst eine Einordnung: Generell werden im Gesellschaftsrecht *Personengesellschaften* und *Kapitalgesellschaften* unterschieden. Wie dem Namen nach zu erwarten, steht bei den Personengesellschaften die Person des Gesellschafters, bei der Kapitalgesellschaft die *Kapitalbeteiligung* im Vordergrund.

Die Personengesellschaften sind auf den persönlichen Einsatz der Gesellschafter ausgelegt – z.B. bringen die Gesellschafter ihr *Privatvermögen als Haftungsmasse* ein. Bei der Kapitalgesellschaft besteht der entscheidende Beitrag der Gesellschafter im Kapital, das sie der Gesellschaft zur Verfügung stellen, wobei das Privatvermögen der Gesellschafter in der Regel dann nicht mehr als Haftungsmasse zur Verfügung steht.

Kapitalgesellschaften bieten Ihnen einen ganz entscheidenden Vorteil: Bei der Kapitalgesellschaft beschränkt sich die Haftung und damit das Risiko des Gesellschafters bzw. des Gründers – z.B. im Fall der Insolvenz – in der Regel auf seine *Einlageverpflichtung*. Das bedeutet, dass Sie, nachdem Sie einmal das Stammkapital ordnungsgemäß eingezahlt haben, nicht mehr mit Ihrem Privatvermögen für die Verbindlichkeiten der Gesellschaft haften. Anders ist das bei den reinen Personengesellschaften geregelt. Hier wird üblicherweise kein Kapital eingezahlt. Als Haftungsmasse steht das Vermögen der Gesellschafter oder einzelner Gesellschafter zur Verfügung.

Bevor ich die wichtigsten Gesellschaftsformen im Einzelnen vorstelle, zeigt die folgende Tabelle, welche Gesellschaftsformen jeweils zu den Kapital- und den Personalgesellschaften gehören:

*Tabelle 1-1: Gesellschaftsformen – eingeteilt in Kapital- und Personengesellschaften*

| Personengesellschaften | Kapitalgesellschaften |
|---|---|
| Eingetragener Kaufmann (e. K.) | Gesellschaft mit beschränkter Haftung (GmbH) |
| Gesellschaft bürgerlichen Rechts (GbR) | Unternehmergesellschaft (UG) (haftungsbeschränkt) |
| Offene Handelsgesellschaft (OHG) | Aktiengesellschaft (AG) |
| Kommanditgesellschaft (KG) | Ausländische Rechtsformen: englische Limited (Ltd.) |
| Partnerschaftsgesellschaft (PartG)/Partnerschaftsgesellschaft mit beschränkter Berufshaftung (PartGmbB) | |
| Stille Gesellschaft | |
| Mischformen | Mischformen |
| GmbH & Co. KG | |

Neben der Haftungsbeschränkung gibt es aber noch eine Reihe weiterer wichtiger Punkte, die Sie bei der Wahl der für Sie passenden Gesellschaftsform unbedingt berücksichtigen sollten:

- Haftungssituation
- anfängliche Kapitalausstattung (also wie viel Kapital Sie zur Gründung aufbringen wollen oder können)
- steuerliche Konsequenzen
- Gründungskosten
- Kapitalaufbringungsmöglichkeiten/Investorenkompatibilität
- organisatorische Gesichtspunkte (z. B. wie formalistisch die Rechtsform organisiert ist)
- Einfachheit und Flexibilität der Ausgestaltung der Rechtsform im Gesellschaftsvertrag
- Verwaltungsaufwand und Verwaltungskosten
- einfache Veräußerbarkeit/Übernahme der Anteile/des Unternehmens
- Abwicklungsmöglichkeiten bei Scheitern der Unternehmung/Geschäftsidee

Die meisten Existenzgründer, die nicht allein gründen, entscheiden sich für die Gründung einer Kapitalgesellschaft in Form einer GmbH oder einer haftungsbeschränkten Unternehmergesellschaft. Ansonsten kommt für Startups nach obiger Definition in den meisten Konstellationen nur noch die GmbH & Co. KG oder bei größeren Unternehmungen die Aktiengesellschaft ernsthaft in Betracht.

Neben der *Haftungsbeschränkung* besteht ein wesentlicher Vorteil der Kapitalgesellschaften darin, dass Business-Angels oder Venture-Capital-Gesellschaften bevorzugt in Kapitalgesellschaften investieren, sodass die Kapitalgesellschaften besonders kompatibel mit Investoren sind. Haben Sie vor, eine Finanzierung über *Business-Angels* oder *Venture-Capital-Gesellschaften* durchzuführen, sollten Sie Ihr Startup als GmbH, UG oder AG gründen.

Gründen Sie nicht im Team, sondern als Einzelunternehmer, oder ist Ihr Haftungsrisiko überschaubar, kann auch die Gründung einer *Personengesellschaft* sinnvoll sein.

Personengesellschaften wie die *Gesellschaft bürgerlichen Rechts* (kurz GbR), die *offene Handelsgesellschaft* (kurz OHG) und die reine *Kommanditgesellschaft* (kurz KG) scheiden für innovative Startups aus haftungsrechtlichen Gründen in der Regel aus. Die Gründer trifft hier mit ihrem *Privatvermögen* eine *gesamtschuldnerische unbeschränkte persönliche Haftung.* Bei der KG gibt es beim Haftungsrisiko Unterschiede: Hier sind zwei unterschiedlich haftende Gesellschafter (Komplementäre und Kommanditisten) vorgesehen. Während die Komplementäre voll persönlich haften, sind die Kommanditisten – vergleichbar den GmbH-Gesellschaftern – nur beschränkt haftbar, nämlich in Höhe der jeweils von ihnen übernommenen Einlage.

---

### Hinweis: Ausländische Gesellschaftsform

Eine ausländische Gesellschaftsform sollten Sie nur in Erwägung ziehen, wenn Ihre Geschäftsidee einen klaren internationalen Fokus hat, Sie bereits Erfahrung als Unternehmer sammeln konnten und über professionelle Unterstützung durch qualifizierte Rechtsanwälte und Steuerberater sowie eine ausreichende Finanzierung verfügen.

---

Welche Unternehmensformen besonders verbreitet sind, zeigen die Eintragungen im Handelsregister (Stand 1. Januar 2016):

- Gesellschaften mit beschränkter Haftung: ca. 1.071.000
- Kommanditgesellschaften inklusive GmbH & Co. KG: ca. 257.000
- Einzelkaufmännische Unternehmen: ca. 158.000
- Unternehmergesellschaften: ca. 115.000
- Offene Handelsgesellschaften: ca. 24.000
- Aktiengesellschaften: ca. 15.000

Da die Gesellschaft bürgerlichen Rechts nicht im Handelsregister eingetragen wird, liegen hierzu keine genauen Zahlen vor.

Diese Verteilung deckt sich mit meinen Erfahrungen in der Beratung von innovativen Startups im technologischen und IT-Umfeld. Die Startups, die ich berate, bevorzugen sogar noch viel deutlicher die Unternehmensform der GmbH. Es entscheiden sich ca. 70% der Startups mit mehreren Gründern für die Gesellschaftsform der GmbH, ca. 12% für die GmbH & Co. KG, ca. 12% für die Unternehmergesellschaft, ca. 1% für die Aktiengesellschaft und ca. 5% für die Gesellschaft bürgerlichen Rechts.

Entscheidend ist allerdings nicht nur die Wahl der passenden Rechtsform. Mindestens genauso wichtig ist die *Ausgestaltung des Gesellschaftsvertrags*. Der Gesellschaftsvertrag regelt das Innenverhältnis *zwischen den Gesellschaftern* sowie zwischen den Gesellschaftern und der Gesellschaft sowie deren Organisation.

Bei fast allen Rechtsformen besteht weitgehende Freiheit, den Gesellschaftsvertrag zwischen den Gesellschaftern zu verhandeln und individuell auszugestalten, da es *wenig zwingende rechtliche Vorschriften* gibt. Lediglich bei der AG ist der rechtlich vorgegebene Rahmen durch das Aktiengesetz ziemlich detailliert vorgegeben. Die Ausgestaltung muss sich im »täglichen Einsatz« als praktikabel erweisen und insbesondere klare Regelungen treffen, wenn sich die Gesellschafter nicht einig sind und es zu Konflikten kommt.

Weil die Ausgestaltung des Gesellschaftsvertrags und der Inhalt anderer Verträge, die den Gesellschaftern Rechte geben oder Pflichten auferlegen – wie der *Beteiligungsvertrag*, die *Gesellschaftervereinbarung* oder die *Geschäftsordnung für die Geschäftsführung* –, enorm wichtig sind, sollten Sie hier unbedingt professionelle Hilfe in Anspruch nehmen und sich von einem spezialisierten Rechtsanwalt beraten lassen.

---

### Hinweis: Beratungsförderung

Für die notwendige Beratung bieten die einzelnen Bundesländer gegebenenfalls Zuschüsse in Form von prozentualen Zuzahlungen oder Erstattungen an. Informationen hierzu erhalten Sie auf den Internetseiten der Förderinstitute, der Handwerks-, Industrie- und Handelskammern oder über die Fördermitteldatenbank des Bundes unter *www.förderdatenbank.de* (siehe hierzu weiter unten in Kapitel 3 unter *Beratungsförderung*).

---

## Die GmbH als beliebteste Gesellschaftsform unter Startups

Laut Statistischem Bundesamt sind im Jahr 2018 insgesamt 49.628 GmbHs gegründet worden. Das sind ca. 40% aller Gesellschaftsgründungen in Deutschland 2018. Insgesamt waren im Jahr 2018 ca. 1.000.000 GmbHs im Handelsregister eingetragen. Hinzu kommt, dass in diesen Zahlen noch nicht die »Sonderformen« der GmbH, die Unternehmergesellschaft (haftungsbeschränkt) (siehe hierzu weiter unten in diesem Kapitel den Abschnitt *Unternehmergesellschaft (haftungsbeschränkt) als kostengünstige kleine Schwester der GmbH)* und die GmbH & Co. KG (siehe hierzu weiter unten in diesem Kapitel den Abschnitt *Wann empfiehlt sich die Gründung als GmbH & Co. KG?*) enthalten sind, die jeweils ca. 8% aller Gesellschaftsgründungen ausmachen. Diese beiden Sonderformen mit eingerechnet, sind also über 50% aller Gesellschaftsgründungen in Deutschland GmbHs.

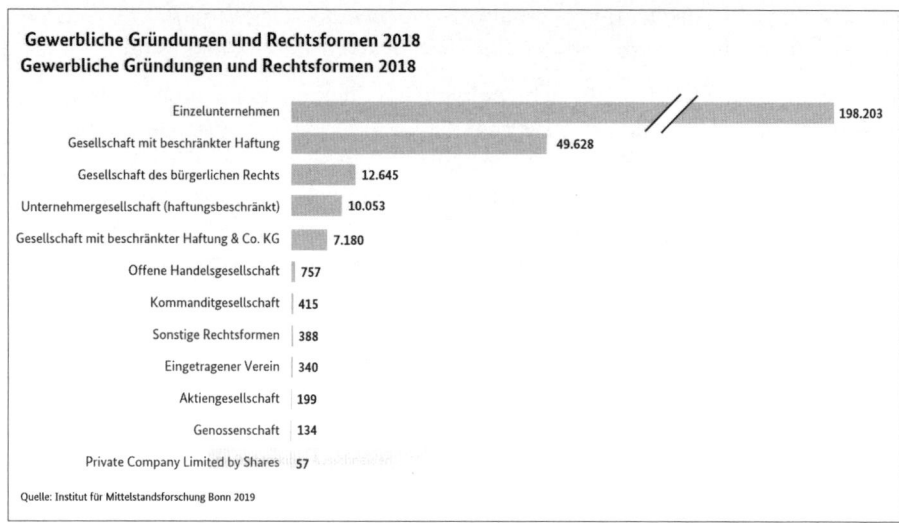

Abbildung 1-1: *Gewählte Rechtsform bei Betriebsgründungen in Deutschland*[1]

Hauptgrund für die Beliebtheit der GmbH ist aus Sicht von Gründern fast immer die *Haftungsbeschränkung*. Schließlich ist das unternehmerische Risiko im (hoch-) technologischen und Softwarebereich meist besonders groß. Haftungssummen können sehr schnell sehr hoch ausfallen. In der Praxis können Sie (wirksame) Haftungsbeschränkungen gegenüber dem Vertragspartner häufig nicht durchsetzen und wegen der strengen AGB-rechtlichen Rechtsprechung auch nicht in ausreichendem Umfang in die allgemeinen Geschäftsbedingungen aufnehmen. Nur wenn die *Haftungsgefahren des Geschäftsmodells* gering sind, empfehle ich Ihnen, überhaupt über die Gründung einer nicht haftungsbeschränkten Gesellschaftsform nachzudenken.

## Wie gründe ich eine GmbH, und worauf ist dabei zu achten?

Die Gesellschaft mit beschränkter Haftung gehört zu den sogenannten Kapitalgesellschaften. Als juristische Person besitzt sie, so formulieren es Juristen, eine *eigene Rechtspersönlichkeit* und kann selbst Träger von Rechten und Pflichten sein. Sie kann beispielsweise eigenständig klagen, auch verklagt werden oder Verträge ab-

---

1   *https://www.existenzgruender.de/SharedDocs/Downloads/DE/GruenderZeiten/*
    *GruenderZeiten-11.pdf?__blob=publicationFile*

schließen. Für die GmbH gibt es ein eigenes GmbH-Gesetz, das recht große Freiräume für die Ausgestaltung der GmbH bietet. Das Miteinander der Gesellschafter in der GmbH regelt der *Gesellschaftsvertrag*, auch *Satzung* genannt. Die einzelnen Schritte der Gründung einer GmbH sind am Ende dieses Kapitels in einer Checkliste dargestellt.

Sie können die GmbH allein als sogenannte Ein-Mann-GmbH gründen, Sie können sich aber auch mit mehreren natürlichen Personen oder juristischen Personen – z.B. einer haftungsbeschränkten Unternehmergesellschaft oder einer anderen GmbH – als Gesellschafter an einer GmbH beteiligen.

---
**BEISPIEL**

An der Startup GmbH sind zwei Gründer A und B (privat) als Gesellschafter mit jeweils 30% der Geschäftsanteile beteiligt. Der dritte Gründer hat sich über seine Unternehmergesellschaft C UG (haftungsbeschränkt) in Höhe von 20% beteiligt, die Gesellschafter der Startup GmbH wird. Die letzten 20% der Geschäftsanteile gehören einem Investor, der sich über seine Invest GmbH an dem Startup beteiligt hat, die ebenfalls selbst die Geschäftsanteile hält.

---

Die Gründung von zwei Kapitalgesellschaften, von denen die eine die Anteile an der anderen hält, kann sich aus steuerlichen Gründen bei dem sogenannten Holdingmodell (siehe hierzu weiter unten in diesem Kapitel *Besonderheiten und Vorteile einer Holdingstruktur*) anbieten.

Jeder der Gründer, der einen Geschäftsanteil übernimmt, wird Gesellschafter der GmbH, das heißt eine Art (Teil-)Eigentümer der Gesellschaft (Geschäftsanteilsinhaber), und muss eine entsprechende *Stammeinlage* bei Gründung der GmbH auf das Konto der GmbH einzahlen. Die Höhe der Stammeinlage ergibt sich aus *den übernommenen Geschäftsanteilen*. Die Haftungsbeschränkung auf das Gesellschaftsvermögen der GmbH greift übrigens erst dann, wenn jeder Gesellschafter seine Stammeinlage erbracht hat.

---
**BEISPIEL**

Vier Gründer gründen eine GmbH. A und B erhalten jeweils 30% der Geschäftsanteile und C und D jeweils 20% der Geschäftsanteile. Wenn das Mindeststammkapital von € 25.000 gewählt wird, müssen bei der Gründung der GmbH von A und B jeweils € 7.500 (30% von € 25.000) des Stammkapitals und von C und D jeweils € 5.000 (20% von € 25.000) des Stammkapitals eingezahlt werden. Zusammen ergibt sich dann das Stammkapital von € 25.000.

---

Sie müssen zur Gründung mit den anderen Gesellschaftern beim Notar einen *notariell beurkundeten Gesellschaftsvertrag/eine notariell beurkundete Satzung* (siehe hierzu weiter unter in diesem Kapitel den Abschnitt *Der Gesellschaftsvertrag bzw. die Satzung*) abschließen, der/die von allen Gesellschaftern unterschrieben werden muss.

## Hinweis: Musterprotokoll

Bei der GmbH kann bei Standardgründungen das sogenannte *Musterprotokoll* als Gesellschaftsvertrag verwendet werden. Hieraus ergibt sich aber höchstens eine zeitliche Beschleunigung und kein wirklich relevanter Kostenvorteil. Anders sieht es bei der haftungsbeschränkten Unternehmergesellschaft aus (siehe hierzu weiter unten in diesem Kapitel den Abschnitt *Unternehmergesellschaft (haftungsbeschränkt) als kostengünstige kleine Schwester der GmbH*). Der entscheidende Nachteil des Musterprotokolls besteht darin, dass es nicht auf die konkrete Gründungssituation der Unternehmensgründer eingeht, da es sich um einen Gesellschaftsvertrag handelt, der mit etwa einer Seite auskommt und daher nicht alle wichtigen Klauseln enthält – insbesondere fehlen Regelungen zu möglichen Streitigkeiten unter den Gesellschaftern.

Die Anmeldung der Eintragung ins Handelsregister müssen *alle Geschäftsführer, nicht aber die Gesellschafter*, gemeinsam unterschreiben. In der Regel erledigt der Notar, der die Beurkundung vorgenommen hat, auch die Anmeldeformalitäten gegenüber dem Registergericht und sendet die Anmeldeunterlagen an das Handelsregister.

Die Gründung – vom Notartermin bis zur Eintragung der GmbH ins Handelsregister bzw. der Eintragungsmitteilung – kann insgesamt bis zu zwei Monate dauern. Unter anderem müssen Sie in dieser Zeit ein *Geschäftskonto* für die GmbH eröffnen, auf das alle Gründer ihre jeweilige Stammeinlage einzahlen. Sind alle Stammeinlagen auf dem Geschäftskonto eingezahlt, muss der Geschäftsführer gegenüber dem Notar versichern bzw. nachweisen (dann mit Zusatzkosten für den Notar verbunden), dass die Stammeinlagen der Gesellschafter geleistet wurden. Letztendlich hängt die konkrete Dauer vom jeweiligen Registergericht ab. Das Registergericht ist aber spätestens innerhalb eines Monats nach Erhalt der Unterlagen verpflichtet, die GmbH einzutragen oder mitzuteilen, aus welchen Gründen noch nicht eingetragen werden kann.

## Hinweis: Warnung vor »Register-Spam«

Seien Sie sehr aufmerksam, wenn Sie nach der Eintragung oder in der Eintragungsphase Post bekommen, in der Sie aufgefordert werden, Geld an Register etc. zu zahlen. Häufig versenden dubiose Firmen bereits wenige Tage nach Eintragung einer Gesellschaft offiziell wirkende Rechnungen, unbegründete Zahlungsaufforderungen oder Vertragsangebote zur Aufnahme in Verzeichnisse, die ähnlich wie das Handelsregister klingen, Ihnen jedoch keinen Mehrwert bieten.

Solche Firmen durchsuchen das offizielle, für jedermann einsehbare Handelsregister nach neu eingetragenen Firmen und versenden unberechtigte Rechnungen oder gut versteckte »Vertragsangebote« in der Hoffnung, dass diese aufgrund von Verwechslungen mit der Rechnung des Handelsregisters bzw. des Notars von unerfahrenen Geschäftsführern oder aufgrund von unterschiedlich zuständigen Abteilungen in Großunternehmen beglichen werden.

Das einmal gezahlte Geld zurückzuerhalten, ist fast unmöglich, selbst wenn Sie die Klage gewinnen, da diese Firmen häufig nach einiger Zeit wieder verschwinden bzw. Insolvenz anmelden und unter neuem Namen weitermachen.

---

**BEISPIEL**

Die Startup GmbH wird gegründet und ins Handelsregister eingetragen. Die Eintragung ist im Handelsregister veröffentlicht worden, und die Startup GmbH erhält nun eine »Rechnung«. Auf dem Brief befindet sich ein amtlich anmutendes Wappen, und im Betreff steht z.B. »Veröffentlichung von Texten im Handelsregister«. Der Rechnungsbetrag beläuft sich auf € 445 pro Jahr. Auf dem Schreiben sind die korrekten Angaben aus dem Handelsregister und das Datum der Veröffentlichung angegeben. Des Weiteren ist noch eine Warnung enthalten, dass die Eintragung nicht vorgenommen wird, wenn nicht fristgemäß gezahlt wird. Damit wirkt das Schreiben sehr seriös und offiziell. Tatsächlich beinhaltet es jedoch ein Angebot zur Eintragung der Startup GmbH in eine nutzlose unbekannte Onlinedatenbank.

---

## Was muss beim Unternehmensnamen beachtet werden?

Als Unternehmensname können Sie bei der GmbH *Personen-* oder *Fantasienamen* wählen. Zur Kennzeichnung der Kapitalausstattung der Gesellschaft müssen Sie aber immer die Bezeichnung »GmbH«, »Gesellschaft mbH« oder »Gesellschaft mit beschränkter Haftung« im Unternehmensnamen führen. Verkürzt man den Zusatz oder lässt man ihn ganz weg, kann z.B. ein *Ordnungswidrigkeitsverfahren* der zuständigen Behörde eingeleitet werden oder eine teure *Abmahnung* eines Wettbewerbers erfolgen; beides scheint in der Praxis aber nicht besonders oft zu passieren.

Der Unternehmensname der GmbH ist wie der jeder anderen Person, Personenvereinigung oder juristischen Person durch das *Namensrecht* in § 12 BGB vor Verletzungen durch Dritte geschützt. Zusätzlich besteht ein regionaler Schutz, ein sogenannter *Firmenschutz* nach § 37 Abs. 2 Satz 1 Handelsgesetzbuch, falls später im selben Amtsgerichtsbezirk eine verwechslungsfähige Firma eingetragen wird, und ein bundesweiter *markenrechtlicher Schutz*. Dass ein markenrechtlicher Schutz ohne Eintragung einer Marke in das Markenregister besteht, verwundert die meisten Gründer zunächst. Hintergrund ist, dass der Unternehmensname ein sogenanntes *Unternehmenskennzeichen* darstellt, das ohne die Eintragung einer Marke beim Markenamt besteht und damit einen Verwechslungsschutz gewährt.

Das bedeutet im Umkehrschluss aber, dass Sie als Gründer ebenfalls sicherstellen müssen, dass Ihr Unternehmensname nicht in ein bestehendes Recht eingreift oder irreführend ist und daher gegen Wettbewerbsrecht oder gegen die guten Sitten verstößt.

Aus diesem Grund sollte eine *professionelle Marken- und Firmenähnlichkeitsrecherche* durchgeführt werden, bevor Sie sich auf einen Unternehmensnamen für Ihr Startup festlegen. Weitere Einzelheiten zur Markenanmeldung und zur Markenähnlichkeitsrecherche erfahren Sie in Kapitel 2, *Marken, Logos und Technologien schützen.*

## Wie viel Stammkapital muss ich bei der Gründung einer GmbH sofort einzahlen?

Bei der Gründung der GmbH können Sie die Höhe des Stammkapitals frei wählen, wobei aber zu beachten ist, dass das Stammkapital mindestens € 25.000 betragen muss. Diese Summe wählen Gründer fast immer bei der Gründung ihrer GmbH. Die von Ihnen gewählte Höhe des Stammkapitals wird in das Handelsregister eingetragen und kann z. B. von Geschäftspartnern eingesehen werden.

Verwechseln Sie bitte auf keinen Fall das *Stammkapital* mit dem *Gesellschaftsvermögen.*

—— **BEISPIEL** ——————————————————

Das ins Handelsregister eingetragene Stammkapital ändert sich nur, wenn die Gesellschafter zum Beispiel eine Kapitalerhöhung beschließen, die als Satzungsänderung notariell beurkundet werden muss. Das aktuelle Stammkapital kann daher immer aus dem Handelsregister ersehen werden, weil jede Änderung des Stammkapitals eintragungspflichtig ist. Das Gesellschaftsvermögen ändert sich hingegen theoretisch bei jedem Geldabgang vom und jedem Geldeingang auf das Geschäftskonto. Es kann also sein, dass zwar im Handelsregister ein Stammkapital von € 25.000 eingetragen ist, dies aber tatsächlich gar nicht mehr als Haftungsmasse zur Verfügung steht. Auf der anderen Seite können auch deutlich höhere Summen als Haftungsmasse zur Verfügung stehen, z. B. ein Girokontoguthaben von € 1.000.000.

Das Stammkapital muss bei Gründung nicht in der vollen Höhe eingezahlt werden. Die Gesellschafter sind lediglich verpflichtet, auf die jeweils übernommenen *Stammeinlagen* mindestens ein *Viertel des Nennbetrags* einzuzahlen. Insgesamt muss die Summe aller eingezahlten Stammeinlagen mindestens der Hälfte des gesamten Stammkapitals entsprechen. Eine GmbH-Gründung kann also nie mit Einzahlung von weniger als € 12.500 stattfinden. Der Rest des noch nicht eingezahlten Stammkapitals wird erst dann fällig, wenn die Gesellschafter bzw. die Geschäftsführer beschließen, dass der Rest des Stammkapitals eingefordert wird, was zumindest theoretisch ewig hinausgezögert werden kann. Die »nur« hälftige Einzahlung des Stammkapitals wird allerdings aus der zu veröffentlichenden Bilanz ersichtlich, die von Geschäftspartnern eingesehen werden kann.

Vor dem Verkauf von Geschäftsanteilen ist in der Regel die volle Einzahlung der Stammeinlage zu garantieren, sodass grundsätzlich nur voll eingezahlte Geschäftsanteile übertragen werden können. Auch eine Bank wird Ihnen in den seltensten Fällen einen Kredit geben, wenn das Stammkapital noch nicht voll eingezahlt ist.

Spätestens im Fall einer *Insolvenz* ist aber der Rest der Stammeinlage einzuzahlen. Diese Situation ist meist besonders misslich, da der Insolvenzverwalter dann auf dieses Geld zugreift und es z. B. für seine Vergütung verwendet. Wird die Stammeinlage früher eingezahlt, können die Gründer das Geld selbst für die Geschäftsentwicklung nutzen.

---

**BEISPIEL**

Vier Gründer wählen ein Stammkapital in Höhe von 25.000 €. Gründer A und B haben jeweils 30 % (€ 7.500), Gründer C und D jeweils 20 % (€ 5.000) der Anteile. Jeder Gründer muss mindestens ein Viertel auf seine Stammeinlage einzahlen. Das bedeutet für A und B jeweils € 1.875 und für C und D jeweils € 1.250. Insgesamt würden so nur € 6.250 an Stammkapital zusammenkommen. Da aber immer mindestens 50 % des Stammkapitals eingezahlt werden müssen, sind noch weitere € 6.250 an Stammkapital einzuzahlen, wobei es grundsätzlich nicht darauf ankommt, welche Gründer weiteres Stammkapital einzahlen, solange jeder mindestens ein Viertel auf seine Stammeinlage eingezahlt hat. A und B zahlen jeder noch weitere € 3.125 ein, sodass insgesamt ein Stammkapital in Höhe von € 12.500 erreicht wird.

---

Vielen Gründern ist nicht klar, dass das von ihnen eingebrachte Stammkapital nicht etwa auf einem Haftungskonto »geparkt« werden muss und nicht ausgegeben werden darf, sondern dass es für den Geschäftsaufbau des Startups aktiv verwendet werden kann: z. B. für die Büromiete, ein angemessenes Gehalt des Geschäftsführers oder für Anschaffungen wie Computer oder Büroeinrichtung. Es gibt allerdings auch einige Ausnahmen, für die Sie das Stammkapital nicht verwenden dürfen, etwa für Hin- und Herzahlen und verdeckte Sacheinlagen.

## Der Normalfall: die GmbH als Bargründung

Am unproblematischsten und günstigsten ist die sogenannte *Bargründung*. Bei der Bargründung zahlen die Gesellschafter ihre Stammeinlage in Form von Bargeld auf das Konto der GmbH ein. Häufig befindet sich die GmbH zu diesem Zeitpunkt noch in der Gründung, sodass auf einer Überweisung vom Startup dann der Kontoinhaber Startup *GmbH i. G.* auftaucht.

Wichtig ist, dass die Beträge des Stammkapitals exakt auf das Konto der GmbH eingezahlt werden. Auch Abweichungen im Centbereich können später größere Probleme hervorrufen und einen Verkauf des Startups oder die Umwandlung deutlich stören und verzögern. Bei Auslandsüberweisungen ist darauf zu achten, dass keine automatischen Abzüge für Transaktions-/Überweisungskosten entstehen.

---

### Hinweis: Formalitäten bei der Einzahlung

Bei der Einzahlung der Stammeinlage auf das Gesellschaftskonto sollte vom Konto des jeweiligen Gesellschafters die Stammeinlage in voller Höhe in einem Betrag eingezahlt werden. Beim Verwendungszweck sollte der Begriff »Stammeinlage«, der Name des Gesellschafters und der oder die konkrete(n) Geschäftsanteil(e) benannt werden. Den Zahlungsbeleg sollten Sie gut aufbewahren, da Sie diesen gegebenenfalls z. B. im Fall der Insolvenz auch zehn Jahre später noch vorlegen müssen (bei verblassendem Thermopapier ist Vorsicht angebracht).

---

##### ———— BEISPIEL ————

Verwendungszweck: »Stammeinlage Gesellschafter Mustermann Geschäftsanteile Nr. 1 bis Nr. 12.500«

---

### Hinweis: Einzahlung des Stammkapitals

Sie müssen unbedingt darauf achten, dass das Stammkapital erst nach dem Datum des Beurkundungstermins beim Notar auf das Geschäftskonto eingezahlt wird. Frühere Zahlungen haben rechtlich gesehen keine Tilgungswirkung und müssen gegebenenfalls (z. B. im Fall der Insolvenz) noch einmal eingezahlt werden. Hintergrund ist, dass die GmbH vor dem Beurkundungstermin rechtlich noch gar nicht besteht.

Des Weiteren sollten auch keine Abbuchungen oder Überweisungen aus dem eingezahlten Stammkapital von dem neuen Geschäftskonto bis zur Eintragung der Gesellschaft in das Handelsregister getätigt werden.

---

Wenn Sie diese Punkte beachten, ist die Bargründung einfach umzusetzen.

## Was ist eine Sachgründung, und was muss beachtet werden?

Von einer *Sachgründung* spricht man, wenn Sie Ihre Einlagepflicht als Gesellschafter nicht durch die Einzahlung von Geld, sondern durch die Einlage von *Sachen* oder *sonstigen Vermögensgegenständen* erfüllen. Als Sacheinlagen kommen alle

---

*Gegenstände* oder auch *Rechte* in Betracht, die einen messbaren Wert haben und dauerhaft auf die GmbH übertragen werden können.

───── **BEISPIEL** ─────

Anstatt Kapital aufzubringen, kann man z. B. immaterielle Rechte, wie Patente, Marken, Software (Urheberrechte) etc., bewegliche Sachen wie Computer, Maschinen, einen Firmenwagen oder Beteiligungen an anderen Unternehmen oder ein ganzes Unternehmen, z. B. eine Gesellschaft bürgerlichen Rechts, einbringen, um das Stammkapital »einzuzahlen«.

Sollen Sacheinlagen geleistet werden, müssen Sie einige Besonderheiten beachten. Der Gegenstand der Einlage und der Betrag der Stammeinlage, auf die sich die Sacheinlage bezieht, müssen im Gesellschaftsvertrag festgesetzt werden. Die Gründer werden dabei meistens das Interesse haben, den Wert der einzubringenden Sache möglichst hoch anzusetzen, sodass eine gewisse *Gefahr der Überbewertung* besteht. Aus diesem Grund sind zum Schutz der Gläubiger der GmbH einige gesetzliche Voraussetzungen an die Sachgründung geknüpft, die von Ihnen einzuhalten sind.

Bei der Sachgründung sind Sie z. B. verpflichtet, einen sogenannten *Sachgründungsbericht* zu erstellen, in dem Sie die Umstände darstellen, aus denen sich der *Wert der Sacheinlage* ergibt (z. B. die Anschaffungskosten oder die Herstellungskosten). Die Sacheinlage ist dabei nach objektiven Kriterien auf den aktuellen Zeitwert bei Gründung zu bewerten.

Dem Sachgründungsbericht sollten Sie die Unterlagen beifügen, anhand deren das Registergericht eine Bewertung der einzubringenden Sache oder des einzubringenden Rechts vornehmen kann. Hält das Registergericht die Unterlagen für nicht ausreichend, kann ein *Sachverständigengutachten* eingefordert werden, was mit erheblichen Kosten verbunden sein kann. Insoweit hat es Vorteile, nur Sachen oder Rechte einzubringen, deren Wert durch Marktpreise oder Rechnungen einfach nachzuweisen ist.

Der Sachgründungsbericht ist von den Gesellschaftern zu unterzeichnen und wird im *Handelsregister* veröffentlicht. Die konkrete Einbringung der Sache oder des immateriellen Rechts in die GmbH wird dann rechtlich durch einen sogenannten *Einbringungsvertrag*, der ebenfalls notariell zu beurkunden ist, vorgenommen.

---

### Hinweis: Einbringungsvertrag gleich mit notariell beurkunden

Wenn der Einbringungsvertrag bereits zusammen mit den anderen Gründungsdokumenten beurkundet wird, können Sie bei der Sachgründung Notarkosten sparen.

---

Die Sachgründung oder eine auch mögliche gemischte Bar- und Sachgründung ist daher deutlich aufwendiger und damit teurer als die reine Bargründung.

Aus diesem Grund wählen nur wenige Startups den Weg einer Sachgründung. Für Startups und Gründer *ohne ausreichende Liquidität* kann eine *Sachgründung* aber gegebenenfalls eine Alternative zur Bargründung sein.

---

**Hinweis: Steuerberater bei Sachgründung hinzuziehen, wenn ein Unternehmen eingebracht werden soll**

Da bei der Einbringung von Unternehmen sehr unterschiedliche Steuerbelastungen entstehen können und eine Steueroptimierung – z. B. durch eine Einbringung von lediglich einzelnen Sachen oder Rechten – unter Umständen sinnvoll ist, sollten Sie, wenn Sie ein Unternehmen, z. B. eine GbR oder Unternehmensteile, einbringen möchten, unbedingt steuerlichen Expertenrat einholen. Grundsätzlich lässt sich aber sagen, dass die Einbringung zum Buchwert am einfachsten darzustellen ist.

---

Anders als *Bareinlagen* sind *Sacheinlagen* in voller Höhe aufzubringen, es können also keine Sachen eingebracht werden, die nur die Hälfte der zu leistenden Stammeinlage wert sind.

## Haften die Gesellschafter einer GmbH wirklich nicht mehr persönlich?

Die Haftungsbeschränkung auf das Gesellschaftsvermögen nach der wirksamen Gründung und Eintragung der GmbH ist sicherlich der wichtigste Vorteil für Startups.

Was bedeutet überhaupt der Zusatz »Gesellschaft mit beschränkter Haftung«? Die GmbH wird rechtlich wie eine Person behandelt, die rechts- und geschäftsfähig ist. Sie besitzt also ein eigenständiges Vermögen. Gläubiger der GmbH können grundsätzlich nur auf das eigenständige *Gesellschaftsvermögen der GmbH* und nicht auf das Privatvermögen ihrer Gesellschafter zugreifen – vorausgesetzt, die Gesellschafter haben die von ihnen selbst festgelegte Einlage von mindestens € 25.000 voll und fehlerfrei eingezahlt.

Die »beschränkte Haftung« bedeutet also eine Schadens- und Risikobegrenzung für die Gesellschafter.

In der Insolvenz der GmbH haben die Gesellschafter daher lediglich den wirtschaftlichen Verlust ihrer Einlage zu befürchten, nicht jedoch eine darüber hinausgehende Haftung mit ihrem Privatvermögen, wie das z. B. bei einer Gesellschaft bürgerlichen Rechts der Fall wäre. Die Gesellschafter haften daher, mit Ausnahme

---

einiger nicht häufig vorkommender Sonderfälle, nur mit den von ihnen einge-brachten Stammeinlagen.

Zum eigenständigen Vermögen der GmbH kommt neben der *Stammeinlage* noch das von der GmbH erwirtschaftete *Gesellschaftsvermögen* als *Haftungssumme* hin-zu. Dieses Vermögen der GmbH steht den Gläubigern der GmbH insgesamt zu. Die Bezeichnung »Gesellschaft mit beschränkter Haftung« ist daher eigentlich irre-führend, denn die Gesellschaft selbst haftet für ihre Schulden nicht eingeschränkt, sondern mit allem, was sie hat, nämlich mit ihrem gesamten Vermögen.

───── **BEISPIEL** ─────────────────────────────

Die vier Gründer einer GmbH haben alle ihre Stammeinlage voll eingezahlt, sodass auf dem GmbH-Konto € 25.000 zur Verfügung stehen. Des Weiteren hatte die GmbH eine Software für ein Onlineshopsystem für € 100.000 an ei-nen Textilhändler verkauft. Die Software funktionierte nicht richtig und verar-beitete keine Bestellungen, sodass bei dem Textilhändler ein Schaden durch verloren gegangene Bestellungen in Höhe von € 3.000.000 entstanden ist. Wenn der Textilhändler jetzt gegen die GmbH klagt und gewinnt, kann er trotzdem nur auf das gesamte Gesellschaftsvermögen der GmbH in Höhe von € 125.000 (wenn das Stammkapital in Höhe von € 25.000 und die € 100.000 für den Verkauf des Onlineshopsystems noch nicht ausgegeben wurden) zu-greifen. Das Privatvermögen der Gesellschafter A, B, C und D der GmbH ist vor dem Zugriff des Textilhändlers geschützt. Allerdings würde dies die Insol-venz der GmbH bedeuten, da dann eine Überschuldung der GmbH vorläge.

─────────────────────────────────────────────

Die Haftungsbeschränkung der GmbH gilt allerdings erst ab dem Zeitpunkt der Eintragung der Gesellschaft in das Handelsregister und noch nicht, wenn lediglich der Gesellschaftsvertrag beim Notar unterzeichnet wurde. Zu diesem Zeitpunkt (Beurkundung des Gesellschaftsvertrags beim Notar) entsteht eine sogenannte *Vor-GmbH*, die auch als *GmbH in Gründung* oder *GmbH i. G.* bezeichnet wird. Bei ihr handelt es sich um einen Rechtsträger eigener Art, der sich mit Eintragung im Handelsregister samt allen Aktiva und Passiva in die GmbH umwandelt und mit dieser rechtlich identisch ist. Diese Vor-GmbH besteht also nur so lange, bis sie durch Eintragung ins Handelsregister in die eigentliche GmbH übergeht. Der Zeit-raum von der Beurkundung bis zur Eintragung ist in der Regel recht kurz. Nach Eintragung gehen die Verbindlichkeiten, also z. B. Zahlungsverpflichtungen aus Verträgen, die im Namen der GmbH i. G. geschlossen wurden (etwa die Notarkos-ten), aus der Phase zwischen notarieller Beurkundung des Gesellschaftsvertrags und Eintragung der GmbH ins Handelsregister auf die Gesellschaft automatisch im Wege der *Gesamtrechtsnachfolge* über, und die persönliche Haftung der Gesell-schafter entfällt.

Darüber hinaus gibt es eine weitere Vorform der GmbH, die zeitlich noch früher ansetzt. Bereits dann, wenn sich die Gründer in der Vorgründungsphase zusam-menschließen, um z. B. eine Geschäftsidee umzusetzen, oder sich entschließen, eine GmbH zu gründen, entsteht in der Regel eine GbR, z. B. als *Vorgründungsge-sellschaft* der GmbH. Die Vorgründungsgesellschaft ist nicht mit der GmbH und nicht mit der Vor-GmbH identisch. Zwischen der GbR als Vorgründungsgesell-schaft und der GmbH besteht *keine rechtliche Identität*, sodass etwa entstandene Forderungen und Verbindlichkeiten nicht automatisch nach dem Entstehen der GmbH durch die Eintragung ins Handelsregister auf die GmbH übergehen. Die Vorgründungsgesellschaft als GbR muss dann gegebenenfalls als »Sache« im Rah-men einer Sachgründung in die GmbH eingebracht werden.

Es gibt also in der Regel drei relevante Zeitpunkte und Unternehmen bei der Grün-dung einer GmbH: Eine *GbR* als *Vorgründungsgesellschaft* entsteht automatisch mit dem mündlichen oder konkludent – durch schlüssiges Verhalten – erfolgten vertraglichen Zusammenschluss mehrerer Personen mit dem Zweck, z. B. eine GmbH zu gründen. *Die Vor-GmbH* entsteht am Tag der Beurkundung des Gesell-schaftsvertrags beim Notar. Die *GmbH* als solche entsteht erst mit Eintragung in das Handelsregister.

---

## Phasen bei der Gründung einer GmbH

### Vorgründungsgesellschaft

*Entstehung*: Beginn mit dem Gründungsvorhaben im Team bis zum Beurkun-dungstermin beim Notar.
*Rechtsform*: GbR oder OHG.
*Haftung*: Unbeschränkte gesamtschuldnerische Haftung der Gesellschafter. Die Haftung geht nicht automatisch über, sondern bleibt bei den Gesellschaftern. Es bedarf eines aktiven Übertragungsakts (Vertrag mit Gläubigern) der Gesellschaf-ter, damit die Haftung später auf die GmbH übergeht, ansonsten bleibt die per-sönliche Haftung der Gesellschafter für in dieser Phase eingegangene Schulden oder Verbindlichkeiten bestehen. Dabei ist es unerheblich, ob die GmbH später wirksam gegründet wird.

### Vor-GmbH/GmbH i. G.

*Entstehung*: Beurkundung beim Notar bis zur Eintragung ins Handelsregister.
*Rechtsform*: Unselbstständige Zwischenform.
*Haftung*: Zunächst unbeschränkt gesamtschuldnerisch der Gesellschafter, wenn die GmbH nicht eingetragen wird. Ansonsten wandelt sich die Vor-GmbH in die GmbH um, sodass sozusagen nachträglich die Haftungsbeschränkung der GmbH greift.

### GmbH

*Entstehung*: Eintragung ins Handelsregister.
*Rechtsform*: GmbH.
*Haftung*: Beschränkte Haftung.

---

Um die bestehende persönliche gesamtschuldnerische unbeschränkte Haftung der Gesellschafter aus der Vorgründungsphase zu beenden, müssen daher sämtliche Rechte und Pflichten der *Vorgründungsgesellschaft* auf die GmbH oder die Vor-GmbH übertragen werden. Hinsichtlich der Verbindlichkeiten ist regelmäßig eine Schuldübernahme oder eine Vertragsübernahme erforderlich, die die Schuldübernahme einschließt. Die Übernahme bedarf der Zustimmung der jeweiligen Vertragspartner bzw. Gläubiger. Diese Zustimmungen werden so gut wie nie von Gründern eingeholt, was später zu erheblichen Überraschungen führen kann, wenn die Gründer nach der Insolvenz des Startups neben der Gesellschaft auch noch persönlich in Anspruch genommen werden.

---
**BEISPIEL** ──────────────────────

Sie schließen zwei Wochen vor dem notariellen Beurkundungstermin einen Büromietvertrag ab. Da es zu diesem Zeitpunkt die GmbH noch nicht gab und die Haftungsbeschränkung erst ab Eintragung der Gesellschaft ins Handelsregister greift, besteht das Mietverhältnis zwischen dem Vermieter und der Vorgründungsgesellschaft in der Rechtsform der GbR. Dem Vermieter steht daher als Haftungsmasse für Verbindlichkeiten oder Schulden aus dem Mietverhältnis das Privatvermögen aller Gründer unbeschränkt zur Verfügung (gegebenenfalls haftet die GmbH später auch noch). Beim Auszug kann es dann sehr unangenehm werden, wenn Sie und die anderen Gründer für Schäden, Renovierungen und insbesondere bei vorzeitigem Auszug für Schadensersatzzahlungen für Restlaufzeiten des Mietverhältnisses auch mit dem Privatvermögen einstehen müssen. Noch ärgerlicher wird diese Situation, wenn ein Gründer bereits seit Jahren nicht mehr Gesellschafter der GmbH ist, weil er z. B. nach einem Gesellschafterstreit seine Geschäftsanteile abgegeben hat.

---

**Tipp: Zustimmungen einholen**

Holen Sie bei allen Dauerschuldverhältnissen (z. B. Mietverträgen, Stromlieferverträgen, Internet- und Telefonanbietern, Datenbanken, Kooperations- und Softwarenutzungsverträgen) die Zustimmung der Vertragspartner zur haftungsbefreienden Vertragsübernahme der GmbH ein. Wenn Ihnen das zu viel Aufwand ist, sollten Sie dies zumindest bei den wichtigsten Verträgen vornehmen, aus denen erhebliche Belastungen entstehen können, wie z. B. dem Mietvertrag.

## Wofür ist die Gesellschafterversammlung da?

Die Gesellschafter können gemeinsam in der Gesellschafterversammlung sogenannte *Gesellschafterbeschlüsse* treffen und so den Geschäftsführer anleiten, was er tun oder unterlassen soll (z. B. einen Vertrag oder einem Mitarbeiter zu kündigen).

In der Gesellschafterversammlung wird nach der gesetzlichen Regelung im GmbH-Gesetz mit *einfacher Mehrheit* im Verhältnis der Geschäftsanteile abgestimmt, bei Satzungsänderungen/Gesellschaftsvertragsänderungen bedarf es allerdings der *Dreiviertelmehrheit*.

Die Gesellschafter können sich aber vertraglich auf andere Abstimmungsverhältnisse einigen, sogar Einstimmigkeit kann vereinbart werden.

Häufig empfiehlt es sich, für besonders wichtige Beschlüsse wie z. B. die Aufnahme neuer Gesellschafter oder die Vereinbarung neuer Beteiligungen ein höheres Mehrheitsverhältnis anzusetzen.

Letztlich können sogar *personalisierte Zustimmungsrechte* aufgenommen werden, was von Investoren häufig verlangt wird, um sich so einen Einfluss auf das Startup zu sichern. Konkret wird dies so umgesetzt, dass ein bestimmter Gesellschafter (meist der Investor) bei definierten wichtigen Entscheidungen immer zustimmen muss – und zwar unabhängig davon, wie viele Geschäftsanteile er am Startup hält.

---

#### BEISPIEL EINER KLAUSEL

*»Beschlüsse der Gesellschafterversammlung über die nachfolgenden Beschlussgegenstände bedürfen für ihre Wirksamkeit der ausdrücklichen Zustimmung des Gesellschafters Investor I: ...*

- *Auflösung der Gesellschaft*
- *Bestellung und Abberufung des Geschäftsführers sowie dessen Entlastung*
- *Befreiung des Geschäftsführers vom Verbot des Selbstkontrahierens (§ 181 BGB): Verträge, in denen Geschäftsführer beide Vertragsparteien vertritt*
- *Bestellung von Prokuristen und Generalhandlungsbevollmächtigten*
- *Umwandlungsvorgänge wie Verschmelzung, Spaltung, Formwechsel*
- *Zustimmung zu Unternehmensverträgen wie z. B. Gewinnabführungs- und Beherrschungsverträgen*
- *Einleitung eines Gerichtsverfahrens mit einem Streitwert über ? 100.000*
- *Abschluss von Verträgen mit einer Gesamtverpflichtung über die Vertragslaufzeit von über ? 40.000*
- *Investitionen und Aufnahme oder Gewährung von Darlehen, die nicht im genehmigten Finanzplan vorgesehen sind*
- *..............................................................................................«*

---

Die Zuständigkeit der Gesellschafterversammlung und worüber die Gesellschafterversammlung Gesellschafterbeschlüsse fassen darf, ist ebenfalls im GmbH-Gesetz geregelt. Soweit das GmbH-Gesetz oder der Gesellschaftsvertrag es nicht anders regelt, kann die Gesellschafterversammlung grundsätzlich über alle Angelegenheiten der GmbH entscheiden.

Die Gesellschafterversammlung wird ordnungsgemäß einberufen und beschließt im Rahmen eines Gesellschafterbeschlusses, einen bestimmten Vertrag zu kündigen. An diesen Beschluss ist der Geschäftsführer dann gebunden, wenn er sich nicht schadensersatzpflichtig machen will.

## Hinweis: Der Gesellschafterbeschluss reduziert die Haftung des Geschäftsführers

Ein wirksamer Gesellschafterbeschluss kann aus Sicht des Geschäftsführers unter Haftungsgesichtspunkten vorteilhaft sein, da die Haftung des Geschäftsführers gegenüber den Gesellschaftern dann grundsätzlich ausgeschlossen ist, wenn er aufgrund von wirksamen Weisungen der Gesellschafterversammlung gehandelt hat. Für die Haftung Dritten gegenüber hat dies in der Regel keine Vorteile.

Die *Gesellschafter* einer GmbH können im Gesellschaftsvertrag ihre Kompetenzen gegenüber den *Geschäftsführern* der GmbH oder in der *Geschäftsordnung der Geschäftsführung* festlegen, indem sie im Gesellschaftsvertrag einen Katalog von Maßnahmen festlegen, die der Geschäftsführer nur mit Zustimmung der Gesellschafterversammlung treffen darf.

In solchen Fällen ist der Geschäftsführer verpflichtet, vorab einen Gesellschafterbeschluss der Gesellschafterversammlung einzuholen. Dabei sollten Sie aber beachten, dass die Einholung der Zustimmung der Gesellschafterversammlung häufig einen erheblichen Verwaltungsaufwand bedeutet. Es ist deshalb sinnvoll, nur wirklich wichtige Geschäfte von einer Zustimmung abhängig zu machen und die Schwellenwerte nicht zu tief anzusetzen (z.B. Erwerb, Veräußerung und Belastung von Grundstücken, Verträge mit einem Volumen von beispielsweise mehr als € 50.000 etc.). Wird eine vertraglich vereinbarte Zustimmung der Gesellschafterversammlung von der Geschäftsführung vor einer Entscheidung nicht eingeholt, stellt dies gegebenenfalls einen außerordentlichen Kündigungsgrund gegenüber dem Geschäftsführer dar.

Eine *ordentliche Gesellschafterversammlung* muss laut Gesetz mindestens *einmal im Jahr* stattfinden. In dieser Versammlung müssen Sie den *Jahresabschluss* der GmbH ordnungsgemäß feststellen und die *Gewinnverwendung der GmbH* festlegen. Soweit der Gesellschaftsvertrag nichts Abweichendes bestimmt, kann sich jeder Gesellschafter in der Gesellschafterversammlung aufgrund einer in Textform erteilten Vollmacht vertreten lassen. Häufig wird hingegen geregelt, dass nur eine zur Berufsverschwiegenheit verpflichtete Person der rechtsberatenden, steuerberatenden oder wirtschaftsprüfenden Berufe einen Gesellschafter in der Gesellschafterversammlung vertreten darf.

Zur Veranschaulichung finden Sie im *Anhang* dieses Buchs ein einfaches Muster einer Niederschrift über die ordentliche Gesellschafterversammlung.

Neben der einmal im Jahr zwingend stattfindenden ordentlichen Gesellschafterversammlung können bei Bedarf auch noch *außerordentliche Gesellschafterversammlungen* einberufen werden.

Mögliche Gründe, eine außerordentliche Gesellschafterversammlung einzuberufen, sind z.B. eine Kapitalerhöhung, die Einführung eines Mitarbeiterbeteiligungsprogramms, das Unterschreiten der Hälfte des Stammkapitals (dann muss der Geschäftsführer zwingend eine Gesellschafterversammlung einberufen), die Abberufung des Geschäftsführers oder der Tod eines Gesellschafters.

## Benötigt die GmbH einen Aufsichtsrat oder Beirat?

Die GmbH ist im Gegensatz zur Aktiengesellschaft *nicht verpflichtet*, einen Beirat oder Aufsichtsrat als Überwachungsorgan für die Geschäftsführung einzurichten. Die Gesellschafter können sich aber *freiwillig* dafür entscheiden. Häufig wird ein Beirat spätestens nach einer Finanzierungsrunde eingerichtet, damit der Investor als Beiratsmitglied eine gewisse Kontrolle bzw. Einflussnahme auf die Geschäftsführung ausüben kann.

Es kann für Startups, die die Rechtsform einer GmbH gewählt haben, aber durchaus sinnvoll sein, einen Beirat einzurichten und ihn mit gestandenen Unternehmern oder Persönlichkeiten mit interessantem Fachwissen oder Netzwerken zu besetzen, damit diese als »Experten« das Gründerteam unterstützen. Sie stehen dann dem Startup mit ihrem *akademischen* oder *industriellen Wissen* oder ihren *Marktkenntnissen* zur Seite und können Kontakte aus ihrem Netzwerk – z.B. zu Investoren, Zulieferern, Kooperationspartnern, Kunden – vermitteln und Türen öffnen. Dabei empfiehlt es sich, zumindest bei etwas etablierteren Startups ein sogenanntes Sitzungsgeld (z.B. € 1.000 pro Beiratssitzung pro Person) als Aufwandsentschädigung den Beiratsmitgliedern zu zahlen.

Einzelheiten zu der Ausgestaltung eines Beirats können in einer Geschäftsordnung für den Beirat oder in der Satzung festgelegt werden.

## Vorteile der Gründung einer GmbH im Überblick

Wie beschrieben, bietet die GmbH – wie auch andere Kapitalgesellschaften – für Startups Vorteile gegenüber Personengesellschaften. Die Vorteile sind hier noch einmal kurz zusammengefasst:

- Haftungsbegrenzung: Nach Eintragung der GmbH ins Handelsregister haften die Gründer grundsätzlich nicht mehr mit ihrem Privatvermögen.
- Möglichkeit zur entgeltlichen Mitarbeit im eigenen Unternehmen; angemessene Geschäftsführergehälter gelten z.B. als abziehbare Betriebsausgaben.

- Der finanzielle Gründungsaufwand hält sich mit € 25.000 Stammkapital im Vergleich zur AG mit € 50.000 in Grenzen.
- Bei Gründung ist zunächst nur die Einzahlung der Hälfte der Stammeinlage in Höhe von € 12.500 erforderlich.
- Bar- und/oder Sachgründung sind möglich.
- Einflussnahme auf die Geschäftsführer der GmbH durch Gesellschafterversammlung, Beirat und Geschäftsordnung sind möglich.
- Der Gesellschaftsvertrag/die Satzung kann weitgehend flexibel ausgestaltet werden.
- Hohes Ansehen der Rechtsform im Rechtsverkehr, z.B. bei Lieferanten und Kunden.
- Investmentfähig: Investoren investieren oftmals nur in eine Kapitalgesellschaft wie z.B. die GmbH.
- Relativ einfache Übertragbarkeit der Beteiligung der Gesellschafter an Käufer bzw. einfache Aufnahme weiterer Investoren.
- Hohe Rechtssicherheit: Viele auslegungsbedürftige (Rechts-)Fragen zur GmbH sind schon obergerichtlich entschieden worden.
- Gegebenenfalls steuerliche Vorteile dank niedrigem Körperschaftssteuersatz.

## Die Nachteile einer GmbH

Die GmbH hat gegenüber Personengesellschaften aber auch einige Nachteile. Meiner Meinung nach werden die Nachteile durch den Vorteil der gewährten Haftungsbeschränkung aber mehr als ausgeglichen. Ich gehe hier kurz auf die Nachteile ein. Sie gelten sinngemäß für alle Kapitalgesellschaften (z.B. UG, GmbH, AG):

- Die Gründung, die Satzungsänderung, z.B. die Verlegung des Unternehmenssitzes und die Kapitalerhöhung, die Abberufung des Geschäftsführers und die Abtretung von Geschäftsanteilen (nicht bei der AG) müssen zwingend beim Notar beurkundet und beim Handelsregister eingereicht werden, was mit Notar- und Veröffentlichungskosten sowie zeitlichem Aufwand verbunden ist.
- Die Gründung einer GmbH ist teurer und aufwendiger als die Gründung einer Personengesellschaft und erfordert eine Stammeinlage von mindestens € 25.000, von denen bei der Gründung sofort mindestens die Hälfte, also € 12.500, einbezahlt werden muss (bei der UG theoretisch nur € 1, siehe hierzu weiter unten in diesem Kapitel im Abschnitt *Unternehmergesellschaft (haftungsbeschränkt) als kostengünstige kleine Schwester der GmbH*).
- Es gelten hohe Publizitätspflichten für Kapitalgesellschaften: Offenlegung des Jahresabschlusses, jährliche Erstellung einer veröffentlichungspflichtigen Bilanz und Gewinn-und-Verlust-Rechnung (Kosten für Steuerberater und Veröffentlichung).

- Eine GmbH unterliegt in vollem Umfang den Vorschriften des Handelsgesetzbuchs, das heißt der Verpflichtung zur Führung von Handelsbüchern und der Erstellung von Handelsbilanzen.
- Strenge Geschäftsführerhaftung, insbesondere wenn die GmbH in eine Krise gerät: Grundsätzlich reicht die fahrlässige Verletzung von Pflichten des Geschäftsführers aus, um eine unbegrenzte Haftung des Geschäftsführers für dadurch entstandene Schäden mit seinem Privatvermögen nach sich zu ziehen.

## Welche Informationen benötigt der Notar?

Vor der Gründung einer GmbH benötigt der Notar mindestens die folgenden Informationen:

- Unternehmensname.
- Geschäftssitz des Startups.
- Angabe zum Unternehmensgegenstand.
- Vorname und Nachname, Geburtsdatum des Geschäftsführers oder der Geschäftsführer.
- Die Information, ob der Geschäftsführer einzelvertretungsbefugt sein soll und von den Beschränkungen des Insichgeschäfts in § 181 BGB befreit sein soll, z.B. wenn der Geschäftsführer die Möglichkeit haben soll, Verträge mit sich selbst abzuschließen.
- Vor- und Nachnamen aller Gesellschafter mit Geburtsdatum und Privatadresse mit jeweils übernommenen Geschäftsanteilen.

Eine Frage, die immer wieder auftaucht, ist, ob sich die Gründer bei der GmbH-Gründung z.B. von anderen Gesellschaftern vertreten lassen können. Dies ist mit einer *notariellen Vollmacht* möglich. Der zu vertretende Gesellschafter unterzeichnet vorab bei einem Notar seiner Wahl eine notarielle Vollmacht. Diese Vollmacht kann zeitlich begrenzt erteilt werden, sollte aber einen gewissen zeitlichen Puffer für Verzögerungen haben. Alle Gründer, die dem beurkundenden Notar nicht persönlich bekannt sind, müssen dann einen Reisepass oder Personalausweis zum Notartermin mitbringen.

---

### Hinweis: Notar

Der Notar muss die Beteiligten über die rechtliche Tragweite der getroffenen Vereinbarungen belehren und einen passenden juristischen Text formulieren. Die Notare stellen auch ein Muster eines Gesellschaftsvertrags für die Gründung zur Verfügung. Dieses Muster können Sie gemeinsam mit dem Notar vor dem Notartermin entsprechend anpassen. Sie sollten von dieser Möglichkeit Gebrauch machen und unbedingt nachfragen (spätestens beim Notartermin), wenn Sie z.B. eine Klausel nicht verstehen oder etwas anders regeln wollen.

---

# Die Gründungskosten richtig einschätzen

Die Gründung einer GmbH ist für Sie mit verschiedenen Kosten verbunden. Neben den *Notarkosten* sind *Handelsregisterkosten* zu zahlen. Hinzu kommen gegebenenfalls noch *Rechtsanwaltskosten* für die Beratung bei der Gründung und der Erstellung des Gesellschaftsvertrags.

Notare erheben für ihre Tätigkeit bundeseinheitliche Gebühren nach dem Gerichts- und Notarkostengesetz. Die Notarkosten richten sich nicht nach dem Aufwand, sondern entsprechen einem von der Leistung unabhängigen sogenannten Geschäftswert. Die Gebühren steigen nicht linear, stattdessen sind sie degressiv ausgestaltet. Das bedeutet beispielsweise, dass die Notarkosten bei der Wahl des doppelten Stammkapitals bei Gründung nicht etwa auch doppelt so hoch sind, sondern dass eine Geschäftsgebühr z. B. nur von € 125 auf € 192 steigt.

Dabei unterscheiden sich die Gründungskosten je nachdem, ob die GmbH einen oder mehrere Gesellschafter hat.

Die Gründungskosten belaufen sich bei mehreren Gesellschaftern bei der Wahl des Mindeststammkapitals von € 25.000, der Bestellung des Geschäftsführers und der Erstellung der Gesellschafterliste durch den Notar bei einer Bargründung in der Regel auf einen Betrag in Höhe von ca. *€ 700 bis € 800* für Notar und Registergericht. Bei der Beurkundung in *englischer Sprache* oder in *Englisch/Deutsch* erhöht sich die Notargebühr um 30 %.

Bei Sachgründungen oder einem höheren Stammkapital steigen die Gründungskosten. Weil bei der Festlegung der Gebühren bei der Sachgründung ein gewisser Ermessensspielraum besteht, sollten Sie den Notar vor der Beurkundung um eine Kostenschätzung bitten.

Die Beratung durch einen Notar zum Gesellschaftsvertrag, einschließlich der Entwurfstätigkeit, ist unabhängig von der Schwierigkeit und dem Aufwand in den Beurkundungskosten enthalten.

Die Gebühren sind gesetzlich festgelegt, abweichende Kostenvereinbarungen mit ermäßigten oder erhöhten Gebühren sind verboten und unwirksam. Allerdings hat der Notar in einigen Situationen einen gewissen Ermessensspielraum hinsichtlich der anzusetzenden Gebühr und der Höhe des Gegenstandswerts, insbesondere bei der Sachgründung.

Häufig wird der Notar mit Angelegenheiten beauftragt, die nicht dem *Beurkundungszwang* unterliegen (z. B. die Erstellung der Gesellschafterliste, die Bestellung des Geschäftsführers oder die Überwachung der Einzahlung des Stammkapitals) und nicht zwingend von einem Notar zu erledigen sind. Dementsprechend können Sie letztlich die Höhe der notariellen Kosten insofern beeinflussen, dass Sie z. B. einzelne Dokumente selbst erstellen.

Wird ein Rechtsanwalt mit der Erstellung dieser Dokumente beauftragt, wird es meist keine Kostenersparnis gegenüber der Beauftragung eines Notars geben.

## Hinweis: Fehlerhafte Dokumente

Selbst erstellte fehlerhafte Dokumente können zu erheblichen Verzögerungen bei der Eintragung des Startups in das Handelsregister führen. Des Weiteren tauchen Fehler, die sich z.B. bei der Einzahlung des Stammkapitals eingeschlichen haben, unter Umständen erst Jahre später im Rahmen einer Transaktion auf und sind dann nur sehr umständlich und kostenintensiv zu korrigieren. Es sollte daher gut überlegt werden, ob Sie bei diesen Notarkosten sparen wollen.

### Reduzierung der Gründungskosten bei der GmbH-Gründung

Bei der Gründung einer GmbH richtet sich der Gegenstandswert nach dem Stammkapital, wobei ein Mindestwert von € 30.000 besteht. Es ist für die Kosten des Gründungsbeschlusses also gleichgültig, ob Sie mit € 25.000 oder € 30.000 Stammkapital gründen. Teurer wird es erst bei der Wahl eines höheren Stammkapitals. Die Notarkosten belaufen sich dann auf € 125 bis € 250 zuzüglich anfallender Umsatzsteuer, je nachdem, ob Sie allein oder gemeinsam mit mehreren Gesellschaftern gründen.

Für den Entwurf der Handelsregisteranmeldung und die Beglaubigung der Unterschrift des Geschäftsführers fallen € 62,50 an, soweit das Stammkapital € 30.000 nicht übersteigt. Zusätzlich müssen die Daten in einem bestimmten Format an das Handelsregister übersandt werden, was mit weiteren € 37,50 zu Buche schlägt.

Die Nebenkosten für Kopien etc. und Auslagen für Post und Telekommunikationsdienstleistungen betragen häufig ca. € 50 zuzüglich Umsatzsteuer und werden teilweise pauschal ohne konkreten Nachweis abgerechnet.

Die Notarkosten sind dabei umsatzsteuerpflichtig, die Kosten des Handelsregisters sind umsatzsteuerfrei.

Die Gründer der GmbH sind zwar zunächst gesetzlich verpflichtet, die Kosten der Gründung zu tragen, sie können aber im Gesellschaftsvertrag eine Regelung aufnehmen, die bestimmt, dass die GmbH die Kosten ihrer Gründung selbst trägt. Dies ist absoluter Standard und meist schon in der letzten Klausel des Gesellschaftsvertragsentwurfs Ihres Notars oder Rechtsanwalts enthalten. Vorteil ist, dass sich die Gesellschaft die Umsatzsteuer auf die Notargebühren über den Vorsteuerabzug vom Finanzamt erstatten lassen kann. Außerdem kann die Gesellschaft die Gründungskosten so als Betriebsausgaben geltend machen. Der Gründer als Privatperson kann das meist nicht.

Zu beachten ist aber, dass die entsprechende Klausel aus Transparenzgründen die Höhe des maximal zu übernehmenden Gründungsaufwands ausdrücklich im Gesellschaftsvertrag bestimmt.

*»Die Gesellschaft trägt die mit ihrer Errichtung anfallenden Kosten (Rechts- und Steuerberatungskosten, Notar- und Registergerichtsgebühren einschließlich Veröffentlichungskosten) bis zu einem Betrag von € 2.500.«*

### Einsparpotenzial bei der GmbH-Gründung

Der Geschäftsführer muss im Rahmen eines Gesellschafterbeschlusses bestellt werden. Diese *Geschäftsführerbestellung* ist in der Regel in dem Vordruck der notariellen Gründungsurkunde des Notars enthalten. Sie können die Bestellung des Geschäftsführers aber auch selbst, z.B. kurz vor dem Notartermin, übernehmen. Der Geschäftsführer ist dann weiterhin verpflichtet, eine *Liste der Gesellschafter* zu erstellen und diese beim Handelsregister einzureichen. Ein Notar ist auch hierfür nicht zwingend erforderlich.

### Praxistipp: Geschäftsführer selbst bestellen und Gesellschafterliste selbst erstellen

Erstellen Sie eine von allen Geschäftsführern unterschriebene Gesellschafterliste und bestellen den Geschäftsführer selbst, können Sie bei einer Gründung mit dem Mindeststammkapital Kosten zwischen € 150 und € 300 zuzüglich Umsatzsteuer sparen, je nachdem, ob Sie allein oder mit weiteren Gesellschaftern das Startup gründen.

Informieren Sie Ihren Notar vorab darüber, dass Sie die Dokumente erstellen, und bringen Sie die selbst erstellte Geschäftsführerbestellung und die Gesellschafterliste zum Notartermin mit. Während des Termins sollten Sie jedoch nicht nachfragen, ob der Bestellungsbeschluss und die Gesellschafterliste so korrekt erstellt sind – es fallen sonst gegebenenfalls wieder die üblichen Notargebühren an.

### Hinweis: Privatadressen nicht in die Gesellschafterliste aufnehmen

Da die Gesellschafterliste im Handelsregister veröffentlicht wird, sollten keine Privatadressen in der Gesellschafterliste auftauchen, der Wohnort der Gesellschafter ist ausreichend.

## Hinweis: Die Gesellschafterliste ist extrem wichtig

Die im Handelsregister veröffentlichte Gesellschafterliste hat eine ganz wichtige Bedeutung, da im Innenverhältnis gegenüber der Gesellschaft nur der in die Gesellschafterliste eingetragene Gesellschafter rechtlich als Gesellschafter angesehen wird. Das bedeutet, dass Gesellschafterbeschlüsse unwirksam sein können, wenn jemand an der Abstimmung teilnimmt, der nicht auf der Gesellschafterliste steht – es ist dabei egal, ob er eigentlich der richtige berechtigte Gesellschafter ist. Andererseits kann jemand, der unberechtigterweise auf der Gesellschafterliste steht, in der Regel wirksam mit abstimmen, selbst wenn er seinen Geschäftsanteil bereits verkauft hat. Daher sollten die Änderungen der Gesellschafterliste immer umgehend dem Handelsregister durch Einreichung einer neuen Gesellschafterliste angezeigt werden, erst dann können die Gesellschafterrechte umfassend vom neuen Gesellschafter ausgeübt werden.

Eine GmbH-Gründung darf erst dann beim Handelsregister angemeldet werden, wenn mindestens die Hälfte des Stammkapitals eingezahlt worden ist. Der Notar wird deshalb oft beauftragt, die Einzahlung des Stammkapitals zu überwachen. Diese Dienstleistung des Notars kostet € 62,50 zuzüglich Umsatzsteuer. Der Geschäftsführer der GmbH kann die Einzahlung des Stammkapitals aber auch selbst überprüfen. Er teilt dem Notar dann mit, dass das Stammkapital ordnungsgemäß eingezahlt ist, und beauftragt ihn lediglich, die Anmeldung einzureichen.

Allerdings ist zu bedenken, dass Haftungsrisiken entstehen können oder gar eine Strafverfolgung der Geschäftsführer wegen falscher Versicherung drohen kann, wenn hier Fehler gemacht werden. Insoweit kann es sinnvoll sein, diese Notarkosten zu investieren.

### Welche Handelsregisterkosten/Handelskammergebühren fallen an?

Das Registergericht berechnet für die *Eintragung in das Handelsregister* bei einer Bargründung eine Pauschalgebühr in Höhe von € 150. Für eine Sachgründung sind pauschal € 240 zu zahlen. Weitere Eintragungskosten fallen an bei: der Sitzverlegung bei Wechsel der Gerichtszuständigkeit (€ 140), der Bestellung des Geschäftsführers oder Prokuristen (€ 70), der Entgegennahme der Gesellschafterliste nach Gesellschafterwechsel (€ 30).

## Praxistipp: Handelsregister

Unter der Internetadresse *www.handelsregister.de* kann kostenfrei nach einzelnen Firmen und Handelsregisterbekanntmachungen recherchiert werden. Weitere Inhalte des Handelsregisters (z.B. Gesellschaftsverträge und Gesellschafterlisten) können kostenpflichtig für einen Betrag zwischen € 1,50 und € 4,50 abgerufen werden. Allerdings müssen Sie sich zunächst registrieren.

Außerdem können *Mitgliedsbeiträge* in Höhe von jährlich ungefähr € 150 an die *Industrie-* und *Handelskammern* hinzukommen. Die Höhe variiert von Bundesland zu Bundesland. Einige Bundesländer befreien Startups in den ersten Jahren von den Mitgliedsbeiträgen.

## Checkliste: Gründung einer GmbH

- Rahmenbedingungen festlegen: Unternehmensname, Geschäftssitz, Unternehmensgegenstand, Höhe des Stammkapitals, Gesellschafter mit Privatadresse(n) und übernommenen Geschäftsanteilen, Name des Geschäftsführers/der Geschäftsführer.
- Anfrage bei der IHK bezüglich Zulässigkeit des Unternehmensnamens und des Unternehmensgegenstands sowie Klärung gegebenenfalls bestehender gewerblicher Genehmigungspflichten.
- Gegebenenfalls Unternehmensnamen über eine Marken- und Firmenähnlichkeitsrecherche absichern.
- Notartermin vereinbaren.
- Einigung auf Gesellschaftsvertrag (Muster des Gesellschaftsvertrags gibt es z.B. beim Notar) mit den weiteren Gesellschaftern; Anfertigung der Gesellschafterliste; gegebenenfalls Einigung auf Gesellschaftervereinbarung und eine Geschäftsordnung für die Geschäftsführung (für beide Dokumente ist nicht unbedingt ein Notar erforderlich, wenn keine beurkundungspflichtigen Bestandteile enthalten sind).
- Notarielle Beurkundung beim Notar (Anwesenheitspflicht des Geschäftsführers, die Gesellschafter können sich vertreten lassen, wenn eine beglaubigte/beurkundete Vollmacht vorliegt).
- Bankkontoeröffnung (zunächst für die GmbH i.G., ein Privatbankkonto der Gründer darf nicht genutzt werden), Vorlage einer notariell beglaubigten Abschrift des Gründungsbeschlusses samt Gesellschaftsvertrag.
- Einzahlung des Stammkapitals auf das Gesellschaftskonto mit dem Verwendungszweck: »Stammeinlage Gesellschaftername Geschäftsanteile Nr. X bis XXXX« bei Bargründung oder bei Sachgründung: Sachgründungsbericht und Wertermittlung der einzubringenden Wirtschaftsgüter.
- Gegebenenfalls Nachweis der Einzahlung des Stammkapitals gegenüber dem Notar oder Bestätigung des Geschäftsführers, dass das Stammkapital vollständig eingezahlt wurde.
- Elektronische Anmeldung der GmbH beim Handelsregister durch den Notar.
- Gewerbeanmeldung, gegebenenfalls Gewerbeerlaubnis.
- Gegebenenfalls Anmeldung der GmbH beim Finanzamt.
- Signaturen/Homepage/Impressum/Briefpapier anpassen.

- Bezahlung des Notars und der Gebühren des Handelsregisters für die Eintragung.
- Eröffnungsbilanz durch Steuerberater oder selbst erstellen.
- Anmeldung bei der zuständigen Berufsgenossenschaft binnen einer Woche nach tatsächlichem Betriebsbeginn.
- Vorsicht, Handelsregister-Spam.

## Unternehmergesellschaft (haftungsbeschränkt) als kostengünstige kleine Schwester der GmbH

Wie schon erläutert, entscheiden sich die meisten Gründer noch immer für die »klassische« GmbH. Eine Gesellschaftsform, die in den letzten Jahren allerdings immer beliebter geworden ist, ist die kleine Schwester der GmbH – die haftungsbeschränkte Unternehmergesellschaft.

Diese Gesellschaftsform ist erst 2008 vom Gesetzgeber im Rahmen des »Gesetzes zur Modernisierung des GmbH-Rechts und zur Bekämpfung von Missbräuchen« (kurz MoMiG) eingeführt worden.

Hintergrund war, dass immer mehr deutsche Gründer die britische Gesellschaftsform der Limited (kurz Ltd., siehe weiter unten in diesem Kapitel unter im Abschnitt *Ist die Gründung einer Limited noch zeitgemäß?*) gründeten, was durch Änderung der europäischen Rechtsprechung möglich wurde. Es entwickelte sich um die britische Limited in der deutschen Startup-Szene geradezu ein Hype. Die Bundesregierung wollte der Zunahme von ausländischen Gesellschaftsformen etwas entgegensetzen und eine deutsche Gesellschaftsform mit ähnlichen Vorteilen bieten.

Inzwischen hat die *Unternehmergesellschaft* die britische Rechtsform der Limited in Deutschland zum großen Teil verdrängt. Diese Entwicklung dürfte sich durch den Brexit noch weiter verstärken.

Dass die Gesellschaftsform der Unternehmergesellschaft auch gegenüber der »klassischen« GmbH immer beliebter wird, belegen die mehr als 140.000 Eintragungen ins Handelsregister seit Einführung der Unternehmergesellschaft im Jahr 2008.

Bei der Unternehmergesellschaft handelt es sich um *keine eigene Rechtsform*, sondern um eine Unterform der GmbH, sodass die Regelungen des GmbH-Gesetzes auch für die Unternehmergesellschaft gelten.

Das Hauptunterscheidungsmerkmal zwischen den beiden Gesellschaften ist die *notwendige Kapitaleinlage*. Bei der haftungsbeschränkten Unternehmergesellschaft ist rein rechtlich lediglich ein Stammkapital von einem Euro notwendig – in der Praxis empfiehlt sich allerdings eine Summe, die deutlich höher liegt und zumindest die anfallenden Kosten für Notar und Registergericht deckt.

Neben der geringeren Kapitalausstattung der Unternehmergesellschaft besteht ein weiterer Vorteil (aus Sicht von Gründern) darin, dass sie – zumindest bei der Verwendung des unten beschriebenen Musterprotokolls – gegenüber der »klassischen« GmbH *schneller, einfacher und kostengünstiger* zu gründen ist. Auch können die Vorteile einer Personen- und einer Kapitalgesellschaft – vergleichbar mit der GmbH & Co. KG – durch die Errichtung einer UG (haftungsbeschränkt) & Co. KG kombiniert werden (siehe hierzu weiter unten in diesem Kapitel den Abschnitt *Wann empfiehlt sich die Gründung als GmbH & Co. KG?*).

Der Nachteil einer Unternehmergesellschaft ist, dass – anders als bei der »klassischen« GmbH – Sacheinlagen, wie Computer, Maschinen, die Einbringung eines Geschäftsbetriebs oder Kraftfahrzeugs, als Stammkapital unzulässig sind. Die Einlage, die in ihrer Höhe zwischen € 1 und € 24.999 festgesetzt werden kann, ist ausschließlich in Geldmitteln zu leisten.

---

### Hinweis: Sacheinlage in UG

Nach einem Urteil des Bundesgerichtshofs aus dem Jahr 2011 ist nach Gründung der UG eine Kapitalerhöhung auf mindestens € 25.000 auch in Form einer Sacheinlage zulässig.

---

Wenn Sie sich für die Gesellschaftsform der haftungsbeschränkten Unternehmergesellschaft entscheiden, müssen Sie jedoch weiterhin damit rechnen, dass Ihnen Geschäftspartner und Banken mit einem gewissen Misstrauen oder zumindest mit Zurückhaltung begegnen. Das kann dazu führen, dass es für Sie schwieriger wird, mit dieser Gesellschaftsform Kredite zu bekommen oder dass für die Lieferung von Waren von Geschäftspartnern Vorleistungen verlangt werden. Mit zunehmender Bekanntheit dieser Rechtsform hat sich jedoch die anfängliche Skepsis im Geschäftsverkehr immer mehr gelegt. Zudem sind viele Banken jungen Unternehmern gegenüber generell zurückhaltend – auch denen gegenüber, die sich für die GmbH entscheiden.

## Die Besonderheiten gegenüber der »klassischen« GmbH

Damit Sie besser einschätzen können, ob diese Gesellschaftsform zu Ihrem Unternehmen passt, stelle ich Ihnen kurz die Besonderheiten der haftungsbeschränkten Unternehmergesellschaft im Vergleich zur »klassischen« GmbH vor.

### Was muss ich beim Unternehmensnamen beachten?

Als Unternehmensname können Sie wie bei der GmbH *Personen-* oder *Fantasienamen* wählen. Ansonsten gilt, was in diesem Kapitel weiter oben im Abschnitt *Was muss beim Unternehmensnamen beachtet werden?* zum Unternehmensnamen der GmbH erläutert wurde.

Zur Kennzeichnung der (gegenüber der »klassischen« GmbH) geringeren Kapital-ausstattung der Gesellschaft müssen Sie immer die Bezeichnung »Unternehmerge-sellschaft (haftungsbeschränkt)« oder »UG (haftungsbeschränkt)« im Unterneh-mensnamen führen. Verkürzen Sie den Zusatz oder lassen Sie ihn ganz weg, kann ein Ordnungswidrigkeitsverfahren der zuständigen Behörde eingeleitet werden oder eine teure Abmahnung eines Wettbewerbers erfolgen.

---

### Hinweis: Zusatz »haftungsbeschränkt« konsequent verwenden

Achten Sie immer darauf, den Zusatz »haftungsbeschränkt« z.B. im Briefpapier, in der E-Mail-Signatur, auf der Internetseite und bei der Werbung mit anzugeben.

---

Bei Erreichen des Stammkapitals von € 25.000 kann die Bezeichnung »Unterneh-mergesellschaft (haftungsbeschränkt)« dann zugunsten des Rechtsformzusatzes »GmbH« aufgegeben werden, was unkompliziert möglich ist.

### Ein Euro Stammkapital ist bei der Gründung ausreichend

Es ist tatsächlich kein Mythos, dass zur Gründung einer Unternehmergesellschaft bereits ein Stammkapital von *einem Euro* genügt. Die Höhe des Stammkapitals kann im Rahmen von € 1 bis € 24.999 frei von Ihnen bestimmt werden. Sie sollten die Höhe des erforderlichen Stammkapitals jedoch genau prüfen – ein zu niedriger Stammkapitalbetrag ist mit erheblichen Risiken für die Gesellschaft und die Ge-schäftsführer verbunden, weil schnell eine Überschuldung (Insolvenz) drohen kann.

---

### Achtung: Überschuldungsrisiko

Eine mit einem zu niedrigen Stammkapital ausgestattete Gesellschaft kann bereits von Beginn an überschuldet sein mit der Folge, dass der Geschäftsführer dann zur Insolvenzanmeldung verpflichtet ist (sogenannte Insolvenzantragspflicht).

---

#### BEISPIEL

Die Gründer entscheiden sich aus steuerlichen Gründen dafür, dass die Unter-nehmergesellschaft selbst die Gründungskosten trägt, da die Gründungskos-ten dann von der UG als Betriebsausgaben abgesetzt werden können. Sollte die Unternehmergesellschaft nun aber selbst über weniger Stammkapital verfü-gen, als Gründungskosten anfallen, liegt gleich zu Beginn der unternehmeri-schen Tätigkeit eine Überschuldung der Unternehmergesellschaft vor, die zur Insolvenz der Unternehmergesellschaft führt.

Ein Überschreiten des Stammkapitals und die damit einhergehende sofortige Überschuldung muss das Registergericht berücksichtigen. In einem solchen Fall ist die Gesellschaft bereits nicht eintragungsfähig. Bei Verwendung des *Musterprotokolls*, das im Internet unter *https://www.gesetze-im-internet.de/normengrafiken/ bgbl1_2008/j2026_0010.pdf* veröffentlicht ist, besteht diese Gefahr jedoch nicht, da es dort (unter Nr. 5 Satz 1) heißt:

> *»Die Gesellschaft trägt die mit der Gründung verbundenen Kosten bis zu einem Gesamtbetrag von € XXX, höchstens jedoch bis zum Betrag ihres Stammkapitals.«*

### Hinweis: Kapitalausstattung der UG

Viele Registergerichte verlangen daher z.B. ein Mindestkapital von € 301 bei Verwendung des Musterprotokolls. Zu empfehlen ist insgesamt aber eine Ausstattung von mindestens € 1.000 oder, anders ausgedrückt, eine Kapitalausstattung, die in jedem Fall ausreicht, um die Kosten des Notars, des Registers und des Kreditinstituts für die Eröffnung und Führung eines Bankkontos zu decken.

Überlegen Sie, wie viel Kapital Sie für die Aufnahme Ihres Geschäftsbetriebs realistischerweise benötigen. Wenn Sie nach der Gründung der Unternehmergesellschaft noch keine Einnahmen erwirtschaften, müssen die laufenden Kosten aus dem Stammkapital gedeckt werden. Es liegt auf der Hand, dass € 1.000 Stammkapital dann schnell ausgegeben sind. Jegliche spätere Zuführung weiteren Stammkapitals ist mit weiteren Kosten und (steuer-)rechtlichen Risiken verbunden. Weiteres (Stamm-)Kapital können Sie der Unternehmergesellschaft z.B. im Rahmen einer *Kapitalerhöhung* gewähren. Der Ablauf ist hier jedoch formalisiert, relativ zeitaufwendig und mit weiteren Notarkosten verbunden. Eine andere Möglichkeit ist z.B., der Gesellschaft ein *Gesellschafterdarlehen mit Rangrücktritt* zu gewähren. Sie sollten aber in diesen Fällen unbedingt einen spezialisierten Rechtsanwalt hinzuziehen.

Eine Beteiligung eines Investors ist bei zu niedrigem Stammkapital ebenfalls unpraktisch. Bei einem Stammkapital von einem Euro würde die Ausgabe nur eines weiteren Geschäftsanteils zu einem Euro den Geschäftsanteil des Gründers um 50% verwässern. Auch aus diesem Grund empfehle ich Ihnen, kein zu geringes Stammkapital bei der Unternehmensgründung zu wählen.

Im Ergebnis kann es daher für die haftungsbeschränkte Unternehmergesellschaft sinnvoll sein, bereits mit *einigen Tausend Euro* als Stammkapital ausgestattet zu sein. Dies gilt allerdings nicht für *reine Holdinggesellschaften*, die nur die Geschäftsanteile des eigentlichen operativ tätigen Startups halten (siehe hierzu in diesem Kapitel unten den Abschnitt *Besonderheiten und Vorteile einer Holdingstruktur*).

## Hinweis: Bei hohen Investitionen gleich eine GmbH gründen

Bei der GmbH besteht lediglich die Pflicht, dass 50% des Stammkapitals von mindestens € 25.000 sofort einzuzahlen sind, sodass bei Gründung der GmbH nur € 12.500 aufzubringen sind. Wenn das jeweilige Geschäftsmodell sowieso Kapital über € 12.500 benötigt (z.B. für die Entwicklung einer App), empfehle ich Ihnen gleich die Gründung einer GmbH, ohne den Zwischenschritt über die Unternehmergesellschaft zu gehen.

## Hinweis: Einzahlung des Stammkapitals

Einlagen des Stammkapitals dürfen erst nach dem Datum der Beurkundung der UG-Gründung erfolgen, da frühere Zahlungen keine Tilgungswirkung haben können und gegebenenfalls noch einmal eingezahlt werden müssen.

### Gewinne der UG dürfen nicht frei verwendet werden (sogenannte Ansparpflicht)

Für eine Unternehmergesellschaft besteht eine sogenannte *Ansparpflicht*. Konkret bedeutet das für Sie, dass die Gesellschaft ein *Viertel des Jahresüberschusses* (gemindert um einen etwaigen Verlustvortrag aus dem Vorjahr) einbehalten muss und nicht an die Gründer und die anderen Gesellschafter auszahlen darf. Dies gilt so lange, bis das Stammkapital auf einen Betrag in Höhe von € 25.000 angewachsen ist.

Danach entfällt die *Pflicht zur Rücklagenbildung* – und die Gewinne können von Ihnen in voller Höhe frei verwendet werden.

## Wie gründe ich eine Unternehmergesellschaft?

Für die Gründung einer Unternehmergesellschaft gelten, mit einigen Ausnahmen (z.B. hinsichtlich der Sachgründung), die gleichen Ausführungen wie für die GmbH. Daher lesen Sie bitte diese Ausführungen weiter oben in diesem Kapitel im Abschnitt *Wie gründe ich eine GmbH, und worauf ist dabei zu achten?*.

## Hinweis: Musterprotokoll

Am unkompliziertesten und kostengünstigsten ist das Gründungsprozedere, wenn Sie das Musterprotokoll als Gesellschaftsvertrag bei sogenannten Standardgründungen verwenden: Dieses Musterprotokoll sieht maximal drei Gesellschafter und nur einen Geschäftsführer vor.

Die Musterprotokolle sind im Internet frei unter folgendem Link verfügbar:

*http://www.gesetze-im-internet.de/normengrafiken/bgbl1_2008/j2026_0010.pdf*

## Hafte ich bei Gründung einer UG wirklich nicht mehr persönlich?

Was bedeutet überhaupt der Zusatz »haftungsbeschränkt«? Die Haftungsbeschränkung funktioniert genauso wie bei der GmbH, das heißt, die Gläubiger der Gesellschaft können grundsätzlich nur auf das *Gesellschaftsvermögen* und nicht auf das *Privatvermögen* ihrer Gesellschafter zugreifen, soweit diese ihre selbst festgelegten Einlagen von € 1 bis 24.999 voll eingezahlt haben (siehe hierzu in diesem Kapitel weiter oben den Abschnitt *Haften die Gesellschafter einer GmbH wirklich nicht mehr persönlich?*).

Wie bei der GmbH gibt es auch bei der Unternehmergesellschaft drei unterschiedliche Gründungsphasen: die *Vorgründungsgesellschaft*, die *Vor-Unternehmergesellschaft* und die *Unternehmergesellschaft* (siehe hierzu weiter oben in diesem Kapitel im Abschnitt *Haften die Gesellschafter einer GmbH wirklich nicht mehr persönlich?*).

## Die Gründungskosten richtig einschätzen

Bei der Gründung einer Unternehmergesellschaft fallen nur geringe Kosten an, wenn Sie Musterprotokolle nutzen. Dann spricht man vom sogenannten vereinfachten Verfahren. Kostenrechtlich gilt für die Gründung einer Gesellschaft im vereinfachten Verfahren bei Verwendung der Musterprotokolle der Mindestwert von € 30.000 für Gesellschaftsverträge nicht. Das bedeutet, dass als Geschäftswert der Nominalbetrag des Stammkapitals (dessen Höhe Sie ja selbst bestimmen), also z. B. € 1, anzunehmen ist. Die Gründungskosten belaufen sich bei etwas höher gewähltem Stammkapital dann in der Regel auf einen Betrag von ca. *€ 200 bis € 300* (Kosten für Notar und Registergericht sowie gegebenenfalls zusätzlich anfallende Anwaltskosten).

## Checkliste: Gründung einer UG

- Rahmenbedingungen festlegen: Unternehmensname, Geschäftssitz, Unternehmensgegenstand, Gesellschafter mit Privatadresse und übernommenem Geschäftsanteil, Name des Geschäftsführers, Höhe des Stammkapitals.

- Anfrage bei der IHK bezüglich Zulässigkeit des Unternehmensnamens und des Unternehmensgegenstands sowie Klärung von gegebenenfalls bestehenden gewerblichen Genehmigungspflichten.

- Gegebenenfalls Unternehmensnamen über eine Marken- und Firmenähnlichkeitsrecherche absichern.

- Notartermin vereinbaren.

- Einigung auf Gesellschaftsvertrag (Muster des Gesellschaftsvertrags gibt es z. B. beim Notar) mit den anderen Gesellschaftern; Anfertigung der Gesellschafterliste oder Verwendung des Musterprotokolls (enthält Gesellschaftsvertrag, Geschäftsführerbestellung und Gesellschafterliste); gegebenenfalls Einigung auf Gesellschaftervereinbarung und Geschäftsordnung für die Geschäftsführung (mit beiden Dokumenten hat der Notar nichts zu tun, wenn keine beurkundungspflichtigen Bestandteile enthalten sind).

- Notarielle Beurkundung beim Notar (Anwesenheitspflicht des Geschäftsführers, die Gesellschafter können sich vertreten lassen, wenn eine beglaubigte/beurkundete Vollmacht vorliegt).

- Bankkontoeröffnung (zunächst für die UG i. G., ein Privatbankkonto der Gründer darf nicht genutzt werden), Vorlage einer notariell beglaubigten Abschrift des Gründungsbeschlusses samt Gesellschaftsvertrag oder Musterprotokoll.

- Einzahlung des Stammkapitals auf das Gesellschaftskonto mit dem Verwendungszweck: »Stammeinlage Gesellschaftername Geschäftsanteile Nr. X bis XXXX«.

- Gegebenenfalls Nachweis der Einzahlung des Stammkapitals gegenüber dem Notar oder Bestätigung des Geschäftsführers, dass das Stammkapital vollständig eingezahlt wurde; elektronische Anmeldung der Unternehmergesellschaft beim Handelsregister durch den Notar.

- Gewerbeanmeldung, gegebenenfalls Gewerbeerlaubnis.
- Gegebenenfalls Anmeldung der Unternehmergesellschaft beim Finanzamt.
- Signaturen/Homepage/Impressum/Briefpapier anpassen.
- Bezahlung des Notars und der Gebühren des Handelsregisters für die Eintragung.
- Eröffnungsbilanz durch Steuerberater oder selbst erstellen.
- Anmeldung bei der zuständigen Berufsgenossenschaft binnen einer Woche nach tatsächlichem Betriebsbeginn.
- Vorsicht, Handelsregister-Spam.

# Wann empfiehlt sich die Gründung als GmbH & Co. KG?

Die Gesellschaftsform der GmbH & Co. KG wird von Startups neben der GmbH und der Unternehmergesellschaft ebenfalls vereinzelt in Erwägung gezogen und erfreut sich in der Praxis unter Startups tatsächlich immer noch einer gewissen Beliebtheit.

Nachdem diese Gesellschaftsform in der Vergangenheit durch Investmentfonds, die häufig große Verluste machten, etwas in Verruf geraten war, hat sich ihr Image inzwischen wieder verbessert.

Das Vertragskonstrukt GmbH & Co. KG ist dabei eine besondere *Form der Kommanditgesellschaft, also keine Kapitalgesellschaft wie die GmbH*. Sie ist damit in der Kombination im Grunde eine »Personengesellschaft mit beschränkter Haftung«. Die GmbH & Co. KG entsteht durch eine Kombination aus einer GmbH und mindestens einer natürlichen Person als Gesellschafter der KG. Es ist auch möglich, eine UG (haftungsbeschränkt) & Co. KG mit geringerem Stammkapital zu gründen.

Die Kommanditgesellschaft hat mit den unbeschränkt haftenden *Komplementären* und den sogenannten *Kommanditisten* zwei verschiedene Arten von Gesellschaftern. Grundsätzlich haftet ein Kommanditist nur mit seiner Einlage und ein Komplementär unbeschränkt mit seinem gesamten Privatvermögen.

Der Vorteil der Struktur einer GmbH & Co. KG ist, dass eine haftungsbeschränkte GmbH oder Unternehmergesellschaft die eigentlich voll haftende Komplementärstellung einnimmt, sodass es in diesem Konstrukt *ausschließlich beschränkt haftende Gesellschafter* gibt und somit faktisch eine Haftungsbeschränkung für eine Personengesellschaft erzielt wird. Die recht komplizierte Konstruktion aus GmbH und KG kann sich z.B. bei *größeren Gesellschaftsvermögen* lohnen oder wenn es sich um *schwierige Eigentumsverhältnisse* oder *große Gesellschafterkreise* handelt.

# Wie gründe ich eine GmbH & Co. KG, und worauf ist zu achten?

Zunächst müssen Sie mit einem notariell beurkundeten Gesellschaftsvertrag die Komplementär-GmbH oder -UG gründen und ins Handelsregister eintragen, oder Sie verwenden eine bereits bestehende GmbH oder UG für das Unternehmenskonstrukt. Anschließend gründet dann die GmbH oder UG zusammen mit einer »natürlichen« Person – beispielsweise mit einem Gesellschafter der GmbH – die Kommanditgesellschaft. Deren Gesellschaftsvertrag muss dann nicht notariell beurkundet werden.

Während die GmbH erst mit ihrer Eintragung ins Handelsregister entsteht, entsteht die gewerblich tätige Kommanditgesellschaft bereits mit einvernehmlichem Beginn des Geschäfts. Aus Haftungsgesichtspunkten sollte die Eintragung der GmbH aber vor Beginn der Geschäftstätigkeit der KG erfolgt sein.

Im Regelfall hat die GmbH keine Einlage in die Kommanditgesellschaft zu erbringen und ist am Gewinn und Verlust der Kommanditgesellschaft nicht beteiligt.

Da die Kombination der Rechtsformen nicht gesondert im Gesetz geregelt ist, bringt diese Gesellschaftsform im Tagesgeschäft einen nicht zu unterschätzenden zusätzlichen Verwaltungsaufwand mit sich.

---

**Praxistipp: Abstimmung der Vertragswerke**

Die Vertragswerke von GmbH oder UG und KG sollten, um z.B. keine ungewollten Beteiligungsstrukturen entstehen zu lassen, unbedingt aufeinander abgestimmt sein. Insbesondere sollten die Gesellschaftsverträge für beide Gesellschaften abgestimmte Regelungen enthalten, z.B. zur Gewinnverwendung, sowie Automatismen für die Aufnahme neuer und das Ausscheiden alter Gesellschafter.

---

In vielen Fällen ist die Hauptmotivation für die Gründung einer GmbH & Co. KG der steuerliche Vorteil gegenüber einer Kapitalgesellschaft wie der UG, GmbH oder AG. Die Besteuerung des Konstrukts GmbH & Co. KG ist allerdings recht kompliziert.

Als Steuersubjekt kommen die Kommanditgesellschaft, die Komplementär-GmbH oder -UG, die Gesellschafter der Komplementär-GmbH und die Kommanditisten als natürliche Personen in Betracht.

---

**Praxistipp: Termin mit Steuerberater machen**

Ziehen Sie die Gründung einer GmbH & Co. KG in Erwägung, sollten Sie einen Termin bei einem fachkundigen Steuerberater vereinbaren, der die steuerlichen Aspekte und Themen erläutert.

---

## Was muss ich bei dem Unternehmensnamen beachten?

Bei der Firmierung, also der Namensgebung der Gesellschaften, ist zu beachten, dass sich KG- und GmbH-/UG-Unternehmensnamen voneinander *unterscheiden müssen*, wenn beide Gesellschaften an derselben Adresse eingetragen sind. Dabei reicht es aus, wenn ein Zusatz in die Firma der Komplementär-GmbH oder -UG eingebaut wird, z.B. »Muster Verwaltungs-GmbH« für die »Muster GmbH & Co. KG«.

Ansonsten gilt, was weiter oben in diesem Kapitel zum Unternehmensnamen der GmbH erläutert wurde (siehe in diesem Kapitel weiter oben den Abschnitt *Was muss beim Unternehmensnamen beachtet werden?*).

## Vorteile der GmbH & Co. KG

- Eine GmbH oder UG nimmt die Komplementärstellung ein, sodass keine natürliche Person haftungsrechtlich für Verbindlichkeiten der KG einzustehen hat. Die Haftung bleibt so auf die Kapitaleinlage der GmbH in die KG beschränkt; es handelt sich sozusagen um eine »Personengesellschaft mit beschränkter Haftung«.

- Änderungen des Gesellschaftsvertrags der KG müssen nicht beurkundet, sondern lediglich notariell beim Handelsregister angemeldet werden.

- Einige der steuerlichen Vorteile sind z.B., dass Wirtschaftsgüter gegebenenfalls steuerlich buchwertneutral übertragen werden können und ein recht unkomplizierter Zugriff der Gesellschafter auf ihre Gewinnanteile besteht; außerdem entstehen die Gewinne oder Verluste direkt beim Gesellschafter und können mit dessen positiven oder negativen Einkünften aus anderen Quellen verrechnet werden.

- Da die GmbH & Co. KG eine Personengesellschaft ist, kann sie von den gesellschaftsvertraglichen Gestaltungsfreiheiten im Personengesellschaftsrecht profitieren und ist damit flexibler.

- Da der Komplementär kein Mensch, sondern eine GmbH oder UG ist, kann es nicht zum Erbfall bzw. Versterben des Komplementärs kommen. Die GmbH & Co. KG kann daher leichter bzw. unkomplizierter über Generationen hinweg geführt werden.

## Nachteile der GmbH & Co. KG

- Die Gründung der GmbH & Co. KG ist teurer, aufwendiger und komplizierter als die Gründung einer GmbH oder UG.

- Es besteht ein höherer permanenter Beratungsbedarf, und die laufenden Kosten sind vergleichsweise hoch, da Formalitäten beim Betrieb von zwei verschiedenen Gesellschaftsformen, einer Kapitalgesellschaft und einer Personengesellschaft, entstehen.

- Des Weiteren bestehen recht umfassende Publizitätspflichten durch Offenlegung der Jahresabschlüsse von GmbH und KG.

- Selbst die GmbH & Co. KG hat wegen der faktischen Haftungsbeschränkung unter Umständen Probleme bei der Kreditbeschaffung, was aber bei einer Unternehmergesellschaft oder jungen GmbH häufig nicht anders ist.

- International ist die Gesellschaftsform nicht besonders bekannt, und daher investieren internationale und auch professionelle nationale Investoren gegebenenfalls nicht oder nur ungern.

## Checkliste: Gründung einer GmbH & Co. KG

Zuerst sollten Sie unbedingt ein Beratungsgespräch mit einem spezialisierten Steuerberater vereinbaren, ob sich in Ihrem konkreten Fall aus steuerlichen Gründen die Gründung einer GmbH & Co. KG lohnt. Entscheiden Sie sich dann für die GmbH & Co. KG, können beide Gründungen in einem Beurkundungstermin zusammengefasst werden, wobei folgende Reihenfolge eingehalten werden sollte:

- Gründung der GmbH.

- Gründung der KG.

- Gegebenenfalls Einbringung der GmbH-Anteile in die KG.

- Gründung der GmbH oder Gründung einer Unternehmergesellschaft (siehe oben)

- Gründung der Kommanditgesellschaft

- Rahmenbedingungen festlegen: Unternehmensname, Geschäftssitz, Unternehmensgegenstand, Name des Komplementärs (GmbH oder UG), Name des oder der Kommanditisten, Einlagenleistungen der Gesellschafter (Was muss von Kommanditisten an die KG geleistet werden?); im Handelsregister jeweils einzutragende Haftungssumme, Privatadressen.

- Anfrage bei der IHK bezüglich Zulässigkeit des Unternehmensnamens und des Unternehmensgegenstands sowie Klärung vom Geschäftsmodell abhängiger gegebenenfalls bestehender gewerblicher Genehmigungspflichten.

- Gegebenenfalls Unternehmensnamen über eine Marken- und Firmenähnlichkeitsrecherche absichern.

- Notartermin vereinbaren.

- Die KG wird dadurch gegründet, dass die Kommanditisten und die GmbH den Gesellschaftsvertrag der KG abschließen. Der Vertragsabschluss bedarf nicht der notariellen Beurkundung. Gleich danach wird die Anmeldung der KG zur Ersteintragung im Handelsregister unterzeichnet. Die Anmeldung bedarf der notariellen Unterschriftsbeglaubigung und erfolgt in der Regel zeitgleich mit der Gründung der GmbH.

- Eröffnung eines Geschäftskontos.

- Notar reicht die Handelsregisteranmeldung beim Handelsregister ein.
- Gegebenenfalls Einbringung der GmbH-Anteile durch notarielle Abtretung in die KG (nur bei Einheitsgesellschaft = A und B sind Kommanditisten der KG, sämtliche Anteile an der GmbH hält die KG selbst, sodass die KG alleinige Gesellschafterin ihrer eigenen Komplementärin ist).
- Gewerbeanmeldung, gegebenenfalls Gewerbeerlaubnis.
- Gegebenenfalls Anmeldung beim Finanzamt.
- Signaturen/Homepage/Impressum/Briefpapier anpassen.
- Anmeldung bei der zuständigen Berufsgenossenschaft binnen einer Woche nach dem tatsächlichen Betriebsbeginn.
- Vorsicht, Handelsregister-Spam.

# Ist die Gründung einer britischen Limited (Ltd.) noch zeitgemäß?

Meine klare Antwort: Nein. Vor Einführung der Unternehmergesellschaft (haftungsbeschränkt) war die britische Limited (formal richtig: *Private Company Limited by Shares*) bei Startups und Existenzgründern durchaus beliebt, da sie mit nur einem britischen Pfund Startkapital gegründet werden konnte. Mittlerweile gibt es für deutsche Startups keinen Grund mehr, diese Gesellschaftsform zu wählen – es sei denn, sie haben einen Bezug zum Commonwealth-Rechtsraum.

Die Limited war das Vorbild für die deutsche Unternehmergesellschaft (haftungsbeschränkt). Die UG wird daher auch als Antwort auf die englische Limited bezeichnet. In der Praxis hat die Unternehmergesellschaft die Limited praktisch vollständig abgelöst. Der Brexit wird diesen Trend wahrscheinlich noch einmal verstärken, deshalb wird hier nur ganz kurz auf diese ausländische Gesellschaftsform eingegangen.

## Welche Nachteile hat die Limited?

Sie können eine Limited auf den ersten Blick zwar sehr schnell, kostengünstig und ohne großen Aufwand gründen, allerdings sind die laufenden Kosten für Steuer- und Rechtsberatung sowie die (Lohn-)Buchhaltung im Verhältnis zu einer Unternehmergesellschaft oder GmbH sehr viel höher.

Soll das Geschäft der Limited in Deutschland stattfinden (z. B. durch eine Zweigniederlassung), müssen Sie eine *deutsche Gewerbeanmeldung* und eine *Handelsregistereintragung* vornehmen, und es werden dann auch die üblichen *IHK-Beiträge* fällig. Für Gewerbeanmeldung und Handelsregistereintragung müssen die englischen Dokumente (z. B. der Gesellschaftsvertrag) ins Deutsche übersetzt werden.

Es muss nach *deutschen und englischen steuerrechtlichen Regelungen bilanziert* und es muss jeweils eine Steuererklärung in England nach englischem Recht und in Deutschland nach deutschem Recht eingereicht werden. Sie sind also immer mit zwei unterschiedlichen Rechtssystemen konfrontiert, beispielsweise im Arbeits- und Gesellschaftsrecht. Wirklich kompliziert, selbst für Juristen, wird es, wenn z. B. die Insolvenz der Limited mit inländischem Verwaltungssitz droht oder die Verschmelzung der Limited auf eine deutsche GmbH angestrebt wird.

Die Limited benötigt eine *Adresse in England*, und dort muss die Post organisiert werden. Es kann geschehen, dass Sie teure sogenannte *Existenz-* und *Vertretungsbescheinigungen* vorlegen müssen.

Ein Nachteil für Existenzgründer, die eine Limited gründen, besteht in den *englischen Publizitätspflichten* wie der Erstellung des Jahresabschlusses und des Geschäftsberichts in englischer Sprache. Ein Verstoß gegen diese Publizitätspflichten wird schnell und mit hohen Geldstrafen und gegebenenfalls sogar mit der Löschung aus dem Register bestraft.

Deutsche Vermieter, Banken, Lieferanten und Geschäftspartner sind einer Limited gegenüber ebenfalls eher vorsichtig bis zurückhaltend eingestellt.

Streiten Sie sich mit Mitgesellschaftern, müssen Sie in *England klagen* oder können in *England verklagt werden.*

---

### Praxistipp: Besser Unternehmergesellschaft oder GmbH gründen

Wenn kein Bezug des Startups zum Commonwealth-Rechtsraum besteht, sollte anstatt einer Limited eine Unternehmergesellschaft (haftungsbeschränkt) oder eine GmbH gegründet werden.

---

# Die Aktiengesellschaft

Die Aktiengesellschaft ist zu Beginn eines Gründungsvorhabens selten die richtige Gesellschaftsform. Das liegt vor allem daran, dass ein recht hohes *Mindestgrundkapital von € 50.000* aufzubringen ist und dass die *Gründungskosten*, die *laufenden Kosten* sowie der *Verwaltungsaufwand* hoch sind (zusätzlicher mindestens dreiköpfiger Aufsichtsrat, sehr strenge Rahmenbedingungen durch das Aktiengesetz).

Dies zeigen auch die Zahlen des Statistischen Bundesamts, wonach nur etwa 1 % aller Gesellschaftsgründungen auf die Aktiengesellschaft entfällt.

Allerdings wechseln einige als GmbH gegründete Gesellschaften zu einem späteren Zeitpunkt in die Rechtsform einer Aktiengesellschaft. Die AG ist wie GmbH und Unternehmergesellschaft eine Kapitalgesellschaft mit eigener Rechtspersönlichkeit und hat damit die Fähigkeit, Träger von Rechten und Pflichten zu sein.

Die *Aktionäre* – sie entsprechen den Gesellschaftern bei der GmbH und sind damit die »Eigentümer« der Gesellschaft – unterliegen bei der AG *keiner persönlichen Haftung* mit ihrem Privatvermögen für Verbindlichkeiten und Schulden der AG. Die AG muss ins Handelsregister eingetragen werden und wird vom *Vorstand* geleitet, der vom *Aufsichtsrat*, einem zwingend vorgeschriebenen Organ, überwacht und gewählt wird. Die Aktionäre wählen den Aufsichtsrat und fassen generell ihre Beschlüsse in der Hauptversammlung. Die Gründung einer Aktiengesellschaft bedeutet nicht, dass Sie mit der Gesellschaft immer einen Gang an die Börse anstreben müssen.

## Was muss beim Unternehmensnamen beachtet werden?

Als Unternehmensname können Sie bei der Aktiengesellschaft Personen- oder Fantasienamen wählen. Der Unternehmensname muss aber den Rechtsformzusatz »Aktiengesellschaft« oder eine allgemein verständliche Abkürzung dieser Bezeichnung wie »AG« enthalten.

Ansonsten gilt, was in diesem Kapitel oben unter *Was muss beim Unternehmensnamen beachtet werden?* zum Unternehmensnamen der GmbH erläutert wurde.

## Was sind die wichtigsten Vorteile der AG?

- Die AG bietet umfangreichere Möglichkeiten zur Eigenkapitalbeschaffung, z.B. schnelle Erhöhung des Eigenkapitals durch die Ausgabe von Aktien.
- Ein entscheidender Unterschied und Vorteil gegenüber der GmbH ist, dass Aktien an Dritte übertragen werden dürfen, ohne dass die Anteilsübertragung durch den Notar beurkundet werden muss.
- Des Weiteren können Partner und Mitarbeiter durch die Ausgabe von Aktien einfacher an der Aktiengesellschaft beteiligt werden.
- Die AG genießt unter den Kapitalgesellschaften das höchste Ansehen bei Kunden und Geschäftspartnern.
- Die Aktiengesellschaft ist besser dazu geeignet, eine Vielzahl von Gesellschaftern/Aktionären zu verwalten.
- Bei Ausscheiden eines Aktionärs fällt nicht wie bei der GmbH eine Abfindungszahlung für den Gesellschafter an, die die Liquidität der Firma in akute Gefahr bringen kann. Bei der AG ist es die Aufgabe des ausscheidenden Aktionärs, einen Käufer für seine Anteile zu finden, hier besteht keine Pflicht der verbleibenden Gesellschafter zur Übernahme der Aktien.

## Was sind die wichtigsten Nachteile der AG?

Die folgende Übersicht listet die Nachteile der AG auf. Soweit nichts anderes angegeben ist, werden die Nachteile im Vergleich mit der GmbH aufgeführt.

- Mit € 50.000 ist das Mindestgrundkapital doppelt so hoch im Vergleich zur GmbH, wobei aber bei einer Bargründung auch bei der Aktiengesellschaft anfangs lediglich die Einzahlung von € 12.500 zwingend notwendig ist.

- Die Gründung ist ungefähr doppelt so teuer wie bei der GmbH.

- Für den laufenden Betrieb einer AG fallen höhere Kosten an, z.B. für den Aufsichtsrat (Spesen, gegebenenfalls Sitzungsgeld und Vergütungen) und für Berater. Der Aufwand liegt häufig pro Jahr um ca. € 10.000 höher als bei einer vergleichbaren GmbH.

- Werden Aufsichtsräte ausgetauscht, muss das im Handelsregister veröffentlicht werden, wodurch wiederum Notarkosten und gegebenenfalls Kosten für die Änderung von Briefpapier, Signaturen etc. entstehen.

- Die Aktionäre haben wesentlich weniger direkten Einfluss auf die Geschäftsleitung als die Gesellschafter einer GmbH auf den Geschäftsführer. Gerade das ist bei Startups häufig aber nicht gewollt.

- Gründer müssten bei Gründung einer AG mindestens drei vertraute Personen finden, die Aufsichtsratsposten übernehmen. Weil mit der Aufsichtsratstätigkeit eine Haftung verbunden ist und Startups häufig dem Aufsichtsrat keine Vergütung zahlen wollen oder können, scheidet die AG schon aus diesem Grund häufig als passende Gesellschaftsform aus.

- Die GmbH ist sehr viel flexibler in der Ausgestaltung, da im GmbH-Recht das Prinzip der Satzungsautonomie gilt. Sind sich die Gesellschafter einig, können sie über Satzung/Gesellschaftsvertrag fast alles so regeln, wie es ihren Interessen entspricht. Bei der AG besteht diese Möglichkeit größtenteils nicht (»Prinzip der Satzungsstrenge«). Die Spielräume für die Satzungsgestaltung sind sehr eng.

---

### Hinweis: Die sogenannte »kleine AG«

Die kleine AG stellt keine eigene Rechtsform dar; sie ist im Großen und Ganzen eine klassische AG. Für die kleine AG mit überschaubarem Aktionärskreis sind gewisse gesetzliche Lockerungen vorgesehen. Die kleine AG kann z.B. von einer Einzelperson gegründet werden. Dann ist der Gründer Vorstand und Aktionär in einer Person und bestimmt alle Themen mit. Dennoch müssen bei der kleinen AG mindestens drei Aufsichtsräte bestellt werden.

---

## Umwandlung einer GmbH in eine Aktiengesellschaft

Falls sich das Startup in der Rechtsform der GmbH sehr gut entwickelt und sich die AG zu einem späteren Zeitpunkt doch als die geeignetere Rechtsform erweist, weil die Gesellschaft z.B. im Rahmen eines IPO (Initial Public Offering) an die Börse gebracht werden soll, ist dies in der Regel durch einen entsprechenden *Um-*

---

*wandlungsvorgang* ohne sehr großen Aufwand möglich. Es fallen in der Regel auch keine zusätzlichen Steuern für die Umwandlung an. Allerdings muss in der Vorbereitung auf den Umwandlungsbeschluss in der Gesellschafterversammlung ein ausführlicher schriftlicher *Umwandlungsbericht* erstellt werden. In diesem Umwandlungsbericht sind die Umwandlung und insbesondere die künftige Beteiligung der Gesellschafter (Aktionäre) an der AG rechtlich und wirtschaftlich zu erläutern und zu begründen.

Natürlich kommen Sie bei einer Umwandlung nicht darum herum, einen Notar zu beauftragen, da ein *notariell* beurkundeter Gesellschafterumwandlungsbeschluss verlangt wird.

## Checkliste: Gründung einer AG

- Rahmenbedingungen festlegen: Unternehmensname, Geschäftssitz, Unternehmensgegenstand, Höhe des Grundkapitals (mindestens € 50.000), Namen der drei Aufsichtsräte und des Vorstands mit Privatadressen und Geburtsdatum, Name des Abschlussprüfers, Art der Aktien (Namens- oder Inhaberaktien, Nennwert- oder Stückaktien, Stämme oder Vorzüge (mit welchen Vorzugsrechten), wie viel je Aktie einzuzahlen ist.
- Anfrage bei der IHK bezüglich Zulässigkeit des Unternehmensnamens und des Unternehmensgegenstands sowie Klärung vom Geschäftsmodell abhängiger gegebenenfalls bestehender gewerblicher Genehmigungspflichten.
- Gegebenenfalls Unternehmensnamen über eine Marken- und Firmenähnlichkeitsrecherche absichern.
- Einigung auf Satzung und weitere Verträge.
- Notartermin machen.
- Notarielle Beurkundung beim Notar, mindestens Gründer, drei Aufsichtsräte und Vorstand:
  - Feststellung der Satzung
  - Zeichnung des Grundkapitals
  - Aufsichtsrat bestellen
  - Abschlussprüfer bestellen
  - erste Aufsichtsratssitzung (Mandatsübernahme, Wahl des Vorsitzenden und Stellvertreter, dann Ernennung des Vorstands)
  - Gründungsbericht vorbereiten
  - Gründungsprüfungsbericht
- Bankkontoeröffnung, ein Privatbankkonto der Gründer darf nicht genutzt werden; Einzahlung des Grundkapitals.
- Nachweis der Einzahlung des Grundkapitals gegenüber dem Notar; elektronische Anmeldung der AG beim Handelsregister durch den Notar.

- Bekanntmachung der Eintragung im Bundesanzeiger.
- Bezahlung des Notars und der Gebühren des Handelsregisters für die Eintragung.
- Gewerbeanmeldung, gegebenenfalls Gewerbeerlaubnis.
- Gegebenenfalls Anmeldung der AG beim Finanzamt.
- Signaturen/Homepage/Impressum/Briefpapier anpassen.
- Vorsicht, Register-Spam.

# Die Gesellschaft bürgerlichen Rechts als Grundform der Personengesellschaften

Die Rechtsform kann als Grundform oder Urform der Personengesellschaft bezeichnet werden und ist im Bürgerlichen Gesetzbuch (kurz BGB) in den §§ 705 ff. BGB geregelt. Die Gesellschaft bürgerlichen Rechts wird auch als »BGB-Gesellschaft« oder abgekürzt als »GbR« bezeichnet.

Die Gesellschaft bürgerlichen Rechts ist bei risikobehafteten Gesellschaftsmodellen nicht die richtige Gesellschaftsform. Falls es sich aber um ein risikoarmes Geschäftsmodell handelt, kann bei gemeinsamen Gründungen die Gründung einer GbR in Betracht gezogen werden.

Die GbR ist die am einfachsten zu gründende Gesellschaftsform. Im Unternehmensalltag ist sie unkompliziert und flexibel zu handhaben, da die Gesellschafter über den Gesellschaftsvertrag fast alles ganz individuell regeln und vereinbaren können.

Die GbR benötigt zur Gründung mindestens zwei Gesellschafter, wobei es keine Rolle spielt, ob es sich bei den Gesellschaftern um natürliche Personen oder um juristische Personen wie z. B. eine GmbH handelt.

Die GbR ist keine eigenständige juristische Person, sondern eine Personenvereinigung, die auf einem Vertragsverhältnis beruht und *trotzdem (teil-)rechtsfähig* ist (siehe in diesem Kapital weiter unten im Abschnitt *Ist die GbR rechtsfähig? Was sind eine GbR-Innengesellschaft und eine GbR-Außengesellschaft?*)

Schließen die Gesellschafter der GbR keinen individuellen Gesellschaftsvertrag, finden die allgemeinen gesetzlichen Regelungen des BGB Anwendung. Einige gesetzliche Regelungen, insbesondere zur Haftung Dritter gegenüber, können auch durch einen Gesellschaftsvertrag nicht geändert werden und sind nicht durch individuelle Regelungen zu ersetzen. Eine GbR wird nicht ins Handelsregister eingetragen.

Bewusst gewählt, wird die GbR häufig genutzt als Gesellschaftsform für Zusammenschlüsse von Freiberuflern, etwa Rechtsanwalts- oder Steuerberaterkanzleien, Arztpraxen und Architekturbüros. Ansonsten gründen viele Existenzgründer unbewusst in dieser Rechtsform, was im nächsten Abschnitt näher erläutert wird.

## Bin ich vielleicht schon Gesellschafter einer Gesellschaft bürgerlichen Rechts?

Wenn Sie sich in der Vorgründungsphase befinden und dieses Buch lesen, um mit anderen Gründern eine Geschäftsidee umzusetzen, sind Sie wahrscheinlich bereits Gesellschafter einer Gesellschaft bürgerlichen Rechts. Das gilt selbst dann, wenn eigentlich von Anfang an alle Gesellschafter eine GmbH gründen wollen.

Die *GmbH* »als solche« entsteht nämlich erst mit Eintragung in das Handelsregister. Bis zu diesem Zeitpunkt durchläuft sie zwei unterschiedliche Vorphasen. Eine GbR entsteht als sogenannte *Vorgründungsgesellschaft* nämlich schon sozusagen automatisch mit dem vertraglichen Zusammenschluss mehrerer Personen mit dem Zweck, z.B. eine GmbH zu gründen (siehe hierzu weiter oben in diesem Kapitel *Haften die Gesellschafter einer GmbH wirklich nicht mehr persönlich?*).

Die Gründung einer Gesellschaft bürgerlichen Rechts setzt dabei keinen formellen Akt wie z.B. eine notarielle Beurkundung voraus. Es ist nicht einmal ein schriftlicher Gesellschaftsvertrag nötig. Eine mündliche Vereinbarung reicht bereits aus – und sogar ein sogenanntes schlüssiges (konkludentes) Verhalten kann schon ausreichend sein.

Ein *konkludentes Handeln* liegt rechtlich dann vor, wenn eine Person ihren Willen stillschweigend zum Ausdruck bringt und der redliche Empfänger (also derjenige, der das schlüssige Verhalten mitbekommt) hieraus auf einen Rechtsbindungswillen schließen darf. Kurz gesagt, muss es für einen klar denkenden Dritten erkennbar sein, dass mindestens zwei Personen einen gemeinsamen Zweck verfolgen wollen.

Dass sie bereits in der Vorgründungsphase Gesellschafter einer GbR sein können, überrascht viele Gründer. Die daraus entstehenden umfassenden Folgen, insbesondere hinsichtlich der persönlichen gesamtschuldnerischen Haftung in der Vorgründungsphase, sind den Gründern häufig nicht bewusst.

---
**BEISPIEL**

Für die Ausgangssituation der gemeinsamen Umsetzung einer Geschäftsidee bedeutet das z.B., dass die Erstellung eines Businessplans, die Reservierung von Domainnamen, die Einreichung einer Markenanmeldung, das gemeinsame Programmieren von Software, das Führen von Bankgesprächen und gegebenenfalls jegliche andere Planungshandlung für sich genommen und insbesondere in Kombination ausreichend sein können, um eine Gesellschaft bürgerlichen Rechts durch schlüssiges Verhalten entstehen zu lassen.

---

Das Beispiel zeigt ganz anschaulich, dass so gut wie jede Unternehmung zunächst als GbR entsteht, da es eigentlich immer einiger Vorbereitungshandlungen bedarf. Unerheblich ist dabei, ob die Beteiligten jemals über das Verhältnis der Gründer untereinander oder die Wahl einer konkreten passenden Rechtsform gesprochen haben.

Problematisch wird es insbesondere, wenn die Gründer gar nicht wissen, dass sie Teil einer Gesellschaft bürgerlichen Rechts sind. Denn unter diesen Umständen haben sie natürlich keinen schriftlichen Gesellschaftsvertrag abgeschlossen, der das Miteinander der Gesellschafter in der Gesellschaft regelt.

In diesen Fällen gibt das BGB den Rahmen und die Ausgestaltung der GbR vor.

Dieser Rahmen entspricht häufig nicht dem, was die Gründer vereinbart hätten, hätten sie sich Gedanken über die einzelnen Punkte eines Gesellschaftsvertrags gemacht. Rechtlich gesehen, ist der vom Gesetz vorgegebene Rahmen keineswegs zwingend und könnte einfach durch eine Vereinbarung unter den Gesellschaftern anders geregelt werden.

Fehlen anderweitige Regelungen wie etwa der Gesellschaftsvertrag, geht das BGB davon aus, das alle Gesellschafter *in gleicher Höhe* an der GbR beteiligt und zur *Geschäftsführung* befugt sind. Jeder Gesellschafter kann die Gesellschaft *allein nach außen vertreten*. Im Innenverhältnis zwischen den Gesellschaftern sieht das BGB für die Beschlussfassungen der Gesellschafter aber *Einstimmigkeit* vor. Deshalb ist im Innenverhältnis grundsätzlich die Zustimmung aller Gesellschafter bei allen Entscheidungen notwendig, sodass jeder Gesellschafter faktisch ein Vetorecht hat und so Entscheidungen blockieren kann. Dass dies zumindest bei einer großen Anzahl an Gesellschaftern nicht mehr sinnvoll ist, leuchtet ein.

---
**BEISPIEL**

Vier Gründer sind mit jeweils 25 % der Anteile an der Gesellschaft bürgerlichen Rechts beteiligt. Um eine Entscheidung zu treffen, müssen alle vier Gesellschafter zustimmen. Jeder Gesellschafter kann aber allein rechtsverbindliche Verträge mit Dritten wie z. B. Geschäftspartnern eingehen, er macht sich, wenn nicht alle Gesellschafter zugestimmt haben, dann aber gegebenenfalls gegenüber den anderen Gesellschaftern schadensersatzpflichtig.

---

Häufig wird daher eine Regelung im Gesellschaftsvertrag getroffen, die von dem Einstimmigkeitsprinzip abrückt, z. B. Mehrheitsabstimmung nach Köpfen.

Außerdem geht das BGB davon aus, dass die GbR ohne sogenannte Fortsetzungsklausel aufgelöst wird, wenn ein Gesellschafter die GbR verlässt. Dies gilt auch, wenn mehr als zwei Gesellschafter nach dem Ausscheiden verbleiben.

---
**BEISPIEL**

Einer der vier Gesellschafter bekommt vier Jahre nach Gründung der Gesellschaft ein gutes Jobangebot von einem Kunden und geht wieder in eine Festanstellung. Dann muss die Gesellschaft mit allen rechtlichen und häufig erheblichen steuerrechtlichen Folgen (z. B. dem Aufdecken von stillen Reserven) aufgelöst und gegebenenfalls zwischen den verbleibenden Gründern neu gegründet werden.

---

Einige gesetzliche Regelungen können Sie aber auch nicht im Gesellschaftsvertrag abändern und durch individuelle Regelungen ersetzen.

Zum Beispiel kann die *gesamtschuldnerische unbeschränkte Haftung* aller Gesellschafter mit ihrem gesamten Privatvermögen nicht im Gesellschaftsvertrag so abgeändert werden, dass dies Dritten gegenüber wirksam wäre.

Eine Beschränkung der Außenvertretung gegenüber Dritten ist im Gesellschaftsvertrag ebenfalls nicht möglich, im Innenverhältnis kann dies aber vereinbart werden. Sollte also ein Gesellschafter allein ein risikoreiches Geschäft oder einen nachteiligen Vertrag für die GbR abschließen, ist dieses Geschäft trotz nötiger, aber fehlender Abstimmung zwischen den Gesellschaftern wirksam mit dem Dritten zustande gekommen und zu erfüllen. Dementsprechend haften ebenfalls alle weiteren Gesellschafter persönlich unbeschränkt mit ihrem Privatvermögen für dieses Geschäft in der Außenhaftung gegenüber dem Geschäftspartner.

## Was bedeutet es, wenn die Gesellschafter unbeschränkt gesamtschuldnerisch mit ihrem gesamten Privatvermögen haften?

In erster Linie haftet die teilrechtsfähige Außen-GbR selbst mit ihrem Vermögen für alle Verbindlichkeiten und Schulden, die im Namen der Gesellschaft eingegangen wurden.

Zusätzlich haftet für diese Verbindlichkeiten und Schulden grundsätzlich aber auch jeder Gesellschafter der nach außen auftretenden GbR persönlich und unbeschränkt mit seinem vollen Privatvermögen.

Eine Konstruktion im Sinne einer *GbR mit beschränkter Haftung* ist nicht möglich. Auch durch einen entsprechenden Namenszusatz kann die Haftung der Gesellschafter nicht beschränkt oder ausgeschlossen werden.

Eine Haftungsbeschränkung wäre theoretisch nur in einer *ausdrücklichen individuell verhandelten Vereinbarung* mit jedem einzelnen Gläubiger (Vertrags- und Geschäftspartner) möglich.

Die *gesamtschuldnerische Haftung* der Gesellschafter bedeutet, dass ein Dritter, dem eine Forderung zusteht oder der ein Gerichtsurteil erwirkt hat, sich aussuchen kann, bei welchem Gesellschafter oder welchen Gesellschaftern er seine Forderung geltend macht bzw. das Gerichtsurteil vollstreckt.

Dabei kann er von jedem Gesellschafter verlangen, dass er die offene Forderung in voller Höhe bezahlt, und das ganz unabhängig davon, ob der in Anspruch genommene Gesellschafter mit dem zugrunde liegenden Geschäft etwas zu tun hatte, den Gläubiger oder das Vertragsverhältnis kannte oder intern gegen das Eingehen dieses Vertragsverhältnisses mit dem Gläubiger gestimmt hat.

Der in Anspruch genommene Gesellschafter kann dann zwar im Innenverhältnis von den anderen Gesellschaftern anteilig einen Kostenausgleich verlangen, hat aber erst einmal alles selbst an den Gläubiger zu zahlen.

Haben die Gesellschafter im Gesellschaftsvertrag keine abweichende Regelung getroffen, haften die Gesellschafter im Innenverhältnis untereinander zu gleichen Teilen.

──── **BEISPIEL** ───────────────────────────────────

Gesellschafter A hat € 10.000 an den Gläubiger G gezahlt. Die GbR hat fünf Gesellschafter, sodass jeder im Innenverhältnis einen Ausgleich in Höhe von € 2.000 an Gesellschafter A zahlen muss.

───────────────────────────────────────────────

Regeln die Gesellschafter im Gesellschaftsvertrag, dass im Innenverhältnis diese Aufteilung anders und nicht nach Köpfen vorgenommen wird, gilt das nur zwischen den Gesellschaftern. Gegenüber Dritten bedeutet das nicht, dass der vom Gläubiger in Anspruch genommene Gesellschafter zunächst nicht die gesamte Forderung des Gläubigers zahlen muss.

Der vom Gläubiger in Anspruch genommene Gesellschafter trägt daher das Risiko, dass ein interner Ausgleich scheitert, weil einer der anderen Gesellschafter kein Geld hat, insolvent ist oder einfach nicht zahlen will.

Zahlt einer der anderen Gesellschafter seinen Anteil an der Forderung des Dritten nicht, muss der in Anspruch genommene Gesellschafter die anderen Gesellschafter jeweils anteilig auf Zahlung ihres jeweiligen Anteils verklagen. Im Fall der Insolvenz eines anderen Gesellschafters bekommt der vom Gläubiger in Anspruch genommene Gesellschafter dann in den meisten Fällen keinen Ausgleich des insolventen Gesellschafters, er trägt daher das *Insolvenzrisiko* der anderen Gesellschafter.

──── **BEISPIEL** ───────────────────────────────────

Die vier Schulfreude A, B, C und D wollen eine Firma gründen, die eine Software as a Service (SaaS-Software) auf den Markt bringen soll. A erzählt dem Freund seines Vaters, der selbst einmal eine Softwarefirma verkauft hat und seitdem ab und zu in Startups investiert, von der Geschäftsidee und zeigt ihm den von den Freunden erarbeiteten Businessplan. Der Investor ist bereit, € 250.000 als zu 10% verzinstes Darlehen in die Geschäftsidee und das Gründerteam zu investieren. Gesellschafter B war eigentlich dagegen, so viel Geld als rückzahlbares Darlehen aufzunehmen, wollte sich letztlich aber nicht querstellen. Gesellschafter C wurde, weil er sich immer gleich so große Sorgen macht, von den anderen drei Gesellschaftern nicht über die Aufnahme des Darlehens informiert.

C steigt dann sechs Monate später aus, weil seine Freundin schwanger geworden ist und eine gewisse finanzielle Sicherheit möchte, sodass C wieder in einem Systemhaus Software in Festanstellung entwickelt. Da C der fähigste Programmierer in dem Team war und der Markt für die SaaS-Software doch erheblich kleiner ist, als im Businessplan angenommen, beschließen die drei anderen Freunde, die Geschäftsidee nach sechs weiteren Monaten nicht weiter zu verfolgen und getrennte Wege zu gehen. Das Investment haben die Freunde bis auf € 20.000 für Anschaffungen wie Computer, Telefonanlage, Softwarelizenzen, Gehälter und € 2.500 monatliche Kaltmiete für ein Büro ohne Fenster in der Hamburger Hafencity ausgegeben. Der Investor verklagt daher die GbR und neben der GbR die vier Freunde persönlich auf Rückzahlung des Darlehens samt Zinsen und gewinnt den Prozess. Daraufhin verlangt der Investor sein Darlehen in Höhe von € 250.000 zuzüglich Zinsen in Höhe von € 25.000 und Gerichts- und Anwaltskosten von € 8.000 von der GbR und von C und D persönlich zurück, da er mit den Eltern von A und B befreundet ist. C hat gerade mit einem Bankkredit ein Haus für seine junge Familie gekauft. Da C das Geld nicht aufbringen kann, lässt der Investor das Haus von C zwangsversteigern, was aber nur € 200.000 einbringt. Also pfändet der Investor noch das Gehalt, das C vom Systemhaus bekommt und das D von seinem neuen Arbeitgeber bekommt. Außerdem lässt er den BMW von C und seiner Freundin für € 10.000 zwangsversteigern. Den BMW hat zwar Cs Freundin bezahlt, er war aber auf C angemeldet, weil er einen höheren Schadensfreiheitsrabatt bei der Haftpflichtversicherung hatte. Außerdem wird der Golf von D für € 5.000 zwangsversteigert.

Monat für Monat wird in der folgenden Zeit so dem Investor das Gehalt von C und D bis auf einen Pfändungsfreibetrag von ca. € 1.000 überwiesen. Die Eltern der Freundin von C wollen helfen und zahlen an den Investor noch einmal € 30.000, und B gibt freiwillig sein gesamtes Erspartes von € 10.000 dazu, damit die Kontopfändung von C wieder gelöscht wird.

Zwei Monate später verklagt der ehemalige Vermieter der Geschäftsräume in der Hamburger Hafencity die GbR und die Freunde jeweils persönlich, da umfangreiche Schäden nach dem Auszug der Freunde zu beseitigen waren, die bei der Einweihungsparty entstanden sind. Außerdem macht er für die Restlaufzeit des Mietvertrags von neuneinhalb Jahren die Miete in Höhe von fast € 300.000 geltend. Da viele Bürogebäude in der Hamburger Hafencity leer stehen und ein Büro ohne Fenster sowieso nicht so einfach zu vermieten ist, findet der Vermieter trotz Bemühungen keinen Nachmieter. Durch diese Bemühungen kommt er aber seiner Schadensminderungspflicht nach, sodass er vor Gericht gewinnt und noch einmal € 300.000 an Schadensersatzforderungen plus Gerichts- und Anwaltskosten in Höhe von € 10.000 zuzüglich Zinsen gegen die GbR und die Gründer persönlich festgesetzt werden. Der Vermieter geht ebenfalls erst einmal nur gegen C vor, da er vom Investor weiß, dass die Schwiegereltern über Vermögen verfügen und wahrscheinlich bereit sind, C noch einmal Geld zu leihen. Außerdem werden die monatlichen Gehälter von B und auch wieder von C und D gepfändet. Bei A kann kein Gehalt gepfändet werden, da A noch nicht wieder arbeitet, da er seinen Master an einer ausländischen Eliteuniversität macht. Des Weiteren pfändet der Vermieter die Betriebsrentenanwartschaften, die C aus einem früheren Job zustehen.

A hat zwar sehr reiche Eltern und wohl auch Vermögen und ein teures Auto, das ist aber auf seinen Vater zugelassen.

Als A von den anderen angesprochen wird, ob er bei der Rückzahlung der Schulden einen Anteil übernehmen kann, verneint er, da er mit der ganzen Angelegenheit schon genug belästigt worden sei. B und D haben Privatinsolvenz angemeldet, sodass es für C keinen Sinn ergibt, sie auf Regress zu verklagen. Er überlegt, ob er A verklagen soll, weil dieser sich nicht freiwillig beteiligen will.

C kommt aber gerade so über die Runden und kann sich einen Rechtsanwalt, der einen Vorschuss haben möchte, derzeit nicht leisten. Bei den anderen sieht es im Insolvenzverfahren nicht viel besser aus.

Dann meldet sich auch noch das Softwaresystemhaus, für das C arbeitet, das die Software der Freunde für € 10.000 übernommen hatte, weil die Software wegen mangelhafter Programmierung bei einem Kunden zu einem Schaden in Höhe von € 1.000.000 geführt hat. Das Softwaresystemhaus verklagt daher die GbR und daneben die vier Gründer persönlich...

---

Dieser Beispielfall ist sicherlich ein überzeichneter Extremfall; er soll aber dafür sensibilisieren, welche gravierenden Konsequenzen die *unbeschränkte gesamtschuldnerische Haftung* mit dem *gesamten Privatvermögen* des Gesellschafters haben kann.

Im Übrigen handelt es sich nur deshalb um einen überzeichneten Extremfall, weil ich in dem obigen Beispiel drei wirkliche Fälle aus meiner Beratungspraxis zu einem Fall zusammengefasst habe. Alle drei Fälle hatten gemeinsam, dass die Softwareunternehmen in der Gesellschaftsform der GmbH gegründet wurden, sodass es den Unternehmen möglich war, Insolvenz anzumelden, bzw. es kam zu außergerichtlichen Einigungen. Dies bedeutete, dass das Privatvermögen der Gründer unangetastet blieb. Eine GbR selbst kann zwar Insolvenz anmelden, es haften dann aber die hinter der GbR stehenden Gesellschafter mit ihrem Privatvermögen. Wenn die Gesellschafter nahezu ihr gesamtes privates Vermögen »aufgebraucht« haben, droht auch noch die Privatinsolvenz der Gesellschafter.

---

### Hinweis: Haftung beim Ein- oder Austreten aus der GbR

Auch die Beteiligung an einer bestehenden GbR sollten Sie sich gut überlegen, da der eintretende Gesellschafter sogar für alle alten Verbindlichkeiten der Gesellschaft (z. B. Steuernachzahlungen, Bürgschaften, alte Gewährleistungs- oder Schadensersatzansprüche) persönlich und unbeschränkt als Gesamtschuldner haftet, und zwar auch, wenn diese bereits *vor dem Eintritt* begründet wurden. Beim Ausscheiden aus einer GbR haftet der ausscheidende Gesellschafter ebenfalls noch fünf Jahre im Rahmen der Nachhaftung für bis zum Ausscheiden fällig gewordene Gesellschaftsverbindlichkeiten der Gesellschaft bürgerlichen Rechts.

---

## Was muss beim Unternehmensnamen beachtet werden?

Es gibt zwar keine gesetzlichen Regelungen, die konkret vorschreiben, was für einen Namen die Gesellschaft des bürgerlichen Rechts tragen darf, es hat sich über die Jahre aber eine *gerichtliche* und *behördliche Praxis* herausgebildet, die eingehalten werden sollte. Der Grundsatz dieser Praxis besagt, dass die GbR die Vor- und Nachnamen aller Gesellschafter in der Geschäftsbezeichnung führen muss. Erforderlich ist aufgrund der Rechtsklarheit weiterhin ein Rechtsformzusatz wie *Gesellschaft bürgerlichen Rechts*, *BGB-Gesellschaft* oder die Abkürzung *GbR*. Die Verwendung dieses Rechtsformzusatzes wird sehr oft nicht konsequent eingehalten.

Ausnahmen können gemacht werden, wenn Kombinationen z. B. bei zu vielen Gesellschaftern zu lang oder umständlich wären. Dann können z. B. gegebenenfalls die Vornamen weggelassen werden.

Gerade bei der GbR muss aber jeder Teilnehmer im Rechtsverkehr auf den ersten Blick sehen können, wer die Gesellschafter sind, da die Informationen nicht im Handelsregister einsehbar sind.

Das Führen von Fantasienamen ist bei einer GbR nicht unmöglich, aber immer abhängig vom Einzelfall. *Unbedenklich* dürften Bezeichnungen sein, die sich aus den Vor- und Nachnamen der Gesellschafter zusammensetzen, zusätzlich eine Fantasiebezeichnung haben und einen deutlichen, auf die Rechtsform als GbR hinweisenden Zusatz enthalten.

---
**BEISPIEL**

Fantasiename Rechtsanwälte Max Mustermann, Michael Mustermann GbR

---

Letztlich entscheiden die örtlich und sachlich zuständigen Stellen wie die Industrie- und Handelskammer, das Gewerbeamt und das Finanzamt über die Zulässigkeit. Daher ist es sinnvoll, den Gesellschaftsnamen vorab zumindest mit der Industrie- und Handelskammer abzustimmen. Gegebenenfalls kann es sich bei Grenzfällen anbieten, den gewählten Namen mit allen einschlägigen Behörden abzuklären.

Die Gesellschaft bürgerlichen Rechts darf keine (Handelsregister-)Firma führen und darf auch nicht diesen Eindruck erwecken. Daher sind Rechtsformzusätze wie OHG, KG, & Co., GmbH, UG, AG verboten.

Der Name der GbR darf auch nicht den Anschein erwecken, dass es sich um eine Partnerschaftsgesellschaft handelt, die eine eigene Gesellschaftsform für Freiberufler darstellt. Unzulässig sind daher Namen mit Zusätzen wie »und Partner« oder »Partnerschaft«.

---
**BEISPIEL**

Max Mustermann, Michael Mustermann und Partner GbR

---

Der Versuch, eine Haftung nach außen über den Namen der GbR zu beschränken, ist unwirksam und daher irreführend und kann gegebenenfalls von Wettbewerbern abgemahnt oder von den Aufsichtsbehörden mit einem Bußgeld belegt werden.

───── **BEISPIEL** ─────────────────────────────

Max Mustermann und Michael Mustermann GbR mit beschränkter Haftung

Der Name der GbR ist wie der jeder anderen Personenvereinigung oder juristischen Person durch § 12 BGB vor Verletzungen durch Dritte geschützt. Das bedeutet im Umkehrschluss aber auch, dass wie bei allen anderen Gesellschaften darauf zu achten ist, dass der eigene Name nicht in ein bestehendes Namens- oder Markenrecht eingreift oder irreführend ist und daher gegen Wettbewerbsrecht oder gegen die guten Sitten verstößt.

## Die Gründungskosten der GbR richtig einschätzen

Da die Gründung keiner notariellen Form bedarf, entstehen meist nur Kosten für die Rechtsberatung durch einen Rechtsanwalt bezüglich der Vertragsgestaltung des Gesellschaftsvertrags. Die GbR ist daher – was die Gründungskosten betrifft – die *kostengünstigste Gesellschaftsform*.

## Sollte ein schriftlicher Gesellschaftsvertrag abgeschlossen werden?

Aus rechtlichen Gründen gibt es zwar *keine Pflicht*, einen *schriftlichen Gesellschaftsvertrag* abzuschließen, da Sie Ihren Gesellschaftsvertrag im Geschäftsverkehr aber häufiger vorlegen müssen, z. B. bei der Eröffnung eines Geschäftskontos, beim Finanzamt, beim Vermieter und bei Geschäftspartnern, ist es meist *faktisch unabdingbar*, den Gesellschaftsvertrag schriftlich zu vereinbaren.

Der schriftliche Gesellschaftsvertrag ist im Fall eines Gesellschafterstreits extrem hilfreich. Des Weiteren sind die gesetzlichen Regelungen des BGB meist nicht passend (alle Gesellschafter haben die gleichen Anteile, gemeinsame Vertretung, Auflösung bei Ausscheiden eines Gesellschafters etc.), und die Gesellschafter sind gezwungen, sich beim Abschluss des Gesellschaftsvertrags Gedanken über das Miteinander in der Gesellschaft und entsprechende Regelungen zu machen.

Sie sind bei der Vertragsgestaltung des Gesellschaftsvertrags der GbR tatsächlich sehr flexibel, die folgenden Regelungen sollten aber unbedingt enthalten sein:

- Name
- Sitz
- Gesellschaftszweck/Geschäftsjahr
- Verteilung der Anteile auf die Gesellschafter und gegebenenfalls Leistung der Einlagen
- Geschäftsführung und Vertretung
- interne Haftungsverteilung
- Beschlussfassung
- Gewinn- und Verlustverteilung sowie Entnahmerecht
- Vergütung
- Erbfolge
- (nachvertragliches) Wettbewerbsverbot
- Ausscheiden eines Gesellschafters
- Auseinandersetzung und Auflösung der Gesellschaft
- Abfindung beim Ausscheiden
- gegebenenfalls Vesting (siehe hierzu Glossar), Vorkaufsrechte, Mitveräußerungsrechte und -pflichten
- Schlussbestimmungen, salvatorische Klausel, Schriftform, Gerichtsstand

## Ist die GbR rechtsfähig? Was sind eine GbR-Innengesellschaft und eine GbR-Außengesellschaft?

Zahlreiche Juristen haben sich jahrelang darum gestritten, ob die GbR als Trägerin von eigenen Rechten und Pflichten *neben* die Gesellschafter tritt oder ob die Gesellschaft bürgerlichen Rechts lediglich ein Rechtsverhältnis *zwischen* den Gesellschaftern ist. Dieser Streit ist mit einem Grundsatzurteil des Bundesgerichtshofs aus dem Jahr 2001 dahin gehend entschieden worden, dass es – wie immer bei Juristen – darauf ankommt – und zwar darauf, ob es sich bei der Gesellschaft bürgerlichen Rechts um eine sogenannte *Innengesellschaft* oder um eine *Außengesellschaft* handelt.

Entscheidend dafür ist, ob die GbR am Geschäftsverkehr teilnehmen soll oder nicht. Nur dann handelt es sich um eine Außen-GbR, die rechtsfähig ist. Die Innengesellschaft begründet im Innenverhältnis lediglich ein Schuldverhältnis zwischen den Gesellschaftern, jedoch keine Rechte und Pflichten im Außenverhältnis Dritten gegenüber. Gegenüber Dritten tritt bei der Innengesellschaft regelmäßig einer der Gesellschafter auf.

---

**BEISPIEL**

Beispiele für eine GbR-Innengesellschaft sind etwa Lotto-Tippgemeinschaften oder Wohngemeinschaften.

---

Diese Unterscheidung ist eher juristisch-dogmatischer Natur und für Nichtjuristen nicht einfach nachzuvollziehen. Für Existenzgründer ist sie nicht von besonderer Bedeutung, da für Startups die GbR eine *Außengesellschaft* sein wird – schließlich wollen Sie mit Ihrer Geschäftsidee Geschäfte machen, also am Rechtsverkehr teilnehmen. Sie sollten also grundsätzlich immer von einer Rechtsfähigkeit Ihrer GbR ausgehen, sodass Ihre Außen-GbR am Rechtsverkehr im eigenen Namen teilnehmen und selbst verklagt werden kann. Die GbR darf in ihrem Namen auch Rechnungen schreiben.

## Vorteile einer GbR-Gründung

Die Vorteile beziehen sich auf einen Vergleich mit den Kapitalgesellschaften – soweit nichts anderes angegeben ist.

- Einfach, schnell und unkompliziert zu gründen.
- Wenige formelle und rechtliche Vorgaben bei der Gründung, daher sehr flexibel in der Ausgestaltung.
- Geringe Gründungskosten.
- Kein Mindestkapital nötig.

- Besonderes Vertrauen von Kunden, Lieferanten und Kreditgebern wegen der persönlichen unbeschränkten Haftung eines jeden Gesellschafters (höhere Bonitätsvermutung).
- Grundsätzlich keine Bilanzierungspflicht, lediglich Gewinn-und-Verlust-Rechnung.
- Keine Kosten und Zeitverluste durch Eintragungspflicht ins Handelsregister.

## Nachteile einer GbR-Gründung

- Handelsverkehr mit Ausland gegebenenfalls umständlich, da die GbR nicht im Handelsregister eingetragen ist.
- Rechtslage bei der GbR nicht immer eindeutig.
- Umfirmierung wird für Kaufleute bei größeren Umsätzen nötig.
- GbR ist kein Steuersubjekt, sondern jeder Gesellschafter muss den ihm persönlich zustehenden Gewinn selbst versteuern.
- Aufgrund der unbeschränkten persönlichen Haftung der Gesellschafter riskante Rechtsform, insbesondere bei potenziellen Haftungsgefahren (z. B. Produkthaftung, Betrieb eines Onlineshops, Schadensersatz, Folgeschäden bei fehlerhafter Software, lang laufende Mietverträge, Vertragsstrafen, Technologien mit hohen Anlaufkosten, Möglichkeit des Scheiterns der Geschäftsidee).
- Gesamtschuldnerische Haftung mit, für und neben den Mitgründern.
- Wenn kein gesonderter Gesellschaftsvertrag abgeschlossen wird, sind Absprache/Entscheidungen schwierig zu treffen, da das Einstimmigkeitsprinzip gilt; Streitigkeiten unter Gesellschaftern führen dann häufig zur Auflösung der Gesellschaft.

## Checkliste: Gründung einer GbR

- Termin mit einem spezialisierten Rechtsanwalt machen: Beratung hinsichtlich der Haftungsgefahren und ob die GbR überhaupt die richtige Gesellschaftsform ist. Danach Beratung zum Gesellschaftsvertrag und Unterzeichnung des Gesellschaftsvertrags durch die Gesellschafter.
- Die GbR benötigt kein Mindestkapital, da die Gesellschafter für die Verbindlichkeiten des Unternehmens als Gesamtschuldner unbeschränkt haften; gegebenenfalls werden aber freiwillig Einlagen in Form von Geld, Sachwerten oder Dienstleistungen erbracht.
- Anmeldung beim Gewerbeamt.
- Eröffnung eines Geschäftskontos.
- Sobald die GbR im Außenverhältnis auftritt, muss sie dem Finanzamt angezeigt werden.

# Ist die offene Handelsgesellschaft (OHG) oder die Kommanditgesellschaft (KG) die passende Gesellschaftsform?

Die OHG und die KG sind *Personengesellschaften*. Sie sind im Handelsgesetzbuch (HGB) und ergänzend im Recht der GbR, also im BGB, geregelt.

OHG und KG sind zwar keine juristischen Personen, treten nach außen aber rechtlich selbstständig auf und führen einen eigenen Firmennamen.

Der einzige Unterschied zwischen KG und OHG besteht darin, dass es bei der KG zwei Gruppen von Gesellschaftern gibt: die *unbeschränkt haftenden Komplementäre* und die nur mit ihrer *Einlage haftenden Kommanditisten*. Bei der OHG haften alle Gesellschafter voll und unbeschränkt mit dem gesamten Privatvermögen.

Für die Gründung einer OHG muss kein Mindestkapital aufgebracht bzw. keine Einlage eingezahlt werden, da ja das Privatvermögen der Gesellschafter als Haftsumme zur Verfügung steht. In der KG hat der Kommanditist eine gegenüber dem Registergericht anzumeldende Einlage als Haftsumme zu übernehmen. Sie ist in der Höhe frei wählbar.

Neben der Anmeldung beim Gewerbeamt ist der Eintrag ins Handelsregister nötig, wofür Notarkosten und Gerichtsgebühren anfallen.

Eine Besonderheit der OHG ist, dass nur Gesellschafter zur Geschäftsführung berufen werden können (Grundsatz der Selbstorganschaft). Bei der KG dürfen lediglich die voll haftenden Komplementäre die KG als Geschäftsführer vertreten. Nichtgesellschafter dürfen nicht Geschäftsführer werden, ihnen kann aber eine Vollmacht oder Prokura erteilt werden.

Die Gründung einer OHG oder KG erfolgt durch mindestens zwei Existenzgründer, wobei der Gesellschaftsvertrag auch mündlich geschlossen werden kann.

Daher sind die Gründungskosten, die laufenden Betriebskosten und die Kapitalausstattungskosten deutlich geringer als z. B. bei der GmbH.

---

### Praxistipp: Schriftlicher Gesellschaftsvertrag

Egal ob rechtlich ein Schriftformerfordernis besteht, empfehle ich jedem Existenzgründer, einen schriftlichen Gesellschaftsvertrag abzuschließen. Dieser ist im Konfliktfall häufig schon für Beweiszwecke nützlich. Außerdem müssen Sie sich bei der Vertragsverhandlung Gedanken über die einzelnen Regelungen machen und sich daher auch mit Ihren Rechten und Pflichten auseinandersetzen.

---

OHG und KG können *nicht für freiberufliche Tätigkeiten* genutzt werden – dafür gibt es die Rechtsform der GbR oder die der Partnerschaftsgesellschaft.

Alle Gesellschafter einer OHG und der Komplementär der KG haften neben dem Vermögen der Gesellschaft *unbeschränkt* und *gesamtschuldnerisch mit ihrem gesamten Privatvermögen*. Aus diesem Grund scheiden OHG und KG in den meisten Fällen als Gesellschaftsform für Startups bereits aus. (Siehe das Beispiel zur gesamtschuldnerischen unbeschränkten persönlichen Haftung der Gesellschafter der GbR weiter oben. Das in diesem Beispiel skizzierte Haftungsrisiko ist auf die OHG und den Komplementär der KG übertragbar.)

Den Eintritt in eine bestehende OHG sollten Sie sich ebenfalls gut überlegen, da es entsprechend der GbR eine Nachhaftung für Altverbindlichkeiten gibt (siehe hierzu weiter oben in diesem Kapitel im Abschnitt *Was bedeutet es, wenn die Gesellschafter unbeschränkt gesamtschuldnerisch mit ihrem gesamten Privatvermögen haften?*).

Jeder Gesellschafter der OHG kann die Gesellschaft nach außen allein vertreten. Das kann zwar im Gesellschaftsvertrag im Innenverhältnis zwischen den Gesellschaftern anders geregelt werden (z.B. dass nur ein Gesellschafter zur Geschäftsführung befugt sein soll), hat aber grundsätzlich keine Wirkung Dritten gegenüber. Jeder andere Gesellschafter kann also weiterhin wirksam Verträge für die OHG abschließen. Es bleiben bei Überschreitung der Kompetenzen im Innenverhältnis dann Schadensersatzansprüche der anderen Gesellschafter gegenüber dem Gesellschafter, der seine Kompetenzen überschritten hat, wenn dies zu einem Schaden führt.

Die OHG und die KG sind kraft Gesetzes Vollkaufmann und somit zur *Bilanzierung* verpflichtet.

## Checkliste: Gründung von OHG/KG

- Rahmenbedingungen festlegen: Unternehmensname, Geschäftssitz, Unternehmensgegenstand, Name des Komplementärs, Name des oder der Kommanditisten, Einlagenleistungen der Gesellschafter (Was muss von Kommanditisten an die KG geleistet werden?); im Handelsregister jeweils einzutragende Haftungssumme für KG, Privatadressen und Geburtsdaten.

- Anfrage bei der IHK bezüglich Zulässigkeit des Unternehmensnamens und des Unternehmensgegenstands sowie Klärung vom Geschäftsmodell abhängiger gegebenenfalls bestehender gewerblicher Genehmigungspflichten.

- Gegebenenfalls Unternehmensnamen über eine Marken- und Firmenähnlichkeitsrecherche absichern.

- Notartermin vereinbaren.

- Die OHG/KG wird durch den Abschluss des Gesellschaftsvertrags gegründet; der Vertragsabschluss bedarf nicht der notariellen Beurkundung. Danach wird die Anmeldung der OHG/KG zur Ersteintragung im Handelsregister unterzeichnet; die Anmeldung bedarf der notariellen Unterschriftsbeglaubigung.

- Eröffnung eines Geschäftskontos.
- Notar reicht die Handelsregisteranmeldung beim Handelsregister ein.
- Gewerbeanmeldung, gegebenenfalls Gewerbeerlaubnis.
- Gegebenenfalls Anmeldung beim Finanzamt.
- Signaturen/Homepage/Impressum/Briefpapier anpassen.
- Anmeldung bei der zuständigen Berufsgenossenschaft binnen einer Woche nach tatsächlichem Betriebsbeginn.
- Vorsicht, Handelsregister-Spam.

## Einzelunternehmung, z. B. eingetragener Kaufmann (e. K.)

Es werden noch immer zahlreiche Existenzgründer als Einzelunternehmer tätig, was entsprechend der GbR bei mehreren Gründern die schnellste, billigste und am einfachsten zu gründende Gesellschaftsform ist. Ein Vorteil: Es sind keine Gründungsformalitäten einzuhalten.

Allerdings greift bei einer Einzelunternehmung keine Haftungsbeschränkung für den Gründer, sodass der Einzelunternehmer für alle Unternehmensverbindlichkeiten persönlich und unbeschränkt mit seinem ganzen Privatvermögen haftet.

Da sich dieses Buch inhaltlich auf Startups konzentriert – nach obiger Definition junge, technologiebezogene oder innovative Unternehmen mit mehreren Gründern –, wird nicht weiter auf die Einzelunternehmung eingegangen. Es gelten aber größtenteils die Ausführungen zur GbR.

> ### Hinweis: Ein-Mann-GmbH
> Eine Kapitalgesellschaft, wie die GmbH oder die UG, kann auch von einer Einzelperson gegründet werden.

## Stille Gesellschaft/stille Beteiligung

Bei der stillen Gesellschaft könnte man aufgrund des Namens vermuten, dass es sich um eine eigene Gesellschaftsform handelt. Die stille Gesellschaft ist aber *keine Rechtsform* im gesellschaftsrechtlichen Sinne wie z. B. die GmbH, sondern eine Innengesellschaft zwischen dem stillen Gesellschafter und einer Gesellschaft, z. B. einer GmbH. Es ist damit z. B. ein Finanzierungsinstrument, das häufig im Rahmen von sogenannten *Mezzanine-Finanzierungen* oder bei *Familiengesellschaften* eingesetzt wird.

Eine stille Gesellschaft entsteht, wenn sich eine natürliche Person oder eine juristische Person (z.B. GmbH, Unternehmergesellschaft) am Handelsgewerbe eines anderen mit einer Vermögenseinlage beteiligt.

Der stille Investor leistet z.B. eine Einlage in das Unternehmensvermögen und erhält als Gegenleistung entweder eine *reine Gewinnbeteiligung* (typische stille Beteiligung) oder auch eine *Verlustbeteiligung* und eine *Verzinsung* des eingesetzten Kapitals (atypische stille Beteiligung).

Die Einlage in die stille Gesellschaft kann auch in Form von *Arbeitsleistung* (z.B. Programmierleistungen oder Beratungsleitungen eines Business-Angels) erbracht werden.

Neben dem Gewinnanspruch und einer gegebenenfalls vereinbarten Verzinsung erhält der stille Gesellschafter oftmals umfangreiche Informations- und Kontrollrechte.

Stille Beteiligungen eignen sich ebenfalls für die Ausgestaltung von Mitarbeiterbeteiligungen.

Wie der Name schon andeutet, wird diese Gesellschaftsform deshalb stille Gesellschaft genannt, weil der Gesellschafter nach außen nicht in Erscheinung tritt.

---
**BEISPIEL**
---

Ein Investor beteiligt sich mit einer Einlage von € 100.000 über eine stille Gesellschaft an der Startup GmbH. Die stille Gesellschaft wird für einen Zeitraum von fünf Jahren errichtet, sodass die Einlage in Höhe von € 100.000 nach Ablauf der fünf Jahre zurückbezahlt werden muss. Als Gewinnbeteiligung sind 8% vom Jahresüberschuss vor Steuern vereinbart worden, des Weiteren sind 4% Zinsen pro Jahr auf die Einlage in Höhe vom € 100.000 zu zahlen.

---

Die stille Gesellschaft hat keine einzuhaltenden Formvorschriften und ist einfach und flexibel zu handhaben. Bei einer Aktiengesellschaft muss allerdings die Zustimmung der Hauptversammlung eingeholt und die stille Gesellschaft muss im Handelsregister angemeldet werden.

Unter steuerlichen Gesichtspunkten wird die stille Beteiligung an der GmbH häufig genutzt, um Einkünfte auf noch nicht oder gering verdienende Familienangehörige zu verlagern, sodass durch Nutzung von Freibeträgen und Progressionsvorteilen eine niedrigere Steuerbelastung für den Familienverbund erreicht wird.

# Besonderheiten und Vorteile einer Holdingstruktur

Wenn Sie das erste Mal von einer Holdingstruktur hören, denken Sie höchstwahrscheinlich erst einmal an ein Konstrukt eines weltweit tätigen Großkonzerns und gehen davon aus, dass sich die Errichtung einer solchen Struktur nur für Konzerne lohnt und die Einrichtung sicherlich sehr teuer und kompliziert ist. Eine Holdingstruktur spielt aber auch in der Startup-Welt eine wichtige Rolle. Viele Gründer nutzen sie.

Nachdem Sie sich für die passende Gesellschaftsform entschieden haben, lohnt es sich, darüber nachzudenken, ob Sie nicht noch zusätzlich eine zweite Holdinggesellschaft gründen, die Ihre Geschäftsanteile an Ihrer operativ tätigen Kapitalgesellschaft hält.

*Abbildung 1-2: Holdingstruktur vs. direkte Beteiligung des Gründers*

Der gesetzlich nicht definierte und nicht einheitlich verwendete Begriff der »Holding« oder »Holdinggesellschaft« kennzeichnet keine eigenständige Rechts- oder Gesellschaftsform, sondern lediglich eine aus *mindestens zwei Gesellschaften* bestehende Organisationsstruktur, bei der die eine Kapitalgesellschaft die Anteile oder Teile der Anteile an der anderen Kapitalgesellschaft hält, also deren Gesellschafter ist.

Häufig besteht die Holdingstruktur wegen der geringen Gründungskosten aus einer Unternehmergesellschaft, die dem Gründer gehört und die die Geschäftsanteile des Gründers an dem eigentlich operativ tätigen Startup, häufig einer GmbH, hält. Die Rechtsform der GmbH kann ebenfalls gewählt werden.

Wollen mehrere Gründer oder Gesellschafter gemeinsam eine Geschäftsidee umsetzen, kann auch jeder Gründer selbst über eine eigene Holdinggesellschaft Gesellschaftsanteile an dem operativ tätigen Startup halten. Dann gibt es mehrere Holdinggesellschaften, und jeder Holdinginhaber kann selbst entscheiden, wie er mit Gewinnen der Holdinggesellschaft verfährt und wann er Ausschüttungen aus dem Startup-Unternehmen vornimmt.

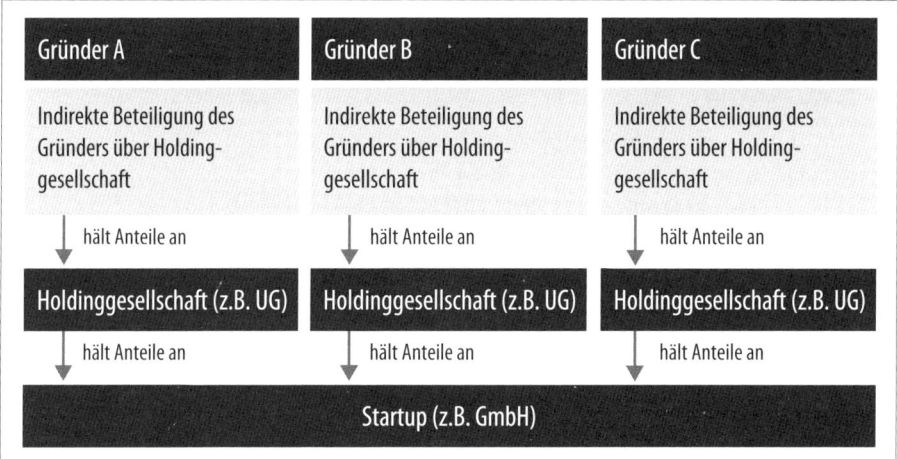

| Gründer A | Gründer B | Gründer C |
| --- | --- | --- |
| Indirekte Beteiligung des Gründers über Holding-gesellschaft | Indirekte Beteiligung des Gründers über Holding-gesellschaft | Indirekte Beteiligung des Gründers über Holding-gesellschaft |

↓ hält Anteile an  ↓ hält Anteile an  ↓ hält Anteile an

| Holdinggesellschaft (z.B. UG) | Holdinggesellschaft (z.B. UG) | Holdinggesellschaft (z.B. UG) |

↓ hält Anteile an  ↓ hält Anteile an  ↓ hält Anteile an

**Startup (z.B. GmbH)**

*Abbildung 1-3: Gründervehikel Startup*

Eine reine Holdinggesellschaft macht dann eigentlich nichts anderes, als die Beteiligungen am operativ tätigen Startup zu verwalten und zu optimieren.

## Vorteile der zusätzlichen Gründung einer Holdinggesellschaft

Das Holdingkonstrukt hat vor allem steuerliche Vorteile. Wenn der Gewinn des operativ tätigen Startups an die Gesellschafter ausgeschüttet wird und der Gesellschafter eine Holdinggesellschaft ist, fließen die Gewinne in die Holdinggesellschaft. Diese »Gewinnausschüttung« kann nach dem sogenannten *Holdingprivileg* nahezu steuerfrei von der Holdinggesellschaft vereinnahmt werden. Es werden lediglich 5 % der Gewinne den üblichen Steuern, wie Körperschaftssteuer, Solidaritätszuschlag und Gewerbesteuer, unterworfen, sodass sich in der Regel eine faktische Steuerabgabe von lediglich 1,5 % bis 2 % auf die Gesamtausschüttung der Gewinne ergibt. Es verbleiben daher ca. 98 % des Gewinns in der Holdinggesellschaft, die steuerfrei reinvestiert werden können.

Wird in der Holdinggesellschaft reinvestiert oder werden die Gewinne angelegt/thesauriert, z.B. durch den Erwerb von Anteilen an anderen Startups oder einer Immobilie, bleibt es bei der Versteuerung in Höhe von 5 % der Gewinne. Bei Ausschüttungen der Holdinggesellschaft an die Gesellschafter – wenn die Gesellschafter Geldsummen privat verwenden wollen, um sich beispielsweise ein Motorboot zu kaufen – fallen auf diese Ausschüttungen dann allerdings die üblichen Steuersätze an.

Ein Vorteil besteht auch darin, dass der Gesellschafter der Holdinggesellschaft die Höhe und den Zeitpunkt der Ausschüttung selbst in der Hand hat und gegebenenfalls steueroptimiert Ausschüttungen aus der Holdinggesellschaft an sich selbst vornehmen kann.

Dieser Steuervorteil besteht natürlich auch, wenn das operativ tätige Startup veräußert wird.

---
**BEISPIEL**
---

Ein Startup mit einem Stammkapital von € 25.000 wird für € 8.000.000 an einen Großkonzern verkauft. Gründer A hielt seine 50% an Anteilen privat. Gesellschafter B hielt die Anteile in einer eigenen Holdinggesellschaft.

Jeder Gesellschafter bekommt € 4.000.000. Vereinfacht dargestellt, muss Gesellschafter A den Gewinn in Höhe von € 3.987.500 mit einem Höchststeuersatz von z.B. 43% versteuern, was € 1.720.000 an Steuern bedeutet. B reinvestiert den Gewinn über seine Holdinggesellschaft in andere Startups und muss nur 1,5% Steuern, also ca. € 60.000 zahlen.

---

Die Gründung einer Holdingstruktur ist durch die Einführung der Unternehmergesellschaft für Sie erheblich günstiger geworden, da die Unternehmergesellschaft zumindest theoretisch schon mit einem Stammkapital von einem Euro gegründet werden kann (siehe hierzu weiter oben in diesem Kapitel unter *Unternehmergesellschaft (haftungsbeschränkt) als kostengünstige kleine Schwester der GmbH*). Die Kosten, die in der Holdinggesellschaft auflaufen, sind dann vor allem *Steuerberaterkosten* und *IHK-Beiträge* sowie die geringen laufenden Kosten einer nicht am Geschäftsleben teilnehmenden Gesellschaft.

Mit einer Holdingstruktur können theoretisch, bei einer guten Entwicklung eines Startups, auch risikoreiche Geschäftsbereiche in eine weitere operativ tätige Gesellschaft ausgegliedert werden, sodass bei einem Haftungsfall nicht das gesamte Startup haftet und gegebenenfalls Insolvenz anmelden muss, sondern nur die Gesellschaft mit den risikoreichen Geschäftsbereichen.

Planen Sie, eine Holdingstruktur zu nutzen, achten Sie unbedingt darauf, die Holdinggesellschaft vor dem Startup zu gründen, weil ansonsten die Steuervorteile erst sieben Jahren nach Einbringung der Anteile des Startups in die Holdingsgesellschaft einsetzen.

## Nachteile der Holdingstruktur

Wenn Sie nicht von Anfang an ein Holdingmodell aufsetzen, sondern später die Anteile eines bestehenden Startups in ein Holdingkonstrukt überführen, kann eine Sperrfrist von sieben Jahren greifen, bevor Sie von der günstigen Versteuerung beim Unternehmensverkauf etc. profitieren können.

Die genannten Steuervorteile gelten, wenn das operativ tätige Startup eine Unternehmergesellschaft ist, nur eingeschränkt. Sie müssen in diesem Fall beachten, dass die Unternehmergesellschaft gesetzlich verpflichtet ist, 25% ihres Jahresgewinns anzusparen. Die Gewinnausschüttung in die Holdinggesellschaft kann also, bis das Stammkapital von € 25.000 erreicht ist, nur zu maximal 75% genutzt werden.

---

Der Veräußerungserlös ist in der Holdinggesellschaft gebunden. Sobald Sie den Erlös als Gesellschafter aus der Holdinggesellschaft herausnehmen, das Geld also für sich nutzen wollen, müssen Sie dann doch die üblichen Steuern zahlen. Die Holdingstruktur ist daher hauptsächlich als *Investmentvehikel* geeignet.

In der Holdingstruktur haben Sie mindestens zwei Buchführungen und Jahresabschlüsse und verschiedene Verträge, sodass sich die laufenden Kosten im Vergleich zu der »normalen« Gründung eines Startups ohne Holding natürlich erhöhen. Außerdem steigt der Verwaltungsaufwand.

---

### Hinweis: Abschaffung der Steuerprivilegierungen

Es gibt immer wieder Bestrebungen, Steuervergünstigungen für Holdinggesellschaften im Rahmen eines häufig als Anti-Angel-Gesetz bezeichneten Gesetzesentwurfs einzuschränken. Einer dieser Ansätze geht dahin, die Steuerfreiheit von Veräußerungsgewinnen und Dividenden nur noch dann zu gewähren, wenn die Holdinggesellschaft mit mindestens 10% an dem operativ tätigen Startup beteiligt ist. Zuletzt hat Finanzminister Schäuble im Juli 2015 einen Vorstoß gewagt und einen Gesetzesentwurf vorgelegt, nach dem zukünftig sowohl Gewinne als auch Dividenden aus Streubesitzbeteiligungen von weniger als 10% »normal« besteuert würden. Nach einigem Hin und Her hat Bundeskanzlerin Angela Merkel aber verlautbaren lassen, dass sich das umstrittene Anti-Angel-Gesetz »im Tötungsvorgang« befindet.

---

### Praxistipp: Bei Exit-Orientierung mit Holdingmodell beschäftigen

Wenn die Gründer bereits bei Gründung des Startups einen Exit, z.B. einen Unternehmensverkauf, planen und auf lange Sicht über 10% (auch nach einer Verwässerung in Finanzierungsrunden) an dem Startup halten werden, ist dem Existenzgründer dringend zu raten, sich mit der Holdingstruktur auseinanderzusetzen. Gründer untereinander oder Gründer und Investoren könnten zukünftig überlegen, Beteiligungen über eine gemeinsame Holdinggesellschaft zu bündeln, falls die Mindestbeteiligungsgrenze von 10% eingeführt wird.

---

Sollten Sie eine ausländische Holdinggesellschaft in Erwägung ziehen, ist die Beratung durch einen spezialisierten Rechtsanwalt dringend zu empfehlen.

# Der Gesellschaftsvertrag bzw. die Satzung

Die Wahl der geeigneten Gesellschaftsform ist nur der erste Schritt der Unternehmensgründung, da hiermit lediglich das gesetzliche Gerüst steht. Sie haben danach die Möglichkeit, die gewählte Gesellschaftsform entsprechend Ihren Bedürfnissen vertraglich individuell anzupassen. Das geschieht durch die Gestaltung des Gesellschaftsvertrags. Dieser Schritt ist mindestens ebenso wichtig wie die Auswahl der Gesellschaftsform.

Der *Gesellschaftsvertrag* regelt die Beziehungen der Gesellschafter untereinander, die Beziehungen zwischen den Gesellschaftern und der Gesellschaft sowie die Organisation der Gesellschaft (z.B. Abstimmungsverhältnisse, Einberufung von Gesellschafterversammlungen, Einziehung und Abfindung von Geschäftsanteilen, Vorkaufsrechte etc.).

Im Folgenden beschäftige ich mich nur mit dem Gesellschaftsvertrag einer GmbH. Die genannten Punkte können Sie aber größtenteils sinngemäß auf andere Gesellschaftsformen, insbesondere die Unternehmergesellschaft, übertragen. Es geht hier vor allem darum, ein Problembewusstsein zu schaffen.

Leider setzen sich die meisten Gründer – zumindest diejenigen, die zum ersten Mal gründen – meiner Erfahrung nach nicht genügend mit diesem Punkt auseinander. Man darf nicht vergessen, dass die Gründung einer Gesellschaft bedeutet, dass mehrere Personen gemeinsam etwas unternehmen wollen und dann auch so lange gemeinsam verpflichtet sind, bis die Gesellschaft aufgelöst wird oder ein Gesellschafter ausscheidet. Dabei kann die *Auflösung der Gesellschaft* ähnlich aufwendig sein wie eine Ehescheidung (beides benötigt mindestens ein Jahr). Auch das Ausscheiden eines Gesellschafters aus einer Gesellschaft bedeutet nicht unbedingt, dass man dann von allen Gesellschafterpflichten und Haftungsgefahren sofort befreit ist.

In der Euphorie der ersten Gründungsphase sind die Gründer fast immer bereit, alles sehr fair und gleichberechtigt zu vereinbaren. Schwierig wird es erst nach dem ersten Streit. Dann ist es häufig nicht mehr möglich, die nötigen qualifizierten Mehrheiten (mindestens Dreiviertelmehrheit) zu bekommen, um den Gesellschaftsvertrag nachträglich zu ändern. Aus diesem Grund sollte am Anfang ein individueller Gesellschaftsvertrag erstellt werden.

Lassen Sie sich zur Ausgestaltung des Gesellschaftsvertrags am besten professionell beraten. Nehmen Sie nicht einfach ein Muster eines Gesellschaftsvertrags aus dem Internet oder eine Vorlage von Ihrem Steuerberater, ohne diese zumindest mit professioneller Hilfe anzupassen. Die *Vorlagen der Notare* sind da schon sehr viel besser, aber noch nicht auf Ihre spezielle Konstellation und Situation angepasst.

Die unterschiedlichen Situationen, die immer einer Anpassung eines Gesellschaftsvertragsmusters bedürfen, sind unter anderem:

- Abstimmungsverhältnisse bei aus zwei Personen bestehenden Gesellschaften, wo jeder Gesellschafter jeweils 50% der Anteile hält (Pattsituationen können mit sogenannten Shoot-out-Klauseln gelöst werden).

- Es werden nicht nur natürliche Personen Gesellschafter des Startups, sondern auch eine andere Gesellschaft, z.B. eine Unternehmergesellschaft. Dann muss z.B. überlegt werden, ob die erbrechtlichen Klauseln noch passen und angemessen sind.
- Die Geschäftsanteile sollen nicht frei gehandelt, also verkauft werden können.
- Sie wollen ein Vesting oder allgemein Startup-spezifische Regelungen vereinbaren.
- Einer der Gründer ist noch in einer Festanstellung.
- Einer der Gesellschafter soll Sonderrechte, z.B. Veto- oder Zustimmungsrechte, bekommen.
- Sie wollen von üblichen Abstimmungsverhältnissen abweichen (einfache Mehrheit außer bei Änderungen des Gesellschaftsvertrags und anderen per Gesetz vorgeschrieben Sachverhalten [dreiviertelqualifizierte Mehrheit für Satzungsänderungen, von der nicht nach unten abgewichen werden kann]).

---

### Hinweis: Überprüfung des Gesellschaftsvertrags

Oft werden Gesellschaftsverträge bei der Gründung erstellt und danach nie mehr überprüft. Tragen Sie sich einen jährlichen Termin in Ihren Kalender ein, um den Gesellschaftsvertrag einmal im Jahr durchzulesen, und überprüfen Sie, ob Sie etwas ändern sollten.

---

## Was sollten Sie beim Abschluss eines Gesellschaftsvertrags beachten?

Bei der Gründung einer GmbH müssen die Gründungsgesellschafter einen schriftlichen Gesellschaftsvertrag, auch Satzung genannt, schließen. Dieser zwingend schriftlich abzufassende Gesellschaftsvertrag der GmbH und spätere Änderungen sind stets notariell zu beurkunden (anders als z.B. bei der GbR), was mit Notarkosten verbunden ist. Sie sollten also gleich zu Beginn den Gesellschaftsvertrag richtig durchdenken.

---

### Hinweis: Schließen Sie auch bei der GbR einen schriftlichen Gesellschaftsvertrag

Bei der Gesellschaft bürgerlichen Rechts gibt es keine wie für die GmbH geltende entsprechende Pflicht, einen schriftlichen Gesellschaftsvertrag abzuschließen, Sie sollten diesen jedoch freiwillig abschließen.

---

## Hinweis: Unterschied zwischen notarieller Beurkundung und Beglaubigung

Die notarielle Beurkundung bedeutet, dass der Vertragsinhalt von den Gründern vor dem Notar erklärt (also vom Notar verlesen) wird und der Notar eine Niederschrift über die Verhandlung aufnimmt.

Bei einer notariellen Beglaubigung bestätigt der Notar hingegen allein die Identität des Unterzeichnenden.

Der Gesellschaftsvertrag enthält sowohl *gesetzlich zwingend notwendige Regelungen* als auch *freiwillige, aber empfehlenswerte Bestimmungen*. Die freiwilligen, aber empfehlenswerten Bestimmungen können Sie auch in einer *Gesellschaftervereinbarung* festhalten, durch die sich aber nur diejenigen Gesellschafter verpflichten, die die Gesellschaftervereinbarung auch unterschreiben.

## Hinweis: Gesellschaftervereinbarung

Die Gesellschaftervereinbarung hat vor allem den Vorteil, dass die Regelungen *nicht ins Handelsregister eingetragen* werden müssen, sodass diese Regelungen nicht öffentlich einsehbar sind. Die Gesellschaftervereinbarung ist im Gegensatz zum Gesellschaftsvertrag, der im Handelsregister einzutragen ist, ein internes Dokument der Parteien. Normalerweise nimmt man in die Gesellschaftervereinbarung Startup-spezifische Klauseln auf, wie z.B. Vorkaufsrechte, Informationsrechte, Zustimmungsrechte, Vesting, Drag- und Tag-Along sowie Wettbewerbsverbote. Zu bedenken ist aber, dass Änderungen der Gesellschaftervereinbarung im Unterschied zur Satzung, in der die vereinbarten Mehrheitsverhältnisse, z.B. Dreiviertelmehrheit, gelten, ausschließlich mit der Zustimmung aller Parteien vorgenommen werden. Änderungen können also nur erfolgen, wenn alle Vertragsparteien einverstanden sind. Das stärkt die Position der Minderheitsgesellschafter, Änderungen der Gesellschaftervereinbarung werden insgesamt aber schwieriger. Gegebenenfalls muss man die Gesellschaftervereinbarung auch nicht notariell beurkunden, was vom jeweiligen konkreten Inhalt abhängt, da häufig auch einzelne Klauseln aufgenommen werden, die der notariellen Beurkundung bedürfen.

In der Gestaltung der zwingenden und freiwilligen Regelungen sind Sie weitestgehend frei und können sich so einen passenden Rahmen für das Startup schaffen. Allerdings gibt es einige zwingende gesetzliche Regelungen, die in der konkreten Ausgestaltung eingehalten werden müssen. Beispielsweise ist der Gesellschaftsvertrag – wie oben angesprochen – nur mit Dreiviertelmehrheit zu ändern.

# Was muss der Gesellschaftsvertrag mindestens enthalten?

Der Gesellschaftsvertrag einer GmbH muss gemäß GmbH-Gesetz mindestens den *Firmennamen*, den *Sitz* der Gesellschaft, den *Unternehmensgegenstand* des Start-ups und die *Höhe des Stammkapitals* enthalten.

### Firmierung der Gesellschaft/Gesellschaftsname

Die Firmierung der Gesellschaft enthält neben dem Firmennamen stets die Bezeichnung »Gesellschaft mit beschränkter Haftung« oder eine anerkannte Abkürzung hiervon (»GmbH« oder »Gesellschaft mbH«). Es können Fantasienamen gewählt werden.

──── **BEISPIEL** ────────────────────────────

Superhelden GmbH

Max Mustermann Gesellschaft mit beschränkter Haftung

──── **BEISPIEL EINER KLAUSEL IM GESELLSCHAFTSVERTRAG** ────

*»Die Firma der Gesellschaft lautet Startup GmbH.«*

Der gewählte Name für das Startup muss aber zur *Kennzeichnung* geeignet sein und darf weder *irreführend* noch mit bereits im selben Handelsregister eingetragenen Firmen *verwechslungsfähig* sein.

──── **BEISPIEL** ────────────────────────────

Irreführend können z.B. Zusätze wie »International« im Firmennamen sein, wenn Sie nur regional tätig sind und z.B. einen Kiosk in Hamburg-Altona betreiben. Bei Städtenamen/Regionalbezeichnungen sollten Sie darauf achten, dass Sie in der Stadt oder der Region tätig sind. »Flughafenparkservice Hamburg GmbH« beispielsweise ist irreführend, wenn Sie nur am Münchner und Frankfurter Flughafen einen Parkservice anbieten.

Ein Firmenname kann ebenfalls z.B. bestehende Markenrechte, Namensrechte nach § 12 BGB und das Wettbewerbsrecht verletzen, was schnell recht teuer werden und Ressourcen binden kann.

### Praxistipp: Durchführung einer Markenähnlichkeitsrecherche

Sie sollten auf jeden Fall eine professionelle Markenähnlichkeitsrecherche im Register des Deutschen Patent- und Markenamts bzw. im Register des Europäischen Markenamts sowie eine Internetrecherche in einer Suchmaschine durchführen.

Ein erstes Indiz für Rechte Dritter können auch eine Domainrecherche und die Durchsicht der entsprechenden Webseiten unter den identischen Domainnamen liefern. Zusätzlich können Sie sich mit der zuständigen Industrie- und Handelskammer abstimmen.

Häufig ist es sinnvoll, zusätzlich einen Fachanwalt für gewerblichen Rechtsschutz (Markenrechtsanwalt) oder einen Patentanwalt mit einer Einschätzung der Ergebnisse der Markenähnlichkeitsrecherche zu beauftragen (siehe hierzu Kapitel 2, *Markenrecht, Logos und Technologien schützen*).

### Sitz der Gesellschaft

Sitz der Gesellschaft muss ein *Ort in Deutschland* sein. Der satzungsmäßige Sitz entscheidet über die örtliche Zuständigkeit des für das Startup zuständigen Registergerichts. Die tatsächliche Verwaltung/Geschäftsführung muss nicht am Sitz der Gesellschaft erfolgen und wird dann als Verwaltungssitz bezeichnet.

###### ———— BEISPIEL EINER KLAUSEL ————

*»Die Gesellschaft hat ihren Sitz in Hamburg.«*

### Unternehmensgegenstand der Gesellschaft

Mit dem Unternehmensgegenstand oder dem Unternehmens-/Geschäftszweck legen Sie den Bereich, den Umfang und die Art der Tätigkeit Ihres Startups fest.

###### ———— BEISPIEL EINER KLAUSEL ————

*»Gegenstand des Unternehmens ist das Erbringen von Beratungsdienstleistungen im IT-Bereich.«*

Des Weiteren sollte aufgenommen werden, dass Geschäfte vorgenommen werden dürfen, die nur mittelbar dem Gesellschaftszweck dienen.

###### ———— BEISPIEL EINER KLAUSEL ————

*»Die Gesellschaft darf alle Geschäfte und Handlungen vornehmen, die dem Gesellschaftszweck unmittelbar oder mittelbar zu dienen geeignet sind.«*

Der Gegenstand der Gesellschaft sollte nicht zu allgemein, aber auch nicht zu detailliert benannt werden. Da jede spätere Änderung des Gesellschaftszwecks zu einer Änderung des Gesellschaftsvertrags führt und Notar- und Handelsregisterkosten verursacht, sollte eine gewisse Entwicklung des Unternehmens bedacht und noch vom Gesellschaftszweck umfasst werden.

Der im Gesellschaftsvertrag aufgeführte Unternehmensgegenstand beschreibt und begrenzt darüber hinaus, welche Geschäftsführungsbefugnis der Geschäftsführer im Innenverhältnis zu den Gesellschaftern hat. Der Geschäftsführer ist gegenüber den Gesellschaftern nicht befugt, Geschäfte abzuschließen, die nicht vom Unternehmensgegenstand gedeckt sind. Er muss dann gegebenenfalls den Gesellschaftern gegenüber haften und Schadensersatz zahlen. Das wird insbesondere relevant, wenn ein Fremdgeschäftsführer, der kein Gesellschafter des Startups ist, das Unternehmen leitet.

--- **BEISPIEL** ---

Wenn als Unternehmensgegenstand des Startups nur die Erbringung von Beratungsdienstleistungen im IT-Bereich eingetragen ist, darf der Geschäftsführer ohne Zustimmung der Gesellschafter keine Hardware in die EU importieren, um diese europaweit zu verkaufen. Tut er es dennoch, setzt er sich einer Schadensersatzpflicht gegenüber den Gesellschaftern aus, falls diese damit nicht einverstanden sind.

---

### Praxistipp: Abstimmung des Unternehmensgegenstands mit der IHK

Stimmen Sie die Beschreibung des Unternehmensgegenstands mit der zuständigen Industrie- und Handelskammer ab und überprüfen Sie mindestens einmal im Jahr, ob der Unternehmensgegenstand noch mit dem tatsächlichen Tätigkeitsbereich übereinstimmt.

### Höhe des Stammkapitals

Das Mindeststammkapital einer GmbH ist auf € 25.000 festgelegt. Der Gesellschaftsvertrag muss neben der Angabe des Stammkapitals Regelungen zum *Nennbetrag* und zur *Anzahl der Geschäftsanteile* enthalten, die von den Gesellschaftern gegen Einlage auf das Stammkapital übernommen werden. Die einzige Beschränkung für die Stückelung des Stammkapitals ist, dass jeder Geschäftsanteil auf volle Euro lauten muss, nicht aber auf volle Prozent. Das heißt, dass eine Stückelung der Geschäftsanteile auf € 5.250,5 nicht zulässig ist, auf 25,5 % der Geschäftsanteile hingegen schon (25,5 % von 25.000 Geschäftsanteilen = 6.375). Daran anknüpfend, gewährt meist jeder Euro eines Geschäftsanteils eine Stimme in der Gesellschafterversammlung und erhält eine Nummer, sodass jeder Geschäftsanteil mit seiner Nummer einem konkreten Gesellschafter zugeordnet werden kann. Es ist zu empfehlen, eine Geschäftsanteilsstückelung in 25.000 Geschäftsanteile zu einem Nennwert von je € 1 zu wählen, denn hierdurch sind Weiterübertragungen einfacher möglich.

*»Das Stammkapital beträgt € 25.000 (in Worten: fünfundzwanzigtausend Euro). Davon übernehmen die Gründungsgesellschafter Herr Max Mustermann 12.500 Geschäftsanteile – Geschäftsanteile Nr. 1 bis 12.500 mit einem Nennbetrag in Höhe von je € 1,00 – und damit Geschäftsanteile mit einem Nennbetrag von insgesamt € 12.500 sowie Herr Michael Mustermann 12.500 Geschäftsanteile – Geschäftsanteile Nr. 12.501 bis 25.000 mit einem Nennbetrag in Höhe von je € 1,00 – und damit Geschäftsanteile mit einem Nennbetrag von insgesamt € 12.500. Auf jeden übernommenen Geschäftsanteil sind vor Anmeldung der Gesellschaft beim Handelsregister 100 % in bar einzuzahlen.«*

Es ist aber möglich, zunächst nur die Hälfte des Stammkapitals in Höhe von € 12.500 und die restlichen € 12.500 erst nach Anforderung durch die Gesellschafter einzuzahlen. Sie können dann faktisch selbst entscheiden, wann Sie die zweite Hälfte einfordern, sofern das Startup nicht Insolvenz anmelden muss.

———— **BEISPIEL EINER KLAUSEL** ————

*»Auf jeden übernommenen Geschäftsanteil sind vor Anmeldung der Gesellschaft beim Handelsregister 50 % in bar einzuzahlen.«*

Wichtig zu wissen ist, dass Sie mit dem Stammkapital (mit einigen Ausnahmen) frei wirtschaften dürfen. Sie dürfen das Stammkapital daher ausgeben, es muss dem Handelsregister nur bei der Anmeldung zur Eintragung der GmbH in voller Höhe bzw. in hälftiger Höhe nachgewiesen werden.

## Empfehlenswerte Bestimmungen im Gesellschaftsvertrag

Wie Sie sicher merken, ist der gesetzlich geforderte Mindestinhalt des Gesellschaftsvertrags nicht ausreichend, um sich im Streitfall auf einen rechtlichen Rahmen zur Streitbeilegung beziehen zu können. Ich sehe es deshalb bei Gründungen von mehreren Gesellschaftern als zwingend an, zusätzliche Regelungen in den Gesellschaftsvertrag aufzunehmen. Jeder Gesellschaftsvertrag muss dabei auf die Besonderheiten der Gesellschaft und auf die Gesellschafter zugeschnitten sein:

Die folgende Aufzählung von Regelungen, die typischerweise in Gesellschaftsverträgen enthalten sind, gibt Ihnen Anregungen für die Ausgestaltung Ihres Gesellschaftsvertrags. Die oben erläuterten Pflichtangaben sind hier ebenfalls noch einmal aufgenommen:

- Firma/Sitz.
- Gegenstand der Gesellschaft.
- Dauer der Gesellschaft (meist wird die Gesellschaft auf unbestimmte Zeit gegründet) und Geschäftsjahr.
- Stammkapital.

- Freie Verfügung über Geschäftsanteile oder Beschränkungen, z.B. Zustimmungspflicht bei Übertragung oder Verpfändung.
- Vorkaufsrechte der anderen Gesellschafter.
- Einziehung von Geschäftsanteilen, z.B. mit Zustimmung des betroffenen Gesellschafters und zwangsweise gegen den Willen des betroffenen Gesellschafters.
- Abfindung/Vergütung beim Ausscheiden: Wie soll die Abfindung berechnet werden (Nominal-, Buch- oder Verkehrswert, gegebenenfalls Unterschied, je nachdem, ob Good-/Bad-Leaver), und wann soll die Abfindung fällig werden?
- Gegebenenfalls Kündigungsrechte der Gesellschafter.
- Geschäftsführung und Vertretung.
- Gesellschafterversammlung, Einberufung, Verfahren, Beschlussfähigkeit.
- Gesellschafterbeschlüsse, Abstimmungsverhältnisse, z.B. nach Kapitalanteilen oder Köpfen, mit Zweidrittel- oder Dreiviertelmehrheit oder einstimmig.
- Jahresabschluss und Ergebnisverwendung.
- (Nachvertragliches) Wettbewerbsverbot, für wen und gegebenenfalls in welchem Umfang, damit die Gesellschafter kein Konkurrenzunternehmen (gegebenenfalls auch nach Ausscheiden) gründen können.
- Beendigung der Gesellschaft, z.B. Liquidation.
- Bekanntmachungen im elektronischen Bundesanzeiger.
- Schlussbestimmungen, z.B. salvatorische Klausel und Übernahme der Gründungskosten.

Die folgenden Punkte werden eher zusätzlich aufgenommen, nachdem ein Investor in das Startup investiert hat. Häufig werden sie in einen Beteiligungsvertrag bzw. in die Gesellschaftervereinbarung der GmbH aufgenommen, die nicht im Handelsregister veröffentlicht werden und so nicht öffentlich einsehbar sind.

- Mitverkaufsrechte/»Tag-Along«, die dem Investor oder anderen Gesellschaftern z.B. ermöglichen, sich beim Verkauf eines Gesellschafters seiner Gesellschaftsanteile an diesen »anzuhängen« und die eigenen Geschäftsanteile gegebenenfalls pro rata mit zu verkaufen.
- Mitverkaufspflichten/»Drag-Along«, z.B. Veräußerungspflichten, die es dem Investor oder den Gesellschaftern in definierten Situationen ermöglichen, die Veräußerung aller Anteile des Startups von den Mitgesellschaftern zu verlangen.
- Gründer-Vesting, z.B. dass die Gründer Geschäftsanteile am Startup ganz oder teilweise abgeben müssen, sofern ihre (operative) Tätigkeit (z.B. als Geschäftsführer) für das Startup selbst verschuldet endet.
- Verwässerungsschutz/Anti-Dilution ist eine Vereinbarung zum Schutz der Investoren bei Folgefinanzierungen zu niedrigerer Bewertung.

- Besondere Mitbestimmungsrechte, z. B. von Investoren.
- Besondere Informationsrechte, z. B. von Investoren.
- Beirat.

## Wann müssen Sie ein Gewerbe anmelden?

Fast alle Gründer, die eine Kapitalgesellschaft gründen, vergessen zunächst, ein Gewerbe anzumelden. Sie holen die Gewerbanzeige häufig erst Monate später nach. Dann kann ein Bußgeld drohen; allerdings wird meiner Erfahrung nach zumindest in Hamburg nicht sehr häufig von einem Bußgeld Gebrauch gemacht. Neben der Eintragung der Gesellschaft ins Handelsregister ist eine Gewerbeanmeldung nämlich in nahezu allen Fällen aber nötig. Es ist ein Irrglaube, dass die *Gewerbeanmeldung* automatisch durch den Notar oder das Handelsregister erfolgt. Sie müssen selbst tätig werden und entweder zur *Industrie- und Handelskammer* oder zum *Gewerbeamt* gehen. In Hamburg kann z. B. die Gewerbanzeige bei den örtlich zuständigen Bezirksämtern (im Verbraucherschutzamt) oder bei der Handelskammer erfolgen. Diese melden die Anzeige dann an das Finanzamt und gegebenenfalls an andere zu beteiligende Behörden weiter und teilen mit, ob und gegebenenfalls welche weiteren Voraussetzungen (z. B. im Rahmen einer erforderlichen Genehmigung) zu erfüllen sind. Die Gebühren für eine einfache Gewerbeanmeldung in Hamburg betragen derzeit beispielsweise € 20 (Stand 2020).

Die Aufnahme einer Gewerbetätigkeit müssen Sie vor ihrem Beginn zumindest anzeigen. Zu dem Beginn einer gewerblichen Tätigkeit werden auch bestimmte vorbereitende Handlungen gezählt, die schon als Gewerbeausübung zu klassifizieren sind (z. B. Anmietung eines Geschäftslokals, die Einstellung von Personal, Inserate in Tageszeitungen). Handlungen ohne Außenwirkung wie z. B. der Abschluss des Gesellschaftsvertrags zählen nicht dazu.

Anzeigepflichtig sind aber auch die Übernahme eines bereits bestehenden Gewerbebetriebs, die Änderung der Rechtsform, der Eintritt eines neuen Gesellschafters, der Wechsel des Geschäftsgegenstands, die Gründung einer Zweigstelle des Gewerbes, die Verlegung des Betriebs oder die Betriebsaufgabe.

Je nach ausgeübtem Gewerbe kann zusätzlich eine besondere Zulassung, Erlaubnis oder Genehmigung erforderlich sein (z. B. Gaststättengewerbe, Maklertätigkeiten, Handwerk, Personenbeförderung), die in der Regel an die Erfüllung bestimmter Voraussetzungen (z. B. berufliche Qualifikationen, Nachweise, keine Wirtschaftsstraftaten) geknüpft wird und sich nach speziellen gesetzlichen Vorgaben richtet (z. B. Gaststättengesetz, Handwerksordnung, Personenbeförderungsgesetz).

Als ausländischer Staatsangehöriger ist es zwingend notwendig, eine Aufenthaltsgenehmigung der zuständigen Ausländerbehörde vorzulegen, in der steht, dass die Aufnahme einer Gewerbetätigkeit erlaubt ist. Bei ausländischen Unternehmen, die eine Gewerbetätigkeit aufnehmen möchten, sieht das Gewerbeamt die Angabe eines Inlandsbevollmächtigten vor. Außerdem muss eine Inlandsanschrift auf dem Gewerbescheinantrag angegeben werden.

## Wer muss kein Gewerbe anmelden?

Unter einem Gewerbe ist jede *erlaubte*, *selbstständige*, auf *Dauer angelegte Tätigkeit* zu verstehen, die zum *Zwecke der Gewinnerzielung* ausgeübt wird.

Daher stellen angestellte Tätigkeiten keine Gewerbeausübung dar, das Gewerbe wird dann gegebenenfalls vom Arbeitgeber ausgeübt.

*Freie Mitarbeiter* üben hingegen ein eigenständiges Gewerbe aus. Eine lediglich einmalige oder vorübergehende Tätigkeit stellt ebenfalls kein Gewerbe dar, ebenso wenig unentgeltliche oder ehrenamtliche Tätigkeiten oder Hobbys.

Bei *Personengesellschaften* (z.B. GbR, OHG, KG) sind die geschäftsführungsberechtigten Gesellschafter als Gewerbetreibende anzusehen. Bei *juristischen Personen* (z.B. GmbH, UG, AG) obliegt die Verpflichtung zur Anzeige dem gesetzlichen Vertreter (z.B. Geschäftsführer einer GmbH).

Die bloße Verwaltung eines eigenen Vermögens (wie z.B. das Halten von Gesellschaftsanteilen in einer sogenannten Holdinggesellschaft) begründet allein auch noch kein Gewerbe.

Keine Gewerbe sind zum einen die *freien Berufe* (z.B. Rechtsanwalt, Arzt, Steuerberater, Künstler, Journalist etc.), zum anderen die sogenannte »Urproduktion« (Land- und Forstwirtschaft, Fischerei, Weinbau etc., soweit hier nicht der gewerbliche Vertrieb von Fremdwaren überwiegt, wie das beispielsweise bei sogenannten »Hofläden« häufig der Fall ist).

Der Begriff des Freiberuflers ist nicht abschließend definiert. § 18 Abs.1 Nr.1 EStG (Einkommensteuergesetz) listet für das Steuerrecht sogenannte »Katalogberufe« auf. Aber auch diesen Katalogberufen ähnliche Berufe können als freie Berufe eingestuft werden. In der Regel wird die Bewertung davon abhängig gemacht, ob es sich bei der Tätigkeit um eine »Dienstleistung höherer Art« handelt. Als Indiz wird von den zuständigen Behörden regelmäßig das Erfordernis eines Hoch- oder Fachhochschulstudiums für die Ausübung des Berufs, eine entsprechend ähnliche Ausbildung oder Qualifizierung sowie die staatliche Anerkennung und gesetzliche Regelung des Berufs herangezogen. Dies ist jedoch nicht zwingend. Im Zweifelsfall sollte zur korrekten Einordnung eine Einschätzung einer fachkundigen Stelle erfolgen, z.B. durch die IHK (in Hamburg und Bremen: »Handelskammer«).

Grundsätzlich wird der Gewerbebegriff vor allem von den Gewerbe- und Finanzämtern eher weit ausgelegt. Vielfach ist die Einordnung aber im Einzelfall strittig und von den genauen Umständen abhängig. Zum Teil gibt es dezidierte Rechtsprechungen des Bundesfinanzhofs im Hinblick auf die Gewerbesteuerpflichtigkeit, z.B. zur freiberuflichen Tätigkeit eines Softwareentwicklers/IT-Ingenieurs. Es kommt beim Softwareentwickler auf den konkreten Einzelfall an. Um es noch komplizierter zu machen, ist leider auch die Rechtsprechung nicht einheitlich.

## Gewerbesteuerpflichtigkeit

Auf die Anzeige eines Gewerbes folgt in der Regel die Gewerbesteuerpflicht, es sei denn, es liegen Ausnahmen vor. Die Gewerbesteuerpflichtigkeit kann sich jedoch auch aus der Wahl der gewählten Rechtsform ergeben, z. B. im Fall von Kapitalgesellschaften wie der haftungsbeschränkten Unternehmergesellschaft, der GmbH und der Aktiengesellschaft.

---

**Hinweis: Verbindliche Auskunft einholen**

Um im Hinblick auf die Gewerbesteuerpflichtigkeit sicherzugehen, kann beim Finanzamt eine verbindliche Auskunft beantragt werden.

---

## Kontaktieren Sie fachkundige Stellen

Im Zweifelsfall – gerade wenn die Gewerbsmäßigkeit der Tätigkeit oder die Einordnung als freier Beruf nicht eindeutig ist – sollten Sie möglichst eine fachkundige Stelle konsultieren und um eine Einschätzung bitten. Soweit es Berufsverbände für die geplante Tätigkeit gibt, können diese in der Regel Auskunft und eine verlässliche Bewertung abgeben. Grenzfälle bilden immer wieder »gemischte« Tätigkeiten und Tätigkeiten in Grenzbereichen (z. B. bei beratenden Berufen oder solchen mit schöpferisch-künstlerischer Leistung und bei Programmierleistungen). Hier kommt es häufig auf den Schwerpunkt im Einzelfall an. Um Konflikte mit den Ordnungs- und Finanzbehörden und Haftungsrisiken zu vermeiden, sollten Sie die Klärung unbedingt im Vorfeld, also vor Beginn der eigentlichen Tätigkeit, in Angriff nehmen.

Gegen die behördliche Einstufung als Gewerbe und gegebenenfalls die Aufforderung zur Gewerbeanzeige oder -genehmigung wie auch gegen eine Untersagungs- oder Schließungsverfügung bestehen Rechtsbehelfe, über die die anordnende Behörde im jeweiligen Bescheid zu belehren hat.

# Die zehn häufigsten rechtlichen Fehler innovativer Startups

## Gründen in der falschen Gesellschaftsform

Die Gesellschaft bürgerlichen Rechts (GbR) oder andere Gesellschaftsformen ohne Haftungsbeschränkung sind bei risikobehafteten Geschäftsmodellen, wie wir gerade in diesem ersten Kapitel gesehen haben, nicht die richtige Gesellschaftsform. Grund dafür ist, dass zwar in erster Linie die GbR selbst mit ihrem

Vermögen für alle Verbindlichkeiten und Schulden, die im Namen der Gesellschaft eingegangen wurden, haftet. Zusätzlich haftet für diese Verbindlichkeiten und Schulden der GbR grundsätzlich aber auch jeder Gesellschafter der GbR persönlich und unbeschränkt gesamtschuldnerisch mit dem gesamten Privatvermögen. Vergessen Sie nicht, dass der überwiegende Teil der Startups scheitert – daher müssen die Gründer im Worst Case häufig selbst einen Privatinsolvenzantrag stellen.

Die richtige Gesellschaftsform von innovativen Startups zu Beginn der Unternehmung ist daher fast immer die GmbH, selten auch die haftungsbeschränkte Unternehmergesellschaft oder die Aktiengesellschaft.

Wichtig ist ebenfalls, nicht zu lange nach der Aufnahme der Geschäftstätigkeit mit der GmbH-Gründung zu warten. Es kann komplizierter werden, die vor Gründung bestehenden Assets, wie Marken, Urheberrechte, Patente, Verträge und Kunden etc., nachträglich in die GmbH einzubringen.

## Firmen- oder Produktnamen werden nicht markenrechtlich überprüft und müssen später geändert werden

Wie ich im zweiten Kapitel erläutern werde, sind Firmen- und Produktnamen nicht selten erhebliche Werte des Startups. Überprüft man vor Nutzung einer Bezeichnung nicht, ob sie andere Rechte verletzt, und gehen andere Rechteinhaber gegen die Benutzung der Bezeichnung für Produkte/Dienstleistungen oder den Firmennamen vor, kann dies sehr teuer werden. Falls es erst später zu einem Markenstreit kommt, wird aufgrund der Investition in die Marke mit der Zeit der eigene Schaden höher, und auch die Schadensersatzsummen steigen. Das Verbot der Nutzung einer bereits etablierten Marke bedeutet immer auch einen *Imageschaden*.

Das Prozessrisiko (Rechtsanwalts- und Gerichtskosten) beim Unterliegen in einem Markenrechtsstreit liegt bei unbekannten Marken in der ersten Instanz bei mindestens € 8.000, oft bei € 10.000. Bei der Verletzung von bekannten Marken liegt das Prozessrisiko in der ersten Instanz meist über € 20.000, hinzu kommen die Zahlungen von Schadensersatz für den Inhaber der verletzten Marke sowie die Kosten des »Re-Brandens« und gegebenenfalls die Vernichtung von Markenware und Briefpapier.

Es sollte daher immer vor Benutzung einer Bezeichnung eine sogenannte Ähnlichkeitsrecherche durch professionelle Anbieter durchgeführt werden, die von einem Markenanwalt oder Rechtsanwalt für gewerblichen Rechtsschutz ausgewertet wird. Sogenannte Identitätsrecherchen reichen nicht aus. In dem Zusammenhang sollte auch geprüft werden, ob das Startup selbst eine Marke anmelden kann.

## Gründer führen keine Sozialversicherungsbeiträge ab, obwohl sie dazu verpflichtet sind

Eine Frage, die alle Startups klären sollten, ist, ob das Entgelt des Geschäftsführers oder der Geschäftsführer der Sozialversicherungspflicht unterliegt.

Eine Fehleinschätzung kann zu erheblichen Nachzahlungen und Problemen mit den Finanzämtern und gegebenenfalls auch mit der Staatsanwaltschaft führen.

Um die Frage zu klären, müssen die Gründer zwischen Fremdgeschäftsführern (die keine Gesellschaftsanteile an der GmbH besitzen) und den Gesellschafter-Geschäftsführern (die an der GmbH als Gesellschafter beteiligt sind) differenzieren.

Gesellschafter-Geschäftsführer sind in der Regel nur dann nicht sozialversicherungspflichtig, wenn sie mehr als 50 % der Anteile an dem Stammkapital der Gesellschaft halten oder aber weniger Gesellschaftsanteile halten, ihnen aber eine echte Sperrminorität im Gesellschaftsvertrag eingeräumt wurde. Dies bedeutet, dass eine Klausel im Gesellschaftsvertrag sicherstellt, dass ohne den Gesellschafter-Geschäftsführer keine Entscheidungen getroffen werden können. Damit hat er eine sogenannte beherrschende Stellung innerhalb des Startups und so einen bestimmenden Einfluss auf die Entscheidungen der Gesellschaft.

Es kommt also immer auf die konkreten Umstände des Einzelfalls an. Das wichtigste Kriterium, an dem die Sozialversicherungspflicht festgemacht wird, ist die *Weisungsfreiheit*. Das bedeutet, dass die Gesellschafterversammlung dem Gesellschafter-Geschäftsführer keine Vorschriften machen kann und er durch seine Mehrheit in der Gesellschafterversammlung faktisch nur sich selbst gegenüber verpflichtet ist.

Haben Sie als Gesellschafter-Geschäftsführer keine beherrschende Stellung und keine Mehrheit am Startup oder sind Sie ein Fremdgeschäftsführer ohne Beteiligung am Startup, sind Sie sehr sicher sozialversicherungspflichtig, da Sie im Sinne des Sozialversicherungsrechts *abhängig beschäftigt* sind.

Holen Sie sich in Zweifelsfällen professionellen Rat. Sind Sie sich nicht sicher, ob das Geschäftsführergehalt sozialversicherungspflichtig ist, können Sie vorab eine Klärung des sozialversicherungsrechtlichen Status des Geschäftsführers durch einen offiziellen Antrag bei der Deutschen Rentenversicherung oder dem gesetzlichen Krankenversicherungsträger feststellen lassen. Dies ist sehr zu empfehlen. Weitere Ausführungen finden sich in Kapitel 5.

## Gründer verteilen Gesellschaftsanteile neu oder beteiligen Mitarbeiter ohne steuerliche Optimierung

Jede (Neu-)Verteilung von Gesellschaftsanteilen ist in der Regel steuerlich relevant. Gründer wollen häufig Gesellschaftsanteile nach der Gründung anders oder an weitere Personen verteilen. Wird hierfür aber kein Betrag entsprechend der Unternehmensbewertung als Gegenleistung bezahlt, entsteht ein großes steuerliches Risiko. Insbesondere nach einer objektiven Bewertung des Startups, z.B. nach einer Finanzierungsrunde, gibt es einen Unternehmenswert, der steuerlich vom Finanzamt für eine Besteuerung zugrunde gelegt werden kann. Liegt die Bewertung eines Startups beispielsweise bei € 5 Mio., sind 10% der Geschäftsanteile € 500.000 wert. Wird lediglich der Nominalbetrag von z.B. € 2.500 für die Geschäftsanteile gezahlt, liegt möglicherweise eine Schenkung in Höhe von € 497.500 vor, die gegebenenfalls Schenkungs- oder Einkommensteuer auslöst. Meist handelt es sich um eine sogenannte trockene Steuerlast. Als *trockene Steuerlast* wird z.B. die Situation bezeichnet, in der ein Mitarbeiter für den Erhalt einer Beteiligung Lohnsteuer bezahlen muss, obwohl für ihn keine Möglichkeit besteht, die Beteiligung zu veräußern und hieraus die zur Bezahlung der Steuern notwendige Liquidität zu schöpfen. Wie dieses vereinfachte Beispiel zeigt, kann es schnell um sehr große Summen gehen.

Alternativen können sogenannte virtuelle Beteiligungen oder Optionen auf Gesellschaftsanteile sein, wie in Kapitel 6 dargestellt ist.

## Zu viele Frühphaseninvestoren und Gesellschafter mit geringen Geschäftsanteilen sind am Startup beteiligt

Ein weiterer anzutreffender Fehler von Startups ist, dass sie in der Frühphase viele Investoren (meist Business-Angels und FFFs – *Family, Fools and Friends*) mit geringen Geschäftsanteilen am Startup beteiligen. Es wird von einem »Messed Up Cap Table« gesprochen. Beteiligungen von z.B. unter 3% der Geschäftsanteile des Startups sind nur ratsam, wenn es hierfür einen guten Grund gibt, da jeder Gesellschafter alle Gesellschafterrechte und damit eine starke Position erhält. Es kann zu ungünstigen Situationen kommen, wenn der Gesellschafter mit seinen geringen Geschäftsanteilen bei einer Finanzierungsrunde oder beim Exit versucht, seine Position durch eine Blockadehaltung massiv zu verbessern. Zudem bringen geringe Investments oder »Beratung gegen Beteiligung« das Startup oft nur bedingt weiter. Wenn es Gesellschafter mit geringen Geschäftsanteilen gibt, ist ein besonderes Augenmerk auf die Verträge zu legen, damit Blockadehaltungen bestenfalls weitestgehend verhindert werden.

Auch professionelle Investoren wie Venture-Capital-Unternehmen wollen sich in der Regel nicht mit einer Vielzahl von Gesellschaftern auseinandersetzen.

Beteiligungen am Startup unter 1% sollten nur in Ausnahmefällen und an wirklich hochkarätige, kompetente Gesellschafter vergeben werden.

Sind bereits viele Investoren/Gesellschafter mit kleinen Geschäftsanteilen am Startup beteiligt oder ist dies geplant, sollte das sogenannte Pooling, bei dem die Gesellschafter in der Regel »zusammengefasst« werden, in die Überlegungen einbezogen werden. Das Pooling kann unterschiedlich ausgestaltet werden. Eine weitere Möglichkeit sind »virtuelle Beteiligungen«, die keine echte Gesellschafterstellung einräumen, sondern nur eine finanzielle Beteiligung an einem Exit-Erlös gewähren. Ausführungen hierzu erhalten Sie in den Kapiteln 3 und 6.

## Open-Source-Software unter der falschen Lizenz in der eigenen Software enthalten oder Schutzrechte (IP) falsch genutzt

Computerprogramme, Bilder, Fotos etc., die im Internet kostenfrei zum Download bereitstehen, unterliegen nur in den seltensten Fällen der völlig freien Nutzung. Es gibt normalerweise (Creative-Commons-)Lizenzbedingungen, die zum Beispiel vorschreiben, dass der Urheber bei der Nutzung zu nennen ist oder die Open-Source-Software zwar überarbeitet, aber nicht gegen Zahlung eines Entgelts vertrieben werden darf. Das kann im Extremfall dazu führen, dass das Startup die eigene (mit Open-Source-Software kombinierte) Software nicht mehr wirtschaftlich verwerten, also verkaufen oder kostenpflichtig lizenzieren darf.

Zu beachten ist auch, dass bei einem Verstoß gegen Bestimmungen einer kostenlosen Lizenz eine abmahnfähige Rechtsverletzung vorliegt.

Sie sollten daher die Lizenzbestimmungen genau lesen, bevor Sie kostenloses oder kostenpflichtiges Material in Ihre eigene Software integrieren oder Bilder etc. nutzen. Des Weiteren sollten Sie Auftragsprogrammierer immer vertraglich verpflichten, keine Open-Source-Software ohne Ihre ausdrückliche Zustimmung bei der Programmierung zu verwenden. Nachlesen können Sie Einzelheiten zu diesem Themenkomplex in Kapitel 2.

## Schutzrechte gehören nicht dem Unternehmen

Denken Sie von Anfang an daran, Schutzrechte auf Ihr Startup zu übertragen, da Schutzrechte in der Regel nicht beim Unternehmen, sondern beim Menschen (z. B. Grafiker, Urheber oder Erfinder) entstehen. Bei fast allen von mir begleiteten Transaktionen waren (noch) nicht alle Schutz- oder Nutzungsrechte auf das Unternehmen übertragen worden. Spätestens in einer Finanzierungsrunde wird im Rahmen einer Due Diligence die Rechtekette geprüft, also z. B. die Verträge für die Übertragung oder der automatische Übergang vom Erfinder oder Urheber auf das Startup. Wurden keine Verträge mit Übertragungsklauseln abgeschlossen (z. B. freie Mitarbeiterverträge, Schutzrechtsübertragungsvereinbarungen) oder sind die Schutzrechte automatisch durch gesetzliche Bestimmungen übertragen worden, z. B. für Arbeitnehmer (durch das Arbeitnehmererfindungsrecht), aber nicht für Geschäftsführer (für Geschäftsführer sollte es immer eine gesonderte Regelung im Geschäftsführeranstellungsvertrag zur Übertragungspflicht einer Erfindung geben), sollten Sie nachträglich Schutzrechtsübertragungsvereinbarungen mit Mitarbeitern und anderen Beteiligten schließen. Das wird umso schwieriger, je länger das Schutzrecht besteht, da gegebenenfalls Mitarbeiter nicht mehr für Ihr Startup arbeiten und sich im Streit getrennt haben. Vergessen Sie dabei nicht, dass nicht nur die Mitarbeiter, sondern auch die Gründungsgesellschafter selbst die Schutzrechte auf das Unternehmen übertragen müssen.

Wenn mit der Verwertung einer patentgeschützten Technologie sehr viel Geld verdient wird und hinsichtlich der Rechtekette und den damit in Zusammenhang stehenden Übertragungsvereinbarungen oder der Dokumentation des Erfindungsprozesses etc. nicht sorgfältig gearbeitet worden ist, kann es vorkommen, dass (ehemalige) Mitarbeiter oder jede andere Person, die an dem Entwicklungsprozess der Technologie beteiligt war, einen Streit über die Eigentumsrechte an den Patenten beginnen.

Diese ungeklärte Rechtssituation kann in einer Verhandlung über einen Lizenzvertrag oder den Verkauf eines Unternehmens zu einem Deal Breaker werden, der dazu führt, dass der potenzielle Lizenznehmer/Käufer abspringt. Auch hierzu finden Sie Ausführungen in Kapitel 2.

## Insolvenzantrag nicht rechtzeitig gestellt

Einer der häufigsten Gründe für die persönliche Haftung des GmbH-Geschäftsführers ist die Insolvenzverschleppung, also die verspätete Stellung des Insolvenzantrags. Gerade Startups scheuen davor zurück, einen Insolvenzantrag zu stellen, und versuchen auch in aussichtslosen Situationen, das Ruder herumzureißen.

Der Geschäftsführer hat aber spätestens drei Wochen nach Eintritt der Zahlungsunfähigkeit oder der Überschuldung der Gesellschaft zwingend die Eröffnung eines Insolvenzverfahrens zu beantragen. Ein Verstoß gegen diese Pflicht ist nach § 84 Abs. 1 Nr. 1 Abs. 2 GmbHG strafbar.

Die unter vielen Startups verbreitete bzw. bekannte Dreiwochenfrist ist eine Höchstfrist, die nur ausgenutzt werden kann, solange mit einer erfolgreichen Sanierung innerhalb der Frist zu rechnen ist. Scheitern Sanierungsgespräche oder ist absehbar, dass eine Sanierung keinen Erfolg verspricht, ist der Insolvenzantrag unverzüglich zu stellen. Die Dreiwochenfrist darf in diesem Fall nicht voll ausgereizt werden.

Wenn Sie sich nicht sicher sind, ob der Tatbestand der Zahlungsunfähigkeit oder Überschuldung vorliegt, sollten Sie die Beratung eines spezialisierten Rechtsanwalts oder eines Steuerberaters zum Bestehen einer Insolvenzantragspflicht einholen. Das gilt insbesondere auch für positive Fortführungsprognosen, auf die sich viele Startups später berufen wollen. Einzelheiten finden Sie in Kapitel 5.

## Streit im Gründerteam ohne Lösungsmöglichkeiten in Gesellschaftervereinbarung oder Gesellschaftsvertrag

Streitigkeiten sind insbesondere bei haftungsbeschränkten Unternehmergesellschaften ein Problem, die mit der Mustersatzung gegründet worden sind, da in ihr keine Regelungen zu einem Gesellschafterstreit und vor allem der Auflösung des Gesellschafterstreits enthalten sind.

Gehen Sie davon aus, dass es in der Regel in jedem Startup zu einem Gesellschafterstreit kommen wird – mir ist kein Fall bekannt, in dem es nicht über kurz oder lang zu Diskussionen oder Streit zwischen den Gesellschaftern kam.

Gründen Sie daher immer mit einem Gesellschaftsvertrag, der Regelungen zum Streit zwischen den Gesellschaftern enthält, und informieren Sie sich über die in der Startup-Welt etablierten Streitlösungsmöglichkeiten, wie z.B. Vesting- und Shoot-out-Klauseln. Weitere Informationen erhalten Sie in den Kapiteln 1 und 4.

## Datenschutzrichtlinie nicht berücksichtigt

Nach meiner Einschätzung sind 80% der Geschäftsmodelle von Startups nicht datenschutzkonform umgesetzt. Mit den Änderungen, die durch die Datenschutzgrundverordnung im Mai 2018 eingetreten sind, hat sich dieses Problem noch einmal verschärft.

Auf meine Nachfrage bezüglich des Datenschutzes haben mir die meisten Startups geantwortet, dass ihr Geschäftsmodell datenschutzkonform sei. Das war aber so gut wie nie der Fall. Manchmal war damit nämlich nur gemeint, dass das Startup auf der Webseite eine Datenschutzerklärung vorhielt. Dies ist jedoch nur ein kleiner Aspekt der Datenschutzkonformität.

Um ein datenschutzkonformes Geschäftsmodell zu entwickeln, benötigen Sie in der Regel professionelle Hilfe und müssen sehr genau wissen, wo, wann und wie welche personenbezogenen Daten zu welchem Zweck erfasst werden, an wen die Daten weitergegeben werden und wann sie gelöscht werden. Ausführungen hierzu finden Sie in Kapitel 7.

# KAPITEL 2

# Marken, Logos und Technologien schützen

## Das Schutzsystem

In diesem Kapitel werden die Themen »Geistiges Eigentum« (englisch auch »Intellectual Property«, kurz IP) und »Schutzrechte« behandelt.

Jedes Startup muss versuchen, das *Geschäftsmodell*, seine *Produkte* oder *Dienstleistungen* und die gegebenenfalls *dahinterstehenden Technologien* gegen Nachahmungen zu schützen, da etablierte Unternehmen immer mehr Geld und Ressourcen zur Verfügung haben, um die Geschäftsidee oder das Alleinstellungsmerkmal (»Unique Selling Proposition«, kurz USP) eines Startups zu kopieren und gegebenenfalls schneller oder mit größerer Reichweite umzusetzen. Deshalb ist es für jedes Startup wichtig, zu überprüfen, ob Produkte oder Dienstleistungen und die gegebenenfalls dahinterstehenden Technologien geschützt werden können. Sind *geschützte Produkte* oder *Technologien* vorhanden, hat das oftmals einen großen Wert in Finanzierungsrunden und für die Bewertung des Startups.

Dabei verwundert es Gründer oftmals, dass das Kopieren von Ideen oder Geschäftsmodellen in Deutschland nicht generell verboten ist. Es gilt erst einmal das Prinzip der *Nachahmungsfreiheit*. Das bedeutet, dass das Produkt oder die Dienstleistung, das Verfahren oder die Technologie grundsätzlich nachgeahmt werden darf, sofern keine besonderen unlauteren Umstände z. B. nach dem Gesetz gegen unlauteren Wettbewerb bestehen oder die Verfahren bzw. Technologien nicht durch *Sonderrechte* in Form von noch *aktiven gewerblichen Schutzrechten* oder durch andere Schutzrechte geschützt sind.

---
**BEISPIEL**

---

Das Geschäftsmodell, bei dem über eine Plattform im Internet gebrauchte und neue Sachen/Produkte gegen Höchstgebot versteigert werden, ist nicht geschützt und kann in Deutschland auch nicht geschützt werden. eBay beispielsweise kann andere ähnliche Plattformen also nicht verhindern. Die Software für den Betrieb der Plattform oder der Name der Plattform und gegebenenfalls die Texte auf der Plattform können aber Schutz genießen und dürfen dann nicht kopiert oder übernommen werden.

---

Gerade in den *hochtechnologischen Bereichen*, im *schnelllebigen Internet* und in der *Softwarebranche* werden Schutzrechte daher immer wichtiger, um nicht von der Konkurrenz kopiert oder sogar disruptiert zu werden. Schutzrechte sind ein wesentlicher Wert im Unternehmen und können strategisch eingesetzt werden.

Das Thema *Schutzrechte* ist immer in zwei Richtungen zu betrachten. Zum einen ist es wichtig, die eigene Geschäftsidee gegen Nachahmer so weit wie möglich zu schützen. Auf der anderen Seite ist es ebenso wichtig, keine Schutzrechte von anderen Unternehmen oder Konkurrenten zu verletzen, weil dann die eigene Geschäftsidee gegebenenfalls nicht mehr umgesetzt werden kann und das möglicherweise sogar zu einem Scheitern des eigenen Unternehmens führt.

Um beurteilen zu können, ob der eigene Unternehmensname, eine Produktbezeichnung, ein Design oder eine Technologie die Schutzrechte anderer Unternehmen verletzt, sollten Sie *professionelle Recherchen* durchführen. Es gibt verschiedene Recherchen, z.B. Firmenregisterrecherchen, Markenähnlichkeitsrecherchen und für Technologien sogenannte »Freedom to operate«- und Neuheitsrecherchen, die jeweils bei den einzelnen Schutzrechten näher erläutert werden.

---

### Hinweis: Keine 100%ige Absicherung

Leider ist es meist sehr schwierig, festzustellen, ob Sie Schutzrechte von anderen Unternehmen verletzen, da nicht alle Schutzrechte in Registern erfasst sind und recherchiert werden können. Es gibt daher keine 100%ige Absicherung dagegen, Schutzrechte Dritter zu verletzen, selbst wenn man Experten mit einer Recherche beauftragt. Es verbleibt immer das Restrisiko, dass Sie über Recherchen nicht alle relevanten Rechte Dritter finden. Trotzdem helfen diese Recherchen natürlich erheblich dabei, Ihr Risiko zu minimieren.

---

Dass das eigene Startup keine Schutzrechte anderer Unternehmen verletzt, liegt insbesondere im *Eigeninteresse* der *Geschäftsführer* oder des *Vorstands* des Startups, da diese Gesellschaftsorgane, neben dem Startup-Unternehmen, gegebenenfalls *persönlich* und *unmittelbar unbeschränkt* mit ihrem *Privatvermögen* für diese Verletzungen *haften*.

Wird ein Schutzrecht vorsätzlich, also bewusst oder gewollt, verletzt, handelt es sich dabei sogar eventuell um eine Straftat, die in den jeweiligen Spezialgesetzen normiert sind und daher kaum bekannt und nicht so einfach zu finden sind.

Das Patentgesetz, hier als Beispiel angeführt, sieht vor, dass eine vorsätzliche Verletzung eines Patents mit einer Freiheitsstrafe von bis zu drei Jahren oder mit einer Geldstrafe bestraft werden kann.

# Vorteile von Schutzrechten

Schutzrechte haben meiner Meinung nach fast nur Vorteile, einmal abgesehen von den bei einigen Schutzrechten *anfallenden Kosten* zur *Erlangung* und *Aufrechterhaltung* des Schutzes, den *langwierigen Registrierungsverfahren* und gegebenenfalls dem Aufwand und der Bindung von Ressourcen für die außergerichtliche und gerichtliche Verteidigung der Schutzrechte.

Vorteile sind unter anderem:

- Umsatz- und Gewinnerhöhung durch Nutzungsausschluss anderer.
- Schutzrechte zwingen häufig den Wettbewerber, teure eigene Entwicklungen umzusetzen.
- In der Regel kann man für geschützte Produkte höhere Preise am Markt durchsetzen.
- Schutzrechte verleihen gegebenenfalls eine (zeitlich beschränkte) Monopolstellung, die einen Wettbewerbsvorsprung bewirkt oder für die Verdrängung von Mitbewerbern sorgen kann.
- Es bestehen, neben dem Verkauf von Produkten, eventuell weitere Einnahmequellen durch die Vergabe von Lizenzen.
- Es besteht die Möglichkeit der schnellen Verbreitung der Technologie durch Lizenzvergabe und damit eine mögliche Arbeitsteilung für verschiedene Märkte und Länder.
- Schutzrechte können bewertet und zum Beispiel als Sacheinlage in ein Unternehmen eingebracht werden.
- Schutzrechte können den Unternehmenswert extrem steigern und erhöhen die Wahrscheinlichkeit, dass ein professioneller Investor in das Startup investiert.
- Gegebenenfalls entstehen Steuervorteile durch die Bilanzierung von Schutzrechten.
- Bessere Verhandlungsposition und Kooperationsmöglichkeiten mit anderen Unternehmen.
- Schutzrechte können für Veröffentlichungen bzw. PR und als Marketingeffekt genutzt werden, um Werbung zu machen oder das Image des Startups zu stärken.
- Schutzrechte sind ein übertragbarer Vermögensgegenstand.
- Erlangte Schutzrechte haben unabhängig von der Größe ihres konkreten Schutzbereichs eine abschreckende Wirkung, denn Schutzrechte Dritter werden aus Kostengründen nur selten wirklich geprüft, es wird lieber Abstand von der Übernahme einer fremden Technologie genommen.
- Bei der Beschaffung von Krediten und staatlichen Förderungen haben Patente häufig einen förderlichen Effekt oder sind sogar Voraussetzung.

- Technologietransfer/Verwertung funktioniert besser auf der Basis von Schutzrechten, denn Schutzrechte können gehandelt werden, und Teile von Schutzrechten können über verschiedenste Lizenzen mehrfach verwertet werden.

## Übertragbarkeit und Handelbarkeit von Schutzrechten

Da die Übertragbarkeit und Handelbarkeit von Schutzrechten ein sehr wichtiger Punkt ist, möchte ich hier gesondert noch einmal darauf eingehen:

Wenn Sie die wesentlichen Assets Ihres Startups geschützt haben, kann es ein enormer Vorteil sein, dass das geistige Eigentum bzw. die Schutzrechte als *Ganzes* und *in Teilen übertragbar* bzw. *handelbar* sind. Schutzrechte können selbstständig und unabhängig von den Menschen, die sie entwickelt haben, gehandelt werden, sodass sie an verschiedene Dritte lizenziert oder verkauft und übertragen werden können, ohne dass das Startup insgesamt verkauft werden muss. Schutzrechte können gegebenenfalls auch *zeitlich, räumlich* und *inhaltlich* geteilt werden, sodass Sie eine Lizenz *beschränkt* auf ein *Land*, ein *Jahr* und auf ein *Anwendungsgebiet* einer Technologie erteilen können.

---

### Hinweis: Know-how schriftlich dokumentieren

Wissen, das nur in den Köpfen der Gründer oder der Angestellten des Startups vorhanden ist, kann selbstverständlich nicht gehandelt oder übertragen werden. Sie sollten folglich das »Know-how« des Startups schriftlich dokumentieren und dann diese Dokumentation Dritten gegenüber geheim halten. Diese Dokumentation können Sie dann als Anhang eines Know-how-Lizenzvertrags an Dritte lizenzieren.

---

Wichtig ist, dass Sie von Anfang an daran denken, die Schutzrechte auf Ihr Startup zu übertragen, denn Schutzrechte entstehen in der Regel nicht beim Unternehmen, sondern beim Menschen (z. B. Grafiker, Designer, Urheber oder Erfinder). Bei fast allen von mir begleiteten Transaktionen waren (noch) nicht alle Schutzrechte auf das Unternehmen übertragen worden. Spätestens in einer Finanzierungsrunde wird im Rahmen einer Due Diligence die *Rechtekette geprüft*, also z. B. die Verträge für die Übertragung oder der automatische Übergang vom Erfinder oder Urheber auf das Startup. Wurden keine Verträge mit Übertragungsklauseln abgeschlossen (z. B. Arbeitsverträge, Schutzrechtsübertragungsvereinbarungen) oder sind die Schutzrechte automatisch durch gesetzliche Bestimmungen übertragen worden, z. B. für Arbeitnehmer durch das *Arbeitnehmererfindungsrecht*, sollten Sie nachträglich *Schutzrechtsübertragungsvereinbarungen* mit Mitarbeitern und anderen Beteiligten schließen. Das wird umso schwieriger, je länger das Schutzrecht besteht, da gegebenenfalls Mitarbeiter gar nicht mehr für Ihr Startup arbeiten. Vergessen Sie dabei nicht, dass nicht nur die Mitarbeiter, sondern auch die *Gründungsgesellschafter* selbst die Schutzrechte auf das Unternehmen übertragen müssen. Wenn mit der Verwertung einer patentgeschützten Technologie sehr viel Geld verdient wird und hinsichtlich der Rechtekette und den damit im Zusammenhang stehenden Übertragungsvereinbarungen oder der Dokumentation des Erfindungsprozesses etc. nicht sorgfältig gearbeitet worden ist, kann es vorkommen, dass (ehemalige) Mitarbeiter oder jede andere Person, die an dem *Entwicklungsprozess* der *Technologie* beteiligt war, einen Streit über die Eigentumsrechte an den Patenten beginnen.

In einer Verhandlung über einen Lizenzvertrag oder den Verkauf eines Unternehmens kann das zu einem *Deal Breaker* werden, der dazu führt, dass der potenzielle Lizenznehmer/Käufer abspringt.

Generell lässt sich sagen, dass Schutzrechte, bei denen Eigentumsrechte nicht geklärt sind oder über die ein Rechtsstreit geführt wird, nicht besonders gut gehandelt werden können.

---

### Hinweis: Skalierbarkeit von Schutzrechten

Schutzrechte sind in der heutigen Zeit extrem skalierbar, z. B. wenn man nur eine einfache Lizenz, die keine exklusive Wirkung hat, einem Dritten erteilt. Dann kann die geschützte Technologie/das Produkt mit weiteren einfachen Lizenzen an unbegrenzt viele weitere Personen erteilt werden. Ein Entwicklungsaufwand entsteht fast nur am Anfang, z. B. muss man ein E-Book schreiben oder eine Standardsoftware programmieren. Dasselbe E-Book oder dieselbe Software dann zu reproduzieren, kostet fast nichts mehr und ist technisch sehr einfach möglich. Damit das nicht ohne die Zustimmung desjenigen passiert, der am Anfang den großen Aufwand der Erstellung des E-Books oder der Software hatte, räumt der Staat dem Bürger oder Unternehmen meist zeitlich beschränkte exklusive Rechte ein.

---

Allerdings bestehen auch beim Schutz des geistigen Eigentums durch Schutzrechte gesetzliche oder durch die Rechtsprechung entwickelte Grenzen. Beispielsweise gelten in Deutschland das allgemeine Recht auf *Forschungsfreiheit*, das *Zitatrecht* sowie das Recht auf *künstlerische Freiheit*.

## Der optimale Schutz einer Technologie/eines Geschäfts

Der Begriff geistiges Eigentum stellt eine Art Oberbegriff dar, der sich in Deutschland aus verschiedenen Schutzrechten zusammensetzt, nämlich *Urheberrecht*, *Markenrecht*, *Patentrecht*, *Gebrauchsmusterrecht*, *Know-how-Recht*, *Designrecht*, *Namensrecht*, *Wettbewerbsrecht* und *Lizenzrecht*.

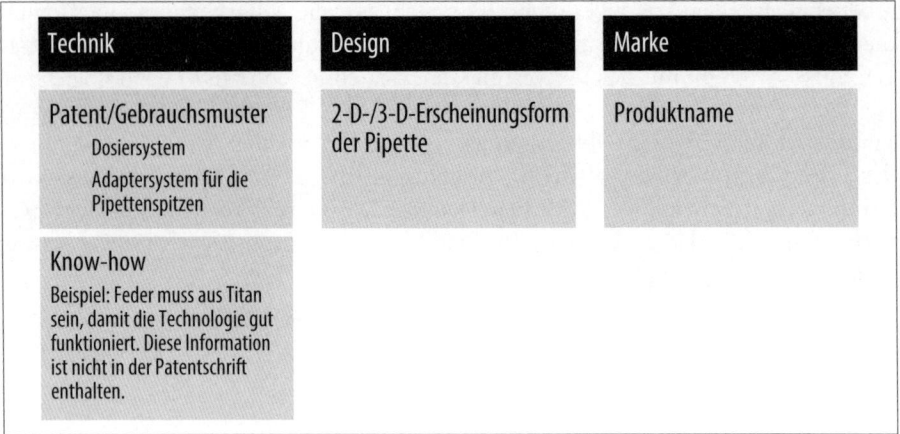

*Abbildung 2-1: Optimaler Schutz einer Pipette durch verschiedene Schutzrechte*

Die Abgrenzungen zwischen den einzelnen Schutzgesetzen und die taktischen Überlegungen sind recht komplex. Da dieses Buch nur einen ersten Überblick verschaffen kann, empfehle ich, hinsichtlich des Schutzkonzepts professionelle rechtliche Beratung einzuholen.

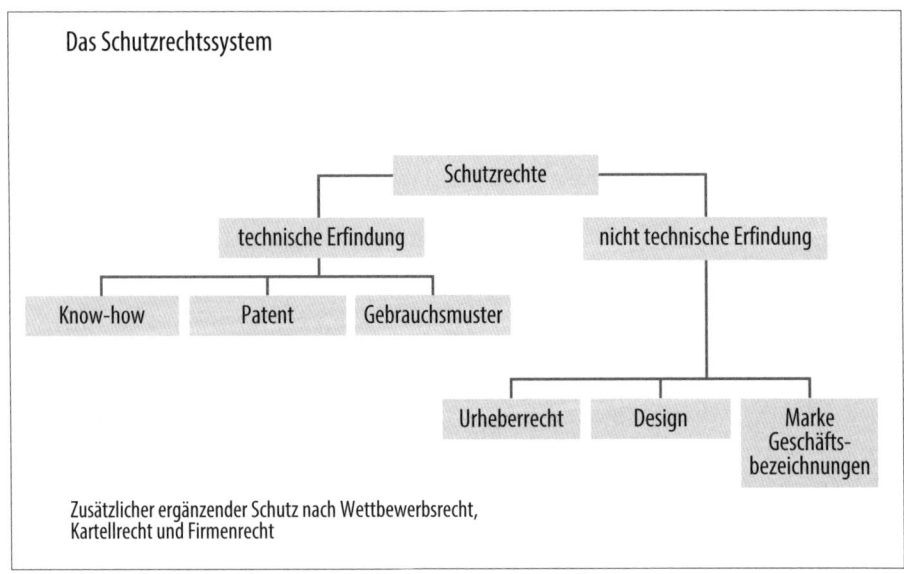

*Abbildung 2-2: Überblick über das Schutzrechtssystem*

Der optimale Schutz der Geschäftsidee besteht dabei aus einer Kombination der verschiedenen Schutzrechte. Es gibt, etwas vereinfacht dargestellt, *technische Schutzrechte* die Patent, Know-how und Gebrauchsmuster schützen, *nicht technische Schutzrechte* oder auch *gestalterische Schutzrechte* für das Urheberrecht und das Design sowie den *Schutz von Bezeichnungen*, etwa von Marken Firmen, Namen sowie Geschäftsbezeichnungen. Schließlich kann es noch einen ergänzenden *allgemeinen Schutz des Wettbewerbsrechts* z.B. gegen die *grobe Ausnutzung der Leistung* anderer geben.

*Tabelle 2-1: Schutzrechte: Übersicht zu Schutzrechtsstatus und Schutzgebiet*

|  | Patent | Gebrauchs-muster | Design | Wettbewerb | Marke | Literatur | Computer-programme |
|---|---|---|---|---|---|---|---|
| **Was?** | Erfindung | Erfindung | Design | Rufaus-beutung | Zeichen | Wissen-schaft Kunst | Persönliche geistige Schöpfung, Code |
| **Gesetz** | PatG | GebrMG | DesignG | UWG | MarkenG | UrhG | UrhG |
| **Anmel-dung** | ja | ja | ja | nein | ja | nein | nein |
| **Wo?** | DPMA | DPMA | DPMA | ./. | DPMA | ./. | ./. |
| **Prüfung** | ja | nein | nein | nein | ja | nein | nein |
| **Schutz-dauer** | 20 Jahre (+5) | 10 Jahre | 25 Jahre | Solange am Markt | unbegrenzt | 70 Jahre post mortem | 70 Jahre post mortem |
| **Neuheits-schonfrist** | – | 6 Monate | 12 Monate | ./. | ./. | ./. | ./. |
| **Auslands-priorität** | 12 Monate | 12 Monate | 6 Monate | ./. | 6 Monate | ./. | ./. |
| **Beispiel** | ABS-Verfahren | Cam-pingstuhl | Wagenfeld-Leuchte | | Tchibo | Bild, Buch, Skulptur | MS Windows |

Man kann unterscheiden nach Schutzrechten, die man größtenteils in Registern recherchieren kann, wie das Patent, das Gebrauchsmuster, das Design und die Marke, und Schutzrechten, wie das Namensrecht und das Urheberrecht, die nicht in Registern erfasst sind.

Die nicht in Registern eingetragenen Schutzrechte, wie z.B. das Urheberrecht, entstehen automatisch durch den Schaffungsakt (z.B. Entwicklung von Software, Schreiben eines Buchs) oder durch die Benutzung im Rechtsverkehr (z.B. das Namensrecht durch Benutzung auf Briefpapier). Einige Schutzrechte muss man beantragen, z.B. das Patent oder die Marke, damit man einen Schutz beanspruchen kann. Es gibt aber bei fast allen Registerrechten auch Ausnahmen von dieser Regel, sodass zum Beispiel berühmte oder bekannte Marken auch ohne die Eintragung ins Register einen Schutz genießen (sogenannte Benutzungsmarken).

Um einen besseren Eindruck von den gewerblichen Schutzrechten zu bekommen, folgen ein paar Zahlen aus dem Jahr 2018:

67.895 Patentanmeldungen wurden 2018 eingereicht. Am Jahresende 2018 waren insgesamt 703.391 Patente in Deutschland gültig. Es gab 12.311 Gebrauchsmusteranmeldungen und insgesamt einen Registerbestand von 79.301 Gebrauchsmusteranmeldungen. Im Jahr 2018 wurden (national und international) 75.358 Marken mit Schutz in der Bundesrepublik angemeldet, und es gab einen Registerbestand von insgesamt 815.589 Marken. Weiterhin wurden 42.670 Designs angemeldet, und der Registerbestand zeigte 314.068 Designs.

Fast alle Schutzrechtssysteme oder Schutzrechte gewähren nur einen *territorialen Schutz*, das bedeutet, dass die Schutzrechte nur in den Ländern (Geltungsbereich ist auf das Staatsgebiet beschränkt) geschützt sind, in denen sie angemeldet werden. In anderen Ländern dürfen die Technologien, die hinter diesen Schutzrechten stehen, dann gegebenenfalls kopiert oder nachgebaut werden, bzw. es bestehen in anderen Ländern keine *Verbietungsrechte*.

───── **BEISPIEL** ─────

Ein Startup meldet ein deutsches Patent an, das eine Technologie eines innovativen Mischverfahrens von Eiweißpulver mit Milch und Wasser beschreibt. Dieses Patent wird vollumfänglich erteilt. Ein chinesisches Unternehmen könnte sich die deutsche Patentanmeldung in dem öffentlichen deutschen Patentregister ansehen und dann Maschinen bauen, die diese Technologie beinhalten. Weiter könnte dieses Unternehmen die Maschinen in China verkaufen und ebenfalls in alle anderen Länder der Welt außer nach Deutschland exportieren. Eine Geheimhaltung der Technologie sowie deren so erwirkter Know-how-Schutz sollten daher immer ebenfalls vor einer Patentanmeldung in Erwägung gezogen werden (siehe hierzu weiter unten in diesem Kapitel den Abschnitt *Das Know-how-Recht*).

Anders ist es in der Regel bei nicht in Register eingetragenen Schutzrechten wie dem Urheberrecht. Dieses besteht theoretisch in jedem Land, das in seinen Gesetzen einen Urheberrechtsschutz einräumt.

Jedes Land hat dabei seine eigenen Bestimmungen zum geistigen Eigentum, sodass ein länderübergreifender Sachverhalt die ganze Sache verkompliziert. Fraglich ist dabei meist, ob ein Schutz in einem konkreten Land besteht, welches nationale Gesetz oder internationale Abkommen Anwendung findet und welche Gerichte zuständig sind. Zu beachten ist auch, dass die Kosten des internationalen Schutzes bei der Anmeldung von Registerschutzrechten sehr hoch sind.

## Hinweis: Schutzrechtsstrategie

Jedes Unternehmen sollte sich eine Schutzrechtsstrategie (»Was wird wie und wo geschützt?« und »Was soll wie, wo und von wem verwertet werden?«) überlegen. Das Ergebnis der Schutzrechtsstrategie kann dann auch so aussehen, dass keine Schutzrechte beantragt werden, z. B. weil keine Gelder vorhanden sind, die Markteintrittsbarrieren für Wettbewerber zu hoch sind oder der eigene Technologievorsprung so gewaltig ist.

Sie sollten nun einen ungefähren Eindruck davon gewonnen haben, was mit dem Recht des Geistigen Eigentums oder englisch *Intellectual Property*- oder kurz *IP-Recht* gemeint ist. Neben dem IP-Recht gibt es noch das *IT-Recht*, das ein anderes Rechtsgebiet darstellt, aber einige Berührungspunkte mit dem IP-Recht aufweist und manchmal mit diesem verwechselt wird.

### Hinweis: Was ist IT-Recht?

*Das IT-Recht* (Kurzform für *Informationstechnologie-Recht*) bezeichnet umfassend das Recht der elektronischen Datenverarbeitung. IT-Recht ist genau wie das IP-Recht eine klassische Querschnittsmaterie verschiedener Rechtsgebiete. Die Arbeit im IT-Recht ist durch urheber-, wettbewerbs-, datenschutz-, telemedien-, zivil- sowie arbeitsrechtliche Vorschriften geprägt und setzt, neben den speziellen rechtlichen Kenntnissen, auch ein technisches Verständnis bei der Beratung voraus. Viele Sachverhalte des IT-Rechts machen nicht an Ländergrenzen halt, sodass auch die internationalen Aspekte des Rechts zu berücksichtigen sind.

Konkrete Beispiele sind: Softwareentwicklungsverträge, Software-as-a-Service-(SaaS-) Verträge, Service-Level-Agreements (SLAs), Domain-Verträge, Open-Source-Software-Verträge, Application-Service-Providing-(ASP-)Verträge, Search-Engine-Optimizing-(SEO-)Verträge, Webdesignverträge, Auftragsdatenverarbeitungsverträge und Providerverträge.

Im Bereich des geistigen Eigentums wird häufig der Begriff des *Technologietransfers* bemüht, den ich kurz erläutern möchte.

### Hinweis: Technologietransfer

Technologietransfer umschreibt die Übertragung von Innovationen und Technologien in Form von gewerblichen Schutzrechten und Know-how. Der Technologietransfer bietet Unternehmen große Chancen zur Erweiterung ihrer Marktpotenziale und der Ertragsoptimierung. Er ermöglicht innovativen Unternehmen, ihre Innovationsleistungen zusätzlich zu verwerten oder, im Rahmen der Zusammenarbeit mit anderen innovationsstarken Unternehmen, ihre Innovationskraft zu bündeln. Der Technologietransfer ermöglicht finanzstarken Unternehmen, Entwicklungsschritte zu überspringen und neue Märkte zu erschließen. Den großen Chancen stehen im Bereich des Technologietransfers zahlreiche Risiken gegenüber. Der Technologietransfer findet in drei Schritten statt: Im ersten Schritt muss ein übertragbares Schutzrecht für den Technologietransfer geschaffen werden, oder die Schutzrechte müssen von den beteiligten Personen auf das Unternehmen transferiert bzw. lizenziert werden. Im zweiten Schritt wird die Technologie im Rahmen von Forschungs- und Entwicklungsverträgen oder Forschungskooperationen weiterentwickelt. Im dritten Schritt werden die Technologien oder Innovationen durch Auslizenzierung, Veräußerung oder Absicherung verwertet.

# Wie schütze ich meine vertraulichen Informationen/mein Know-how?

Im Laufe Ihrer Tätigkeit als Startup-Unternehmer werden Sie überlegen müssen, wem Sie welche Informationen mitteilen wollen. Manchmal wird es unumgänglich sein, gewisse vertrauliche Informationen an Dritte weiterzugeben, z.B. an Investoren, Kooperationspartner, Fertigungsunternehmen oder freie Mitarbeiter.

Wenn Sie sich entscheiden, einer anderen Partei wichtige Informationen weiterzugeben, können Sie zum Schutz dieser Informationen versuchen, den Empfänger vertraglich zur Geheimhaltung zu verpflichten. Das geschieht durch eine *Geheimhaltungs- oder Vertraulichkeitsvereinbarung* (englisch auch *Non-Disclosure-Agreement*, kurz NDA). Diese Geheimhaltungsvereinbarung sollte sicherstellen, dass bei Gesprächen mit potenziellen Investoren oder bei Kooperationen mit Dritten Ihre vertraulichen Informationen technischer und wirtschaftlicher Art nicht vom Investor/Kooperationspartner ohne Zustimmung selbst genutzt oder weitergegeben werden, insbesondere wenn es nicht zu einem Investment oder einer Kooperation kommt.

## Ist der Abschluss einer Geheimhaltungsvereinbarung mit Investoren möglich?

Viele professionelle Investoren wie beispielsweise Venture-Capital-Firmen lehnen es prinzipiell ab, solche Geheimhaltungsvereinbarungen zu unterzeichnen, zumindest bei der ersten Kontaktaufnahme und vor dem Übersenden eines Pitch-Decks. Der Grund dafür ist nicht, dass diese Investoren Ihre vertraulichen Informationen selbst nutzen möchten, um Ihr Geschäftsmodell zu kopieren, oder die Informationen Dritten weitergeben wollen. Hintergrund ist vielmehr, dass die Investoren eine Vielzahl von Gesprächen mit Startups für potenzielle Investments führen und ihnen das Risiko zu groß ist, »aus Versehen« gegen eine Geheimhaltungsvereinbarung zu verstoßen oder gegebenenfalls nicht mehr mit anderen Startups sprechen zu können, die ein ähnliches Geschäftsmodell haben.

---

#### BEISPIEL

Der potenzielle Investor argumentiert, dass er in die Gründerteams und nicht in die Geschäftsideen investiert und dass sein Ruf sein Kapital ist, sodass er es sich gar nicht leisten könnte, Ihre vertraulichen Informationen zu veröffentlichen oder selbst zu nutzen. Außerdem möchte der Investor sein Geld lieber in das Startup als in seine Rechtsanwälte investieren, die die Geheimhaltungsvereinbarung vor der Unterschrift prüfen müssten.

---

Sollte sich der potenzielle Vertragspartner/Investor weigern, eine Geheimhaltungsvereinbarung zu unterschreiben, sollten Sie sehr genau überlegen, ob Sie vertrauliche Informationen herausgeben und vor allem auch welche vertraulichen Informationen Sie herausgeben wollen.

Viele Gründer denken, dass fast alle Informationen kritisch sind und unbedingt vertraulich behandelt werden müssen. Das ist in Wirklichkeit häufig nicht der Fall. Meist sind die wirklich geheimhaltungsbedürftigen Informationen *Informationen zur Technologie*, z. B. eine chemische Formel, Prototypen, Pläne, Rezepturen, Algorithmen, Sourcecodes und die Dokumentationen der Programmierer, oder zu einer technischen Funktion. Diese sehr konkreten Informationen benötigt ein Investor zu Beginn des Investitionsprozesses in den meisten Fällen nicht. Absatzzahlen und Gewinnmargen hingegen werden häufig aus Sicht des Investors benötigt, aber ungern von Startups preisgegeben. Diese Informationen sind jedoch in den seltensten Fällen wirklich kritische Informationen für das Startup.

Eine vernünftige Überlegung ist, vertrauliche Informationen schrittweise zu offenbaren und so je nach Sensibilität der Informationen im ersten Gespräch oder im übersandten Pitch-Deck nur unkritische Informationen herauszugeben. Ab einer gewissen Schwelle der Sensibilität können Sie auf Abschluss einer Geheimhaltungsvereinbarung bestehen oder gewisse Informationen nicht herausgeben.

Zu einem späteren Zeitpunkt ist meist auch der Investor bereit, eine Geheimhaltungsvereinbarung zu unterzeichnen, normalerweise aber erst nach dem Scanning der Investmentmöglichkeiten und der Entscheidung, ob er in die Verhandlung mit dem Startup einsteigt. Spätestens in dem *Term-Sheet* der Finanzierungsrunde oder eines Unternehmensverkaufs sollte dann eine Geheimhaltungsklausel enthalten sein.

---

### Praxistipp: Niemals patentrelevante Informationen ohne NDA herausgeben

Eins müssen Sie auf jeden Fall beachten: Keinesfalls dürfen Sie jemals patentrelevante technische Informationen ohne den Abschluss einer Geheimhaltungsvereinbarung an Dritte herausgeben, da ein Schutz dieser Informationen dann in einer Patentanmeldung durch die Offenlegung und die fehlende Neuheit rechtlich nicht mehr möglich ist. Diese Informationen können Sie ohne unterzeichnete Geheimhaltungsvereinbarung – wenn überhaupt – erst nach der Einreichung einer Patentanmeldung an Dritte weitergeben oder offenbaren.

---

In bestimmten Branchen, etwa der Pharma- oder der Medizintechnologie-Branche, die auf den besonderen Schutz ihres Know-hows angewiesen sind, ist es ebenfalls üblich, vor Beginn der Anbahnung einer Geschäftsbeziehung eine Geheimhaltungsvereinbarung zu unterzeichnen.

Von Ihren angestellten Mitarbeitern müssen Sie sich hingegen keine gesonderte Geheimhaltungsvereinbarung unterzeichnen lassen, diese sind schon nach den deutschen Gesetzen zur Geheimhaltung verpflichtet. Anders sieht es bei freien Mitarbeitern oder Dritten wie beispielsweise Beratern aus. Diese müssen, wenn sie nicht per Gesetz zur Verschwiegenheit verpflichtet sind, wie z.B. Rechtsanwälte, eine Geheimhaltungsvereinbarung unterschreiben, da keine Geheimhaltungspflicht aus dem Arbeitsverhältnis Anwendung findet.

Auch ohne gesonderten Abschluss einer Geheimhaltungsvereinbarung können Sie sich immer auf den bereits erwirkten Schutz z.B. für technische Erfindungen durch ein Patent oder Gebrauchsmuster berufen und hieraus Rechte ableiten. Außerdem gibt es gewisse gesetzliche Geheimhaltungsverpflichtungen.

---

### Hinweis: Warneffekt

Der Abschluss und die Unterzeichnung der Geheimhaltungsvereinbarung haben den nicht zu unterschätzenden Effekt, den Parteien zu vergegenwärtigen, dass wichtige vertrauliche Informationen ausgetauscht werden und dass sorgsam mit den vertraulichen Informationen umzugehen ist.

---

## Welche Bedeutung hat eine Vertragsstrafenklausel in einer Geheimhaltungsvereinbarung?

Allerdings stellt sich eine Geheimhaltungsvereinbarung häufig als »zahnloser Tiger« heraus, wenn in ihr keine Vertragsstrafenklausel enthalten ist, da es nahezu unmöglich ist, einen *konkreten Schaden,* der durch die Veröffentlichung oder Weitergabe der vertraulichen Informationen entstanden ist, *nachzuweisen.* Auch die *Kausalität* zwischen Weitergabe der vertraulichen Informationen und dem konkreten Schaden wird im Prozess kaum nachweisbar sein. Es muss immer ein ganz konkreter ursächlicher Schaden nachgewiesen werden, z.B. ein konkreter Kunde, der aufgrund der Veröffentlichung der vertraulichen Informationen nicht mehr bereit ist, ein Produkt zu kaufen. Ein allgemeiner Umsatzrückgang nach Veröffentlichung der vertraulichen Informationen reicht dafür z.B. nicht aus.

Eine Vertragsstrafenklausel hat für den Geschädigten den Vorteil, dass er nur die *Verletzungshandlung*, das heißt die Preisgabe von vertraulichen Informationen, nachweisen muss, nicht aber den *konkreten Schaden*, der dann pauschal in der vereinbarten Höhe zu zahlen ist.

Vertragsstrafenklauseln haben den zusätzlichen Effekt, dass Gerichtsverfahren deutlich kürzer sind und deutlich geringere Kosten verursachen, da die Höhe eines entstandenen Schadens nicht beziffert werden muss und somit (Sachverständigen-)Kosten für die Ermittlung des Schadens wegfallen.

Eine Vertragsstrafenklausel in einer Geheimhaltungsvereinbarung wird oftmals nur schwer durchzusetzen sein, insbesondere gegenüber Investoren.

---

Wird eine Vertragsstrafe in den *allgemeinen Geschäftsbedingungen* vereinbart, muss unbedingt beachtet werden, dass die vereinbarte Vertragsstrafe nur wirksam ist, wenn sie denjenigen, der sie zahlen muss, nicht *unangemessen benachteiligt* oder sie sich nicht als *intransparent* herausstellt. Im Einzelfall muss die Höhe der Vertragsstrafe angemessen im Verhältnis zu dem konkreten Verstoß sein. Das kann man leider nicht pauschal festlegen, sondern es müssen immer die konkreten Umstände des Einzelfalls berücksichtigt werden. Meist bewegen sich Vertragsstrafen im Rahmen von € 5.000 bis € 25.000.

Von einer unangemessen hoch angesetzten Vertragsstrafe ist in der Regel auszugehen, wenn nach der Abwägung der beiderseitigen Interessen feststeht, dass die Sanktion nicht im Verhältnis zum Gewicht des Vertragsverstoßes und dessen Folgen für die Vertragspartner steht.

Diese Definition hilft nicht sehr konkret weiter, es kann sich daher anbieten, hinsichtlich der Vertragsstrafenhöhe den sogenannten *Hamburger Brauch* zu vereinbaren. Dabei wird für den Fall des Verstoßes die Vertragsstrafe durch den Verletzten festgesetzt, und für den Fall, dass der Verletzer der Ansicht ist, diese Vertragsstrafe sei zu hoch angesetzt, kann er die Angemessenheit der Höhe der Vertragsstrafe vom Gericht überprüfen lassen. Diese Regelung ist wesentlich flexibler und kann im Einzelfall die jeweiligen konkreten Umstände berücksichtigen.

─── **BEISPIEL EINER KLAUSEL** ───

»*Für jeden Fall zukünftiger schuldhafter Zuwiderhandlung gegen die Geheimhaltungsverpflichtung ist eine vom Gläubiger zu bestimmende Vertragsstrafe zu zahlen, deren Angemessenheit im Streitfall vom zuständigen Landgericht zu überprüfen ist.*«

Enthält die Geheimhaltungsvereinbarung eine Vertragsstrafenklausel, muss sie *zwingend schriftlich abgeschlossen werden*, die Textform per E-Mail oder Fax ist nicht ausreichend.

Bei Vertragsstrafen im Rahmen von Geheimhaltungsklauseln ist oft die Berufung des Verletzers auf den sogenannten *Fortsetzungszusammenhang* ausgeschlossen. Das bedeutet, dass jeder Verstoß gegen die Geheimhaltungspflicht gesondert geahndet werden kann.

─── **BEISPIEL** ───

Es ist eine Vertragsstrafe in Höhe von € 10.000 unter Verzicht auf die Einrede des Fortsetzungszusammenhangs vereinbart worden. Ein Mitarbeiter hat die vertraulichen Informationen per E-Mail-Verteiler an 300 verschiedene Personen versandt. Wenn die Versendung an jeden einzelnen Empfänger als ein Verstoß angesehen wird, wäre eine Vertragsstrafe in Höhe von € 3.000.000 zu zahlen.

Da es durch den Verzicht auf die Einrede des Fortsetzungszusammenhangs zu extrem hohen Vertragsstrafen kommen kann, ist der Verzicht in den allgemeinen Geschäftsbedingungen, also in fast allen Verträgen, die von einem Vertragspartner gestellt werden und zur mehrmaligen Verwendung gedacht sind, nicht wirksam zu vereinbaren, in *Individualvereinbarungen* allerdings schon.

In der Schweiz, in Großbritannien und den USA sind Vertragsstrafen nur schwer vor Gericht durchzusetzen bzw. häufig unwirksam.

## Gestaltung der Geheimhaltungsvereinbarung

Ganz wesentlich ist die konkrete Ausgestaltung der Geheimhaltungsvereinbarung. Grundsätzlich gibt es *ein- und zweiseitige Geheimhaltungsverpflichtungen*, das heißt, entweder verpflichten sich beide Parteien oder nur eine Partei gegenüber der anderen Partei zur Geheimhaltung.

Bei der Frage, was als vertrauliche Information definiert wird, besteht die Möglichkeit, nur Informationen als vertraulich zu qualifizieren, die ausdrücklich als »geheim« oder »vertraulich« bezeichnet sind. Wird dies vereinbart, muss beim Austausch von Informationen jedes Mal auf die Kennzeichnung der vertraulichen Informationen geachtet werden, was nicht immer eingehalten wird. Daher sollte zumindest noch eine Klausel aufgenommen werden, die festlegt, dass vertrauliche Informationen geheim zu halten sind, die aus ihrem Erscheinungsbild heraus erkennbar vertraulicher Natur sind.

─────── **BEISPIEL EINER KLAUSEL** ───────

*Die Partei, die vertrauliche Informationen von der anderen Partei erhalten hat, hat diejenigen Informationen vertraulich zu behandeln, die*

- *eindeutig als »vertraulich« oder »geheim« gekennzeichnet sind,*
- *falls mündlich mitgeteilt, zu dieser Zeit als »vertraulich« bezeichnet wurden und innerhalb von 30 Kalendertagen durch die andere Partei schriftlich fixiert und eindeutig als »vertraulich« gekennzeichnet wurden, oder*
- *offensichtlich vertraulicher Natur sind.*

## Vorsicht: Neues Geschäftsgeheimnisgesetz (GeschGehG) beachten

Der Geheimnisschutz ist durch das neue Geschäftsgeheimnisgesetz (GeschGehG) auf eine neue konzeptionelle Grundlage gestellt worden. Das speziell für den Schutz von Geschäftsgeheimnissen geschaffene Gesetz ermöglicht Inhabern von Geschäftsgeheimnissen für den Fall einer unbefugten Nutzung oder Weitergabe derselben, einen an die gewerblichen Schutzrechte angelehnten Katalog von Ansprüchen durchzusetzen.

Auf der anderen Seite werden Unternehmen aber auch erhöhte Pflichten zur Implementierung von Schutzsystemen und -maßnahmen auferlegt, deren Einhaltung Voraussetzung für die Inanspruchnahme von Schutz nach dem GeschGehG ist.

Die erhöhten Anforderungen an Schutzsysteme und -maßnahmen können rechtlicher, organisatorischer oder technischer Natur sein.

Sie müssen als Unternehmen dem Willen zur Geheimhaltung außerdem nach außen erkennbar durch objektive Geheimhaltungsmaßnahmen Ausdruck verliehen haben.

Danach können sowohl physische Zugangsbeschränkungen (z. B. Maßnahmen der IT-Sicherheit wie Firewalls und 2-Faktor-Authentifizierung) und Vorkehrungen (z. B. sollten nicht alle Mitarbeiter Zugang zu Geschäftsgeheimnissen haben) als auch vertragliche Verpflichtungen (z. B. Geheimhaltungsvereinbarungen, Forschungs- und Entwicklungsverträge, Kooperationsverträge, freie Mitarbeiterverträge und Lizenzverträge) notwendig sein.

Problematisch ist dies, da Sie vor Gericht die Beweislast tragen, dass Sie angemessene Schutzvorkehrungen zur Geheimhaltung getroffen und deren Einhaltung auch überwacht haben. Es muss daher in der Regel ein Schutzkonzept für Geschäftsgeheimnisse erstellt werden.

---

### Hinweis: Reverse Engineering

Entgegen bisheriger Rechtsprechung ist das Erschließen von Geschäftsgeheimnissen aus in Verkehr gebrachten oder rechtmäßig erlangten Produkten durch Beobachten, Untersuchen, Rückbauen und Testen nun grundsätzlich erlaubt, sofern nichts anderes vertraglich vereinbart wurde. Daher sollte jeder Inhaber eines Geschäftsgeheimnisses vertragliche Vereinbarungen gegenüber seinen Abnehmern aufnehmen bzw. anpassen, um das Reverse Engineering explizit auszuschließen.

---

## Checkliste: Geheimhaltungsvereinbarung

Auf die nachfolgenden Punkte sollten Sie in einer Geheimhaltungsvereinbarung mindestens achten:

- Handelt es sich um eine einseitige oder eine beidseitige Vereinbarung? Tauschen beide Vertragspartner geheimhaltungsbedürftige Daten aus, oder kommen die Daten nur von einer Vertragspartei?
- Wer sind die Vertragsparteien? Sollen die geheimhaltungsbedürftigen Informationen auch an andere Konzernunternehmen, Berater oder Dritte weitergegeben werden dürfen?
- Ist der Vertragsbeginn ausdrücklich in der Vereinbarung geregelt?

- Gegebenenfalls sind bereits Informationen ausgetauscht worden. Diese sollten bezeichnet und ausdrücklich in den Vertrag einbezogen werden.
- Sind der Zweck und Kontext der auszutauschenden Informationen ausreichend definiert und erläutert?
- Sind die »vertraulichen Informationen« definiert? Dabei muss es zwingende Ausnahmen von der Geheimhaltungspflicht für bestimmte Arten von Informationen geben, z. B. für allgemein bekannte Informationen.
- Gibt es klare Verfahren, um vertrauliche Informationen zu kennzeichnen?
- Sind die Laufzeit des Vertrags und die Laufzeit der Geheimhaltungsverpflichtung klar definiert? Die Laufzeit der Vereinbarung kann zwar kürzer sein, es sollte aber darauf geachtet werden, dass die Geheimhaltungsverpflichtung dann auch nach Ende der Vereinbarung noch weiterläuft. Häufig wird eine Geheimhaltungsverpflichtung für die Dauer von fünf Jahren gewählt.
- Enthält der NDA eine Vertragsstrafenklausel?
- Enthält der NDA eine Pflicht, die ausgetauschten vertraulichen Informationen nach Vertragsende zurückzugeben oder zu vernichten?
- Regelt die Vereinbarung, dass jede Vertragspartei Eigentümer der eigenen Schutzrechte und des geistigen Eigentums bleibt?
- Welcher Gerichtsstand (welche Stadt) wird vereinbart und welches Recht ist anwendbar?

# Was ist eine Marke, und warum sollte ich Marken schützen?

Da das Markenrecht *unabhängig vom Geschäftsmodell* für jedes Startup von Bedeutung ist, habe ich in diesem Buch den Schwerpunkt bei den gewerblichen Schutzrechten auf das Markenrecht gelegt.

## Was ist eine Marke?

Da jedes Startup einen Firmennamen und Produkte hat, die es verkauft oder entwickelt, sollten Sie für den Firmennamen und für jedes einzelne Produkt abwägen, ob eine Marke oder sogar mehrere Marken angemeldet werden sollten.

Eine Marke dient der *Kennzeichnung von Waren oder Dienstleistungen* eines Unternehmens. Sie können Kennzeichen schützen, die geeignet sind, Waren oder Dienstleistungen Ihres Startups von denjenigen anderer Unternehmen zu unterscheiden. Das können z. B. *Buchstaben, Wörter, Zahlen, Abbildungen, Logos, Farben* und *Hörzeichen* sein. Am häufigsten werden *Wortmarken, Bildmarken* oder Kombinationen davon, also *Wort-Bild-Marken*, angemeldet.

Mit der Eintragung der Marke erwerben Sie ein ausschließliches Recht, also letztendlich ein *Monopolrecht*, die Marke als Einziger für die geschützten Waren und/oder Dienstleistungen zu benutzen.

Marken können vom Markeninhaber jederzeit verkauft oder lizenziert werden.

Eine Besonderheit der Marke ist, dass sie unbegrenzt verlängerbar ist – anders als bei fast allen anderen Schutzrechten, deren Schutz nach einer gewissen Frist abläuft. Ein Patent etwa hat grundsätzlich eine maximale Laufzeit von 20 Jahren, ein Gebrauchsmuster von maximal 10 Jahren und ein Design von maximal 25 Jahren nach Anmeldung. Urheberrechte entfalten maximal 70 Jahre nach Tod des Urhebers noch einen Schutz. Bei der Marke muss lediglich eine Verlängerungsgebühr nach jeweils 10 Jahren gezahlt werden.

## Warum sollte ich eine Marke durch eine Markenanmeldung schützen?

Meiner Meinung nach kann man es sehr einfach ausdrücken: Abgesehen von den zu tragenden Kosten gibt es für Sie keine Nachteile bei einer frühzeitigen professionell durchgeführten Markenanmeldung – vorausgesetzt, dass die Eintragungswahrscheinlichkeit nicht zu gering ist, was bei beschreibenden Marken der Fall sein kann, z.B. bei der Marke »Tisch« für die Waren »Möbel«.

---

### Hinweis: Angemeldete, aber letztlich nicht eingetragene Marken können aus dem Register ersehen werden

Es werden auch Markenanmeldungen ins Markenregister eingetragen, die nicht erfolgreich waren, sodass z.B. Wettbewerber die fehlende Schutzfähigkeit aus dem Markenregister ersehen können.

---

Selbst wenn durch die eigene Markenanmeldung ein Markeninhaber einer prioritätsälteren Marke auf Ihre Markenanmeldung oder die Markeneintragung aufmerksam wird (viele Markeninhaber lassen regelmäßig professionell überprüfen, ob zu eigenen Marken ähnliche Marken angemeldet werden) und gegen die Eintragung vorgeht, ist das grundsätzlich erst einmal nicht negativ zu bewerten. So haben Sie frühzeitig die Chance, die Streitigkeit zu klären, ohne dass schon erheblich in die Marke investiert wurde und ohne dass es aufgrund der kurzen oder noch nicht stattgefundenen Nutzung der Marke um sehr große Schadensersatzsummen geht. Sie können also noch zu einem frühen Zeitpunkt »re-branden«. Je später Sie das machen, desto unangenehmer und teurer wird es, und es kommt zu erheblichen *Fehlinvestitionen*. Lange am Markt mit einer Marke tätig zu sein, deren Benutzung dann – wenn sie etabliert ist – wieder verboten wird, bedeutet immer einen *Imageschaden*.

Ein *Markenstreit* oder eine *Markenkollision* in der Eintragungsphase wird im einem günstigen Widerspruchsverfahren geprüft, in dem es auch keine Kostenerstattungspflicht der unterlegenen Partei gibt. Für den Widerspruchsgegner ist es sogar kostenlos (abgesehen von eventuellen Rechtsanwaltskosten).

Eine Markenkollision wird häufig vor Einlegung eines Widerspruchs oder auch nach Einlegung eines Widerspruchs durch sogenannte *Abgrenzungsvereinbarungen*, also letztlich durch eine außergerichtliche Einigung erledigt. Die prioritätsjüngere Marke schränkt sich in den angemeldeten Waren- und Dienstleistungen ein oder grenzt sich durch einen *Disclaimer* von der älteren Marke ab. Häufig kann hierdurch eine teure Abmahnung oder ein langjähriger Rechtsstreit verhindert werden.

---
### BEISPIEL
---

#### Abgrenzungsvereinbarung

*»Zur Vermeidung eines Widerspruchsverfahrens sowie zur Abgrenzung der gegenseitigen Interessen wird zwischen den Parteien Folgendes vereinbart:*
*1. Partei A erkennt die Vorrechte von Partei B an der Marke Nr. 12345678 ›Marke‹ an und verpflichtet sich, aus der Eintragung und Benutzung der Marke Nr. 87654321 ›Neue Marke‹ keinerlei Rechte gegen Partei B herzuleiten.*
*2. Partei A verpflichtet sich weiter, aus dem Waren- und Dienstleistungsverzeichnis der deutschen Marke Nr. 87654321 ›Neue Marke‹ folgende Waren und Dienstleistungen zu löschen:*
*Klasse 9: vollständige Löschung*
*Klasse 41: Löschung der folgenden Dienstleistungen: ›Bereitstellung von Onlinevideos ...‹*
*Des Weiteren wird Partei A den folgenden Disclaimer in Klasse 41 bei ›Neue Marke‹ aufnehmen:*
*›keine der vorgenannten Dienstleistungen in Bezug auf und/oder in Verbindung mit Software‹*
*Partei B verpflichtet sich – ausgenommen wegen Nichtbenutzung –, gegen die Eintragung und Benutzung der Marke Nr. 87654321 ›Neue Marke‹ nach Maßgabe der Bestimmungen dieser Vereinbarung und nach Erhalt der offiziellen Bestätigung der Beschränkung des Waren- und Dienstleistungsverzeichnisses gemäß Ziffer 2 keine Einwendungen zu erheben und den Widerspruch gegen die Marke Nr. 87654321 ›Neue Marke‹ zurückzunehmen.«*

---

Das Prozessrisiko (Rechtsanwalts- und Gerichtskosten) beim Unterliegen in einem Markenrechtsstreit liegt bei nicht besonders bekannten Marken in der ersten Instanz bei mindestens € 8.000, häufig eher bei € 10.000. Bei der Verletzung von bekannten Marken liegt das Prozessrisiko der ersten Instanz meist über € 20.000, hinzu kommen die Zahlungen von Schadensersatz für den Inhaber der verletzten Marke sowie die Kosten des »Re-Brandens« und gegebenenfalls die Vernichtung der Markenware.

Im Markenrecht gilt das sogenannte *Prioritätsprinzip*, das besagt, dass derjenige das Recht an der Marke erhält, der die Marke zuerst anmeldet. Es könnte demnach der noch viel unangenehmere Fall eintreten, dass ein anderes Startup, ein im Streit ausgeschiedener Gesellschafter oder sogar ein ehemaliger Geschäftspartner eine identische oder ähnliche Marke anmeldet und versucht, dem Startup die Markennutzung zu verbieten.

## Vorteile einer geschützten Marke

Eine Marke zu schützen, bringt echte Vorteile, um sich von der Konkurrenz abzuheben:

- Eine eingetragene Marke resultiert in monopolistischem Markenschutz zugunsten des Inhabers für die eingetragenen Waren und Dienstleistungen für das gesamte Schutzgebiet und wird in einer Urkunde für den Markeninhaber verbrieft.

- Der Markenschutz lässt sich weitgehend durch die Urkunde als solche beweisen.

- Eine Marke bekommt ein registriertes Anmeldedatum, sodass kein Beweisproblem mehr besteht, ab wann ein Markenschutz vorliegt.

- Bei einem Vorgehen gegen (potenzielle) Verletzer hat es oftmals eine stärkere Wirkung, wenn einer Abmahnung eine Kopie der Markenurkunde beigefügt werden kann.

- Eine Marke kann der Abgrenzung gegenüber Wettbewerbern dienen, weil z. B. bei der späteren Markenanmeldung eines Dritten im Rahmen einer Ähnlichkeitsrecherche die eigene Marke vom Wettbewerber recherchiert wird und es dann gegebenenfalls gar nicht erst zu der Anmeldung einer identischen oder sehr ähnlichen Marke vom Wettbewerber kommt.

- Eine eingetragene Marke stellt darüber hinaus eindeutig klar, wer das Recht der Nutzung der Marke hat, sodass Streitigkeiten z. B. mit ehemaligen Geschäftspartnern oftmals vermieden werden können.

- Es entstehen zusätzliche Einnahmemöglichkeiten durch Erteilung von Markenlizenzen z. B. in nicht selbst bedienten ausländischen Regionen oder anderen Märkten.

- Eine eingetragene Marke hat auch den Vorteil, dass einfach Widerspruch in einem günstigen Widerspruchsverfahren (keine Kostenerstattung der überlegenen Partei gegenüber der unterlegenen Partei) vor dem Deutschen Patent- und Markenamt (DPMA) gegen fremde, später angemeldete Marken eingereicht werden kann.

- Die Marke schützt Investitionen in das Marketing.

- Ein Vorteil einer Markenanmeldung ist sicherlich auch, dass bei einem späteren Verkauf des Unternehmens in einer Due Diligence geprüft wird, ob die

Hauptprodukte und gegebenenfalls der Firmenname durch Marken geschützt sind. Ist eine relevante Kennzeichnung nicht als Marke geschützt, könnte sich das theoretisch auch auf den Kaufpreis auswirken.

- Neben Schutz- und Informationsfunktionen bieten Marken schließlich auch Schutz gegen Dienstleistungs- oder Produktpiraterie mit speziellen Anspruchsgrundlagen aus dem Markenrecht. Neben Unterlassungs- und Schadensersatzansprüchen gibt es z.B. flankierende markenrechtliche Ansprüche auf Auskunft über die Herkunft und den Vertriebsweg von widerrechtlich gekennzeichneten Gegenständen und unter Umständen auch einen Vernichtungsanspruch bezüglich der widerrechtlich gekennzeichneten Produkte/Gegenstände.

- Schließlich kann bei der Ein- oder Ausfuhr von widerrechtlich gekennzeichneten Waren die Beschlagnahme durch die Zollbehörde verlangt werden.

## Was muss ich bei einer deutschen Markenanmeldung beachten?

Eine Markenanmeldung sollte niemals ohne eine sogenannte *Ähnlichkeitsrecherche* durchgeführt werden, die Rechtsanwälte oder professionelle Recherchedienste anbieten. Hier werden prioritätsältere verwechslungsfähige Marken, auch als relative Schutzhindernisse bezeichnet, recherchiert. Diese Recherchen dienen somit als Grundlage für die Einschätzung der Widerspruchswahrscheinlichkeit.

---

### Praxistipp: Identitätsrecherchen reichen nicht aus

Sie sollten darauf achten, nicht auf günstige Markenanmeldungsangebote hereinzufallen, die sogenannte »Identitätsrecherchen« statt »Ähnlichkeitsrecherchen« anbieten. Eine Identitätsrecherche ist zur Einschätzung des Risikos einer Markenkollision nicht ausreichend, da auch ähnliche Marken mit ähnlichen Waren und Dienstleistungen verwechslungsfähig sein können. Bei einer Identitätsrecherche wird nur nach den gleichen Marken mit exakt der gleichen Bezeichnung bzw. den gleichen Wortbestandteilen gesucht. Daher sollten Sie die Finger von Angeboten mit Identitätsrecherche lassen.

Eine Identitätsrecherche kann im Übrigen auch jeder Laie bei jeder Wortmarke oder Wort-Bild-Marke über die Suchmaske beim DPMA für deutsche Marken selbst durchführen, indem er in die Suchmaske einfach den Wortbestandteil der Marke eingibt.

---

Unabhängig davon ist es empfehlenswert, die Wortbestandteile der Marke in einer Suchmaschine zu überprüfen, bevor Sie zum Rechtsanwalt gehen. Auf diese Weise können Sie sich vorab schon einmal ein Bild über mögliche ähnliche Marken oder Firmenbezeichnungen machen.

## Praxistipp: Richtiger Anmelder

Wichtig ist, dass die exakte Firmenbezeichnung aus dem Handelsregister angegeben wird, wenn die Marke angemeldet wird, denn das wird vom Markenamt überprüft. Daher kann es zunächst nötig sein, eine Marke auf eine Gesellschaft bürgerlichen Rechts oder einen Gründer anzumelden, wenn die GmbH noch nicht gegründet ist. Eine GmbH i.G. ist aber ausreichend. Die Marke sollte dann sofort nach Gründung auf die Gesellschaft übertragen werden. Dies können Sie selbst mithilfe eines Formulars kostenlos beim Markenamt beantragen (Antrag auf Eintragung eines Rechtsübergangs: *http://www.dpma.de/docs/service/formulare/marke/w7616.pdf*).

Bei *Bildmarken* oder *Wort-Bild-Marken* ist der Anmeldung noch eine grafische Darstellung der Marke beizufügen. Hinsichtlich der grafischen Darstellung sind folgende Rahmenbedingungen einzuhalten, die Sie Ihrem Grafikdesigner mitteilen sollten, wenn die Datei erstellt wird, um die Marke beim Markenamt anzumelden:

Die Blattgröße der grafischen Wiedergabe darf das Format DIN A4 (21 cm Breite, 29,7 cm Höhe) nicht überschreiten. Die für die Darstellung benutzte Fläche (Satzspiegel) darf nicht größer als 17 cm x 26,2 cm sein. Die Mindestgröße der Markenwiedergabe beträgt 8 cm in der Breite oder 8 cm in der Höhe. Das Blatt ist nur einseitig zu bedrucken. Vom oberen und vom linken Seitenrand ist ein Randabstand von mindestens 2,5 cm einzuhalten.

## Praxistipp: Betrügerische Zahlungsaufforderungen/Rechnungen

Aufpassen sollte Sie nach der Markenanmeldung hinsichtlich irreführender Angebote, Zahlungsaufforderungen und Rechnungen, die nicht vom Deutschen Patent- und Markenamt stammen und an den Markeninhaber verschickt werden. Diese Schreiben sind recht gut gemacht und erwecken oft den Anschein amtlicher Formulare, haben aber nichts mit dem Deutschen Patent- und Markenamt zu tun.

## Praxistipp: ®

An die eingetragene Marke sollte ein »R« im Kreis (®) angefügt werden, um Dritte darauf hinzuweisen, dass ein Markenschutz besteht. Eine gesetzliche Verpflichtung, die eine solche Verwendung zwingend vorschreibt, gibt es jedoch nicht. Dem Inhaber einer Marke steht es jedoch frei, dieses Symbol zu verwenden.

> **Praxistipp: Neue Markenanmeldung bei Änderung des Corporate Designs**
>
> Bei der Einführung eines neuen Corporate Designs sollte überprüft werden, ob eine neue Markenanmeldung erfolgen muss.

## Was kostet eine deutsche Markenanmeldung?

Es entstehen die Gebühren des Deutschen Patent- und Markenamts sowie Rechtsanwaltsgebühren, sofern Sie einen Rechtsanwalt mit der Markenanmeldung beauftragen, und Kosten für eine Ähnlichkeitsrecherche.

### Amtsgebühren des Patent- und Markenamts

Die Gebühren des Markenamts für eine deutsche Markenanmeldung betragen € 300 *Anmeldegebühr* (einschließlich der Klassengebühr für bis zu drei Klassen), diese € 300 enthalten keine Umsatzsteuer. Eine Onlineanmeldung über die Eingabemaske auf der Homepage des Deutschen Patent- und Markenamts kostet € 290.

Die *Klassengebühr* für jede Klasse ab der vierten Klasse beträgt zusätzliche € 100.

Weitere Erläuterungen zu den sogenannten *Waren-* und *Dienstleistungsklassen*, auch als *Nizza-Klassen* bezeichnet, finden Sie unten im Abschnitt *Was sind Nizza-Waren- und Dienstleistungsklassen?*.

──── **BEISPIEL** ────

**Anmeldung von Wortmarken**

Melden Sie eine Wortmarke in den sechs Waren- und Dienstleistungsklassen 9, 14, 36, 41, 42 und 43 an, kostet Sie das beim Deutschen Patent- und Markenamt € 600 Amtsgebühren (€ 300 Anmeldegebühr inkl. drei Klassen + 3 x € 100 Klassengebühr für die drei weiteren Klassen).

Darüber hinaus gibt es noch eine sogenannte *beschleunigte Prüfung* der Anmeldung, die eine Amtsgebühr in Höhe von € 200 auslöst. Die tatsächliche Beschleunigung hält sich in der Praxis aber im Grenzen, sodass diese Gebühr meiner Meinung nach nur bei sehr zeitkritischen Anmeldungen in Erwägung zu ziehen ist (was bei meinen Mandanten noch nie der Fall war).

Nach zehn Jahren ist die *Verlängerungsgebühr* (einschließlich der Klassengebühr für bis zu drei Klassen) in Höhe von € 750 zu zahlen. Die Klassengebühr beträgt für die Verlängerung für jede Klasse ab der vierten Klasse € 260.

Zusammensetzung der Verlängerungsgebühr

Eine Marke mit Waren oder Dienstleistungen aus sechs geschützten Klassen kostet daher € 1.530 Amtsgebühren (Verlängerungsgebühr inklusive drei Klassen € 750 + 3 x € 260 Klassengebühr für die drei weiteren Klassen).

Startups und Existenzgründer entscheiden sich aus Kostengründen häufig zunächst, nur drei oder vier Waren- und Dienstleistungsklassen anzumelden, was bei den meisten Geschäftsmodellen ausreichend sein sollte.

### Rechtsanwaltskosten einer deutschen Markenanmeldung

Eine ordentlich von einem auf das Markenrecht spezialisierten Rechtsanwalt betreute Markenanmeldung mit Erstellung des Waren- und Dienstleistungsverzeichnisses und einer Einschätzung zur Eintragungswahrscheinlichkeit und Widerspruchswahrscheinlichkeit von prioritätsälteren Marken sowie einer Beratung zur Markenstrategie wird es selten unter € 500 zuzüglich Umsatzsteuer geben. Hinzu kommen noch die Kosten für eine Ähnlichkeitsrecherche, die bei ca. € 250 beginnen. Auch die doppelten oder dreifachen Kosten für Rechtsanwalt und Recherche sind durchaus üblich. Noch teurer kann es bei Wort-Bild-Marken und Bildmarken werden, weil dort die Ähnlichkeitsrecherche viel aufwendiger ist.

Versuchen Sie, einen Pauschalpreis für die Markenanmeldung mit dem Rechtsanwalt zu vereinbaren, dann besteht für Sie Kostensicherheit.

### Praxistipp: Billigangebote meiden

Von den Billigangeboten für Markenanmeldungen, die im Internet von zahlreichen Unternehmen angeboten werden (für einen Pauschalpreis von z. B. € 100), ist abzuraten, weil sich diese Markenanmeldungen dann oftmals in dem Ausfüllen des Anmeldeformulars und gegebenenfalls noch einer nutzlosen Identitätsrecherche erschöpfen.

# Was sind Nizza-Waren- und Dienstleistungsklassen?

Mit *Klassen* oder *Nizza-Klassen* sind die »Waren- und Dienstleistungsklassen« gemeint, also die unter der Marke geschützten Produkte und Dienstleistungen. Das Markenamt hat die Waren und Dienstleistungen in 45 Klassen eingeteilt. Die Nizza-Klassen 1 bis 34 beinhalten die Waren, die Nizza-Klassen 35 bis 45 die Dienstleistungen. In jeder Klasse befinden sich zahlreiche Einzelbegriffe und Oberbegriffe von Waren oder Dienstleistungen.

In Klasse 25 befinden sich die Oberbegriffe Bekleidungsstücke, Kopfbedeckungen, Schuhe und über 100 Unterbegriffe wie Pullover, T-Shirt und Hosenträger etc.

Grundsätzlich sollten die Oberbegriffe und gleichzeitig die konkreten Unterbegriffe angemeldet werden, für die die Marke genutzt werden soll. Die Marke schützt immer nur die konkret angemeldeten Waren und Dienstleistungen und ähnliche Waren und Dienstleistungen.

Eine identische Marke kann von einem Dritten ebenfalls noch in anderen Klassen angemeldet und geschützt werden, wenn die Waren und Dienstleistungen nicht ähnlich sind.

Die Luxusmodemarke Hermes International hat eine Wortmarke »Hermes« in den Klassen 9, 35, 42 eingetragen.

Die Euler Hermes Kreditversicherungs AG hat die Wortmarke »Hermes« für die Klassen 35, 36, 42 eingetragen.

Der Schleifmittelhersteller Hermes Schleifmittel GmbH hat die Wortmarke »Hermes« für die Klassen 3, 7, 8 eingetragen.

Es können auch Waren und Dienstleistungen, die in denselben Waren- oder Dienstleistungsklassen sind, nicht ähnlich und damit nicht verwechslungsfähig sein. Andererseits können Waren und Dienstleistungen in unterschiedlichen Waren und Dienstleistungsklassen ähnlich und damit verwechslungsfähig sein. Die Beurteilung, ob hinsichtlich der Waren und Dienstleistungen eine Verwechslungsgefahr besteht, ist daher immer eine konkrete Abwägung im Einzelfall.

In dem gerade angeführten Beispiel haben zwei der »Hermes«-Unternehmen jeweils identische Wortmarken für die Klassen 35 und 42 eingetragen.

Der Markenanmeldung muss ein *Verzeichnis der Waren und/oder Dienstleistungen* beigefügt werden, für deren Schutz die Eintragung beantragt wird. Die Waren und Dienstleistungen sind so genau zu bezeichnen, dass die Klassifizierung jeder einzelnen Ware und Dienstleistung in eine Nizza-Klasse möglich ist. Die Waren und Dienstleistungen sind, nach Klassen geordnet, in aufsteigender Reihenfolge der Klassen anzugeben. Soweit möglich, sind die vordefinierten Begriffe der Klasseneinteilung selbst zu verwenden, da es sich um standardisierte, weitgehend zulässige Angaben handelt. Werden nur die vordefinierten Begriffe verwendet, werden die Marken sehr viel schneller eingetragen, als wenn ein eigenes Waren- und

Dienstleistungsverzeichnis erstellt wird. In diesem Fall kann es zu Rückfragen und Klarstellungsgesuchen des Sachbearbeiters des Markenamts kommen.

Allgemein gilt: Je mehr Waren und Dienstleistungen Sie eintragen, umso höher ist die *Widerspruchswahrscheinlichkeit*. Des Weiteren entfällt der Schutz der Marke nach fünf Jahren für Waren und Dienstleistungen, die Sie nicht benutzen (sogenannte *Benutzungsschonfrist*). Aus diesem Grund ist es sinnvoll, nur die Waren und Dienstleistungen eintragen zu lassen, die Sie auch wirklich zukünftig unter der Marke nutzen bzw. anbieten wollen. Dabei sollte berücksichtigt und antizipiert werden, wie sich das Startup in den nächsten Jahren entwickeln könnte.

---

### Hinweis: Verzeichnis kann später nicht erweitert, aber beschränkt werden

Da eine spätere Einschränkung des Waren- und Dienstleistungsverzeichnisses jederzeit möglich ist, eine spätere Aufnahme weiterer Waren und Dienstleistungen aber nicht, sollten zu Beginn eher mehr Waren und Dienstleistungen als zu wenig in das Verzeichnis aufgenommen werden.

---

Die Anmeldegebühr von € 300 umfasst Waren oder Dienstleistungen aus drei Waren- oder Dienstleistungsklassen.

Hinsichtlich der Amtsgebühren des Markenamts ist es unerheblich, ob Sie einen Begriff oder z. B. 100 Begriffe aus einer Waren- oder Dienstleistungsklasse schützen. Die zusätzliche Gebühr fällt einmal an, egal wie viele Begriffe in einer Waren- oder Dienstleistungsklasse geschützt werden.

---

### Hinweis: Klassifizierungsdatenbank für Waren und Dienstleistungen

Unter dem Link *http://tmclass.tmdn.org/ec2/* ist eine Klassifikationsdatenbank mit Suche und Klassifizierung von Waren und Dienstleistungen hinterlegt. Dort können Sie mit den offiziell anerkannten Begriffen ein Waren- und Dienstleistungsverzeichnis erstellen.

---

## Warum brauche ich einen Rechtsanwalt für eine Markenanmeldung?

Ein Formular online oder offline auszufüllen, klingt nicht nach einer Raketenwissenschaft. Es ist zunächst richtig, dass das Ausfüllen des *Markenanmeldungsformulars* kein »Hexenwerk« ist, hierfür brauchen Sie nicht unbedingt einen Rechtsanwalt. Das ausdruckbare Anmeldeformular und eine gute Anleitung gibt es auf der Webseite des Deutschen Patent- und Markenamts. Bei der *Onlineanmeldung* werden Sie durch die einzelnen Schritte der Markenanmeldung geführt.

*Anwaltlicher Rat* ist von Bedeutung, um eine rechtliche Risikoeinschätzung über die Eintragungswahrscheinlichkeit und die Widerspruchswahrscheinlichkeit vorzunehmen. Auf die Eintragungswahrscheinlichkeit (zu prüfen sind hier die sogenannten »absoluten Eintragungshindernisse«) und die Widerspruchswahrscheinlichkeit (zu prüfen durch die sogenannten »relativen Eintragungshindernisse«) können Sie im Rahmen der Markenstrategie (z.B. durch die Gestaltung der Marke oder des Waren- und Dienstleistungsverzeichnisses) vor der eigentlichen Anmeldung noch Einfluss nehmen. Im besten Fall können Sie damit die Eintragungswahrscheinlichkeit steigern und die Widerspruchsgefahr reduzieren.

Einen *Markenrechtsanwalt* brauchen Sie daher für die Ähnlichkeitsrecherche und insbesondere für deren rechtliche Aus- bzw. Bewertung sowie für die (Rechts-)Beratung zur Markenstrategie und für die Prüfung der absoluten (z.B.: Ist die Marke rein beschreibend oder nicht unterscheidungskräftig?) und relativen Schutzhindernisse (z.B. von älteren verwechslungsfähigen Marken), um späteren Ärger bei der Eintragung mit dem Patent- und Markenamt und/oder mit anderen Markeninhabern von prioritätsälteren Marken zu umgehen. Hierdurch können Sie das Risiko einer Zurückweisung der Markenanmeldung bzw. eines sich an die Markenanmeldung anschließenden Widerspruchsverfahrens oder einer Abmahnung durch bzw. Klage von anderen Schutzrechteinhabern minimieren.

---

**Praxistipp: Fachanwalt für gewerblichen Rechtsschutz oder Spezialisten für Markenrecht beauftragen**

Wenn Sie sich einen Rechtsanwalt suchen, der die Markenanmeldung vornehmen soll, achten Sie darauf, dass dieser auf den gewerblichen Rechtsschutz bzw. auf das Markenrecht – ein Unterrechtsgebiet des gewerblichen Rechtsschutzes – spezialisiert ist. Patentanwälte sollten ebenfalls qualifiziert sein, eine professionelle Markenanmeldung durchzuführen.

---

## Prüfung der absoluten und relativen Schutzhindernisse

Das Deutsche Patent- und Markenamt prüft im Anmeldeverfahren nur die sogenannten *absoluten Eintragungshindernisse*. Die *relativen Schutzhindernisse* wie prioritätsältere Rechte Dritter (z.B. Marken) werden vom deutschen Markenamt im Anmeldeverfahren nicht geprüft. Dritte können und müssen die ihnen zustehenden Rechte selbst geltend machen, entweder im Rahmen eines *Widerspruchsverfahrens* (innerhalb einer dreimonatigen Frist nach Eintragung der Marke) oder durch Erhebung einer *Löschungsklage*.

Die Prüfung dieser »absoluten« und »relativen Schutzhindernisse« erfolgt immer konkret im Hinblick auf die Waren/Dienstleistungen des angemeldeten Zeichens.

Das bedeutet, dass die Prüfung, ob eine angemeldete Marke für die beanspruchten Waren und Dienstleistungen Unterscheidungskraft aufweist oder verwechslungsfähig ist, vorzunehmen ist für jede einzelne Ware bzw. Dienstleistung, die von der Marke beansprucht wird.

Hat der Wortbestandteil der Markenanmeldung eine besondere Bedeutung, darf sich dieser nicht zu sehr an die Waren oder Dienstleistungen annähern, die von der Marke erfasst sind. Andernfalls gilt die anzumeldende Marke als *rein beschreibend* oder *freihaltebedürftig*, was zur Zurückweisung der Markenanmeldung führen kann.

---

**BEISPIEL**

### Freihaltebedürftigkeit/Unterscheidungskraft

Der Wortmarke »Stuhl« fehlt für die Ware »Möbel« die Unterscheidungskraft und ist freihaltebedürftig, kann also nicht geschützt werden, da diese Marke für die Ware rein beschreibend wäre. Der Markeninhaber hätte ansonsten quasi ein Monopolrecht für die Marke Stuhl, für Möbel und niemand dürfte mehr einen Stuhl als Stuhl bezeichnen. Deshalb ist die Bezeichnung Stuhl für die Ware Möbel freihaltebedürftig und nicht unterscheidungskräftig. Anders wäre das etwa für die Ware »Lebensmittel« zu beurteilen. Sie könnten z.B. eine Marke »Stuhl« für die Ware »Würste« eintragen und dann allen anderen Wurstherstellern verbieten, »Stuhl-Würste« zu vertreiben.

---

Allgemein kann festgehalten werden, dass die Eintragungswahrscheinlichkeit für Waren und Dienstleistungen, die keinen Bezug zu den Wortbestandteilen der Marke aufweisen, höher ist.

Eine reine Wortmarke hat immer einen *weitergehenden Schutzbereich* als eine Wort-Bild-Marke. Ist aber ein Wort, das als Marke angemeldet werden soll, aller Voraussicht nach nicht schutzfähig – weil es einen beschreibenden Inhalt hat oder nicht hinreichend unterscheidungskräftig ist –, kann es ratsam sein, einen grafischen Bestandteil hinzuzufügen. Auf diese Weise können die grafischen Elemente die fehlende Unterscheidungskraft oder den rein beschreibenden Charakter des Markentexts gegebenenfalls kompensieren und der Marke insgesamt zu einer Eintragung verhelfen. Die Eintragungswahrscheinlichkeit steigt daher, wenn auch grafische Elemente zusätzlich zu den Wortbestandteilen aufgenommen werden (Wort-Bild-Marke). Dabei sollte die grafische Gestaltung auch gewisse Besonderheiten aufweisen. Eine grafische Gestaltung, die lediglich den rein beschreibenden Markentext in einer bestimmten Farbe oder Schriftart darstellt, wird häufig ebenfalls beanstandet.

Als Beispiel für nicht hinreichend prägende Elemente einer Wort-Bild-Marke kann der Elbmodel-Fall angeführt werden. Die Eintragung der folgenden Wort-Bild-Marke »elbmodels« ist z.B. wegen fehlender Unterscheidungskraft gescheitert:

*Abbildung 2-3: Wort-Bild-Marke »elbmodels« (fehlende Unterscheidungskraft)*

Die folgende Wort-Bild-Marke »elbmodels« (siehe Abbildung 2-4) ist dann aber für dieselben Waren und Dienstleistungen eingetragen worden, weil sie durch die konkrete grafische Gestaltung als unterscheidungskräftig angesehen wurde.

elb⚓models

*Abbildung 2-4: Wort-Bild-Marke »elbmodels« (unterscheidungskräftig)*

Der Schutzumfang der Wort-Bild-Marke ist dann aber gering, da ein Konkurrent theoretisch nur die Grafik ändern oder weglassen müsste, um ein ähnliches Zeichnen benutzen zu können, da bei der Ermittlung der Verwechslungsgefahr mit anderen Zeichen auch die grafischen Elemente berücksichtigt werden und der beschreibende Markentext keinen oder nur einen sehr geringen Schutz genießt. Allerdings könnte der Konkurrent dann selbst auch keine Marke »Elbmodels« wegen beschreibenden Inhalts anmelden.

## Praxistipp: Markenstrategie

Häufig ist es sinnvoll, nicht eine Wort-Bild-Marke anzumelden, sondern eine Wortmarke hinsichtlich des Wortbestandteils und eine reine Bildmarke hinsichtlich der Grafik. Hintergrund ist, dass so ein insgesamt sehr viel umfassenderer Schutzbereich geschaffen werden kann. Die Eintragung von zwei Marken ist aber deutlich teurer.

Je kürzer und prägnanter eine Marke ist, umso größer ist grundsätzlich der Schutzbereich, deshalb sollten nur die prägnanten Schlagwörter als Marke angemeldet werden.

### BEISPIEL

Heißt das Unternehmen zum Beispiel »Balzac Coffee Restaurant GmbH«, sollte, um einen großen Schutzbereich zu erhalten, nur das Wort »Balzac« als Marke angemeldet werden.

Es ist weiterhin zu empfehlen, eine Wort-Bild-Marke nur in den *amtlichen Buchstaben* anzumelden. Dann sind nämlich auch die Buchstaben in allen anderen Schriftarten geschützt, was ansonsten unter Umständen nicht der Fall ist.

Die Wortmarke ist in jeder Schriftart geschützt, da die Wortmarke zu einer Wort-Bild-Marke wird, wenn Sie eine individuelle Schriftart wählen. Ein *Logo* sollte in den meisten Fällen in *Schwarz-Weiß* angemeldet werden, da Sie sich dann nicht auf eine Farbe festlegen.

Die relativen Schutzhindernisse stellen die prioritätsälteren Rechte dar, also z. B. ältere verwechslungsfähige bereits eingetragene Marken. Sie müssen abschätzen, wie ähnlich andere prioritätsältere Marken sind und wie wahrscheinlich es ist, dass die Rechteinhaber dieser Marken erfolgreich Widerspruch einlegen. Dafür sollte eine Recherche nach ähnlichen Marken vorgenommen und das Ergebnis der Recherche juristisch bewertet werden.

Da durch eine *Markenkollision* erhebliche Kosten entstehen können, ist eine Markenanmeldung ohne die Durchführung einer solchen Ähnlichkeitsrecherche nicht zu empfehlen.

## Erläuterung zur Verwechslungsgefahr

Ob aus einem Markenrecht gegen eine andere Marke, ein Kennzeichen oder eine Bezeichnung vorgegangen werden kann, richtet sich danach, ob zwischen den Kennzeichen eine *Verwechslungsgefahr* besteht. Das Vorliegen der Verwechslungsgefahr ist nach Auffassung des Europäischen Gerichtshofs unter Berücksichtigung aller relevanten Umstände des Einzelfalls umfassend zu beurteilen.

Diese umfassende Beurteilung impliziert eine *Wechselwirkung* zwischen den in Betracht kommenden Faktoren, insbesondere der *Zeichenähnlichkeit* und der *Waren- und Dienstleistungsähnlichkeit*. Neben der Zeichen-, Waren- und Dienstleistungsähnlichkeit ist als dritter Faktor die *Kennzeichnungskraft* des älteren Zeichens zu beurteilen. Unter Kennzeichnungskraft versteht man die Eignung eines Zeichens, sich dem Publikum aufgrund seiner Eigenart als Marke einzuprägen, das heißt in Erinnerung gehalten und wiedererkannt zu werden.

Ein geringerer Grad an Waren- und Dienstleistungsähnlichkeit kann durch einen höheren Grad an Zeichenähnlichkeit ausgeglichen werden und umgekehrt. Wenn die jeweiligen Zeichen oder die Waren und Dienstleistungen nicht ähnlich sind, scheidet eine Verwechslungsgefahr grundsätzlich aus. Es gibt drei Erscheinungsformen der Zeichenähnlichkeit: die *klangliche*, die *schriftbildliche* und die *begriffliche*.

Die Verwechslungsgefahr wird daher immer folgendermaßen geprüft:

- Wie ähnlich sind die sich gegenüberstehenden Marken/Kennzeichen?
- Wie ähnlich sind die eingetragenen Waren und Dienstleistungen oder die Branchen?
- Wie bekannt/kennzeichnungsstark ist die prioritätsältere Marke?

Um die Verwechslungsgefahr zu beurteilen, geht man bei der Bewertung von einem *durchschnittlich informierten und verständigen Verbraucher* der betreffenden Warenart aus.

Dieser verständige Verbraucher sind häufig auch Sie selbst, wenn Sie ein potenzieller Kunde der Waren oder Dienstleistung sind. Es geht also eigentlich nicht um Spezialkenntnisse von Rechtsanwälten, sondern theoretisch um den gesunden Menschenverstand: Wie gut kennen Sie die ältere Marke, wie ähnlich sind nach Ihrer Einschätzung die Marken und die Waren/Dienstleistungen? In der Praxis benötigt man dann leider doch einige Spezialkenntnisse dazu, wie die Rechtsprechung diese Begriffe auslegt und anwendet. Sie können aber selbst immer erst einmal den Test auf Basis des gesunden Menschenverstands machen.

Bei der Prüfung von Verletzungshandlungen wird die Marke als Ganzes (also der Gesamteindruck) im Hinblick auf das beanstandete Kennzeichen analysiert. Die Prüfung erfolgt im Rahmen einer Zusammenschau aller Markenbestandteile (also der Wort- und Bildbestandteile).

Es kann bei Mehrwortzeichen/Mehrbildzeichen auch Zeichenbestandteile geben, die die Marke *prägen*, und andere, die im *Gesamteindruck zurücktreten*.

---

**BEISPIEL**

Bei der Wortmarke »McDonalds GmbH« wäre der Wortbestandteil »McDonalds« prägend, und der allgemeine Bestandteil »GmbH« würde, aller Voraussicht nach, einen nicht prägenden Zeichenbestandteil darstellen, der in der Gesamtbetrachtung der Marke zurücktritt.

---

Wichtig sind auch immer die konkret eingetragenen Waren und Dienstleistungen. So können identische Marken bei völlig unterschiedlichen Waren und Dienstleistungen nebeneinander bestehen, da keine Verwechslungsgefahr besteht (siehe Hermes-Beispiel weiter oben).

Hinsichtlich der Beurteilung der Verwechslungsgefahr ist es unerheblich, ob die prioritätsältere Marke dem Anmelder einer prioritätsjüngeren Marke bekannt war und ob die Ähnlichkeit zu einem Produkt nur unabsichtlich zustande gekommen ist.

## Europäische Marke

Eine deutsche Markenanmeldung bietet nachvollziehbarerweise Schutz für die Bundesrepublik Deutschland. Eine Marke kann aber auch europaweit als Unionsmarke oder – auf der Grundlage einer nationalen oder EU-Basismarke – international geschützt werden.

Der Vorteil einer *Unionsmarke* (häufig auch als *Gemeinschaftsmarke* bezeichnet) gegenüber der Anmeldung in jedem der zur EU gehörenden nationalen Markenämtern ist, dass eine einzige Eintragung, die online in einer Sprache beantragt wird, in allen derzeit noch 28 EU-Mitgliedstaaten gültig ist. Im Fall einer künftigen Erweiterung der Europäischen Union erstrecken sich alle eingetragenen oder angemeldeten Unionsmarken automatisch auch auf die neuen Mitgliedstaaten, ohne dass weitere Formalitäten oder Gebührenzahlungen erforderlich wären. Es bleibt abzuwarten, was durch den Brexit hinsichtlich des Schutzes in England passieren wird.

Die Unionsmarke bietet im Vergleich zu nationalen Markenanmeldungen, wenn man die Kosten in ein Verhältnis zum Schutzgebiet setzt, einen *großen Kostenvorteil*. Häufig kosten schon nationale Anmeldungen in drei Ländern mehr als eine Unionsmarke, die Schutz in derzeit 28 Ländern gewährt.

*Nachteil einer Unionsmarke* ist das geltende »Ganz-oder-gar-nicht-Prinzip«. Wenn nur in einem einzigen der 28 EU-Mitgliedsstaaten ein absolutes Eintragungshindernis besteht, kann die Unionsmarke insgesamt nicht eingetragen werden. Gleiches gilt für prioritätsältere Marken, die z. B. erfolgreich im Widerspruchsverfahren gegen die Markenanmeldung vorgehen. Schon eine verwechselbar ähnliche ältere Marke in einem der 28 EU-Mitgliedstaaten reicht aus, um die Eintragung der Unionsmarke insgesamt zu verhindern. Sie erlangen dann in keinem der Mitgliedsländer Schutz.

Das europäische Markenamt führt im Gegensatz zum deutschen Markenamt eine Recherche nach bereits bestehenden oder älteren Marken und Markenanmeldungen durch. Bei möglichen Kollisionen, die vom europäischen Markenamt festgestellt werden, informiert das Amt nach der Veröffentlichung der Eintragung den Markeninhaber. Diese Hinweise gibt es bei einer deutschen Markenanmeldung nicht. In Deutschland muss jeder Markeninhaber selbst recherchieren und überwachen, ob neue Markenanmeldungen gegebenenfalls die eigene Marke verletzen.

Die Widerspruchswahrscheinlichkeit ist daher höher als bei einer deutschen Markenanmeldung.

## Hinweis: Gesetzesänderungen

Am 23. März 2016 ist es durch die Verordnung (EU) 2015/2424 des Europäischen Parlaments und des Europäischen Rats zur Änderung der Gemeinschaftsmarkenverordnung zu erheblichen Änderungen im europäischen Markenrecht gekommen. Das Harmonisierungsamt für den Binnenmarkt (HABM) wird nun als Amt der Europäischen Union für Geistiges Eigentum (EUIPO) bezeichnet. Des Weiteren ist die Bezeichnung »EU-Marke« durch den Begriff »Unionsmarke« ersetzt worden. Außerdem hat sich das Gebührensystem des EUIPO gegenüber dem vom HABM angewandten Gebührensystem geändert. Das System stellt von einer Grundgebühr, die bis zu drei Klassen von Waren und Dienstleistungen abdeckt, auf eine »Zahlung pro Klasse« um.

Bislang wurden für die Anmeldung einer EU-Marke amtliche Anmeldegebühren in Höhe von € 900 fällig, wenn die Marke für bis zu drei Nizza-Klassen angemeldet wurde (€ 1.050 bei einer Papieranmeldung). Ob Markenschutz für eine, zwei oder drei Klassen beantragt wurde, hatte sich kostenmäßig nicht ausgewirkt.

Für die Anmeldung einer Unionsmarke mit einer Nizza-Klasse erhebt das EUIPO nunmehr Amtsgebühren in Höhe von nur noch € 850. Für die zweite Nizza-Klasse werden € 50 zusätzlich fällig, also die gleichen Gebühren wie bisher (€ 900). Für jede weitere Nizza-Klasse werden weitere € 150 Anmeldegebühr pro Nizza-Klasse fällig. Die Verlängerungsgebühren sind in allen Fällen deutlich geringer; auch Widerspruchs-, Löschungs- und Beschwerdegebühren wurden gesenkt.

Ein weiterer Unterschied zum deutschen Markenanmeldungsverfahren besteht darin, dass das Widerspruchsverfahren bei der deutschen Markenanmeldung erst nach der Eintragung durchgeführt wird (sogenannter *nachgeschalteter Widerspruch*). Bei einer Unionsmarke wird die Marke erst eingetragen, wenn das Widerspruchsverfahren bereits durchgeführt wurde.

Wird eine Unionsmarke nicht eingetragen, kann in allen Mitgliedstaaten der Europäischen Union, in denen das Eintragungshindernis nicht gilt, in eine nationale Markenanmeldung umgewandelt werden. Das ist allerdings deutlich teurer. Die dann nachfolgenden Anmeldungen nationaler Marken behalten zwar den *Anmeldetag der Unionsmarke hinsichtlich der Priorität*, die nationalen Gebühren sind aber trotzdem zu zahlen.

## Internationale Markenanmeldung »IR-Marke«

Nach dem *Madrider Markenabkommen* (MMA) und dem *Protokoll zum Madrider Markenabkommen* (PMMA) ist es möglich, eine Marke in ein *internationales Register* eintragen zu lassen. Den Antrag auf internationale Registrierung müssen Sie über das nationale Patent- und Markenamt an die *Weltorganisation für Geistiges Eigentum* (WIPO) stellen. Die *IR-Marke* (Abkürzung für international registrierte Marke) ist aber keine einzelne Marke mit internationaler Wirkung in vielen Staaten, sie ist vielmehr eine Ausdehnung des Schutzes einer nationalen Basismarke oder europäischen Unionsmarke auf viele andere Länder in einem vereinfachten und konsolidierten Verfahren. Es muss nur ein Antrag in einer Sprache eingereicht werden, der die nationalen Markenanmeldungen wie ein Bündel zusammenfasst. Da es sich um nationale Marken handelt, führt auch ein erfolgreicher Widerspruch in einem Staat oder die Zurückweisung eines nationalen Markenamts nicht wie bei der europäischen Unionsmarke dazu, dass die gesamte IR-Marke nicht eingetragen wird.

Die internationale Registrierung bietet in den jeweiligen Staaten denselben Schutz, den man erhält, wenn die Marke unmittelbar bei der dortigen nationalen Behörde angemeldet worden wäre.

Internationale Markenanmeldungen können Sie beim DPMA in *englischer* oder *französischer Sprache* einreichen.

Mit dem Antrag auf internationale Registrierung sind sowohl die Gebühr an das Deutsche Patent- und Markenamt in Höhe von € 180 zu zahlen als auch die Gebühren der WIPO. Die WIPO-Gebühren variieren je nach Umfang des gewünschten Schutzgebiets. Die Höhe der an die WIPO zu entrichtenden Gebühren kann auf der Homepage unter *http://www.wipo.int/madrid/en/fees/* abgefragt werden. Dort ist ein Gebührenrechner (Fee Calculator) verfügbar, über den Sie die jeweiligen Schutzgebiete etc. auswählen können.

───── **BEISPIEL** ─────────────────────────────────────

Anmeldung einer IR-Marke in EU, USA und Norwegen

Es entsteht eine Basisgebühr beim internationalen Büro in Höhe von CHF 653 pro Markenanmeldung.

Dazu kommen individuelle Gebühren der Länder:

USA: CHF 301

EU: CHF 912

Norwegen: CHF 278

Bei einer deutschen oder europäischen Basismarke fällt gegebenenfalls für das deutsche Markenamt eine Weiterleitungsgebühr in Höhe von € 180 an.

Zusätzlich müssen deutsche Basismarkenanmeldungen (z.B. € 300) eingereicht werden oder alternativ europäische Basismarken (z.B. € 900), dann entfallen die CHF 912 für die europäische Markenerstreckung, und die Basisgebühr CHF 653 reduziert sich auf CHF 100 pro benanntes Land.

───────────────────────────────────────────────────

Die internationale Registrierung ist für einen Zeitraum von fünf Jahren von der nationalen Basismarke oder der Unionsmarke abhängig: Sollte die nationale Basismarke oder Unionsmarke innerhalb dieses Zeitraums gelöscht werden, entfällt auch der Schutz aus der internationalen Registrierung.

# Technologien über Patente schützen

Patente können einen immensen Wert für ein Startup oder auch ein etabliertes Unternehmen haben, da ein Patent ein zeitlich begrenztes *Monopol* für die patentierte Technologie herstellt. Patente sichern technischen Vorsprung gegenüber Nachahmungen der Konkurrenz.

Der Wert von Patenten zeigt sich eindrucksvoll an dem Beispiel der Firma Motorola.

───── **BEISPIEL** ─────────────────────────────────────

Die Firma Google hat 2012 Motorola für US-$ 12,5 Mrd. gekauft und zwei Jahre später an Lenovo ohne das Patentportfolio für nur US-$ 2,91 Mrd. weiterverkauft. Google war offensichtlich nur an dem Patentportfolio von Motorola interessiert, das der Firma somit knapp US-$ 10 Mrd. wert war.

Außerdem ist es im Fall eines Exits oder einer Finanzierungsrunde immer erklärungsbedürftig, wenn Technologien oder technische Produkte nicht geschützt sind. Die Anmeldung eines Patents ist aufwendig, teuer und die Erteilung häufig unsicher. Schließlich beträgt die Wartezeit, die zwischen Antrag und der möglichen Erteilung vergeht, beim Deutschen Patent- und Markenamt ca. zwei bis zweieinhalb Jahre. Richtig teuer wird es bei patentrechtlichen Streitigkeiten.

Das Patentrecht ist in einem eigenen *Patentgesetz* geregelt. Patente schützen, ganz allgemein formuliert, weltweit *neue technische Erfindungen*, die auf einer *erfinderischen Tätigkeit* beruhen, die notwendige *Technizität aufweisen* und *gewerblich anwendbar* sind.

Kein Dritter darf ohne die Zustimmung des Patentinhabers oder eines Lizenznehmers von der patentierten Erfindung Gebrauch machen. Das heißt, das durch das Patent geschützte Produkt darf nicht hergestellt und angeboten oder in das Land, in dem das Patent geschützt ist, importiert werden.

Voraussetzung für den Patentschutz ist die *Anmeldung* beim Deutschen Patent- und Markenamt. In der Patentanmeldung muss eine *umfassende Beschreibung* der Erfindung enthalten sein, die einen Fachmann in die Lage versetzt, die Erfindung nachzuvollziehen und auszuführen. Es muss, ähnlich einer Gebrauchsanweisung, für einen Fachmann möglich sein, mit der Beschreibung die geschützte Erfindung/ Technologie nachbauen oder reproduzieren zu können.

Die maximale Schutzdauer eines Patents beträgt 20 Jahre (Ausnahme: Pharma-Patente, die aufgrund der langen Entwicklung und Zulassungsverfahren für 25 Jahre geschützt sein können). Nach der Schutzdauer kann die zugrunde liegende Erfindung frei von jedermann genutzt werden, da sie dann zum freien Stand der Technik wird.

Wie weiter oben in den allgemeinen Erläuterungen zu den Schutzrechten angesprochen, ist es wichtig, die eigene Technologie durch ein Patent zu schützen. Genauso wichtig ist es aber, dass keine Patente von anderen Unternehmen verletzt werden. Die Eintragungsfähigkeit und die Nutzungsmöglichkeit der Erfindung sollten daher möglichst vor Patentanmeldung durch eine *Patentrecherche* und eine genaue Auswertung und Analyse der Recherche abgesichert werden.

─── **BEISPIEL** ───────────────────────────────────

Eine Recherche, die vor einer Patentanmeldung durchgeführt werden sollte, ist die *Neuheitsrecherche*, die beurteilt, ob die Erfindung neu und damit eintragungsfähig ist. Diese Neuheitsrecherche sagt noch nichts darüber aus, ob eine neue Erfindung hinsichtlich einer Technologie, die zum Patent angemeldet werden kann und aller Voraussicht nach auch eingetragen wird, dann wirklich in der Praxis genutzt werden kann. Es sollte weiterhin geprüft werden, ob die gemachte Erfindung ältere Patente oder Schutzrechte Dritter verletzt, was in einer sogenannten *Freedom-to-Operate-Recherche* durchgeführt wird. Wenn bei dieser Recherche herauskommt, dass es ältere Patente gibt, die die Technologie der gemachten Erfindung betreffen, kann man zwar erfolgreich ein Patent anmelden, darf die dahinterstehende Technologie aber gar nicht ohne Lizenz nutzen. Leider wird die sehr aufwendige Freedom-to-Operate-Recherche aus Kostengründen fast nie von Startups durchgeführt.

Eine Erfindung muss die folgenden formalen Kriterien erfüllen, damit ein Patent erteilt werden kann.

- Eine Erfindung ist dann eine *Neuheit*, wenn sie nicht zum sogenannten *Stand der Technik* gehört. Der Stand der Technik umfasst alle Kenntnisse, die vor dem Tag der Patentanmeldung durch schriftliche oder mündliche Beschreibungen, durch eine irgendwo in der Welt erfolgte Benutzung oder in sonstiger Weise der weltweiten Öffentlichkeit zugänglich gemacht worden sind (z. B. in einem Gespräch mit Geschäftspartnern, ohne dass vorher eine Geheimhaltungsvereinbarung abgeschlossen wurde, durch einen Vortrag auf einer Konferenz, die Veröffentlichung eines Aufsatzes oder andere Veröffentlichungen aus Patentanmeldungen). Das gilt insbesondere auch für Beschreibungen durch den Erfinder selbst. Auch dieser darf die patentrelevanten Informationen vor Patentanmeldung in keiner Weise veröffentlichen. Die Sprache, in der die Veröffentlichung erfolgte, ist dabei egal, sodass auch z. B. chinesische Fachliteratur ausreichend ist, um einer Patentanmeldung neuheitsschädlich entgegengehalten werden zu können. Nicht neuheitsschädlich sind vorherige Veröffentlichungen nur in Ausnahmefällen, z. B. bei krassen Missbrauchsfällen und bei Offenbarungen auf amtlich anerkannten und im Bundesgesetzblatt bekannt gemachten Ausstellungen. Die Veröffentlichung im Rahmen eines krassen Missbrauchsfalls oder die Ausstellung darf aber maximal sechs Monate vor der Patentanmeldung erfolgt sein.

- Die Erfindung beruht auf einer *erfinderischen Tätigkeit,* wenn sie sich für den Fachmann auf dem jeweiligen technischen Gebiet nicht aus dem Stand der Technik in naheliegender Weise ergibt. Naheliegende Kombinationen von zwei Technologien fallen häufig bei diesem Prüfungsschritt heraus. Kombinationen von Technologien, die ein für einen Durchschnittsfachmann unerwartetes Ergebnis haben, können gegebenenfalls geschützt werden. Einfach ausgedrückt, 1 + 1 dürfte nicht 2, sondern 3 ergeben, also etwas völlig Unerwartetes.

- Die Erfindung gilt als *gewerblich anwendbar*, wenn ihr Gegenstand funktioniert oder umsetzbar ist, also auf irgendeinem gewerblichen Gebiet hergestellt oder benutzt werden kann.

# Kosten der Patentanmeldung

Bei der Patentanmeldung entstehen neben den *Kosten für den Patentanwalt* (siehe hierzu Kapital 8, *Das Berater-Einmaleins*) die *Gebühren des Patent- und Markenamts* im Rahmen des Anmeldeprozesses und im Anschluss die *jährlichen Gebühren zur Verlängerung des Patentschutzes*.

Bei einer deutschen Patentanmeldung fallen bei elektronischer Anmeldung eine Anmeldegebühr (bei Onlineeinreichung mit maximal zehn Patentansprüchen) in Höhe von € 40 (Papierform € 60) und eine Recherchegebühr in Höhe von € 300 sowie die Prüfungsgebühr in Höhe von € 350 (ohne vorherigen Rechercheantrag) oder € 150 (nach gestelltem Rechercheantrag) an. Insgesamt entstehen also Amtsgebühren von ungefähr € 400 bis € 500. In diesen Amtsgebühren sind bereits die Jahresgebühren für die ersten Jahre enthalten. Ab dem dritten Jahr fallen zusätzliche weitere Jahresgebühren an:

- Jahresgebühr 3. Patentjahr € 70
- Jahresgebühr 4. Patentjahr € 70
- Jahresgebühr 5. Patentjahr € 90
- Jahresgebühr 6. Patentjahr € 130
- Jahresgebühr 7. Patentjahr € 180
- Jahresgebühr 8. Patentjahr € 240
- Jahresgebühr 9. Patentjahr € 290
- Jahresgebühr 10. Patentjahr € 350
- Jahresgebühr 11. Patentjahr € 470
- Jahresgebühr 12. Patentjahr € 620
- Jahresgebühr 13. Patentjahr € 760
- Jahresgebühr 14. Patentjahr € 910
- Jahresgebühr 15. Patentjahr € 1.060
- Jahresgebühr 16. Patentjahr € 1.230
- Jahresgebühr 17. Patentjahr € 1.410
- Jahresgebühr 18. Patentjahr € 1.590
- Jahresgebühr 19. Patentjahr € 1.760
- Jahresgebühr 20. Patentjahr € 1.940

Für eine *europäische Patentanmeldung* werden beim Europäischen Patentamt Amtsgebühren von ca. € 4.500 fällig.

---

## Hinweis: Kosten bei der Patentierung sparen

In einigen Ländern, z. B. in den USA, gibt es für Startups reduzierte Gebühren, bei denen z. B. ein 25-%-Rabatt gewährt wird. Beim Deutschen Patent- und Markenamt können Sie eine Verfahrenskostenhilfe beantragen. Das DPMA bietet hierzu ein Merkblatt auf seiner Homepage an.

Zusätzlich reduzieren sich die oben angegebenen deutschen Jahresgebühren um 50 %, wenn Sie eine Lizenzbereitschaft erklären und ausdrücklich jedermann die Benutzung der Erfindung gegen angemessene Vergütung (die auf schriftlichen Antrag eines Beteiligten durch die Patentabteilung festgesetzt wird) gestatten, was ins Patentregister eingetragen wird.

---

Kosten können Sie auch über die Patentstrategie einsparen oder zumindest den Anfall der Kosten verzögern, z.B. um einen Investor zur Finanzierung der Patentkosten zu finden. Sie haben nach der deutschen Patentanmeldung ein Jahr lang Zeit, zu entscheiden, ob Sie den Schutz auf eine europäische Anmeldung ausweiten. Bei internationalen Anmeldungen müssen Sie sich erst zweieinhalb Jahre nach der Anmeldung entscheiden, in welchen Ländern der Schutz bestehen soll.

Denken Sie vor einer Patentanmeldung immer an das staatliche Förderprogramm WIPANO, das Patentierungskosten bis maximal 50% der Gesamtkosten und einem Maximalbetrag in Höhe von € 16.575 übernimmt. Nähere Informationen hierzu finden Sie in Kapitel 8, *Das Berater-Einmaleins*.

# Der kleine Bruder des Patents: das Gebrauchsmuster

Erfindungen, die neu sind, auf einem erfinderischen Schritt beruhen und gewerblich anwendbar sind, können wie oben dargestellt als Patent, aber auch als Gebrauchsmuster geschützt werden. Das Gebrauchsmuster ist wie das Patent ein Schutzrecht für *technologische Erfindungen*. Das deutsche Gebrauchsmuster ist im *Gebrauchsmuster-Gesetz* (GebrMG) geregelt.

Das Gebrauchsmuster ist ein schnell, kostengünstig und relativ einfach einzutragendes Recht, um technologische Leistungen zu schützen.

## Unterschiede zum Patent

Das Eintragungsverfahren eines Gebrauchsmusters dauert bei vollständiger Einreichung aller nötigen Unterlagen normalerweise nur einige Wochen bis wenige Monate. Im Vergleich dauert die Prüfung und Erteilung eines Patents in der Regel einige Jahre.

Der größte Unterscheid zum Patent ist, dass das Gebrauchsmuster *ohne inhaltliche Prüfung* der materiellen Tatbestandsvoraussetzungen (*Neuheit, erfinderischer Schritt* und *gewerbliche Anwendbarkeit)* ins Register des Deutschen Patent- und Markenamts eingetragen wird.

Im Unterschied zum Patent ist das Gebrauchsmuster daher ein *reines Registerrecht*. Die Prüfung der materiellen Kriterien erfolgt erst in einem späteren teuren Löschungs- oder Verletzungsverfahren. In dem Verfahren muss der Gebrauchsmusterinhaber beweisen (und trägt damit auch das Risiko), dass das Gebrauchsmuster tatsächlich zu Recht erteilt worden ist. Der Verlierer des Löschungs- oder Verletzungsverfahrens trägt dann die gesamten Kosten des Verfahrens (Gerichtskosten, eigene Rechtsanwalts- und gegebenenfalls Patentanwaltskosten und die Rechtsanwaltskosten und gegebenenfalls Patentanwaltskosten der Gegenseite).

## Praxistipp: Stand-der-Technik-Recherche

Aus diesem Grund ist eine sogenannte »Stand-der-Technik-Recherche« äußerst wichtig und hilfreich, um selbst einschätzen zu können, ob das Gebrauchsmuster einer Prüfung durch das Gericht standhält. Nur so lässt sich das Prozessrisiko verringern.

Beim Gebrauchsmuster umfasst der *Stand der Technik* sämtliche schriftlichen Vorveröffentlichungen weltweit. Vorbenutzungen können einem Gebrauchsmuster hingegen nur entgegengehalten werden, wenn sie der Öffentlichkeit in Deutschland zugänglich gemacht wurden.

## Praxistipp: Gebrauchsmusterrecherche

Den Gegenstand der Gebrauchsmusteranmeldung können Sie durch die Fachleute des Deutschen Patent- und Markenamts recherchieren lassen. Die Gebühr für die Gebrauchsmusterrecherche beträgt dann € 250.

Ein Gebrauchsmuster kann gegebenenfalls flankierend aus einem Patent abgezweigt und angemeldet werden, daher sollte vor der Anmeldung einer Erfindung immer eine Schutzrechts-/Patentstrategie mit einem Patentanwalt abgesprochen und festgelegt werden.

## Praxistipp: Gebrauchsmuster aus Patentanmeldung »abzweigen«

Ein Eintragungsverfahren eines Patents kann sich über Jahre hinziehen, sodass Sie gegebenenfalls mit einer Klage gegen Verletzer noch warten müssen, bis das Patent erteilt wird. Sie können bei einer anhängigen Patentanmeldung jederzeit ein Gebrauchsmuster »abzweigen«. Aus dem Gebrauchsmuster kann recht schnell parallel ein klagebereites Schutzrecht (Unterlassungs- und Schadensersatzansprüche) geschaffen werden. Der Anmeldetag ist derselbe wie der der abhängigen Patentanmeldung, und das Gebrauchsmuster wird normalerweise kurzfristig eingetragen. Mit der Eintragung des Gebrauchsmusters entfaltet das Schutzrecht seine Wirkung, und Sie haben als Inhaber grundsätzlich die gleichen (Verbietungs-)Rechte wie ein Patentinhaber: Nur der Inhaber des Gebrauchsmusters ist befugt, die Erfindung zu benutzen, sie herzustellen und in Verkehr zu bringen.

## Nachteile des Gebrauchsmusters im Vergleich zum Patent

Das Gebrauchsmuster hat eine *maximale Schutzdauer* von *zehn Jahren*, ist also maximal halb so lang wie das Patent geschützt. Das kann einen sehr großen Nachteil darstellen, da die wirklich lukrative Monetarisierung einer Technologie häufig erst in den letzten Jahren der Patentlaufzeit einsetzt.

Mit einem Gebrauchsmuster können *keine Verfahren* und keine *biotechnologischen Erfindungen* geschützt werden.

## Vorteile des Gebrauchsmusters im Vergleich zum Patent

Das Patent erfordert, dass die Erfindung am Anmeldetag bzw. Prioritätstag *absolut neu* ist. Das bedeutet, dass alle mündlichen oder schriftlichen oder durch beispielsweise Ausstellungen weltweit erfolgten Vorveröffentlichungen, auch des Anmelders selbst, als Stand der Technik betrachtet werden.

Demgegenüber gilt für das Gebrauchsmuster nur der sogenannte *relative Neuheitsbegriff*. Das bedeutet, dass offenkundige Vorbenutzungen im Ausland und mündliche Offenbarungen für das Gebrauchsmuster nicht neuheitsschädlich sind.

Ein weiterer wesentlicher Vorteil des Gebrauchsmusters ist, dass sich der Anmelder des Gebrauchsmusters auf eine *sechsmonatige Neuheitsschonfrist* berufen kann. Das bedeutet, dass eigene Veröffentlichungen innerhalb von sechs Monaten vor dem Anmeldetag bzw. vor dem Prioritätstag bei der Neuheitsprüfung nicht berücksichtigt werden.

---

### Praxistipp: Eigene Vorveröffentlichung

Es kann sein, dass eine Patentanmeldung nicht mehr erfolgreich eingereicht werden kann, da eine eigene Veröffentlichung der Erfindung vorgenommen wurde, z.B. durch eine Präsentation der Erfindung ohne Geheimhaltungsvereinbarung oder durch einen wissenschaftlichen Artikel. Gegebenenfalls können Sie dann aber noch ein Gebrauchsmuster anmelden. In diesem Fall sollten Sie schnellstmöglich einen Patentanwalt aufsuchen.

---

## Kosten für die Eintragung eines Gebrauchsmusters

Die Gebühren des Deutschen Patent- und Markenamts für den Gebrauchsmusterschutz sind vergleichsweise gering:

- Anmeldegebühr                                    € 40
- Recherchegebühr                                  € 250
- 1. Aufrechterhaltungsgebühr nach 3 Jahren        € 210

- 2. Aufrechterhaltungsgebühr nach 6 Jahren     € 350
- 3. Aufrechterhaltungsgebühr nach 8 Jahren     € 530

Weitere Kosten für die Ausarbeitung und Einreichung eines Gebrauchsmusters und eines Patents durch einen Patentanwalt sind nahezu identisch, da die Arbeit, die für die Ausarbeitung nötig ist, bei beiden Schutzrechten sehr ähnlich ist. Insoweit kann auf die Ausführungen zum Patent verwiesen werden.

# Das Know-how-Recht

Das Know-how-Recht wird meiner Meinung nach zu Unrecht unterschätzt. Über den *Know-how-Schutz* kann z.B. dieselbe Technologie geschützt werden, die von einem Patent geschützt wird. Der Schutz besteht darin, dass die (technischen) Informationen geheim gehalten und Dritten nicht ohne Geheimhaltungsvereinbarung oder Lizenzvertrag zugänglich gemacht werden. Know-how wird häufig als eine »Gesamtheit praktischer Kenntnisse, die durch Erfahrungen und Versuche gewonnen werden und die geheim, wesentlich und identifiziert sind«, definiert.

---
**BEISPIEL**

Das berühmteste Beispiel für geheimes Know-how ist sicherlich die chemische Formel oder das Rezept für Coca-Cola, die nur nach fast 100 Jahren noch geschützt ist, weil die Formel immer geheim gehalten wurde. Wäre hier eine Schutzrechtsanmeldung im Rahmen einer Patentanmeldung erfolgt, hätte man die Formel veröffentlichen müssen, und der Schutz wäre nach 20 Jahren abgelaufen, sodass alle Konkurrenten die Formel bzw. das Rezept legal nutzen könnten.

---

Der Know-how-Schutz ist *völlig kostenlos,* aber natürlich mit dem *Risiko der Offenbarung* verbunden. Wird das Know-how auf irgendeine Weise öffentlich zugänglich, entfällt der Schutz, und man kann es nicht mehr verwerten. Diese Rechtsfolge tritt auch ein, wenn ein Vertragspartner eine Geheimhaltungsvereinbarung unterzeichnet hat, aber gegen diese verstößt. Dem verletzten Träger des offenbarten Know-hows bleiben dann nur noch *Schadensersatzansprüche*.

Vorteil des Know-how-Schutzes ist der bereits angesprochene kostenlose und zeitlich theoretisch unbegrenzte Schutz. Des Weiteren hat ein Patent gegenüber dem geheimen Know-how den Nachteil, dass es nur national wirkt und der weltweite Schutz so teuer ist, dass nicht mal die größten Konzerne der Welt Patente in allen Ländern der Welt anmelden. Durch die Patentanmeldung und deren zwingende Veröffentlichung wird häufig jeder Dritte faktisch in die Lage versetzt, die durch das Patent geschützte Technologie zu kopieren. Wenn das Startup die Patentanmeldung z.B. aus Kostengründen auf Deutschland beschränkt, was einen häufigen Fall darstellt, versetzt es durch die Veröffentlichung alle Wettbewerber weltweit in die Lage, in die veröffentlichte Patentanmeldung zu schauen und die Technologie nachzubauen. Verbietungsrechte bestehen dann erst einmal nur in Deutschland und sind zeitlich auf 20 Jahre beschränkt.

——— BEISPIEL ———

Ein Startup entwickelt eine Getränkemaschine, die Eiweißpulver klumpenfrei durch Ausnutzung des sogenannten »Venturi-Effekts« mit Milch oder Wasser vermischen kann. Das genaue Luft-Druck-Gemisch-Verhältnis, auf das es dabei ankommt, ist in der Patentanmeldung veröffentlicht worden. Ein großer chinesischer Hersteller schaut sich die veröffentlichten Patentunterlagen an und nutzt diese, um eine eigene Maschine zu bauen, die er weltweit außer in Deutschland vertreibt. Etwas vereinfacht dargestellt, kann das Startup dagegen nichts unternehmen. Hätte das Startup kein Patent angemeldet, sondern die Technologie über die Geheimhaltung geschützt, wäre der chinesische Wettbewerber gar nicht an die relevanten technischen Informationen über das neue Luft-Druck-Gemisch gekommen. In Deutschland darf der chinesische Hersteller dann erst nach Abschluss der Patentlaufzeit von 20 Jahren eine Maschine auf den Markt bringen.

Auch Know-how kann z. B. mit einem Lizenzvertrag in der Form gehandelt werden, dass es *dokumentiert* und als *Anlage dem Know-how-Lizenzvertrag* beigefügt wird. Es ist ebenfalls möglich, einen Patent- und Know-how-Vertrag zu schließen und einen Teil der Vergütung auf das Know-how zu beziehen. Das eröffnet die Möglichkeit, nach Ablauf des Schutzes der Patente weiterhin (reduzierte) Lizenzgebühren zu erhalten.

Leider verstehen nicht alle Investoren das Konzept des Know-how-Schutzes. Häufig preisen sie es als Nachteil bei der Bewertung eines Startups ein, wenn Technologien nicht als Patent, sondern nur als Know-how geschützt sind.

### Hinweis: Geschäftsgeheimnisgesetz

Beim Know-how-Schutz sind nunmehr die Besonderheiten des neuen Geschäftsgeheimnisgesetzes zu beachten, sodass der Abschluss einer Geheimhaltungsvereinbarung und die Erstellung eines Schutzkonzepts für das Know-how nötig sein können.

# Designrecht

Dass das Design von Produkten eine immer wichtigere Rolle spielt, kann man am deutlichsten an den *Apple-Produkten* erkennen. Auch wenn sie technisch den Konkurrenzprodukten nicht überlegen sind, können sie trotzdem wesentlich teurer angeboten werden. Das macht deutlich, dass das Design, neben der Marke des Produkts, heute eine erhebliche Rolle bei Kaufentscheidung und Kundenbindung spielt.

## Was ist der Unterschied zwischen einem Geschmacksmuster und einem eingetragenen Design?

Das Designgesetz, das 2014 in Kraft getreten ist, hat das deutsche »Geschmacksmuster« umbenannt; es heißt jetzt *eingetragenes Design*. Etwas verwirrend ist, dass das vergleichbare Schutzrecht auf europäischer Ebene weiterhin *(Gemeinschaft-) Geschmacksmuster* heißt. Ein eingetragenes Design ist ein gewerbliches Schutzrecht, das dem Inhaber die *ausschließliche Befugnis* zur Benutzung einer *ästhetischen Erscheinungsform* (z.B. einer Verpackung, Flaschenform oder Gestalt eines Teddybärs) verleiht.

Der Designschutz ist eine sehr gute Ergänzung zum Patent- und Gebrauchsmusterschutz, da ästhetische Gestaltungen vom Schutzsystem des Patent- und Gebrauchsmustergesetzes ausgenommen sind. Überschneidungen können mit dem markenrechtlichen Schutz bestehen, da auch 3-D- und Bildmarken beim Deutschen Patent- und Markenamt angemeldet werden können.

Weil die Abgrenzungen zwischen den einzelnen Schutzgesetzen und die taktischen Überlegungen recht komplex sind, kann dieses Buch nur einen ersten Überblick verschaffen. Ein bedeutender Unterschied ist, dass der Schutz einer Bildmarke oder einer 3-D-Marke theoretisch unendlich in Zehnjahresschritten verlängert werden kann. Der Designschutz endet spätestens nach 25 Jahren. Aus diesem Grund sollten Sie spätestens kurz vor Ablauf des Designschutzes noch einmal explizit über die Anmeldung des auslaufenden Designs als Bildmarke oder 3-D-Marke nachdenken.

## Muss ich ein Design wirklich anmelden, oder ist ein Design auch ohne eine Eintragung beim DPMA geschützt?

Grundsätzlich müssen Sie ein Design bei den Markenämtern anmelden, um sich auf einen Designschutz berufen zu können. Eine Ausnahme stellt das sogenannte *nicht eingetragene europäische Gemeinschaftsgeschmacksmuster* dar, dessen einzige Schutzvoraussetzung neben der Neuheit und der Eigenart die öffentliche Zugänglichmachung des Designs in der Europäischen Union darstellt. Solch ein nicht eingetragenes europäisches Gemeinschaftsgeschmacksmuster besteht für jeden Designer sozusagen automatisch, also ohne formelles Eintragungsverfahren, für drei Jahre nach öffentlicher Zugänglichmachung des Designs in der Europäischen Union. Auf dieser Grundlage können Sie theoretisch auch gegen Nachahmer vorgehen.

Praktisch ist das nicht eingetragene Gemeinschaftsgeschmacksmuster nicht so durchsetzungsstark wie ein eingetragenes Design oder Geschmacksmuster, vor allem wenn es zu Verletzungsprozessen kommt.

Der Grund ist die *höhere Beweiskraft:* Sie können beim eingetragenen Design eine Urkunde der Markenämter über die Eintragung vorlegen und den Zeitpunkt der Offenbarung nachweisen. Des Weiteren greift eine gesetzliche Vermutung zur Inhaberschaft des Schutzrechts, was den Nachweis der Inhaberschaft vereinfacht. Schließlich ist die Höchstschutzdauer mit 25 Jahren 22 Jahre länger als beim nicht eingetragenen Gemeinschaftsgeschmacksmuster.

Die Überlegung, parallel die Anmeldung eines Designs/Geschmacksmusters zu beantragen, ist daher immer sinnvoll.

## Ist das »Design« nicht bereits über das Urheberrecht geschützt?

Das Urheberrecht entsteht durch den *schöpferischen Akt* und bedarf keiner Eintragung. Daher stellt sich ebenfalls die Frage, ob der kostenlose urheberrechtliche Schutz nicht ausreichend ist.

Das Urheberrecht hat aber *höhere rechtliche Anforderungen* an einen Schutz als das Designrecht, da ein urheberrechtlicher Schutz nur für über dem handwerklichen Durchschnitt liegende Designschöpfungen gewährt wird. Für den Designschutz reichen bereits einfachste gestalterische Leistungen aus, solange die Gesamtgestaltung neu ist.

## Das Design ist ein sogenanntes »nicht geprüftes Recht«

Das Design wird wie das Gebrauchsmuster ohne Prüfung der materiellen Tatbestandsvoraussetzungen eingetragen. Das Patent- und Markenamt prüft bei Eingang einer Designanmeldung lediglich formale Kriterien wie eine korrekte Antragsfassung oder die Zahlung der Anmeldegebühren, nicht aber, ob fremde ältere Rechte verletzt werden oder die materiellen Tatbestandsvoraussetzungen *Neuheit* und *Eigenart* vorliegen. Im Unterschied zum Patent handelt es sich bei dem Design um ein *reines Registerrecht*. Nach der Anmeldung wird es *ohne inhaltliche Prüfung* ins Register eingetragen. Die Prüfung erfolgt dann wie beim Gebrauchsmuster erst in einem späteren teuren Löschungs- oder Verletzungsverfahren.

Bedingungen für die Rechtswirksamkeit eines Designs sind im Wesentlichen:

- *Neuheit:* Es darf kein identisches Design vor der ersten Anmeldung veröffentlicht worden sein; es gibt aber eine Neuheitsschonfrist von zwölf Monaten für eigene Veröffentlichungen.
- *Eigenart:* Der Gesamteindruck, den das Design auf den informierten Benutzer (damit ist nicht der professionelle Produktdesigner gemeint) macht, muss sich von dem Gesamteindruck unterscheiden, den ein anderes Design auf den informierten Benutzer macht.

### Praxistipp: Designanmeldungen nicht per Telefax

Die Telefaxnummern des Deutschen Patent- und Markenamts können ausschließlich für die Korrespondenz nach der Designanmeldung verwendet werden. Deutsche Designanmeldungen können mit Telefax nicht wirksam eingereicht werden.

Der Schutz des eingetragenen Designs erstreckt sich auf jedes Design, das beim informierten Benutzer keinen anderen Gesamteindruck (als das eingetragene Design) erweckt.

Der Schutzbereich eines eingetragenen Designs ist aber auch davon abhängig, wie viele eingetragene Designs es im relevanten Bereich gibt (sogenannter *Formenschatz*). Der Schutzbereich ist dabei umso kleiner, je mehr relevante Designs eingetragen sind.

Das eingetragene Design ist *allumfassend geschützt*. Es kommt daher im Unterschied zum Markenrecht weder auf eine Waren- oder Dienstleistungsidentität noch auf eine Waren- oder Dienstleistungsähnlichkeit an.

Abmessungen sind bei üblichen Wiedergaben nicht ersichtlich und können schon deswegen keinen Einfluss auf den Schutzumfang erlangen. So erweckt ein Spielzeugauto meist keinen anderen Gesamteindruck als ein realer Pkw.

## Kosten einer Designanmeldung bzw. Geschmacksmusteranmeldung

Ein großer Vorteil von Designschutz ist, dass durch das Design der ästhetische Schutz sehr kostengünstig zu erlangen ist. Die elektronische Anmeldung eines einzelnen Designs beim Deutschen Patent- und Markenamt kostet für die Laufzeit von fünf Jahren € 60 (€ 70 bei Papieranmeldung). Sollen mehrere Designs geschützt werden, kann eine Sammelanmeldung eingereicht werden. Damit können bis zu 100 Designs angemeldet werden. Es fallen dann Kosten von ebenfalls mindestens € 60 (Papier € 70) an, man hat aber den Vorteil, dass pro eingereichtes Design nur € 6 (Papier € 7) berechnet werden.

---

**BEISPIEL**

Eine elektronische Anmeldung von 1 bis 10 Designs kostet immer den Mindestbetrag von € 60. 40 Designs einer elektronischen Sammelanmeldung kosten entsprechend der Rechnung € 6 x 40 = € 240.

---

Pro Anmeldung können sieben verschiedene Ansichten beim Deutschen Patent- und Markenamt hinterlegt werden.

Nach fünf Jahren muss entschieden werden, ob es sich lohnt, die *Aufrechterhaltungsgebühren* für weitere fünf Jahre zu zahlen. Die Aufrechterhaltungsgebühren sind von € 90 bis € 180 gestaffelt.

Für jedes eingetragene Design (auch in einer Sammeleintragung) gilt:

- Aufrechterhaltungsgebühr 6. bis 10. Schutzjahr: € 90
- Aufrechterhaltungsgebühr 11. bis 15. Schutzjahr: € 120
- Aufrechterhaltungsgebühr 16. bis 20. Schutzjahr: € 150
- Aufrechterhaltungsgebühr 21. bis 25. Schutzjahr: € 180

Der Schutz eines deutschen Designs kann innerhalb von sechs Monaten auf die gesamte Europäische Union erweitert werden, indem die Eintragung eines *europäischen Gemeinschaftsgeschmacksmusters* beantragt wird. Hierfür fallen Kosten von € 350 an. Für Sammelanmeldungen gibt es in der EU einen Rabatt. Für jedes weitere Geschmacksmuster (2 bis 10) einer Sammelanmeldung fallen € 175 an, ab dem 11. Geschmacksmuster einer Sammelanmeldung für jedes weitere Geschmacksmuster € 80.

Die vergleichsweise teure EU-Anmeldung kann aber auch sofort vorgenommen werden, da das EU-Gemeinschaftsgeschmacksmuster Schutz innerhalb der gesamten EU gewährt. Eine Anmeldung in Deutschland ist dann nicht mehr nötig.

Hinzu kommen gegebenenfalls noch die Kosten eines Rechtsanwalts. Ein Design können Sie aber auch selbst anmelden, es sei denn, Ihr Startup hat seinen Sitz im Ausland. In diesem Fall muss ein Rechts- oder Patentanwalt als Inlandsvertreter bestellt werden.

---

### Hinweis zur Änderung des Designgesetzes

Das Gesetz zur Änderung des Designgesetzes und weiterer Vorschriften des gewerblichen Rechtsschutzes vom 4. April 2016 ist zu großen Teilen am 1. Juli 2016 in Kraft getreten. Einige Vorschriften haben erst am 1. Oktober 2016 Gültigkeit erlangt.

Das Gesetz dient der weiteren Vereinfachung und Beschleunigung der Verfahrensabläufe im Deutschen Patent- und Markenamt.

Sie sollten immer darauf achten, dass Ihnen die neueste Gesetzesversion vorliegt und sich die Ausführungen zum Designgesetz auf die neueste Gesetzesversion beziehen.

---

# Urheberrecht

Das Urheberrecht dient vornehmlich dem Schutz von *geistig-kultureller Schöpfung*, also der körperlichen Umsetzung einer Idee. Schutzgegenstand sind *Werke*, z.B. Bücher, Software, Bilder, Fotos, Zeichnungen, Musik und Filme. Ein Werk muss eine persönliche geistige Schöpfung eines Menschen sein und eine gewisse schöpferische Höhe aufweisen, die auch *Gestaltungshöhe* genannt wird. Dieses Kriterium soll verhindern, dass völlig banale und alltägliche Arbeiten vom Urheberrecht geschützt werden. Der Urheber muss nach deutschem Recht eine natürliche Person sein, das heißt, juristische Personen, wie z.B. Kapitalgesellschaften, können keine Urheber sein.

Der Schutz des Werks durch das Urheberrecht beginnt bereits mit dem *Schöpfungsakt des Werks* und ist *ohne Anmeldekosten* oder *Aufrechterhaltungskosten* geschützt.

Das Urheberrecht ist auch nicht in einem Register anzumelden oder zu hinterlegen, wie es bei den gewerblichen Schutzrechten verbreitet nötig ist.

Das Urheberrecht bietet einen relativ langen Schutz, denn es endet erst 70 Jahre nach dem Tod des Urhebers.

Ein Werk muss nicht wie ein Patent »neu« sein.

Ein *wissenschaftlicher* oder *technischer Kern* des Werks kann aber nur durch ein Patent oder Gebrauchsmuster geschützt werden.

Sie sollten davon ausgehen, dass *jedes Bild, jedes Foto, jede Musikdatei* und *fast jeder längere Text* urheberrechtlich geschützt ist. Sie sollten die Werke daher nicht ohne Zustimmung der jeweiligen Urheber nutzen, auch nicht für Ihre Webseite. Beachtenswert ist außerdem: Selbst wenn urheberrechtlich geschützte Werke wie z.B. Bilder aus Stock-Archiven gegen Entgelt lizenziert werden, ist meist, abhängig von der eingeräumten Lizenz, trotzdem noch der *Urheber zu nennen*, etwa auf der Homepage unter dem Bild oder zumindest im Impressum der Homepage.

---

### Hinweis: ©

Die Verwendung eines Copyright-Zusatzes © ist in Deutschland nicht nötig und keine Schutzvoraussetzung, da der urheberrechtliche Schutz automatisch durch den Schöpfungsakt entsteht. Die Verwendung des Zusatzes schadet aber auch nicht, sie kann sogar bei der Rechtsdurchsetzung hilfreich sein. Schließlich lässt die Nennung eines Namens nach dem Copyright-Zusatz vermuten, dass es sich hierbei um den Urheber handelt.

---

Das Urheberrecht kann nicht per Vertrag auf ein Unternehmen oder einen Menschen übertragen werden. Was aber übertragen und lizenziert werden kann, sind *Nutzungs-* und *Verwertungsrechte*. Diese Rechte können einfach oder exklusiv übertragen werden.

Die sogenannten *Urheberpersönlichkeitsrechte* (z.B. auf Anerkennung der Urheberschaft oder Schutz vor Entstellung des Werks) verbleiben immer beim Urheber.

---

### Hinweis: Computerprogramme

Für Computerprogramme finden sich spezielle Regelungen im Urhebergesetz. Auch bei Computerprogrammen muss die geistige Schöpfung in irgendeiner Form wahrnehmbar sein. Als Computerprogramm können z.B. Suchmaschinen, Treiber, Plug-ins, Apps, Softwareprogramme (etwa Bildbearbeitungsprogramme) oder der Quellcode eines Programms geschützt sein. Nicht geschützt sind grundsätzlich der HTML-Code einer Website und Links.

---

# Open Content

*Open Content* ist in aller Munde. Mittlerweile kann von einer »Open-Bewegung« gesprochen werden, denn es ist zum Trend geworden, dass alle möglichen Inhalte und Technologien offen und kostenlos genutzt werden können. Begriffe wie *Open Source*, *Open Hardware*, *Open Data*, *Open Access*, *Open Government* und *Open Educational Resources* sind in diesem Zusammenhang inzwischen üblich. Auch Unternehmen sind Teil der Bewegung: So gab beispielsweise Tesla bereits 2014 seine Patente für Wettbewerber frei, um die E-Mobilität weltweit voranzutreiben. Im Jahr 2018 hat Microsoft 60.000 Patente für ein Open-Source-Konsortium geöffnet.

Der Begriff *Open Content* kann am besten mit »*freie Inhalte*« übersetzt werden. Daneben sind viele andere Begriffe wie *kostenlose Inhalte*, *Public Domain*, *Freeware* oder *Open Source* im Internet zu finden. Alle beziehen sich auf die Freigabe urheberrechtlich geschützter Werke. Der Begriff »frei« ist jedoch nicht eindeutig definiert und kann unterschiedliche Bedeutungen haben. In den überwiegenden Fällen bedeutet in diesem Zusammenhang »frei«, dass keine Lizenzgebühren verlangt werden. Die Inhalte sind also kostenlos oder unentgeltlich, aber fast immer dürfen sie nicht völlig bedingungslos genutzt werden. Es kommt darauf an, wie der Rechteinhaber die Nutzung seines Werks gestattet bzw. unter welchen Nutzungsbedingungen die Inhalte veröffentlicht werden.

Selten werden die Open-Content-Inhalte vom Urheber oder Rechteinhaber individuell erstellten (Nutzungs-)Bedingungen unterworfen, weil er nicht mit jedem einzelnen Nutzer der Inhalte in persönlichen Kontakt treten möchte und einen eigenen Vertrag abschließen will. Des Weiteren kommt es dem Rechteinhaber meist nicht darauf an, wer seine Inhalte nutzt, sondern wie seine Inhalte genutzt werden.

Daher bietet es sich an, vorgefertigte, standardisierte (Nutzungs-)Bedingungen in Form von Lizenzverträgen zu schließen, die sich bereits bewährt haben. Dies ist am einfachsten möglich über bestehende Open-Source-Lizenzen (wörtlich »offene Quelle«) für Software und Creative-Commens-Lizenzen (wörtlich »schöpferisches Gemeingut«) für z. B. Bilder oder Texte.

---

### Hinweis: Share- oder Freeware

Computerprogramme, Bilder, Fotos etc., die im Internet kostenfrei zum Download bereitstehen, unterliegen fast immer nicht der völlig freien Nutzung. Es gibt normalerweise (Creative-Commons-)Lizenzbedingungen, die zum Beispiel vorschreiben, dass der Urheber bei der Nutzung zu nennen ist oder dass die Open-Source-Software zwar überarbeitet, aber nicht gegen Zahlung eines Entgelts vertrieben werden darf. Sie sollten daher die Lizenzbestimmungen genau lesen, bevor Sie kostenloses oder kostenpflichtiges Material aus dem Internet nutzen. Auch bei einem Verstoß gegen Bestimmungen einer kostenlosen Lizenz liegt eine abmahnfähige Rechtsverletzung vor.

---

Dabei ist zu beachten, dass sämtliche Open-Content-Lizenzen dem AGB-Recht und seinen Besonderheiten unterliegen.

---

### Hinweis: Werke, deren Urheberrechte abgelaufen sind

Von dem oben wiedergegebenen Open Content ist der nicht (mehr) geschützte Content zu unterscheiden. Dieser kann tatsächlich völlig frei genutzt werden, da er »gemeinfrei« ist und niemand Rechte an den Inhalten geltend machen kann. Das Urheberrecht endet zum Beispiel in Deutschland 70 Jahre nach Tod des Urhebers.

---

Im Softwarebereich haben sich verschiedene Open-Source-Lizenzmodelle etabliert, sodass im Einzelfall genau zu prüfen ist, welche Rechte der Rechteinhaber jedem beliebigen Nutzer einräumt und ob der Nutzer die Software tatsächlich in der von ihm gewünschten Weise nutzen darf.

Gebräuchliche Beispiele sind die *GNU General Public License* (GPL V2 oder V3), die *GNU Lesser General Public License* (LGPL), die *Apache License* (V2), die *Berkeley Software Distribution License* (BSD), die *Massachusetts Institute of Technology License* (MIT), die *Eclipse Public License* (EPL), die *Common Public License* (CPL), die *Mozilla Public License* (MPL) und die *European Union Public License* (EUPL).

Während die bereits 30 Jahre alte General Public License (GNU GPL) die größte Verbreitung für Software haben dürfte, kann Creative Commons heute als das praktisch bedeutendste Open-Content-Lizenzmodell bezeichnet werden. Dabei sind die verschiedenen Creative-Commons-Lizenzen auf die Bereiche Wissenschaft, Literatur, Film, Musik, Fotografie etc. zugeschnitten.

---

### Hinweis: Creative Commons License und deutsches Urheberrecht

Die unter der *Creative Commons License* lizenzierten Inhalte verwenden standardisierte Symbole und Logos, die leicht zu verstehen sind und die wichtigsten Rahmenbedingungen regeln. Diese Lizenzbedingungen sind mittlerweile auch auf Deutsch erhältlich und widersprechen nicht dem deutschen (Urheber-)Recht.

Ein weiterer Vorteil von Creative-Commens-Lizenzen besteht darin, dass es technisch leicht möglich ist, die jeweiligen Creative-Commens-Lizenzbestimmungen maschinenlesbar zu machen. So kann über Suchmaschinen nach Inhalten gesucht werden, die unter bestimmten Creative-Commens-Lizenzen stehen.

Die Lizenzbedingungen reichen von der Bedingung der Namensnennung als einziger Voraussetzung für beliebige Nutzungen bis zum ausdrücklichen Ausschluss von Bearbeitungen oder kommerzieller Nutzung. Dem Rechteinhaber stehen bei Creative-Commens-Lizenzen vier *verschiedene Lizenzbausteine* zur Verfügung, die in *sechs verschiedenen Modulen* für die Lizenzierung von Werken kombiniert werden können.

---

Die Namensnennung des Urhebers gehört zu jeder Lizenz, ist aber auf der ersten Stufe auch ausreichend.

Auf der zweiten Stufe steht neben der Namensnennung der Ausschluss der Bearbeitung.

Die dritte Stufe beinhaltet die Namensnennung und den Ausschluss der kommerziellen Nutzung.

Die vierte Stufe bestimmt die Namensnennung, den Ausschluss des Rechts zur Bearbeitung und den Ausschluss der kommerziellen Nutzung,

Die fünfte Stufe regelt die Namensnennung, die Weitergabe unter gleichen Bedingungen (auch »Copyleft« genannt) und den Ausschluss der kommerziellen Nutzung.

Die höchste Stufe schreibt die Namensnennung und die Weitergabe unter gleichen Bedingungen vor.

Die Lizenzen können unter dem folgenden Link eingesehen werden:
*https://creativecommons.org/licenses/?lang=de*.

Nach Meinung vieler Juristen ist die korrekte rechtliche Einordnung der Werke, die unter der Creative-Commens-Lizenz lizenziert werden, sowie von Open-Source-Software-Lizenzen, ein Schenkungsvertrag.

Das *Institut für Rechtsfragen der Freien und Open Source Software* hat unter dem Link *https://ifross.github.io/ifrOSS/Lizenzcenter* über 250 Open-Source-Lizenzen wie folgt kategorisiert:

- Lizenzen ohne Copyleft-Effekt (Permissive Licenses)
- Lizenzen mit strengem Copyleft-Effekt
    - GPL-artige Lizenzen

- sonstige Lizenzen mit strengem Copyleft-Effekt
- Lizenzen mit beschränktem Copyleft-Effekt
  - MPL-artige Lizenzen
  - sonstige Lizenzen mit beschränktem Copyleft-Effekt
- Lizenzen mit Wahlmöglichkeiten
- Lizenzen mit Sonderrechten

---

### Hinweis: Vorsicht bei Copyleft-Lizenzen

Zu den wichtigsten und am häufigsten unterschätzten Punkten – nicht nur von Startups – gehören Copyleft-Lizenzen. Bei sogenannten *strengen Copyleft-Lizenzen* wie z. B. bei der GPL müssen alle von der ursprünglichen Software abgeleiteten Werke unter den Bedingungen der Ursprungslizenz stehen.

Des Weiteren gibt es sogenannte Lizenzen mit *eingeschränktem Copyleft*.

Lizenzen ohne Copyleft-Effekt wie Apache, MIT oder BSD machen hingegen dem Lizenznehmer keine Vorgaben hinsichtlich der Lizenzierung seiner abgeleiteten eigenen Software.

---

#### Aber warum ist das Thema Copyleft so wichtig?

Benutzt ein Startup für seine eigene Entwicklung Open-Source-Software, die einer *strengen Copyleft-Lizenz* untersteht, darf das Startup die abgeleitete Software, also die eigene Software, nicht mehr kommerziell verwerten. Ein Verkauf oder eine entgeltliche Lizenzierung ist nicht mehr möglich. Das Startup ist im Fall einer Copyleft-Lizenz in der Regel verpflichtet, die eigene abgeleitete bzw. bearbeitete Software jedermann unter den Bedingungen der entsprechenden Lizenz mitsamt dem Quelltext freizugeben und daher kostenlos anzubieten. Dies wird auch als »Infektion« der eigenen Software bezeichnet.

Bieten Sie die eigene abgeleitete Software nicht jedermann kostenlos an, hat der Rechteinhaber bei dieser lizenzwidrigen Nutzung Unterlassungs-, Beseitigungs- und Schadensersatzansprüche gegen Sie.

Dies ist doppelt ärgerlich: Zum einen war der Entwicklungsaufwand »umsonst«, und die Software darf nicht verwendet werden, sofern die entsprechenden Softwarebestandteile nicht mehr aus der Software entfernt werden können. Zum anderen kann die Entwicklung nicht wirtschaftlich verwertet und somit können keine Einnahmen erzielt werden.

Auch Investoren ist dieses Problem immer bewusster, und sie lassen sich von Startups und deren Gründern in den Beteiligungsverträgen Garantien einräumen, dass

---

z. B. keine Software in den Produkten des Startups verwendet wird, die unter einer Lizenz mit einem »Copyleft« steht.

---

##### BEISPIEL EINER KLAUSEL

Zu Open-Source-Software in einem Beteiligungsvertrag

*»Das Unternehmen hat rechtmäßig Lizenzen für die handelsübliche Software und alle Open-Source-Softwarekomponenten (wie von der Open-Source-Initiative definiert) erworben, die in seine Software integriert oder anderweitig von dem Unternehmen verwendet werden. Nach bestem Wissen des Unternehmens entspricht die Verwendung lizenzierter Open-Source-Softwarekomponenten durch das Unternehmen in allen wesentlichen Belangen den Bedingungen der für solche Open-Source-Softwarekomponenten geltenden entsprechenden Lizenzen. Das Unternehmen verwendet keine Open-Source-Softwarekomponenten in einer Weise oder unter einer Lizenz, die dazu führt, dass der Quellcode der Unternehmenssoftware quelloffen ist (›Copyleft-Effekt‹).«*

---

# Was ist bei Lizenzverträgen zu beachten?

Lizenzen dienen dazu, Schutzrechte zu verwerten und Nutzungsrechte auf Dritte zu übertragen. Der Begriff »Nutzungsrecht« wird häufig synonym mit dem Begriff »Lizenz« verwendet. Eine *Lizenz* oder ein *Nutzungsrecht* können Sie an allen oben dargestellten Schutzrechten (Marke, Patent, Gebrauchsmuster, Know-how, Design/Gebrauchsmuster, Urheberrecht/Software) vergeben.

Es gibt in der Bundesrepublik Deutschland weder ein Lizenzgesetz noch ein Lizenzvertragsgesetz. Vereinzelt werden lizenzrechtliche Themen in den allgemeinen Gesetzen wie dem Urheberrecht oder dem Markenrecht erwähnt. Die konkreten Rechte und Pflichten der Vertragsparteien sollten daher aufgrund des fehlenden gesetzlichen Rahmens in einem zwischen den Parteien ausgehandelten *Lizenzvertrag* geregelt werden.

## Die wichtigsten Lizenzarten

Ein großer Vorteil der Verwertung von Schutzrechten im Rahmen eines Lizenzvertrags ist, dass Sie die Nutzungsrechte sehr flexibel und maßgeschneidert lizenzieren können. Sie müssen das Schutzrecht nicht unbeschränkt weltweit exklusiv an nur einen Vertragspartner lizenzieren.

Bei der Einräumung der *ausschließlichen Nutzungsrechte*, die man auch als *Vollübertragung* bezeichnen kann, ist ein Lizenznehmer unter Ausschluss aller anderen Personen berechtigt, die lizenzierten Schutzrechte zu nutzen. Die Ausschließlichkeit kann sich auf *Teil-* oder *einzelne Anwendungsbereiche* der geschützten Technologie oder auf *einzelne Gebiete*, wie beispielsweise Länder, beziehen.

Die *exklusive Lizenz* ist mit der *ausschließlichen Lizenz* mit dem Unterschied gleichzusetzen, dass bei der ausschließlichen Lizenz nicht einmal mehr der Lizenzgeber das lizenzierte Schutzrecht selbst nutzen darf. Bei der exklusiven Lizenz ist das in der Regel erlaubt.

―――― **BEISPIEL** ――――――――――――――――――――――――――

Sie lassen eine Software individuell nach Ihren Vorgaben entwickeln und erhalten die ausschließlichen zeitlich, räumlich und inhaltlich unbeschränkten Nutzungsrechte an der Software, sodass niemand außer Ihnen weltweit die Software nutzen darf.

―――――――――――――――――――――――――――――――

Sie können das Schutzrecht mehrfach durch eine sogenannte *einfache Lizenz* an mehrere Lizenznehmer lizenzieren. Ein einfaches Lizenzrecht oder Nutzungsrecht räumt dem Lizenznehmer das Recht ein, den Lizenzgegenstand zu nutzen, wobei dieses Recht vom Lizenzgeber beliebig vielen Dritten ebenfalls lizenziert werden kann, sodass die gleichen Nutzungsrechte unendlich oft vom Lizenzgeber erteilt werden können.

―――― **BEISPIEL** ――――――――――――――――――――――――――

Microsoft lizenziert eine Standardsoftware wie z.B. Microsoft Office mittels einer einfachen Lizenz an Millionen von Nutzern gleichzeitig.

―――――――――――――――――――――――――――――――

Ob eine Lizenz einfach, ausschließlich oder exklusiv erteilt wird, stellt dabei nur die erste Stellschraube dar. Darüber hinaus sind Sie noch sehr viel flexibler. Sie können in einem einfachen oder exklusiven Lizenzvertrag dem Vertragspartner *zeitlich, inhaltlich oder räumlich beschränkte* Nutzungsrechte einräumen. Jedes Nutzungsrecht kann beschränkt oder unbeschränkt eingeräumt werden.

―――― **BEISPIEL** ――――――――――――――――――――――――――

Eine zeitliche Beschränkung kann z.B. durch die beschränkte Lizenzerteilung auf ein Jahr oder einen anderen Zeitraum erfolgen. Entweder verlängert sich die Lizenz dann automatisch durch weitere Lizenzzahlungen, oder es muss ein neuer Lizenzvertrag abgeschlossen werden.

Eine räumliche Beschränkung des Nutzungsrechts liegt vor, wenn die Lizenz nur für ein bestimmtes Gebiet erteilt wird, z.B. den Verkauf der lizenzierten Produkte im Gebiet der Bundesrepublik Deutschland.

Eine inhaltliche Beschränkung liegt vor, wenn das Nutzungsrecht nur in einem bestimmten Umfang (z.B. nur zum Verkauf und nicht zur Herstellung der Produkte oder nur für eine bestimmte Anzahl an Vertragsprodukten) oder Anwendungsbereich (z.B. darf die hinter dem Patent stehende Technologie nur auf den Anwendungsbereich Windräder und nicht für Flugzeuge genutzt werden, z.B. weil der Lizenzgeber die geschützte Technologie selbst im Flugzeugbau exklusiv nutzen möchte) gewährt wird.

Kombinationen der drei Beschränkungsarten sind natürlich auch möglich.

―――――――――――――――――――――――――――――――

Mit einer *Herstellungslizenz* wird dem Lizenznehmer lediglich die Herstellung des Lizenzgegenstands und gegebenenfalls Kennzeichnung mit den Marken des Lizenzgebers eingeräumt. Ein Recht zur Vermarktung des Lizenzgegenstands wird hingegen nicht erteilt. Der Lizenznehmer produziert daher meist nur für den Schutzrechteinhaber, der die »Originalware« dann selbst vertreibt.

─── BEISPIEL ───

Die Apple Inc. lässt die iPhones in China in dem Werk von Foxconn herstellen. Foxconn darf die iPhones nicht unter eigenem Markennamen oder mit den Markennamen von Apple auf dem freien Markt anbieten.

Bei der *Vertriebslizenz* ist es genau andersherum: Der Lizenznehmer muss z.B. den mit der Marke des Lizenzgebers gekennzeichneten Lizenzgegenstand vom Lizenzgeber erwerben und darf ihn dann selbst vertreiben.

─── BEISPIEL ───

Apple Inc. vertreibt die iPhones selbst in Stores und online im ersten Jahr nach Produkt-Launch, zusätzlich in Deutschland aber (exklusiv) im Rahmen einer Vertriebslizenz auch über die Deutsche Telekom.

Bei Patentlizenzverträgen, die in der Frühphase der Patenteintragungsverfahren lediglich über angemeldete Patente geschlossen werden (also bevor das Patent- und Markenamt entschieden hat, ob es das Patent erteilen wird), besteht eine Besonderheit: Die Patentanmeldung vermittelt noch kein *Verbietungsrecht* – allenfalls einen *Entschädigungsanspruch*. Das bedeutet, dass der Lizenznehmer Dritten gegenüber noch gar nicht verbieten kann, den lizenzierten Patentgegenstand zu nutzen. Wird das Patent erteilt, kann der Lizenznehmer aber für die Vergangenheit einen *Geldentschädigungsanspruch* geltend machen.

Trotzdem kann es sinnvoll sein, sich den Zugriff auf eine Patentanmeldung zu sichern, bevor das Patent erteilt wird. Beispielsweise kann der Preis für den Zugriff auf die Technologie zu diesem Zeitpunkt gegebenenfalls noch ein ganz anderer sein.

─── BEISPIEL EINER KLAUSEL ───

Exklusive Lizenz ohne Unterlizenzmöglichkeit

*»Der Lizenzgeber erteilt dem Lizenznehmer hiermit eine exklusive Lizenz an den Vertragsschutzrechten und dem Vertrags-Know-how zur Herstellung, zum Gebrauch und zum Vertrieb der Vertragsprodukte für das Gebiet der Bundesrepublik Deutschland und für die Laufzeit dieses Vertrags. Der Lizenznehmer nimmt die Lizenzeinräumung hiermit an. Der Lizenznehmer ist nicht berechtigt, die Lizenz auf Dritte zu übertragen oder Dritten Unterlizenzen zu gewähren.*

*Die Lizenz tritt aufschiebend bedingt erst mit vollständiger Bezahlung der in diesem Vertrag vereinbarten Einmalzahlung in Kraft.«*

# Was ist eine Unterlizenz?

Eine Unterlizenz ist eine Lizenz, die ein Lizenznehmer an einen Dritten erteilt. Es sind dann Lizenznehmer und Unterlizenznehmer berechtigt, den Lizenzgegenstand zu nutzen. Das unterscheidet die *Unterlizenz* von der *Übertragung einer Lizenz*, bei der der Lizenznehmer kein Nutzungsrecht mehr behält, sondern die Lizenz vollständig weitergibt. Ob die Möglichkeit, Unterlizenzen zu erteilen, für den Lizenznehmer bestehen soll, sollte ausdrücklich im Lizenzvertrag geregelt werden. Ist in dem Lizenzvertrag nichts zur Unterlizenzmöglichkeit geregelt, sollten Sie davon ausgehen, dass in der Regel bei einem *exklusiven Lizenzvertrag* oder *ausschließlichen Nutzungsrechten* eine Unterlizenzmöglichkeit besteht und bei einem *einfachen Lizenzvertrag* nicht.

---

### Hinweis: Kartellrecht

Der Lizenzbereich unterliegt wegen seiner Wettbewerbsrelevanz den Vorschriften des nationalen und europäischen Kartellrechts. Lizenzverträge müssen daher immer auch die Bestimmungen des Kartellrechts einhalten, da ein Kartellverstoß hohe Bußgelder, z. B. 10 % des weltweiten Konzernumsatzes, nach sich ziehen kann und ein Kartellrechtsverstoß oftmals der Anknüpfungspunkt für den Vertragspartner ist, sich später von dem teuren oder ungünstigen Lizenzvertrag wieder zu lösen, da ein Kartellrechtsverstoß zur Unwirksamkeit des Vertrags führen kann. Für Patentlizenzverträge und Know-how-Lizenzverträge (auch Software kann hiervon umfasst sein) gibt es sogenannte Gruppenfreistellungsverordnungen, die regeln, unter welchen Voraussetzungen bei diesen Verträgen kein Kartellrechtsverstoß vorliegt, selbst wenn der Wettbewerb durch den Lizenzvertrag beeinträchtigt wird. In den Gruppenfreistellungsverordnungen sind die sogenannten Kernbeschränkungen (Preisbindungen, mengenmäßige Absatzbeschränkungen, Gebiets- und Kundenbeschränkungen sowie Wettbewerbsverbote) aufgelistet. Sind sie in einem Lizenzvertrag enthalten, findet die Gruppenfreistellungsverordnung insgesamt keine Anwendung mehr. Die Aufnahme anderer gelisteter sogenannter »nicht freigestellter Beschränkungen« in den Lizenzvertrag führen dazu, dass nur die betroffene Klausel nicht mehr automatisch freigestellt ist. Des Weiteren gibt es Marktanteilsschwellen auf dem betroffenen Produkt- bzw. Technologiemarkt: Beide Vertragspartner dürfen in der Regel zusammen nicht mehr als 20 % bzw. 30 % Marktanteil haben. Haben sie gemeinsam einen größeren Marktanteil, findet die Gruppenfreistellungsverordnung keine Anwendung.

Die komplette Darstellung des Kartellrechts würde aber den Rahmen dieses Buchs sprengen. Kommt der Marktanteil in die oben angeführten Regionen oder sollten Kernbeschränkungen in dem Lizenzvertrag enthalten sein oder handelt es sich um einen wichtigen Lizenzvertrag, sollte unbedingt anwaltlicher Rat eingeholt werden.

---

# Welche Arten von Lizenzgebühren gibt es?

Das Entgelt für die Einräumung der Rechte an den Schutzrechten nennt man auch *Lizenzgebühr*, deren Höhe und Anknüpfungspunkt vertraglich zwischen den Parteien unter Berücksichtigung des Kartellrechts frei vereinbart werden können. Die Gestaltungsmöglichkeiten sind vielfältig und können zu ganz unterschiedlichen Lizenzsätzen führen. Am verbreitetsten ist sicherlich die Lizenzgebühr, die sich nach einem *bestimmten Prozentsatz des Umsatzes* richtet und quartalsweise zu zahlen ist. Üblich sind außerdem *Stücklizenzen*. Der Lizenznehmer zahlt dann für jedes hergestellte oder vertriebene Produkt einen definierten Betrag. Nachfolgend sind einige Beispiele für Lizenzgebühren dargestellt:

- *Einmallizenz*, z.B. mit Einmalzahlung bei Vertragsbeginn in Höhe von € 5.000.
- *Pauschallizenz*, z.B. jährliche Einmalzahlung in Höhe von € 5.000.
- *Stücklizenz*, z.B. € 1 pro verkauftes Buch.
- *Umsatzlizenz*, z.B. 5% des Umsatzes mit dem Lizenzprodukt oder 0,5% des Gesamtunternehmensumsatzes.
- *Gewinnlizenz*, z.B. 5% des Gewinns des Unternehmens.
- *Kostenlose Kreuzlizenz*, z.B. dürfen beide Vertragspartner die Schutzrechte des anderen Unternehmens kostenlos nutzen.
- *Höchstlizenz*, z.B. € 1 pro hergestelltes Produkt, aber maximal € 50.000 pro Jahr.
- *Kombinationen aus diesen Lizenzmodellen*, z.B. Einmalzahlung bei Vertragsschluss in Höhe von € 50.000 und dann Umsatzlizenz in Höhe von 5% des Umsatzes mit dem Lizenzprodukt.

Einmal-, Pauschal- und Stücklizenzen sind in der Abrechnung natürlich wesentlich leichter zu handhaben als Umsatz- oder Gewinnlizenzen. Wichtig ist immer, die konkrete Bezugsgröße für Lizenzgebühren festzulegen, insbesondere wenn die Lizenzgebühr nicht auf den Unternehmens- oder den Produktumsatz bezogen sein soll. Dann ist eine Formel für die Lizenzgebühr zu definieren, z.B. ob das gesamte Produkt oder nur ein Teil des Produkts als Bezugsgröße relevant ist.

---
**BEISPIEL**
---

Es wird ein Patentlizenzvertrag mit 5%iger Umsatzlizenz für eine neuartige Schraube geschlossen. Die Schrauben werden nicht weiterverkauft, sondern in einen neuen Elektromotor eingebaut. Wenn der Vertrag den Bezugspunkt für die Lizenzgebühr offenlässt, kann man überlegen, ob die Bezugsgröße der gesamte Motor ist, der für € 10.000 verkauft wird. Dann wird eine Lizenzgebühr für die Schrauben von € 500 pro Motor fällig. Das ist sicherlich deutlich zu hoch angesetzt. Eine Schraube ist vielleicht 50 Cent wert, sodass eine 5%ige Beteiligung bei einem Weiterverkauf 2,5 Cent bedeuten würde.

---

Um unterschiedliche Auslegungen hinsichtlich der Berechnung der Umsatz- oder Gewinnlizenz auszuschließen, sollten diese Begriffe in den Definitionen des Lizenzvertrags eindeutig definiert werden.

Es ist zu klären, ob der relevante Umsatz oder Gewinn z. B. in brutto oder netto definiert wird. Sind Kosten für *Steuern* und *Abgaben, Verpackung, Transportkosten* und *Versicherungen* lizenzpflichtig, oder werden diese Kosten zunächst abgezogen? Wie wird mit *Skonti* und *Rabatten* umgegangen?

Die *Umsatzlizenz* und die *Stücklizenz* haben den Vorteil, dass sie den tatsächlichen Nutzen des Lizenznehmers einbeziehen.

Insbesondere bei exklusiven oder ausschließlichen Lizenzverträgen sollten Sie über eine *Mindestlizenzgebühr* nachdenken, damit die Schutzrechte auf jeden Fall unabhängig vom Umsatz oder der Nutzung durch den Lizenzgeber einen *Mindestumsatz* erwirtschaften.

Bei dieser Zahlungsmodalität ist der Lizenznehmer nämlich verpflichtet, unabhängig vom Umsatz oder den Nutzungshandlungen eine *festgelegte Lizenzgebühr*, die auch steigen kann, zu zahlen, die entweder auf die laufenden Lizenzgebühren angerechnet wird oder nicht.

─────── **BEISPIEL EINER KLAUSEL** ───────────────────

*»Unabhängig von den Verwertungserfolgen des Lizenznehmers verpflichtet sich dieser zur Zahlung einer auf die laufenden Lizenzgebühren [nicht] anrechenbaren Mindestlizenzgebühr in Höhe von € 10.000 (in Worten: Euro zehntausend) pro volles abgelaufenes Jahr. Diese Mindestlizenzgebühr erhöht sich pro Jahr um € 2.000 (in Worten: Euro zweitausend) bis zu einer maximalen Mindestlizenzgebühr in Höhe von € 20.000 (in Worten: Euro zwanzigtausend). Soweit kein vollständiges Jahr erreicht wird, schuldet der Lizenznehmer den entsprechenden Teilbetrag der Mindestlizenzgebühr (pro-rata).«*

Die anrechenbare Mindestlizenzgebühr motiviert den Lizenznehmer zum einen, von der Lizenz umfangreich Gebrauch zu machen. Sie sorgt darüber hinaus dafür, dass der Lizenznehmer das Schutzrecht nicht einfach – ohne dafür zahlen zu müssen – in die Schublade steckt und nicht aktiv nutzt. Wenn der Lizenznehmer eine exklusive Lizenz nicht nutzt, bedeutet das, dass das Schutzrecht gar nicht verwertet wird, weil auch kein anderer das Schutzrecht verwerten darf. Ärgerlich ist es schon, wenn der Lizenznehmer sich bemüht, die Lizenzprodukte zu vertreiben, aber nicht sehr erfolgreich ist. Wenn sich der Lizenznehmer aber sogar bewusst entschließt, die exklusive Lizenz nicht zu nutzen, und sich auch noch auf ebenfalls lizenzierte Konkurrenzprodukte konzentriert, kann das hinsichtlich der Verwertungsstrategie und der Monetarisierung für den Lizenzgeber ein Desaster sein.

## Hinweis: Automatische Umwandlung von einer exklusiven in eine einfache Lizenz

Lässt sich bei einer Gewinn- oder Umsatzlizenz keine Mindestlizenzgebühr verhandeln, sollte zumindest eine Klausel aufgenommen werden, dass sich eine exklusive Lizenz automatisch in eine einfache Lizenz umwandelt, wenn die Lizenzeinnahmen eine gewisse Schwelle unterschreiten. Dann können Sie ab diesem Zeitpunkt parallel noch mit weiteren einfachen Lizenznehmern Lizenzverträge schließen.

# Checkliste: Lizenzvertrag

- *Vertragskopf*
    - Vertragspartner mit Anschrift
    - Vertretungsberechtigung
- *Präambel*
    - Beschreibung der Parteien (Erfahrungen mit Vertragsprodukt) und
    - des Vorhabens
    - Marktreife und Schutzrechtsstadium
- *Definition*
    - Vertragsprodukt (Welche Produkte sollen erzeugt werden?)
    - Know-how (falls dieses lizenziert wird)
    - Verwertungserlöse (Welchen Anteil am Gesamtprodukt hat der geschützte Teil?)
    - Vertragsgebiet
- *Lizenz/Nutzungsrechte*
    - Umfang der Lizenz: exklusive oder einfache Lizenz
    - Beschränkungen?
        - inhaltlich
        - räumlich
        - zeitlich
    - Ausübungsverpflichtung und Vermarktungsverpflichtungen
    - Unterlizenzen/Übertragbarkeit
- *Lizenzgebühr*
    - Einmalzahlungen/Meilensteinzahlungen
    - Laufende Lizenzgebühren (Bezugspunkt: Stücklizenz, Umsatzlizenz etc.)
    - Berechnung (netto/brutto, abzugsfähige Posten)

- Mindestlizenzgebühr (gegebenenfalls mit Anrechnungsmöglichkeit bei der laufenden Lizenzgebühr)
- Fälligkeiten
- Überprüfungsmöglichkeiten der korrekten Abrechnung: z.B. gesonderte Buchführung für Vertragsprodukte
- Gegebenenfalls Rückzahlung

- *Zahlungsbedingungen*
  - Kontoverbindung
  - Verzug
- *Kommunikationsregelungen*
  - Benennung der entscheidungsbefugten Ansprechpartner
- *Schutzrechte während der Vertragslaufzeit*
  - Wer zahlt die Aufrechterhaltungskosten, z.B. die jährlichen Patentgebühren für das Schutzrecht?
  - Verletzung der Schutzrechte/Nichtigkeitsverfahren: Wer verteidigt die Schutzrechte gegen Angriffe Dritter?
  - Weiterentwicklung: Darf der Lizenznehmer die Schutzrechte weiterentwickeln?
- *Haftung*
  - Zusicherungen und Ausschluss der Haftung
  - Regelungen zur Produkthaftung
- *Geheimhaltung*
- *Laufzeit und Kündigungsmöglichkeiten*
  - Laufzeit: z.B. Ablauf des letztbestehenden lizenzierten Schutzrechts
  - Ordentliche und außerordentliche Kündigungsmöglichkeiten
- *Allgemeines*
  - Change-of-Control-Klausel
  - Abverkaufsrecht von Lagerware nach Beendigung
  - Rechts-/Gerichtsstand oder Schiedsvereinbarung
  - Anwendbares Recht
  - Schriftform
  - salvatorische Klausel

# KAPITEL 3

# Wie finanziere ich mein Startup?

Gründer denken beim Thema *Finanzierung* eigentlich immer sofort an *Venture-Capital-Firmen* und *Business-Angels*. Das ist aber meiner Erfahrung nach zu kurz gedacht.

Schaut man sich die wichtigsten Kapitalquellen 2019 laut Deutschem Startup-Monitor 2019 (Selbstauskunft von ca. 2.000 befragten Startups) unter *https://deutscherstartupmonitor.de* an, waren es bei der Finanzierung von Startups mit ca. 80,3% die *eigenen Ersparnisse* der Gründer, gefolgt von der Unterstützung durch *Freunde und Familie* mit ca. 29,3%. *Business-Angels* ca. 23,1% und *staatliche Förderungen* waren mit ca. 39,2% ebenfalls wichtige Finanzierungsquellen. Etwa 14,6% der Startups sind mit *Venture Capital* finanziert worden. *Bankdarlehen* spielen mit ca. 13,3% ebenfalls eine Rolle. Fast jedes zehnte Startup wurde durch einen *Inkubator, Accelerator* oder *Company Builder* »finanziert« – der Begriff »gefördert« passt aufgrund der geringen Finanzierungshöhen wohl oftmals besser. 22,1% finanzierten sich aus eigenem *operativem Cashflow*. *Crowdfunding* war nach wie vor mit ca. 4,3% keine sehr wichtige Finanzierungsform. Eine neu hinzugekommene Finanzierungsform stellt das *Venture Debt* mit ca. 2% dar. *IPO* und *ICO* spielen fast keine Rolle. In diesem Kapitel werden die verschiedenen Finanzierungsquellen vorgestellt.

## Allgemeines Know-how zu Finanzierungen

Für Sie als Gründer ist es unerlässlich, einige Begrifflichkeiten und Besonderheiten hinsichtlich der Finanzierung Ihres Startups kennenzulernen, damit sich die Erfolgswahrscheinlichkeit einer Finanzierung deutlich erhöht. In einem Glossar am Ende dieses Buchs sind daher die üblichen in der Startup-Branche verwandten Begriffe erläutert.

Oftmals werden von Existenzgründern, die auf der Suche nach Kapital sind, entweder die *falschen Investoren* oder die *richtigen Investoren zur falschen Zeit* angesprochen. Hier lassen sich viel Zeit und Aufwand sparen.

Investoren haben häufig einen *Branchen-* oder *Technologiefokus*. Das heißt, sie investieren nur in Technologien und Geschäftsmodelle, die sie selbst verstehen, etwa in die Medtech- oder die E-Commerce-Branche. Des Weiteren haben sich viele professionelle Investoren auf einen *gewissen Reifegrad* des Startups für Investments festgelegt, z.B. Pre-Seed, Seed, Series A, Series B oder anders ausgedrückt: *Existenzgründung, Prototyp/Proof of Concept, Markteintritt, Expansion, Internationalisierung* etc. Der Reifegrad stellt ein gewisses *Risikoprofil* des Investors dar, da er z.B. bereit ist, ein hohes Risiko für sein Investment in einer sehr frühen Phase des Startups einzugehen. Das Risiko des Scheiterns des Startups sinkt nämlich mit jeder erfolgreich durchlaufenen Phase des Startups. Einige andere Investoren vermeiden die frühen sehr risikoreichen Phasen.

Es kann daher durchaus vorkommen, dass ein grundsätzlich vom Technologiesektor her passender Investor nicht der richtige Investor ist, da sich das Startup noch nicht in der für ihn richtigen *Phase* befindet.

─────── **BEISPIEL** ───────────────────────────────────

Ein E-Commerce-Startup in der Seed-Phase benötigt ein Investment von € 200.000 für die Markteinführung. Der VC-Investor, der auf E-Commerce spezialisiert ist und € 100 Mio. Investitionskapital hat, investiert aber erst ab € 1 Mio. im Rahmen von Wachstumsfinanzierungen und stellt daher erst Kapital ab der Series-A-Finanzierungsrunde zur Verfügung, hat also auch ein anderes Risikoprofil.

───────────────────────────────────────────────

Dieses Beispiel zeigt ebenfalls, dass Investoren auch eine »Range« hinsichtlich der Höhe des Investments haben, da bei zu vielen kleinen Investments der Managementaufwand für das gesamte Portfolio zu groß würde. Dem VC-Investor im Beispiel oben wäre es wahrscheinlich am liebsten, maximal in 20 Startups zu investieren, also durchschnittlich € 5 Mio. pro Investment auszugeben, weil er die einzelnen Investments ansonsten nicht mehr ausreichend betreuen kann.

Ein VC-Investor muss sich auch in der *Investitionsphase* befinden (meist in den ersten drei bis fünf Jahren nach Auflage des Fonds), da er nach Ablauf dieser Phase nur noch Folgeinvestments in Portfoliounternehmen leistet. Viele Investoren haben darüber hinaus einen räumlichen Investmentbereich und investieren nur *regional* oder in ihrem *Land*.

Neben dem reinen Geldinvestment ist aber auch immer auf den weiteren Mehrwert zu achten, den der Investor einbringt – beispielsweise ein *Netzwerk, Beratung* und *Kapital für weitere Finanzierungsrunden*.

Jodie Fox, Co-Founder und Chief Creative Officer des Startups »Shoes of Prey«, hat das sehr gut auf den Punkt gebracht:

»When looking for funding, don't just look for cash. Look for the right people.«

# Was sind Finanzierungsrunden?

Wichtig zu wissen ist weiterhin, dass die Investments in Startups in sogenannte *Finanzierungsrunden* eingeteilt werden. Die im Folgenden dargestellte Struktur stellt sich zwar bei jedem Unternehmen etwas anders dar, generell kann man aber folgende Aussagen zu Finanzierungsrunden treffen:

Die erste Finanzierungsrunde in der Gründungsphase ist die *Frühphasenfinanzierung* (*Early Stage* genannt). Das investierte Kapital wird dann häufig *Seed Capital* genannt. Mit dieser Finanzierung wird zum Beispiel die *Erstellung eines Prototyps* oder/und einer *Marktanalyse* oder die *Programmierung einer Software* ermöglicht. Manchmal besteht die Gründungsphase aus mehreren Finanzierungsrunden, gegebenenfalls kommt noch eine *Pre-Seed-Finanzierungsrunde* hinzu, die z.B. für eine *Machbarkeitsstudie* genutzt werden kann.

An die Gründungsphase schließt sich die *Wachstumsphase* (die sogenannte *Expansion Stage*) an. Die Finanzierungsrunden in der Wachstumsphase werden als *Series A, B, C* etc. bezeichnet. Der Buchstabe gibt dabei die Reihenfolge der Finanzierungsrunden an, die Series-B-Finanzierungsrunde folgt also der Series-A-Finanzierungsrunde nach und so weiter. Series-E-Finanzierungsrunden sind aber schon sehr selten, da sich entweder vorher ein Käufer für das Startup findet oder sich kein Investor mehr findet, der weiterhin bereit ist, das Startup zu finanzieren, wenn zu diesem Zeitpunkt noch keine erheblichen Überschüsse erwirtschaftet werden. Die Finanzierungen der Wachstumsphase werden beispielsweise für die *Internationalisierung des Geschäftsmodells*, *Marketingkampagnen*, die *Einstellung von Mitarbeitern* und zur *Kundengewinnung* eingesetzt.

Die dritte Phase kann man als *Übernahmephase* (*Later Stage*) bezeichnen. In dieser Phase kann es zu Umstrukturierungen kommen, z.B. durch eine *Ausweitung der Geschäftsführung* oder einen *Austausch der Führungskräfte* (*Gründer*), es kann *Sanierungen* geben, die *Einführung neuer Produkte* oder die *Übernahme von Konkurrenten*.

Lassen Sie sich von den unterschiedlichen Bezeichnungen nicht verwirren, sie werden häufig nicht einheitlich verwendet. Ich habe schon folgende Bezeichnungen für Finanzierungsrunden gelesen:

- Pre-seed
- Seed
- Post-seed
- Seed+
- Pre-A
- Series A
- Post A/Bridge
- Series B
- Post B/Bridge

- Early Growth
- Series C
- Growth Round
- Series D
- Softbank Round
- Pre-IPO I
- Pre-IPO II
- IPO/Exit

In Deutschland werden innovative Startups in der *Seed-Finanzierungsrunde* meist zwischen € *1 Mio.* und € *4 Mio.* bewertet, und die Finanzierungsrunden betragen zwischen € *150.000* und € *1 Mio.* In der *Series-A-Finanzierungsrunde* liegen die Unternehmensbewertungen meist zwischen € *3 Mio.* und € *15 Mio.* und die Investments zwischen € *500.000* und € *3 Mio.* Bei *Series-B-Finanzierungsrunden* werden die Startups in der Regel zwischen € *7 Mio.* und € *30 Mio.* bewertet, und es werden Summen von € *4 Mio.* bis € *8 Mio.* investiert.

---

### Hinweis: Vereinfachtes Beispiel eines Finanzierungsablaufs

Die Gründer gründen eine GmbH und zahlen das Stammkapital in Höhe von € 25.000 ein. Die Eltern eines Gründers geben zwei Monate später weitere € 20.000 für 10% der Anteile an der GmbH. Ein Business-Angel investiert acht Monate später Pre-Seed € 100.000 für 15% der Anteile. 24 Monaten nach Gründung investiert in der Seed-Finanzierungsrunde ein VC € 1 Mio. für 25% an dem Startup. Im Rahmen einer Zwischenfinanzierung stellen VC und Business-Angel noch einmal € 500.000 für 10% zur Verfügung. Drei Jahre nach Gründung wird das Startup für € 20 Mio. an einen Großkonzern verkauft.

---

*Tabelle 3-1: Beispiel für Finanzierungsrunden bis zum Exit (etwas vereinfacht dargestellt; k = Tausend, m = Millionen)*

| Investor | Gründer | Familie | BA | VC | BA/VC Bridge-Finanzierung | Corporate |
|---|---|---|---|---|---|---|
| Investment € | 25k | 20k | 100k | 1.0m | 500k | 20.0m |
| Alter des Startups | 0 | 2 Monate | 10 Monate | 24 Monate | 30 Monate | 36 Monate |
| Erhaltene Geschäftsanteile | 100% | 10% | 10% | 25% | 10% | 100% |
| Bewertung des Startups € | 25k | 200k | 1.0m | 4.0m | 5.0m | 20.0m |
| Geschäftsanteile Gründer | 25k | 25k | 25k | 25k | 25k | 0 |
| Geschäftsanteile insgesamt | 25k | 27.500 | 30.250 | 37.813 | 41.595 | 41.595 |
| Durch Kapitalerhöhung neu geschaffene Geschäftsanteile | 0 | 2.500 | 2.750 | 7.563 | 3.782 | 0 |
| Beteiligung Gründer ca. (wegen Verwässerung anderer Gesellschafter nicht 45% bei Exit) | 100% | 90% | 83% | 66% | 60% | 0% |
| Verwässerung der Gründer in % in der jeweiligen Finanzierungsrunde | 0 | 10% | 7% | 17% | 6% | 100% |
| Preis pro Geschäftsanteil in € | 1,00 | 7,27 | 33,05 | 105,78 | 120,20 | 480,82 |

Im Einzelfall können die Finanzierungen in den einzelnen Runden in der Höhe erheblich abweichen. Es ist derzeit ein Trend zu höheren Bewertungen festzustellen, die auch immer öfter von den Investoren akzeptiert werden, da von Investoren zunehmend das Potenzial (z. B. bei Apps die Nutzer) und nicht realisierte Umsätze bewertet werden.

Oftmals bewerten sich die Startups im Vergleich zu den erreichten Meilensteinen und dem Entwicklungspotenzial derzeit selbst sehr ambitioniert und können die Bewertungen teilweise nicht mit nachvollziehbaren Fakten begründen. Startup-Bewertungen in der Frühphase, wenn noch keine nennenswerten Umsätze generiert werden, sind eigentlich immer subjektiv und auch ein wenig wie ein Blick in die Glaskugel. Die herkömmlichen Bewertungsverfahren von etablierten Unternehmen, wie das Discounted-Cashflow-Verfahren oder das Ertragswertverfahren, funktionieren häufig nicht, da noch keine hinreichenden Zahlen vorliegen. Investoren bzw. Käufer bewerten Startups anhand von verschiedenen Faktoren. Liegen schon Umsätze vor, wird z. B. ein sogenannter *Umsatzmultiple* festgelegt, der bei E-Commerce-Geschäftsmodellen z. B. zwischen 1 und 4 liegt. Die Höhe des Multiples wird dann z. B. aus vergleichbaren Unternehmen hergeleitet, die bereits weiter fortgeschritten sind. Ein wesentlicher Einfluss auf die Bewertung hat natürlich auch *Konkurrenz*, falls mehrere Investoren Interesse an Ihrem Startup haben.

Die Bewertungen sind bei *erfahrenen Gründerteams*, die schon einen erfolgreichen Exit hingelegt haben, in der Regel höher. Des Weiteren spielen natürlich *Wachstumsraten*, die *Vision* und das *Selbstvertrauen* der Gründer sowie das *Potenzial* und die *Schutzrechte* des Startups eine Rolle.

Gab es schon eine Finanzierungsrunde, richtet sich die Bewertung z. B. danach, wie sich das Startup seit der letzten Finanzierungsrunde entwickelt hat und welche Meilensteine erreicht wurden.

Dass der Investor eine hohe Bewertung akzeptiert, muss aber nicht immer ein Vorteil sein, weil das Startup dann auch entsprechend liefern muss, um eine *Down-Round*, also eine weitere Finanzierungsrunde zu einer geringeren Bewertung, zu verhindern. Bei einer Down-Round bekommt der professionelle Investor durch eine Down-Round-Protection-Klausel dann gegebenenfalls weitere Geschäftsanteile, ohne weiter investieren zu müssen – so, als hätte er in der vorherigen Finanzierungsrunde gleich zu der geringeren Bewertung investiert.

Höhere Bewertungen werden manchmal auch akzeptiert, wenn die Liquidation Preferences ebenfalls hoch sind, z. B. das Investment mal 2,x.

Als Daumenwert lässt sich sagen, dass die Gründungsgesellschafter maximal zwischen *15 % und 30 % pro Finanzierungsrunde* verwässern sollten, da es ansonsten Probleme mit Folgefinanzierungsrunden geben kann, wobei 30 % schon einen hohen Verwässerungsgrad in einer Finanzierungsrunde darstellen. Bei Finanzierungen von öffentlich geförderten Programmen wird großer Wert darauf gelegt, dass die Gründer mindestens 60 % der Gesellschafteranteile halten. Nach der Series-A-Finanzierungsrunde sollte im Normalfall die Mehrheit der Anteile an dem Startup noch bei den Gründungsgesellschaftern und dem operativ tätigen Managementteam liegen.

Die Bezeichnungen der einzelnen Finanzierungsrunden sind in *Deutschland* und den *USA* zwar identisch, die Höhe der Finanzierungen fällt in den USA aber in der Regel deutlich höher aus.

<hr>

##### ─── BEISPIEL ───

In einer Series-B-Finanzierungsrunde in Deutschland werden normalerweise maximal € 15 Mio. investiert; in den USA können das in der gleichen Phase auch mal € 75 Mio. sein.

<hr>

Grundsätzlich lässt sich sagen, dass die einzelnen Finanzierungsrunden mit *unterschiedlich großen Risiken* für den Investor verbunden sind. Je früher investiert wird, umso größer ist häufig das Risiko, und entsprechend »teurer« sind die Finanzierungen. Das bedeutet, dass die Gründer des Startups mehr Anteile am Startup abgeben müssen bzw. stärker mit ihren eigenen Geschäftsanteilen verwässern. Zu einem späteren Zeitpunkt des Investments steigen die investierten Summen, und die abgegebenen Geschäftsanteile sinken proportional.

---

### Hinweis: Wie lange sollte das Investment einer Finanzierungsrunde reichen?

Eine Finanzierungsrunde sollte die Liquidität für 18 Monate sicherstellen, denn ansonsten werden Sie schnell wieder vom Tagesgeschäft abgehalten und müssen sich um die Vorbereitung der nächsten Finanzierungsrunde kümmern. Für den Fall, dass die Liquidität nicht mehr ausreicht, gibt es sogenannte *Bridge-Finanzierungen*, also Zwischenfinanzierungen, die die Liquidität sichern sollen, bis eine »richtige« Finanzierungsrunde abgeschlossen ist. Diese Bridge-Finanzierungen werden in der Regel als verzinste Wandeldarlehen mit Rangrücktritt gewährt.

---

Bei den oben angeführten Investorengruppen handelt es sich natürlich nicht um homogene Gruppen. Die Übergänge sind mitunter fließend, und auch in der jeweiligen Gruppe, zum Beispiel bei VC-Investoren und Business-Angels, können erhebliche Unterschiede bestehen. Dennoch lassen sich einige generelle Aussagen treffen, die häufig passen:

Gründer, Familienangehörige, Freunde, staatliche Förderung, Acceleratoren und Crowdinvestoren investieren sehr früh (Early Stage) in Startups.

Etwas später steigen Business-Angels ein. Venture-Capital-Unternehmen und Banken sowie Fonds sind meist noch später bereit, in ein Startup zu investieren.

Private Equity-Gesellschaften investieren meist als Letzte und befassen sich vornehmlich mit Unternehmen, die sich in den Phasen Expansion und Later Stage befinden.

<hr>

Die Verträge bzw. Deals unterscheiden sich je nach Finanzierungsrunde und Investor. Sie werden mit jeder Runde komplizierter und dadurch auch teurer, da verschiedene Sonderrechte der beteiligten Investoren koordiniert werden müssen.

Die Verträge in der Seed-Finanzierungsrunde sind besonders wichtig, da sie die Grundlage für die weiteren Finanzierungsrunden legen. Wenn z.B. die Business-Angels mit ihren *Sonderrechten aus der Seed-Finanzierungsrunde* später auf sehr weitgehend eingeräumte Sonderrechte bestehen, können weitere Finanzierungsrunden schwieriger werden oder sogar scheitern. Denn VCs investieren manchmal nicht, wenn die ersten Investoren nicht auf alle oder einige ihrer Sonderrechte verzichten (z.B. Vetorechte, Verwässerungsschutz oder Liquidation Preferences). Für den Verzicht einmal eingeräumter Rechte benötigt man die Zustimmung der ersten Investoren, oder man vereinbart eine sogenannte *Pay-to-Play-Regelung*, die die frühen Investoren verpflichtet, bei Folgefinanzierungsrunden mit einem weiteren Investment mitzugehen oder die Sonderrechte zu verlieren. In den späteren Finanzierungsrunden sollte Wert darauf gelegt werden, dass die Gründer nicht die vollständige Kontrolle über ihr Startup verlieren.

### Warum sollte man nicht eine, sondern mehrere Finanzierungsrunden durchführen?

Sie könnten sich fragen, ob es nicht sinnvoll ist, so viel Geld bei der ersten Finanzierungsrunde einzusammeln, dass es für die Entwicklung des Startups bis zur Profitabilität ausreicht. Oder anders gesagt: Warum sollten Sie mehr als eine Finanzierungsrunde abschließen?

Der Grund ist folgender: Mit jeder Finanzierungsrunde steigt in der Regel der Wert des Startups und damit der Wert der Geschäftsanteile. Als Faustformel gilt, wie bereits oben angeführt: *Je früher* Sie einen Investor als Gesellschafter aufnehmen, *umso mehr Geschäftsanteile* müssen Sie prozentual abgeben.

Mit den finanziellen Mitteln aus der vorherigen Finanzierungsrunde werden normalerweise weitere für die Unternehmensentwicklung wichtige Meilensteine erreicht. Mit dem *Erreichen von Meilensteinen* erhöht sich dann normalerweise die *Unternehmensbewertung* zum Teil erheblich. Je nachdem, ob Sie selbst hätten weiter bootstrappen können und einen oder mehrere Meilensteine ohne das Investment erreicht hätten, stellt sich der Wert manchmal innerhalb von Tagen ganz anders dar, sodass Sie viel weniger Geschäftsanteile für das gleich hohe Investment abgeben müssen. Die Bewertungssprünge können dabei enorm sein. Meilensteine können z.B. die *Vervollständigung oder Stärkung des Teams*, die *Erstellung eines Prototyps*, der *Markteintritt*, die *Generierung des ersten Kunden* oder *der ersten Umsätze* oder *Gewinne* sein.

---
**BEISPIEL**
---

Ein Startup-Team bestehend aus zwei Entwicklern, die eine Unternehmergesellschaft gegründet und ansonsten nur eine innovative Idee haben und noch in der frühen Ideenphase sind, wird wahrscheinlich maximal mit € 100.000 bewertet. Zwei Monate später kann das Startup dann eine Bewertung von € 2 Mio. vorweisen. Hintergrund ist die Erreichung einiger Meilensteine. Das Startup-Team hat nämlich einen Serial Entrepreneur, der schon mehrere Startups erfolgreich verkauft hat, als Gesellschafter mit Business-Know-how aufgenommen, einen Prototyp entwickelt und eine Patentanmeldung eingereicht. Außerdem konnte ein großer Automobilhersteller gefunden werden, der den Prototyp testet und einen Letter of Intent unterzeichnet hat.

Der Unterschied ist beachtlich: Braucht das Startup eine Finanzierung von € 50.000, hätten die Gründer dafür vor zwei Monaten 50 % der Geschäftsanteile an den Investor abgeben müssen. Nach Erreichen dieser Meilensteine müssen die Gründer für dasselbe Investment nur noch 2,5 % der Geschäftsanteile an den Investor abgeben.

## Wie spreche ich einen Investor an?

Gründer möchten sehr häufig Tipps, wie sie an Kapital von Investoren oder an staatliche Förderprogramme kommen. Es gibt verschiedene Wege, die unterschiedlichen Investoren anzusprechen, die auch unterschiedlich erfolgversprechend sind. Die Chancen stehen am besten, wenn Sie selbst einen Investor kennen, der Ihnen vertraut. Wenn Sie jetzt spontan denken, dass Sie keine Investoren kennen, liegen Sie wahrscheinlich falsch. Denn auch *Freunde, Familienangehörige* oder andere *Personen aus dem Bekanntenkreis* können Ihre Investoren werden. Statistisch betrachtet, stellen sie sogar eine der *größten Investorengruppen* dar.

Schaut man sich die wichtigsten Kapitalquellen 2019 laut Deutschem Startup-Monitor 2019 (Selbstauskunft von ca. 2.000 befragten Startups) unter *https://deutscherstartupmonitor.de* an, wurden ca. 30 % der Startups durch *Freunde und Familie* finanziell unterstützt.

Ich erfahre immer mal wieder in Gesprächen mit Professoren, Ärzten, Rechtsanwälten und Unternehmern durch Zufall, dass sie schon einmal in ein Startup investiert haben und auch weiterhin Interesse an derartigen Investments haben. Diese Investitionen können pro Investor schon mal über € 50.000 betragen. Erzählen Sie daher möglichst vielen Personen, dass Sie ein Startup gründen oder gegründet haben und auf der Suche nach einem Investment sind.

Dass das unaufgeforderte Verschicken von Unterlagen an professionelle Investoren meist nicht erfolgreich ist, bestätigen Gespräche mit VC-Gesellschaften. Kürzlich verriet mir ein Geschäftsführer einer VC-Gesellschaft, er habe irgendwann festgestellt, dass er noch nie in ein Startup investiert hat, bei dem ihm der *Businessplan* oder ein *Pitch-Deck* unaufgefordert von den Gründern zugeschickt worden war. Alle Startups, in die investiert wurde, sind der VC-Gesellschaft von dritten Personen aus der Startup-Szene vorgestellt worden. Als der Geschäftsführer der VC-Gesellschaft dies realisierte, habe er aufgehört, in die fast *500 Businesspläne* oder *Pitch-Decks* zu schauen, die ihm im Jahr unaufgefordert von Gründern zugeschickt werden. Alle Investmentmöglichkeiten, die an den Investor herangetragen werden oder auf die er selbst aufmerksam wird, werden auch als *Deal-Flow* bezeichnet.

---

### Praxistipp: Investoren über Mittelsmänner ansprechen

Wenn Sie selbst keine Investoren kennen, gehen Sie über Mittelsmänner, die in der Szene unterwegs sind und denen bestenfalls Investoren vertrauen. Dies wird auch als »Warm Introduction« bezeichnet. Cold Calling/E-Mailing führt so gut wie nie zum Erfolg.

---

Nachfolgend habe ich einige Tipps zusammengestellt, wie man Investoren identifiziert und richtig anspricht:

Scannen Sie Ihr *bestehendes Netzwerk*, z. B. bei LinkedIn, XING, Facebook: Wer könnte ein Investor sein (häufig offenbaren sich Business-Angels nicht so gern öffentlich, weil sie Angst haben, dann zu viele [minderwertige] Finanzierungsanfragen zu bekommen), oder welcher Ihrer Kontakte könnte einen Investor kennen?

Häufig sind Entrepreneure, die ihr Unternehmen verkauft haben, danach selbst als Investoren aktiv. Diese Business-Angels lassen sich dann auch recht gut recherchieren. Nehmen Sie an *Gründerpreisen* oder *-wettbewerben* teil (z. B. dem Deutschen Gründerpreis, aber auch an regionalen Preisen). Dadurch können Sie Investoren auf Ihr Startup aufmerksam machen, und nebenbei gibt es jedes Jahr in Deutschland insgesamt ca. € 3 Mio. an Preisgeldern.

Gehen Sie auf *Startup-Veranstaltungen* und *vernetzen* Sie sich mit der *lokalen Startup-Szene*.

Kontaktieren Sie Ihr *regionales Business-Angel-Netzwerk* oder die *Dachorganisation BAND*.

Des Weiteren sind die Datenbanken *Crunchbase* (*www.crunchbase.com*), *CB-Insights* (*www.cbinsights.com*), *Deutsche Startups* (*www.deutsche-startups.de*) und insbesondere *GlassDollar* (*www. glassdollar.com*) hilfreich, um Investoren zu identifizieren. Ein gut gepflegter Eintrag des Startups und der Gründer in der Crunchbase-Datenbank kann ebenfalls nicht schaden.

Natürlich gibt es auch professionelle Unterstützung von *Corporate-Finance-Gesellschaften* oder *Banken*, die einem bei der Kapitalsuche helfen. Das kann aber letztlich sehr teuer sein, wobei meist zumindest ein Vergütungsbestandteil der Kapitalbeschaffung erfolgsabhängig ist. Gerade Banken buhlen derzeit um interessante innovative Startups, sodass es möglicherweise Unterstützung zu interessanten Bedingungen geben kann.

Die Hamburger Sparkasse hat z.B. zwei Stellen nur für die Betreuung von innovativen Startups geschaffen, die auch Kontakte zwischen bestehenden Bankkunden und Startups herstellen sollen. Hierfür werden Matching-Veranstaltungen durchgeführt.

Bereiten Sie eine Finanzierungsrunde sorgfältig vor, indem Sie für Investoren Unterlagen wie ein *Pitch-Deck* und gegebenenfalls einen *Businessplan* erstellen (im Gegensatz zum Finanzplan wird der Businessplan in der Praxis allerdings immer unwichtiger), bevor Sie sich aktiv auf die Suche nach Investoren begeben. Sie sollten in der Lage sein, innerhalb eines Tages aktuelle Unterlagen zu übersenden, wenn ein potenzieller Investor Interesse bekundet. Ein gutes Pitch-Deck besteht häufig aus zehn bis zwölf Slides und sollte sich auf das Wesentliche beschränken. Es dient in der Regel nur als Teaser, um das Interesse des Investors zu wecken.

## Hinweis: Pitch

Gegebenenfalls sollten Sie überlegen, auf Live-Demos zu verzichten und Investoren lieber ein Mock-up des fertigen Produkts vorzuführen. Live-Demos versagen in vielen Fällen. Bei jedem Pitch sollte außerdem ein Mitarbeiter oder Mitgründer mit technischem Hintergrund dabei sein und für Rückfragen bereitstehen.

Am Anfang dieses Kapitels habe ich bereits dargelegt, dass auch der Zeitpunkt der Ansprache wichtig ist.

Professionelle Investoren benötigen oftmals zumindest einen Prototyp oder erste Bestandskunden, bevor sie sich die Startups näher ansehen. Wenn noch kein Prototyp vorhanden ist, kann es sich anbieten, einen (3-D-)animierten Film zu drehen, in dem die Vision des Prototyps vorgestellt wird. Wenn dann noch eine Patentanmeldung eingereicht wurde, kann sich der Investor zumindest konkret etwas vorstellen und gedanklich einen Markt abgrenzen.

————— BEISPIEL —————

Ein Mandant von mir hat sein Unternehmen für € 2,2 Mio. an einen Großkonzern verkauft, obwohl es noch keinen Prototyp gab. Es gab aber bereits einen sehr gut gemachten 3-D-Film und eine Patentanmeldung, die den Prototyp schützen würde, wenn das Patent tatsächlich erteilt wird.

Oft beobachte ich auch, dass Gründer – aus Nervosität oder weil sie sehr von ihrer Idee überzeugt sind – Investoren ins Wort fallen, sobald der Investor einen negativen Punkt des Startups oder der Geschäftsidee anspricht, und versuchen, die aus ihrer Sicht falsche Beurteilung aus der Welt zu räumen. Dies kommt meist nicht besonders gut an. Versuchen Sie, Investoren, aber auch Mentoren etc. ausreden zu lassen, und halten Sie es aus, dass jemand eventuell nicht an Ihre Geschäftsidee glaubt. Ich erwähne es, weil dieses Verhalten häufig in Pitch-Situationen zu beobachten ist, von den Gründern selbst aber nicht bemerkt wird.

Machen Sie es auch nicht zu kompliziert für den Investor, indem Sie z. B. vor einem ersten Gespräch auf die Unterzeichnung einer Geheimhaltungsvereinbarung bestehen. Im ersten Gespräch sollten Sie sowieso kein wirklich einzigartiges technisches Know-how und auch keine Geschäftsgeheimnisse offenbaren.

---

### Praxistipps: Investoren-Pitch

Versenden Sie keine ZIP-Dateien und keine E-Mails mit riesigen Datenmengen.

Die E-Mail für das erste Anschreiben sollte nicht länger als fünf Absätze oder eine Seite sein.

Sie dürfen ruhig hartnäckig sein, bei einem klaren Nein sollte aber in der aktuellen Finanzierungsrunde Schluss sein.

Achten Sie auf Rechtschreibung und schreiben Sie den Namen des Ansprechpartners beim Investor richtig.

Wenn Sie bereits einen Prototyp haben, bringen Sie ihn auf jeden Fall mit zum Termin mit dem Investor.

Eine *Geschäftsidee* ohne ein *Geschäftsmodell* ist nichts wert. Machen Sie sich daher immer genauere Gedanken darüber, wie Sie Ihre Geschäftsidee monetarisieren wollen.

---

Seien Sie auch vorsichtig damit, einem Investor gegenüber zu behaupten, dass Sie bereits mehrere Term-Sheets vorliegen haben. Ist das nicht der Fall, wirkt es eher negativ, da der Investor dann vielleicht seine Zeit lieber in einen Deal steckt, in dem er Exklusivität zugesichert bekommen hat. Wenn wirklich mehrere Investoren Interesse haben, kann es auch dazu führen, dass sich die Investoren absprechen und gemeinsam investieren, was die Bewertung dann gegebenenfalls sinken lässt.

---

**BEISPIEL**

Ein Startup ist mit zwei Investoren im Gespräch und hat dabei den Preis hochgehandelt. Nachdem der eine Investor herausgefunden hatte, wer der andere Investor war, sprachen diese sich ab und gaben gemeinsam ein deutlich schlechteres Angebot ab.

---

Haben Sie es geschafft, einen Investor für ein erstes Gespräch und einen Pitch-Termin zu gewinnen, sollten Sie wissen, worauf Investoren achten und was sie überhaupt nicht mögen (»Deal Breaker«, manchmal auch »Red Flags« genannt).

# Deal Breaker

In meiner langjährigen Startup-Beratung haben sich einige Punkte herauskristallisiert, die für professionelle Investoren oftmals entscheidungsrelevant sind und die ich daher als (potenzielle) Deal Breaker bezeichne. Im schlimmsten Fall kann einer dieser Punkte ausreichen, damit sich der Investor gegen die Finanzierung eines Startups entscheidet. Werden mehrere dieser Punkte erfüllt, wird es für Startups bei allen professionellen Investoren sehr schwer werden, eine Finanzierung zu erhalten.

Liegen bei Ihnen (potenzielle) Deal Breaker vor, sollten Sie versuchen, diese zu beseitigen. Ist das derzeit (noch) nicht möglich, sollten Sie zumindest Lösungsansätze und Argumentationsketten erarbeiten, um mit diesen potenziellen Deal Breakern umzugehen, bevor Sie einen professionellen Investor ansprechen.

Deal Breaker sind für institutionelle Investoren wie VC-Fonds noch entscheidender als für Business-Angels. Investoren sind jedoch keine gleich handelnde homogene Gruppe. Daher können die im Folgenden aufgeführten Punkte von Investoren unterschiedlich stark gewichtet werden oder gegebenenfalls für einige Investoren gar keine Deal Breaker darstellen.

Nachfolgend finden Sie eine Checkliste potenzieller Deal Breaker. Bei allen genannten Punkten handelt es sich um Gründe, die mir in meiner Beratungspraxis tatsächlich begegnet sind und dafür ausschlaggebend waren, dass ein Investor Abstand von einem Investment genommen hatte.

### TEAM

- Die Chemie im Startup-Team stimmt nicht, oder es gibt bereits Streit im Team.
- Schlüsselmitarbeiter verlassen das Unternehmen während des Finanzierungsprozesses.
- Fluktuationsrate der Mitarbeiter im Startup ist hoch.
- Einer der für die Geschäftsentwicklung benötigten Gründer hält keinen fairen Geschäftsanteil am Startup.
- Schlüsselpersonen sind nicht ausreichend durch Geschäftsanteile, virtuelle Anteile oder Gehalt inzentiviert.
- Das Startup besteht entweder aus nur einem Gründer oder aus sehr vielen Gründern.
- Unqualifizierte Freunde oder Familienangehörige besetzen Managementpositionen des Startups.

- Familienangehörige oder Freunde haben Geschäftsanteile am Startup, ohne durch Geld oder Zeit zum Erfolg des Startups beizutragen.
- Die Gründer wollen nicht ins Unternehmen wechseln, sondern »es nebenbei machen«. Dies kann teilweise sinnvoll sein (z.B. bei dem Doktorvater eines Gründers), aber nicht für alle Gründer.
- Es besteht eine räumliche Trennung der Schlüsselpersonen des Startup-Teams nach der Anfangsphase und keine Bereitschaft der Gründer, dies zu ändern.
- Die Gründer arbeiten parallel noch an drei anderen Startup-Ideen.
- Kein volles Commitment der Gründer, z.B. hat sich der Gründer parallel für einen MBA oder eine Juniorprofessur beworben.
- Persönliche Informationen über die Gründer werden verschwiegen (Familienstand, Anzahl der Kinder).
- Kein Mitglied des Kernteams präsentiert die Gründungsidee/das Startup vor den Investoren.
- Einer der Gründer ist ernsthaft erkrankt.
- Zwei der Gründer sind ein Paar.
- Das Kernteam geht umfangreichen Nebentätigkeiten nach.
- Das Kernteam hält Beteiligungen an Wettbewerbern oder Konkurrenten.
- Die Gründer wollen Gründer sein, weil das gerade angesagter ist, als in einer Beratung zu arbeiten, und brennen nicht für das eigene Produkt bzw. Geschäftsmodell oder die eigene Dienstleistung.
- Anstellung von persönlichen Assistenzen in der Anfangsphase, z.B. vor der Serie-A-Finanzierung.
- Ein Rechtsanwalt ist Gesellschafter eines Startups, obwohl das Startup kein Produkt im Feld der Rechtsberatung anbietet.
- Das Management wird sehr hoch vergütet.
- Starkes Übertreiben bei der Darstellung vorhandener Erfahrungen oder eine arrogante Einstellung des Gründerteams.
- Die Gründer benötigen häufig mehr als 48 Stunden, um dem Investor per E-Mail zu antworten.
- Kommunikation über Assistenz und komplizierte Terminfindung.
- Dead-Equity-Anteile (Anteile einer Person, die weder durch Geld- noch durch Zeiteinsatz zum Startup beiträgt, etwa ein ausgestiegener Gründer) im Startup sind größer als 10%.
- Zu viele Investoren sind mit sehr geringen Anteilen am Startup beteiligt.
- Viele Gesellschafter sind mit sehr geringen Geschäftsanteilen beteiligt, die nicht gepoolt sind.
- Ein Software-Startup hat keinen Softwareentwickler im Gründerteam.

- Die Gründer haben schon mehr als fünf Preise bei Pitch-Wettbewerben gewonnen. (Die Fokussierung auf die Weiterentwicklung des Produkts und der Geschäftsidee wird hierdurch gegebenenfalls infrage gestellt.)
- Startup-untypische Rechte/Vergünstigungen, z.B. Dienstwagen in der Anfangsphase, Rentenansprüche, sehr hohe Reisekosten (weil Business oder First Class geflogen wird).
- Es sind keine Mentoren oder Supporter etc. vorhanden.
- Die Gründer haben zu früh zu viele Anteile zu einer zu geringen Bewertung abgegeben.
- Einem Inkubator oder Company Builder gehören zu viele Geschäftsanteile.
- Die Gründer unterbrechen den Investor bei Fragen oder hören bei Ratschlägen nicht richtig zu und kommen in einen Verteidigungsmodus.

## PRODUKT

- Es ist noch kein *Minimum Viable Product* (MVP) vorhanden.
- Es ist kein Kunden-Feedback vorhanden (es ist schwierig, ein gutes Produkt ohne Kunden-Feedback zu entwickeln).
- Es ist kein Alleinstellungsmerkmal vorhanden.
- Der Fokus des Pitch-Decks liegt ausschließlich auf dem Produkt und lässt andere Aspekte weitgehend unberücksichtigt.
- Es gibt bereits bessere oder billigere vergleichbare Produkte im Markt.
- Business-to-Consumer-Produkte mit weniger als 25% Marge und ohne Konzept, die Marge zu erhöhen.
- Der Businessplan ist nicht belastbar, oder er ist nicht von den Gründern selbst erstellt worden und daher kein Ergebnis eines kreativen Prozesses und einer echten Beschäftigung mit der eigenen Geschäftsidee.

## FINANZIERUNG

- Die Gründer haben nicht ernsthaft in das Startup investiert, obwohl sie es könnten.
- Obwohl wesentliche Probleme identifiziert wurden, sind diese weder vor dem Start des Fundraisings geklärt noch Lösungsansätze erarbeitet worden.
- Es bestehen keine Kenntnisse über die eigenen *Key Performance Indicators* (KPIs, Kennzahlen für die operative und strategische Ausrichtung und Steuerung des Startups).
- Das Investment soll nicht für die Geschäftsentwicklung, sondern (auch) für viele Altlasten genutzt werden, z.B. aufgelaufener Lohnverzicht, gestundete Geschäftsführervergütung, Gesellschafter- oder Bankdarlehen und gestundete Zinsen.

- Die Gründer haben sich vor dem ersten Treffen nicht ausreichend über den Investor informiert. Grundsätzlich sollten das Portfolio, die Strategie und der Industriefokus des Investors bekannt sein.
- Die Finanzierung/Liquidität des Startups reicht nur noch für weniger als zwei Monate, oder es liegt bereits eine Überschuldung vor.
- Die im Investorentermin gezeigten Unterlagen werden auf Anforderung nicht digital zur Verfügung gestellt.
- Nach dem ersten Meeting mit den Investoren werden die finanziellen Kennzahlen nicht zur Verfügung gestellt.
- Investoren, die bereits in das Startup investiert haben, gehen bei einer weiteren Finanzierungsrunde ohne wirklich überzeugenden Grund nicht mit.
- Das Startup befindet sich in einer besonderen, nicht einfach zu finanzierenden Asset-Klasse wie »soziales Unternehmertum«.
- Die Bewertung des eigenen Unternehmens ist unrealistisch.
- Hohe Burn Rates/monatliche Ausgaben können nicht sinnvoll begründet werden.
- Die Nennung »mutiger«, aber noch begründbarer Zahlen hinsichtlich prognostizierter Wachstumsraten und Marktanteile wird meist von Investoren akzeptiert. Wenn aber die Zahlen bei einem deutschen Unternehmen innerhalb von fünf Jahren zu einem Milliardenumsatz per anno führen, sollte man sich dies gut überlegen.
- Die Gründer wollen ihr Startup nicht verkaufen, sondern langfristig ein Familienunternehmen aufbauen. Diese Strategie passt in der Regel nicht mit der Strategie eines Venture-Capital-Gebers zusammen, der nach fünf bis zehn Jahren einen Exit vollziehen muss.
- Sehr lange Anschreiben mit unverständlichen Fachtermini und zu viel Eigenlob sowie sehr große Anhänge können bereits dazu führen, dass sich der Investor gar nicht mit dem Startup beschäftigt.

## MARKT

- Es sind keine Marktzahlen vorhanden.
- Die Gründer erklären, dass sich ihr Unternehmen zu einem kleinen, feinen Business entwickeln wird.
- Der Fokus liegt auf zu kleinen Märkten, und es fehlt zudem die Kompetenz, größere Märkte zu erschließen (z. B. fehlende englische Sprachkenntnisse).
- Das Startup behauptet, keine Wettbewerber zu haben.
- Es ist nur ein einziger Zulieferer vorhanden, und es können keine weiteren identifiziert werden.
- Es werden Kunden oder Kooperationspartner in den Unterlagen angegeben, obwohl zu ihnen in Wirklichkeit keine Beziehung besteht.

- Es gibt Wettbewerber, die mit sehr hohen Investments ausgestattet sind.
- Nahezu der gesamte Umsatz wird mit einem Kunden gemacht.
- Das Startup hat kein Vertriebskonzept.
- Die Gründer kennen den Fachjargon der fokussierten Branche/Märkte/Industrie nicht.
- Das Wachstum bzw. die Userzahlen stagnieren.
- Der erzielbare Exit ist zu klein.
- Es ist kein tiefes Verständnis der eigenen Businessstrategie vorhanden.
- Es ist kein nachvollziehbarer Marketingplan vorhanden. (Wofür steht die Marke/das Startup?).

## RECHT

- Das Startup ist nicht als Kapitalgesellschaft organisiert.
- In der Due-Diligence-Prüfung tauchen (bewusst) verschwiegene Probleme auf.
- Das Startup besteht auf der Unterzeichnung einer Geheimhaltungsvereinbarung, bevor ein Pitch-Deck an den Investor geschickt wird.
- Das Geschäftsmodell bzw. die Produkte sind nicht durch Schutzrechte geschützt.
- Das Produkt ist nicht frei von Schutzrechten Dritter.
- Die Geschäftsidee berücksichtigt existierende Gesetze nicht, z.B. das Datenschutzrecht.
- Das Startup wird steuerlich nicht beraten.
- Open-Source-Software ist unter einer unpassenden Lizenz in der Software des Startups enthalten.
- Es bestehen ungeklärte Eigentumsrechte am geistigen Eigentum des Startups.
- Es gibt laufende oder angedrohte Gerichtsverfahren zu wichtigem geistigem Eigentum des Startups selbst oder zu geistigem Eigentum, das vom Startup verwendet wird.
- Es gibt eine Sozialversicherungsproblematik, da die Gründer keine Sozialversicherungsbeiträge für sich abgeführt haben, ohne dass die Sozialversicherungsfreiheit geprüft wurde.
- Es besteht das Risiko der »Scheinselbstständigkeit«.
- Das Startup ist abhängig von kündbaren Lizenzverträgen.
- Verträge mit sehr nachteiligen Change-of-Control-Klauseln.
- Es gibt steuerliche Risiken, z.B. durch Übertragung von Geschäftsanteilen zum Nominalpreis, obwohl eine hohe Bewertung des Startups vorliegt.

# Eigene Mittel/Bootstrapping

Der überwiegende Teil der Gründer investiert zunächst einmal sein gesamtes Geld in die eigene Geschäftsidee. Dieses Vorgehen wird *Bootstrapping* genannt, es ist eine Finanzierungsform der Unternehmensgründung, bei der die Gründer eigenes Geld in das Startup stecken und (zunächst) auf eine externe Finanzierung verzichten. Wenn Sie es ohne externe Investoren schaffen, ein Produkt zu entwickeln und das Startup profitabel zu machen, und wenn Sie durch die Umsätze selbstständig wachsen können, haben Sie alles richtig gemacht.

Manchmal wird ebenfalls als *Bootstrapping* bezeichnet, wenn das Startup sozusagen auf »Sparflamme fährt«, das heißt alle Ausgaben, die nicht unbedingt sein müssen, verhindert (eine Phase, in der man sich beispielsweise vor einem Investment befindet).

Einige Startups benötigen nicht wirklich externe professionelle Investoren, sondern kommen mit den eigenen finanziellen Ressourcen, gegebenenfalls staatlichen Förderprogrammen und der Unterstützung von Familie und Freunden zurecht. Die Vorteile sind immens. Sie behalten die *volle Kontrolle* über Ihr Unternehmen, müssen keine Zeit für das *Pitchen* vor Investoren, den *Beteiligungsprozess* und das *Investoren-Reporting* aufwenden und sind (gegebenenfalls mit Vertrauten) gleichzeitig zu 100 % am Gewinn bzw. Exit beteiligt.

Was in der Praxis auch vorkommt, ist, dass Gründer sich ihren Lebensunterhalt mit Nebenjobs finanzieren oder dass Startups neben der eigenen Produktentwicklung, z. B. einer Software, Programmierleistungen für Dritte anbietet. Das sollten Sie sich sehr gut überlegen. Im kleinen Rahmen ist es sicherlich kein Problem, kann aber die eigene Produktentwicklung des Startups enorm verlangsamen, weil die Arbeitszeit dann nicht mehr für das eigene Produkt zur Verfügung steht. Insgesamt gilt natürlich, dass mit einer externen Finanzierung vor allem der *Markteintritt* bzw. die *Expansion* deutlich beschleunigt werden kann. Wenn Zeit ein kritischer Faktor ist, ergibt es daher gegebenenfalls Sinn, trotz des möglichen Bootstrappings nach externen Investoren zu suchen.

Auf der anderen Seite darf man auch nicht vergessen, dass die Vorbereitung und Durchführung einer Finanzierungsrunde schnell sechs Monate dauern kann, sodass mit der Investorensuche auch nicht zu lang gewartet werden sollte.

# »FFF« – Family/Fools/Friends

*Familienangehörige*, *Freunde* und die scherzhaft als *Fools* (»Idioten«) bezeichneten *unerfahrenen Privatinvestoren* sind vergleichsweise ebenfalls eine große Finanzierungsquelle für Startups. Diese Investoren sind, neben den Gründern selbst, im Ideenstadium häufig die einzig verfügbare Geldquelle, sodass dieser Geldquelle gerade in der Anfangsphase eine besondere Bedeutung zukommt. FFF investieren ihr eigenes Geld, da sie die Gründer persönlich kennen und ihnen vertrauen oder sie unterstützen wollen. Die Geschäftsidee des Startups ist meist nicht der ausschlaggebende Punkt.

Die Relevanz dieser Finanzierungsquelle wird häufig unterschätzt. Nach Schätzungen der Internetplattform fundable.com investiert diese Gruppe jedes Jahr allein in den USA ca. $ 60 Mrd. in Startups und ist damit neben den Gründern die größte Finanzierungsquelle für Startups.

---

### Hinweis: Klären Sie über die Besonderheiten eines Startup-Investments auf

Die meisten nicht professionellen Investoren/Unterstützer können das hohe Risiko, das ein Startup-Investment in einer frühen Phase mit sich bringt, nicht einschätzen. Die überwiegende Anzahl der Startups scheitert! Frühphaseninvestments sind daher ein wenig wie Lottospielen: »It is the choice between donation and gambling.« Darüber hinaus ist das investierte Geld nicht liquide und kann auch bei erfolgreichen Unternehmen meist erst zehn Jahre nach dem Investment im Fall eines Exits zurückverlangt werden. Deshalb sollte es sich bei dem investierten Geld nur um Geld handeln, auf das die Familienangehörigen oder die Freunde nicht angewiesen sind (z. B. als Rente oder Altersversorgung), es muss eindeutig zwischen den Beteiligten als Risikokapital charakterisiert werden.

---

Probleme kann es auch bereiten, wenn Sie die Bewertung des Startups zu hoch ansetzen und die Familienangehörigen und Freunde das in einer Down-Round bei der nächsten Finanzierungsrunde mitbekommen. Um sich die Freundschaft zu erhalten, sollten Sie daher versuchen, einigermaßen zutreffende Bewertungen vorzunehmen.

--------- **BEISPIEL** ---------

Sie bewerten Ihr Startup mit € 3 Mio., und Ihr vermögender Onkel investiert € 300.000 für 10 % der Geschäftsanteile. Ein halbes Jahr später möchte ein Business-Angel investieren. Er ist aber nur bereit, € 100.000 für 10 % der Anteile Ihres Startups zu zahlen. Sie gehen auf das Angebot ein, da sich kein anderer Investor findet. Dann wird sich Ihr Onkel, der das Dreifache gezahlt hat, natürlich fragen, ob er bewusst hinters Licht geführt wurde und Sie seine Unerfahrenheit ausgenutzt haben.

---

Auch wenn Freunde und Familienangehörige natürlich besondere Aufmerksamkeit verdienen, sollten Sie klarstellen, dass Familienfeiern und Geburtstage keine Gesellschafterversammlungen sind. Alle geschäftlichen Besprechungen sollten in einem anderen Rahmen und ohne unbeteiligte Zuhörer stattfinden.

# Was machen eigentlich Acceleratoren?

Ein *Accelerator-Programm* ist ein Unternehmen oder eine Institution, das oder die Startups innerhalb eines bestimmten Zeitraums durch *Coaching* und *Ressourcen* (z.B. Büroräumlichkeiten, Arbeitsplätze, Netzwerke, Workshops, geringe Geldsummen, Veranstaltungen, Cloud-Server-Credits) zu einer schnelleren Unternehmensentwicklung verhilft und sich im Gegenzug in der Regel *Gesellschaftsanteile* am Startup einräumen lässt.

In letzter Zeit ist es nicht nur bei Corporates in Mode gekommen, zur Darstellung ihrer Innovationskraft Accelerator-Programme aufzusetzen, und auch die Wirtschaftsförderungen der Länder rufen weitere Programme ins Leben, sodass die Anzahl an Acceleratoren sprunghaft gestiegen ist. Dies führte auf der einen Seite dazu, dass sich mittlerweile nur noch wenige Accelerator-Programme Gesellschaftsanteile von den Startups einräumen lassen, was ein großer Vorteil für die Gründer ist, da die Programme sozusagen kostenlos sind, auf der anderen Seite ist die Zahl der sehr guten Mentoren nicht gestiegen, sodass die Qualität in vielen Programmen nachgelassen hat.

Was die Accelerator-Programme konkret anbieten, kann dabei sehr unterschiedlich sein. Falls noch Geschäftsanteile am Startup abgegeben werden müssen, nehmen die Acceleratoren *Geschäftsanteile unter 10%* und bieten dafür ein *drei- bis sechsmonatiges Mentoring, Office-Space, geringe Geldsummen bis € 25.000* und *ihre Netzwerke* an. Die Geldgeber der Programme versprechen sich häufig auch Zugang zu agilen Startups und jungen Talenten und nutzen die Programme zu PR-Zwecken.

Das Geldinvestment soll während der Laufzeit des Programms die Lebenshaltungskosten der Gründer decken. Manchmal gibt es auch Zugang zu Technologien, Software, ein Medienbudget und Vergünstigungen bei Partnern der Programme. Eine Aufgabe des Programms sollte auch sein, Sie bei einer *Folgefinanzierung* zu unterstützen. Am Ende des Programms wird daher meist ein *Pitch-* oder *Demo-Day* veranstaltet, an dem jeder Programmteilnehmer sein Startup vorstellt. In den guten Programmen kommen zu diesen Veranstaltungen wichtige und einflussreiche Investoren. Investoren nutzen die Accelerator-Programme als Filter, da das Startup dann schon die Akquisekriterien des Programms und die Mentoring-Phase erfolgreich durchlaufen hat. Die Investoren hoffen, dass das Startup damit einen gewissen Qualitätsstandard erfüllt.

Wenn Sie an einem Accelerator teilnehmen wollen, müssen Sie sich für das Accelerator-Programm bewerben und einen Auswahlprozess durchlaufen.

Die Teilnahme an einem Startup-Accelerator-Programm kann der richtige Weg sein, um Ihr Startup mittels professioneller Betreuung weiterzuentwickeln und eine Anschlussfinanzierung zu bekommen. Nur wegen des Geldes sollten Sie aber nicht an einem solchen Programm teilnehmen. Wenn es Ihnen nur um dieses geringe Investment geht, sollten Sie lieber noch einmal im Bekanntenkreis oder bei Business-Angels nachfragen. Die Vorteile eines Accelerator-Programms liegen vielmehr in den anderen Leistungsversprechen des Programms. Vor allem haben einige Accele-ratoren einen *Branchenfokus* und daher gute Kontakte in bestimmte Branchen bzw. werden selbst von Konzernen aufgelegt.

Einige Accelerator-Programmen werden durch staatliche Gelder finanziert, die meisten sind wirtschaftlich privatrechtlich organisiert.

Weil den privaten Acceleratoren relativ geringe Beteiligungen eingeräumt werden – wenn überhaupt – und sie gegebenenfalls auch noch in späteren Finanzierungs-runden verwässern, hoffen sie auf große Exits und suchen daher nach skalierbaren Geschäftsmodellen in einer sehr frühen Phase. Einige wenige Accelerator-Program-me haben auch Kapital, um in Folgefinanzierungsrunden mitgehen zu können. Die staatlichen oder vom Staat finanzierten Programme sind teilweise eher als Wirtschaftsförderung anzusehen, sodass es ihnen eher um Arbeitsplätze als um ei-nen *Return on Investment* geht.

Der berühmteste und erfolgreichste Accelerator ist wahrscheinlich der 2005 in Ka-lifornien gegründete *Y Combinator*, der in über 500 Startups investiert hat, unter anderem haben an dem Accelerator-Programm Unternehmen wie *Dropbox, reddit* und *Airbnb* teilgenommen. Verschiedene Programme haben insgesamt über 100 Teilnehmer, sodass man sich auch unter den Startups und den Alumni vernetzen kann.

Interessant ist, dass die Folgefinanzierungsrate bei Startups, die ein Accelerator-Programm durchlaufen haben, um ein Vielfaches höher ist als bei anderen Unter-nehmen. Beispielsweise haben ca. drei Viertel der Teilnehmer beim Accelerator-Startup-Bootcamp nach Aussage des Accelerator eine Folgefinanzierung erhalten.

Es besteht aber auch immer ein finanzielles Interesse, was bedeutet, dass teilweise *harte einseitige Verträge* zu unterzeichnen sind, die durch geforderte Garantien echte und ernsthafte Verpflichtungen für die Gründer enthalten und sich an die Verträge mit Venture-Capital-Unternehmen annähern können.

Nachfolgend habe ich einige Programme zusammengefasst, ohne damit eine Aus-sage über die Qualität der Programme zu treffen.

- ElevatorLG, Lüneburg: *https://www.wirtschaft-lueneburg.de/Home-Wirtschaftsfoerderung/Gruendung/Elevator-Lueneburg.aspx*
- German Accelerator, Cambridge, Berlin: *https://www.germanaccelerator.com/*
- ProSieben Sat. 1 Accelerator, Berlin: *https://www.p7s1accelerator.com/en/home/*
- Tech Stars, Boulder/Colorado: *http://www.techstars.com/*
- Startupbootcamp, z. B. London, Berlin: *https://www.startupbootcamp.org/*

- Philips Health Innovation Port, Hamburg: *https://www.healthinnovationport.de/*
- Seed Camp, London: *http://seedcamp.com/*
- 500 Startups, Silicon Valley: *https://500.co/*
- Merck Accelerator, Darmstadt: *https://accelerator.merckgroup.com/*
- SAP Data Space, Berlin: *http://dataspace-berlin.com/*
- DB Accelerator, Berlin: *https://www.mindboxberlin.com/index.php/db_accelerator.html*
- Y Combinator, Silicon Valley *https://www.ycombinator.com/*
- Microsoft Ventures Accelerator, Berlin: *https://microsoftventures.com/*
- Wayra Deutschland, Berlin: *https://de.wayra.co/*
- Airbus BizLab Accelerator, Hamburg: *https://www.airbus-bizlab.com/*
- Next Media Accelerator, Hamburg: *www.nma.vc/*
- Next Commerce Accelerator, Hamburg: *www.nca.vc/*
- Next Logistics Accelerator, Hamburg: *www.nla.vc*
- :agile accelerator, Berlin: *https://eon-agile.com/*
- Arena42, Stuttgart: *http://arena42.de/*
- Berlin Startup Academy, Berlin: *http://berlinstartupacademy.com/*
- Hardware.co Accelerator, Berlin: *http://hardware.co/*
- Spacelab, Berlin: *http://ms-spacelab.com/*
- TechFounders Accelerator, Garching: *http://www.techfounders.com/*
- KIT Accelerator Lab, Karlsruhe: *http://www.innovation.kit.edu/english/798.php*
- Medical Valley EMN, Erlangen: *https://medical-valley-emn.de/*

Im Internet wird eine kollaborative Liste mit über 100 in Deutschland aktiven Acceleratoren-Programmen unter *https://cashlink.de/blog/liste-inkubator-accelerator/* geführt.

---

### Hinweis: Inkubator

Ein sogenannter Inkubator (ein »Brutkasten«) kann von den Acceleratoren eigentlich nicht trennscharf abgegrenzt werden. Ein Unterschied kann darin bestehen, dass Acceleratoren eine deutlich größere Anzahl an Startups (150 und mehr in zahlreichen Runden) für eine deutlich kürzere Phase »beschleunigen« und mit deutlich geringerem Kapital ausstatten.

Ein Inkubator-Programm stellt ebenfalls Räumlichkeiten und einige Startup-spezifische Zusatzleistungen zur Verfügung (z. B. Mentoring). Die Startups werden meist länger und nicht so intensiv betreut wie in Accelerator-Programmen.

Beispiele für Inkubatoren sind die staatsnahen oder staatlichen Gründerzentren, die gegebenenfalls sehr früh ansetzen, wenn die Geschäftsidee noch nicht völlig ausgereift ist oder das Startup noch nicht gegründet wurde. Die Finanzierung der Inkubatoren erfolgt als Wirtschaftsfördermaßnahme durch den Steuerzahler, durch Verbände und die Privatwirtschaft oder auch über Universitäten. In Deutschland werden zudem immer mehr Inkubatoren oder vergleichbare Programme von großen Konzernen betrieben oder unterstützt.

Achten Sie darauf, dass neben den (fast immer unter zehn) Beschäftigten des Accelerators selbst *hochkarätige Mentoren* das Programm unterstützen, bestenfalls *bekannte Investoren* und *Serial Entrepreneure*. Für Gründer, die das erste Mal gründen, sind die Accelerator-Programme am besten geeignet, da die Lernkurve dann besonders groß ist. Es ist ratsam, sich einen lokalen Accelerator zu suchen, da die Kontakte und Netzwerke meist eher lokal besonders stark sind. Die Aufnahme in ein gutes und angesehenes Accelerator-Programm (so viele gibt es aber meiner Meinung nach leider nicht) steigert den Marktwert des Startups, da es für eine gewisse Qualität spricht, selbst wenn die Lern- und Entwicklungseffekte tatsächlich ausbleiben.

Ein *Nachteil von Acceleratoren* ist, dass das Startup nur ein sehr kleines Investment für die gegebenenfalls zu gewährenden Geschäftsanteile erhält und dass sie häufig nicht halten, was sie versprechen – zumindest in den Augen der Gründer –, z. B. weil sie keine guten Mentoren haben, der Zugang zu Netzwerken nicht preisgegeben wird oder keine Vermittlung an Investoren stattfindet.

# Business-Angels

Business-Angels sind meiner Erfahrung nach die zunächst interessantesten und wichtigsten Investoren für Startups, insbesondere in der Frühphase. Business-Angels sind zwar keine homogene Gruppe, gehören aber einem Kreis von *wohlhabenden Privatpersonen* an, die *eigenes Vermögen* zusammen mit *zeitlichem Engagement* in nicht an der Börse gehandelte Unternehmen investieren.

Es gibt nach Schätzungen des Business Angels Netzwerk Deutschland e. V. ca. 7.500 Business-Angels in Deutschland, davon sind 1.400 in Netzwerken organisiert und investieren in Summe jährlich ca. € 650 Mio. in Startups. In den USA sind es nach dortigen Forschungsergebnissen ca. $ 25 Mrd., die 200.000 Business-Angels jährlich investieren.

Im Einzelnen unterscheide ich zwischen drei Typen von Business-Angels. Die erste Gruppe nenne ich *C-Level-Angels* – vermögende, erfahrene (meist ältere) Unternehmer, z. B. ehemalige Vorstände oder Geschäftsführer eines Großunternehmens. Die zweite Gruppe setzt sich aus Unternehmern zusammen, die bereits ein oder mehrere Unternehmen verkauft haben. Diese bezeichne ich als *Entrepreneurial Angels*. Ein Investor, der eigentlich nicht viel mit dem Startup-Universum zu tun hat, gehört in die dritte Gruppe der *Virgin-Angels*. Das ist z. B. ein Zahnarzt, der mal mit kleineren Summen in ein Startup investieren möchte. Alle Typen von Business-Angels sind in der Regel bereit, das Startup zu beraten und ihr Netzwerk und Knowhow zur Verfügung zu stellen, daher wird das Investment häufig auch als Smart-Money bezeichnet. Des Weiteren stellen sie normalerweise finanzielle Mittel zwischen € 10.000 und € 250.000 im Einzelfall zur Verfügung, insbesondere die *Entrepreneurial Angels* auch deutlich höhere Summen. Der Durchschnitt eines Investments liegt bei ca. € 50.000. Business-Angels investieren sehr gern zusammen mit anderen Business-Angels, sodass insgesamt auch durch diese Investorengruppe recht hohe Summen erreicht werden können.

## Hinweis: Super-Angel

Vornehmlich in den USA gibt es auch sogenannte Super-Angels. Das sind Business-Angels, die sehr viele Investments mit großen Summen tätigen und dann ebenfalls Geld von Freunden, Geschäftspartnern und Instituten einsammeln, sodass der Business-Angel eigentlich zu einem VC-Unternehmen mutiert. Entsprechend wird eine solche Konstellation auch Micro-VC genannt. In Deutschland ist diese Konstellation aufgrund verschiedener rechtlicher Aspekte nicht so einfach möglich. Es zeigt aber, dass die Übergänge zwischen einem Business-Angel und einem VC unscharf sind.

Die zur Verfügung gestellte Zeit, die eingebrachten Kontakte und die finanziellen Ressourcen, insbesondere für Folgefinanzierungen, sind dabei natürlich sehr unterschiedlich. Außerdem können *Investmentpräferenzen*, *Motive* sowie die *Erfahrung* und *Professionalisierung* der Business-Angels sehr unterschiedlich ausgeprägt sein. Entsprechend unterschiedlich ausgestaltet sind die Beteiligungsverträge.

Dabei ist es durchaus möglich, dass das überwiegende Motiv des Business-Angels die Freude an der Unterstützung von jungen Startups ist. Dennoch erwarten Business-Angels für ihre Risikobereitschaft eine *überdurchschnittliche Rendite*. Dafür, dass sich der Business-Angel einbringt und finanzielle Mittel zur Verfügung stellt, werden ihm normalerweise *Gesellschaftsanteile* oder eine *stille Beteiligung* eingeräumt. Der Business-Angel ist häufig der erste professionelle Investor und investiert in einer sehr frühen Phase eines Startups.

Was ich häufig beobachte, ist, dass sich die wenig erfahrenen Business-Angels mit jedem weiteren Investment professionalisieren und sich immer besser rechtlich absichern. Meist sind die Vertragsbedingungen selbst bei sehr professionell aufgestellten Business-Angels dennoch meilenweit entfernt von denen eines Venture-Capital-Unternehmens – und viel gründerfreundlicher.

Business-Angels finanzieren Startups in der Regel mit *eigenem Geld*, im Regelfall durch eine *offene Beteiligung* am Unternehmen im Rahmen *einer Kapitalerhöhung*, sodass sie wie die Gründer ebenfalls Gesellschafter des Startups werden. Die Geschäftsanteile, die Business-Angels an einem Startup erhalten, liegen meiner Erfahrung nach häufig im Rahmen von 3 bis 20%.

Andere nicht ganz so häufig anzutreffende Beteiligungsformen sind die *stille Beteiligung* oder die *Gewährung eines Kredits* im Rahmen eines *Rangrücktrittdarlehens* bzw. *Wandeldarlehens*.

Das Wandeldarlehen (Convertible Loan) gewährt das Recht, das Darlehen, also den Kredit, zu einem späteren Zeitpunkt in Anteile des Startups umzuwandeln, sodass der Business-Angel erst bei Wandlung Gesellschafter des Startups wird. Häufig wird ein *Discount*, z.B. von 20 oder 30%, von der Bewertung des Startups bei der nächsten Finanzierungsrunde eingeräumt. Des Weiteren kann eine *Höchstbewertung* (»Cap«) festgelegt werden, also ein Maximalpreis für die Wandlung des Darlehensgebers. Vorteile sind, dass dies schnell und einfach zu implementieren ist und man sich nicht über eine Bewertung einigen muss. Sehr wichtig ist, dass die Aufnahme eines qualifizierten Rangrücktritts nicht vergessen wird.

Der Zinssatz für das zur Verfügung gestellte Kapital ist oftmals recht hoch (aber meist noch einstellig), weil das Risiko in den ganz frühen Phasen ebenfalls sehr hoch ist. Das Wandeldarlehen erfreut sich in letzter Zeit immer größerer Beliebtheit, insbesondere weil es auch mittlerweile mit dem INVEST-Zuschuss kombiniert werden kann.

Der Mehrwert, den vor allem der *Beratungsflügel* des Business-Angels bieten kann, ist dabei nicht zu unterschätzen und kann den Wert des Geldinvestments deutlich übersteigen.

---
**BEISPIEL**
---

### Ein guter Geld- und Beratungsflügel eines Business-Angels

Ein Startup erhält von zwei Entrepreneurial Angels ein Investment von € 700.000 für 17,5% am Unternehmen. Die Business-Angels stellen aber nicht nur das Geld zur Verfügung, sie vermitteln dem Startup auch einen sehr guten Sales-Mitarbeiter, stellen weitere Investoren vor und besorgen sogar Termine im Silicon Valley. Der Chef einer Werbeagentur ist nach der Ansprache durch einen der Business-Angels bereit, die Technologie der Gründer einzusetzen, und wird erster Kunde. Es werden Verträge mit vom Angel vermittelten Vertriebspartnern auf Provisionsbasis geschlossen, und der eine Business-Angel entwickelt kostenlos eine virale Marketingkampagne für das Startup, die deutschlandweit für große Aufmerksamkeit sorgt.

---

Viele Business-Angels legen Wert darauf, dass es nicht publik wird, dass sie in Startups investieren, da sie keine Lust haben, mit (schlechten) Businessplänen überschüttet zu werden. Einige Business-Angels gehen damit aber auch offener um, diese können Sie dann z.B. auf *Startup-Veranstaltungen* treffen. Sie können Business-Angels selbst ansprechen, aber noch besser ist es natürlich, dem Business-Angel vorgestellt zu werden von jemandem, der ihn kennt und dem der Business-Angel im besten Fall sogar vertraut. In Deutschland können Sie außerdem ca. *40 Netzwerke* kontaktieren, die mit mehreren Business-Angels kooperieren und *Pitch-Veranstaltungen* organisieren. Der erste Kontakt kann über den Dachverband, *Business Angels Netzwerk Deutschland e. V. (BAND)*, unter der Internetadresse *www.business-angels.de* aufgenommen werden. BAND bietet Startups die Gelegenheit, sich zentral auf einem einheitlichen Formular (einem sogenannten »One Pager«) um eine Präsentation vor den Business-Angels der BAND-Mitgliedsnetzwerke zu bewerben. Der *One Pager* kann von der Seite des Dachverbands heruntergeladen werden. Bei BAND gehen jährlich ca. 600 Finanzierungsanfragen ein, die dann an die regionalen Netzwerke weitergeleitet werden.

BAND prüft die eingesendeten One Pager und leitet sie an die Geschäftsstellen der regionalen Business-Angels-Netzwerke, Crowdinvesting-Plattformen und Inkubatoren weiter. Andere Unterlagen (wie z.B. Businesspläne) werden nicht weitergeleitet, da nur ein *standardisiertes* und *vergleichbares Dokument* Entscheidungsgrundlage sein soll, ob ein Business-Angel ein Startup näher kennenlernen möchte.

Ein paar Voraussetzungen sollten erfüllt und in den Unterlagen dargestellt werden, damit sich die Wahrscheinlichkeit erhöht, dass ein Business-Angel in ein Startup investiert (diese Punkte gelten auch für andere Investoren):

- Ein starkes, interdisziplinäres und motiviertes Team.
- Eine innovative Geschäftsidee.
- Ein deutlich besseres Produkt als die Konkurrenz.
- Hohes Wertsteigerungspotenzial.
- Anvisieren riesengroßer (Milliarden-)Märkte.
- Klare Alleinstellungsmerkmale.
- Genaue Kenntnis der Zielmärkte.
- Businessplan vorhanden, zumindest aber Pitch-Deck und Finanzplan.
- (Gegebenenfalls) Patente, Marken beantragt, Prototypen erstellt.
- Bescheinigung »INVEST – Zuschuss für Wagniskapital«.

Seit dem 15. Mai 2013 gibt es in Deutschland ein Business-Angel-*Förderprogramm*: »INVEST – Zuschuss für Wagniskapital« (siehe hierzu weiter unten in diesem Kapitel unter *Business-Angel-Förderung »INVEST – Zuschuss für Wagniskapital«*), das auch für Gründer interessant ist. Business-Angels, die in »kleine Unternehmen« investieren, die nicht älter als sieben Jahre sind und einer innovativen Branche angehören, erhalten einen staatlichen Zuschuss von 20 % bis zu maximal

€ 100.000 pro Jahr und können so ihre Beteiligungskraft erhöhen. Startups können sich eine Bescheinigung ausstellen lassen, dass sie INVEST-förderfähig sind (*www.invest-wagniskapital.de*).

# Business-Devils

Meiner Erfahrung nach kommt es zwar nicht häufig vor, aber leider gibt es auch im Bereich der Frühphasenfinanzierung *schwarze Schafe*, die von mir Business-Devils genannt werden.

Das erste Warnzeichen, das Sie hellhörig machen sollte, zeigt sich, wenn ein »Business-Angel« zunächst Geld von Ihnen verlangt, z.B. für seine Beratung, bevor er bereit ist, in Sie zu investieren. Manchmal werden auch Strafzahlungen verlangt, wenn Sie auf eine Beratung nach dem Investment verzichten.

Weiterhin sollten Sie aufpassen, wenn der vermeintliche Business-Angel von Ihnen *persönliche Sicherheiten* (z.B. Immobilienhypotheken oder Bürgschaften) verlangt, für die Sie mit dem Privatvermögen einstehen müssen. Das ist im Wagniskapitalbereich nicht üblich und sollte daher nicht akzeptiert werden.

Ein Warnzeichen ist ebenfalls die Forderung des »Business-Angels«, auf eigene Berater zu verzichten und stattdessen auf seine Berater zurückzugreifen.

---
**BEISPIEL**
---

Eine Strategie eines Business-Devils kann z.B. sein, zunächst nur eine geringe Beteiligung gegen ein kleines Investment (z.B. € 20.000) für 3% der Anteile einzugehen, sich aber weitgehende Rechte im Gesellschaftsvertrag einräumen zu lassen, z.B. ein Vetorecht bei der Aufnahme weiterer Gesellschafter. Wenn das Kapital dann aufgebraucht ist, ist der Business-Devil bereit, neues Kapital zu geben, allerdings nur gegen sehr viele Geschäftsanteile des Startups zu einer schlechten Bewertung (z.B. 50% der Anteile für € 120.000). Die Gründer können hiergegen nicht viel machen, wenn sie nicht in die Insolvenz rutschen wollen, da der Business-Devil bei der Aufnahme neuer Gesellschafter ein Mitspracherecht hat und so die Aufnahme weiterer Investoren blockieren kann. Ein möglicher Ausweg bzw. ein Versuch wäre, dem Business-Devil einen Verstoß gegen seine Treuepflicht als Gesellschafter vorzuwerfen.

---

Die harmloseste, aber doch sehr ärgerliche Variante kommt dann zum Tragen, wenn der Business-Devil seine Zusagen nicht einhält und möglicherweise nicht über entsprechendes *Know-how* oder ein *vorhandenes Netzwerk* verfügt oder es nicht absprachegemäß einbringt.

Ich kann nur dringend empfehlen, sich über den Business-Angel so weit wie möglich vor dem Investment zu informieren, z.B. über die Business-Angel-Netzwerke oder andere Gründer bzw. Referenzen.

Die *Motive* von Business-Devils sind *vielfältig*. Manche streben eine Geschäftsführerposition in dem Startup an oder die Akquise von neuen Kunden für ihr eigenes Geschäft. Andere wiederum versprechen sich Zugang zu Technologien und Patenten, die sie anderweitig vermarkten wollen.

---

### Hinweis: Business-Angels sind nicht karitativ tätig

Sie sollten keineswegs vergessen, dass auch wirkliche Business-Angels keinen Heiligenschein haben, sondern Geschäftsleute sind, die möglichst viel aus ihrem Investment machen wollen. Das allein macht sie aber nicht zu einem Business-Devil.

---

## Wie lassen sich Business-Angels und Venture-Capital-Firmen unterscheiden?

Es gibt zwar in den allermeisten Fällen in der Praxis einen grundlegenden Unterschied, allerdings können sich Business-Angels auch wie Venture-Capital-Firmen verhalten und andersherum. Es ist daher für Sie als Startup immer sinnvoll, zu prüfen, wer der Investor ist, und zu versuchen, von anderen Startups Informationen zum Verhalten der Investoren oder Referenzen zu erhalten. Sie sollten den Investor selbst einer *Due Diligence* unterziehen.

Venture-Capital-Unternehmen unterscheiden sich im Normalfall von Business-Angels dadurch, dass sie kein eigenes Geld bzw. nur einen geringen Teil eigenen Kapitals investieren. Des Weiteren beteiligen sich VC-Gesellschaften häufig erst später in Finanzierungsrunden an Startups und investieren deutlich mehr Kapital, aber stellen weniger Beratung und persönlichen Einsatz zur Verfügung. Venture-Capital-Unternehmen gehen höhere Beteiligungen ein und bestehen grundsätzlich auf sehr viel strengeren Vertragsbedingungen sowie Kontroll- und Informationsrechten. Business-Angels sind hingegen bekannt dafür, dass sie eher gründungsfreundliche Verträge, z. B. ohne Liquidation Preferences, akzeptieren und auf einige der üblichen kleinen Gemeinheiten verzichten. Sie akzeptieren manchmal auch recht sportliche Bewertungen. Der größte Vorteil von VCs gegenüber Business-Angels ist, dass sie deutlich mehr Geld zur Verfügung stellen können. Häufig können sie auch in nachfolgenden Finanzierungsrunden mit hohen Geldsummen mitgehen.

---

#### BEISPIEL

Der VC Earlybird kann zum Beispiel den dreifachen Betrag (bis zu € 15 Mio.) des Erstinvestmentbetrags für eine Folgefinanzierung reservieren.

---

Oft, aber nicht immer, ist ein Investment von VCs auch ein positives Signal an andere Investoren und lockt andere VCs an.

Sicherlich ist ein Business-Angel, der bereits selbst in dem Markt gegründet hat und daher über *Markt-Insights* verfügt, im direkten Vergleich einem generalistischen VC vorzuziehen. Des Weiteren ist der Business-Angel bestenfalls selbst erfolgreicher Unternehmer und daher vom Mindset sehr viel dichter bei den Gründern.

Mit all den *Vorteilen eines Angels* (dichter am Geschehen, persönlicher, selbst Unternehmer, optimistische Unternehmensbewertungen, gründerfreundlichere Verträge) ist meiner Meinung nach der Business-Angel der wesentlich bessere Investor für Startups, solange man die Wahl hat. VCs sind dagegen oftmals zwingend erforderlich, wenn die benötigten Beträge siebenstellig werden.

Es ist zu beobachten, dass sich in letzter Zeit viele VC-Gesellschaften deutlich gründerfreundlicher verhalten, als es in der Vergangenheit üblich war. Dies liegt auch daran, dass viele VC-Gesellschaften mittlerweile nicht mehr von Investmentbankern, sondern von ehemaligen und sehr erfolgreichen Gründern geführt werden.

## Nur wenige Startups erhalten Venture-Capital-Finanzierungen

Eine Venture-Capital-Gesellschaft ist ein professioneller Investor. *Venture Capital* (oder kurz *VC*) lässt sich ins Deutsche am besten mit *Wagnis-* oder *Risikokapital* übersetzen. Die VC-Finanzierung zeichnet sich dadurch aus, dass ein nicht rückzahlbares, meist siebenstelliges Investment ohne Leistung von Sicherheiten gegen die Einräumung einer Minderheitsbeteiligung am Startup zur Verfügung gestellt wird. Außerdem ist es üblich, dass dem VC-Unternehmen weitgehende Rechte und eine bevorzugte Stellung in den Investmentverträgen eingeräumt werden.

Nach den Zahlen des Bundesverbands der Deutschen Kapitalbeteiligungsgesellschaften haben Beteiligungsunternehmen wie *Venture-Capital-Gesellschaften* 2016 in Deutschland € 1.332 Mio. Investitionskapital eingesammelt. Im Jahr 2017 wurde bereits € 1.609 Mio. und im Jahr 2018 noch € 1.227 Mio. eingesammelt. Das Volumen der Venture-Capital-Investitionen (Seed, Wachstum, Later Stage) stieg dagegen leicht von € 1.309 Mio. auf € 1.373 Mio. im Jahr 2018.

Die Zahl der in 2018 finanzierten deutschen Unternehmen war mit 1.222 praktisch identisch mit der des Vorjahres mit 1.197.

Obwohl die Zahlen in den letzten Jahren eine gute Entwicklung genommen haben, sind sie im internationalen Vergleich immer noch sehr gering. Trotz dieser eigentlich geringen Zahlen scheint sich die ganze Startup-Community bei der Finanzierung auf die VC-Unternehmen zu konzentrieren, und es gilt in der Gründerszene häufig als Ritterschlag, wenn ein bekannter VC in ein Startup investiert. Tatsächlich kann eine solche Beteiligung wie die Zündung einer Rakete wirken, denn andere Investoren werden aufmerksam (auch als Signalling bezeichnet), und es wird leichter, Folgefinanzierungen zu bekommen. Auf der anderen Seite habe ich noch kein Startup erlebt, das diese Entscheidung nicht mindestens einmal bereut hat. Einige der von mir betreuten Gründer wollen auch gar *keine schnellen Exits*, sondern sind daran interessiert, ein Unternehmen *langfristig aufzubauen*. In diesem Fall ist ein VC sicher nicht der richtige Investor.

Grundsätzlich kommt sowieso nur ein kleiner Teil der Startups überhaupt für Venture-Capital-Finanzierungen in Betracht. Von allen Firmengründungen erhalten nach meiner Einschätzung weniger als 2 % eine Finanzierung eines VC-Unternehmens. Selbst bei innovativen Startups ist die VC-Investment-Quote gering, möglicherweise bei etwa 8 %.

Startups sind aus der Sicht von VCs nur dann interessant, wenn sie ein *viel besseres Produkt* als die Konkurrenz anbieten, ein *großes Wachstumspotenzial* haben und ein *riesiger Markt* vorhanden ist.

Auch wenn viele Startups sich selbst so einschätzen würden, sieht die Realität unter den Startups in Deutschland anders aus.

Treffen die Voraussetzungen auf Ihr Startup zu, müssen Sie bei der Suche nach einem VC folgende Aspekte mit bedenken.

Der VC-Investor sollte sich in der *Investitionsphase* befinden (meist in den ersten drei bis fünf Jahren), bestenfalls aus Ihrer *Region* oder Ihrem *Land* kommen, in Ihrer Branche tätig sein (z. B. neue Medien, erneuerbare Energien, E-Commerce, Medtech), zu Ihrer *Unternehmensphase* (z. B. Seed, Series A) passen sowie die *Summe investieren* (z. B. zwischen € 1 Mio. und € 5 Mio. Erstinvestment), die Sie benötigen.

Hinzukommen können auch noch weitere Kriterien, zum Beispiel investieren einige VCs nur in erfahrene Seriengründer und nicht in Gründer, die das erste Mal gründen.

Daher müssen Sie selbst die VC-Gesellschaft einer intensiven Prüfung unterziehen, damit Sie nicht sinnlos Investoren ansprechen, die gar nicht in Sie investieren können. Dafür bieten sich das Internet und insbesondere die Webseiten der VC-Investoren an.

───── **BEISPIEL** ─────

Wenn Sie den perfekten VC für sich gefunden haben, dieser aber nicht mehr aktiv in neue Startups investiert, weil schon sechs von zehn Jahren Fondslaufzeit abgelaufen ist, können Sie sich die Mühe sparen.

Zusammengefasst lassen sich einige grundsätzliche Aussagen über VC-Gesellschaften treffen:

- VC-Firmen investieren überwiegend später, als Sie denken; meist bedarf es bereits eines Produkts und einiger Kunden. Gern gesehen ist auch Umsatz als Qualitätsbeleg für das Produkt bzw. die Dienstleistung.

- VCs werden fast nie die ersten Investoren sein; normalerweise hat bereits ein Business-Angel oder ein Accelerator in das Startup investiert.
- VCs investieren auch gemeinsam mit anderen VCs in einer Finanzierungsrunde.
- Viele VC-Gesellschaften, vor allem aus den USA, investieren nur sehr große Summen, Investments in Höhe von z. B. € 2 Mio. sind für diese Gesellschaften nicht interessant.
- Deutsche Startups werden so gut wie gar nicht von den Silicon-Valley-VCs finanziert, obwohl es immer mehr werden.
- Investments über € 15 Mio. in einer Finanzierungsrunde kommen fast immer von ausländischen VCs.
- Seriöse VC-Investoren verlangen keine klassischen Sicherheiten, wie Bürgschaften der Gründer etc.
- Ein VC möchte nie mehr als 50% der Geschäftsanteile an dem Startup erhalten, da dies kartellrechtlich problematisch sein kann und dann meist nicht mehr genügend Anteile bei den Gründern für Folgefinanzierungsrunden verbleiben.
- Ein VC-Investor wird sich in einer frühen Finanzierungsrunde nicht mit einer Beteiligung von nur einigen wenigen Prozent an den Geschäftsanteilen zufriedenstellen lassen.
- Üblich ist eine Beteiligung zwischen 10 und 30% der Geschäftsanteile (außer bei Later-Stage-Finanzierungen, dort geht es auch um deutlich geringere Geschäftsanteile).
- Um die Liquidität des Startups nicht zu schwächen, verlangen VCs (zunächst) keine Zinszahlungen.
- Das Gründerteam spielt bei der Investmententscheidung eine sehr große Rolle – wenn es nicht sogar der wichtigste Faktor ist.
- Fast jedes VC-Unternehmen hat einen Industriefokus (z. B. MedTech, Life-Science, SaaS, erneuerbare Energien, Blockchain), einen Investitionskorridor (z. B. € 2 bis € 10 Mio.) und ein Risikoprofil (z. B. in welcher Finanzierungsrunde finanziert wird).
- Wenn Sie die Investmentverträge nicht verhandeln, können Sie die Kontrolle über Ihr Startup verlieren.
- Je mehr Geld zum Investieren ein VC-Unternehmen hat, umso höher sind die Investments, und umso später wird investiert.
- VCs investieren lieber € 2 Mio. als € 100.000 pro Startup, da sonst zu viele Startups betreut und verwaltet werden müssen.
- VC-Unternehmen suchen Startups, die das Potenzial haben, für zumindest € 100 Mio. verkauft zu werden.

- Die von Startups anvisierten Märkte müssen Milliardenmärkte sein.
- Venture Capital ist immer eine Partnerschaft auf Zeit.
- VC-Gesellschaften wissen, dass es nicht alle Startups, in die sie investieren, schaffen können; sie konzentrieren sich dann auf die Portfoliounternehmen, die den meisten Erfolg versprechen.
- VCs investieren aktiv meist nur in den ersten drei bis maximal fünf Jahren der Fondslaufzeit in Startups, danach nur noch im Rahmen von Folgefinanzierungsrunden in Portfoliounternehmen.
- Das Investment wird nicht in einer Summe zur freien Verfügung gestellt, sondern anhand von Meilensteinen oft zweckgebunden ausgezahlt.
- Nach einem VC-Investment müssen Sie schnell und aggressiv wachsen, wodurch die Burn Rate und damit das Insolvenzrisiko enorm steigen.
- Gute VC-Gesellschaften beantworten, sobald sie Interesse an einem Startup haben, auch die Fragen der Gründer, z.B. zu Anlagehorizont, Erwartungshaltung, Cross-Investment-Verbot, Maximal-Investments und zurückgestellten Mitteln für Folgeinvestments.
- Der Trade Sale (Unternehmensverkauf) oder der IPO (Börsengang) sind die bevorzugten Exit-Szenarios für VCs.
- Ca. 50 % aller Unternehmen, die Geld eines VC erhalten, scheitern.
- VC-Gesellschaften sind nicht Ihre Freunde, sondern durchsetzungsstarke Geschäftspartner mit gegebenenfalls gegenläufigen Interessen.
- VC-Firmen erhalten Sonderrechte in den Beteiligungsverträgen, sodass wichtige Entscheidungen nicht mehr von den Gründern selbst entschieden werden können (das ist unabhängig von der Höhe der Beteiligung).
- Das professionelle VC-Reporting wird einige Ressourcen des Startups binden.

## Wie sind VC-Gesellschaften organisiert?

Um einen VC einschätzen zu können, ist es wichtig, zu verstehen, wie ein VC-Unternehmen aufgebaut ist und welche Interessen beim Management des VC-Unternehmens eine Rolle spielen. Normalerweise ist eine VC-Gesellschaft ein *Investmentvehikel*, das von einer kleinen Gruppe von Personen gemanagt wird, die dafür eine *Management-Fee* von z.B. 2 oder 3 % des Fondsvolumens pro Jahr erhält. Die Management-Fee fällt immer an, völlig unabhängig davon, wie sich das Investment entwickelt. Unter Umständen ist in seltenen Fällen von den externen Investoren noch ein *Ausgabeaufschlag* (auch als Agio bezeichnet) zu zahlen. Dieser beträgt z.B. 5 %. Darüber hinaus ist eine Gewinnbeteiligung von z.B. 10 bis 30 % des Managements am Fondsgewinn ebenfalls üblich (sogenannter »Carry« oder »Carried Interest«) – jedoch erst, wenn die externen Investoren ihr Kapital mit einer *Mindestverzinsung* (z.B. 6 bis 15 % pro Jahr) zurückerhalten haben.

Externe Investoren stellen einer VC-Gesellschaft € 100 Mio. für die Fondslaufzeit von zehn Jahren zur Verfügung. Zunächst fällt die Managementgebühr in Höhe von € 2 Mio. pro Jahr an, also insgesamt € 20 Mio. (2 % per anno für 10 Jahre auf € 100 Mio.). Ein einmaliger Ausgabeaufschlag ist nicht vereinbart. Die restlichen € 80 Mio. werden in Startups investiert. Es ist eine Mindestverzinsung von 15 % pro Jahr des Investments vereinbart, bevor das Management an den Gewinnen mit einer Erfolgsprovision in Höhe von 30 % partizipiert. Das bedeutet, dass die externen Investoren, neben der Rückzahlung der € 100 Mio., € 15 Mio. pro Jahr, also € 150 Mio. nach zehn Jahren, das heißt insgesamt € 250 Mio. zurückerhält, bevor das Management einen Bonus an den Beträgen erhält, die darüber hinausgehen. Macht das Management aus den € 100 Mio. € 500 Mio., erhält das Management von dem über € 250 Mio. hinausgehenden Gewinn von € 250 Mio. 30 %, was konkret einen Betrag in Höhe von € 75 Mio. als Bonus ausmacht.

Aus dieser Rechnung wird deutlich, dass das Management nicht an kleinen Exits interessiert sein kann. Um einen *signifikanten Bonus* zu erhalten, benötigt das Management einige sehr hohe Exits, wenn man bedenkt, wie viele Startups scheitern oder in der Entwicklung vor sich hindümpeln.

Das Management ist manchmal auch (mit im Verhältnis zur Größe des eingesammelten Kapitals kleineren Beträgen, z. B. 1 %) selbst beteiligt. Der Großteil des Geldes kommt aber von externen Investoren, z. B. Versicherungen, Versorgungswerken, reichen Einzelpersonen, Family-Offices und Konzernen, die ihr Geld Venture-Capital-Unternehmen zur Verfügung stellen, die sich aber nicht ins Management einmischen.

Venture Capital ist dabei immer eine *Partnerschaft auf Zeit*. Venture-Capital-Fonds haben meist eine befristete Laufzeit von z. B. zehn Jahren, gegebenenfalls mit ein- oder zweijähriger Verlängerungsmöglichkeit. Es ist daher wichtig, zu wissen, in welchem Jahr sich der Venture-Capital-Fonds befindet, da bei alten Fonds weniger Zeit bis zum Exit verbleibt. Zudem investieren die meisten Fonds nur in den ersten drei bis fünf Jahren in der sogenannten *Commitment Period* oder *Investment Period*. Wenn die »Commitment Period« vorbei ist, können nur noch Folgefinanzierungen in Startups vorgenommen werden, die sich bereits im Portfolio des Fonds befinden und in die bereits investiert wurde. Befindet sich das Venture-Capital-Unternehmen nicht in der Investitionsphase, braucht man es dementsprechend gar nicht erst anzusprechen.

Dies ist auch der Grund dafür, dass VC-Gesellschaften alle drei bis fünf Jahre neue Fonds auflegen und selbst Geld einsammeln, also Fundraising betreiben, damit sie fortlaufend weiter aktiv in neue Startups investieren können. Bei einem erfolgreichen ersten Fonds steigen meist die zur Verfügung gestellten und so auch investierten Summen.

Die Venture-Capital-Gesellschaft Earlybird Ventures hat in sieben Fonds insgesamt € 1 Mrd. an Investmentkapital eingesammelt und in ca. 140 Unternehmen investiert. Mit dem aktuellen Fonds investieren sie in der Seed- und Series-A-Phase mit einem Volumen bis € 5 Mio. pro Startup. Folgefinanzierungen sind grundsätzlich bis zu einem Volumen von € 15 Mio. pro Startup möglich. Pro Jahr will Earlybird fünf bis zehn Investments machen und bekommt ca. 4.500 »Investment Opportunities« zugeschickt.

Schafft es ein Venture-Capital-Unternehmen hingegen nicht, für die externen Investoren einen *nennenswerten Return* zu generieren, wird es schwierig, weiteres Geld einzusammeln und einen weiteren Fonds aufzusetzen.

Venture-Capital-Gesellschaften investieren lieber einige größere Beträge als ganz viele im Verhältnis zum Fondsvolumen kleine Beträge.

Ein Fondsvolumen von € 100 Mio. wird von vier Partnern eines VC-Unternehmens betreut. Würde jetzt 100 x € 1 Mio. investiert, wären der Betreuungsaufwand und die Nebenkosten viel zu hoch. Das Management wird daher lieber zwischen € 2,5 und € 5 Mio. pro Startup investieren.

Der Aufwand für das Management besteht darin, dass der VC nicht nur nach neuen Investmentmöglichkeiten sucht und Due Diligencen durchführt, sondern auch die bestehenden Portfoliounternehmen betreut und nach Käufern für die Portfoliounternehmen suchen muss. Der Beteiligungsprozess und der Exit sind ebenfalls kostspielig und zeitaufwendig. Daher bevorzugen VCs es, ihr Investmentkapital vorwiegend auf ca. 20 Unternehmen aufzuteilen. Fast jeder VC legt dabei mehrere aufeinanderfolgende Fonds auf, sodass die Zahl der insgesamt betreuten Startups pro VC-Gesellschaft auch deutlich höher sein kann.

## VCs investieren auch gemeinsam

Werden größere Summen benötigt, investieren VCs auch mit anderen VCs gemeinsam. Schließen sich Investoren in einer Finanzierungsrunde zusammen, nennt man das ein *Syndicate*. Die meisten Syndicates haben einen *Lead Investor*, der die Investoren koordiniert, als Ansprechpartner für das Startup fungiert und bestenfalls für alle Investoren verbindlich verhandeln kann. Das kann die Finanzierungsrunde für das Startup deutlich vereinfachen. Sie sollten auf jeden Fall verhindern, denselben Deal mehrere Male verhandeln zu müssen.

# Was bedeutet ein VC-Investment für die Gründer?

Eine sehr wichtige Frage, mit der Sie sich beschäftigen müssen, ist, ob Sie die Risiken eingehen wollen, die ein VC-Investment mit sich bringt. Die von mir betreuten Startups unterschätzen häufig, was ein Investment eines VC praktisch bedeutet.

Im Management von Venture-Capital-Unternehmen besteht *wenig Interesse*, ein Beteiligungsunternehmen *für einstellige Millionenbeträge* zu verkaufen. Es muss zumindest das Potenzial bestehen, dass das Startup in der Fondslaufzeit einen Wert von € 100 Mio. und teilweise auch deutlich mehr erreicht. Wie oben beschrieben, setzt der Bonus (»Carry«) des Managements erst ein, wenn die Investoren eine Verzinsung ihres eingesetzten Kapitals von z.B. 15 % pro Jahr erhalten haben. Dafür bedarf es dann sehr hoher Exits.

Des Weiteren haben Venture-Capital-Unternehmen normalerweise eine *Laufzeit von 8 bis 10 Jahren*. Wenn nicht gleich am Anfang, nachdem der Venture-Capital-Fonds aufgesetzt wurde, investiert wird, reduziert sich die Zeit, die bis zu einem Exit verbleibt. Es kann durchaus vorkommen, dass Sie und Ihr Startup noch gar nicht so weit sind, die Wachstumsphase einzuleiten, weil Sie noch gar kein *finales Produkt* haben oder der *Market-Fit* noch nicht erreicht wurde. Wenn Sie nach einem VC-Investment in der Wachstumsphase feststellen, dass die Kunden Ihr Produkt nicht kaufen oder gewisse Annahmen nicht zutreffen, müssen Sie schnell eine *Strategieänderung* vornehmen. Gegensteuern ist aber gerade in dieser Phase schwierig, da die *Burn Rate*, also die monatlichen Kosten, schon hochgefahren wurden, um das schnelle Wachstum voranzutreiben.

Aus dieser zeitlichen Komponente in Verbindung mit der benötigten Wertsteigerung wird deutlich, dass Sie nach dem Investment eine hoch riskante Wachstumsstrategie fahren müssen, die zum Erfolg oder im schlimmsten Fall direkt in die Insolvenz führen kann.

VC-Gesellschaften möchten, dass das Startup schnell und aggressiv wächst (diese Strategie wird auch als »*winner takes all*« oder »*go big or go bankrupt*« bezeichnet). Das ist immer eine riskante Strategie, da der Kapitalbedarf sehr schnell steigt. Lokale oder nationale Märkte sind dann in der Regel zu klein, sodass die *Internationalisierung* vorangetrieben wird.

Die Startups oder einzelne Gründer, die mit diesem Tempo nicht mithalten können, werden dann gegebenenfalls ersetzt.

VC-Gesellschaften, die in junge Startups investieren, rechnen damit, dass von zehn Startups mindestens die Hälfte Insolvenz anmelden muss.

Die Investmentverträge sind meist so gestaltet, dass Sie als Gründer zumindest teilweise die Kontrolle über das Startup verlieren, und zwar unabhängig davon, ob der Venture-Capital-Fonds eine Mehrheit am Startup erhält oder nur mit 1 % oder 10 % beteiligt ist.

Einige Vertragsmuster der professionellen Investoren sind extrem einseitig gestaltet – wird hier gar nicht erst verhandelt, können das Startup und insbesondere die Gründer wirklich in Schwierigkeiten geraten.

In einer sehr ungünstigen Gestaltungsvariante hat beispielsweise die VC-Gesellschaft das Recht, darüber zu entscheiden, ob die Gründungsgesellschafter gekündigt werden. Wenn dann noch das Vesting ungünstig ausgestaltet ist, kann man auch seine Geschäftsanteile gegen eine sehr geringe Abfindung verlieren.

Es gibt auch Szenarien, in denen ein Investor die Gründer durch eine Drag-along-Regelung zwingen kann, ihre Anteile zu verkaufen, die Gründer aber, z. B. wegen ungünstiger *Liquidation Preferences*, gar keinen Anteil an dem Kaufpreis für ihre Geschäftsanteile erhalten, also faktisch wirtschaftlich gar nicht vom Exit profitieren.

Ein Fehler ist es auch, zu glauben, dass die VC-Gesellschaften von ihren Rechten schon keinen Gebrauch machen würden. Auch Steve Jobs, der Gründer von Apple, ist von seinen Investoren bei Apple als CEO gefeuert worden.

VC-Gesellschaften sind normalerweise nicht Ihre Freunde, sondern *bestenfalls gute Geschäftspartner*, im Normalfall werden sie versuchen, ihre eigene Position maximal zu optimieren. Daher sollten Sie insbesondere nicht darauf eingehen, wenn eine VC-Gesellschaft vorschlägt, dass man sich doch einen Rechtsanwalt teilen könne, um Kosten zu sparen, oder der Rechtsanwalt der VC-Gesellschaft ausreichend sei.

Es gibt leider auch VC-Gesellschaften, die nicht bereit sind, ernsthaft über die Investmentverträge zu verhandeln. Zwar nicht zu der Verhandlung von Investmentverträgen, aber zu Gesprächen mit Investoren hat Patrick Llewellyn, der Gründer von 99 Designs, sehr passend gesagt:

> »It´s always a two way relationship. If one side only asking the questions, it´s unlikely it´s going to be successful.«

Auch wenn Sie nicht verhandeln können, sollten Sie überlegen, einen Rechtsanwalt zu beauftragen, der Ihnen erläutert, welche Risiken Sie eingehen. Nur wenn Sie die Risiken kennen, können Sie entscheiden, ob Sie diese Risiken wirklich eingehen wollen.

Je interessanter Sie für einen VC sind, desto eher wird er in der Regel bereit sein, zu verhandeln. Wenn diese Bereitschaft nicht vorhanden ist, sollten Sie sich die Frage stellen, ob Sie in dem Portfolio überhaupt gut aufgehoben wären.

Zu bedenken ist weiterhin, dass mit einem nicht verhandlungsbereiten VC nach dem Investment ebenfalls nicht einfach umzugehen ist, da er durch die Vertragsgestaltung eine sehr starke Position hat. Es kann dann sein, dass er einseitige Ansagen macht, Meinungen und Bedenken der Gründer nicht berücksichtigt und auch später nicht zu Verhandlungen bereit ist.

Anbei eine kleine Liste von Venture-Capital-Firmen, die in Deutschland aktiv sind. Die Reihenfolge der Liste sagt nichts über Qualität und Ähnliches der VC-Gesellschaften aus:

- Acton: *www.actoncapital.com*
- Accel Partners: *www.accel.com/*
- Astutia Venture: *www.astutia.de/*
- Atomico: *www.atomico.com/*
- Balderton: *www.balderton.com/*
- BrainsToVentures: *www.btov.vc*
- Cherry Ventures: *www.cherry.vc*
- Coparion: *www.coparion.vc/*
- Creandum: *www.creandum.com/*
- Digital Partners: *www.dplus.partners/*
- Earlybird: *www.earlybird.com*
- Eight Road Ventures: *https://eightroads.com/en/*
- Eventures: *www.eventures.vc*
- German Startups Group: *www.german-startups.com*
- High-Tech Gründerfonds: *www.high-tech-gruenderfonds.de*
- Holtzbrinck Ventures: *www.hvventures.com*
- Index Ventures: *www.indexventures.com*
- IFB Innovationsstarter: *https://innovationsstarter.com/*
- Lakestar: *www.lakestar.com*
- Neuhaus und Partner: *www.neuhauspartners.com*
- Northzone: *https://northzone.com/*
- Point Nine Capital: *www.pointninecap.com*
- Project A Ventures: *www.project-a.com*
- Tengelmann Ventures: *www.tev.de*

- T-Venture Holding: *www.telekom-capital.com*
- Target Partners: *www.targetpartners.de/*
- Wellington Partners Venture Capital: *www.wellington-partners.com*

---

### Hinweis: Corporate Venture

Ein Corporate Venture ist meist eine Beteiligungsgesellschaft, z. B. eine Tochtergesellschaft eines Großkonzerns oder Industrieunternehmens, die in Startups investiert. In der Regel sind konzernnahe Technologien im Fokus, um so z. B. eigene Produkte zu komplementieren oder Know-how zu erlangen.

Viele Konzerne haben auch Acceleratoren, die derzeit in Deutschland in Mode sind und vor allem als verlängerter Corporate-Venture-Arm gegründet werden.

---

### Hinweis: Private Equity

Private-Equity-Investments sind ebenfalls Investitionen in »private« Gesellschaften, also nicht in an der Börse gelistete Unternehmen, gegen Anteile am Unternehmen. Sie sind mit Venture-Capital-Investments vergleichbar, es wird aber in reifere und risikoärmere Unternehmen mit teilweise deutlich größeren Summen investiert. Meist wird eine Mehrheit an dem Zielunternehmen angestrebt.

---

### Hinweis: Höhle der Löwen

Die Deals bei der »Höhle der Löwen« haben wenig mit der Realität im Startup-Bereich zu tun, was bei einem TV-Format zu verstehen ist. Allerdings werden die Investmentangebote oft als marktüblich dargestellt, was meist nicht der Fall ist. Die Verträge, um an dem TV-Format teilzunehmen, werden nach meiner Erfahrung so gut wie gar nicht verhandelt und sind sehr einseitig ausgestaltet. Die mir von betreuten Gründern mitgeteilten Erfahrungen waren leider auch nicht nur positiv. Ein Gründer produzierte z. B. nach Aufzeichnung der Sendung eine große Menge an eigenen Produkten (hochwertige Hardware) vor, es stellte sich dann aber heraus, dass der Pitch völlig unerwartet nicht ausgestrahlt wurde, sodass es zu erheblichen Liquiditätsengpassen kam. Ein anderer Gründer sollte erst einmal seine Dienstleistungen im Wert einer höheren Summe kostenlos auf einer Feier eines Löwen leisten. Bei einem Gründer wurde der Deal, der im Fernsehen gemacht wurde, dergestalt nachverhandelt, dass noch eine 15%ige Provision zusätzlich verlangt wurde für Kunden, die von dem Löwen vermittelt werden. Der Marketingeffekt der Sendung ist hingegen natürlich phänomenal, was für mich auch ein Grund wäre, bei der Sendung mitzumachen. Insgesamt agieren die Löwen selbst natürlich auch sehr unterschiedlich.

# Family-Offices

Der Begriff *Family-Office* ist rechtlich weder geschützt noch gesetzlich definiert. Daher kann er von jedem Unternehmen genutzt werden. Eine in Wissenschaft und Fachwelt anerkannte Definition hat sich noch nicht etabliert. Die *Bundesanstalt für Finanzdienstleistungsaufsicht* (BaFin) versteht unter Family-Offices Unternehmen, die sich bankenunabhängig mit der Verwaltung großer privater Vermögen befassen. Grundsätzlich müssen Single-Family-Offices und Multi-Family-Offices von den Dienstleistern im Bereich der unabhängigen Vermögensverwaltung abgegrenzt werden.

Auch wenn Family-Offices ihr Vermögen zur Diversifikation in unterschiedliche Vermögensklassen investieren, nimmt ihr Einfluss im Venture-Capital-(VC-)Bereich und bei Direktinvestments in Startups immer mehr zu. Family-Offices investieren dabei in der Regel eher in VC-Fonds und nicht direkt in Startups. In letzter Zeit hat es aber immer wieder einige direkte Investments von Family-Offices in Startups gegeben, sodass auch Family-Offices als Investoren immer interessanter für Gründer werden. Im Moment scheinen viele Family-Offices im Bereich der Direktinvestments in Startups Erfahrungen sammeln zu wollen.

Family-Offices investieren normalerweise nicht mehr als 5 bis 10 % ihres Nettovermögens in Risikokapital (VC-Fonds und Startup-Direktinvestments). Der restliche Teil des verwalteten Vermögens wird direkt oder indirekt in traditionelle Anlageklassen wie Aktien, Anleihen und Immobilien, aber auch zunehmend in Private Equity, Private Debt, Infrastruktur oder Hedge-Fonds investiert. Teilweise werden ebenfalls Anlagen in »Real Assets« wie Kunst oder Land bzw. Wald getätigt.

## Abgrenzung Single- und Multi-Family-Offices

Für Startups sind meiner Meinung nach die Single-Family-Offices und die »echten« Multi-Family-Offices am interessantesten.

Single-Family-Offices sind Unternehmen, die das Vermögen (ab ca. € 100 Mio.) einer sehr reichen Einzelperson, einer Familie oder mehrerer Mitglieder einer einzelnen Familie verwalten. Single-Family-Offices (auch »private Family-Offices« genannt) werden in der Regel von der jeweiligen Familie gegründet, und die Mitarbeiter des Family-Office (z. B. die Vermögensverwalter) sind bezahlte Angestellte der Familie. Multi-Family-Offices (auch »externe Family-Offices« genannt) verwalten das Vermögen mehrerer sehr reicher Familien und/oder Einzelpersonen.

Aus Single-Family-Offices entstehen zu einem späteren Zeitpunkt unter Umständen auch Multi-Family-Offices, wenn sich z. B. zwei Familien zur Kompetenzbündelung und wegen der Kostenersparnis zusammenschließen oder eine weitere Familie von einem Single-Family-Office aufgenommen wird.

Da Multi-Family-Offices auch »fremdes« Geld verwalten, neigen sie dazu, formeller zu sein, wenn es um Governance, die Unabhängigkeit ihres Anlageentscheidungsprozesses und die Betreuung der *Assets under Management* geht. Das Reporting kann daher auch aufwendiger für das Startup sein.

Dr. Peter Schaubach, Honorarprofessor für Family Office an der European Business School in Oestrich-Winkel, schätzte vor ein paar Jahren, dass es rund 400 Single-Family-Offices und 50 Multi-Family-Offices in Deutschland gibt.

Die Zahl dürfte deutlich gestiegen sein, da bei der Gründung von Family-Offices fast von einem Boom gesprochen werden könnte.

Es gibt Schätzungen, die davon ausgehen, dass ca. € 200 Mrd. von den in Deutschland ansässigen Family-Offices verwaltet werden.

Nach dem Ernst & Young's Family Office Guide 2017 gibt es weltweit 10.000 Family-Offices und ein betreutes Vermögen von $ 5,1 Billionen.

## Abgrenzung von echten Family-Offices und Dienstleistern

Multi-Family-Offices können auch unabhängig von einem speziellen Kunden oder einer Familie gegründet werden und als Dienstleistungsunternehmen ihre Dienste als Vermögensverwaltung anbieten.

In Banken wird eine Abteilung oder interne Einheit für die Betreuung von sehr reichen Personen teilweise ebenfalls als »Family-Office« bezeichnet. Diese »Family-Offices« der Bank, die lediglich bankintern besondere Dienstleistungen wie die Beratung vermögender Kunden erbringen, sind nicht mit der Betreuung von zusammenhängenden Vermögen in einer Gesellschaft als Family-Office zu verwechseln.

## Abgrenzung von Venture-Capital-Fonds

Da Fondslaufzeiten begrenzt sind, beschaffen sich VC-Fonds hauptsächlich Fremdmittel mit einem Lebenszyklus von acht bis zwölf Jahren. Eine Startup-Beteiligung wird abhängig vom Zeitpunkt des Invests innerhalb der Fondslaufzeit in der Regel nach fünf bis zehn Jahren wieder veräußert.

Es muss in dieser Zeit also zumindest für den VC-Fonds zu einem Exit (z. B. dem Verkauf an einen anderen VC-Investor oder an ein Unternehmen) kommen. Diesen Zeitdruck haben Family-Offices in der Regel nicht. Sie verfügen über »immergrünes« Kapital (geduldiges Kapital mit unbestimmter Fondslaufzeit) und haben keinen begrenzten Anlagehorizont. Sie stehen unter keinem »technischen« Zeitdruck, einen Exit aufgrund der Regularien einer VC-Gesellschaft oder Fondsregularien auszuführen.

Die deutschen VC-Fonds investieren in der Regel keine Summen über € 20 Mio. Dies ist bei einigen Family-Offices gegebenenfalls anders, da sie auch höhere Investments leisten könnten.

Theoretisch kann ein Family-Office auch ein Käufer eines Startups sein. Ein VC-Fonds ist hingegen ausschließlich ein Investor für eine gewisse Zeitspanne, der nie das gesamte Unternehmen kaufen wird.

## Besonderheiten von Family-Offices als Startup-Investoren

Neben den gerade angeführten Unterschieden gibt es noch einige weitere Besonderheiten.

Family-Offices sind in der Regel sehr diskrete Unternehmen, die oftmals großen Wert darauf legen, nicht öffentlich als Investor aufzutreten und insbesondere die Familie, die hinter dem Vermögen steht, nicht zu offenbaren.

Deshalb sollten Sie sich die Investmentgesellschaft sehr genau anschauen, wenn im Namen der Gesellschaft die Bezeichnung »Family-Office« explizit aufgeführt wird. Diese Wahl der Firmenbezeichnung ist nicht als diskret zu bezeichnen. Unter Umständen könnte es sich bei solch einer Gesellschaft auch um eine reine Beratungsgesellschaft handeln, die z.B. ausschließlich ein Investment gegen Provision vermitteln möchte und nicht selbst investiert.

Durch die häufig anzutreffende Diskretion kann gegebenenfalls eine Finanzierungsrunde eines Startups nicht für Marketing- oder PR-Zwecke genutzt werden.

Nach meinen Beobachtungen investieren Family-Offices eher in größere Startups mit einigen Millionen Euro Investment pro Finanzierungsrunde. Da Family-Offices ihre sehr teure Due Diligence immer noch mit den internationalen Top-Anwaltskanzleien durchführen, führt dies allein häufig zu fünf- bis sechsstelligen Beträgen. Außerdem wäre die Betreuung vieler Startups zu aufwendig. Häufig werden ganz erhebliche Summen von wenigen Mitarbeitern betreut und investiert.

Family-Offices investieren daher auch selten in Seed-Runden, sondern häufiger in Series-A-, -B-, -C- oder D-Runden.

Gern beteiligen sich Family-Offices aber auch bei anderen Finanzierungsrunden, bei denen ein anderes Family-Office oder ein VC-Unternehmen als Lead-Investor auftritt. Family-Offices schließen sich meiner Erfahrung nach in den meisten Fällen einem anderen Lead-Investor an und gehen selten selbst in den Lead, wenn es mehrere größere Investoren gibt.

Einige Family-Offices könnten auch als professionell organisierte Business-Angels bezeichnet werden, die imstande sind, auch größere Finanzierungsrunden zu begleiten. Zudem sind sie sehr flexibel, sofern sie eigenes Geld investieren (Single-Family-Office).

Der Investmentprozess im Family-Office variiert sehr stark. Dies hängt von der Historie und der Erfahrung mit Startup-Investments und der Reife des Family-Office, seinen Investmentmanagern und den individuellen Persönlichkeiten der Familie selbst ab.

Die Gründer sollten zumindest bei Single-Family-Offices darauf vorbereitet sein, nach einer ersten Überprüfung und einem positiven Screening durch den Investmentmanager den Familienpatriarchen oder einen Vertreter der Eigentümerfamilie persönlich kennenzulernen.

Im Gegensatz zum formelleren und demokratischeren Prozess von VCs oder Multi-Family-Offices ist der Investmentprozess von Single-Family-Offices stark abhängig von der Meinung von ein oder zwei Familienmitgliedern oder von Vertrauten im »inneren Kreis« einer Familie.

## Family-Offices, die bereits direkt in Startups investiert haben

Besonders hervorzuheben sind die folgenden Family-Offices, die bereits Direktinvestments in Startups getätigt und hierüber Pressemeldungen veröffentlicht haben, sodass sie hier genannt werden können. Es gibt eine Vielzahl weiterer Family-Offices, die nicht an die Öffentlichkeit gehen und z.B. auch keine Internetseite haben.

An diese kommen Startups meist nur heran, wenn die Gründer weiterempfohlen werden, z.B. von anderen Gründern, in die das Family-Office bereits investiert hat, oder von VC- oder Private-Equity-Unternehmen bzw. professionellen (zu zahlenden) Vermittlern wie Investmentbankern und Vermögensverwaltern.

- ALSTIN Family GmbH

  Dieses Multi-Family-Office (*ALternative STrategic INvestments*) von Juror Carsten Maschmeyer aus der »Höhle des Löwen« investiert in Startups vornehmlich aus dem E-Commerce-Bereich: *https://www.alstin.de/de*

- Astutia Ventures GmbH

  Ein Spross der Unternehmerfamilie Rodenstock (Optik und Brillen) hat dieses Single-Family-Office gegründet, das eher einen VC-Ansatz verfolgt. Es investiert in Startups aus den Bereichen Smart City, Future of Commerce und Digital Lifestyle: *https://www.astutia.de/*

- DVH Ventures GmbH

  Der Verleger Georg-Dieter von Holtzbrinck investiert mit seinem unabhängigen VC-Unternehmen in disruptive Startups aus den Bereichen künstliche Intelligenz, Security, FinTech, InsurTech und Advertising: *https://dvhventures.de/*

- Gastauer Family Office

  Das Single-Family-Office Gastauer investiert € 150 Mio. in Startups, z.B. im Fin-Tech-Bereich: *https://www.gastauer.com/*

- Grazia Equity GmbH investiert seit vielen Jahren in innovative Startups: *www.grazia.com*

- Kizoo Ventures

  Die Greve-Brüder (Gründer von *flug.de*, *web.de*, *lastminute.de*) investieren über die KIZOO Technology Capital GmbH z.B. in Health-Care-Startups: *www.kizoo.com*

- Reimann Investors

  Die Familie Reimann investiert insbesondere in Startups aus den Bereichen digitale Dienstleistungen, Premium-E-Commerce und FinTech, vornehmlich aus der DACH-Region und in der Pre-, A-, B- und C-Runde. *https://www.reimann-investors.com/*

- Woodman Asset Management AG

  Das Multi-Family-Office Woodman Asset Management investiert in Robotics und FinTech: *https://www.woodman.ch/home/*

International hat Crunchbase eine Übersicht über die aktivsten Family-Offices im Bereich der direkten Startup-Investments erstellt: *https://news.crunchbase.com/news/top-ten-family-offices-direct-startup-investments/*.

# Das Einmaleins der staatlichen Förderung

Viele Startups generieren einen Mehrwert für die Gesellschaft, indem sie z.B. Arbeitsplätze schaffen. Aus diesem Grund stellen die Europäische Union, der Bund und die Bundesländer verschiedene *Fördermöglichkeiten* zur Verfügung. Viele Startups vernachlässigen bei der Suche nach einer Finanzierung die staatlichen Fördermittel, obwohl es gerade für *innovative Unternehmensgründungen* und später für die *Forschung und Entwicklung* zahlreiche Fördermöglichkeiten gibt. Nachfolgend wird sich auf die Gründungsförderung fokussiert.

---

### Hinweis: Fördermittel erst beantragen, dann beginnen

Die Förderung muss so gut wie immer beantragt werden, bevor mit dem Vorhaben, z.B. der Unternehmensgründung, begonnen wird. Nachträgliche Förderungen von bereits abgeschlossenen Vorhaben sind jedenfalls nicht möglich.

---

## Systematik des Fördersystems – Grundlagen

Gründer denken häufig, dass staatliche Fördermittel sehr kompliziert zu beantragen und eher für größere Unternehmen geeignet sind und dass man als Startup sowieso keine Chance hätte, Fördermittel zu bekommen. Dies trifft für einige Fördermittel zu, es gibt aber *extra für Gründer* und *Startups* bereitgestellte Fördermittel, die relativ einfach zu beantragen und zu verwenden sind. Um einzelne Fördermittel besser einordnen zu können, werde ich zunächst ein wenig auf die Grundlagen des deutschen Fördermittelsystems eingehen.

Öffentliche Fördermittel sind Geldmittel oder andere Zuwendungen des Staats, die dieser vergibt, um bestimmte politische und wirtschaftliche Ziele zu erreichen. Da in Deutschland fast 5.000 unterschiedliche Fördermittel prinzipiell zur Verfügung stehen, können Sie leicht den Überblick verlieren. Daher ist es sinnvoll, die Fördermittel zunächst in drei Stufen einzuteilen.

## Quellen der Förderprogramme: EU, Bund und Länder

Die Förderprogramme in Deutschland werden entweder von der Europäischen Union, vom Bund oder von den einzelnen Bundesländern oder manchmal auch von den Kommunen aufgelegt. Jede fördernde staatliche Institution – ob in Kommune, Land, Bund oder EU – hat ihre eigenen Förderbedingungen, Möglichkeiten der Unterstützung, maximalen Fördersummen und Fristen sowie ihre eigene Verwaltungsstruktur.

### Europäische Union (Strukturförderung und Aktionsprogramme)

Bei den EU-Mitteln wird zwischen Förderungen unterschieden, die direkt bei den Organen der EU in Brüssel beantragt werden (Aktionsprogramme), und Förderungen, bei denen die EU nur das Rahmenkonzept vorgibt (den Strukturfonds, z.B. den Europäischen Fonds für regionale Entwicklung, kurz EFRE) und bei denen die Umsetzung über nationale Programme erfolgt – in Deutschland in der Regel auf Ebene der Bundesländer. Die zu erbringende Qualität der Anträge und die Formalitäten zur Antragstellung und Projektverwaltung sind in der Regel hoch. Bei den in EFRE umgesetzten nationalen Programmen (z.B. in Hamburg dem IFB Innovations Starter Fonds) erfolgt die Antragstellung meist nicht online und hängt unter anderem von den jeweiligen Landesverwaltungsvorschriften ab.

Dagegen ist bei den Aktionsprogrammen der EU, bei denen ein Antrag zentral und direkt bei der EU-Kommission eingereicht wird, nur eine Onlineantragstellung möglich, die nach strengen Regeln ausgefüllt werden muss. Die Annahmequoten variieren bei den Aktionsprogrammen stark (bei Horizon 2020 Kooperationsforschung z.B. liegt sie unter 10 %, bei anderen Instrumenten auch bei 30 % und teilweise noch darüber). Der Aufwand und die Anforderungen für den Antragsteller sind vergleichsweise hoch.

Viele europäische Mittel lassen sich über Zentralstellen beantragen – zum Beispiel über die eigene Kommune oder einen Dachverband. Andere europäische Fördertöpfe wiederum werden von Servicestellen auf Bundes- und/oder Landesebene verwaltet. Hier werden dann die Anträge bearbeitet – und noch viel wichtiger: In der Regel bieten diese Servicestellen eine Beratung vor der Antragseinreichung an. Einige Förderprogramme müssen aber auch direkt in Brüssel beantragt werden.

Alle Förderungen, die direkt bei den Organen in der EU beantragt werden müssen, sind insbesondere für förderunerfahrene kleinere Unternehmen eigentlich zu komplex. Der bürokratische Aufwand bei der Beantragung und Verwendung der Mittel und die Vorfinanzierung (Abrechnung erfolgt im Nachhinein auf Ausgabenbasis) sind daher größtenteils nur für *Spezialisten* und *Großkonzerne* interessant.

In den letzten Jahren hat die EU einige spezielle Instrumente entwickelt, die auf KMU zugeschnitten sind und als einzelnes Unternehmen beantragt werden können, z.B. zur Einstellung von hoch qualifizierten Spezialisten. Hier stellt die EU gegebenenfalls eine attraktive Ergänzung zur vorhandenen nationalen Förderung dar.

---

### Hinweis: Teil eines Konsortiums

Wenn Sie nicht im Projekt-Lead sind und nicht als Antragsteller auftreten müssen, sondern nur z.B. als Teil eines Konsortiums, können auch direkt bei der EU zu beantragende Fördermittel für Sie als kleineres Unternehmen interessant werden, weil der Projekt-Lead, z.B. eine Universität, die meisten Aufgaben übernimmt.

---

Diese Förderungen sind dann besonders lukrativ, wenn in einigen Ausnahmefällen hohe Zuschüsse bis zu einer *Förderquote von 100%* der förderfähigen Kosten möglich sind, wobei es sich faktisch um »geschenktes« Geld handelt (das heißt, es muss auch bei gescheiterten Projekten nicht zurückgezahlt werden).

In der Regel benötigen EU-Projekte (wie andere Förderprojekte) aber eine *Kofinanzierung*. Das bedeutet, dass ein bestimmter prozentual definierter Anteil des Budgets des Projekts aus *Eigenmitteln* oder anderen *Nicht-EU-Quellen* stammen muss. Der selbst aufzubringende Anteil beträgt zwischen 10% und 50%. Mögliche Formen der Kofinanzierung sind zum Teil staatliche Bundes- oder Landesfördermittel, sodass EU-Fördermittel und Bundes- und Landesfördermittel kombiniert werden können.

---

### Hinweis: Beratung zur EU-Förderung

Zur EU-Förderung berät das *Enterprise Europe Network*, ein von der EU-Kommission eingerichtetes Netzwerk in der EU und weltweit. In Deutschland repräsentieren mehr als 50 deutsche Partnerorganisationen – Industrie- und Handelskammern, Handwerkskammern, Förderbanken, Technologiezentren, Universitäten und Innovationsagenturen – das Enterprise Europe Network. Weitere Informationen finden Sie unter *https://een-deutschland.de/regionale-kontakteregional-contacts.html.*

In jedem Bundesland stehen Ihnen Ansprechpartner zur Verfügung und unterstützen Sie

- beim Zugang zu EU-Förderprogrammen,
- bei der Entwicklung Ihrer Geschäfte in neuen Märkten,
- bei der Nutzung bzw. Verwertung neuer Technologien sowie
- mit Informationen zur aktuellen Gesetzgebung der EU.

---

## Förderebenen der öffentlichen Hand auf Bundesebene

Die Bundesministerien, wie z.B. das Bundesministerium für Bildung und Forschung (BMBF) oder das Bundesministerium für Wirtschaft und Energie (BMWi), fördern aus ihrem Haushalt gezielt bestimmte Aktivitäten und Projekte sowie Forschung, Entwicklung und Bildung, um ihre Politikbereiche zu gestalten. In der Regel werden dabei Modell- und Pilotprojekte mit bundesweiter Wirkung und/oder innerhalb bestimmter Aktionspläne oder nationaler Strategien etc. gefördert. Es gibt ausschreibungsgebundene, das heißt thematisch festgelegte, Förderprogramme und Programme, die kontinuierlich beantragt werden können, z.B. das Zentrale Innovationsprogramm Mittelstand (ZIM) vom BMWi.

## Förderebenen der öffentlichen Hand auf Landesebene, z.B. Hamburg

Auf Landesebene gibt es ebenfalls eine Reihe von Förderungen und Unterstützungsprogrammen für die Wirtschaft. Die Hamburgische Investitions- und Förderbank (IFB) bietet beispielsweise den Unternehmen der Freien und Hansestadt Hamburg Fördermittel in Form von Zuschüssen, Beteiligungskapital und zinsvergünstigten Förderdarlehen an. *InnoRampUp* (*https://innovationsstarter.com/innorampup/*) ist z.B. ein sehr gutes, unkompliziertes Förderprogramm für innovative Hamburger Startups, das einen Zuschuss in Höhe von maximal € 150.000 bereitstellt. Des Weiteren gibt es das Förderprogramm *InnoFounder* (*https://innovations starter.com/innofounder/*), das einen Zuschuss zum Lebensunterhalt in der Anfangszeit leistet. Die Höhe der Zuwendung beträgt pro Person pauschal € 2.500 im Monat bei Vollzeittätigkeit. Die Zuwendung wird als nicht rückzahlbarer Zuschuss für einen Zeitraum von maximal 18 Monaten gewährt. Der Maximalbetrag pro Gründung beträgt € 75.000.

Bei InnoFounder ist z.B. eine Präsentation (ca. 20 bis 30 Minuten) für den Termin vorzubereiten, die die folgenden Punkte erläutern sollte:

- Welches Problem willst du lösen?
- Welche Lösung bietest du an?
- Worin liegt die Innovation, bzw. was ist neuartig an dem Produkt/der Dienstleistung?
- Darstellung der entwickelten oder verwendeten Technologie(n).
- Welche Vorteile ergeben sich für die Kunden durch die Nutzung des Produkts/der Dienstleistung?
- Nach Möglichkeit durch quantitative/qualitative Angaben (z.B. Kosten-/Zeitersparnis) unterstreichen.
- Wer sind deine Wettbewerber?
- Inhaltliche Gegenüberstellung bzw. Abgrenzung des eigenen Ansatzes.
- Wie groß ist der Markt, den du adressierst?
- Quantitative Angaben zur Veranschaulichung des Marktpotenzials.

- Wie willst du mit deinem Produkt/deiner Dienstleistung Geld verdienen?
- Wie willst du erste Kunden gewinnen und halten?
- Aktueller Stand der geleisteten Arbeit: Hast du bereits Kunden/Umsätze/MVP/Absichtserklärungen etc.?
- Was sind die nächsten Schritte?
- Wer bist du, und warum bist du der/die Richtige für dieses Projekt?
- In Zukunft: Teamerweiterung?

Der Innovationsstarter Fonds Hamburg investiert bis zu € 1.000.000 Beteiligungskapital pro Startup.

Jedes Bundesland hat vergleichbare Stellen und eigene Förderprogramme, es kann sich manchmal sogar lohnen, nur wegen einer Förderung in einem bestimmten Bundesland zu gründen.

---

### Hinweis: Recherchemöglichkeiten

Die zentrale Bundesdatenbank mit einem aktuellen und guten Überblick über alle öffentlichen Förderprogrammen auf Landes-, Bundes- und EU-Ebene (für alle Zielgruppen) finden Sie unter *www.foerderdatenbank.de*. Nutzen Sie diese Datenbank in regelmäßigen Abständen wieder, da die Fördermittel sich ständig ändern.

---

## Mit welchen Instrumenten werden Unternehmen gefördert?

Neben den drei verschiedenen Fördermittelgebern gibt es auch noch Unterschiede bei der Art der Fördermittel. Die öffentliche Verwaltung verwendet nämlich eine Reihe von unterschiedlichen Instrumenten zur Förderung von Existenzgründern und Unternehmen. Neben *steuerlichen Vergünstigungen* sind das insbesondere *Finanzhilfen* oder die *Schaffung des Zugangs zu finanziellen Mitteln*. Die oben erwähnte Förderdatenbank unterscheidet bei der Förderart zwischen Zuschüssen, Beteiligungen, Bürgschaften, Darlehen und Garantien.

### Zuschüsse

Besonders »förderwürdige Vorhaben« von Unternehmen, die sonst nicht oder nicht im gewünschten Umfang realisierbar sind, können durch Zuschüsse gefördert werden.

Zuschüsse sind aus Sicht des Unternehmens häufig die interessantesten Fördermittel, da die sogenannten »*verlorenen*« *Zuschüsse* nicht zurückgezahlt werden müssen, auch bei Misserfolg, z.B. einer Insolvenz des Startups, nicht. So könnte man es letztlich als »geschenktes Geld« bezeichnen. Allerdings sind die Anforderungen bei Zuschussprogrammen meist ziemlich hoch.

Zuschüsse sollen dabei eine *Hilfe zur Selbsthilfe* darstellen und dienen normalerweise »nur der anteiligen Finanzierung« eines Vorhabens. Eine Vollfinanzierung in Höhe von 100% der förderfähigen Kosten stellt nur den Ausnahmefall dar. Ein Beispiel für eine solche Ausnahme sind bestimmte Existenzförderprogramme, die eine Förderquote von bis zu 100% ermöglichen, z.B. das Hamburger InnoRampUp-Programm.

─── BEISPIEL ──────────────────────────────

Förderwürdige Vorhaben

Existenzgründungen aus der Arbeitslosigkeit (z.B. Gründungszuschuss und Einstiegsgeld)

Existenzgründungen aus der Hochschule (z.B. *EXIST-Forschungstransfer* und *EXIST-Gründerstipendium*)

Investitionen in innovative Startups (z.B. INVEST – Zuschuss für Wagniskapital)

─────────────────────────────────────────

## Förderdarlehen/Kredite

Im Gegensatz zu herkömmlichen Bankdarlehen sind die *Förderdarlehen* meist *zu besseren Bedingungen* zu erhalten als herkömmliche Bankdarlehen (lange Laufzeiten zu festen Konditionen, niedrige Zinssätze, tilgungsfreie Jahre und geringere Anforderungen an die Sicherheiten und gegebenenfalls Haftungsfreistellungen). Da Startups nur geringe Chancen haben, ein übliches Bankdarlehen zu bekommen, geht es dann in den meisten Fällen hauptsächlich darum, überhaupt einen Zugang zu einem Darlehen zu bekommen.

─── BEISPIEL ──────────────────────────────

*ERP-Gründerkredit – StartGeld*

*ERP-Gründerkredit – Universell*

*ERP-Kapital für Gründung*

*Mikrokreditfonds Deutschland*

─────────────────────────────────────────

## Bürgschaften

Förderdarlehen oder auch Bankdarlehen können durch Bürgschaften von den jeweiligen Bundesländern abgesichert werden. Diese stellen *Ausfallbürgschaften* gegenüber der Hausbank zur Verfügung, um Unternehmen ohne Sicherheiten die Aufnahme von Krediten zu ermöglichen – für finanzschwache Startups häufig die einzige Möglichkeit, an ein Bankdarlehen zu kommen.

─── BEISPIEL ──────────────────────────────

Das KfW-StartGeld der KfW-Mittelstandsbank ist z.B. immer mit einer Haftungsfreistellung ausgestattet.

─────────────────────────────────────────

**Beteiligungen**

Die Beteiligung erfolgt durch die Beschaffung von Eigenkapital für das Unternehmen durch Kapitaleinlagen neu hinzukommender Gesellschafter oder durch eine stille Beteiligung. Die Beteiligungsgesellschaften der Bundesländer übernehmen unter anderem stille Beteiligungen der Startups, wie z.B. in Hamburg die BTG Beteiligungsgesellschaft Hamburg mbH. Mittelständische Beteiligungsgesellschaften finanzieren so Innovations- und Wachstumsvorhaben.

Der Vorteil für Unternehmen liegt dabei auch in der Stärkung des Eigenkapitals, was dann später z.B. die Aufnahme von Fremdkapital über ein Bankdarlehen erleichtern kann.

───── **BEISPIEL** ─────────────────────────────────

Der High-TechGründerfonds beteiligt sich an Startups, und Investoren werden durch die Förderung »INVEST Zuschuss zu Wagniskapital« im Rahmen von Zuschüssen zu dem eingesetzten Kapital gefördert.

───────────────────────────────────────────

Die angesprochenen Förderungen werden detaillierter in den einzelnen Kapiteln behandelt.

# Das EXIST-Förderprogramm für Gründungen aus Hochschulen

Das EXIST-Programm ist ein Förderprogramm des Bundesministeriums für Wirtschaft und Energie und umfasst drei Förderprogrammlinien:

- Das *EXIST-Gründerstipendium* unterstützt die Vorbereitung innovativer technologieorientierter und wissensbasierter Gründungsvorhaben von Studierenden, Absolventinnen und Absolventen sowie Wissenschaftlerinnen und Wissenschaftlern.
- Das *EXIST-Forschungstransfer-Programm* fördert sowohl Entwicklungsarbeiten zum Nachweis der technischen Machbarkeit forschungsbasierter Gründungsideen als auch notwendige Vorbereitungen für den Unternehmensstart.
- Das Programm *EXIST-Gründerkultur* richtet sich hingegen an Hochschulen und unterstützt sie bei der Erstellung und Umsetzung einer Strategie zur Etablierung von Gründungskultur und Unternehmergeist an der Hochschule.

## EXIST-Gründerstipendium

Das Programm EXIST-Gründerstipendium erfreut sich großer Beliebtheit unter Gründern. Das Programm unterstützt Existenzgründer, die sich aus Hochschulen und Forschungseinrichtungen ausgründen, auf ihrem Weg von der Gründungsidee zum Unternehmensstart.

Die Förderung soll den *Wissens- und Technologietransfer* aus den Hochschulen und Forschungseinrichtungen in die Wirtschaft stärken, indem den Existenzgründern der Lebensunterhalt für maximal ein Jahr finanziert wird. Außerdem werden Sachkostenzuschüsse sowie finanzielle Unterstützung für Maßnahmen wie beispielsweise Coaching in gründungsrelevanten Themen gefördert. Zusätzlich werden die Existenzgründer in ein Gründernetzwerk der Hochschule bzw. Forschungseinrichtung eingebunden und bekommen von dort Büroräume und die nötige Infrastruktur gestellt.

Weitere Informationen sowie die Antragsunterlagen sind auf der Webseite *www.exist.de* abrufbar.

---

### Hinweis: Bearbeitungszeit durch den Zuwendungsgeber

Die Bearbeitung des EXIST-Gründerstipendium-Antrags nimmt zwischen sechs Wochen und drei Monaten in Anspruch, kann sich jedoch beispielsweise durch notwendige Überarbeitungs- und Korrekturschleifen schnell um mehrere Monate verlängern.

---

### Kriterien der Förderung

Zwingende Voraussetzungen für eine Förderung sind die *Technologieorientierung* des Gründungsvorhabens, ein Bezug zur *wissenschaftlichen Ausbildung* des Gründungsteams, gute *Marktchancen* der Geschäftsidee und ein aktives *Kontaktnetzwerk*. Diese Punkte sind in einem 20- bis 30-seitigen *Kurz-Businessplan* einzureichen. Der Kurz-Businessplan sollte dabei Ausführungen zur Unternehmens- und Gesellschafterstruktur/zum Gründerteam, eine Beschreibung des innovativen Produkts oder der Dienstleistung, eine Einschätzung zur Markt- und Wettbewerbssituation, eine Marketing- und Vertriebsstrategie, eine Chancen-Risiken-Analyse sowie eine Finanzplanung zumindest für die nächsten drei Jahre enthalten.

---

### Praxistipp: LOI

Ein oder am besten mehrere unterzeichnete »Letter of Intent« (LOI) von potenziellen Kunden zeigen die Marktrelevanz der Geschäftsidee auf und werden daher besonders positiv bewertet. Nachweise von wissenschaftlichen Publikationen (z.B. Diplom-/Doktorarbeit, Fachpublikationen) zum Gründungsthema sind ebenfalls vorteilhaft.

---

Die Bewertung des Kurz-Businessplans erfolgt anhand eines *Punktesystems*, wobei ein erfolgreicher Antrag mindestens neun Punkte erzielen muss. Die Punkte werden grundsätzlich folgendermaßen vergeben: maximal jeweils fünf Punkte für die Bewertung des Innovationsgehalts und der Bewertung des Markts und des Wettbewerbs sowie maximal drei Punkte für die Bewertung des Gründerteams.

Erreicht ein Existenzgründerteam sieben oder acht Punkte, wird der Antrag nicht sofort abgelehnt, stattdessen besteht die Möglichkeit, nachzubessern.

---

### Hinweis: Software

Die meisten Gründungsvorhaben werden derzeit im Bereich Internet (z.B. Apps), Software (z.B. Plattformen) sowie Informations- und Kommunikationstechnologie eingereicht. Insbesondere nur leicht modifizierte bestehende Onlinegeschäftsmodelle erfüllen nicht den Anspruch, innovativ zu sein, und sind daher nicht förderfähig. Die Chancen auf Förderung lagen in der Vergangenheit dementsprechend bei nur ungefähr 50%.

---

Im Gegensatz zu technologischen Innovationsvorhaben müssen innovative Dienstleistungsvorhaben nicht per se einen technologischen Bezug aufweisen. Entscheidend sind ein *darstellbarer Marktbedarf*, ein *hoher Kundennutzen* und ein *deutliches Alleinstellungsmerkmal* gegenüber dem Wettbewerb.

---

### Praxistipp: Nebentätigkeiten

Während der Laufzeit des EXIST-Gründerstipendiums darf eine Nebentätigkeit eines Stipendiaten maximal fünf Arbeitsstunden pro Woche betragen, sodass bestehende Arbeitsverträge mit den wissenschaftlichen Einrichtungen, beispielsweise als wissenschaftlicher Mitarbeiter, nicht einfach fortgeführt werden können.

---

Hochschulen und außeruniversitäre Forschungseinrichtungen können den EXIST-Antrag jederzeit beim *Projektträger Jülich (Berlin)* stellen. Die Unternehmensgründung darf jedoch erst nach Fördergenehmigung (aber während der Förderphase) erfolgen.

### Höhe des EXIST-Gründerstipendiums

Am 9. Dezember 2014 sind die Konditionen des EXIST-Gründerstipendiums noch einmal erheblich verbessert worden. Das EXIST-Gründerstipendium sichert bis zu maximal *drei Gründern* pro Gründungsvorhaben den *persönlichen Lebensunterhalt* für *maximal ein Jahr* und gewährt zusätzliche Mittel für Coaching und Sachausgaben:

- Studierende (mindestens die Hälfte des Studiums absolviert): € 1.000 pro Monat (Achtung: Gründerteams, die sich mehrheitlich aus Studierenden zusammensetzen, werden nur in Ausnahmefällen unterstützt)
- Technische Mitarbeiter: € 2.000 pro Monat
- Hochschulabsolventen: € 2.500 pro Monat (Ausscheiden/Abschluss der Hochschulausbildung darf nicht länger als fünf Jahre zurückliegen (bei einem von drei Teammitgliedern kann allerdings der Abschluss länger als fünf Jahre zurückliegen)
- Promovierte Gründer: € 3.000 pro Monat
- Zuschlag pro Kind: € 150 pro Monat
- Coaching: € 5.000
- Einzelgründungen stehen Sachmittel von bis zu € 10.000, Teamgründungen bis zu € 30.000 zur Verfügung.

Die durchschnittliche Fördersumme pro Gründungsvorhaben betrug in der Vergangenheit ca. € 80.000, wobei sich die Existenzgründungsteams meist aus zwei oder mehr Personen zusammensetzen.

Neben der finanziellen Förderung profitieren die EXIST-Stipendiaten von der *kostenlosen Nutzung von Ressourcen* des jeweiligen Gründungsnetzwerks (unter anderem Nutzung von Räumlichkeiten, Werkstätten und Laboratorien der Hochschule, Seminar- und Workshop-Angebot, Hilfe bei den Anträgen).

Das Gründernetzwerk verwaltet auch die Fördermittel und wickelt z. B. die Rechnungen des geförderten Coachings ab. Zudem werden die Gründer von einem ausgewählten Mentor in fachlichen Fragen betreut und durch die zugehörige Fakultät bzw. Forschungseinrichtung unterstützt.

Die neue Förderrichtlinie für das EXIST-Gründerstipendium kann unter folgendem Link eingesehen werden: *http://www.exist.de/SharedDocs/Downloads/DE/Antragsunterlagen/Neue-Foerderrichtlinie-EXIST-Gruenderstipendium.pdf?__blob=publicationFile.*

### Kritik an dem EXIST-Gründerstipendium

Die häufigsten Kritikpunkte am EXIST-Gründerstipendium sind der *bürokratische Aufwand* bei der Beantragung und Abwicklung des Förderprogramms sowie die *geringe Flexibilität* in den Richtlinien, sodass die Auszahlung von Sachmitteln als zu langwierig gesehen wird und außerdem mit vielen Genehmigungsschritten verbunden ist. Ein weiterer Kritikpunkt ist, dass es nicht zulässig ist, die wirklichen und immer wieder anfallenden Gründungsaufwendungen wie *Rechtsanwalts-* und *Notargebühren* aus den Fördermitteln zu bezahlen. Die Beurteilung, ob es sich bei dem EXIST-Stipendium um »zu versteuernde Einnahmen« handelt oder das EXIST-Einkommen als wissenschaftliches Stipendium steuerfrei ist, hängt bisher noch vom jeweiligen Finanzamt ab, sodass hier eine gewisse Rechtsunsicherheit herrscht. Trotz der Kritik erfreut sich das EXIST-Förderprogramm bei hochschulnahen Ausgründungen –wie gesagt – großer Beliebtheit.

## EXIST-Forschungstransfer

Das Fördermittel EXIST-Forschungstransfer wird sehr viel seltener als das EXIST-Gründerstipendium vergeben und muss von der *Hochschule* oder *Forschungseinrichtung* beantragt werden, die das Forscherteam beschäftigt. Daher möchte ich hier nur kurz auf die Eckpunkte eingehen. Wenn dieses Fördermittel für Sie interessant ist, lassen Sie sich am besten von Ihrer Hochschule oder Forschungseinrichtung beraten.

Das Fördermittel besteht aus *zwei Förderphasen*.

In *Förderphase I*, »Projektförderung der Entwicklungsarbeiten zur Gründungsvorbereitung (Pre-Seed)«, sollen Forschungsergebnisse weiterentwickelt werden (z.B. Entwicklung eines Prototyps, Nachweis der technischen Realisierbarkeit, Erstellung des Businessplans), auf deren Grundlage ein Startup gegründet werden soll. Gefördert werden Forscherteams an Hochschulen und außeruniversitären Forschungseinrichtungen und eine das Team komplementierende Person mit betriebswirtschaftlicher Kompetenz. Über EXIST-Forschungstransfer können Personalausgaben (z.B. Gehälter) für maximal vier Personalstellen sowie Sachausgaben (z.B. Kosten für Coaching, Schutzrechte, Marktrecherchen, Verbrauchsgüter) finanziert werden. Die Ausgaben sind bis zu € 250.000 förderfähig. Vorhaben der Forschungseinrichtungen (z.B. Helmholtz-, Fraunhofer-, Max-Planck- und Leibniz-Gemeinschaft) können bis zu 90%, die von Hochschulen und sonstigen Forschungseinrichtungen bis zu 100% gefördert werden. Der Förderzeitraum beträgt grundsätzlich bis zu 18 Monate.

In *Förderphase II*, »Projektförderung der Entwicklungsarbeiten beim Unternehmensstart (Seed)«, werden weitere Entwicklungsarbeiten, Maßnahmen zur Aufnahme der Geschäftstätigkeit im neu gegründeten Startup sowie die Schaffung der Voraussetzungen für eine externe Unternehmensfinanzierung gefördert.

Antragsteller ist das in Phase I gegründete Unternehmen (keine Unternehmergesellschaft), wobei sich deutlich mehr als 50% der Geschäftsanteile im Eigentum der im Startup tätigen Gründer befinden müssen. In Förderphase II kann ein nicht rückzahlbarer Zuschuss von bis zu € 180.000, jedoch höchstens 75% der spezifischen Kosten des Vorhabens, gewährt werden.

Als Voraussetzung zur Förderung stellt das Unternehmen eigene Mittel sowie gegebenenfalls Beteiligungskapital im Verhältnis 1:3 (bis zu € 60.000) zur Verfügung. Die Förderphase II soll grundsätzlich einen Zeitraum von 18 Monaten nicht überschreiten.

Weitere Informationen finden Sie auf der Homepage des Bundesministeriums für Wirtschaft und Energie und unter *http://www.exist.de/DE/Programm/Exist-Forschungstransfer/inhalt.html*.

# Business-Angel-Förderung »INVEST – Zuschuss für Wagniskapital«

Die Förderung »INVEST – Zuschuss für Wagniskapital« ist eine seit 2013 bestehende Förderung für Business-Angel-Investoren, die in zwei Stufen, zuletzt zum 1. Januar 2017, erheblich erweitert wurde.

Die Förderung, die auch *INVEST 2.0* genannt oder als *Business-Angel-Förderung* bezeichnet wird, kann noch bis zum 1. Januar 2021 beantragt werden und steht für Investments in innovative Startups zur Verfügung.

Investoren, die in junge, innovative Startups investieren, erhalten einen staatlichen sogenannten *Erwerbszuschuss* in Höhe von 20% ihres Investitionsbetrags bis zu einem Betrag in Höhe von € 500.000, das heißt maximal € 100.000 pro Investor und Jahr. Die Mindesthöhe des Investments beträgt € 10.000, damit die 20%ige Förderung greift. Insgesamt kann eine Summe von maximal € 3 Mio. bezuschusst werden, sodass rechnerisch sechs Investoren in einer Finanzierungsrunde jeweils € 500.000 in ein Startup investieren können; der € 3 Mio. übersteigende Betrag wird nicht mehr bezuschusst. Den Erwerbszuschuss in Höhe von maximal € 100.000 kann aber jeder Investor in jedem Jahr aufs Neue für Investments in weitere Startups in Anspruch nehmen. Bei den Beteiligungen gibt es eine *Mindesthaltedauer* von *drei Jahren* und eine *Höchsthaltedauer* von *zehn Jahren*.

---

## Hinweis: De-Minimis-Regelung

Allerdings müssen Kapitalbeteiligungsgesellschaften die sogenannte De-Minimis-Regelung einhalten, die eine Deckelung für staatliche Zuschüsse auf € 200.000 in drei Steuerjahren setzt. Investoren, die als Privatperson selbst investieren und nicht über eine Unternehmergesellschaft oder eine GmbH, sind von dieser EU-Regelung nicht betroffen. Kapitalgesellschaften können daher nicht in drei aufeinanderfolgenden Jahren die maximale Jahresförderung in Höhe von € 100.000 in Anspruch nehmen.

---

### BEISPIEL

Zwei Business-Angels finden Ihre innovative Geschäftsidee spannend. Der Super-Angel S möchte in Ihr Startup € 450.000 für 15% der Geschäftsanteile und der Virgin-Angel V € 30.000 für 1% der Geschäftsanteile investieren. Sie stellen dann vorab einen Antrag, um eine Bescheinigung über die Förderfähigkeit Ihres Startups zu erhalten. Die Investoren können so mit Ihrer Fördernummer einen Betrag in Höhe von 20% als Förderung zurückbekommen. In dem Fall bekommt S einen staatlichen Zuschuss in Höhe von € 90.000 und V einen in Höhe von € 6.000, sodass S faktisch selbst nur noch € 360.000 und V € 24.000 an Kapital aufbringen müssen bzw. den Zuschuss dann etwas später erstattet bekommen.

Seit 2017 gibt es neben dem Erwerbszuschuss noch einen weiteren Zuschuss, den sogenannten *Exit-Zuschuss*. Dieser wird *natürlichen Personen* gewährt, um Steuernachteile bei Veräußerungserlösen auszugleichen. Die Steuernachteile gibt es bei der Beteiligung über eine Kapitalgesellschaft nicht, da diese die Veräußerungsgewinne größtenteils steuerfrei vereinnahmen können.

Neben dem Erwerbszuschuss können also Investoren, die nicht über ein Investmentvehikel wie eine Unternehmergesellschaft oder GmbH verfügen, sondern als Privatperson investieren, den Exit-Zuschuss nutzen.

Der Exit-Zuschuss ist wie der Erwerbszuschuss *steuerfrei* und beträgt im Grundsatz 25% des Veräußerungsgewinns aus einer nach dem 31. Dezember 2016 mit dem INVEST-Erwerbszuschuss geförderten Beteiligung.

Investoren mit INVEST-geförderten Beteiligungen aus den Jahren davor können den Exit-Zuschuss leider nicht beantragen.

Wie beim Erwerbszuschuss gibt es eine Mindesthaltedauer von drei Jahren und eine Höchsthaltedauer der Beteiligung von zehn Jahren. Außerdem gibt es einen Veräußerungsgewinn-Sockelbetrag von mindestens € 2.000. Wichtig zu wissen ist, dass es eine Kappungsgrenze bei 80% des Investitionsbetrags gibt, da der Business-Angel bereits 20% des Investitionsbetrags als Erwerbszuschuss erhalten hat. Daraus folgt, dass die *Deckelung* ab einem Multiple von mehr als 4,2 zu wirken beginnt.

─────── **BEISPIEL** ───────────────────────

Ein Business-Angel investiert € 200.000 in ein Startup zu einer Bewertung von € 2 Mio., bekommt also 10% der Geschäftsanteile; über den Erwerbszuschuss bekommt er € 40.000 des Investments erstattet. Fünf Jahre nach dem Investment wird das Startup an einen Konzern für € 8,4 Mio. verkauft, sodass der Business-Angel einen Exit-Erlös von € 840.000 (Multiple 4,2) für seine 10-%-Beteiligung erhält. Dann beläuft sich der Veräußerungsgewinn auf € 640.000. Der Exit-Zuschuss beträgt 25% von € 640.000 gleich € 160.000. Dies sind 80% des Investitionsbetrags von € 200.000, weil € 40.000 bereits über den Erwerbszuschuss erstattet wurden.

───────────────────────────────────────────

Seit 2017 sind *Anschlussfinanzierungen* in dasselbe Startup förderfähig. Voraussetzung dafür ist, dass die Erstfinanzierung nach dem 31. Dezember 2016 mit dem

INVEST-Zuschuss gefördert wurde. Wenn ein Business-Angel ein Investment mit INVEST-Zuschuss am 23. Juni 2016 getätigt hat, ist keine Anschlussfinanzierung in dasselbe Unternehmen möglich.

---

### Hinweis: Wandeldarlehen

Wandeldarlehen sind ebenfalls unter der Maßgabe förderfähig, dass die Wandlung innerhalb von 15 Monaten nach Bewilligungsbescheid erfolgen muss. Der Zuschuss wird erst nach Wandlung ausgezahlt, und die Mindesthaltedauer von drei Jahren beginnt erst mit der Wandlung.

---

Auf den ersten Blick haben Sie als Startup nicht unmittelbar selbst etwas von der Förderung, sollten sich aber trotzdem damit auseinandersetzen, da Sie eine *Bescheinigung der INVEST-Förderfähigkeit* beantragen und mit dieser dann auf Investorensuche gehen können. Dafür können Sie das offizielle *Förderfähigkeitslogo* nutzen. Der Investor weiß dann, dass er 20% seines Investments vom Staat steuerfrei erstattet bekommt. Gegebenenfalls ist er dadurch bereit, das Investment zu erhöhen, ohne sich mehr Anteile einräumen zu lassen.

Insgesamt wurden von 2013 bis zum 31. Januar 2020 8.168 Anträge von Startups und 10.619 Anträge von Investoren gestellt; dabei wurden € 143,19 Mio. für den INVEST-Zuschuss bewilligt.

### Voraussetzungen für Startups

Voraussetzung für die Förderung ist, dass eine echte Beteiligung zwischen € 10.000 und € 500.000 (an *Chancen und Risiken*) durch *Kapitalerhöhung* eingegangen wird, die mindestens drei Jahre zu halten ist (der Zuschuss wird aber nicht innerhalb der Haltefrist zurückgefordert, wenn das Startup gescheitert ist, z.B. weil es Insolvenz anmelden musste).

Das Startup, in das investiert werden soll, darf nicht an der Börse gelistet oder älter als sieben Jahre sein und muss ein »kleines Unternehmen« im Sinne der EU-Regelungen sein. Das bedeutet, es darf nur weniger als 50 Mitarbeiter beschäftigen und einen Jahresumsatz oder eine Jahresbilanzsumme von höchstens € 10 Mio. haben.

Schließlich muss sich der Hauptsitz in der EU befinden, und in Deutschland muss mindestens eine Betriebsstätte oder Zweigniederlassung bestehen.

Des Weiteren muss das Startup laut Handelsregister überwiegend in einer *innovativen Branche* tätig sein. Welche Branchen konkret gefördert werden, kann aus einer Liste mit *24 Wirtschaftszweig-Klassifikationen* des Statistischen Bundesamts ersehen werden. E-Commerce oder allgemein die Sharing Economy als Beispiel werden zum Handel gezählt und sind damit nicht per se als innovativ anzusehen.

> ### Hinweis: Klassifikation der Wirtschaftszweige
> Die Klassifikation der Wirtschaftszweige mit Erläuterungen kann auf der Webseite des Statistischen Bundesamts für derzeit € 34 heruntergeladen werden.

Wenn das Startup in keiner der innovativen Branchen tätig ist, gilt es auch dann als innovativ, wenn es entweder Inhaber eines *maximal 15 Jahre alten Patents* ist, das im direkten Zusammenhang mit seinem Geschäftszweck steht, oder in den zwei Jahren vor Antragstellung eine *öffentliche Förderung für ein Forschungs- oder Innovationsprojekt* erhalten hat.

Ab 2017 kann der Nachweis, dass es sich um ein innovatives Startup handelt, zusätzlich durch ein *Kurzgutachten* erbracht werden, das nach schriftlicher Aufforderung durch das BAFA über den Projektträger Jülich eingeholt wird.

### Voraussetzungen für Business-Angels

Da die Förderung auf Business-Angels abzielt, haben diese, bzw. deren Investmentvehikel, als Investoren auch einige Voraussetzungen zu erfüllen:

Die Finanzierung muss auf *eigene Rechnung* von *eigenem Geld* erfolgen und darf *nicht kreditfinanziert* sein. Der Investor muss sich selbst als Person mit Hauptsitz in der EU oder über eine sogenannte Beteiligungs-GmbH beteiligen (Gesellschaftszweck: Eingehen, Halten und Veräußern von Beteiligungen – nur ergänzend sind die Geschäftszwecke »Beratung« und »Vermögensverwaltung« zulässig) und darf nicht bereits Gesellschafter des Startups oder mit diesem verbunden sein.

Das Investmentvehikel kann nun *sechs Gesellschafter* (mindestens einer volljährig) haben, wobei kein Gesellschafter Mehrheitsgesellschafter sein muss.

Zulässig ist ebenfalls eine der GmbH vergleichbare Rechtsform eines anderen EU-Staats (z. B. LLP). Eine Beteiligung über eine Unternehmergesellschaft (haftungsbeschränkt) ist seit dem 1. Januar 2017 ebenfalls zulässig. Eine Förderung ist für Investmentvehikel in der Rechtsform der Aktiengesellschaften oder Personengesellschaften wie GbR, oHG, KG oder GmbH & Co. KG ausgeschlossen.

Die Beteiligung an Gründungsvorhaben ist ebenfalls förderfähig.

### Antragsverfahren für den Zuschuss für Wagniskapital

Das Antragsverfahren ist bewusst sehr einfach gehalten, damit die Investoren schnell und unbürokratisch ihre finanzielle Unterstützung in Höhe von 20 % erhalten können. Dies ist durchaus gelungen und wird auch wirklich in der Praxis so unbürokratisch umgesetzt. Ein Kollege erzählte mir sogar, dass aus dem Notartermin heraus noch die vergessene Förderung per Telefonat geklärt werden konnte.

Das Antragsverfahren ist dabei zweigleisig. Normalerweise ist der erste Schritt im Antragsverfahren der *Onlineantrag des Startups* beim Bundesamt für Wirtschaft und Ausfuhrkontrolle (BAFA). Das BAFA bescheinigt dem Startup dann schriftlich die Förderfähigkeit (der Förderfähigkeitsbescheid hat sechs Monate Gültigkeit) und erlaubt ihm, das *offizielle Förderfähigkeitslogo* zur Akquise von Investoren zu nutzen. Anschließend stellt der Investor beim BAFA ebenfalls online einen Antrag. Das BAFA erteilt dem Investor dann einen Bewilligungsbescheid, wenn alle Voraussetzungen vorliegen.

Wichtig ist, dass der Gesellschaftsvertrag, die Satzung und der Beteiligungsvertrag zwischen Investor und Startup erst unterschrieben werden dürfen, wenn der Investor seinen Antrag bereits gestellt hat. Der Bewilligungsbescheid des BAFA muss dafür noch nicht vorliegen.

### Hinweis: Englische Investmentverträge

Leider verlangt das für die Verwaltung des Zuschusses zuständige Bundesamt für Wirtschaft und Ausfuhrkontrolle eine Übersetzung der gesamten englischen Vertragsdokumentation – und das Ganze natürlich von einem vereidigten Übersetzer. Hierdurch können ganz erhebliche Kosten entstehen.

Nachdem der Investor seine Zahlung für die Gesellschaftsanteile erledigt hat, macht er die Erstattung von 20% der Investitionssumme beim BAFA geltend und reicht dafür entsprechende Beteiligungsverträge oder Dokumente ein, aus denen die Beteiligung hervorgeht.

Falls sich der Investor an einer Gründung beteiligen will, reicht zuerst der Investor seinen Antrag online ein. Das Startup stellt dann seinen Antrag auf Förderfähigkeit, wenn es gegründet und im Handelsregister eingetragen ist.

Weitere Informationen und die Onlineantragseingabemasken befinden sich auf der Homepage des zuständigen Bundesamts für Wirtschaft und Ausfuhrkontrolle unter *http://www.bafa.de/bafa/de/wirtschaftsfoerderung/invest/*.

### Hinweis: Marktübliche Bedingungen

Es ist darauf zu achten, dass die vereinbarte Liquidationspräferenz (Gleiches gilt für den Verwässerungsschutz) marktüblich ist. Das ist unter anderem der Fall, wenn das Risiko für den Investor nicht minimiert wird bzw. ihm keine außergewöhnlichen Vorrechte (z. B. vorzeitiger Ausstieg, Entschädigungszahlungen) zugesichert werden.

# Finanzierung durch den High-Tech Gründerfonds (HTGF)

Der High-Tech Gründerfonds ist eine öffentlich-private Partnerschaft (Public-Private-Partnership) zwischen dem *Bundesministerium für Wirtschaft und Energie*, der *KfW-Bankengruppe* sowie von *19 großen Wirtschaftsunternehmen* und wurde im Jahr 2005 aufgelegt. Der HTGF richtet sich an Startups mit Technologiebezug, die Risikokapital in einer Frühphase suchen. Er ist einer der aktivsten Fonds und verfügt insgesamt über ein Fondsvolumen von € 895,5 Mio. (€ 272 Mio. Fonds I und € 301,5 Mio. Fonds II, Fonds III ca. € 320 Mio.), wobei über € 750 Mio. vom Bund und der KfW zur Verfügung gestellt werden und nur der Rest von den Wirtschaftsunternehmen, obwohl sich bei Fonds III die Quote deutlich in Richtung der Wirtschaftsunternehmen steigerte.

Im Portfolio des Fonds befinden sich über *560 Technologie-Startups*.

Der HTGF hat keinen speziellen Branchenfokus, investiert aber vermehrt in den Branchen Automation und Elektronik, Cleantech, Enabling Technologies, optische Technologien, Informations- und Kommunikationstechnologie, Pharmadiagnostik, Life-Science, Nanotech und E-Commerce.

Mit Frühphaseninvestitionen möchte der HTGF Forschungs- und Entwicklungsvorhaben ermöglichen, damit ein *Prototyp gefertigt* bzw. eine *Machbarkeitsstudie* durchgeführt werden kann oder die *Markteinführung* eines Produkts gelingt. Frühphaseninvestition bedeutet dabei, dass der HTGF in der Regel der erste Investor ist und das sogenannte »Seed Capital« zur Verfügung stellt.

Der Fonds beteiligt sich anfangs mit bis zu € 1 Mio. durch ein *nachrangiges Gesellschafterwandeldarlehen oder eine direkte Beteiligung*, dieser Betrag muss bei einem Darlehen vom Startup plus derzeit 6 % Zinsen pro Jahr in der Regel zurückgezahlt werden. In mehreren Finanzierungsrunden stehen bis zu € 2 Mio. weiteres Investmentkapital pro Startup zur Verfügung.

Der High-Tech Gründerfonds erwirbt für die Gewährung des Darlehens z.B. eine *15%ige direkte Gesellschaftsbeteiligung* bezogen auf das Nominalkapital des Startups, ohne in der ersten Finanzierungsrunde eine Unternehmensbewertung durchzuführen. Die *Wandlungsoption* bedeutet, dass die Zinsen und das Darlehen im Rahmen zukünftiger Finanzierungsrunden bei Kapitalerhöhungen in weitere Unternehmensanteile gewandelt werden können. Die Wandlung führt dabei aber nicht zu einer Erhöhung des 15%igen Gesellschaftsanteils, sondern dient als *Verwässerungsschutz*, sodass sich die Gesellschaftsanteile des HTGF nicht reduzieren, selbst wenn im Rahmen einer Kapitalerhöhung neue Geschäftsanteile ausgegeben werden. Nach Wandlung der Zinsen bzw. Darlehensforderungen entfällt für den auf die Wandlungsoption bezogenen Betrag die Rückzahlungspflicht.

Wenn der HTGF in der Seed-Finanzierungsrunde nicht der größte Investor ist, kann er sich flexibel der individuell ausgehandelten Bewertung anschließen (auch *Pari-Passu* genannt).

Die Auszahlung der Beteiligung erfolgt in unterschiedlichen Tranchen, die vom Erreichen bestimmter Meilensteine (Zielvorgaben) abhängig gemacht werden können. Hier ist es für das Startup äußerst wichtig, realistische Meilensteine zu vereinbaren.

Die Zinszahlungen für das Darlehen werden für die ersten vier Jahre ausgesetzt (gestundet). Die Laufzeit des Darlehensvertrags beträgt sieben Jahre.

## Kriterien für ein Investment des HTGF

Die Kriterien für ein Investment des HTGF fußen laut Geschäftsführer des High-Tech Gründerfonds auf drei Säulen:

- Da ist zum einen die *Geschäftsidee*, bei der vor allen Dingen die Technologie und gegebenenfalls der Schutz der Technologie durch Patente, das Alleinstellungsmerkmal, die Märkte und die Wettbewerbssituation wichtig sind.
- Das *Team* sollte die Geschäftsidee umsetzen können, eine hohe Motivation, Überzeugungskraft, Durchhaltevermögen und Erfolgswillen aufweisen sowie technologisch-naturwissenschaftliches und grundsätzlich kaufmännisches Know-how haben.
- Die dritte Säule ist das *Geschäftskonzept*, das verständlich den Weg beschreibt, den das Team gehen möchte, um die Idee umzusetzen.

### Eigenmittel

Die Gründer müssen allerdings Eigenmittel in Höhe von nunmehr 10 % bezogen auf die Beteiligung des High-Tech Gründerfonds aufbringen. Die Hälfte, also 5 %, kann über andere Seed-Investoren (z. B. Business-Angels, regionale Fonds etc.) bereitgestellt werden. Zu den Eigenmitteln kann die Einzahlung des Stammkapitals (bei der GmbH meist € 25.000) gezählt werden.

### Kleines Unternehmen

Bei dem Startup muss es sich um ein kleines Unternehmen im Sinne der Definition der Europäischen Union handeln, das heißt, es dürfen nur weniger als 50 Mitarbeiter beschäftigt werden, und der Jahresumsatz oder die Jahresbilanzsumme darf höchstens € 10 Mio. betragen. Beteiligungen werden grundsätzlich nur an Startups eingegangen, deren *operative Geschäftstätigkeit noch nicht länger als drei Jahre andauert*.

### Technologiebezug

Das Startup muss einen Technologiebezug aufweisen, das heißt, ein anspruchsvolles und innovatives Forschungs- und Entwicklungsvorhaben sollte den Kern des

Startups bilden. Das für die Durchführung des Forschungs- und Entwicklungsvorhabens erforderliche technologische Know-how (Know-how-Träger samt Schutzrechten) muss in dem Startup gebunden sein und dem Startup vollumfänglich zur Verfügung stehen.

### Liquidität/Finanzierung

Die Liquidität/Finanzierung des Startups sollte über einen Zeitraum von mindestens 18 Monaten durch die Finanzierungsrunde gesichert sein. Es dürfen auch noch nicht mehr als € 500.000 durch andere Investoren in das Startup geflossen sein.

## Wie erfolgreich ist der HTGF?

Die Anzahl der Finanzierungsanfragen an den HTGF hat sich von etwa 700 im Jahr 2009 auf rund 1.500 im Jahr 2015 mehr als verdoppelt. Die Anzahl der neu eingegangenen Beteiligungen ist dabei weitgehend konstant geblieben und liegt bei ca. 40 bis 50 Unternehmen pro Jahr. Der HTGF hat bereits ca. 110 Exits und etwas mehr als 140 Liquidationen und Notverkäufe zu verzeichnen. Der erste aufgesetzte Fonds mit einem Fondsvolumen von € 272 Mio. hat bis Ende 2016 ca. € 84 Mio. aus seinen Exits wieder eingespielt. Die insgesamt vorgenommenen Beteiligungsabschreibungen lagen bei ca. € 122 Mio.

Eine Finanzierung über den HTGF wird von Marktteilnehmern häufig als ein *Gütesiegel* für das Startup gesehen, da die Prüfung und die Betreuung sehr professionell und mit großen Ressourcen vorgenommen werden, begründet durch die Tatsache, dass sich der HTGF auch aus öffentlichen Geldern speist und demnach entsprechend Rechenschaft ablegen muss.

## Was wird am HTGF kritisiert?

Im Gegenzug hat bzw. hatte der HTGF ein wenig den Ruf, *mehr Aufwand* als andere Investoren bei der *Due Diligence* zu betreiben. Das spiegelten auch die Zahlen wider: Bei den im Jahr 2009 finanzierten Unternehmen lagen durchschnittlich etwas mehr als 300 Tage zwischen Anfragedatum und Abschluss der Finanzierung und 85 Tage für eine Absage. Diese Zahlen haben sich in den letzten Jahren aber schon deutlich verbessert. Lange Verhandlungen, die letztlich nicht zu einem Investment führen, greifen aber die Liquidität des Startups an und können letztlich für die Verhandlung mit anderen Investoren fehlen.

Ein weiterer Kritikpunkt ist, dass der *Verwaltungsaufwand* beim Führen des Unternehmens erheblich steigt, und das kann das Ende der Flexibilität und der Selbstständigkeit bedeuten, die ein Startup normalerweise hat. Dies ist aber bei anderen VC-Finanzierungen nicht anders. Ebenfalls ist zwingend der Jahresabschluss zu prüfen, was allein pro Jahr einen zusätzlichen Aufwand für Wirtschaftsprüfer von ca. € 10.000 bis € 15.000 ausmacht.

Der Zinssatz des HTGF-Wandeldarlehens wurde weiterhin häufig kritisiert, sodass er mittlerweile von 10 % auf 6 % gesenkt wurde.

Ein weiterer Kritikpunkt war das *Alterskriterium*, das besagt, dass der HTGF nur in Unternehmen investieren darf, die zum Zeitpunkt des Erstkontakts nicht älter als ein Jahr sind bzw. bei denen die Aufnahme der operativen Geschäftstätigkeit nicht länger als ein Jahr vor dem Erstkontakt zurückliegt. Dies ist nun ebenfalls geändert worden, sodass bis drei Jahre nach Gründung des Startups (Handelsregistereintragung) investiert werden kann. Startups haben mir auch in letzter Zeit immer wieder berichtet, dass sie als »zu früh« abgelehnt wurden. Damit entsteht der Eindruck, dass anscheinend mittlerweile gezielter in reifere Startups investiert wird.

Obwohl der HTGF mit vom Staat finanziert ist, trifft er dennoch seine Entscheidungen hinsichtlich der Portfoliounternehmen wie ein privater VC. Das sind mitunter Entscheidungen, die aus Sicht betroffener Gründer hart erscheinen können.

### Das Vertragskonstrukt bei einer Beteiligung des HTGF

Das Vertragskonstrukt des HTGF besteht aus einer Vielzahl von Verträgen und Dokumenten. Zunächst ist eine *Selbstauskunft* zu erteilen, und ein *Term Sheet* mit einer *strafbewehrten Exklusivitätsvereinbarung*, das während des Exklusivitätszeitraums nicht mit anderen potenziellen Investoren verhandelt werden darf, wird abgeschlossen. Des Weiteren wird eine *Break-up-Fee* im Term Sheet vereinbart. Das Term Sheet kann durch das Startup innerhalb eines Zeitraums von wenigen Wochen durch Unterzeichnung akzeptiert werden. Dann folgt die *Due Diligence*.

Wenn die Due Diligence positiv ausfällt und der HTGF eine Entscheidung für ein Investment trifft, sind in der Regel

- eine Beteiligungsvereinbarung,
- ein Geschäftsanteilskauf- und ein Abtretungsvertrag,
- ein Nachrangdarlehensvertrag mit Wandlungsoption,
- ein neuer Geschäftsführer-Anstellungsvertrag,
- eine Geschäftsordnung für die Geschäftsführung,
- eine Satzungsänderung sowie
- ein Gesellschafterbeschluss über eine Kapitalerhöhung und eine Satzungsänderung

zu unterzeichnen.

Gegebenenfalls müssen noch Vollmachten erteilt und beurkundet werden.

# Bankkredite und Gründer

Banken können Startups mit *Darlehen* bzw. *Krediten* finanzieren. Die Begriffe werden häufig synonym verwendet und meinen, dass die Bank einen Geldbetrag verleiht, der nach einer gewissen Zeit inklusive Zinsen zurückgezahlt werden muss.

Um die Rückzahlung abzusichern, werden Sicherheiten verlangt, die verwertet werden können, falls das Geld nicht zurückgezahlt werden kann. Banken stellen generell kein Eigenkapital zur Verfügung und beteiligen sich normalerweise nicht als Gesellschafter an einem Startup, es sei denn, sie müssen, um ihre Kreditforderungen zu befriedigen, in Ihre Geschäftsanteile zwangsvollstrecken.

## Die eigene Hausbank als Kreditgeber

Die Suche nach einem Kredit kann sich durchaus als frustrierend gestalten. Jedenfalls entsteht das Gefühl, dass Banken Kredite nicht besonders gern an Gründer vergeben.

Es ist für ein junges Startup, insbesondere bei hohem Forschungs- und Entwicklungsaufwand und langen Anlaufphasen bis zum Markteintritt, fast unmöglich, einen Kredit (mit Ausnahme von Mikrokrediten in Höhe von nur einigen Tausend Euro) von einer Hausbank (z. B. Geschäftsbanken, Sparkassen, Genossenschaftsbanken und Direktbanken) zu erhalten – insbesondere dann, wenn keine persönlichen Sicherheiten der Gründer gestellt werden können oder das Startup keine Werte besitzt, die als Sicherheit dienen können.

> ### Hinweis: Schutzrechte als Sicherheiten
>
> Die Banken erkennen häufig Patente und andere Schutzrechte nicht als wirkliche Werte an, die als Sicherheit dienen können. Vielmehr geht es den Banken um Maschinen, Fahrzeuge, Warenlager oder Geschäftseinrichtungen, also alles, was auf dem freien Markt wirklich verwertet werden kann.

Warum viele Hausbanken nicht bereit sind, Startups Kredite zur Verfügung zu stellen, wird schnell deutlich, wenn man realisiert, dass ein *Kredit* völlig *anders als eine Kapitalbeteiligung* funktioniert. Ein Kredit wird ausgezahlt mit der Hoffnung, dass der Kredit samt Zinsen rechtzeitig zurückgezahlt werden kann. Der Kreditgeber hat demnach keinen Vorteil davon, wenn ein Startup richtig erfolgreich wird. Er partizipiert nicht an einer positiven Geschäftsentwicklung durch die Ausschüttung von Gewinnen oder von einem hohen Kaufpreis, wenn das Startup verkauft wird. Die Hausbank erhält immer die gleichen festgesetzten Zinsen.

Wenn man dann noch bedenkt, dass das Risiko des Scheiterns eines Startups besonders groß ist, wird klar, dass Banken ein ähnliches Risiko eingehen müssten wie Gesellschafter, aber nicht an den Chancen der Gesellschafter im Rahmen eines Exits oder der Ausschüttung von Gewinnanteilen teilhaben. Es leuchtet auch ein, dass es durch dieses *Risiko-Chancen-Verhältnis* schwer für ein Startup ist, einen Kredit zu bekommen.

Ohne *persönliche Sicherheiten* der Gründer ist es meist sowieso nicht möglich, einen Kredit zu bekommen. Werden persönliche Sicherheiten der Gründer gestellt, z.B. durch Bürgschaften oder eine Grundschuld auf ein Grundstück und Forderungsabtretungen, ist damit dann die durch die Gründung einer Kapitalgesellschaft geschaffene Haftungsbeschränkung auf das Gesellschaftsvermögen quasi wieder aufgehoben. Die Gründer haften dann doch wieder unbeschränkt mit Teilen oder ihrem gesamten Privatvermögen für die Rückzahlung des Kredits.

## Hinweis: Businessplan

Banken wollen nach wie vor einen ausgearbeiteten Businessplan mit Dreijahresfinanzplanung sehen, ein Pitch-Deck ist nicht ausreichend.

Eine Option für Gründer ist es manchmal, einen Kredit als Ergänzung zur Finanzierung durch Eigenkapital, Fördermittel und Beteiligungskapital zu nutzen.

## Hinweis: Bankauskunft

Sie sollten vor Wahrnehmung eines Banktermins eine kostenlose Selbstauskunft der Schufa einholen. Nicht selten sind die gespeicherten Informationen nicht korrekt. Gegebenenfalls können Sie dann vor einem Banktermin eine Eintragung ändern oder Löschungen vornehmen lassen. Gut zu wissen ist auch, dass beantragte oder abgelehnte Kredite häufig in diesen Datenbanken zentral erfasst werden, sodass chancenlose Kreditanträge gegebenenfalls nicht eingereicht werden sollten, damit man kein negatives Rating bekommt.

Der *größte Vorteil* der Bankenfinanzierung besteht darin, dass VC-Geber oder andere professionelle Geldgeber, die Eigenkapital zur Verfügung stellen und Gesellschafter des Startups werden, sehr viel Einfluss auf das Startup nehmen und sich weitgehende Mitbestimmungs-, Veto- und Informationsrechte einräumen lassen; dies ist bei einer Kreditfinanzierung nicht der Fall.

Startups werden meist erst wirklich »bankable«, wenn sie schon größer sind, häufig erst als Grown-up mit Umsätzen und einem gewissen Betriebsvermögen. Dann kann ein Bankkredit eine gute Ergänzung zu anderen Finanzierungen sein. Des Weiteren kann ergänzend zur Verbesserung der Liquidität auch über ein Factoring nachgedacht werden.

## Helfen staatliche Förderbanken durch einfacheren Zugang und bessere Konditionen?

Neben den klassischen Kreditarten bei den Hausbanken gibt es *speziell für Gründer konzipierte Kredite*, die von staatlichen Förderbanken, wie der KfW-Mittelstandsbank und den Förderbanken der Bundesländer, angeboten werden. Sie haben den staatlichen Auftrag, unter anderem Gründer bei der Finanzierung zu unterstützen.

Vorteile der Kredite staatlicher Förderbanken sind *tilgungsfreie Zeiträume* (zum Beispiel muss die erste Rückzahlungsrate erst nach zwei Jahren gezahlt werden), gegebenenfalls *längere Laufzeiten* und teilweise *reduzierte Zinssätze*. Üblich ist, dass die Förderbanken den Hausbanken, über die die Antragstellung erfolgt, eine *Haftungsfreistellung* in unterschiedlicher Höhe gewähren.

Mit den Startkrediten der Förderbanken können dann in der Regel sowohl Betriebsmittel wie auch Investitionen finanziert werden, wobei der Anteil für Betriebsmittel meist nicht die gesamte Summe ausmachen kann. Die bundesweit tätige KfW-Bankengruppe hat im Jahr 2016 nach eigenen Angaben eine sehr hohe Nachfrage nach ihren Finanzierungsprodukten verzeichnet und Förderzusagen in einem Gesamtvolumen von € 81 Mrd. getätigt. Dies sind natürlich nicht nur Gründerförderungen, aber z.B. allein das KfW-StartGeld wird jährlich mehr als 5.000 Mal in Anspruch genommen.

---

### Hinweis: Bürgschaftsbanken

Wenn Sie nicht über ausreichende Sicherheiten verfügen, können gegebenenfalls die Bürgschaftsbanken in den Bundesländern behilflich sein und eine Bürgschaft stellen (z.B. für 50%, 80% oder 100% des Kredits). Wichtig zu wissen ist aber, dass eine Bürgschaft vonseiten der Bürgschaftsbank Sie nicht aus der Verantwortung und der Haftung für den Kredit entlässt. Die Bürgschaftsbank wird letztlich versuchen, ihre an die Bank ausgezahlte Bürgschaft beim Gründer wieder einzutreiben. Falls Sie Sicherheiten gestellt haben, erfolgt zunächst eine Verwertung dieser Sicherheiten, und die Hausbank und die Bürgschaftsbank teilen sich den Erlös entsprechend ihren Anteile. Eine Bürgschaft hat daher nicht die Aufgabe, Sie von Rückzahlungsansprüchen zu befreien. Vielmehr garantiert sie nur der Hausbank, im Fall der Fälle einen geringeren Verlust tragen zu müssen.

---

Bei allen drei im Folgenden vorgestellten Produkten der KfW ist vorab anzumerken, dass sich die Produkte der KfW immer mal wieder ändern, sodass es sich lohnen kann, die Produkte im Auge zu behalten. Die folgende Beschreibung stellt die Produkte im Juni des Jahres 2017 dar.

## ERP-Kapital für Gründung

Das »ERP-Kapital für Gründung« (ERP, European Recovery Program) bietet *Existenzgründern* und *jungen Unternehmen* bis zu zwei Jahre nach Gründung eigenkapitalähnliche Mittel in Form von *langfristigen Nachrangdarlehen* in Höhe von bis zu € 500.000 *ohne Sicherheiten* an. Anbei sind die wichtigsten Punkte aufgelistet:

- Beantragung über die Hausbank.
- Bis zu € 500.000 als Nachrangdarlehen pro Antragsteller.
- Für Existenzgründer (nicht das Unternehmen) im Haupterwerb in den ersten drei Jahren nach Gründung.
- Keine Sicherheiten notwendig.
- Durch Eigenkapitalcharakter gute Grundlage für weitere Kredite.
- Mindestens 10 bis 15 % eigene Mittel erforderlich.
- Maximal 40 % des Vorhabens finanzierbar.
- Kann für Anlagen und Maschinen, IT und Software, Grundstücke und Gebäude, Baukosten und Einrichtungsgegenstände, Betriebs- und Geschäftsausstattung, Material- und Warenlager (Erstausstattung), Beratungsdienstleistungen und erste Messeteilnahme verwendet werden.
- Laufzeit von 15 Jahren, sieben Jahre tilgungsfrei, aber Zinsen plus 1 % Garantieentgelt.
- Zinssätze sind für zehn Jahre festgeschrieben.
- Ist mit anderen Fördermitteln kombinierbar.
- KfW übernimmt 100 % des Kreditausfallrisikos, Sie und gegebenenfalls der Ehepartner bzw. der Lebenspartner haften persönlich für die Rückzahlung des Kredits.
- Auszahlung des Kredits erfolgt zu 100 % des Zusagebetrags.
- Bereitstellungsprovision wird nicht erhoben.

Ausführliche Informationen können Sie in Merkblatt 058, »ERP-Kapital für Gründung«, auf der Homepage der KfW unter *www.kfw.de* einsehen.

## ERP-Gründerkredit – StartGeld

Der ERP-Gründerkredit – StartGeld ermöglicht *Gründern* sowie *Freiberuflern* und *kleinen Unternehmen*, die noch keine fünf Jahre am Markt aktiv sind (Aufnahme der Geschäftstätigkeit) eine zinsgünstige Finanzierung von Vorhaben in Deutschland mit einem Fremdfinanzierungsvolumen bis € 100.000. Anbei sind die wichtigsten Punkte aufgelistet:

- Beantragung über Hausbank.
- Finanzierung nahezu aller Vorhaben in vollem Umfang.
- Leichter Zugang zum Kredit, da KfW 80 % des Kreditausfallrisikos durch eine 80%ige Haftungsfreistellung der Hausbank übernimmt.

- Bei einer Teamgründung kann jeder Gründer bis zu € 100.000 beantragen.
- Zinssätze ca. 3 %, Zinssatz aus Mitteln des ERP-Sondervermögens vergünstigt.
- € 100.000, davon können bis zu € 30.000 für Betriebsmittel eingesetzt werden.
- Auch für Selbstständige im vorläufigen Nebenerwerb.
- Fester Zinssatz für die gesamte Laufzeit ab 2,07 % effektiven Jahreszins.
- Kein Eigenkapital notwendig; der Antragsteller soll nach Möglichkeit aber vorhandene eigene Mittel einbringen. Die Höhe der Eigenmittel fließt in die Bonitätsbeurteilung durch die KfW ein.
- Der Kredit kann für Anlagen und Maschinen, IT und Software, Grundstücke und Gebäude, Baukosten und Einrichtungsgegenstände, Betriebs- und Geschäftsausstattung, Betriebsmittel, liquide Mittel, Material- und Warenlager, Kaution und Miete, Marketing- und Beratungskosten verwendet werden.
- Vorhaben muss einen nachhaltigen wirtschaftlichen Erfolg erwarten lassen.
- Auszahlung zu 100 %.
- Die Laufzeit beträgt fünf oder zehn Jahre, wobei im ersten Jahr (bei Laufzeit fünf Jahre) oder zwei Jahre (bei Laufzeit zehn Jahre) nur Zinsen ohne Tilgung zu zahlen sind.
- Eine Kombination des im Programm ERP-Gründerkredit – StartGeld geförderten Vorhabens mit anderen KfW- oder ERP-Programmen ist nicht zulässig.
- Finanziert werden bis zu 100 % des Gesamtfremdfinanzierungsbedarfs.
- Die KfW macht keine Vorgaben hinsichtlich der Besicherung; ob und in welchem Umfang Sicherheiten bestellt werden, wird zwischen Antragsteller und Hausbank vereinbart.
- Sofern die Antragstellung durch ein Unternehmen mit haftungsbeschränkter Rechtsform (z. B. GmbH) erfolgt, hat die Hausbank die Mithaftung der Anteilseigner des Unternehmens entsprechend ihrer Beteiligungsquote zu vereinbaren.

Ausführliche Informationen können Sie in Merkblatt 067, »ERP-Gründerkredit – Startgeld«, auf der Homepage der KfW unter *www.kfw.de* einsehen.

### ERP-Gründerkredit – Universell

Der *ERP-Gründerkredit – Universell* ermöglicht eine zinsgünstige Finanzierung von Gründungen, Nachfolgeregelungen oder Unternehmensfestigungen. Es werden *Gründer* sowie *Freiberufler* und *gewerbliche mittelständische Unternehmen* gefördert, die noch keine fünf Jahre bestehen (Aufnahme der Geschäftstätigkeit). Anbei sind die wichtigsten Punkte aufgelistet:

- Beantragung über Hausbank.
- Finanzierung nahezu aller Vorhaben in vollem Umfang, auch im Ausland.

- Bis zu € 25 Mio., um ein Unternehmen zu gründen, zu übernehmen oder zu festigen.
- Es können bis zu 100 % der Investitionskosten und Betriebsmittel finanziert werden.
- Ab 1 % effektiver Jahreszins; der Zinssatz wird aus Mitteln des ERP-Sonder-vermögens vergünstigt. Der Zinssatz wird unter Berücksichtigung der wirt-schaftlichen Verhältnisse des Kreditnehmers (Bonität) und der Werthaltigkeit der für den Kredit gestellten Sicherheiten von der Hausbank festgelegt.
- Die Laufzeit beträgt fünf, zehn oder 20 Jahre – wobei bis zu drei Jahre lang nur Zinsen ohne Tilgung zu zahlen sind.
- Der Zinssatz kann für die ganze Laufzeit bzw. für zehn Jahre festgeschrieben werden.
- Kein Eigenkapital notwendig.
- Auch für die Gründung im Nebenerwerb.
- Relativ flexibel kombinierbar mit anderen Fördermitteln (ausgeschlossen ist jedoch eine Kombination mit Finanzierungen aus dem ERP-Gründerkredit – StartGeld sowie die Kombination einer Finanzierung aus einem haftungsfrei-gestellten ERP-Gründerkredit –Universell mit anderen haftungsfreigestellten Förderprogrammen der KfW).
- Die Auszahlung des Kredits erfolgt zu 100 % des Zusagebetrags.
- Bankübliche Sicherheiten müssen gestellt werden, die im Rahmen der Kredit-verhandlungen mit der Hausbank zu vereinbaren sind.
- Der Kredit kann für Anlagen und Maschinen, IT und Software, Grundstücke und Gebäude, Baukosten und Einrichtungsgegenstände, Betriebs- und Ge-schäftsausstattung, Betriebsmittel, liquide Mittel, Material- und Warenlager, Kaution und Miete, Marketing- und Beratungskosten verwendet werden.
- Da die KfW 50 % des Kreditausfallrisikos von Ihrem Finanzierungspartner übernehmen kann, ist der Kredit einfacher zu bekommen.

Ausführliche Informationen können Sie in Merkblatt 068, »ERP-Gründerkredit – Universell«, auf der Homepage der KfW unter *www.kfw.de* einsehen.

### Hinweis: Nicht mit Vorhaben vor Zusage starten

Bei allen geförderten Krediten gilt: Starten Sie Ihr Vorhaben erst nach Antrag und Zusage. Um Ihren Anspruch auf Förderung zu wahren, ist es wichtig, die Reihen-folge einzuhalten: Stellen Sie zuerst Ihren Antrag für Ihren Förderkredit bei Ihrer Hausbank. Sobald Sie die Zusage für Ihre Förderung bekommen haben, können Sie mit Ihrem Vorhaben beginnen.

# Crowdinvesting/Crowdfunding

Crowdinvesting galt lange Zeit als Hoffnungsträger für die Finanzierung von Start-ups. Leider deuten die jüngsten Entwicklungen an, dass Crowdinvesting nicht generell das erhoffte Erfolgsmodell zur Startup-Finanzierung ist. Das Crowdinvesting (auch als Schwarmfinanzierung bezeichnet) beschreibt ein in Deutschland seit 2011 bestehendes *innovatives Finanzierungsinstrument* für Startups in der Frühphasenfinanzierung. Ein großer Personenkreis von Investoren investiert dabei kleine Beträge (z.B. € 200 bis € 10.000) in Startups über eine Internetplattform. Das Crowdinvesting ist ein echtes Investment. Als Gegenleistung wird z.B. eine *stille Beteiligung*, ein *partiarisches Nachrangdarlehen* oder eine *echte Beteiligung* (sehr selten) eingeräumt.

Der Crowdinvestor erhält dann meist einen Anspruch auf einen Teil des Gewinns, gegebenenfalls eine Verzinsung und wird so z.B. am Geschäftserfolg und an den Exit-Erlösen beteiligt.

Einige Crowdinvesting-Anbieter hatten die Investoren zunächst über stille Beteiligungen an den Startups beteiligt, mittlerweile bieten fast alle Crowdinvesting-Anbieter eine Beteiligung der Unterstützer durch partiarische Nachrangdarlehen (z.B. *Companisto und Seedmatch*) an.

Mit dem investierten Geld kann das Startup dann z.B. das Eigenkapital aufbauen.

Häufig geben die Crowdinvesting-Plattformen vor, dass nur die Rechtsformen der Unternehmergesellschaften und der GmbH für ein Crowdinvesting infrage kommen.

---

### Hinweis: Aktuelle Entwicklungen

Nach einem Marktreport des Internetportals Crowdfunding.de wurden 2016 33 Startups über Crowdinvesting-Plattformen in Deutschland mit ungefähr € 19 Mio. finanziert, was eine Stagnation des Crowdinvestings für Startups in Deutschland bedeutete. In 2018 gab es laut Crowdinvest Marktreport 2018 Deutschland hingegen ein Plus von 26,3 % auf € 80,4 Mio. bei Crowdinvestments in Unternehmen, allerdings sind Startups hier nur eine Unterkategorie mit einer Investmentsumme von ca. € 18,24 Mio.

Es ist zu befürchten, dass das Crowdinvesting in den nächsten Jahren eher weiter zurückgeht, da es in Deutschland in letzter Zeit spektakuläre Insolvenzen von crowdfinanzierten Startups gab.

Am 18. Mai 2017 meldete das 360-Grad-Kamera-Hardware-Startup und einstiger Crowdfunding-Star Panono Insolvenz an, nachdem das Startup US-$ 1,25 Mio. über die Crowdfunding-Plattform Indiegogo und zusätzlich über Companisto ca. € 1,6 Mio. eingesammelt hatte.

---

Im April 2017 meldete die *Sashay GmbH Insolvenz an. Die Sashay GmbH war das Startup, das hinter der* elektronischen Surf-Startup-Marke Lampuga stand. 638 Investoren hatten im Dezember 2015 gemeinsam über die Crowdfunding-Plattform Seedmatch € 820.250 in das Startup investiert.

Protonet, ein Unternehmen, das Homeserver entwickelt, war der Hoffnungsträger der Crowdfunding-Szene und deutscher Rekordhalter. In zwei Finanzierungsrunden hatte Protonet 2012 € 200.000 und 2014 € 3,0 Mio. eingesammelt, aber leider am 7. Februar 2017 Insolvenz anmelden müssen.

Im Oktober 2016 meldete der E-Commerce-Händler Returbo Insolvenz an, der über Companisto ca. € 1,1 Mio. bekommen hatte. Im Dezember kaufte Home24 das Startup aus der Insolvenz für gerade mal € 17.000.

Der E-Bike-Hersteller Freygeist, der € 1,5 Mio. von der Crowd einsammelte, und das Hamburger Startup Trip Rebel, ein Preisoptimierer bei Onlinebuchungen von Hotels, der € 700.000 einsammelte, meldeten 2016 ebenfalls Insolvenz an.

Auch drei Unternehmen der Banken-Crowdinvesting Plattform GLS Crowd sind bereits insolvent: die MindTags GmbH, bei der die GLS Crowd € 400.000 für eine integrative Smart-App einsammelte, und die BIP Industrietechnik, für die die GLS Crowd im Juni 2018 € 250.000 beschaffte. Im Februar 2019 erfolgte der Insolvenzantrag. Im Oktober 2018 kam es zum Insolvenzantrag bei der Boutique Vegan GmbH & Co. KG. In 2017 sammelte die GLS Crowd eine Summe von € 500.000 für den Onlineshop von veganen Produkten ein.

Insolvenzantrag stellten auch folgende crowdfinanzierte Unternehmen:

*poqit* (eingesammelt € 171.000), das smarte Geldbörsen mit kabelloser Ladetechnik produzierte; das Twitter-Tool *Tame* (eingesammelt € 250.000); *MyCouchbox* (eingesammelt € 300.000), eine Snackbox im Aboformat; *livekritik.de* (eingesammelt € 80.000); *Miasa* (eingesammelt € 435.000), ein Safran-Startup; der Smart-Home-Dienst *Homefort* (eingesammelt € 179.000); *Cosmopol* (eingesammelt € 93.000), ein Onlineshop für internationale Souvenirs; Natur Briketts Hameln (eingesammelt € 182.000).

Im November 2017 meldete die Crowdinvesting-Plattform *Innovestment* Insolvenz an.

Da leider auch die wenigen Exits hinter den Erwartungen der Crowd zurücklagen, sieht es insgesamt nicht besonders gut aus für die Zukunft des Crowdinvestings. So enttäuschte der erste bekannt gewordene Exit in Deutschland der Firma Lottohelden, die über Seedmatch 2014 einen Betrag in Höhe von € 458.750 einsammelte, viele Investoren, die nach Quellen im Internet nur eine Internal-Return-Rate von 10% erhielten, was bei Risikokapital eher wenig ist. Einige Crowdinvestoren fühlten sich nach eigenen Aussagen auch aus dem Unternehmen »herausgedrängt«. Über den Kaufpreis für das Startup Lottohelden wurde zwischen dem Käufer und den Verkäufern Stillschweigen vereinbart. Es ist aber nicht davon auszugehen, dass sich einer der professionellen VC-Investoren, die ebenfalls in das Startup investiert hatten, mit einer entsprechenden Rendite zufriedengegeben hätte. Meist liegen die benötigten Renditen professioneller Investoren im Falle eines Exits deutlich höher. Hier besteht natürlich ebenfalls ein gewisses Risiko für die Crowdinvestoren, da die Gestaltung der Kaufverträge für das Unternehmen sehr unterschiedlich ausfallen können und neben dem Kaufpreis und der Aufteilung des Kaufpreises unter den Investoren (Stichwort: Liquidation Preferences) verschiedene Stellschrauben in einem solchen Deal verbleiben, die die Quote der Crowdinvestoren schmälern kann.

Das insgesamt eher negative Bild können auch die anderen mir bekannten Exits von *Doxter* (Rendite der Crowdinvestoren wegen Geheimhaltung nicht bekannt) und *Foodist* (nach Angaben im Internet eine Rendite für die Crowdinvestoren zwischen 19 % und 92 %, je nachdem, in welcher Finanzierungsrunde sie als Crowdinvestor investiert haben) nicht korrigieren.

Der Foodist-Gründer Alexander Djordjevic sieht Crowdinvesting nicht nur positiv:

»Es ist extrem teures Kapital. 10 bis 15 % der Investmentsumme gehen direkt an das Portal. Dann musst du kleine Geschenke für größere Investments verteilen. Das summiert sich. Und nach acht Jahren musst du das Darlehen mit 1 % Zinsen zurückzahlen. Und zwar auf der Basis des dann aktuellen Unternehmenswerts. Wenn die Firma zu Beginn zum Beispiel fünf Millionen Euro wert ist und davon sind eine Million Euro Crowdanteile, also 20 %, und nach acht Jahren wird die Firma von einem Wirtschaftsprüfer auf 20 Millionen geschätzt, dann zahlst du vier Millionen Euro zurück – plus Zinsen. Das kann sich kaum einer leisten.«

Weitere Exits für die Crowd waren erdbär, bekannt für die gesunden Kindersnacks *Freche Freunde*, wohl mit zweistelligem Multipel, und *XLETIX* mit mehrfachem Multiple.

Es bleibt also abzuwarten, wie sich die Crowdfunding-Szene weiterentwickelt. Das Crowdinvesting in Startups steckt jedenfalls wohl immer noch in einer Krise.

## Was ist der Unterschied zwischen Crowdinvesting und Crowdfunding?

Crowdinvesting und Crowdfunding sind miteinander verwandt, unterscheiden sich jedoch in einigen wesentlichen Punkten. Häufig werden die beiden Begriffe verwechselt oder synonym verwendet. Beim Crowdfunding (z. B. *Kickstarter.com*) erhalten die Geldgeber in der Regel *weder eine finanzielle Gegenleistung noch eine Beteiligung an der Gesellschaft*. Die *Gegenleistung* ist teilweise eher symbolischer Natur, z. B. erhält man kostenlose Produkte, Nutzungserweiterungen, oder es werden Premium-Mitgliedschaften eingeräumt. Das Crowdfunding hat seine Wurzeln im künstlerischen bzw. kreativen Bereich und diente früher überwiegend der Finanzierung von Musik-CDs oder Filmen. Heutzutage wird das Crowdfunding eher für die *Produktentwicklung* und zu *Marketingzwecken* genutzt. Die Crowd kauft in dem Fall ein Produkt, das es noch nicht gibt, dessen Entwicklung und Fertigstellung dann mit dem eingesammelten Geld vorfinanziert wird.

Neben Crowdfunding und Crowdinvesting gibt es mittlerweile zum einen das *Crowdlending*, also die Kreditvergabe über die Crowd. Beim *Crowddonating* hingegen geht es nicht um ein Investment, sondern um das Einsammeln von Spenden für ein meist gemeinnütziges oder wohltätiges Projekt.

## Einer der größten Vorteile, aber auch Nachteile: der Marketingeffekt

Crowdinvesting/Crowdfunding kann einen nicht zu unterschätzenden zusätzlichen Marketingeffekt haben, und zwar positiv wie negativ. Die Crowdinvestoren sind gleichzeitig *potenzielle Kunden* und unter Umständen *Markenbotschafter*, die in ihren Netzwerken die Marke des Startups bekannt machen. Außerdem kann durch eine Crowdfunding-Kampagne *Aufmerksamkeit* erzeugt werden, da sich das Startup einem breiten Publikum vorstellt und dadurch seinen Bekanntheitsgrad erheblich steigern kann. Auf der anderen Seite ist es für ein Startup nahezu ausgeschlossen, einen anderen Investor zu finden, wenn eine Crowdinvesting- oder Crowdfunding-Kampagne scheitert. Beim Crowdfunding bedeutet das nämlich, dass der sogenannte »Proof of Concept« für das Produkt nicht erbracht werden konnte. Die Marke des Unternehmens kann dann dauerhaft »verbrannt« sein.

### Hinweis: Zweitmarke aufbauen

Beim Crowdfunding, bei dem ein funktionierendes am Markt etabliertes Startup ein neues Produkt entwickeln will, kann es sich zum Reputationsschutz und zur Beschränkung der Haftungsgefahren anbieten, eine Zweitmarke zu entwickeln und unter Umständen sogar eine Unternehmergesellschaft zu gründen, die dann die Crowdfunding-Kampagne durchführt. Scheitert die Kampagne oder kann das neue Produkt mit dem Geld der Crowd nicht entwickelt werden, ist das Kerngeschäft (bei der richtigen Gestaltung) vor einer Insolvenz geschützt.

## Häufigste Ausgestaltung des Crowdinvestings: das partiarische Nachrangdarlehen

Bei einem partiarischen Nachrangdarlehen, das derzeit in Deutschland das häufigste Modell des Crowdinvestings ist, erhalten die Crowdinvestoren *keinerlei Mitbestimmungsrechte* oder Einfluss auf das operative Geschäft des Startups. Das Startup bestimmt demnach seine Geschäftsstrategie weiterhin vollkommen unabhängig.

Grundlage der Beteiligungsform des partiarischen Nachrangdarlehens ist, wie der Name schon sagt, ein Darlehensvertrag, der eine *gewinnabhängige, variable Vergü-*

*tungskomponente* in Form einer *prozentualen Beteiligung* an dem vom Startup *erwirtschafteten Erfolg* enthält.

Darüber hinaus wird teilweise eine geringe feste Verzinsung als Mindestrendite vereinbart. Das Darlehen ist nicht besichert, eine Beteiligung an den Verlusten des Startups ist aber auch nicht vorgesehen.

Unter Umständen werden dem Crowdinvestor *Kontroll- und Einsichtsrechte* eingeräumt.

Die Nachrangigkeit bedeutet, dass die Forderungen aus dem Darlehen, sei es auf Rückzahlung oder auf Zahlung der Bonuszinsen, nicht geltend gemacht werden dürfen, sofern das zu einem Insolvenzgrund führen würde oder sofern die Tilgung nicht aus frei verfügbarem Vermögen oder einem Jahres- oder Liquidationsüberschuss des Startups möglich ist.

## Wie läuft die Finanzierung über die Crowd konkret ab?

Eine Crowdinvesting-Kampagne läuft normalerweise in den folgenden drei Schritten ab:

- Kampagnenerstellung und -bewerbung
- Freischaltung der Kampagne
- Abschluss der Kampagne

Zunächst müssen Sie eine Crowdinvesting-Kampagne erstellen. Häufig wird das anhand eines Pitch-Decks gemacht. Die Crowdinvesting-Plattform Seedmatch hat dafür z. B. einen Leitfaden erstellt, der auf der Homepage von Seedmatch unter *https://www.seedmatch.de/system/files/pitch_deck.pdf* heruntergeladen werden kann. Zu den nötigen Unterlagen gehören meist die Erstellung eines *Image-Kurzfilms* und eine *Executive Summary* des Businessplans. Dabei gilt bei allen Unterlagen der Kampagne, dass diese leicht und verständlich sind und das meist jüngere Zielpublikum richtig ansprechen.

---

### Hinweis: Hoher Aufwand

Eine Finanzierung durch die Crowd ist aufwendiger, als von vielen Gründern gedacht, meist sogar sehr viel aufwendiger und zeitintensiver als die Suche nach Investoren über die herkömmlichen Kanäle. Das liegt daran, dass die Erstellung einer Crowdfunding-Kampagne, insbesondere das Video und die Durchführung und Kommunikation mit den Supportern, aufwendiger als erwartet ist. Es ist sinnvoll, ein Marketingbudget einzuplanen, um die nötigen Reichweiten zu erzielen. Wird die Kampagne nicht professionell vorbereitet, ist die Wahrscheinlichkeit hoch, dass sie scheitert.

---

In einer Crowdfunding-Kampagne hat eine Agentur für die Erstellung der Unterlagen und die Durchführung und Begleitung der Kampagne inklusive des Image-Kurzfilms eine Vergütung in Höhe von € 50.000 erhalten. Zusätzlich wurden der Agentur € 5.000 als Werbebudget in den sozialen Netzwerken zur Verfügung gestellt.

Ungefähr ein Viertel der Crowdfunding-Kampagnen erreichen in Deutschland nicht die Funding-Schwelle oder sind aus anderen Gründen nicht erfolgreich. Es gibt zwar keine aktuellen Zahlen, es ist aber davon auszugehen, dass aufgrund der zahlreichen Insolvenzen der Anteil der nicht erfolgreichen Crowdfunding-Kampagnen derzeit deutlich gestiegen ist.

## Hinweis: Haftungsgefahr

Die Crowdfunding-Kampagnen stellen ein wirksames Marketinginstrument dar. Man sollte sich aber möglichst genau an die realen Fakten halten, da Haftungsrisiken bestehen, wenn Sachverhalte zu positiv dargestellt, Entwicklungsmöglichkeiten übertrieben und z.B. potenzielle Märkte zu groß dargestellt werden.

Der Crowdinvesting-Plattformbetreiber entscheidet dann anhand von eigenen Kriterien, ob er das Startup für eine Kampagne zulässt und ein Vertrag geschlossen wird.

Von dem Startup muss dann eine sogenannte *Funding-Schwelle* festgelegt werden. Rechtlich gesehen ist das eine aufschiebende Bedingung, die besagt, dass die Finanzierung nur stattfindet und rechtlich wirksam wird, wenn der Betrag der Funding-Schwelle (häufig € 100.000) überschritten wird.

Ist eine Crowdinvesting-Kampagne nicht erfolgreich, erhalten alle Investoren ihr Investment in der Regel ohne Abzug zurück.

Die Crowdinvestoren schließen nach erfolgreicher Kampagne einen gesonderten *standardisierten Beteiligungsvertrag* mit dem Startup, der von dem Plattformbetreiber zur Verfügung gestellt, aber nur zwischen Startup und Crowdinvestor geschlossen wird. Hierbei handelt es sich meist um das oben erläuterte *partiarische Nachrangdarlehen*.

Im Anschluss werden die investierten Beträge nach Abzug einer *plattformabhängigen Provision*, z.B. in Höhe von 3 bis 10% des investierten Kapitals, an das Startup überwiesen.

Bei der größten deutschen Crowdinvesting-Plattform Seedmatch wird, vereinfacht dargestellt, z.B. eine gewinnunabhängige Basisverzinsung von 1% pro Jahr gewährt. Zusätzlich wird eine anteilige Gewinnbeteiligung an den Gewinnen des Startups gewährt. Die Crowdinvestoren werden nicht an den Verlusten des Startups beteiligt. Wird der Darlehensvertrag nach der Mindestlaufzeit gekündigt, wird das Startup auf Grundlage eines Multiples des EBIT und des Umsatzes bewertet. Der relevante Wert des Startups zur Bemessung der Wertsteigerung ist der jeweils höhere Wert. Wird ein Startup während der Vertragslaufzeit des Darlehens an einen Investor oder Käufer verkauft, werden die Crowd-Altinvestoren entsprechend ihrer Beteiligungsquote am Kaufpreis beteiligt.

## Ist Crowdinvesting Venture-Capital-kompatibel?

Wenn Sie bereits bei Erstellung der Crowdinvesting-Kampagne wissen, dass Sie wahrscheinlich noch eine Folgefinanzierung benötigen, ist es sehr wichtig, dass die Investments Venture-Capital-kompatibel sind, da ansonsten die Anschlussfinanzierung erschwert wird.

Ob Crowdinvesting Venture-Capital-kompatibel ist, wird sich erst in der Zukunft wirklich zeigen. Erste VC-Anschlussfinanzierungen deuten zumindest ein wenig in die Richtung (z.B. hat das Startup Lottohelden eine VC-Folgefinanzierung erhalten), dass das zumindest bei einigen Anbietern und Venture-Capital-Unternehmen der Fall ist.

Zu bedenken ist aber, dass Venture-Capital-Unternehmen häufig nach dem »Last-in-First-out-Prinzip« agieren. Das bedeutet, dass sie z.B. im Rahmen eines Exits bei der Verteilung der Erlöse, z.B. durch Liquidation Preferences, bevorzugt behandelt werden. Wenn das durch das Crowdinvesting nicht mehr möglich oder mit erheblichem Aufwand (durch die Einholung von zahlreichen Zustimmungen) verbunden ist, dürfte ein großer Teil der Venture-Capital-Branche Abstand von einem Investment in ein crowdfinanziertes Startup nehmen. Es kommt aber natürlich immer auf die konkrete Ausgestaltung des Crowdinvestings an.

Der Gründer von Foodist, Alexander Djordjevic, hat sich auch zu Folgefinanzierungen gegenüber brand eins geäußert und Folgendes gesagt:

> »Es gab viele gute Gespräche bis zu dem Punkt, an dem das Crowdinvesting zur Sprache kam. Wir haben erklärt, dass wir der Crowd ein Angebot machen müssten, dass dann eine Abstimmungsphase von zwei Wochen folgt, und wenn die Eigentümer von 75% des investierten Kapitals zustimmen, dann darf verkauft werden. Aber VCs haben keine Lust auf so was. Die wollen schnelle Entscheidungen. Ja oder Nein. Das Buzzword war »Dealsicherheit«. Kannst du den Deal garantieren? Sonst sind wir raus.«

Auch die VCs Earlybird Ventures und eVentures sehen Crowdinvesting wohl eher kritisch.

# Rechtliche Rahmenbedingungen des Crowdinvestings in Deutschland

Das Crowdinvesting steht rechtlich natürlich nicht im luftleeren Raum, sondern ist seit den verschiedenen spektakulären Fonds-Insolvenzen umfangreich rechtlich reglementiert. Gut für Sie als Gründer ist zunächst, dass die meisten rechtlichen Pflichten dabei die *Crowdinvesting-Plattformbetreiber* betreffen. Diese rechtlichen Anforderungen werde ich hier nicht weiter thematisieren, im folgenden Abschnitt werde ich lediglich die rechtlichen Pflichten und Rechte der Startups, die sich über eine Crowdinvesting-Plattform finanzieren wollen, überblicksartig behandeln.

In Deutschland existieren bisher keine spezifischen rechtlichen Regelungen für Crowdinvesting, sodass auf die allgemeinen Regelungen z.B. des *Bank-* und *Kapitalmarktrechts* zurückgegriffen werden muss, die im Juli 2015 durch das Kleinanlegerschutzgesetz nochmals geändert wurden und für einige Änderungen beim Crowdinvesting gesorgt haben.

Das *Kleinanlegerschutzgesetz* befasst sich insbesondere mit Fragen der Prospektpflicht, der Haftung und der Werbung sowie mit den Befugnissen der BaFin (Bundesanstalt für Finanzdienstleistungsaufsicht) und hat die Regelungen des Bank- und Kapitalmarktrechts entsprechend geändert, auch in Hinsicht auf das Crowdinvesting.

Die aus den Gesetzen hervorgehenden einzuhaltenden *Rahmenbedingungen* für das Crowdinvesting sind nunmehr die folgenden:

Ab einem Anlagebetrag von € 1.000 muss ein Privatinvestor in Form einer Selbstauskunft gegenüber der Crowdinvesting-Plattform bestätigen, dass er über ein Vermögen von mindestens € 100.000 verfügt bzw. als Obergrenze maximal zwei Nettomonatsgehälter investiert. Ohne Selbstauskunft darf jeder Privatinvestor also maximal € 1.000 investieren. Mit Selbstauskunft darf jeder Privatinvestor maximal das Zweifache seines durchschnittlichen Nettoeinkommens investieren, maximal aber € 10.000. Verfügt der Privatinvestor über ein freies Vermögen über € 100.000, darf er ebenfalls maximal € 10.000 investieren.

Diese Obergrenzen gelten als Fixbeträge pro Startup.

Für professionelle Investoren wie z.B. Kapitalgesellschaften gelten die Höchstbeträge nicht.

Startups unterliegen ab einem Investitionsbetrag von € 2,5 Mio. der Pflicht zur Erstellung und Vorlage eines Vermögensanlageprospekts (sogenannte *Prospektpflicht*). Aufgrund der Komplexität solcher Prospekte können sie eigentlich nur von Rechtsanwälten erstellt werden, was sie sehr teuer macht.

Enthält der Verkaufsprospekt Fehler, können – lediglich aus diesem Grund – im Rahmen der Prospekthaftung Schadensersatz- und gegebenenfalls Rückabwicklungsansprüche geltend gemacht werden.

Es ist weiterhin Pflicht, dass jeder Crowdinvestor für jedes Crowdinvesting-Projekt ein maximal dreiseitiges *DIN-A4-Vermögensanlagen-Informationsblatt* bekommt, das kurz und verständlich die wesentlichen Informationen des angebotenen Crowdinvestments enthält.

Die konkret zu erfüllenden Voraussetzungen für das Vermögensanlagen-Informationsblatt enthält § 13 *Vermögensanlagengesetz*. Die Werbung für Crowdinvesting muss zwingend mit einem *Warn-* und *Risikohinweis* in Bezug auf die vollständigen Verlustrisiken versehen werden.

Eine weitere Schutzmaßnahme für die Crowdinvestoren ist ein gesetzliches *14-tägiges Widerrufsrecht*.

## Nachteile des Crowdinvestings

Im Folgenden noch einmal überblicksartig die Nachteile des Crowdinvestings:

- Ein fehlgeschlagenes Crowdinvesting kann eine zukünftige Kapitalaufnahme erheblich erschweren bzw. unmöglich machen.
- Das Image und die Marke des Startups können bei fehlgeschlagenen Kampagnen negativ beeinflusst sein.
- Es herrscht keine Rechtssicherheit: Die Auslegung der Gesetze ist schwer einzuschätzen, weil es noch keine (Ober-)Gerichtsentscheidung gibt, da es sich um eine recht neue Finanzierungsform handelt.
- Anschlussfinanzierungen sind nach einem Crowdinvesting schwieriger einzuwerben – insbesondere von professionellen Venture-Capital-Gesellschaften.
- Die Nutzung von standardisierten Beteiligungs- oder Darlehensverträgen berücksichtigt möglicherweise nicht alle Besonderheiten des Einzelfalls.
- Laufende regelmäßige Informationen sowie die Kommunikation mit den Crowdinvestoren nach dem Investment bindet Ressourcen.
- Ein großer anonymer Anlegerkreis birgt die Gefahr, dass mehrere Anleger zivilrechtliche Ansprüche geltend machen.

# ICO (Initial Coin Offering)

Der ICO ist nicht zu verwechseln mit dem IPO (*Initial Public Offering*), also einem Börsengang. Ganz grob gesagt, handelt es sich um die Ausgabe von Anteilen am Unternehmen in Form von Tokens, die aber ganz unterschiedlich ausgestaltet sein können. Sind sie rechtlich ähnlich ausgestaltet wie Gesellschaftsanteile, dürften in Deutschland die rechtlichen Hürden recht hoch sein. Grundsätzlich lässt sich eine Einteilung in Utility- und Security-Tokens vornehmen.

Die Utility-Tokens können in der Regel nur im Netzwerk des Emittenten zum Bezug von Waren oder Dienstleistungen genutzt werden und sind daher – abgesehen davon, dass man hofft, sie mit Gewinn weiterverkaufen zu können – ansonsten oftmals nutzlos. Ein Vorteil ist, dass sie in der Regel geringeren regulatorischen Anforderungen unterliegen. Die strenger regulierten Security-Tokens, die Mitgliedschaftsrechte oder schuldrechtliche Ansprüche vermögenswerten Inhalts verkörpern, unterliegen in der Regel viel strengeren Regularien.

Diese sehr neue Finanzierungsform für Startups hat für einige Aufregung nicht nur in der Startup-Szene gesorgt. Dies liegt sicherlich auch an den enormen Summen und den sehr kurzen Zeiträumen, in denen diese Summen eingesammelt wurden. Es ist bereits ein Ende der Venture-Capital-Investoren vorhergesagt worden, weil durch einen ICO von Kleinanlegern direkt in ein Startup investiert werden kann. Es sind tatsächlich – vornehmlich in den USA – auch bereits viele Milliarden Dollar in Startups investiert worden, die Tokens ausgegeben haben. Derzeit sind es vor allem Startups mit Blockchain-Technologie, die diesen Weg der Finanzierung gehen. Unabhängig davon, ob derzeit ein Hype um Kryptowährungen wie Bitcoin etc. besteht, ist es sinnvoll, dieses Finanzierungsinstrument im Auge zu behalten.

Der Finanzmarkt ist nach den Skandalen der letzten Jahren immer weiter reguliert worden, sodass es sich mittlerweile um einen rechtlich hochkomplexen Bereich handelt und daher kaum abzusehen ist, wie die Rechtsprechung und der Gesetzgeber diesen Bereich der ICOs irgendwann einmal einschätzen und auslegen werden. Die BaFin beobachtet die Entwicklung der ICOs jedenfalls sehr genau. Verfolgt werden soll die Schaffung eines angemessenen Rechtsrahmens für den Handel mit Kryptowährungen und Tokens auf europäischer und internationaler Ebene. Einen Beitrag leistet das am 7. März 2019 veröffentlichte Eckpunktepapier der Bundesministerien der Finanzen (BMF) sowie der Justiz und für Verbraucherschutz (BMJV). Das Eckpunktepapier stellt erstmals die Öffnung des deutschen Rechts für die Einführung von elektronischen Wertpapieren sowie die Regulierung der Emission von Krypto-Tokens zur Diskussion. Das Papier soll als Grundlage für einen Referentenentwurf dienen.

Erfreulich ist auch, dass die BaFin Anfang 2019 das erste Mal einen Wertpapierprospekt des Berliner Startups *Bitbond* für ein Security Token Offering genehmigte. Die BaFin ordnete die Security-Tokens als Wertpapiere ein, daher ist unter anderem ein Wertpapierprospekt zu erstellen. Dies war die erste erfolgreiche und genehmigte Platzierung von virtuellen Schuldverschreibungen auf der Blockchain.

Kommt ein ICO in Betracht, sollten Sie nicht auf die Hinzuziehung von hoch spezialisierten Experten verzichten – wobei selbst dann mit ziemlicher Sicherheit erhebliche Unsicherheiten verbleiben werden.

# Due Diligence

Im Rahmen der *Due Diligence* (kurz *DD*) prüft der potenzielle Käufer oder der potenzielle Investor das Startup systematisch, um die *Chancen und Risiken* einschätzen zu können, die mit der Transaktion oder Beteiligung verbunden sind. Die Tiefe der DD unterscheidet sich teilweise erheblich. Einige Investoren, meist Business-Angels, begnügen sich damit, das Gründerteam kennenzulernen und Fragen zu stellen, andere Business-Angels und VC-Investoren stellen zu beantwortende Fragelisten zur Verfügung. Bei einem Unternehmensverkauf bestehen diese Fragelisten häufig aus deutlich mehr als 100 Fragen.

---

### Hinweis: Due Diligence des Verkäufers

Es kann sich anbieten, dass der Verkäufer, bevor er den Verkaufsprozess einleitet, selbst eine Due Diligence des eigenen Unternehmens durchführt. Die Prüfung ist zwar mit recht hohen Kosten verbunden, doch können den Verkäufer gegebenenfalls Aufklärungspflichten gegenüber dem Käufer treffen. Durch die umfangreichen Fragelisten entstehen auch umfangreiche Aufklärungspflichten des Verkäufers/Startups. Wenn der Verkäufer etwas verschweigt oder ohne eigenes Wissen behauptet oder nicht weiß, aber wissen müsste, haftet er wegen des Verstoßes gegen Aufklärungspflichten. Die Haftung kann gegebenenfalls in unbegrenzter Höhe anfallen und sogar ohne konkrete Nachfrage des Käufers einsetzen.

---

Die Due Diligence kann grob in die *finanzielle, technische, wirtschaftliche, rechtliche* und *steuerliche Prüfung und Bewertung* des Kaufobjekts/Startups untergliedert werden.

In der *finanziellen* Due Diligence werden die Vermögens-, die Finanz- und die Ertragslage der Zielgesellschaft aufbereitet, in der *wirtschaftlichen* Due Diligence werden das Geschäftsmodell und das Marktumfeld analysiert. In der *technischen* Due Diligence werden die Technologie und das Produkt einer näheren Betrachtung unterzogen. Bei der *steuerlichen* Due Diligence werden steuerliche Chancen und Risiken geprüft. In der *rechtlichen* Due Diligence schließlich sollen die mit der Unternehmensakquisition einhergehenden rechtlichen Risiken, insbesondere hinsichtlich der Schutzrechte, z.B. Marken, Patente, Domains, Know-how, Urheberrechte (»IP-Due-Diligence«), und der rechtlichen Struktur und Situation der Zielgesellschaft (»Corporate-Legal-Due-Diligence«) aufdeckt werden.

Bei Startups ist eine Due Diligence hinsichtlich der Umweltrisiken, z.B. durch Altlasten auf Grundstücken, recht selten. Allerdings kommt es vor, dass standardisierte Listen hierzu Fragen stellen und diese dann – obwohl völlig abwegig – beantwortet werden müssen.

Ziel der Due Diligence ist es, verborgene Chancen und Risiken des Zielunternehmens sowie Deal Breaker aufzudecken. Erst in der DD aufgedeckte Risiken wer-

---

den nach der Due Diligence meist noch eingepreist, und der Kaufpreis wird entsprechend gekürzt. Im Worst Case wird von dem Investment bzw. Kauf abgesehen.

---

### Hinweis: Verzicht auf eine Due Diligence

Verzichtet das Management des Käufers auf eine Due Diligence, kann dies gegebenenfalls eine Haftung des Managements gegenüber seinen Aktionären oder Gesellschaftern auslösen. Ohne die Vornahme einer Due Diligence liegt nämlich gegebenenfalls grob fahrlässige Unkenntnis vor, die zu einem Verlust der Gewährleistungsansprüche gegenüber dem Verkäufer führen kann.

---

## (Virtueller) Datenraum

In den Datenraum stellt das Startup Daten, Dokumente, Verträge etc. ein und gibt Erklärungen ab, um dem Käufer/Investor im Rahmen der Due Diligence zu ermöglichen, das Startups zu durchleuchten. Physische Datenräume, wie ein Zimmer voller Aktenordner, kommen heutzutage bei der Akquisition von Startups immer seltener zur Anwendung. Meistens handelt es sich um einen virtuellen Datenraum mit Onlineschnittstelle.

Im Datenraum regeln *detaillierte Zugriffsrechte*, wer welche Dokumente lesen, bearbeiten, herunterladen und drucken darf. Die Aktivitäten aller Nutzer im Datenraum werden bestenfalls in einem *revisionssicheren Protokoll* nachvollziehbar aufgezeichnet, nach dem Closing »eingefroren« und auf einen *unveränderlichen Datenträger* gespeichert. Diesen Datenträger erhalten Käufer und Verkäufer einschließlich eines Zertifikats, das den rechtmäßigen Stand der Due Diligence bei Abschluss der Transaktion bescheinigt. Dieser Datenträger kann bei der Aufklärung von späteren Rechtsstreitigkeiten helfen und gegebenenfalls als Beweis dienen.

Bei der Verhandlung des Unternehmenskaufvertrags oder des Beteiligungsvertrags sollten Sie darauf achten, dass Sie eine Klausel verhandeln, in der festgelegt wird, dass Kenntnisse, die der Käufer oder Investor im Rahmen der Due Diligence erhalten hat oder zumindest erhalten konnte (also der gesamte Inhalt des Datenraums) *spätere Schadensersatzforderungen ausschließt*. Der Käufer oder Investor kann dann gegebenenfalls keine Gewährleistungsansprüche auf im Datenraum hinterlegte und daher bekannte Umstände geltend machen. Die Bestückung des Datenraums kann damit, soweit eine solche Klausel aufgenommen wird, unmittelbare Auswirkungen auf das Haftungsrisiko der Gründer des Startups haben.

Auf der anderen Seite müssen Sie aufpassen, dass im Rahmen einer Due Diligence nur Dokumente in den Datenraum eingestellt werden, die die Vergangenheit betreffen. Zukunftsprognosen haben erst einmal nichts im Datenraum verloren. Hintergrund ist, dass von Ihnen häufig die Abgabe einer Garantie für die im Datenraum enthaltenden Dokumente gefordert wird, sodass prognostizierte Ereignisse gefährlich werden und gegebenenfalls zu einer Haftung führen können.

---

## Praxistipp: Vertragsmanagement z. B. für die Due Diligence

Um nicht erst bei konkreten Anforderungen von Dokumenten in einer Due Diligence innerhalb einer anstehenden Finanzierungsrunde mit der Erstellung und Sammlung der Dokumente zu beginnen – was im Nachhinein und unter Zeitdruck sehr aufwendig sein kann –, bietet es sich an, ständig und laufend relevante Dokumente und Verträge zu digitalisieren und von der Gründung des Startup an diese zentral in ein Vertragsmanagementsystem zu speichern. Ich habe ein solches Vertragsmanagementsystem entwickelt, das eine Ordnerstruktur enthält, die 21 Oberordner und 237 Unterordner aufweist und entsprechend den üblichen Anforderungslisten in einer Due Diligence angeordnet und gestaltet ist. Hierdurch besteht neben einer schnellen Recherchemöglichkeit ein vereinfachtes Vertragscontrolling und (Vertrags-)Reporting, z.B. für Investoren. Es dient ebenfalls dafür, Vertragsvorlagen systematisch zu sammeln und laufend zu vervollständigen und Vertragslücken sowie nicht unterschriebene oder von der falschen und nicht vertretungsberechtigten Person unterschriebene Verträge aufzudecken bzw. fehlende und nicht mehr auffindbare Verträge z.B. noch einmal vom Vertragspartner anzufordern, bevor sie im Rahmen einer Finanzierungsrunde angefordert werden.

Des Weiteren ist die Mitarbeiterfluktuation in Startups normalerweise recht hoch. Durch das Vertragsmanagement besteht dann eine einfache Auffindungsmöglichkeit der Verträge/Dokumente für Vertreter oder Nachfolger, falls der verantwortliche Mitarbeiter im Urlaub oder krank ist oder das Unternehmen verlassen hat.

Das von mir erstellte Vertragsmanagementsystem kann über die Ynicorn GmbH unter der Domain *www.ynicrn.com* bezogen werden.

Sind die Reaktionszeiten in einer Due Diligence kurz, haben Investoren sofort einen guten Eindruck von einem Startup und sind teilweise sogar beeindruckt, wenn die angefragten Dokumente unmittelbar übersandt werden können oder der Datenraum innerhalb kürzester Zeit mit den relevanten Dokumenten gefüllt wird.

---

#### BEISPIEL

Das angesprochene Ordnersystem des Vertragsmanagements besteht, wie gesagt, aus 21 Oberordnern und 237 Unterordnern. Anbei ist beispielshaft der erste Oberordner mit seinen Unterordnern angeführt.

1. Gesellschaftsrechtliche Verhältnisse

    1.1. Aktueller gesellschaftsrechtlicher Stand

        1.1.1. Aktuelle Gesellschafterliste

        1.1.2. Aktuelle Satzung bzw. aktueller Gesellschaftsvertrag

        1.1.3. Aktuelle Gesellschaftervereinbarungen

1.2. Vormaliger gesellschaftsrechtliche Stand

    1.2.1. Einzahlungsbelege Stammeinlagen & Kapitalerhöhungen

    1.2.2. Alte Satzung bzw. Gesellschaftsvertrag

    1.2.3. Alte Gesellschafterlisten

    1.2.4. Kapitalerhöhungen

    1.2.5. Sonstige Dokumente

1.3. Gesellschafterbeschlüsse

    1.3.1. Ordentliche jährliche Gesellschafterversammlung

    1.3.2. Außerordentliche Gesellschafterversammlungen

1.4. Gewerbeanmeldung, -erlaubnis

    1.4.1. Gewerbeanmeldung, -erlaubnis

    1.4.2. Sonstige für den Geschäftsbetrieb erforderlichen Genehmigungen

1.5. Beirat oder Aufsichtsrat

    1.5.1. Liste der Beiratsmitglieder

    1.5.2. Verträge mit Beiratsmitgliedern

    1.5.3. Geschäftsordnung für den Beirat

    1.5.4. Protokolle über Beiratssitzungen

    1.5.5. Rechnungen der Beiratsmitglieder

1.6. Notarpost (gesellschaftsrechtlicher Verhältnisse)

Klassischerweise werden folgende Punkte in der *rechtlichen Due Diligence* abgefragt: Bilanzen, Steuererklärungen, Gesellschaftsverträge und Gesellschaftervereinbarungen und -beschlüsse, Geschäftsführeranstellungs- und Arbeitsverträge, Marken, Patente, Gebrauchsmuster, Designs, Software und Know-how, Lizenz-, Kooperations- und Einkaufsverträge, Informationen über bestehende und beendete Rechtsstreitigkeiten und zu Grundstücken sowie Versicherungen. Wenn diese Dokumente ordentlich an einem Ort im Unternehmen abgelegt sind, ist die Vorbereitung des Datenraums nicht mehr aufwendig.

## Praxistipp: Aufdeckung von Schwachpunkten und Problemen

Schwachpunkte und Probleme (z.B. laufende Rechtsstreitigkeiten, durchbrochene Rechteketten) sollten Sie möglichst früh (aber nicht bevor das Interesse des Investors wirklich geweckt worden ist) bei den Verhandlungen aufdecken. Werden die Mängel/Probleme erst später offenbart oder in der Due Diligence erkannt, führt dies meist zu einer Nachverhandlung und Reduzierung des Kaufpreises oder des Investments. Den Investoren ist klar, dass ein Startup nicht perfekt sein kann. Deshalb sollten aktiv Schwächen (gern gesehen mit SWOP-Analyse) benannt und Argumentationsketten zur Beseitigung vorbereitet werden.

Sie sollten es auch vermeiden, dem Käufer gegenüber etwas Wichtiges zu verheimlichen. Hierdurch könnten gegebenenfalls Schadensersatzansprüche des Käufers geltend gemacht werden. Gehen Sie auch davon aus, dass der Investor/Käufer wichtige Fragen, die er zu Beginn des Prozesses nicht gestellt hat, später noch an Sie richten wird.

Bei einer Finanzierungsrunde kommt noch hinzu, dass die eigentliche Beziehung mit dem Investor erst mit dem Investment beginnt. Kommt später heraus, dass Informationen vorenthalten wurden, wird unabhängig von den rechtlichen Implikationen auch viel Vertrauen verspielt. Vergessen Sie ebenfalls nicht, dass zumindest der Erwerber später alle Unterlagen erhält und Großkonzerne zum Teil ganze Abteilungen haben, die sich nach dem Erwerb eines Unternehmens nur mit Garantieverletzungen und Gewährleistungsthemen beschäftigen.

---

### Hinweis: »Time Kills all Good Deals«

Ein wesentlicher Erfolgsfaktor ist die Geschwindigkeit einer Due Diligence und des Closings. In der heißen Phase eines Verkaufs oder einer Finanzierungsrunde gibt es unzählige Umstände, die eintreten können, sodass eine Finanzierungsrunde platzt oder ein Unternehmenskauf scheitert (z. B. findet der Investor ein interessanteres Startup, er stirbt, hat einen Unfall, ein früheres Investment muss Insolvenz anmelden, es tritt eine Finanzkrise auf, oder es ändern sich Gesetze). Dieses Risiko steigt mit jeder Woche, die ohne ein Closing vergeht, sodass zumindest von Ihnen und Ihren Rechtsanwälten immer sehr schnell auf Anfragen der Gegenseite reagiert werden sollte.

---

## Sensible Daten/Know-how besonders schützen

Vorsicht ist bei den besonders sensiblen Daten, wie *Geschäftsgeheimnissen* und *Know-how*, geboten. Diese sollten, wenn es sich nicht vermeiden lässt, erst in einer späten Phase der Due Diligence offenbart werden – am besten nachdem die möglicherweise bestehenden sogenannten *Deal Breaker* bereits beiseitegeschafft (siehe hierzu den Abschnitt über Deal Breaker weiter oben in diesem Kapitel) und alle Probleme und Schwachpunkte offenbart wurden. Die besonders sensiblen Daten sollten nicht kopiert werden dürfen, und es kann mit Schwärzungen in Dokumenten gearbeitet werden. Des Weiteren kann es sich anbieten, dass der Käufer die besonders sensiblen Daten gar nicht erhält, sondern ausschließlich ein zur *Verschwiegenheit verpflichteter unabhängiger Berater*. Er wird die sensiblen Daten auf *Plausibilität* und *rechtliche Relevanz* überprüfen und den Käufer/Investor abstrakt über die Ergebnisse informieren. Noch vorsichtiger sollten Sie sein, wenn es sich bei dem potenziellen Käufer um einen Konkurrenten handelt.

---

## Hinweis: Gesellschafterbeschluss

Die Weitergabe von vertraulichen Informationen an den potenziellen Käufer zum Zweck der Durchführung einer Due Diligence bedarf in der Regel aus haftungsrechtlichen Gründen eines einstimmigen Gesellschafterbeschlusses, weil die wirklich vertraulichen Informationen oftmals den eigentlichen Wert eines Unternehmens darstellen. Gibt es keinen Gesellschafterbeschluss, riskiert die Geschäftsleitung eine Haftung zumindest gegenüber den Gesellschaftern.

# Due-Diligence-Report

Die Erkenntnisse aus den Einzelprüfungen der verschiedenen Due Diligencen werden in einem sogenannten *Due-Diligence-Report* zusammengefasst, der mit dem Gründer- und Management-Team des Startups durchgegangen wird. Adressat des Due-Diligence-Reports sind aber auch die Entscheidungsgremien des Kaufinteressenten oder des Investors sowie, bei fremdfinanzierten Transaktionen, die Banken der Käuferseite.

## Hinweis: Due Diligence

Eine Due Diligence ist für Gründer nicht immer angenehm, denn aus der Natur einer solchen Prüfung ergibt sich, dass nach Schwachstellen, Fehlern, Vertragslücken und nach Risiken gesucht wird. Oftmals werden auch externe Berater für eine solche Prüfung eingesetzt, die einen Folgeauftrag nur bekommen, wenn sie alle Risiken erkannt, benannt und bewertet haben. Gründer fühlen sich dadurch gegebenenfalls angegriffen. Versuchen Sie, diesen Reflex zu vermeiden und mit Selbstvertrauen Transparenz zu schaffen.

### Beispielhafter Ablauf einer Due Diligence

- Phase 1: Eigene Due Diligence des Startups/Verkäufers und Aufbereitung der Unterlagen.
- Phase 2: Vorbereitung der Due Diligence des Käufers/Investors.
- Erstellung einer Anforderungsliste durch den Käufer/Investor.
- Erstellung des Datenraums durch den Verkäufer/das Startup.
- Vorbereitung von Vertraulichkeits- und Geheimhaltungserklärungen sowie Festlegung der Datenraumregeln.
- Phase 3: Die Due Diligence selbst
- Zutritt des Käufers/Investors zum Datenraum, Durchsicht der Unterlagen, Beginn des Q&A-Prozesses.

- Befragung der Geschäftsführung, z. B. Interviews durch Investoren.
- Besichtigung des Startups/der Betriebsstätten.
- Erstellung des Due-Diligence-Reports.
- Abgabe eines verbindlichen Gebots durch den potenziellen Investor/Kaufinteressenten.
- Abschluss von Exklusivitätsvereinbarungen (zum Teil erst in der Verhandlungsphase) und (End-)Verhandlung der Verträge für die Transaktion.
- Gegebenenfalls Phase 4: Post Mercer Due Diligence.
- Prüfung, ob Garantie- und/oder Gewährleistungsansprüche bestehen.

## Welche Exit-Möglichkeiten gibt es für Startups?

Die meisten Gründer planen, ihr Startup irgendwann zu verkaufen, also einen Exit zu machen, was aber leider nur sehr wenigen Gründern zu guten Bedingungen gelingt. Als Exit kann ganz allgemein der Ausstieg von Investoren oder den Gründern aus dem Unternehmen durch Verkauf des Unternehmens bzw. der Unternehmensanteile bezeichnet werden. Das vertragliche Konstrukt des Exits, der Ablauf und die Prozesse des Unternehmensverkaufs sind mit denen einer Finanzierungsrunde ungefähr zu vergleichen, sodass die Ausführungen zur Finanzierungsrunde auch beim Exit relevant werden können. Es gibt aber einige Besonderheiten bei den im Folgenden kurz angesprochenen Exit-Möglichkeiten (insbesondere dem Börsengang), die allerdings, würden sie detaillierter betrachtet werden, den Rahmen dieses Buchs sprengen würden.

Der Exit kann z. B. durch Verkauf an ein anderes Unternehmen (*Trade Sale*), durch Rückkauf der Anteile durch die Gründer (*Buy Back*), durch Kauf durch das Management (*Management-Buy-out*) oder durch die Mitarbeiter (*Employee-Buy-out*), durch den Verkauf der Anteile eines Investors an einen anderen Investor (*Secondary-Transaction* oder *Secondary Purchase*) oder einen Börsengang (*Going Public* oder auch IPO – *Initial Public Offering* – genannt) erfolgen. Der Börsengang lohnt sich in der Regel am meisten für die Gesellschafter oder Aktionäre, kommt aber nicht besonders häufig vor. Laut dem Finanzdaten- und Softwareunternehmen pitchbook spielen bei 75 % der Exits von VC-finanzierten Startups strategische Überlegungen des Käufers eine Rolle, die übrigen 25 % verteilen sich auf Börsengänge und Verkäufe an Finanzinvestoren.

Auch wenn die Nachrichten aus der Gründerszene manchmal so wirken, als würde es viele Exits in Deutschland geben: Dem ist nicht so.

Ein Gründer kann daher überlegen, ob er im Rahmen einer Finanzierungsrunde einen Teil seiner Anteile oder alle Anteile an einen Investor der Finanzierungsrunde verkauft, was in späteren Finanzierungsrunden durchaus vorkommt. Dies wird dann auch als *Secondary-Transaktion* bezeichnet und hat den Vorteil, dass der

Gründer bei hohen Bewertungen das Risiko eines Gesamtexits vermeidet und trotzdem einen hohen Geldbetrag erhält, wobei häufig ein gewisser Discount von der Bewertung des Startups für die übernommenen Geschäftsanteile eingeräumt wird. Ein Secondary Sale liegt ebenfalls vor, wenn ein Investor seine Geschäftsanteile an einen anderen Investor verkauft.

Die deutschen Exits spielen sich normalerweise im einstelligen Millionen- bis niedrigen zweistelligen Millionenbereich ab. Hohe Exits von Startups auch im unteren dreistelligen Millionenbereich sind in Deutschland extrem selten. Einen Verkauf eines Startups für über € 1 Mrd. hat es in Deutschland noch nicht gegeben, obwohl es mittlerweile einige deutsche *Einhörner (englisch: Unicorn)*, also private, nicht an der Börse gelistete Firmen gibt, die im Dezember 2019 mit über US-$ 1 Mrd. bewertet werden:

- AboutYou, $ 1,2
- Deposit Solutions, $ 1,2
- Celonis, $ 2,5
- WeFox Group, $ 1,7
- Omnio, $ 1,0
- Otto Bock HealthCare, $ 3,5
- Getyourguide $ 1,1
- Flixbus, $ 2,5
- NuCom Group, $ 2,2
- N26, $ 3,5
- Biontech, $ 2,8
- Auto1 Group, $ 3,6
- CureVac, $ 1,8

Zu diesen Bewertungen führten auch die aktuellen »Mega-Finanzierungsrunden«, z. B. von N26 (€ 420 Mio.), GetYourGuide (€ 433 Mio.) und Flixbus (€ 500 Mio.), die zeigten, dass mittlerweile zum Teil hohe Investitionen in deutsche Startups getätigt werden, was zu einem Wachstum der europäischen Gründerszene beiträgt.

Der höchste mir bekannte deutsche Verkauf eines Startups ist wahrscheinlich der Verkauf des Fernwartungssoftwareunternehmens Teamviewer für angebliche und unbestätigte € 830 Mio. Rocket Internet hat einen Börsengang mit einem Emissionserlös in Höhe von ca. € 1,4 Mrd. hingelegt und wurde zum Zeitpunkt des Börsengangs mit ca. € 6,7 Mrd. bewertet. Der Onlinemodehändler Zalando hat bei seinem Börsengang ca. € 605 Mio. eingenommen und wurde zum Zeitpunkt des Börsengangs mit insgesamt ca. € 5,35 Mrd. bewertet.

# Trade Sale

Das am häufigsten vorkommende Exit-Szenario ist wohl der *Trade Sale*. In der Regel läuft der Unternehmensverkauf in ähnlichen Phasen wie bei einer Finanzierungsrunde ab. Es wird Kontakt zwischen den Parteien aufgenommen, das Startup z. B. in einem Pitch vorgestellt und bei Interesse ein Term Sheet unterzeichnet, das häufiger als *Letter of Intent (LOI)* bezeichnet wird. Anschließend wird die *Due Diligence* durchgeführt und der *Unternehmenskaufvertrag* verhandelt. Nach der Unterzeichnung des Unternehmenskaufvertrags (*Signing*) gibt es noch die Phase des *Closings*, in der die Transaktion durchgeführt wird, und unter Umständen eine *Post-Closing-Phase*. Das zeitliche Auseinanderfallen von Vertragsunterzeichnung und Closing ergibt sich in der Regel aus dem Erfordernis z. B. der *kartellrechtlichen Freigabe* und anderer dann nach Unterschrift noch zu erfüllender Bedingungen.

Der Vertrag, mit dem der Trade Sale durchgeführt wird, nennt sich *Share Purchase Agreement* (kurz *SPA*), auf Deutsch »Unternehmenskaufvertrag durch Erwerb von Gesellschaftsanteilen«. Dieser SPA kann als Pendant zum Beteiligungsvertrag in der Finanzierungsrunde bezeichnet werden. Da hier 100 % oder Teile der Geschäftsanteile gekauft werden, wird diese vertragliche Gestaltung auch *Share Deal* genannt. Eine weitere vertragliche Gestaltung ist die eines *Asset Deals*, in dem nur einzelne oder mehrere Assets, also z. B. Vermögensgegenstände, Verbindlichkeiten, Kundendatenbanken, Verträge oder Schutzrechtsportfolios gekauft werden. Das eigentliche Startup-Unternehmen bleibt dann häufig als leere Hülle zurück und wird nicht übernommen und liquidiert. Der Vertrag, der dieses regelt, wird *Asset Purchase Agreement* (kurz *APA*, auf Deutsch »Kaufvertrag über Wirtschaftsgüter«) genannt. Anders als beim Share Deal wird hier der Kaufpreis für die Assets von dem Startup-Unternehmen vereinnahmt und nicht direkt von den Gesellschaftern des Startup-Unternehmens, die dann ihren Kaufpreisanteil erst im Rahmen der Liquidation erhalten. Hintergrund eines Asset Deal sind häufig steuerliche Vorteile bzw. Haftungsgründe und das Mitarbeiter oder einzelne Assets vom Käufer nicht mit übernommen werden sollen.

SPA und APA sind häufig umfangreiche in englischer Sprache (auch wenn es sich bei beiden Vertragspartnern um deutsche Unternehmen handelt) verfasste Dokumente von ca. 30 bis 100 Seiten, dazu können noch Anlagen in erheblichem Umfang kommen. Das jeweils passende Vertragskonstrukt wird von den Besonderheiten des Startups und den Vorstellungen der Parteien abhängig gemacht, wobei man ganz allgemein sagen kann, dass die Gestaltung über einen Share Deal meist wesentlich einfacher ist, insbesondere hinsichtlich der Bezeichnung des Kaufgegenstands und der Übertragung von Verträgen und Arbeitnehmern. Häufig spielt für die Auswahl das Ergebnis der Due Diligence eine Rolle, in der Assets, Abschreibungsvolumen, Haftungsrisiken und wirtschaftliche Stabilität des Startups ermittelt wurden.

Folgende Klauseln befinden sich häufig in einem Share Purchase Agreement:

A. *Präambel*

   *Vertragsgegenstand, Vorbemerkung*

B. *Definitionen und Abkürzungen*

C. *Verkauf und Abtretung eines GmbH-Geschäftsanteils*

   1  *Aktueller Status*

   2  *Verkauf und Abtretung*

   3  *Kaufpreis, Zahlungsbedingungen*

   4  *Kaufpreisanpassung*

   5  *Zwischenabschluss*

   6  *Garantien der Verkäufer*

      *(1) Gesellschaftsrechtliche Verhältnisse*

      *(2) Verfügungsbefugnis des Verkäufers*

      *(3) Jahresabschluss, Zwischenabschluss*

      *(4) Grundbesitz*

      *(5) Arbeitsrechtliche Verhältnisse*

      *(6) Wesentliche Verträge*

      *(7) Gewerbliche Schutzrechte*

      *(8) Öffentlich-rechtliche Genehmigungen, Subventionen*

      *(9) Rechtstreitigkeiten*

   7  *Rechtsfolgen von Garantieverletzungen*

   8  *Steuern, Sozialversicherungsbeiträge*

   9  *Übergangsphase*

   10 *Wettbewerbsverbot*

   11 *Kosten*

   12 *Kartellrechtliche Freigabe*

D. *Schlussbestimmungen*

   1  *Keine Nebenabreden, Änderungen, salvatorische Klausel*

   2  *Vertraulichkeit, anwendbares Recht und Gerichtsstand, Mitteilungen*

Wenn es sich bei dem Käufer des Unternehmens um einen Konzern oder ein mittelständisches Unternehmen handelt, ist meist gewollt, dass die Altgesellschafter 100 % der Geschäftsanteile auf den Käufer übertragen. In letzter Zeit hat es aber auch einige Transaktionen gegeben, in denen die Gründer einige Geschäftsanteile behielten (z.B. hat die DuMont Mediengruppe lediglich 75 % der Geschäftsanteile an dem Startup Facelift brand building technologies GmbH gekauft und den beiden Gründer jeweils 12,5 % der Geschäftsanteile gelassen).

# Börsengang/IPO

Der IPO (*Initial Public Offering*) ist sicherlich für viele Gründer und Investoren das ultimative Ziel. Einen IPO schaffen in Deutschland aber vielleicht 1 % aller innovativen Startups, obwohl sich hier in letzter Zeit einiges getan hat.

Ein Börsengang braucht viel Vorbereitung, und die hohen bürokratischen Hürden sowie die erheblichen Kosten eines IPO sollten nicht unterschätzt werden.

Wie bei jedem anderen Exit ist auch hier ein gutes Timing wichtig, es spielt aber auch das allgemeine Börsenumfeld eine wichtige Rolle.

Für die Gründer ist es wichtig, zu wissen, dass häufig Haltefristen für die Altgesellschafter einzuhalten sind, also die Beteiligung nicht gleich liquidiert, das heißt zu Geld gemacht werden darf.

In den letzten Jahren haben folgende deutsche Unternehmen einen Börsengang durchgeführt: TRIVAGO, HelloFresh, XING, The Naga Group, Zalando, Shop Apotheke, Rocket Internet, Delivery Hero, Brain AG, German Startup Group, Windeln.de und Scout24.

# Liquidation

Ein wenig erfreulicher Exit ist die kontrollierte und gewählte *Liquidation* des Startups, also das Scheitern der Geschäftsidee und die Aufgabe der Unternehmung. Die Liquidation führt nach einem mindestens einjährigen Liquidationsverfahren zur Beendigung der Gesellschaft. Bei der Liquidation sind noch genügend Geld bzw. Mittel vorhanden, um alle Gläubiger auszubezahlen Das davon zu unterscheidende *Insolvenzverfahren* ist zwingend durchzuführen, wenn nicht mehr ausreichend Mittel vorhanden sind, und dient hingegen in erster Linie der Befriedung der Gläubiger der Gesellschaft. Was mit der Gesellschaft neben der Befriedigung der Gläubiger im Weiteren geschieht, ist im Insolvenzverfahren »Nebensache«. So kann das Ziel des Insolvenzverfahrens auch darin bestehen, die Gesellschaft zu sanieren und die Geschäftstätigkeiten eben nicht zu beenden.

Nur in Ausnahmefällen kommt es nach einer Insolvenz zu einer juristischen Auseinandersetzung zwischen den Gründern und den Investoren, da es sich bei Startup-Investments um Hochrisikokapital handelt, sodass zumindest die professionellen Investoren Insolvenzen einkalkulieren und sich dann lieber auf die erfolgreicheren Startups konzentrieren.

# KAPITEL 4

# Verträge mit Investoren

Um die Beteiligung eines Venture-Capital-Investors oder eines Business-Angels, in der der Investor Gesellschafter des Startups wird, rechtlich abzubilden, werden meist mehrere Verträge abgeschlossen, die zusammen die Beteiligung in der Finanzierungsrunde darstellen. Der *Beteiligungsvertrag*, der häufig auch die *Gesellschaftervereinbarung* enthält (nicht zu verwechseln mit dem Gesellschaftsvertrag), ist dabei der wichtigste Vertrag. Der Beteiligungsvertrag enthält zumeist die Rahmenbedingungen des Investments, wie die Höhe des Investments und der Beteiligung, den Ablauf der Kapitalerhöhung sowie Meilensteine und Garantien der Gründer. Üblicherweise sind diese Rahmenbedingungen nach einiger Zeit für die Vertragsbeziehung der Gesellschafter untereinander nicht mehr relevant, da sie erfüllt wurden (Investment wurde getätigt) und Fristen für die Garantien abgelaufen sind. Der Teil der Gesellschaftervereinbarung bleibt hingegen dauerhaft für die Gesellschafter relevant. Er enthält in der Regel sämtliche Sonderrechte der Investoren und regelt die Verhältnisse zwischen den Gesellschaftern untereinander und der Gesellschaft und den Gesellschaftern.

Um die wesentlichen Rahmenbedingungen des späteren Beteiligungsvertrags bereits frühzeitig festzulegen, wird fast immer vorab ein sogenanntes *Term Sheet* verhandelt und abgeschlossen. Im Rahmen der Finanzierungsrunde wird dann später meist ein neuer *Gesellschaftsvertrag/eine Satzung* abgeschlossen, die *Geschäftsführeranstellungsverträge* werden überarbeitet, eine *Geschäftsordnung für die Geschäftsführung* wird erlassen und gegebenenfalls ein Beirat oder Aufsichtsrat mit entsprechender *Geschäftsordnung* geschaffen. Investieren mehrere professionelle Investoren als Syndikat in Ihr Startup gemeinsam, wird gegebenenfalls noch ein Vertrag abgeschlossen, der das Verhältnis der Investoren untereinander regelt (ein sogenannter *Syndikatsvertrag*). Häufig wird auch ein *Mitarbeiterbeteiligungsprogramm* (ein sogenannter Employee Stock Ownership Plan, ESOP) aufgesetzt. Wenn die Rechteketten hinsichtlich der Immaterialgüterrechte (Marken, Patente, Urheberrechte etc.) noch nicht vertraglich lückenlos vorhanden sind, müssen die entsprechenden *Übertragungsverträge* etc. ebenfalls erstellt werden.

Schließlich sind in der Regel noch einige notarielle Umsetzungsdokumente notwendig, wie Gesellschafterbeschlüsse zur Satzungsänderung und Kapitalerhöhung der bisherigen Gesellschafter, die Übernahmeerklärung der Investoren, eine Rahmenurkunde, eine neue Gesellschafterliste, die Anmeldung zum Handelsregister und gegebenenfalls Bezugsurkunden für ausgelagerte Anhänge.

Einige Gründer verwundert auch immer wieder, dass vor den Gesprächen mit Venture-Capital-Investoren in der Regel keine Vertraulichkeitsvereinbarung (*Non-Disclosure Agreement*, NDA) abgeschlossen wird. Zu einem späteren Zeitpunkt, z. B. vor der Due Diligence, ist die Unterzeichnung aber üblich und zu empfehlen.

---

### Hinweis: Standardverträge

Das *German Standards Setting Institute* ist ein Gemeinschaftsprojekt vom *Business Angels Netzwerk Deutschland e. V. (BAND)* und dem *Bundesverband Deutsche Startups e. V. (BVDS)*, das sich zur Aufgabe gemacht hat, nach und nach Standardverträge für die Startup-Community zu erstellen.

Derzeit gibt es Standardvertragswerke zu Wandeldarlehen, Term Sheets und zum Arbeitsvertrag, die auf der Website *https://standardsinstitute.de/* kostenlos heruntergeladen werden können.

Diese Texte sind laut Homepage möglichst einfach und technisch konsistent gestaltet und berücksichtigen auch die Interessen der Investoren und Gründer möglichst ausgewogen. Um ein großes Maß an Ausgewogenheit zu erreichen, werden die Texte des German Standards Setting Institute durch Arbeitsgruppen erstellt, in denen neben fachlichen Experten alle Interessengruppen vertreten sind.

Die Dokumente sind in der Regel in Deutsch und Englisch verfasst. Die Dokumente sind frei herunterladbar und an den individuellen Bedarf anzupassen.

---

Bei Investments von Family, Fools and Friends beschränken sich Startups häufig auf den Abschluss der Verträge, die zwingend der notariellen Beurkundung bedürfen.

Die Verhandlung des Term Sheet, die Durchführung der Due Diligence sowie die Verhandlung und der Abschluss des Beteiligungsvertrags und der Gesellschaftervereinbarung inklusive Notartermin und Closing dauern in der Regel zwischen drei und acht Monaten. Die schnellste Finanzierungsrunde, die ich begleitet habe, hat zwei Monate gedauert, wobei die Business-Angels eigentlich nicht verhandelt und die vom Startup vorgelegten Verträge unterschrieben haben. Trotzdem dauert es aufgrund des formalisierten Prozesses einer Kapitalerhöhung immer einige Zeit, bis das gesamte Investment auf dem Konto des Startups gutgeschrieben wird.

## Hinweis: Verhandlung der Investmentverträge

Als Gründer müssen Sie sich auch um das Verhältnis und die Stimmung in der Verhandlung kümmern. Nachdem Sie dieses Buch gelesen haben, sollten Sie informiert mitentscheiden können, in welche Richtung die Verhandlungen gehen sollten. Meiner Meinung nach sollten Sie die Verhandlungen nicht vollständig den Rechtsanwälten überlassen und mit Ihrem Rechtsanwalt klären, welche Punkte Ihnen wirklich wichtig sind.

Ein Rechtsanwalt aus Ihrem Bekanntenkreis oder ein entfernt verwandter Rechtsanwalt ist fast nie der richtige Rechtsanwalt in einer Finanzierungsrunde, da er in den seltensten Fällen über die richtigen Rechtskenntnisse verfügt und die Gepflogenheiten der VC-Branche kennt, die auch für Rechtsanwälte durchaus überraschend sein können. Sie sollten daher mit einem auf Startups oder das Gesellschaftsrecht spezialisierten Rechtsanwalt zusammenarbeiten. Fehler in der ersten Finanzierungsrunde können gegebenenfalls nicht mehr korrigiert werden.

Im Rahmen der Term-Sheet-Verhandlungen kann man oftmals schon einen ersten Eindruck davon gewinnen, wie es sein wird, nach dem Investment mit dem Investor zusammenzuarbeiten.

# Term Sheet

Nachdem der Investor ein Pitch-Deck oder einen Businessplan von Ihnen erhalten und Sie kennengelernt hat und weiterhin überzeugt von Ihrer Geschäftsidee ist, beginnen in der Regel die Verhandlungen eines Term Sheet. In dem ca. vier bis siebenseitigen Term Sheet sollen das grundsätzliche Interesse an einer Beteiligung bekundet, die wesentlichen Rahmenbedingungen eines später abzuschließenden Beteiligungsvertrags festgelegt und gegebenenfalls das weitere Vorgehen festgehalten werden.

Das Term Sheet (auf Deutsch die *Absichtserklärung*) wird manchmal auch *Letter of Intent (LoI) oder Memorandum of Understanding (MoU) genannt*. Letztlich ist die Bezeichnung des Vertragsdokuments aber nicht wichtig. Auf den Inhalt, insbesondere die rechtliche Ausgestaltung und die Vereinbarung, inwiefern das Term Sheet oder Teile davon rechtlich verbindlich sind, kommt es an. Ob das Term Sheet verbindlich ausgestaltet ist, hängt demnach von dessen konkreter Formulierung ab. Häufig werden nur einzelne Bestandteile, z.B. zur Geheimhaltung, zur Exklusivität und zu Vereinbarungen über die Kostentragung, verbindlich ausgestaltet.

Allerdings wird es für Sie sehr schwer sein, auch unverbindliche Regelungen, die im Term Sheet festgehalten werden, bei der Einigung über den Beteiligungsvertrag wieder »herauszuverhandeln«. Investoren erwarten, dass alles, was in das Term Sheet aufgenommen wurde, so auch in den Beteiligungsvertrag aufgenommen wird. Eine Ausnahme wäre, dass sich der Sachverhalt ändert oder ein besonderer (nachvollziehbarer) Grund besteht, der bei Abschluss des Term Sheet noch nicht vorhersehbar war. Das Term Sheet hat in der Praxis daher faktisch eine sehr *starke Bindungswirkung* und ist daher sehr wichtig! Sehen Sie es als verbindlichen Fahrplan für die später abzuschließenden Investmentverträge an. Sie sollten daher keine Regelungen aufnehmen, von denen Sie bereits wissen, dass diese für Sie eigentlich nicht akzeptabel sind.

Sollten Sie sich nicht an die Inhalte eines verhandelten Term Sheet halten, könnte sich dies in der Venture-Capital Szene herumsprechen. Danach kann es schwierig werden, einen weiteren Investor aus der Startup-Szene zu finden.

---

### Praxistipp: Punkte können gegebenenfalls offengelassen werden

Es ist häufig möglich, im Term Sheet einzelne Punkte offenzulassen oder aufzunehmen, dass Sie sich über diese Regelung noch nicht einigen konnten.

---

Im Folgenden stelle ich einzelne Regelungen dar, die häufig in Term Sheets aufgenommen werden. Die Regelungen können sich selbstverständlich je nach Finanzierungsrunde, Investment und Investor deutlich unterscheiden. Die Ausführungen gehen von einer *Seed-Finanzierungsrunde* aus. In diesem Beispiel stellt der Investor einen *Geldbetrag* zur Verfügung und erhält dafür *Geschäftsanteile* an einer GmbH, deren Eigenkapital durch seine Investition erhöht wird.

Dem Investor geht es in der Regel vornehmlich um die wirtschaftlichen Bedingungen der Beteiligung, das heißt die Höhe der Bewertung des Startups, und darum, eine gewisse Kontrolle über das Startup und damit letztlich über sein Investment zu erhalten.

Das Gute ist dabei, dass nach der Verhandlung des Term Sheet meist die besonders konfliktbelasteten Verhandlungen abgeschlossen sind. Der schwierigste Teil ist somit bereits erledigt, bevor die richtigen Investmentverträge überhaupt auf dem Tisch liegen.

## Exklusivität für die Verhandlungszeit

Wenn Sie dem Investor eine *Exklusivität* (manchmal auch »No-Shop-Klausel« genannt) einräumen, bedeutet dies, dass sich Ihr Unternehmen und gegebenenfalls Sie und die anderen Gründer verpflichten, während eines festzulegenden Zeitraums nicht mit anderen Investoren zu verhandeln. Dieser Zeitraum sollte nicht zu lang gewählt werden, sodass Sie nicht über viele Monate gebunden sind. Üblich ist wohl ein Zeitraum von bis zu zwei Monaten. Die Länge des Zeitraums, die Sie einem Investor zugestehen können, hängt von Ihrer konkreten Liquiditätsplanung ab. Eine (gegebenenfalls auf das spätere Investment anzurechnende) Zahlung für die Einräumung der Exklusivität zu erhalten, ist nicht üblich, kann aber angesprochen werden bei einer sehr schlechten Liquiditätslage oder wenn es mehrere interessierte Investoren gibt.

Wenn Sie keine Exklusivität für die Vertragsverhandlungen einräumen, sondern sich vorbehalten, parallel mit mehreren Investoren zu verhandeln, verlangen Investoren teilweise, dass ihnen im Fall des Abschlusses mit einem anderen Investor zumindest ihre *nachgewiesenen Kosten* für Due Diligence und Rechtsanwälte etc. erstattet werden (»Cost Coverage«) oder dass eine pauschale Vertragsstrafe gezahlt wird.

—————— **BEISPIEL EINER KLAUSEL** ——————————————

*»Die Gründer verpflichten sich, weder selbst noch im Namen der Gesellschaft oder über Dritte innerhalb von [vier Wochen] nach Unterzeichnung dieses Term Sheet (nachfolgend: Exklusivitätszeitraum) direkt oder indirekt nach Investoren zu suchen oder Verhandlungen über die Finanzierung der Gesellschaft, den Verkauf von Geschäftsanteilen oder die Lizenzierung der Technologien der Gesellschaft zu führen. Sollten die Gründer von einem potenziellen Investor hinsichtlich einer Investmentmöglichkeit angesprochen werden, werden Sie den Vertragspartner davon unverzüglich unterrichten und ohne Zustimmung des Vertragspartners nicht in Verhandlungen mit dem potenziellen Investor treten. Alle bereits entsprechend bestehenden Gespräche und Verhandlungen mit Dritten sind unverzüglich zu beenden und dürfen erst nach dem Exklusivitätszeitraum wieder aufgenommen werden.«*

# Bewertung/Investment

Das Term Sheet enthält normalerweise eine Klausel über die *Bewertung des Startups* und die *Auszahlungsbedingungen*. Beispielsweise kann das Investment aufgeteilt und in mehreren Teilbeträgen abhängig von der Erreichung vereinbarter Meilensteine ausgezahlt werden.

Im Term Sheet werden die *Höhe des Investments* sowie die *Anzahl der Geschäftsanteile*, die der Investor für das Investment erhält, vereinbart.

Meine Erfahrung ist, dass der beste Preistreiber im Sinne der Gründer Konkurrenz ist. Versuchen Sie also, mehrere Investoren gleichzeitig von sich und Ihrer Geschäftsidee zu überzeugen. Die Investoren können dann entweder gemeinsam als Syndikat auftreten und investieren oder jeweils ein Angebot machen.

Die Bewertung des Startups und die Höhe des Investments sind aber nur zwei von vielen wichtigen Faktoren des Investmentangebots. Es kommt immer auf das Gesamtpaket an. Wichtig ist, wie oben dargestellt, auch der weitere Mehrwert (z. B. Netzwerke, Kontakte, Beratungsleistung, Geld für Folgefinanzierungen), den ein Investor mitbringt. Die Beratungsleistungen eines Investors können teilweise noch wertvoller als das Geldinvestment sein.

Bei der Bewertung eines Startups müssen Sie hinsichtlich des Anknüpfungspunkts der Bewertung aufpassen. Es gibt nämlich zwei Anknüpfungspunkte bei einer Bewertung: eine sogenannte *Pre-* und eine *Post-Money-Bewertung.* Der Bezugspunkt einer Pre- oder Post-Money-Bewertung ist wichtig, da die Beteiligungsquote unterschiedlich hoch ausfällt.

Die Pre-Money-Bewertung ist die Bewertung vom Investor, bevor er in das Startup investiert hat, also vor der Finanzierungsrunde. Die Post-Money-Bewertung ist die Pre-Money-Bewertung zuzüglich des Investments des Investors (Fresh-Money) in der Finanzierungsrunde.

Werden in einer Finanzierungsrunde Geschäftsanteile vom Investor von den Gründern abgekauft (Secondary) und nicht im Rahmen einer Kapitalerhöhung neu geschaffen, ist diese Formel nicht mehr richtig, da der Gründer Geld für seine Geschäftsanteile erhält und dieses Geld dann nicht dem Startup zur Geschäftsentwicklung zur Verfügung steht, sodass der Kaufpreis, der an die Gründer für ihre Geschäftsanteile gezahlt wird, nicht in die Post-Money-Bewertung einfließt. Auch bei *Wandeldarlehen, Optionen auf Gesellschaftsanteilen, Mitarbeiterbeteiligungsprogrammen* und wenn einzelne Geschäftsanteile einzelner Gesellschafter *Sonderrechte* gewähren, sind Besonderheiten zu beachten.

─────── **BEISPIEL** ─────────────────────────────────

Der Investor beabsichtigt, der Gesellschaft Eigenkapital in Höhe von € 5 Mio. (Stammkapital und Aufgeld) zur Verfügung zu stellen. Wenn das Startup mit einer Pre-Money-Bewertung von € 10 Mio. bewertet wird, erhält der Investor einen Anteil in Höhe von 33 % an dem entsprechend erhöhten Stammkapital oder ein Drittel des Startups. Berechnet wird dies, indem Sie die Pre-Money-Bewertung von € 10 Mio. mit dem Investment in Höhe von € 5 Mio. zusammenrechnen und so die Post-Money-Bewertung von € 15 Mio. erhalten. Das Verhältnis von € 15 Mio. zu € 5 Mio. ist 33 % oder ein Drittel.

Bei einer Post-Money-Bewertung hingegen enthalten die € 10 Mio. bereits das eingebrachte Kapital des Investors in Höhe von € 5 Mio., der Investor erhält in diesem Fall einen Anteil von 50 % oder die Hälfte der Geschäftsanteile des Startups.

Unter Umständen wird der Investor, wenn dieser Punkt nicht frühzeitig angesprochen wird, so tun, als wäre er die ganze Zeit von der Pre-Money-Bewertung als Bezugspunkt ausgegangen. Dann kann es schwierig werden, hiervon wieder abzurücken.

─────────────────────────────────────────────────────

Dieses Beispiel verdeutlicht, warum der Bezugspunkt hinsichtlich der Beteiligungsquote sehr wichtig ist.

*»Der Investor wird der Gesellschaft ein Investment in Höhe von bis zu € 5 Mio. (Stammkapital einschließlich Aufgeld) bei einer Pre-Money-Bewertung in Höhe von € 10 Mio. zur Verfügung stellen. Investiert der Investor € 5 Mio., erhält er dafür 33% der Geschäftsanteile im Nennbetrag von € [___] der Gesellschaft. Der Preis pro Geschäftsanteil (Share Price) beträgt demnach € [___].«*

Der Investor besteht meist darauf, dass das zur Verfügung gestellte Investment nicht frei verwendet und ausgegeben werden kann. Dann wird festgelegt, dass die Geldmittel nur für konkrete Posten oder allgemeiner formuliert, z.B. für Forschung und Entwicklung, Marketing oder die Einstellung neuer Mitarbeiter, ausgegeben werden dürfen. Für diesen Zweck wird ein sogenannter *Investitionsplan* aufgestellt und dem Beteiligungsvertrag beigefügt.

Um solche *Kapitalbindungen* praktikabel zu machen, sollte vereinbart werden, dass in einem gewissen Rahmen von den Vorgaben abgewichen werden darf, z.B. um 15%, bevor es einer Zustimmung des Investors bedarf.

**BEISPIEL EINER KLAUSEL**

Punkt wird meist erst im Beteiligungsvertrag geregelt

*»Die Parteien stimmen darin überein, dass das Investment des Investors zweckgebunden sein soll und entsprechend dem in der Anlage [X] beigefügten »Investitionsplan« durch die Geschäftsführung der Gesellschaft verwendet wird. Von dem Investitionsplan kann innerhalb der einzelnen Posten bis zu 10% abgewichen werden, ohne dass es einer Zustimmung der Investoren bedarf. Darüber hinausgehende Abweichungen bedürfen der schriftlichen Zustimmung mindestens eines Investors.«*

Bei der Vereinbarung von Meilensteinen als Auslöser (»Trigger«) für Auszahlungen ist es extrem wichtig, realistische und vor allem klar definierte technische und überprüfbare Ziele zu setzen. Wichtig ist ebenfalls, festzulegen, wer darüber entscheiden soll, ob Meilensteine erreicht wurden. Beispielsweise kann dies einem *unabhängigen Schiedsrichter* oder *Sachverständigen* oder dem *Beirat* überlassen werden. Werden die Meilensteine nicht erreicht, erfolgen keine Auszahlungen mehr, und Sie sind dem Investor oftmals ausgeliefert, da es von seiner Kulanz abhängt, die definierten Meilensteine abzuändern, sodass Sie sie noch erreichen können.

In der Praxis werden die Meilensteine zwar in der Regel bei Nichterreichung abgeändert, allerdings wird dies meist von Zugeständnissen der Gründer abhängig gemacht. Wenn es bereits Probleme mit dem Investor gibt, können diese Verhandlungen sehr schwierig sein. Kann man sich mit dem Investor nicht einigen, fließt gegebenenfalls nur die erste Rate des Investments, obwohl der Investor alle vereinbarten Geschäftsanteile erhält.

Vermieden werden sollten insbesondere Klauseln, die beinhalten, dass Meilensteine nur nacheinander erreicht werden können. Wenn Sie den ersten Meilenstein nicht erreichen, würde dies bedeuten, dass es nicht mehr möglich ist, einen der anderen Meilensteine zu erreichen. Bei einem Investment, das auf fünf Meilensteine aufgeteilt wird, kann dies besonders schmerzhaft sein.

Eine weitere wichtige Einsicht aus meiner Beratungspraxis ist, dass wenige Meilensteine fristgerecht erreicht werden. Es sollte daher unbedingt eine Nachfrist für die Erreichung eines Meilensteins vereinbart werden, gegebenenfalls mit einer Sanktion wie einer Aufteilung des Investments in kleinere Teile. Ist keine Nachfrist vereinbart, ist juristisch gesehen die Erreichung des Meilensteins am Tag nach dem Fristablauf nicht ausreichend, um die Auszahlung der entsprechenden Rate auszulösen.

## Gesellschafterstruktur im Cap Table

Die Gesellschafterstruktur der Gesellschaft vor und nach dem Investment wird im sogenannten *Cap Table* (in der Kapitalisierungstabelle) angegeben. In einem Cap Table werden daher alle Anteilsverteilungen und Finanzierungen systematisch dargestellt. Der Cap Table soll eine Übersicht über die investierten Summen und die zugrunde liegenden Unternehmensbewertungen verschaffen sowie darüber, wer wie viele (auch virtuelle) Anteile an dem Startup hält und ob es Liquidationspräferenzen und verschiedene Anteilsklassen (also Anteile mit Sonderrechten) gibt. Es sind mindestens zwei Cap Tables ins Term Sheet aufzunehmen: ein Cap Table vor und ein Cap Table unmittelbar nach Durchführung der Kapitalerhöhung. Cap Tables können nach mehreren Finanzierungsrunden und wenn virtuelle Anteile für Mitarbeiterbeteiligungsprogramme, Wandeldarlehen mit Bewertungs-Discounts etc. enthalten sind, sehr kompliziert werden und werden dann üblicherweise in Excel-Tabellen dargestellt.

---
#### BEISPIEL EINER KLAUSEL
---

#### Bei Gründung mit einem Business-Angel

*»Die Gesellschaft ist eine in Deutschland nach deutschem Recht gegründete Gesellschaft mit beschränkter Haftung, die im Handelsregister des Amtsgerichts Hamburg unter HRB 12345 eingetragen ist. Das Stammkapital beträgt € 25.000 und ist voll eingezahlt. Die 25.000 Geschäftsanteile sind eingeteilt in einen Nennbetrag von jeweils € 1,00.*

*Hiervon halten derzeit:*

| Gesellschafter | Geschäftsanteil (in €) und laufende Nummer | Beteiligungsquote (in %) |
|---|---|---|
| Gründer 1<br>GF, Geschäftsidee | € 7.500/Nr. 1 – 7.500 | 30 % |
| Gründer 2<br>Marktexperte | € 7.500/Nr. 7501 – 15.000 | 30 % |

| Gesellschafter | Geschäftsanteil (in €) und laufende Nummer | Beteiligungsquote (in %) |
|---|---|---|
| Gründer 3 Programmierungen | € 7.500/Nr. 15.001 – 22.500 | 30 % |
| Business-Angel Branchenwissen | € 2.500/Nr. 22.501 – 25.000 | 10 % |
| Summe | € 25.000 | 100 %« |

## Aufschiebende Bedingungen/Investmentbedingungen

Häufig wird die Durchführung einer *zufriedenstellenden Due Diligence* als Bedingung für ein Investment definiert. Hierzu gehört z.B., dass wichtige Unterlagen vorliegen, die Gesellschaft über Schutzrechte verfügt, geprüft ist, dass die Bestimmungen des Geldwäschegesetzes eingehalten werden, die Gremienzustimmung des Boards des Investors vorliegt und gegebenenfalls die kartellrechtliche Unbedenklichkeit dokumentiert ist.

## Gewährleistung/Garantien

Es wird von Ihnen als Gründer spätestens im Beteiligungsvertrag erwartet, dass Sie Garantien gegenüber dem Investor übernehmen, z.B. zu gesellschaftsrechtlichen, bilanzrechtlichen, steuerrechtlichen, arbeitsrechtlichen, öffentlich-rechtlichen und immaterialgüterrechtlichen Angelegenheiten.

Des Weiteren werden in der Regel Garantien zum *Bestand*/zur *Lastenfreiheit* der Geschäftsanteile abgegeben. Das bedeutet, dass die von den Gesellschaftern gehaltenen Geschäftsanteile wirklich den Gesellschaftern gehören, dass die genannte Gesellschafterstruktur zutreffend ist und dass die Geschäftsanteile nicht z.B. als Sicherheit verpfändet oder anders belastet wurden.

Darüber hinaus sollen die Gründer eine Garantie für die *Richtigkeit* und *Vollständigkeit* aller *vorgelegten Dokumente*, z.B. der in der Due Diligence übergebenen Dokumente, und Informationen übernehmen.

Das Term Sheet enthält häufig nur einen Satz darüber, dass die Gründer die »üblichen Garantien« im Beteiligungsvertrag übernehmen werden. Sie sollten aber bereits im Term Sheet versuchen, einen weiteren Satz aufzunehmen, der z.B. Ihre Haftung auf die Höhe der Summe des Investments begrenzt und einen Haftungsfreibetrag, z.B. € 5.000 für Schadensersatzansprüche, vorsieht, bei dessen Überschreiten die Haftung erst einsetzt. Ansprüche können dann erst geltend gemacht werden, wenn der zusammenaddierte Schaden diesen Haftungsfreibetrag übersteigt.

*»Der abzuschließende Beteiligungsvertrag wird Garantien der Gesellschaft und der Gründer in marktüblichem Umfang vorsehen, wobei die Haftung der Gründer für die Unrichtigkeit von Garantien insgesamt auf die Summe des Investments in Höhe von [_____] begrenzt ist. Es wird ein Haftungsfreibetrag in Höhe von € 5.000 vereinbart.«*

Professionelle Investoren verlangen Garantien zumeist in der Form einer *echten Garantie* ohne Rücksicht auf ein Verschulden. Des Weiteren wird bei der Übernahme von Garantien oftmals zwischen den *reinen Finanzinvestoren* aus früheren Finanzierungsrunden, z.B. den Business-Angels, und den *operativ tätigen (Gründungs-)Gesellschaftern* unterschieden. Von Letzteren wird erwartet, dass sie weitergehende Garantien abgeben. Spätestens im Beteiligungsvertrag sollten Sie dann versuchen, die Garantien auf Ihre Kenntnis zu reduzieren und auch in zeitlicher Hinsicht zu begrenzen. Neben den Gesellschaftern kann auch das Startup-Unternehmen (zusätzlich) Garantien abgeben, wobei unter gewissen Umständen wegen zwingender Kapitalerhaltungsvorschriften diese Garantien des Unternehmens unwirksam sein können.

## Liquidation Preference (Liquidierungsvorrang)

Eines der häufigsten Themen für Diskussionen und harte Verhandlungen in Venture-Capital-Deals ist die genaue Ausgestaltung der sogenannten *Liquidation Preferences*.

Die Regelungen zu den Liquidation Preferences legen fest, wer im Rahmen eines Exits wann und wie (bevorzugt) am erzielten Kaufpreis beteiligt wird. Der Verkaufserlös wird also nicht gleichmäßig an die Altgesellschafter entsprechend ihrer Beteiligung durch Geschäftsanteile am Unternehmen verteilt. Man könnte daher sagen, dass die Geschäftsanteile nicht gleich viel wert sind, sodass unterschiedliche »Share-Klassen« entstehen. Daher sind diese Regelungen von äußerst großer Bedeutung für Sie. VCs wollen grundsätzlich bevorzugt vorab aus dem Exit-Erlös bezahlt werden und zumindest ihr Investment erstattet bekommen. Häufig verlangen sie aber das Investment plus einen sogenannten *Multiplikator*. Beispiele für den Multiplikator sind das Anderthalbfache oder, heutzutage in Deutschland selten geworden, das Zweifache des Investments. Denkbar ist grundsätzlich jeder Multiplikator, höhere Multiplikatoren als 1,x sind jedoch nur in *Sanierungssituationen* üblich, bei denen sich der Investor einem besonderen zusätzlichen Risiko ausgesetzt fühlt. Einige VCs versuchen aber immer wieder, zwei- bis dreifache Liquidation Preferences durchzusetzen.

Eine weitere Möglichkeit ist eine *Verzinsung* des eingesetzten Investments als *Mindestrendite* (z.B. eine 10%ige Verzinsung des Investments pro Jahr ab dem Investmentdatum, die vorab von dem Kaufpreis abgezogen wird), bevor der Resterlös nach Gesellschaftsanteilen *pro rata* unter allen Gesellschaftern (einschließlich des Investors) verteilt wird.

Im Fall einer *anrechenbaren Liquidationspräferenz* erhält der Investor dabei sein Geld nicht doppelt, da die Vorabverteilung auf die spätere Pro-rata-Verteilung unter den Gesellschaftern angerechnet wird.

---

### Hinweis: Hohe Liquidation Preferences

Im schlechtesten Fall, bei niedrigen Verkaufspreisen, kann es daher theoretisch passieren, dass die Gründer überhaupt nichts von dem Kaufpreis für ihre Geschäftsanteile im Exit-Fall erhalten. Hat der Investor € 5 Mio. investiert und eine dreifache Liquidation Preference vereinbart, muss das Startup für über € 15 Mio. verkauft werden, damit die Gründer überhaupt einen Anteil vom Kaufpreis erhalten.

---

###### BEISPIEL EINER KLAUSEL

*»Im Fall einer Veräußerung von mindestens 75 % aller Geschäftsanteile an der Gesellschaft in einem einheitlichen Vorgang (dem »Exit-Event«) erhält der Investor aus dem im Rahmen des Exit-Events erzielten Gesamterlös vorab den Betrag, der seinem jeweiligen Investment entspricht (die »Voraberlöszuweisung«). Der verbleibende Erlös wird an alle Gesellschafter (bei dem Investor jedoch unter Anrechnung der Voraberlöszuweisung) pro rata entsprechend der jeweiligen Beteiligung am Stammkapital der Gesellschaft ausgezahlt.«*

---

Schwierig wird es in späteren Finanzierungsrunden, wenn bereits in den vorherigen Finanzierungsrunden verschiedene Liquidationspräferenzen vereinbart wurden. Es entstehen dann verschiedene Level an Liquidationspräferenzen. Der Gesamterlös wird z. B. so aufgeteilt, dass zuerst der Investor der letzten Finanzierungsrunde sein Investment zurückerhält (*last in, first out*), dann der Investor in der Runde davor etc. (»Stacked Preferences«), und zuletzt erhalten die Gründer und die Investoren pro rata (mit oder ohne Anrechnung) entsprechend ihren Anteilen eine Erlösbeteiligung. Um es noch komplizierter zu machen, können natürlich auf allen Levels noch besondere Vereinbarungen hinzukommen.

## Drag-along (Veräußerungspflicht)

»Drag-along« ist eine Veräußerungspflicht, die es z. B. dem Investor ermöglicht, die Veräußerung des gesamten Startups von den Mitgesellschaftern zu denselben Bedingungen zu verlangen. Die Gründer können daher je nach Ausgestaltung der konkreten Klausel – obwohl sie die Mehrheit an der Gesellschaft halten – zum Mitverkauf ihrer Anteile gezwungen werden.

Der Grund hierfür ist, dass ein Konzern oder ein Großunternehmen die Gesellschaft häufig zu 100 % erwerben möchte. Ist das nicht möglich, kann der Exit schon an diesem Punkt scheitern. Da zumindest bei VC-Gesellschaftern die Fondslaufzeit begrenzt ist, bestehen die professionellen Investoren oft auf Drag-along-Regelungen.

Eine solche »Zwangsverkaufsklausel« wirkt für die Gründer immer erst einmal sehr hart. Sie können aber versuchen, die Klausel in der Wirkung abzuschwächen und von einigen Bedingungen abhängig zu machen. Beispielsweise kann festgelegt werden, dass das Drag-along-Recht nicht nur von einem, sondern von der Investorenmehrheit oder allen Investoren nur gemeinsam ausgelöst werden kann oder ausschließlich bei einer bestimmten Mindestbewertung, z. B. € 25 Mio. Unternehmenswert, oder bei einer gewissen Quote (Floor) und/oder nach einer gewissen Zeit wirksam wird.

───── BEISPIEL EINER KLAUSEL ─────────────────

*»… Die Mitveräußerungspflicht greift erst ein, wenn entweder alle Investoren gemeinschaftlich oder Gesellschafter, die zusammen mehr als 50 % der Geschäftsanteile an der Gesellschaft halten, beabsichtigen, sämtliche von ihnen gehaltenen Geschäftsanteile an der Gesellschaft an einen Dritten zu verkaufen und zu übertragen. Die Mitveräußerungspflicht besteht allerdings erst ab dem [DATUM] und sofern der Gegenleistung eine Bewertung aller Geschäftsanteile an der Gesellschaft von mindestens € 25 Mio. zugrunde liegt.«*

## Tag-along (Mitveräußerungsrecht)

»Tag-along« ist ein Mitveräußerungsrecht. Wenn ein Gesellschafter seine Geschäftsanteile verkauft, dürfen sich der Investor oder andere Gesellschafter bei diesem Verkauf »anhängen« und eigene Anteile zu gleichen Bedingungen verkaufen.

───── BEISPIEL ───────────────────────────

Vier Gründer sind jeweils mit 25 % am Startup beteiligt. Ein Gesellschafter will 20 % der Geschäftsanteile an dem Startup für € 1 Mio. verkaufen. In einer Ausgestaltung des Tag-along darf dann jeder der anderen drei Gründer pro rata eigene Geschäftsanteile mitverkaufen. Konkret bedeutet das, dass dem Käufer zunächst noch mehr Geschäftsanteile angeboten werden. Wenn dieser aber nur 20 % der Geschäftsanteile kaufen will, bekommt er von jedem Gründer 5 % der Geschäftsanteile des Startups für € 250.000.

Das Mitveräußerungsrecht ist insbesondere für Gesellschafter mit wenigen Anteilen wichtig, da es sicherstellt, dass sie ihre Anteile zu denselben Konditionen verkaufen können wie Gesellschafter, die viele Anteile besitzen.

Eine gewisse Missbrauchsgefahr hinsichtlich der Preisgestaltung besteht, wenn der Käufer der Geschäftsanteile in irgendeiner Weise mit dem veräußerungswilligen Gesellschafter verbunden ist, z. B. wenn dies ein Tochterunternehmer ist oder ihm anderweitig nahesteht. Um diese Missbrauchsgefahr auszuschließen, kann den Mitgesellschaftern ein Vorkaufsrecht eingeräumt werden, sodass sie selbst die Geschäftsanteile kaufen können.

───── **BEISPIEL EINER KLAUSEL** ─────

»*Will die Mehrheit der Gesellschafter entsprechend ihrer Beteiligung am Stammkapital der Gesellschaft eine Beteiligung von mehr als 50% der Geschäftsanteile an der Gesellschaft an einen Dritten verkaufen und übertragen und wird von einem Vorerwerbsrecht der anderen Gesellschafter kein Gebrauch gemacht, so sind die veräußerungswilligen Gesellschafter auf Verlangen einzelner Gesellschafter verpflichtet, alles zu unternehmen, damit alle mitveräußerungswilligen Gesellschafter ihre Beteiligungen zu proportional identischen wirtschaftlichen Bedingungen mit verkaufen und übertragen können.*«

## Right of First Refusal (Andienungsrecht)

Wenn ein Gesellschafter beabsichtigt, seine Geschäftsanteile an einen Dritten zu übertragen, müssen diese zunächst dem Investor oder den anderen Gesellschaftern z. B. pro rata (also anteilig) zum Erwerb angeboten werden. Erst wenn die anderen Gesellschafter ablehnen, dürfen die Geschäftsanteile frei verkauft werden.

───── **BEISPIEL EINER KLAUSEL** ─────

»*Die Gesellschafter räumen sich gegenseitig für den Fall einer beabsichtigten Veräußerung der von ihnen gehaltenen Geschäftsanteile oder von Teilen dieser Geschäftsanteile an einen oder mehrere Dritte ein Andienungsrecht, ›Right of First Refusal‹, ein.*«

---

### Hinweis: Vorkaufsrecht

Ein Vorkaufsrecht geht über das Andienungsrecht hinaus. Es besagt, dass der Vorkaufsberechtigte in einen endverhandelten Vertrag einsteigen kann, und ist daher oft hinderlich bei der Suche nach Käufern. Ist sich der Käufer nämlich nicht sicher, dass er tatsächlich Geschäftsanteile erwerben kann, wird er nicht in die Kosten für den Akquiseprozess und die Verhandlung der Verträge investieren. In der Praxis wird trotzdem immer wieder ein Vorkaufsrecht vereinbart. Dieses wird dann – zumeist im Rahmen eines Gesellschafterbeschlusses – aufgehoben, bevor der potenzielle Käufer den Akquiseprozess einleitet.

Ein professioneller VC-Investor wird aber oftmals darauf bestehen, dass seine Geschäftsanteile an mit ihm im Sinne von §§ 15 ff. AktG verbundene Unternehmen, z.B. andere VC-Fonds, Holdingsgesellschaften etc., frei übertragen werden können, ohne dass ein Andienungsrecht oder Vorkaufsrecht der übrigen Gesellschafter besteht.

## (Gründer-)Vesting

Vesting ist in der Startup-Community eines der größten »Buzz-Wörter« und wird viel und heiß diskutiert. Vesting ist eigentlich ein leicht zu verstehendes Konzept, kann aber in der konkreten Ausgestaltung sehr kleinteilig sein und unerwartete Ergebnisse haben. Als »Vesting« wird eine *Vereinbarung* bezeichnet, nach der sich die Gründer Anteile am Startup erst im *Laufe der Zeit verdienen* oder *ganz oder teilweise abgeben* müssen, sofern ihre (operative) Tätigkeit z.B. als Geschäftsführer oder Angestellter in einem definierten Zeitrahmen für das Startup endet. Es gibt also zwei verschiedene Grundvarianten des Vestings in Deutschland.

In Variante 1, dem *echten Vesting*, erhält der Gründer die vorher vereinbarte Anzahl an Geschäftsanteilen erst nach Ablauf der Vesting-Periode oder bei Einstellung der Tätigkeit für das Startup vor Ablauf der Vesting-Periode einen Bruchteil oder gar keine Geschäftsanteile.

In Deutschland ist aber Variante 2, das sogenannte *Reserve Vesting*, vor allem unter steuerlichen Aspekten vorteilhafter und daher verbreiteter. Die Gründer erhalten sofort alle Geschäftsanteile und verpflichten sich vorab im Gegenzug zum Verkauf der Geschäftsanteile oder gegebenenfalls eines Bruchteils bei bereits gevesteten Geschäftsanteilen an die Mitgesellschafter oder die Gesellschaft. Sie verpflichten sich außerdem dazu, der Einziehung ihrer Geschäftsanteile zuzustimmen, wenn der Gründer während der Vesting-Periode seine Tätigkeit für das Startup einstellt.

Es wird dann auch vertraglich festgelegt, wie viel Geld der das Startup verlassende Gründer für seine Anteile erhält.

Einfach ausgedrückt, müssen die vollen Anteile an dem Startup erst im Laufe der Zeit erarbeitet werden, da der Gründer meist kein Geld wie ein Investor, sondern seine Arbeitskraft in die Gesellschaft einbringt.

Solch eine Vesting-Regelung klingt für viele Gründer erst einmal unfair. Warum sollten sie innerhalb eines definierten Zeitraums Geschäftsanteile an der Firma wieder abgeben, nur weil sie nicht mehr für das Startup arbeiten? Diese *Vesting-Klausel*, die meist im Gesellschaftsvertrag oder im Beteiligungsvertrag/in der Gesellschaftervereinbarung enthalten ist, schützt aber nicht nur die Investoren, die zumindest in der Frühphase in ein Team von Gründern investieren, sondern auch die anderen Mitgesellschafter, also letztlich alle anderen Gründer.

Die im Folgenden vorgestellten Regelungen sind eine Möglichkeit der Ausgestaltung des Vestings. Darüber hinaus gibt es weitere Stellschrauben und zahlreiche unterschiedliche Regelungen und Abstufungen.

In der *Frühphase* des Startups ist es üblich, ein einjähriges »Cliff« und ein monatliches Vesting für insgesamt vier Jahre zu vereinbaren. Ein Cliff ist eine Hürde im ersten Jahr, die festlegt, dass im ersten Jahr keine Anteile »gevestet« werden, wenn in dieser Zeit ein sogenanntes *Leaver-Event* stattgefunden hat. Am ersten Tag nach dem ersten Jahr sind dann 25% oder 12/48 der Anteile »gevestet«. Über die dreijährige Restlaufzeit werden dann meist monatlich oder quartalsweise 1/48 oder 3/48 der jeweiligen Geschäftsanteile der Gründer »gevestet«.

---

**BEISPIEL**

Wenn ein Gründer bei einem vierjährigen monatlichen Vesting nach 24 Monaten das Startup im Rahmen eines »Leaver-Events« verlässt, hat er 50% (24/48) seiner Anteile gevestet und muss daher auch 50% seiner Anteile für eine definierte Abfindung wieder abgeben bzw. bekommt diese zunächst vereinbarten Anteile dann gar nicht.

---

Verliert der Gründer Geschäftsanteile durch ein Vesting, erhält er hierfür in der Regel eine Abfindung. Abhängig vom Grund des Eingreifens der Vesting-Klausel kann die Höhe der Abfindung sehr unterschiedlich ausfallen. Häufig werden dafür sogenannte *Bad-* und *Good-Leaver-Events* definiert. Hat der Gründer das Eingreifen der Vesting-Klausel verschuldet, bekommt er eine Minimalabfindung, also die geringste rechtlich zulässige Abfindung, die entweder den Buchwert oder den Nominalwert (oder auch den Betrag, der tatsächlich für die Geschäftsanteile gezahlt worden ist) der Geschäftsanteile betragen kann. Dieses *Bad-Leaver-Event* tritt beispielsweise ein, wenn der Gründer keine Lust mehr hat, in der Gesellschaft zu arbeiten, und daher ordentlich kündigt, oder wenn ein außerordentlicher Kündigungsgrund vorliegt. Das wäre z.B. der Fall, wenn der Gründer Gelder veruntreut und somit eine Straftat begangen hat oder gegen Geschäftsführerpflichten verstoßen hat.

Kann der Gründer im Grunde nichts für den Eintritt der Vesting-Bedingung, tritt das *Good-Lever-Event* ein. In der Tat sind diese Events nicht immer als »gut« zu bezeichnen, denn es tritt beispielsweise bei schwerer Krankheit ein oder weil die betreffende Person stirbt. Das Startup kann aber auch das Ausscheiden veranlasst haben, ohne dass der Gründer hierfür einen wichtigen Grund geliefert hat. In diesen Fällen bekommen er oder seine Erben häufig den *Verkehrswert*, also den wahren Wert seiner Anteile, der sehr hoch sein kann. Manchmal wird vom wahren Wert der Geschäftsanteile noch ein gewisser Betrag, z.B. 10%, abgezogen, der dem Unternehmensschutz – also dem *Liquiditätsschutz* – dient. Der Verkehrswert ist leider meist sehr aufwendig festzustellen, wenn die Parteien sich nicht auf einen Wert einigen können. Zumindest das *Bewertungsverfahren* sollte daher schon im Gesellschaftsvertrag festgelegt werden.

---

### Hinweis: Verlust bereits »gevesteter« Geschäftsanteile

Im Fall der außerordentlichen Kündigung durch das Startup oder anderer »Bad-Leaver-Events« wird manchmal auch der Verlust der bereits »gevesteten« Geschäftsanteile der Gründer (also faktisch aller Geschäftsanteile der Gründer) mit den Investoren vereinbart.

---

────── **BEISPIEL EINER KLAUSEL** ──────────────────

#### Klausel für ein Vesting

*»Die Gründungsgesellschafter unterwerfen sich hinsichtlich ihrer Geschäftsanteile mit den Nummern [XXXX], [XXXX] und [XXXX] folgendem Vesting:*

*25% oder 12/48 der jeweiligen oben konkret bezeichneten Geschäftsanteile der Gründungsgesellschafter »vesten« nach Ablauf eines Jahres nach Unterzeichnung des Beteiligungsvertrags (voraussichtlich am Notartermin am [DATUM]) dieser Finanzierungsrunde (Cliff-Periode). Die übrigen 75% oder 36/48 der Geschäftsanteile »vesten« in gleichen monatlichen Raten (1/48) über weitere drei Jahre (Vesting-Periode). Beendet einer der Gründungsgesellschafter das Anstellungsverhältnis oder seine Geschäftsführertätigkeit ohne wichtigen Grund, wird es aufgrund eines wichtigen Grundes durch außerordentliche fristlose Kündigung beendet oder wird über das Vermögen eines Gründungsgesellschafters ein Insolvenzverfahren eröffnet (Bad-Leaver-Events), ist er verpflichtet, seine noch nicht »gevesteten« Geschäftsanteile den anderen Gesellschaftern pro rata zum Kauf anzubieten. Als Kaufpreis für ihre Geschäftsanteile erhalten die Gründungsgesellschafter in diesem Falle den niedrigeren Betrag von entweder (a) dem Nominalbetrag der Geschäftsanteile oder (b) dem von den Gründungsgesellschaftern tatsächlich gezahlten Preis für die entsprechenden Geschäftsanteile. Sollte im Einzelfall rechtskräftig festgestellt werden, dass die Abfindung nichtig oder unzumutbar ist, so ist die niedrigste zulässige Abfindung zu gewähren. Im Fall eines »Good-Leaver-Events«, das heißt bei Beendigung des Anstellungsverhältnisses oder der Geschäftsführertätigkeit aus vom Gründungsgesellschafter unverschuldeten persönlichen Umständen (zum Beispiel schwerer Krankheit oder Tod), oder weil die Gesellschaft das Ausscheiden veranlasst hat, ohne dass der Gründungsgesellschafter hierfür einen wichtigen Grund geliefert hat, entspricht die Abfindung für die (dann abzutretenden bzw. der Einziehung unterliegenden) »ungevesteten« Geschäftsanteile dem Verkehrswert dieser Anteile.*

*Unabhängig von den vorstehenden Regelungen gelten bei einem Verkauf von mindestens 50% der Geschäftsanteile oder einem anderweitigen vergleichba-*

---

*ren Change of Control der Gesellschaft alle »ungevesteten« Geschäftsanteile als »gevestet«, wenn das Anstellungsverhältnis des Gründungsgesellschafters anschließend endet (»Accelerated Vesting«).«*

Die konkrete Vesting-Klausel im Beteiligungsvertrag bedarf dann noch einer sehr viel genaueren Ausgestaltung. In den Investmentverträgen sind die Vesting-Regelungen häufig mehrere Seiten lang.

Abwandlungen können in der *Zeitspanne des Vestings* vorgenommen werden, man vereinbart beispielsweise nur ein zwei- oder dreijähriges Vesting. Der *Verzicht auf ein Cliff* ist ebenfalls möglich. So werden Anteile ab dem ersten Tag »gevestet«. Es kann auch nur ein *Teil der Geschäftsanteile* der Gründer einem Vesting unterworfen werden. Beispielsweise können nur 50 % der Gründeranteile dem Vesting unterliegen werden.

Über diese Modifikationen sollte insbesondere nachgedacht werden, wenn das Startup schon etwas reifer ist und die Gründer schon erheblichen Zeitaufwand in das Startup gesteckt haben.

Der letzte Satz der obigen Beispielklausel stellt dabei ein sogenanntes *Accelerated Vesting* dar. »Accelerated Vesting« bedeutet, dass bei einem Unternehmensverkauf oder einem anderen definierten »Change of Control« (Kontrollwechsel) entweder sofort alle Geschäftsanteile »gevestet« werden oder zumindest ein Bonus eingeräumt wird, z.B. ein Jahr des vereinbarten Vesting-Zeitraums gutgeschrieben wird.

Ist das Accelerated Vesting nur von einer Bedingung abhängig, z.B. dem Unternehmenskauf, spricht man von sogenannter *Single-Trigger-Acceleration*. Für die sogenannte *Double-Trigger-Acceleration* müssen zwei Bedingungen eintreffen, nämlich z.B. der Unternehmensverkauf oder ein Change of Control und die Kündigung des Gründers (so auch in der vorherigen Beispielklausel).

Ich habe selbst schon mehrfach erlebt, dass die Gründer eines Startups Meinungsverschiedenheiten hatten und ein Gründer aussteigen wollte. Wenn in einem solchen Fall kein Vesting vereinbart ist, man sich nicht mit dem ausscheidenden Gründer einigen kann und er viele Geschäftsanteile hält, kann es passieren, dass das Startup *liquidiert*, also abgewickelt wird. Der Grund hierfür liegt darin, dass es sich gegebenenfalls nicht lohnt, die Gewinne und einen Exit-Erlös mit einem Gründer zu teilen, der nichts zum Erfolg des Unternehmens beiträgt. Des Weiteren ist der ausscheidende Gründer auch über sein Verlassen des Unternehmens hinaus mit seinen Anteilen stimmberechtigt. Diese von ausscheidenden Gründern weiterhin gehaltenen Geschäftsanteile werden auch als *Dead-Equity* bezeichnet, was bei Vorhandensein von über 10 % der Geschäftsanteile auch einen Deal Breaker darstellen kann, der Investoren von einer Investition ins Startup abhält.

Ein Vesting sollte daher auch von den Gründern ernsthaft in Erwägung gezogen werden, selbst wenn noch kein Investor in Sicht ist.

Vier Gründer sind gleichberechtigt an einem Startup beteiligt. Zwei Wochen nach der Gründung bekommt einer der Gründer ein sehr gutes Jobangebot und geht das Arbeitsverhältnis ein. Er trägt abgesehen von der Einzahlung der Stammeinlage zum Unternehmen nichts bei. Er bleibt aber mit 25 % am Unternehmen beteiligt, ist mit einem Viertel stimmberechtigt und bekommt entsprechende Gewinne und einen Anteil bei einem Exit. Hätte man ein Standard-(Reverse-)Vesting aufgenommen, müsste er die Geschäftsanteile komplett abgeben und würde dafür seine Stammeinlage wiederbekommen, was nur fair erscheint.

## Verwässerungsschutz (Anti-Dilution)

Unter Verwässerung ist grundsätzlich die Verringerung des prozentualen Anteils eines Gesellschafters an dem Startup zu verstehen, wenn weitere Gesellschaftsanteile, z. B. im Rahmen einer Kapitalerhöhung in einer weiteren Finanzierungsrunde, gebildet und an neue und gegebenenfalls alte Gesellschafter vergeben werden. Als Daumenwert lässt sich sagen, dass die Gründungsgesellschafter nur zwischen *15 % und 30 % pro Finanzierungsrunde* verwässern sollten, da es ansonsten Probleme mit Folgefinanzierungsrunden geben kann, wobei 30 % schon einen hohen Verwässerungsgrad in einer Finanzierungsrunde darstellt.

Bei dem Verwässerungsschutz für Investoren handelt es sich meist um zwei verschiedene Regelungen.

### Down-Round

In diesem Fall wird der Investor nachträglich so gestellt, als hätte er zu einer *Post-Money-Bewertung* in Höhe der *Pre-Money-Bewertung* des folgenden Investments investiert. Auf diesem Weg ist der Investor geschützt, wenn das Startup bei einer späteren Finanzierungsrunde niedriger bewertet wird als bei den vorherigen Investments.

Der erste Investor investiert € 100.000 für 10 % der Anteile an dem Startup, also zu einer Bewertung in Höhe von € 1 Mio. Die Geschäftsentwicklung läuft bei dem Startup nicht wie geplant, und in der nächsten Finanzierungsrunde findet das Startup nur noch einen zweiten Investor, der € 50.000 für 10 % der Anteile an dem Startup zahlt, was zu einer Bewertung des Startups in Höhe von € 500.000 führt. Der erste Investor bekommt dann bei einer typischen Down-Round-Protection-Klausel z. B. 10 % Anteile des Startup zusätzlich in dieser zweiten Finanzierungsrunde, ohne dem Startup weiteres Investment (mit Ausnahme des Stammkapitals für die neuen Anteile) zur Verfügung stellen zu müssen, weil er für seine € 100.000 aus der ersten Finanzierungsrunde in dieser Finanzierungsrunde 20% der Anteile an dem Startup erhalten hätte. Er wird also so behandelt, als hätte er in der ersten Finanzierungsrunde zu der Bewertung der zweiten Finanzierungsrunde investiert.

## Kapitalerhöhung

Einen weiteren Verwässerungsschutz erhält der Investor oftmals in der Form, dass er sich bei weiteren Finanzierungsrunden durch andere Investoren ebenfalls weiter an der Gesellschaft beteiligen und so die Beteiligungshöhe konstant halten darf. Um die Beteiligungsquote konstant zu halten, investiert er in der folgenden Finanzierungsrunde weiteres Geld (mit der entsprechenden Bewertung, die auch für die anderen Investoren gilt) und erhält dafür ein Bezugsrecht für einen Teil der bei der Kapitalerhöhung neu gebildeten Geschäftsanteile.

Bei einer Kapitalerhöhung behalten die bisherigen Gesellschafter ihre Geschäftsanteile. Indem neue Geschäftsanteile entstehen, ändert sich aber automatisch ihre *Beteiligungsquote*, wenn sie keine der neuen Geschäftsanteile übernehmen. Im Gegensatz zu der Down-Round wird hier nicht der Wert der Beteiligung, sondern die Beteiligungsquote verwässert.

---

### BEISPIEL

Wenn ein Gesellschafter bei einem Stammkapital in Höhe von insgesamt € 25.000 2.500 Geschäftsanteile im Nennwert zu je € 1 hält, ist er zu 10% an der Gesellschaft beteiligt.

Sobald das Stammkapital im Wege der Kapitalerhöhung auf € 50.000 erhöht wird, ist dieser Gesellschafter mit den 2.500 Geschäftsanteilen im Nennwert zu je € 1 nur noch mit 5% an diesem Startup beteiligt. Er darf sich dann an der Finanzierungsrunde beteiligen, damit seine Beteiligungsquote bei 10% bleibt, erhält also ein Bezugsrecht für weitere 2.500 Geschäftsanteile, sodass er dann insgesamt 5.000 Geschäftsanteile besitzt. Allerdings muss er sich in dem Fall auch entsprechend an dem Investment der Finanzierungsrunde beteiligen.

---

Aus Gründersicht kann versucht werden, den Verwässerungsschutz der Investoren *zeitlich* oder auf die jeweils *nächste Finanzierungsrunde* zu beschränken.

# Mitarbeiterbeteiligungsprogramme

In der Regel wird ein Beteiligungsprogramm für Mitarbeiter (ESOP, Employee Stock Ownership Plan) vereinbart. Am verbreitetsten sind mittlerweile wohl die *virtuellen Mitarbeiterbeteiligungen*, die in Kapitel 6, *Erste Mitarbeiter einstellen*, erläutert werden.

*»Bei der Gesellschaft wird ein Mitarbeiterbeteiligungsprogramm durch die Vergabe virtueller Geschäftsanteile an bestehende und zukünftige Mitarbeiter bis maximal 10% des Stammkapitals eingeführt. Bei einem Exit nehmen die begünstigten Mitarbeiter am Verkaufserlös in der Höhe ihrer virtuellen Geschäftsanteile teil.«*

Wichtig ist bei diesem Punkt, dass die resultierende Beteiligung des Investors im Cap Table als *voll verwässert* (»Fully Diluted«) ausgewiesen wird und nicht nur der streng gesellschaftliche auch im Handelsregister abgebildete Stand der Verteilung der Gesellschaftsanteile angegeben ist.

Ab und zu bestehen Investoren darauf, dass nur die Gründer durch das Mitarbeiterbeteiligungsprogramm verwässern und damit die Kosten des virtuellen Mitarbeiterbeteiligungsprogramms allein tragen.

*»Die Gründungsgesellschafter verpflichten sich bereits hiermit, entsprechend den im Einzelnen zwischen den Parteien noch zu vereinbarenden Bestimmungen eines virtuellen Mitarbeiterbeteiligungsprogramms die wirtschaftlichen Auswirkungen des virtuellen Mitarbeiterbeteiligungsprogramms in Höhe von jeweils bis zu 10% des Verkehrswerts der von ihnen jeweils gehaltenen Geschäftsanteile an der Gesellschaft zu tragen.«*

# Beirat/Aufsichtsrat

Gegebenenfalls besteht der Investor auf der Einrichtung eines Beirats oder eines Aufsichtsrats für das Startup. Es wird vereinbart, wie viele Mitglieder der Beirat oder Aufsichtsrat hat und wer welche Mitglieder entsenden, also benennen darf.

Bei der GmbH oder Unternehmergesellschaft ist der Beirat/Aufsichtsrat ein freiwilliges, also nicht per Gesetz wie bei der AG vorgeschriebenes Kontrollorgan, das die Geschäftsführung berät und überwacht.

*»Bei der Gesellschaft wird bis zum [DATUM] ein aus drei Mitgliedern zusammengesetzter Beirat eingerichtet, der die Geschäftsführung beraten und überwachen soll. Jeweils ein Mitglied des Beirats wird von den Gründungsgesellschaftern und den Investoren bestellt und abberufen. Ein weiteres Mitglied wird von dem Gründer-Beiratsmitglied und dem Investoren-Beiratsmitglied einvernehmlich bestellt und abberufen.«*

# Schutzrechte/Erfindungen

Häufig befinden sich Schutzrechte bei den Gründern oder Dritten, z.B. bei freien Mitarbeitern oder ehemaligen Gesellschaftern. Es wird daher vereinbart, dass das Startup spätestens beim Closing der Finanzierungsrunde *uneingeschränkt Zugriff* auf sämtliche geschäftsrelevanten gewerblichen Schutzrechte (Patente, Gebrauchsmuster, Marken, Designs), Domains sowie Urheber- und Leistungsschutzrechte an Erzeugnissen haben muss. Um das sicherzustellen, müssen gegebenenfalls Schutzrechte, die zu diesem Zeitpunkt noch auf die Gründer persönlich angemeldet oder eingetragen sind, auf das Startup übertragen werden.

In diesem Zusammenhang gibt es immer wieder Probleme bei Software-Startups, die mit externen Programmierern zusammengearbeitet haben. Sie müssen die *Rechteketten* darlegen, also wie die jeweilige Abtretung oder Übertragung der Schutz- oder Nutzungsrechte vom Urheber auf das Startup vorgenommen worden ist. Daher ist die Dokumentation der Rechteketten sehr wichtig. Um die fehlenden Rechte nicht zum sogenannten Deal Breaker werden zu lassen, empfehle ich, immer und mit jeder Person, die mit der Programmierung von Software zu tun hat, einen schriftlichen Vertrag mit Rechteklausel abzuschließen.

───── **BEISPIEL EINER KLAUSEL** ─────

*»Die Gesellschaft hat spätestens zum Closing der Finanzierungsrunde uneingeschränkt Zugriff auf sämtliche geschäftsrelevanten gewerblichen Schutzrechte (Patente, Gebrauchsmuster, Marken, Designs), Domains sowie Urheber- und Leistungsschutzrechte an Erzeugnissen und dokumentiertem und Dritten gegenüber geheim gehaltenem Know-how, das für die Geschäftsentwicklung benötigt wird. Sollten einzelne relevante Rechte noch auf die Gründungsgesellschafter registriert oder anderweitig den Gründungsgesellschaftern zugewiesen sein, verpflichten sich diese, die Rechte bis zum Closing auf die Gesellschaft vollumfänglich und unbeschränkt zu übertragen.«*

# Wettbewerbsverbot/Nebentätigkeit

Der Investor möchte natürlich, dass sich die Gründer voll auf das Startup konzentrieren und 120%igen Einsatz zeigen. Deshalb soll diese Klausel dafür sorgen, dass Nebentätigkeiten und insbesondere Tätigkeiten für Konkurrenten verboten sind.

Kommt erst bei der Verhandlung dieser Klausel heraus, dass die Gründer noch anderen Tätigkeiten nachgehen, können die Investoren ihr Vertrauen in die Gründer verlieren. Wenn die Gründer nicht bereit sind, sich zu 100% auf das Startup zu konzentrieren, kann die Finanzierungsrunde platzen. Aus diesem Grund empfehle ich, diesen Punkt frühzeitig anzusprechen und ihn gegebenenfalls mit den Investoren zu diskutieren. Manchmal haben die Investoren nichts dagegen, dass der alte Job der Gründer noch in geringem Umfang freiberuflich neben der Tätigkeit für das Startup ausgeübt wird.

──────── **BEISPIEL EINER KLAUSEL** ────────────────────────

*»Die Gründer werden, solange sie Gesellschafter der Gesellschaft sind und/oder eine Geschäftsführertätigkeit und/oder Anstellung bei der Gesellschaft ausüben, keine andere Tätigkeit ohne die Zustimmung der Investoren ausüben. Die Gründer werden ihre vollständige Arbeitskraft, ihre Arbeitsergebnisse wie Erfindungen und Ideen ausschließlich der Gesellschaft zur Verfügung stellen.«*

---

### Hinweis: Nachvertragliches Wettbewerbsverbot

Den Gründern kann auch untersagt werden, für eine Dauer von zwei Jahren nach ihrem Ausstieg aus der Gesellschaft eine mit der Gesellschaft konkurrierende Tätigkeit auszuüben oder sich an Gesellschaften zu beteiligen, die einen mit der Gesellschaft vergleichbaren Unternehmensgegenstand haben. Für dieses nachvertragliche Wettbewerbsverbot ist aber gegebenenfalls eine Karenzentschädigung zu zahlen, damit die Regelung nicht unwirksam ist.

## Informationsrechte

Die Investoren wollen häufig weitergehende Informationen erhalten, als ihnen als Gesellschaftern ohnehin zustehen. Daher werden *wöchentliche* oder *monatliche Reportings* über den Geschäftsverlauf der Gesellschaft vereinbart. Gegebenenfalls werden auch monatliche Telefonkonferenzen oder Treffen mit den Gründern festgelegt.

──────── **BEISPIEL EINER KLAUSEL** ────────────────────────

*»Der Investor und die Gründer werden sich einmal im Monat im Rahmen einer Telefonkonferenz über die Planung der Unternehmensentwicklung austauschen. Des Weiteren erhält der Investor die üblichen monatlichen, quartalsweisen und jährlichen Informationen über den Geschäftsverlauf der Gesellschaft. Über wichtige oder außergewöhnliche Ereignisse wird der Investor unverzüglich per E-Mail oder Telefon informiert.«*

---

Es ist sinnvoll, den Investmentverträgen ein *Muster-Reporting* als Anlage beizufügen, damit alle Parteien von der gleichen Tiefe/dem gleichen Umfang des Reportings ausgehen.

## Zustimmungsrechte des Investors

Investoren halten häufig nur Minderheitsbeteiligungen an Startups und verfügen somit nicht über die nötigen Geschäftsanteile, um im Rahmen der Gesellschafterversammlung Entscheidungen zu beeinflussen. Daher werden sich Investoren für wichtige Entscheidungen im Startup ein Zustimmungsrecht – also *faktisch ein Vetorecht* – vorbehalten. Üblicherweise fordert der Investor, dass ein *bestimmter Katalog von Geschäftsführungsmaßnahmen* seiner Zustimmung bedarf. Die entsprechenden Gesellschafterbeschlüsse – wie Satzungsänderungen oder Änderungen der Geschäftsführerverträge – können dann nicht mehr ohne die Zustimmung des Investors gefasst werden.

───── **BEISPIEL EINER KLAUSEL** ─────

»*Folgende Maßnahmen der Geschäftsführung der Gesellschaft bedürfen der vorherigen schriftlichen Zustimmung der Investorenmehrheit:*

– *Erhöhung der Geschäftsführergehälter*
– *Abschluss von Verträgen, durch die der Gesellschaft Aufwendungen oder Verpflichtungen von im Einzelfall über € 50.000 entstehen*
– *(weitere zustimmungspflichtige Geschäfte)*

*Die Zustimmung gemäß Abs. 1 gilt auch als erteilt, wenn nicht innerhalb eines Zeitraums von 14 (vierzehn) Werktagen nach Zugang der Mitteilung über die gemäß Abs. 1 zustimmungsbedürftigen Geschäftsführungsmaßnahmen die jeweilige Zustimmung schriftlich verweigert wird.*«

Es kann aber auch vereinbart werden, dass die Zustimmungsrechte anstatt dem Investor dem Beirat/Aufsichtsrat zustehen.

Wenn mehrere Investoren Gesellschafter des Startups sind, sollten Sie versuchen, Investorenmehrheiten vorzusehen, das heißt Regelungen, nach denen sich die Investoren mehrheitlich über die Ausübung strategischer Vetorechte abzustimmen haben, ohne dass einer von ihnen den entsprechenden Beschluss verhindern (Vetorecht) oder die anderen überstimmen kann (Stimmrechtsmehrheit). Damit kann erreicht werden, dass keiner der Einzelinvestoren die übrigen und vor allem das Unternehmen strategisch blockieren kann.

## Persönliche Sicherheiten

Persönliche Sicherheiten der Gründer, wie *Bürgschaften*, *Grundschulden* etc., sind absolut unüblich, da sie mit dem Investment von Risikokapital nicht im Einklang stehen. Werden persönliche Sicherheiten gefordert, sollten bei Ihnen sofort die Alarmglocken läuten!

# Kosten für die Beteiligung (Rechtsanwälte und sonstige Berater)

Wenn jede Partei die Kosten, die ihr durch die Verhandlung des Term Sheet sowie der anderen Investmentverträge für Rechtsanwälte und weitere Berater entstehen, selbst trägt, ist dies eine faire Regelung. Diese Regelung gilt unabhängig davon, ob es zu einem Investment kommt oder nicht.

---

**BEISPIEL EINER KLAUSEL**

*»Jede Partei trägt die bei ihr im Zusammenhang mit der Verhandlung, Vorbereitung, Unterzeichnung und Durchführung der Beteiligungsverträge inklusive des Term Sheet angefallenen Kosten und Aufwendungen insbesondere für beauftragte Berater selbst.«*

---

Professionelle Investoren, wie VCs und Business-Angels, erwarten hingegen häufig, dass das Startup nicht nur die eigenen Beraterkosten, sondern auch die Beraterkosten des Investors (nach meinen Erfahrungen in größeren Finanzierungsrunden zwischen € 10.000 und € 80.000) und in Ausnahmefällen sogar zusätzlich pauschale *Due-Diligence-Kosten* übernimmt (z.B. pauschal € 8.000), sodass diese Kosten faktisch aus dem Investment des Investors gezahlt werden und dem Startup entsprechend weniger Kapital zur Finanzierung des Geschäfts zur Verfügung steht.

---

**BEISPIEL EINER KLAUSEL**

Investor hat € 1. Mio. investiert

*»Die folgenden Kosten im Zusammenhang mit dem Abschluss und der Durchführung der in diesem Beteiligungsvertrag vorgesehenen Transaktion werden von der Startup GmbH als Kosten für die Kapitalbeschaffung getragen:*

- *Eigene Kosten für die Rechtsanwälte ABC bis zu einem Betrag von € 27.000, zzgl. Auslagen und Umsatzsteuer,*
- *Kosten der Rechtsanwälte XYZ des Investors bis zu einem Betrag von € 75.000 zzgl. Auslagen und Umsatzsteuer,*
- *Kosten für die vom Investor durchgeführte Due Diligence bis zu einem Betrag von € 8.000.*
- *Der Investor wird die Kosten von der ersten Tranche des Investments in Abzug bringen.«*

---

Dies bedeutet in diesem Beispiel aus der Praxis, dass das Startup nicht € 1 Mio. des Investments, sondern nur € 890.000 ausgezahlt bekommen hat, wenn die Beträge ausgeschöpft wurden.

Eine entsprechende Regelung wird manchmal selbst dann vereinbart, wenn es nicht zu einem Investment kommt.

---

Wenn der Investor eine Regelung aufnehmen möchte, in der das Startup Kosten des Investors übernimmt, sollte zumindest ein *Höchstbetrag* festgelegt werden. Es sollte Ihnen bewusst sein, dass häufig mittlere fünfstellige, manchmal sechsstellige Beratungskosten anfallen können, wenn Großkanzleien beauftragt werden. Des Weiteren sollte darauf geachtet werden, dass die Kosten nicht vom Startup übernommen werden, wenn der Investor ohne Grund die Entscheidung trifft, nicht investieren zu wollen. Zudem sollten die Rechtsanwaltsrechnungen erst dann fällig werden, wenn das Startup das Investment erhalten hat.

───── **BEISPIEL EINER KLAUSEL** ─────────────────

*»Kommt es zum Abschluss des Investments, trägt das Startup die dem Investor daraus insgesamt entstandenen Kosten für Berater und Due Diligence bis zu maximal einem [Brutto-/Netto-]Betrag von [€ XXX], der nicht vor Erhalt des vollständigen Investments fällig wird.«*

Die für die Umsetzung des Investments entstehenden *Notar- und Gerichtskosten* werden üblicherweise vom Startup getragen. Die Kosten für die Übernahmeerklärung im Rahmen der Kapitalerhöhung wird in der Regel von den Investoren selbst übernommen.

## Vertraulichkeit

Spätestens zur Unterzeichnung eines Term Sheet sollte der Investor zur Geheimhaltung verpflichtet werden, entweder in einer gesonderten Vereinbarung oder in einer Klausel des Term Sheet. Zu diesem Zeitpunkt sollte der Investor bereit sein, eine Vertraulichkeitsvereinbarung zu unterzeichnen. Am besten sollte die Vereinbarung ein Vertragsstrafeversprechen enthalten, das aber schwer durchzusetzen sein wird.

───── **BEISPIEL EINER KLAUSEL** ─────────────────

*»Der Investor verpflichtet sich bei Meidung einer Vertragsstrafe von € [BETRAG], alle als vertraulich gekennzeichneten Informationen, die ihm im Rahmen der Due Diligence und der Beteiligungsverhandlungen bekannt werden, geheim zu halten und sie im Fall eines etwaigen Abbruchs der Verhandlungen nicht für sich selbst oder Dritte auszunutzen oder zu verwenden. Im Rahmen der Due Diligence überlassene Unterlagen sind im Fall des Abbruchs der Verhandlungen von dem Investor unaufgefordert an die Gesellschaft zurückzugeben.«*

## Bindungswirkung

Am Ende des Term Sheet wird normalerweise ausdrücklich aufgenommen, ob das Term Sheet rechtlich bindend ist bzw. welche Teile des Dokuments rechtlich bindend sind. Es ist üblich, dass nur die Vereinbarungen zur *Geheimhaltung*, zur *Kostentragung*, zur *Rechtswahl* und zur *Exklusivität* bindend sind.

Beim Abschluss eines Term Sheet steht die sogenannte *Culpa in Contrahendo* bzw. *C.i.C.-Haftung* im Raum. Die Parteien können letztendlich bis zum Vertragsschluss frei über Inhalt und Abschluss des Beteiligungsvertrags und damit über den Abbruch der Verhandlungen entscheiden. Mit Fortschreiten der Verhandlungen und begründetem Vertrauen der Gegenpartei in den Abschluss des Vertrags kann ein willkürlicher Verhandlungsabbruch jedoch eine Schadensersatzpflicht auslösen. Das Term Sheet kann in der Gegenpartei ein solches haftungsbegründendes Vertrauen auf den Vertragsschluss hervorrufen. Um zu versuchen, diese Haftung auszuschließen, sollte daher im Term Sheet eine Klausel aufgenommen werden, die beiden Seiten den Abbruch der Verhandlungen ohne Angabe von Gründen erlaubt und damit die Bildung schutzwürdigen Vertrauens auf den Vertragsschluss bei der jeweiligen Gegenpartei so weit wie möglich ausschließt.

## Anlage: CAP TABLE

In der Anlage wird häufig der sogenannte Cap Table beigefügt, der die jeweiligen Beteiligungsverhältnisse an dem Startup vor und nach dem Investment darstellt.

*Tabelle 4-1: Abbildung eines einfachen Seed-Cap-Table vor einem Investment*

| Gesellschafter | Geschäftsanteil (in €) und laufende Nummer | Beteiligungsquote (in %) |
| --- | --- | --- |
| [Gründer 1] | • | • |
| [Gründer 2] | • | • |
| [Gründer 3] | • | • |
| **Summe** | • | **100** |

# Beteiligungsvertrag

Der *Beteiligungsvertrag* (engl. *Investment Agreement*) ist der wichtigste Vertrag der Finanzierungsrunde. Die Basis für die Regelungen im Beteiligungsvertrag stellen normalerweise die vereinbarten Regelungen des Term Sheet dar. Insoweit kann auf die obigen Ausführungen zum Term Sheet verwiesen werden. Abweichungen zu den im Term Sheet verhandelten Regelungen können sich insbesondere aus neuen Erkenntnissen ergeben, die im Rahmen der Due Diligence gewonnen werden.

Wie der Name schon vermuten lässt, enthält der Beteiligungsvertrag alle Regelungen und Bedingungen, zu denen sich der Investor oder die Investoren an dem Startup beteiligen. Hierzu zählen z.B. die *Bewertung des Startups*, die *Höhe und Art sowie die Fälligkeit der Investition* durch den Investor und die im Gegenzug am Startup *eingeräumten Geschäftsanteile*. Die von den Gründern *abgegebenen Garantien* und *Gewährleistungen* und das *Einbringen der Gründer von Schutzrechten und Know-how* sind ebenfalls im Beteiligungsvertrag enthalten. Der Beteiligungsvertrag beinhaltet oftmals auch eine Gesellschaftervereinbarung (engl. *Shareholder Agreement*) im Anhang des Beteiligungsvertrags oder im Vertragsteil. Der Beteiligungsvertrag regelt dabei die Bedingungen des Investments selbst. Die Gesellschaftervereinbarung hingegeben umfasst Regelungen, die über die Bestimmung der Satzung hinausgehen, wie das Miteinander der Investoren und der Gründungsgesellschafter nach dem Investment.

Es ist zu beachten, dass die Änderung des *schuldrechtlichen* – nur zwischen den Vertragsparteien geltenden – *Beteiligungsvertrags* generell der Zustimmung aller Vertragsparteien bedarf. Eine Satzungsänderung ist aber grundsätzlich bereits mit einer Dreiviertelmehrheit der stimmberechtigten Gesellschafter möglich. Es besteht durch eine sogenannte Öffnungsklausel die Möglichkeit, das *Einstimmigkeitsprinzip* des Beteiligungsvertrags beispielsweise in eine *qualifizierte Mehrheit* von 80% abzuändern. Die Klausel kann ausgewählte oder alle Vertragsänderungen umfassen.

> ## Hinweis: Änderung des Beteiligungsvertrags
>
> Sie sollten schon in der ersten Finanzierungsrunde überlegen, ob Sie nicht bereits eine Änderung des Beteiligungsvertrags zum Beispiel mit einer 95%igen Mehrheit vorsehen, selbst wenn dies derzeit aufgrund des Cap Table eigentlich noch nicht nötig ist. Der Vorteil ist dann, dass auch zukünftige Gesellschafter mit geringen Anteilen oder Altgesellschafter, die durch Verwässerung nur noch sehr wenige Anteile halten, Änderungen nicht blockieren können.

Beteiligungsverträge (inklusive der Gesellschaftervereinbarung) enthalten üblicherweise Regelungen zu den folgenden Punkten:

- Präambel (beinhaltet Erläuterungen zum Hintergrund des Investments und der vorherigen Finanzierungsrunden sowie Informationen zu den Vertragsparteien).
- Gesellschaftliche Verhältnisse.
- Verpflichtung zur Kapitalerhöhung und Neufassung der Satzung
- Zuzahlung in die Kapitalrücklage.
- Festlegung relevanter Meilensteine (Auszahlungen sind oft an das Erreichen von Meilensteinen gekoppelt).
- Zweckbindung der Zuzahlungen.
- Garantien.
- Rechtsfolgen bei Verstoß gegen die Garantien.
- Patente und weitere Schutzrechte.
- Vorkaufsrechte.
- Position und Bindung der Unternehmensgründer.
- Rechte des Investors: Mitsprache-, Stimm-, Kontroll-, Informations- und Vetorechte.
- Mitveräußerungsrechte.
- Mitveräußerungspflichten.
- Liquidation Preferences.
- Verwässerungsschutzklauseln.
- Nachschusspflichten bei Kapital- und Liquiditätsengpässen.
- Gründung und Besetzung des Beirats.
- Aufnahme weiterer Partner.
- Mitarbeiterbeteiligungen.
- Verwendung der Gewinne des Unternehmens.
- Zukünftige Finanzierungsrunden.
- Exit-Strategien.
- Reporting; Weitergabe von Informationen.
- Kontaktinformationen für Mitteilungen.
- Verschwiegenheit.
- Kosten/Übertragbarkeit.
- Laufzeit.
- Anwendbares Recht.
- Gerichtsstand.
- Abschließende Bestimmungen.

In der Praxis benötigen die Verhandlung des Term Sheet und des Beteiligungsvertrags sowie die Durchführung der Due Diligence ca. zwei bis sechs Monate Verhandlungszeit.

Beteiligungsverträge müssen nicht generell notariell beurkundet werden, sondern nur, wenn sie der notariellen Form bedürftige Klauseln enthalten. In der weiteren Entwicklung des Startups ist jedoch ein notariell beurkundeter Beteiligungsvertrag oftmals hilfreich, z.B. bei neuen Finanzierungsrunden oder bei der steuerlichen Bewertung dieses Investments für den Investor. Es ist aber auch möglich, die Beteiligung so zu strukturieren, dass sich die *formbedürftigen Klauseln*, z.B. zum Vesting, in der Satzung des Startups befinden, sodass der Beteiligungsvertrag nicht notariell beurkundet werden muss. Da die Satzung im Handelsregister veröffentlicht werden muss und somit jeder Dritte Einsicht in die Regelungen erhalten kann, wird der Beteiligungsvertrag nur in seltenen Fällen so gestaltet. Die Notarkosten für die Beurkundung des Beteiligungsvertrags können aber ganz erheblich sein, sodass beim Notar immer vor der Beurkundung eine Kostenschätzung angefordert werden sollte, da Beteiligungsverträge von verschiedenen Notariaten häufig völlig unterschiedlich abgerechnet werden.

# KAPITEL 5

# Welche Rechte und Pflichten gelten für den Geschäftsführer?

Bei vielen Gründern ist zwar schnell klar, wer von den beteiligten Personen Geschäftsführer werden soll, über die Rechte und Pflichten, die die Stellung des Geschäftsführers mit sich bringt, ist aber vielfach wenig Konkretes bekannt. Daher werden im Folgenden die Grundlagen der Rechte und Pflichten des Geschäftsführers darstellt. Die wichtigsten Pflichten, die sich aus dem *Gesetz* (z.B. GmbH-Gesetz, Insolvenzordnung und dem Allgemeinen Gleichbehandlungsgesetz), dem *Gesellschaftsvertrag*, der *Gesellschaftervereinbarung*, den *Weisungen der Gesellschafterversammlung*, der *Geschäftsordnung der Geschäftsführung* und dem *Geschäftsführeranstellungsvertrag* ergeben können, beinhalten:

- Pflicht zur Geschäftsführung und Vertretung des Startups nach außen.
- Pflichten gegenüber Mitarbeitern (z.B. Einhaltung des Arbeitsschutzes, des Allgemeinen Gleichbehandlungsgesetzes etc.).
- Einberufen von Gesellschafterversammlungen und die Information der Gesellschafter.
- Befolgen von Weisungen der Gesellschafter und Einholen der Zustimmung der Gesellschafter zu zustimmungspflichtigen Geschäftsmaßnahmen.
- Anmeldung und Einreichung von Änderungen des Gesellschaftsvertrags und anderer eintragungspflichtiger Tatsachen, z.B. Bestellung eines Prokuristen, beim Registergericht.
- Vorbereitung, Erstellung und Vorlage des Jahresabschlusses an die Gesellschafter.
- Überprüfen der Bonität von Vertragspartnern – zumindest bei auffälligen Vertragspartnern – im Vorfeld.
- Identifizierung von potenziellen Geschäftsrisiken und Einleiten von Abwehrmaßnahmen.
- Buchführungspflicht.
- Rechtzeitiges Einreichen von Steuererklärungen und Abführen aller geschuldeten Steuern.
- Rechtzeitiges Erheben und Abführen aller Sozialversicherungsbeiträge.

- Ergreifen von angemessenen Schutzmaßnahmen für Geschäftsgeheimnisse.
- Stellen des Antrags auf Eröffnung eines Insolvenzverfahrens.
- Einhaltung der Datenschutzpflichten.
- Einhaltung wettbewerblicher Vorschriften.
- Einhaltung und Überprüfung, dass der Mindestlohn gezahlt wird.

Diese Geschäftsführerpflichten können sich, wenn sich das Startup in einer Krise befindet, deutlich verschärfen. Weitere Ausführungen hierzu finden Sie weiter unten im Abschnitt *Pflichten des Geschäftsführers in der Krise*. Die Rechte eines Geschäftsführers ergeben sich aus *Gesetz, Gesellschaftsvertrag* und *Geschäftsführeranstellungsvertrag* (z. B. Anspruch auf Vergütung, gegebenenfalls Tantiemen und Urlaub etc.).

## Der Geschäftsführer als Vertreter der GmbH

Um im Geschäftsverkehr handlungsfähig zu sein, benötigt die GmbH als *Vertretungsorgan* den Geschäftsführer, der die GmbH leitet. Dies trifft auch für die haftungsbeschränkte Unternehmergesellschaft zu, für die alle nachfolgenden Ausführungen ebenfalls gelten. Der Geschäftsführer vertritt als *handelndes Organ* die Gesellschaft nach außen und führt die Geschäfte im Innenverhältnis nach den *Weisungen der Gesellschafterversammlung* und im Rahmen von *Satzung und Gesetz*.

Der Geschäftsführer als Organ wird durch die Gesellschafterversammlung bestellt und erhält dann meist einen schriftlichen *Geschäftsführeranstellungsvertrag*. Rechtlich gesehen sind die Bestellung als Organ und der Abschluss des Geschäftsführeranstellungsvertrags zwei unterschiedliche Rechtsverhältnisse. Deshalb sind die arbeitsvertraglichen Rechte und Pflichten aus dem Geschäftsführeranstellungsverhältnis von den organschaftlichen Rechten und Pflichten des Geschäftsführers zu unterscheiden. In der Praxis bedeutet dies z. B., dass die Bestellung und Abberufung des Geschäftsführers als Organ keine rechtliche Auswirkung auf den Bestand des Geschäftsführeranstellungsvertrags hat, der unabhängig davon abgeschlossen bzw. gekündigt werden muss.

─────── **BEISPIEL** ───────

Einer der beiden Geschäftsführer soll nicht mehr für das Startup tätig sein. Daher beschließt die Gesellschafterversammlung die Abberufung des Geschäftsführers G. Es wird vergessen, zusätzlich den bestehenden Geschäftsführeranstellungsvertrag von G zu kündigen. Dann ist G zwar kein Geschäftsführer des Startups mehr, bekommt aber weiterhin seine Vergütung, die ihm der Geschäftsführeranstellungsvertrag zusichert. Die Vergütung steht ihm so lange zu, bis der Geschäftsführeranstellungsvertrag separat fristgerecht gekündigt wurde. Denken Sie also immer daran, auch den Geschäftsführeranstellungsvertrag zu kündigen, wenn Sie den Geschäftsführer als Organ abberufen.

Am besten verknüpfen Sie die beiden Rechtsverhältnisse durch eine Klausel im Geschäftsführeranstellungsvertrag.

─────── **BEISPIEL EINER KLAUSEL** ───────────────────────

Unbefristete Geschäftsführerverträge mit ordentlicher Kündigungsmöglichkeit

*»Falls der Geschäftsführer durch Gesellschafterbeschluss aus seinem Amt als Geschäftsführer abberufen wird, gilt die Bekanntgabe der Abberufung gegenüber dem Geschäftsführer durch die Gesellschaft zugleich als Kündigung des Geschäftsführeranstellungsvertrags zum nächstmöglichen Termin.«*

─────────────────────────────────────────────────────────

Die GmbH muss *mindestens einen Geschäftsführer* haben, kann aber auch mehrere Geschäftsführer bestellen. Der Geschäftsführer kann im Rahmen einer *Einzelvertretungsermächtigung* berechtigt sein, die GmbH allein im Rechtsverkehr zu vertreten. Zwingend ist dies nicht. Die Gesellschafter können entscheiden, dass der Geschäftsführer die GmbH nur mit einem weiteren Geschäftsführer oder gemeinsam mit einem *Prokuristen* vertreten darf.

Wählen Sie die Alternative der gemeinsamen Vertretung, muss Ihnen klar sein, dass dies bei vielen Startups in der Praxis nicht konsequent umgesetzt wird. Häufig wird gegen die gemeinsame Vertretungsregelung verstoßen, da im Tagesgeschäft z. B. nur ein Geschäftsführer die Verträge unterzeichnet und Geschäfte eingeht. Entscheiden Sie sich für eine gemeinsame Vertretungsberechtigung, wird das – wenn Sie es dann auch konsequent umsetzen – die Geschäftsabwicklung möglicherweise erschweren und verzögern. Praktische Gesichtspunkte sprechen daher für die Einzelvertretungsbefugnis. Auf der anderen Seite bietet sie geringere Überwachungs- und Kontrollmöglichkeiten des Geschäftsführers und setzt mehr Vertrauen voraus. Eine gewisse Kontrolle der Geschäftsführer, z. B. für definierte zustimmungspflichtige Geschäfte, können Sie aber auch über eine *Geschäftsordnung für die Geschäftsführung* der Gesellschafterversammlung einräumen.

Der Geschäftsführer muss kein GmbH-Gesellschafter sein, sodass auch sogenannte *Fremdgeschäftsführer* bestellt werden können, die keine Geschäftsanteile an der GmbH besitzen. Die Gesellschafter selbst dürfen die GmbH nicht einfach Dritten gegenüber vertreten, sofern sie nicht zugleich als Geschäftsführer oder Prokuristen berufen sind oder ihnen eine Vollmacht erteilt wurde.

Bürger anderer Staaten ohne deutschen Pass können ebenfalls Geschäftsführer einer inländischen GmbH sein. Sie müssen weder ihren Wohnsitz oder Aufenthalt im Inland noch eine deutsche Arbeitserlaubnis haben. Im Umkehrschluss berechtigt die Bestellung zum Geschäftsführer einer deutschen GmbH aber nicht zur Arbeit in Deutschland. Es muss eine gesonderte Arbeitserlaubnis vorliegen.

Häufig entscheiden sich Startups dafür, alle Gründer zu Geschäftsführern der GmbH zu berufen, damit alle Gründer gleichberechtigt sind. Bei zwei Gründern und Geschäftsführern mag das noch praktikabel und nachvollziehbar sein. Bei mehreren Geschäftsführern ist dieses Vorgehen allein unter Haftungsgesichtspunkten nicht sinnvoll, da jeden Geschäftsführer eine weitgehende persönliche Haftung trifft, für die er gegebenenfalls mit seinem gesamten Privatvermögen eintreten muss. Soll jeder der Gründungsgesellschafter die GmbH vertreten können, kann dies durch die Erteilung der *Prokura* geschehen. Für den Prokuristen bestehen dann deutlich weniger Haftungsrisiken als für einen Geschäftsführer.

---

### Hinweis: An die Prokura denken

Es kann entweder eine Einzel- oder eine Gesamtprokura erteilt werden, die jeweils auch im Handelsregister eingetragen werden muss. Der Prokurist darf die GmbH bei der Einzelprokura alleine und bei der Gesamtprokura zusammen mit einem anderen Prokuristen oder Geschäftsführer vertreten und unterzeichnet mit dem Kürzel »ppa.« (per procura). Es ist aber auch möglich, vor oder nach der Unterschrift das Wort »Prokurist« einzufügen. Die Prokura wird durch den Geschäftsführer erteilt. Allerdings sollte zur Absicherung im Innenverhältnis und für die Anmeldung zum Handelsregister ein Gesellschafterbeschluss z.B. bei der Erteilung einer Gesamtprokura mit folgendem Wortlaut eingeholt werden:

*»Herrn A (Geburtsdatum, Wohnort) wird derart Gesamtprokura erteilt, dass dieser gemeinsam mit einem Geschäftsführer oder einem Prokuristen die Gesellschaft vertritt.«*

---

## Geschäftsordnung für die Geschäftsführung

Eine Geschäftsordnung für die Geschäftsführung wird oftmals nach einer Finanzierungsrunde verabschiedet, damit die Investoren eine gewisse Kontrolle über die Geschäftsführung ausüben bzw. bei wichtigen Entscheidungen außerhalb des Tagesgeschäfts der Geschäftsführungsmaßnahme zustimmen müssen. Die Geschäftsordnung regelt bei mehreren Geschäftsführern zum einen den *Geschäftsverteilungsplan* und zum anderen, welcher Geschäftsführer für welche *Geschäftsbereiche oder Ressorts* (z.B. kaufmännischer Bereich, technischer Bereich, Personal- und Rechnungswesen oder Recht) zuständig ist.

Die Geschäftsordnung regelt darüber hinaus, bei welchen Geschäftsführungsmaßnahmen die Geschäftsführung die *Zustimmung der Gesellschafter bzw. der Gesellschafterversammlung* einholen muss. Geschäftsführer sollten darauf achten, dass sie im operativen Geschäft nicht zu stark durch die Geschäftsordnung in ihren Handlungsmöglichkeiten eingeschränkt werden. Die übliche tägliche Geschäftsführung sollte ohne Einholung einer Zustimmung der Gesellschafter möglich sein. Sind die Zustimmungskataloge zu detailliert (z.B. für jegliche Kooperations- und Lizenzverträge) und die Schwellenwerte zu tief angesetzt (z.B. Verträge ab € 5.000), wird ein Einholen der Zustimmung häufig vergessen.

Die Geschäftsordnung kann schließlich auch Angaben zum *Reporting* gegenüber den Investoren und Gesellschaftern und zur *Zeichnungsberechtigung* enthalten.

# Geschäftsführeranstellungsvertrag

Der Geschäftsführeranstellungsvertrag sollte immer mit den anderen Verträgen des Startups abgestimmt sein, insbesondere mit der Geschäftsordnung der Geschäftsführung, dem Gesellschaftsvertrag und der Gesellschaftervereinbarung. Ansonsten können für Gründer Überraschungen auftreten, wenn z. B. Investoren ein Vesting im Gesellschaftsvertrag vereinbart haben, das greift, wenn das Anstellungsverhätnis endet und der Geschäftsführeranstellungsvertrag nur auf zwei Jahre befristet abgeschlossen wird. Dann können die bis zu diesem Zeitpunkt ungevesteten Geschäftsanteile des Gründers zu einer sehr geringen Entschädigung wieder entzogen werden.

Für den Geschäftsführer einer GmbH oder Unternehmergesellschaft findet das *Arbeitsrecht* mit seinen *Arbeitnehmerschutzvorschriften* keine Anwendung, weil der Geschäftsführer in der Regel *kein Angestellter* im rechtlichen Sinne ist. Als Faustregel kann gelten, dass arbeitsrechtliche Vorschriften nur in Einzelfällen auf den Geschäftsführer Anwendung finden, wenn er *persönlich* und *wirtschaftlich* ebenso *schutzbedürftig* ist wie ein Arbeitnehmer.

Da die Abgrenzung sehr schwierig ist, sollten Sie sich – wenn es auf diesen Punkt ankommt – hierzu professionell beraten lassen.

Da der Geschäftsführer in der Regel nicht als Arbeitnehmer zu qualifizieren ist, sollte großer Wert auf den *Geschäftsführervertrag*, der auch Geschäftsführeranstellungsvertrag oder Geschäftsführerdienstvertrag genannt wird, gelegt werden. Werden keine Regelungen getroffen, kann nicht auf die Regelungen des Arbeitsrechts (z. B. Arbeitszeit-, Arbeitnehmererfindungs-, Kündigungsschutz-, Entgeltfortzahlungs-, Betriebsverfassungs-, Mitbestimmungs-, Vermögensbildungs-, Bundesurlaubs- und Mutterschutzgesetz sowie das Gesetz zum Erziehungsgeld und zur Elternzeit) zurückgegriffen werden. Dies betrifft beispielsweise auch den gesetzlichen Mindesturlaub oder eine Entgeltfortzahlung. Die einzelnen Rechte und Pflichten des Geschäftsführers sollten daher in einem *schriftlichen Vertrag* festgelegt werden. Gründer beginnen oft ohne schriftlich abgeschlossene Geschäftsführeranstellungsverträge ihre Arbeit. Hintergrund ist, dass die Gründer oftmals untereinander befreundet sind. Unter Umständen zahlen sie sich auch kein Gehalt, sodass sie denken, dass ein (schriftlicher) Vertrag nicht nötig sei, insbesondere wenn einer oder mehrere von ihnen das Amt des Geschäftsführers selbst übernehmen.

Es gibt zwar tatsächlich keine harte gesetzliche Pflicht, den Geschäftsführervertrag schriftlich abzuschließen, doch besteht faktisch eine Pflicht, einen schriftlichen Geschäftsführervertrag zu unterzeichnen, da Steuerbehörden Gehaltszahlungen und andere Leistungen aus mündlichen Vereinbarungen steuerrechtlich häufig nicht anerkennen.

---

## Hinweis: Unterzeichnungskompetenz und Gesellschafterbeschluss

Der Geschäftsführeranstellungsvertrag wird von der Gesellschafterversammlung abgeschlossen und darf nicht für das Startup von dem Geschäftsführer als Vertretungsorgan des Startups unterschrieben werden. Der Geschäftsführer darf nur für sich selbst unterschreiben. Dies gilt auch, wenn der Geschäftsführer von den Beschränkungen des § 181 BGB (Verbot des Insichgeschäfts) befreit ist. Der Geschäftsführeranstellungsvertrag und dessen Änderungen (z.B. auch Gehaltsanpassungen) müssen also auf der einen Seite vom Geschäftsführer und auf der anderen Seite von der Gesellschafterversammlung unterzeichnet werden. Dies bedeutet, dass entweder alle Gesellschafter unterschreiben oder dass ein Gesellschafter von der Gesellschafterversammlung bevollmächtigt wird, den Geschäftsführeranstellungsvertrag abzuschließen. Außerdem bedeutet es, dass es für eine Änderung des Geschäftsführeranstellungsvertrags, z.B. des Gehalts, eines Gesellschafterbeschlusses bedarf. Mündliche Absprachen zwischen verschiedenen Geschäftsführern oder zwischen Geschäftsführer und Gesellschaftern reichen nicht aus.

---

Schon im Vertragskopf des Geschäftsführeranstellungsvertrags werden häufig Fehler gemacht:

### —— BEISPIEL ——————————————————————

Vertragskopf eines Geschäftsführervertrags

*Geschäftsführeranstellungsvertrag*

zwischen

Startup GmbH, Startupstraße 100, 20095 Hamburg, vertreten durch die Gesellschafterversammlung

– nachfolgend »Gesellschaft« genannt –

und

Herrn Max Mustermann, Musterstraße 100, 20095 Hamburg

– nachfolgend »Geschäftsführer« genannt –

## Hinweis: Geschäftsführer nicht im Gesellschaftsvertrag bestellen

Die Bestellung des Geschäftsführers sollte nicht im Gesellschaftsvertrag erfolgen, da dann für jede Änderung in der Geschäftsführung auch eine Änderung des Gesellschaftsvertrags erforderlich ist. Gesellschaftsvertragsänderungen sind mit Notar- und Handelsregisterkosten verbunden und bedürfen einer Mehrheit von Dreiviertel der abgegebenen Stimmen in der Gesellschafterversammlung. Es ist daher empfehlenswert, den Geschäftsführer in einem gesonderten Gesellschafterbeschluss zu bestellen.

Professionelle Investoren fordern im Rahmen einer Finanzierungsrunde häufig eine Änderung des Geschäftsführervertrags, insbesondere hinsichtlich stärkerer Kontrollmöglichkeiten. Soll auch die Haftung des Geschäftsführers verschärft werden, können Sie im Gegenzug versuchen auf eine vom Startup bezahlte *D&O-Versicherung* (Directors & Officers, auch Organ- oder Manager-Haftpflicht) zu drängen.

## Hinweis: D&O-Versicherung

D&O-Versicherungen werden im Wesentlichen von Konzernen, aber immer mehr auch vom Mittelstand abgeschlossen. Bei Startups sind sie bis jetzt noch kein großes Thema. Es gibt derzeit ungefähr 40 Anbieter von D&O-Versicherungen in Deutschland, wobei die Versicherungsbedingungen erheblich voneinander abweichen und sich immer mehr Versicherungen aus diesem Bereich zurückziehen. D&O-Versicherungen stellen ein sehr komplexes Feld dar, das im Rahmen dieses Buchs nicht ausreichend behandelt werden kann. Wichtige Begriffe sind *Ausschlüsse, Rückwärtsdeckungen, Claims-Made-Prinzip (Anspruchserhebungsprinzip), Deckungsausschlüsse, Nachmeldefristen* und *operatives Handeln*. Des Weiteren sind die Übernahmen von Bußgeldern häufig ausgeschlossen. Das ist problematisch, weil Bußgelder immer höher und häufiger festgesetzt werden.

Nachteil einer D&O-Versicherung gerade für Startups kann sein, dass allein die Existenz der D&O-Police für einen Haftungsprozess ausreichen kann, soweit sie einem Kläger bekannt ist, da es gegebenenfalls einen solventen Schuldner neben dem Startup oder dem Geschäftsführer gibt. Außerdem versuchen die Versicherungen immer öfter, gegenüber dem Versicherungsnehmer nicht eintreten zu müssen; sie sagen häufig die Deckung nicht zu und versuchen, sich auf Ausschlüsse zu berufen.

## Checkliste: Was gehört mindestens in einen Geschäftsführeranstellungsvertrag?

- Präambel, die den Vertragshintergrund erläutert
- Position und Aufgaben
- Geschäftsführung und Vertretung
- gegebenenfalls Befreiung vom Selbstkontrahierungsverbot gemäß § 181 BGB
- Umfang der Arbeitszeit und möglicher Nebentätigkeiten
- Höhe der Vergütung (Festgehalt und variable Gehaltsbestandteile, z.B. Tantiemen und andere Vergünstigungen)
- Erstattung von Auslagen (und Firmenwagen)
- Urlaubsumfang
- Wettbewerbsverbot während des Vertragsverhältnisses und gegebenenfalls auch danach
- Geheimhaltung und Rückgabe von Unterlagen
- Verpflichtung zur Übertragung und Meldung sowie Vergütung (eventuell Abgeltungsregelung mit den Dienstbezügen) von Erfindungen
- Regelung über Urheberrechte und verwandte Schutzrechte
- Regelungen zu Krankheit und Tod
- gegebenenfalls Aufhebung von bisherigen Arbeits- oder Dienstverhältnissen
- gegebenenfalls Haftungsbeschränkung des Geschäftsführers
- Vertragsdauer, Kündigung, Freistellung
- Schriftformerfordernis
- salvatorische Klausel

## Gesellschafterversammlungen

Die wichtigen Angelegenheiten der GmbH werden durch Gesellschafterbeschlüsse geregelt. Für den Geschäftsführer ist es wichtig zu wissen, welche Angelegenheiten zwingend per Gesetz oder selbstauferlegt durch eine Vereinbarung wie den Geschäftsführeranstellungsvertrag oder den Gesellschaftsvertrag durch einen Beschluss der Gesellschafter entschieden werden müssen. Hierzu gehören zum Beispiel – wie gerade dargestellt – alle Angelegenheiten, die mit dem Geschäftsführeranstellungsvertrag zusammenhängen. Es gibt aber auch weitere Vorschriften dazu, wann es einer Entscheidung in der Gesellschafterversammlung bedarf. Die wichtigsten werden im Folgenden aufgeführt.

In Abhängigkeit von den zu behandelnden Tagesordnungspunkten unterscheidet man ordentliche und außerordentliche Gesellschafterversammlungen.

Zwingend bedarf es einmal im Jahr eines Gesellschafterbeschlusses in einer ordentlichen Gesellschafterversammlung zur Feststellung des Jahresabschlusses und der Ergebnisverwendung der GmbH – etwa ob Überschüsse erwirtschaftet worden sind und ob diese an die Gesellschafter ausgeschüttet werden oder in der Gesellschaft verbleiben sollen.

Ein weiterer zwingender gesetzlicher Grund für die Einberufung einer Gesellschafterversammlung liegt beim Verlust der Hälfte des Stammkapitals vor. Des Weiteren besteht ein Anlass für eine Gesellschafterversammlung dann, wenn ein Beschlussgegenstand gemäß des Gesetzes in den Aufgabenkreis der Gesellschafter fällt, z.B. wenn nicht eingezahlte Einlagen von Gesellschaftern eingefordert werden sollen, wenn ein Geschäftsführer oder Prokurist bestellt oder abberufen oder ein Geschäftsführer entlastet werden soll. Im Gesellschaftsvertrag können weitere zustimmungspflichtige Geschäfte definiert werden, bei denen die Gesellschafterversammlung entscheiden muss, die sehr detailliert sein können und häufig von Investoren verlangt werden.

---

### Hinweis: Geschäftsführungsmaßnahmen absichern

Zusätzlich können Sie als Geschäftsführer jede Geschäftsführungsmaßnahme der Gesellschafterversammlung zur Abstimmung vorlegen. So können Sie sich z.B. bei risikoreichen Geschäftsführungsmaßnahmen gegen Ansprüche der Gesellschaft absichern. Zwingend ist dies meiner Meinung nach, wenn Sie planen, außerhalb des Gesellschaftszwecks der GmbH, die im Gesellschaftsvertrag angegeben ist, tätig werden zu wollen, weil z.B. das Geschäftsmodell umgestellt wurde.

---

## Wie viel darf ein Gesellschafter-Geschäftsführer verdienen?

Nach der Gründung einer Unternehmergesellschaft oder GmbH stellt sich den Gründern als Nächstes die Frage, welches Gehalt sich der Gesellschafter-Geschäftsführer auszahlen sollte und darf. Im Gegensatz zum Aktienrecht findet sich keine Norm im GmbH-Gesetz, die Voraussetzungen für die Höhe der Vergütung aufstellt. Viele Gründer sind zunächst auch bereit, nur von ihrem Ersparten zu leben oder durch einen Nebenjob ihren Lebensunterhalt zu bestreiten und kein Gehalt vom Startup zu beziehen, was unter rechtlichen Aspekten möglich ist. Als Gesellschafter-Geschäftsführer sind Sie aber nicht völlig frei, Ihr Geschäftsführergehalt selbst festzulegen.

Zum einen müssen Sie vorsichtig sein, nicht ein zu hohes Gehalt zu vereinbaren, weil dies zur Insolvenz des Startups führen kann. Das Gehalt des Geschäftsführers ist eine Verbindlichkeit, die Sie zahlen müssen beziehungsweise auch weiterhin schulden und gegebenenfalls bilanzieren müssen, wenn es aus *Liquiditätsgründen* einmal nicht gezahlt werden kann. Das Startup ist dann möglicherweise überschuldet und verpflichtet, Insolvenz anzumelden.

Des Weiteren kommt beim Gesellschafter-Geschäftsführer aus *steuerlichen Gründen* hinzu, dass auch kein unangemessen hohes Gehalt vereinbart werden darf. Dadurch würden Gewinne der Gesellschafter möglicherweise auf die Geschäftsführervergütung verschoben, die anders besteuert wird als Gewinnentnahmen der Gesellschafter.

Vorsichtig müssen Sie ebenfalls sein bei den bei Startups häufig vorkommenden *Wachstumsphasen*. Das Festgehalt kann nicht einfach mehrmals im Jahr an die positive Geschäftsentwicklung angepasst werden. Maßstab ist immer der sogenannte anzuwendende *Fremdvergleich*: Vereinfacht gesagt, dürfen Sie den Gesellschafter-Geschäftsführer, also auch sich selbst, nicht anders behandeln und vergüten als einen Fremdgeschäftsführer, der kein Gesellschafter ist.

───── **BEISPIEL** ──────────────────────────────

Die Frage, die Sie sich z. B. stellen müssen, lautet: »Würde ein Fremdgeschäftsführer mehrmals im Jahr eine Gehaltserhöhung oder eine Verdopplung des Gehalts in einem Geschäftsjahr bekommen?« Häufig werden Sie diese Frage verneinen müssen. Bei einer Verneinung werden auch die Steuerbehörden aller Voraussicht nach die Gehaltserhöhungen nicht anerkennen. Letztendlich ist es immer eine Abwägung im Einzelfall.

───────────────────────────────────────────

*Vergünstigungen,* die der Gesellschafter-Geschäftsführer nur aufgrund seiner Gesellschafterstellung erhält, werden als »verdeckte Gewinnausschüttungen« bezeichnet und nicht als steuermindernde Betriebsausgabe anerkannt. Konsequenz ist eine Korrektur der Einkommensermittlung bei der GmbH und beim Gesellschafter-Geschäftsführer. Problematisch sind dabei vor allem die hohen Säumniszuschläge, die sich über die Jahre auf stattliche Summen addieren können.

---

### Praxistipp: Überstundenvergütung des Geschäftsführers

Die Geschäftsführervergütung von Überstunden und Zuschläge für Sonntags-, Nacht- und Feiertagsarbeit werden von den Steuerbehörden in der Regel immer als verdeckte Gewinnausschüttung qualifiziert. Sie sollten daher dem Geschäftsführer keine Überstundenvergütungen gewähren und dies auch nicht im Geschäftsführeranstellungsvertrag vereinbaren.

---

Um Probleme mit dem Finanzamt zu vermeiden, sollten hinsichtlich der Beschäftigung des Geschäftsführers einige weitere Rahmenbedingungen eingehalten werden.

Neben dem Abschluss eines schriftlichen Geschäftsführeranstellungsvertrags sollte darauf geachtet werden, dass der Geschäftsführeranstellungsvertrag entsprechend den vertraglichen Regelungen auch tatsächlich umgesetzt und gelebt wird. Die Finanzbehörden schauen bei *beherrschenden Gesellschaftern*, also Gesellschaftern mit einer Sperrminorität oder mit mehr als 50% der Gesellschaftsanteile besonders genau hin. Die Vergütung des beherrschenden Gesellschafters muss, um anerkannt zu werden, angemessen sein und vor Beginn des Wirtschaftsjahres, für das die Leistung erbracht wird, klar und eindeutig vereinbart werden. Vertragsänderungen sollten daher nur mit Wirkung für die Zukunft vereinbart werden.

## Angemessenheit der Geschäftsführervergütung

Um beurteilen zu können, ob die Vergütung und die sonstigen Leistungen des Startups an den Gesellschafter-Geschäftsführer angemessen sind, darf nicht einfach auf die monatliche bzw. jährliche Festvergütung abgestellt werden. Es sind die gesamten dem Gesellschafter-Geschäftsführer zufließenden Vorteile zusammenzurechnen, und es ist eine *Gesamtschau* vorzunehmen:

- Festvergütung (einschließlich Zuschlägen sowie der zu vermeidenden Überstundenvergütung).
- Feste jährliche Einmalsonderzahlungen wie z.B. Urlaubs- und Weihnachtsgeld oder Meilensteinzahlungen.
- Variable Gehaltsbestandteile (z.B. Boni, Tantiemen und Gratifikationen).
- Pensionszusagen.
- Nutzung von Firmenfahrzeugen für Privatfahrten oder die Kosten einer D&O-Versicherung.
- Preisnachlässe oder Erhalt kostenloser Produkte des Startups.
- Gegebenenfalls Übernahme privater Handykosten.

Nicht in die Gesamtschau fließen nachgewiesene und betrieblich veranlasste *Reisekosten*.

Häufig nicht beanstandet werden feste jährliche Einmalzahlungen wie *Urlaubs- und Weihnachtsgeld*. Zusagen von *Tantiemen* dürfen maximal 25% der Gesamtbezüge des jeweiligen Geschäftsführers und in der Summe aller gezahlten Geschäftsführer-Gewinntantiemen nicht mehr als 50% des Gewinns des Startups ausmachen. Bei Startups in der Gründungsphase kann gegebenenfalls im Einzelfall von der Maximalgrenze von 25% der Gesamtbezüge eines Geschäftsführers nach oben abgewichen werden. Ist das der Fall, sollten Sie sich aber auf eine stichhaltige Argumentation berufen können, warum höhere Tantiemen gezahlt werden.

*Zinslose* oder *unbesichert gewährte Darlehen* vom Startup an den Gesellschafter-Geschäftsführer sollten Sie kritisch betrachten und grundsätzlich vermeiden. Der Gesellschafter-Geschäftsführer sollte dem Startup ebenfalls keine Darlehen gewähren, die im Marktvergleich einen zu hohen Zinssatz aufweisen.

Alle Vergütungsbestandteile, die dem Fremdvergleich standgehalten haben, werden zusammengerechnet. Die Gesamtvergütung darf dann die angemessene Vergütung nicht überschreiten.

Prüfungskriterien für die *Angemessenheit* der *Gesamtvergütung* sind: die konkrete Art und der Umfang der Tätigkeit des Geschäftsführers, seine Ausbildung und Leistungsstärke, die Mitarbeiterzahl, der Umsatz und die künftigen Ertragsaussichten des Startups, das Verhältnis des Gehalts zum Gesamtgewinn und zur bleibenden Kapitalverzinsung der Gesellschaft sowie Art und Höhe der Vergütungen, die im selben Betrieb oder anderen vergleichbaren Unternehmen gezahlt werden.

Es lässt sich demnach nicht pauschal sagen, wann ein *Vergütungspaket angemessen* ist, dies ist immer eine Abwägung im Einzelfall.

Gibt es mehrere Geschäftsführer, führt dies zu einer *Reduzierung der angemessenen Gesamtvergütung*, da die Verantwortlichkeiten geteilt werden.

### Gehaltsverzicht des Geschäftsführers

Es kommt immer wieder vor, dass geschäftsführende Gesellschafter bei *Liquiditätsengpässen* des Startups auf Gehalt verzichten. Hier lauern ebenfalls einige Gefahren. Ein *vollständiger Gehaltsverzicht* sollte nicht vereinbart werden, da die arbeitsvertragliche Regelung mit dem Geschäftsführer insgesamt durch die Steuerbehörden infrage gestellt würde. Ein Fremdgeschäftsführer würde einen vollständigen Gehaltsverzicht ebenfalls nicht akzeptieren. Es gilt im Grundsatz, dass das Geschäftsführergehalt immer ein angemessenes Äquivalent für die geleistete Arbeit darstellen muss. Häufig empfiehlt sich eher, ein *Verzicht mit Besserungsklausel*, die *Stundung des Gehalts* mit späterer Zahlung nach *wiedererlangter Liquidität* gegebenenfalls zuzüglich Zinsen oder ein *Darlehen* in Höhe des nicht gezahlten Geschäftsführergehalts zu vereinbaren.

### Gehaltsverzichts mit Besserungsklausel

Eine Vereinbarung, die einen Gehaltsverzicht mit einer sogenannten Besserungsklausel beinhaltet, regelt, dass der Betrag des Geschäftsführergehalts, auf den zunächst verzichtet wurde, nachgezahlt wird, sobald es dem Startup wirtschaftlich wieder besser geht.

Eine Besserungsklausel muss aber die für den Eintritt der Besserung maßgeblichen Kriterien und die nachzuzahlenden Beträge detailliert festlegen.

---

### Praxistipp: Gehaltsverzicht

Der Gehaltsverzicht für die Zukunft stellt eine Änderung des Gesellschafter-Geschäftsführer-Vertrags dar. Hier ist die Zuständigkeit der Gesellschafterversammlung zu beachten, da grundsätzlich ein Gesellschafterbeschluss benötigt wird, der im Voraus den Gehaltsverzicht klar regelt. Eine Einschätzung als verdeckte Gewinnausschüttung kann drohen, wenn der Gesellschafterbeschluss oder die klare Vereinbarung über den bedingungslosen Verzicht auf Gehaltszahlungen bzw. im Fall des Verzichts mit Besserungsklausel über den zeitweisen Verzicht und die Konditionen der Nachzahlung fehlt.

---

# Sozialversicherungspflicht des GmbH-Geschäftsführers

Eine Frage, mit der sich alle Startups nach Gründung beschäftigen sollten, ist, ob das Entgelt des Geschäftsführers des Startups der Sozialversicherungspflicht unterliegt.

Schätzen Sie diese Frage falsch ein, kann es zu ganz erheblichen Nachzahlungen und Problemen unter anderem mit den Finanzämtern kommen.

Um die Frage zu klären, müssen Sie zwischen Fremdgeschäftsführern (die keine Gesellschaftsanteile an der GmbH besitzen) und den Gesellschafter-Geschäftsführern (die an der GmbH als Gesellschafter beteiligt sind) differenzieren.

### Gesellschafter-Geschäftsführer

Sie sind als Gesellschafter-Geschäftsführer in der Regel nicht sozialversicherungspflichtig, wenn Sie mehr als 50% der Anteile an dem Stammkapital der Gesellschaft halten oder zwar weniger Gesellschaftsanteile halten, Ihnen aber eine *echte Sperrminorität* eingeräumt wurde. Dies bedeutet, dass eine Klausel im Gesellschaftsvertrag sicherstellt, dass ohne den Gesellschafter-Geschäftsführer keine Entscheidungen getroffen werden können, Sie damit eine sogenannte *beherrschende Stellung* innerhalb des Startups ausüben und somit einen *bestimmenden Einfluss* auf die Entscheidungen der Gesellschaft haben.

Dabei kommt es immer auf die konkreten Umstände des Einzelfalls an. Das wichtigste Kriterium, an dem die Sozialversicherungspflicht festgemacht wird, ist die *Weisungsfreiheit*, das heißt, dass die Gesellschafterversammlung dem Gesellschafter-Geschäftsführer keine Vorschriften machen kann und er etwa durch seine Mehrheit in der Gesellschafterversammlung faktisch nur sich selbst gegenüber verpflichtet ist.

Haben Sie als Gesellschafter-Geschäftsführer keine beherrschende Stellung und keine Mehrheit am Startup, sind Sie sozialversicherungspflichtig, da Sie dann im Sinne des Sozialversicherungsrechts *abhängig beschäftigt* sind. Ist das der Fall, unterliegt die Geschäftsführervergütung der Sozialversicherungspflicht zur gesetzlichen *Arbeitslosen-, Renten-, Kranken- und Pflegeversicherung*. Darüber hinaus *ist* der Gesellschafter-Geschäftsführer gesetzlich unfallversichert, sodass das Startup die Sozialversicherungsbeiträge des Gesellschafter-Geschäftsführers einbehalten und zur Sozialversicherung abführen muss.

---

## Praxistipp: Statusfeststellungsverfahren

Sind Sie sich unsicher, ob das Geschäftsführergehalt sozialversicherungspflichtig ist, besteht die sehr zu empfehlende Möglichkeit, vorab eine Klärung des sozialversicherungsrechtlichen Status des Geschäftsführers durch einen offiziellen Antrag bei der Deutschen Rentenversicherung oder dem gesetzlichen Krankenversicherungsträger feststellen zu lassen. Diese Einschätzung ist so lange verbindlich, bis sich der Sachverhalt oder das Verhältnis des Geschäftsführers zur Gesellschaft ändert.

---

Dies kann insbesondere nach einer Finanzierungsrunde der Fall sein, wenn sich durch die Kapitalerhöhung Ihre prozentualen Anteile an dem Startup reduzieren oder bestimmte Vetorechte für die Investoren vereinbart werden.

Bis zu einem gewissen Maß lässt sich das Ergebnis der Statusprüfung durch eine geschickte Vertragsoptimierung im Gesellschaftsvertrag und im Geschäftsführeranstellungsvertrag bestimmen, wenn die tatsächlichen Verhältnisse dies ermöglichen. Der entsprechende Gesellschaftsvertrag und der Geschäftsführervertrag müssen aber auch entsprechend der vertraglichen Regelung durchgeführt und gelebt werden. Außerdem erhält der Gesellschafter-Geschäftsführer hierdurch zwingend auch eine *sehr starke Stellung* in dem Startup. Da sich die Beurteilung der Behörden und der Rechtsprechung laufend verschärft, bedarf es meiner Meinung nach professioneller Beratung, wenn Sie keine Sozialversicherungsabgaben für den Gesellschafter-Geschäftsführer abführen wollen.

### Fremdgeschäftsführer

Der Fremdgeschäftsführer ist grundsätzlich *nicht am Kapital der Gesellschaft* beteiligt und steht mit der Gesellschaft in einem *klassischen Beschäftigungsverhältnis*. Das gezahlte Arbeitsentgelt unterliegt grundsätzlich der Sozialversicherungspflicht.

### Konsequenz bei zu Unrecht nicht abgeführten Sozialabgaben

Sind in der Vergangenheit keine Sozialversicherungsabgaben geleistet worden, kann dies zu *erheblichen Beitragsnachzahlungen* nebst *hohen Säumniszuschlägen* und somit einem beachtlichen finanziellen Risiko für das Startup und den Geschäftsführer führen. Die Rentenversicherung fordert z.B. in der Regel für die vergangenen vier Jahre und das laufende Kalenderjahr die Arbeitgeber- und Arbeitnehmeranteile der Sozialversicherungsbeiträge nach.

Weil es alle Sozialversicherungen betreffen kann – Kranken-, Renten-, Unfall-, Pflege- und Arbeitslosenversicherung –, können schnell enorm hohe Summen gefordert werden.

―――― **BEISPIEL** ――――――――――――――――――――――――――――

### Ein echter Fall

Ein IT-Startup mit drei Geschäftsführern sieht sich mit einer Forderung der Rentenversicherung in Höhe von € 180.000 konfrontiert, obwohl das Problem der Sozialversicherungspflichtigkeit bekannt war und es von einem Rechtsanwalt und Steuerberater beraten wurde. Das Problem lag darin, dass die Rentenversicherung die beherrschende Stellung der drei Gesellschafter-Geschäftsführer, die natürlich keine 50% der Anteile an dem Startup gehalten haben, nicht anerkannte. Diese missliche Situation hätte man mit dem Statusfeststellungsverfahren verhindern können.

Führt ein Startup bei einem nicht sozialversicherungspflichtigen Geschäftsführer Sozialversicherungsabgaben ab, werden dem Startup in der Regel maximal die im Rahmen der Verjährung zu Unrecht abgeführten Sozialversicherungsabgaben erstattet. Die Verjährungsfrist hängt vom Zeitpunkt der Meldung des Fehlers ab.

## Haftung und Pflichten des Geschäftsführers

Es kommt vor, dass Geschäftsführer annehmen, dass sie wegen der Haftungsbeschränkung der Kapitalgesellschaft wie der GmbH oder der haftungsbeschränkten Unternehmergesellschaft nicht persönlich haften und durch die Bestellung als Geschäftsführer eigentlich kein besonderes Haftungsrisiko eingehen.

*Dies ist ein sehr großer Irrtum.* Die Haftungsbeschränkung der Gesellschaftsform dient vornehmlich dem Schutz der Gesellschafter der Kapitalgesellschaft. Das Haftungskonzept der GmbH ist insbesondere durch Inkrafttreten einer Gesetzesänderung im Jahr 2008 nachhaltig von den Gesellschaftern auf die Geschäftsführung verlagert worden.

Verletzt ein Geschäftsführer bei der Erledigung seiner Tätigkeiten seine Pflichten, kann er sich in der Regel nicht hinter der Haftungsbeschränkung der Rechtsform der Kapitalgesellschaft verstecken. Trotz bestehender Haftungsbeschränkung der Gesellschaft ist ein *Durchgriff auf das gesamte Privatvermögen* des dann persönlich haftenden Geschäftsführers oftmals möglich. Es droht also im schlimmsten Fall die Privatinsolvenz des Geschäftsführers.

Weiterhin wiegen sich viele Geschäftsführer durch das persönliche und oftmals freundschaftliche Verhältnis mit den Gesellschaftern in Sicherheit. Bedenken Sie aber auch, dass im Fall der Insolvenz der *Insolvenzverwalter* entscheidet, ob er Ansprüche der Gesellschaft gegen Sie geltend macht. Gehen Sie davon aus, dass der Insolvenzverwalter gegen Sie vorgehen wird, wenn er annimmt, dass Ansprüche gegen Sie als Geschäftsführer bestehen. Des Weiteren gibt es juristische Winkelzüge, um Ansprüche der Gesellschafter gegen den Geschäftsführer zu pfänden, sodass Dritte die Ansprüche der Gesellschaft gegen den Geschäftsführer letztendlich dann geltend machen können.

Der nächste weitverbreitete Irrtum betrifft den Haftungsmaßstab des Geschäftsführers: Es wird weitgehend angenommen, dass der Geschäftsführer nur für *grobe Fahrlässigkeit* und *Vorsatz* haftet. Dies ist grundsätzlich nicht so, der Geschäftsführer haftet auch für *leichte (einfache) Fahrlässigkeit*.

Die Haftung und die zivilrechtliche und strafrechtliche Inanspruchnahme der Geschäftsleitung ist in den letzten Jahren auch immer mehr in Mode gekommen, und das Risiko hat sich deutlich verschärft. Im Jahr 2017 gab es ungefähr 6.000 Haftungsverfahren in Deutschland, die ihren Ursprung in behauptetem Fehlverhalten von Verantwortlichen wie Geschäftsführern, Vorständen oder Aufsichtsräten hatten. Eine Inanspruchnahme kann dabei von verschiedenen Seiten drohen: Staatsanwälte können strafrechtliche Ermittlungsverfahren einleiten, Behörden wie Datenschutzbehörden oder das Kartellamt können Bußgelder etc. geltend machen, die Finanzverwaltung kann Verfahren einleiten, Insolvenzverwalter und andere Gläubiger, die eigene Gesellschaft oder (Mit-)Gesellschafter können ebenfalls Ansprüche geltend machen.

---

### Hinweis: Transparenzregister

Ein immer noch sehr aktuelles Thema ist das Transparenzregister (*www.transparenz register.de*), das nach den Enthüllungen im Zusammenhang mit den Panama Papers zum 26. Juni 2017 eingeführt wurde.

Ziel dieses Transparenzregisters ist es, die hinter einer Gesellschaft oder einer Gesellschaftsstruktur stehenden natürlichen Personen, die »wirtschaftlich Berechtigten«, identifizierbar zu machen. Zu den wirtschaftlich Berechtigten zählt jede natürliche Person, die unmittelbar oder mittelbar mehr als 25% der Kapitalanteile hält, mehr als 25% der Stimmrechte kontrolliert oder auf vergleichbare Weise Kontrolle ausübt.

Für den GmbH-Geschäftsführer gehen mit der Einführung des Transparenzregisters Mitteilungs-, Angabe- und Compliance-Pflichten einher, und Bußgelder können auch direkt gegenüber dem Geschäftsführer (nicht nur gegenüber der Gesellschaft) verhängt werden.

Es besteht allerdings keine Mitteilungs- bzw. Eintragungspflicht, wenn sich die Informationen schon aus öffentlichen Registern wie dem Handelsregister ergeben (bei der GmbH z.B. aus der Gesellschafterliste).

Wenn Sie Stimmbindungsvereinbarungen schließen oder es Treuhandverhältnisse im Gesellschafterkreis gibt, sollten Sie sich unbedingt detaillierter mit diesem Thema auseinandersetzen.

---

## Möglichkeiten der Risikoreduzierung

Um die Haftung des Geschäftsführers zu beschränken bzw. um die Haftungsgefahren zu reduzieren, können Sie eine *Managerhaftpflichtversicherung*, auch *D&O-Versicherung* genannt, für sich als Geschäftsführer abzuschließen. Allerdings sind diese Versicherungen teuer und haben oftmals zahlreiche Ausschlüsse.

Weiterhin sollte auf eine jährlich stattfindende *Entlastung* durch die Gesellschafterversammlung geachtet werden (mehr dazu am Ende des Kapitels).

Im Geschäftsführeranstellungsvertrag kann die Haftung für die leichte Fahrlässigkeit ausgeschlossen und über einen angemessenen Höchstbetrag für die Haftung nachgedacht werden. Wann ein Höchstbetrag noch angemessen ist, hängt allerdings immer von Einzelfall ab. Des Weiteren besteht die Möglichkeit, die langen gesetzlichen Verjährungsfristen zu verkürzen.

Ein weiteres Mittel zur Haftungsbeschränkung während der laufenden Geschäftsführung ist, dass der Geschäftsführer bei schwierigen und haftungsträchtigen Entscheidungen die Gesellschafterversammlung einberuft, um die *Zustimmung der Gesellschafter* zu der konkreten Entscheidung einzuholen.

Da Sie als Geschäftsführer in Haftungsprozessen häufig mit einer für Sie nachteiligen Beweislast konfrontiert werden, bietet es sich zudem an, zumindest alle wichtigen eigenen Entscheidungen und insbesondere auch die Gesellschafterbeschlüsse und Weisungen der Gesellschafter schriftlich zu dokumentieren und aufzubewahren, sodass in einem späteren Prozess auf diese Dokumentation zurückgegriffen werden kann. Dafür ist es wichtig, dass Sie im Geschäftsführeranstellungsvertrag eine Klausel vereinbaren, die das ermöglicht. Sie können ansonsten gegen die Geheimhaltungspflichten verstoßen.

───── **BEISPIEL EINER KLAUSEL** ─────

*»Der Geschäftsführer darf sich zur Gedankenstütze ein Verzeichnis anlegen, das alle Dokumente, Ereignisse und Unterhaltungen aufführt, die zu seiner Entlastung beitragen können, und dieses auch nach Vertragsende unter Wahrung der Verschwiegenheitspflicht nach diesem Vertrag behalten.«*

## Pflichten des Geschäftsführers in der Krise

Insbesondere in der sogenannten *Krise verschärfen sich die Geschäftsführerpflichten* erheblich, was bei vielen Startups relevant wird, da früher oder später immer einmal *Liquiditätsengpässe* auftreten. Schon die Suche nach finanziellen Mitteln kann den Geschäftsführer vom Tagesgeschäft abhalten, sodass er seine Pflichten aus dem Tagesgeschäft vernachlässigt. In einer Krisensituation werden an den Geschäftsführer besondere Anforderungen gestellt, die mit teils erheblichen *persönlichen Haftungsrisiken* (Privatvermögen) verbunden sind und auch zu einer *Strafbarkeit des Geschäftsführers* führen können. Daher sollten Sie als Geschäftsführer einer GmbH und besonders als Geschäftsführer einer mit geringem Stammkapital ausgestatteten Unternehmergesellschaft von diesen strengen Anforderungen gehört haben und sich diesbezüglich sensibilisieren.

Die folgenden Ausführungen können nur einen ersten Überblick darstellen und erheben nicht den Anspruch auf Vollständigkeit. Es gibt zahlreiche in Gesetzen geregelte und von der Rechtsprechung aufgestellte Besonderheiten, die bei der Haftung des Geschäftsführers zu berücksichtigen sind und hier nicht alle aufgeführt werden können, z.B. bei der *Verjährung*, der *Beweislastverteilung* und dem *Spielraum*, den der Geschäftsführer hat, um unternehmerische Entscheidungen zu treffen (sogenannte *Business Judgement Rule*). Sie sollten diesbezüglich daher immer professionelle Berater hinzuziehen.

Eine Krise der GmbH liegt vor, wenn diese insolvent wird, das heißt, wenn die Schulden der GmbH deren Vermögen übersteigen (*Überschuldung*) und/oder wenn die GmbH die fälligen Verpflichtungen nicht mehr erfüllen kann (*Zahlungsunfähigkeit*).

In der Krise der GmbH treffen die Geschäftsführer gegenüber der Gesellschaft, den Gesellschaftern und gegenüber den Gläubigern der GmbH besondere Handlungspflichten. Diese besonderen Handlungspflichten lassen sich grob in vier Teilbereiche untergliedern:

- gesteigerte Informationspflicht
- Sanierungs- und Überwachungspflicht
- gesteigerte Vermögensschutzpflicht
- Insolvenzantragspflicht

## Informationspflichten

Sie müssen als Geschäftsführer nicht erst in der Krise, sondern bereits wenn das *halbe Stammkapital verbraucht* ist, unverzüglich die Gesellschafter der GmbH durch eine sogenannte *Verlustanzeige* informieren und eine *Gesellschafterversammlung einberufen*. Sie müssen dann als Geschäftsführer Vorschläge unterbreiten, wie Sie die Krisensituation lösen wollen (Stichworte sind hier z.B. Kapitalerhöhungen, Forderungsverzicht seitens der Gesellschafter oder Gesellschafterdarlehen mit qualifizierten Rangrücktrittserklärungen). Diese Pflicht besteht nachvollziehbarerweise nicht bei einer Einpersonen-GmbH oder wenn alle Gesellschafter zugleich Geschäftsführer sind. Eine *schuldhafte Verletzung der Einberufungspflicht* führt zur persönlichen Schadensersatzpflicht des Geschäftsführers und ist zudem nach § 84 Abs.1 GmbHG strafbar. Dokumentieren Sie die Verlustanzeige auch, wenn alle Gesellschafter befreundete Gründer sind, da im Fall der Insolvenz der Insolvenzverwalter gegebenenfalls prüft, ob es eine Verlustanzeige gegeben hat.

## Auszahlungsverbot an Gesellschafter

Sie müssen vor Auszahlungen an einen Gesellschafter oder einen gleichgestellten Dritten prüfen, ob die Zahlung zur *Zahlungsunfähigkeit* der GmbH führen würde. Ist dies der Fall, ist die Auszahlung verboten, und das unabhängig davon, ob eine Weisung der Gesellschafterversammlung diesbezüglich vorliegt. *Verstoßen Sie als Geschäftsführer gegen das Auszahlungsverbot, schulden Sie persönlich der GmbH den Ersatz der Zahlung.*

Verboten sind nicht nur solche Zahlungen, die sofort und ursächlich zur Zahlungsunfähigkeit führen, sondern auch Zahlungen, bei denen ein objektiver Betrachter zu dem Ergebnis kommen musste, dass zu einem späteren Zeitpunkt der Eintritt der Zahlungsunfähigkeit überwiegend wahrscheinlich ist (*Solvenztest*). Als Daumenregelungen können Sie überlegen, ob die Zahlungsfähigkeit der GmbH nach Auszahlung an den Gesellschafter bis zum Ablauf des nächsten Geschäftsjahres gefährdet wird. Ist das der Fall, können Sie diese nicht vornehmen, ohne sich einem Haftungsrisiko auszusetzen.

## Krisenreaktions- bzw. Sanierungspflicht

In der Krise der GmbH sind Sie als Geschäftsführer – im Rahmen des von der Gesellschafterversammlung eingeräumten Handlungsspielraums – verpflichtet, sich bis zum Vorliegen einer Insolvenzantragspflicht um die Abwehr der Krise zu kümmern und *aktiv mit Priorität* vor anderen Aufgaben *gegenzusteuern*. Dabei sollte jede Verzögerung vermieden werden, da Ihr Handlungsspielraum mit der Zeit weiter eingeschränkt bzw. das weitere Vorgehen stärker fremdbestimmt wird.

## Stundung der Geschäftsführervergütung

In der Krise können Sie als Geschäftsführer aufgrund der Treuepflicht gegenüber der GmbH verpflichtet sein, einer *Stundung* oder *Herabsetzung der Geschäftsführerbezüge* zuzustimmen. Ein Verzicht auf die Bezüge sollte aus steuerlichen Gründen nicht erklärt werden. Das Finanzamt wird sonst unter Umständen eine mangelnde Ernsthaftigkeit bei der Durchführung der Gehaltsvereinbarung unterstellen. Anstelle des Verzichts ist eine Stundung des Gehalts mit späterer Zahlung nach wiedererlangter Liquidität gegebenenfalls zuzüglich Zinsen eher zu empfehlen.

## Abzugssteuern

Die *Abzugssteuern* (insbesondere Kapitalertrags- und Lohnsteuer) müssen bei Zahlungsschwierigkeiten unbedingt *vorrangig* vor allen Verbindlichkeiten der Gesellschaft bezahlt werden, da Sie als Geschäftsführer persönlich mit Ihrem Privatvermögen für diese Beträge haften. Die verbleibenden Steuerschulden (z. B. Umsatzsteuer) müssen nur im gleichen Verhältnis gezahlt werden wie die Verbindlichkeiten gegenüber anderen Gläubigern.

Reichen die Mittel zur Befriedigung aller Gläubiger und zur Zahlung der vollen Löhne – einschließlich des Steueranteils – nicht aus, dürfen Löhne nur gekürzt als Vorschuss oder als Teilbetrag ausgezahlt werden. Aus den verbleibenden Mitteln muss die entsprechende Lohnsteuer an das Finanzamt abgeführt werden. Auf keinen Fall dürfen Sie die volle Lohnhöhe an die Arbeitnehmer ausbezahlen, wenn Sie die auf den Löhnen lastenden Steuern zum Fälligkeitszeitpunkt nicht mehr begleichen können.

---

### Hinweis: Steuererklärung abgeben, selbst wenn die Steuern nicht bezahlt werden können

Wenn fällige Steuererklärungen nicht abgegeben werden (z. B. Umsatzsteuervoranmeldungen), kann dies zu einer Strafbarkeit des Geschäftsführers wegen Steuerhinterziehung führen. Daher sollte eine Steuererklärung von Ihnen auch fristgerecht abgegeben werden, wenn die berechnete Umsatzsteuer nicht oder nicht vollständig bezahlt werden kann.

---

## Sozialversicherungsbeiträge

Sie können als Geschäftsführer auch *persönlich* für *Arbeitnehmeranteile zur Sozialversicherung* haften und gegebenenfalls zu einer *Schadensersatzzahlung aus Ihrem Privatvermögen* verpflichtet sein, wenn diese Beiträge nicht fristgerecht gezahlt werden. Des Weiteren machen Sie sich durch Nichtabführung von Arbeitnehmeranteilen zur Sozialversicherung gemäß § 266 a Strafgesetzbuch wegen Vorenthalten und Veruntreuen von Arbeitsentgelt *strafbar*. Abzuführen sind vorrangig nur die Arbeitnehmeranteile zur Sozialversicherung. Zahlen Sie bei Zahlungsschwierigkeiten auch die Arbeitgeberbeiträge zur Sozialversicherung, können Sie wiederum der GmbH gegenüber gemäß § 63 Abs. 3 GmbHG schadensersatzpflichtig sein, da Sie in diesem Fall die Sozialversicherungträger den anderen Gläubiger gegenüber zu Unrecht bevorzugen. Dies ist schon eine etwas groteske Zwickmühle.

Wenn die Liquidität nicht ausreicht, die vollen Sozialversicherungsbeiträge zu bezahlen, sollte die *Krankenkasse* angewiesen werden, die Zahlungen *vorrangig auf die Arbeitnehmeranteile zu verbuchen*, da der Geschäftsführer nur für Arbeitnehmeranteile persönlich haftet. Dies kann in der Regel durch eine ausdrückliche Tilgungsbestimmung auf dem Scheck oder dem Überweisungsträger sichergestellt werden.

## Massesicherungspflicht

Sie haften als Geschäftsführer grundsätzlich für die nach Eintritt der Zahlungsunfähigkeit der Gesellschaft oder nach Feststellung ihrer Überschuldung geleisteten Zahlungen *persönlich* mit Ihrem *Privatvermögen*.

Dabei ist darauf zu achten, dass hierunter nicht nur *aktive Zahlungen* fallen, sondern dass der Tatbestand z. B. auch erfüllt ist, wenn Sie als Geschäftsführer bei Insolvenzreife *Einzahlungen Dritter* auf ein im Soll (also im Minus) befindliches Bankkonto der GmbH zulassen. Dies ist auf den ersten Blick nicht zu verstehen, der Grund hierfür ist aber juristisch gesehen richtig, da Sie zu einer bevorzugten Befriedigung eines Gläubigers, nämlich der Bank, beitragen würden, was mit der *Pflicht zur Massesicherung* nicht im Einklang stünde. Befindet sich das Bankkonto der GmbH im Minus, eröffnen Sie zur Haftungsvermeidung bei Insolvenzreife am besten ein weiteres Bankkonto mit positivem Saldo bei einer anderen Bank und teilen den Schuldnern und Geschäftspartnern umgehend das neue Konto mit.

---

### Hinweis: Insolvenzverwalter

Kommt es infolge der eingetretenen Insolvenzreife zur Eröffnung eines Insolvenzverfahrens, ist der vom Gericht bestellte Insolvenzverwalter grundsätzlich verpflichtet, Ersatzansprüche wegen unzulässiger Zahlungen zu verfolgen. Viele Insolvenzverwalter haben eigene Fachabteilungen zur Prüfung und Durchsetzung von Haftungsansprüchen aufgebaut oder arbeiten mit hierauf spezialisierten externen Rechtsanwälten zusammen.

---

Außerdem wird bei der Auswertung der Buchhaltung zur Feststellung der Insolvenzreife und Ermittlung der haftungsbegründenden Zahlungen spezielle Software eingesetzt. Auf der anderen Seite richtet sich die Höhe der Vergütung der Insolvenzverwalter nach der für die *Gläubiger* erzielten Masse, die bei Startups oftmals sehr gering ist, sodass meiner Erfahrung nach nicht zu viel Aufwand in die Insolvenzen der Startups gesteckt wird.

Es werden nicht nur Geldleistungen im Sinne von Bargeldzahlungen oder Überweisungen erfasst. Auch andere Leistungen stellen »*Zahlungen*« dar, wenn dadurch Liquidität zulasten des Gesellschaftsvermögens entzogen wird. Daher sind Dienstleistungen, Warenlieferungen, Abtretungen von Forderungen, eine Aufrechnung, die Stellung von Sicherheiten für Gläubiger oder die Herausgabe von ungesicherten Gegenständen an Gläubiger ebenfalls sorgfältig zu prüfen.

Die Pflicht zur Nichtvornahme von Zahlungen gilt nur insoweit, als durch diese Zahlung die Verteilungsmasse geschmälert würde. Gelangt eine wertmäßig gleiche Gegenleistung in das Vermögen der GmbH, liegt normalerweise kein Verstoß des Geschäftsführers vor. Sie dürfen als Geschäftsführer darüber hinaus solche Leistungen aus dem Vermögen der Gesellschaft erbringen, die erforderlich sind,

- um einen sofortigen Zusammenbruch der Gesellschaft zu verhindern und hierdurch aussichtsreiche Sanierungsmaßnahmen zu ermöglichen sowie
- um größere Schäden z.B. durch eine sofortige Betriebsstilllegung zu verhindern.

### Insolvenzantragspflicht

Einer der häufigsten Gründe für die persönliche Haftung des GmbH-Geschäftsführers ist die *Insolvenzverschleppung*, also die verspätete Stellung des Insolvenzantrags. Gerade Startups scheuen sich davor, einen Insolvenzantrag zu stellen, und versuchen, bis rein gar nichts mehr geht, das Ruder herumzureißen.

Der Geschäftsführer hat spätestens drei Wochen nach Eintritt der Zahlungsunfähigkeit oder der Überschuldung der Gesellschaft zwingend die Eröffnung eines Insolvenzverfahrens zu beantragen. Ein Verstoß gegen diese Pflicht ist nach § 84 Abs. 1 Nr. 1 Abs. 2 GmbHG strafbar.

### Hinweis: Höchstfrist: drei Wochen

Ganz wichtig ist, dass die unter den meisten Startups bekannte *Dreiwochenfrist* eine *Höchstfrist* ist, die nur ausgenutzt werden kann, solange mit einer erfolgreichen Sanierung innerhalb der Frist zu rechnen ist. Scheitern Sanierungsgespräche oder ist absehbar, dass eine Sanierung keinen Erfolg verspricht, ist der Insolvenzantrag unverzüglich zu stellen. Die Dreiwochenfrist darf dann nicht voll ausgereizt werden.

Stellt der Geschäftsführer den Antrag auf Eröffnung des Insolvenzverfahrens allerdings zu früh, kann er sich gegebenenfalls – vor allem der Gesellschaft und den Gesellschaftern gegenüber – schadensersatzpflichtig machen.

Je kleiner die Liquiditätslücke ist, desto begründeter ist die Erwartung, dass es dem Startup gelingen wird, das Defizit in absehbarer Zeit zu beseitigen.

Beträgt eine innerhalb von drei Wochen nicht zu beseitigende Liquiditätslücke weniger als 10 % der fälligen Gesamtverbindlichkeiten, dürfen Sie als Geschäftsführer in der Regel noch von der Zahlungsfähigkeit ausgehen, soweit nicht absehbar ist, dass die Lücke in naher Zukunft über 10 % liegt. Eine *Liquiditätslücke* von 10 % oder mehr führt regelmäßig zur Annahme der Zahlungsunfähigkeit. Von dieser Annahme wird nicht ausgegangen, wenn mit an Sicherheit grenzender Wahrscheinlichkeit zu erwarten ist, dass die Liquiditätslücke demnächst vollständig oder nahezu vollständig beseitigt werden wird und den Gläubigern ein Warten nach den besonderen Umständen des Einzelfalls zugemutet werden kann (z. B. gegebenenfalls bei einer weit fortgeschrittenen Finanzierungsrunde). Diese besonderen Umstände müssen von Ihnen als Geschäftsführer konkret schriftlich dokumentiert werden.

Die Überschuldung wird bestimmt, indem das Vermögen des Startups nach Liquidationswerten und unter Berücksichtigung der möglicherweise bestehenden stillen Reserven den Verbindlichkeiten der GmbH gegenüber gestellt wird. Reicht das Vermögen zur Deckung der Verbindlichkeiten nicht mehr aus, liegt eine Überschuldung vor, es sei denn, für die Gesellschaft kann eine *positive Fortführungsprognose* erstellt werden.

Die Fortführungsprognose einer GmbH ist in der Regel positiv, wenn ihre Finanzkraft mit überwiegender Wahrscheinlichkeit mittelfristig, das heißt mindestens innerhalb eines Jahres, zur Fortführung Ihres Startups ausreicht. Die der Fortführungsprognose zugrunde gelegten Plandaten müssen Sie auf Basis eines schlüssigen unternehmerischen Konzepts ermitteln.

---

### Hinweis: Suchen Sie professionelle Hilfe

Wenn Sie sich nicht sicher sind, ob der Tatbestand der Zahlungsunfähigkeit oder Überschuldung vorliegt, sollten Sie die Beratung eines spezialisierten Rechtsanwalts oder eines Steuerberaters zum Bestehen einer Insolvenzantragspflicht einholen. Dies gilt insbesondere auch für positive Fortführungsprognosen, auf die sich viele Startups später berufen wollen.

Sofern der Berater von den Geschäftsführern ordnungsgemäß ausgewählt und vollständig informiert wird und dessen Antworten von den Geschäftsführern auf ihre Plausibilität überprüft werden, liegt keine (zumindest) schuldhafte Verletzung der Insolvenzantragspflicht vor, wenn auf Anraten des Beraters kein Insolvenzantrag gestellt wird (siehe hierzu das Kapitel 8, *Das Berater-Einmaleins*).

---

## »Amtsniederlegung«

Sie können zwar jederzeit Ihr »Amt« als Geschäftsführer niederlegen und brauchen hierfür auch keinen wichtigen Grund, Sie verletzen dann aber unter Umständen Ihren davon unabhängig weiter bestehenden Geschäftsführeranstellungsvertrag und machen sich daher schadensersatzpflichtig. In der Krise und der Insolvenz, juristisch auch als *Unzeit* bezeichnet, dürfen Sie Ihr Amt jedoch nicht beenden. Um den Pflichten des Geschäftsführers in Krise und Insolvenz und damit den Haftungsgefahren zu entgehen, hilft daher grundsätzlich lediglich die *Amtsniederlegung vor Eintritt der Insolvenzreife*.

## Entlastung

Neben Klauseln im Geschäftsführervertrag zur Haftungsbeschränkung kann der Geschäftsführer, um seine Haftungssituation zu verbessern, auf eine Entlastung durch die Gesellschafter für die Vergangenheit hinwirken. Diese *jährliche Entlastung* ist üblich, wird aber bei Startups manchmal nicht vorgenommen oder einfach vergessen. Normalerweise wird der Geschäftsführer in der Gesellschafterversammlung über die Gewinnverwendung zum Anfang des Jahres per Gesellschafterbeschluss für das abgelaufene Geschäftsjahr entlastet.

───── **BEISPIEL EINER KLAUSEL IM GESELLSCHAFTSVERTRAG** ─────

*»Dem Geschäftsführer A wird für das Geschäftsjahr 2018 Entlastung erteilt.«*

Die Entlastung ist eine Erklärung, die die *vergangenen (bekannten) Tätigkeiten* des Geschäftsführers billigt und die dem Geschäftsführer für die *Zukunft das Vertrauen* ausspricht. Der Geschäftsführer darf sich, wenn er Gesellschafter des Startups ist, bei der Entlastungsabstimmung nicht beteiligen.

Die Entlastung wirkt nur gegenüber den *Ansprüchen der Gesellschafter* (nicht gegenüber anderen Gläubigern oder Steuerbehörden etc.) und nur für bekannte Umstände oder Umstände, die den Gesellschaftern eigentlich aus den zugänglich gemachten Unterlagen des Geschäftsführers bekannt sein müssten. Entsprechende in diesen Unterlagen dokumentierte *Kündigungsgründe* sind mit der Entlastung ausgeschlossen. Die Entlastung erfasst keine Ansprüche, die für die Gesellschafter nicht erkennbar waren, die der Geschäftsführer bewusst verschleiert hat oder die auf einer strafbaren Handlung des Geschäftsführers beruhen.

Ein Entlastungsbeschluss ist von der Gesellschafterversammlung zu beschließen und schriftlich zu protokollieren.

> **Hinweis: Vereinbaren Sie eine Pflicht, dass jährlich über Ihre Entlastung entschieden wird**
>
> Als Geschäftsführer haben Sie keinen gesetzlichen Anspruch auf Entlastung. Daher sollten Sie eine Klausel in den Geschäftsführeranstellungsvertrag aufnehmen, die das Startup bzw. die Gesellschafterversammlung einmal im Jahr dazu verpflichtet, über die Entlastung zu entscheiden.

───── **BEISPIEL EINER KLAUSEL** ─────

*»Die Gesellschafterversammlung hat den Geschäftsführer bei Feststellung des Jahresabschlusses für das gesamte Jahr zu entlasten, wenn sie keine Ansprüche gegen ihn feststellen konnte.«*

## Checkliste: Geschäftsführerpflichten in der Krise

- Ist die Hälfte des Stammkapitals aufgebraucht? Falls dies der Fall ist, Einberufung einer außerordentlichen Gesellschafterversammlung.
- Sanierungsplan erstellen.
- Prüfung, ob die Gesellschaft zahlungsunfähig oder überschuldet ist.
- Einen Steuerberater oder Rechtsanwalt das Ergebnis der eigenen Prüfung der Überschuldung und Zahlungsunfähigkeit überprüfen lassen oder bei fehlendem Wissen im Team sogleich durch externe Berater prüfen lassen.
- Prüfung Insolvenzantragspflicht.
- Unbedingt die Dreiwochenfrist einhalten. Die Frist nicht ausreizen, wenn keine Sanierungsmöglichkeit besteht.
- Geschäftskonto der Gesellschaft im Minus?
- Gegebenenfalls neues Gesellschaftskonto einrichten und Geschäftspartner informieren.
- Keine Zahlungen an Gesellschafter veranlassen (auch nicht, wenn ein Gesellschafterbeschluss vorliegt).
- Gespräche mit Investoren und anderen möglichen Geldgebern führen.
- Gesellschafterdarlehen mit Rangrücktritt möglich?
- Prüfung Stundung der Vergütung des Geschäftsführers.
- Andere Finanzierungen möglich?
- Ausnutzung bilanzrechtlicher Spielräume.
- Gespräche mit Mitarbeitern führen.
- Keine übereilten Kündigungen der Mitarbeiter.
- Prüfung, für welche Verpflichtungen die Gesellschafter durch vertragliche Verpflichtungen persönlich haften, z.B. Kontokorrent, Bankdarlehen etc.

# KAPITEL 6

# Erste Mitarbeiter einstellen

Wenn sich Ihr Startup gut entwickelt und Sie anfangen, nach geeignetem Personal zu suchen und die ersten Mitarbeiter einstellen, müssen Sie einige gesetzliche Vorgaben beachten und einhalten. Arbeitsrecht ist ein Rechtsgebiet, mit dem jedes Startup früher oder später Berührungspunkte hat. Besonders umsichtig sollten Sie insbesondere bei der Anstellung von Praktikanten, Werkstudenten, geringfügig Beschäftigten und Teilzeitkräften vorgehen. Bestimmte Konstellationen, wie die Beschäftigung von Mitarbeitern als Scheinselbständige sollten verhindert werden. Außerdem sollten Sie auf klare Verhältnisse achten und schriftliche Verträge schließen. Schließlich werden auch die Konsequenzen von Mitarbeiterbeteiligungen unterschätzt.

## Rechtliche Fallstricke bei der Mitarbeitersuche

Es gibt sehr detaillierte Anforderungen an die Ausgestaltung von Stellenausschreibungen, die fast nie (vollständig) von Startups eingehalten werden.

### Stellen juristisch korrekt ausschreiben

Möchten Sie eine Stellenanzeige formulieren, sind zunächst bei der Stellenausschreibung die Vorgaben des *Allgemeinen Gleichbehandlungsgesetzes (AGG)* einzuhalten. Es gilt der Grundsatz, dass keine Bevölkerungsgruppe bei der Ausschreibung einer Stelle benachteiligt werden darf. Ihnen ist als Arbeitgeber jegliche Benachteiligung von Stellenbewerbern aus Gründen der *Rasse*, der *ethnischen Herkunft*, des *Geschlechts*, der *Religion*, der *Weltanschauung*, einer *Behinderung*, des *Alters* oder der *sexuellen Identität* verboten. Verstößt eine Stellenanzeige gegen das im AGG formulierte *Benachteiligungsverbot*, können alle nicht berücksichtigten Bewerber Schadensersatz geltend machen. Aus diesem Grund ist für Sie eine benachteiligungsfreie und insbesondere geschlechtsneutrale Sprache im Text der Stellenausschreibung von besonderer Wichtigkeit.

Als geschlechtsneutrale Ausschreibung galten bis zum 31. Dezember 2018 solche Stellenangebote, die sich in ihrer *gesamten Ausdrucksweise* gleichermaßen an Frauen und an Männer richteten. *Seit dem 1. Januar 2019 müssen in Deutschland Stellenangebote genderneutral formuliert werden.* Daher müssen Sie entweder geschlechtsneutrale Oberbegriffe wählen (»Bürokraft«) oder alle Geschlechter ansprechen, z.B. mit dem Zusatz (*m/w/d*). Das »d« in (m/w/d) steht für »divers« und soll intersexuelle Arbeitnehmer schützen. Eine genderneutrale Überschrift in der Stellenanzeige allein ist jedoch noch nicht ausreichend.

Eine Ausnahme von der genderneutralen Ausschreibung kommt nur in ganz wenigen Fällen zum Tragen, wenn ein bestimmtes Geschlecht unverzichtbare Voraussetzung für die auszuübende Tätigkeit ist.

---

**BEISPIEL**

Theater sucht einen älteren männlichen Schauspieler für die Rollenbesetzung »älterer Mann«.

---

Unzulässig sind Stellenausschreibungen ebenfalls, die die im AGG aufgeführten Merkmale nicht ausdrücklich bezeichnen, sondern nur umschreiben und so mittelbar deutliche Hinweise auf die erwünschten Bewerber zulassen (»für unser junges, dynamisches Team suchen wir«). Wird ein/e »Berufsanfänger/-in (m/w/d)« oder »Hochschulabsolvent/-in (m/w/d)« gesucht, muss aus der Stellenanzeige deutlich werden, dass damit auch ältere Arbeitnehmer gemeint sind, die bereit sind, sich in einen neuen Beruf einzuarbeiten.

Aufpassen müssen Sie auch bei der Forderung nach »guten Deutschkenntnissen«. Dann kommt es darauf an, ob diese Kenntnisse für die auszuübende Tätigkeit wirklich von Bedeutung sind.

---

**BEISPIEL**

Für ein Callcenter werden gute Deutschkenntnisse verlangt. Dies ist nicht zu beanstanden. Unzulässig ist aber für ein Callcenter eine »deutsche Muttersprachlerin/einen deutschen Muttersprachler« zu suchen.

---

Auf Unverständnis trifft, dass nicht ausdrücklich ein Lichtbild in der Stellenausschreibung angefordert werden darf, da nach der Rechtsprechung das Aussehen des Bewerbers in der Regel nicht relevant ist (Ausnahmen bilden z.B. bei Models).

Weitere Beispiele für benachteiligende Stellenausschreibungen: »deutscher Webentwickler«, »Geschäftsführer«, »Sales-Mitarbeiter/-in bis 35 Jahre«, »Rentner/-in« oder »junge(r) Verkäufer/Verkäuferin«.

## Praxistipp: Headhunter

Selbst wenn ein Headhunter oder ein externer Personaler eingeschaltet wird, schützt dies das Startup nicht. Dessen Diskriminierungen in der Stellenanzeige sind normalerweise Ihnen zuzurechnen. Aus diesem Grund könnten Sie mit dem Headhunter oder externen Personalern eine schriftliche Freistellung von dieser Haftung vereinbaren.

## Hinweis: Recht zur Lüge

Nicht nur in der Stellenausschreibung, auch im Bewerbungsgespräch sind Fragen zu in § 1 AGG aufgeführten Merkmalen unzulässig. Der Bewerber darf diese unzulässigen Fragen wahrheitswidrig beantworten. Dies wird als »Recht zur Lüge« bezeichnet.

Liegt eine Benachteiligung vor, können im Bewerbungsprozess abgelehnte Kandidaten innerhalb von zwei Monaten nach Eingang der Absage *Entschädigungs-* und/oder *Schadensersatzansprüche* von bis zu drei Monatsgehältern bei allgemeiner Benachteiligung (also auch wenn sie für die Stelle nicht geeignet gewesen wären) oder ohne Höchstgrenze bei spezieller Benachteiligung (also bei geeigneten Kandidaten) geltend machen. Einen Anspruch auf Einstellung können abgelehnte Bewerber dagegen nicht durchsetzen.

Für eine Klage vor dem Arbeitsgericht muss der nicht berücksichtigte Kandidat zunächst nur ein Indiz für eine Benachteiligung nachweisen. So reicht bereits z.B. eine benachteiligend formulierte Stellenausschreibung aus.

Aufgrund einer nach dem AGG geltenden Beweislastumkehr muss der Arbeitgeber vor Gericht den Nachweis erbringen, dass tatsächlich, trotz z.B. benachteiligend formulierter Stellenausschreibung, keine Benachteiligung nach dem AGG vorliegt. Das ist häufig sehr schwierig nachzuweisen. Daher sollte jedenfalls das Bewerbungsgespräch zu Beweiszwecken, z.B. durch ein Protokoll, dokumentiert und bestenfalls mit zwei Personen durchgeführt werden.

## Hinweis: »AGG-Hopping«

Wenn Sie denken, dass sich kein abgelehnter Bewerber die Mühe machen wird, wegen einer gegen das AGG verstoßenden Stellenausschreibung die Gerichte zu bemühen, dann irren Sie sich. Es gibt einige sogenannte AGG-Hopper, die sich hierauf spezialisiert haben und Scheinbewerbungen nur deshalb einreichen – und das insbesondere bei unerfahrenen Startups. Hinzu kommt, dass nach der Kosten-regelung der Arbeitsgerichte der potenzielle Arbeitgeber in der ersten Instanz auch dann seine Rechtsanwaltskosten selbst bezahlen muss, wenn er den Arbeitspro-zess gewinnt, sodass der AGG-Hopper sogar im Fall des Unterliegens lediglich Ge-richtskosten und seine eigenen Kosten zu tragen hat.

Die Absage einer Bewerbung sollte unter Haftungsgesichtspunkten kurz und neu-tral gehalten werden. Es kann im Allgemeinen ganz auf die Angabe von Gründen verzichtet werden (Ausnahme: behinderter Bewerber).

---- BEISPIEL --------------------------------------------

*Sehr geehrte Frau/sehr geehrter Herr Bewerber,*
*leider war Ihre Bewerbung auf die im Betreff angegebene Stelle nicht erfolgreich.*
*Ihre Bewerbungsunterlagen fügen wir im Original diesem Schreiben zu unserer*
*Entlastung bei.*
*Wir bedauern, Ihnen diese Mitteilung machen zu müssen, und wünschen Ihnen*
*für Ihren weiteren beruflichen Lebensweg viel Erfolg.*

---

## Richtig mit Initiativbewerbungen umgehen

Die Initiativbewerbung ist eine spontane Bewerbung, die unverlangt, also ohne dass eine konkrete Stelle ausgeschrieben wurde, eingesandt wird. Enthält eine Ini-tiativbewerbung Angaben zu Merkmalen, die nach § 1 AGG geschützt sind (z. B. zu Alter, Konfession, Familienstand etc.), indiziert dies keine Benachteiligung, wenn Sie den Bewerber nicht einstellen. Anders zu beurteilen ist es allerdings, wenn Sie die Ablehnung der Bewerbung auf eine offene Stelle oder eine Initiativbe-werbung mit einem der »verbotenen« Merkmale begründen.

---- BEISPIEL --------------------------------------------

*»Leider konnten wir Sie aufgrund Ihres Alters nicht berücksichtigen.«*

---

## Kosten für das Bewerbungsgespräch

Soweit Sie es vorab nicht ausschlossen und deutlich formuliert haben gilt: Sie sind als Arbeitgeber dann grundsätzlich verpflichtet, dem Bewerber alle Aufwendungen zu erstatten, die ihm durch die persönliche Vorstellung entstanden sind und die er für erforderlich halten durfte.

Üblicherweise sind dies die *Fahrtkosten*, aber unter Umständen auch *Kosten für Verpflegung* und *Übernachtung*. Ob Verdienstausfall und Taxikosten zu ersetzen sind, ist hingegen strittig und noch nicht endgültig von der obergerichtlichen Rechtsprechung geklärt. Voraussetzung für diesen Erstattungsanspruch ist, dass der potenzielle Arbeitgeber den Bewerber zur Vorstellung aufgefordert hat oder die Vorstellung mit Wissen und Wollen des Arbeitgebers geschieht (z. B. wenn der Bewerber mitteilt, dass er zu einem bestimmten Datum zum potenziellen Arbeitgeber kommt und sich vorstellt).

Soweit Ihr Startup die gegebenenfalls anfallenden Vorstellungskosten nicht übernehmen möchte/kann, empfiehlt sich ein *ausdrücklicher Ausschluss* der Übernahme der Vorstellungskosten. Sie können auch konkret angeben, welche Kosten/ Verkehrsmittel bis zu welcher Höhe erstattet werden.

Um die Kosten des Vorstellungsgesprächs nicht übernehmen zu müssen, empfiehlt sich beispielsweise folgender Satz:

---
**BEISPIEL**

»*Vielen Dank für Ihre interessante Bewerbung vom [DATUM], die uns überzeugt hat, dass Sie als potenzieller Kandidat für unser Unternehmen in Betracht kommen. Wir bitten allerdings um Verständnis, dass wir aufgrund der Vielzahl von Bewerbungen die Ihnen im Zusammenhang mit dem Vorstellungsgespräch entstehenden Kosten nicht übernehmen können.*«

---

## Datenschutz und Bewerbungsunterlagen

Sie sind als Arbeitgeber verpflichtet, Bewerbungsunterlagen sorgfältig aufzubewahren und sie *unverzüglich* wieder *auszuhändigen* bzw. nach angemessener Frist zu *vernichten*, sobald feststeht, dass ein Arbeitsvertrag nicht zustande kommt. Im Fall einer Einstellung müssen Sie die Bewerbungsunterlagen ebenfalls zurückgeben, soweit sie nicht mehr von wesentlicher Bedeutung sind.

Sie können als Arbeitgeber die Bewerbungsunterlagen grundsätzlich nur dann aufbewahren, wenn Sie an der Aufbewahrung ein *berechtigtes Interesse* haben. Ein solches ist aber noch nicht anzunehmen, wenn Sie die Bewerbungsunterlagen bei einer späteren Bewerbung berücksichtigen möchten. Für eine Speicherung der Bewerbungsunterlagen nach Abschluss des Bewerbungsverfahrens oder für eine Weitergabe an Dritte bedarf es der schriftlichen Einwilligung des Bewerbers. Ein berechtigtes Interesse an der Aufbewahrung der Daten kann bestehen, um auf etwaige Diskriminierungsvorwürfe im Rahmen von AGG-Klagen zu reagieren. Einige gewichtige Autoren aus der Rechtswissenschaft empfehlen daher, die Bewerbungsunterlagen noch drei Monate nach Abschluss des Stellenbesetzungsverfahrens und erteilter Absage aufzuheben. Der Bewerber sollte auf diese Speicherung hingewiesen werden. Würde beispielsweise ein abgelehnter Bewerber Ihr Startup wegen eines Verstoßes gegen das AGG verklagen, müssten Sie sich ja verteidigen können, wofür die Bewerbungsunterlagen hilfreich sein können. Außerdem ist grundsätzlich zu empfehlen, die Ablehnungsgründe selbst intern schriftlich zu dokumentieren.

# Der Arbeitsvertrag

Es ist in vielen Startups immer noch gang und gäbe, dass nicht alle Mitarbeiter einen schriftlichen Arbeitsvertrag erhalten, insbesondere sich selbst vergessen die Gründer häufig. Der Arbeitsvertrag kann, außer bei befristeten Arbeitsverhältnissen, zwar mündlich abgeschlossen werden, empfehlenswert ist aber immer die *Schriftform*. So haben beide Parteien eine gewisse Vorstellung davon, was vom anderen erwartet wird, sodass Missverständnisse und Streitereien für die Zukunft zumindest hinsichtlich des Inhalts und der damit zusammenhängenden Pflichten weitestgehend vermieden werden können.

Wird kein schriftlicher Arbeitsvertrag geschlossen, sind Sie als Arbeitgeber gemäß *Nachweisgesetz* verpflichtet, dem Arbeitnehmer spätestens innerhalb eines Monats nach dem vereinbarten Beginn des Arbeitsverhältnisses eine *Niederschrift* der *wesentlichen Arbeitsvertragsbedingungen* auszuhändigen. Zu den wesentlichen Arbeitsbedingungen zählen mindestens:

- Vertragsparteien mit Anschrift,
- Beginn des Arbeitsverhältnisses,
- bei Befristung die vorhersehbare Dauer des Arbeitsverhältnisses,
- Arbeitsort oder ein Hinweis darauf, dass der Arbeitnehmer an verschiedenen Orten beschäftigt werden kann,
- eine kurze Tätigkeitsbeschreibung,
- Zusammensetzung und Höhe des Arbeitsentgelts sowie anderer Bestandteile des Arbeitsentgelts und deren Fälligkeit,
- vereinbarte Arbeitszeit,
- Urlaubstage,
- Kündigungsfristen sowie
- ein Hinweis auf anwendbare Tarifverträge, Betriebs- oder Dienstvereinbarungen.

Bei Praktikanten oder Auslandseinsätzen sind weitere Mindestangaben zu machen, die in § 2 Nachweisgesetz zu finden sind.

Versäumen Sie die Übergabe der Niederschrift, führt dies zwar nicht zur Unwirksamkeit des Arbeitsvertrags, Sie müssen dann aber gegebenenfalls Schadensersatz zahlen, und es kann zu einer ungünstigen Beweislastumkehr kommen.

Wenn Sie einen Arbeitnehmer einstellen, müssen Sie nicht nur die im Arbeitsvertrag festgeschriebenen Rechte und Pflichten einhalten, sondern sich auch an die zwingenden gesetzlichen Bestimmungen aus dem Arbeitsrecht halten. Im Rahmen der *Fürsorgepflicht* müssen Sie beispielsweise die sechswöchige Entgeltfortzahlung im Krankheitsfall und die Schaffung sicherer Arbeitsbedingungen einhalten. Neben den Pflichten des Arbeitgebers gibt es gesetzliche Rechte des Arbeitnehmers, die Ihrem Arbeitnehmer neben dem geschlossenen Arbeitsvertrag gewisse (Mindest-)Rechte einräumen. So kann sich der Arbeitnehmer etwa auf die *Arbeitsgesetze* (Mindestlöhne, Arbeitszeiten, Urlaubsanspruch, Arbeitsbedingungen etc.) und auf das *Tarifrecht* sowie *tarifvertragliche Vorgaben* berufen oder sich auf das *Betriebsverfassungsrecht* beziehen.

Aus der für Startups meist unbegründeten Angst heraus, dass es sehr schwer ist, Vollzeitarbeitnehmern zu kündigen, wird hier manchmal bevorzugt, die eigenen »Mitarbeiter« nicht als »normale« Vollzeitmitarbeiter einzustellen. Es werden dann lieber freie Mitarbeiter, Praktikanten, Werkstudenten, geringfügig Beschäftigte – »450-Euro-Jobber« – oder Mitarbeiter im Rahmen eines befristeten oder eines Teilzeitarbeitsverhältnisses eingestellt.

Im Folgenden wird daher auf diese Besonderheiten in Arbeitsverträgen eingegangen.

---

### Hinweis: Arbeitsverträge unterliegen der strengen AGB-Prüfung

Die Bestimmungen eines vom Arbeitgeber vorformulierten Arbeitsvertrags werden von der Rechtsprechung als allgemeine Geschäftsbedingungen klassifiziert und so ausgelegt, wie sie ein durchschnittlicher, regelmäßig nicht rechtskundiger Arbeitnehmer versteht oder verstehen darf. Dies ist also immer der Maßstab, den Sie bei der Erstellung eines Arbeitsvertrags zugrunde legen sollten.

---

## Was sind die Voraussetzungen für Befristungen von Arbeitsverträgen?

Normalerweise wird der Arbeitsvertrag auf *unbestimmte Zeit* abgeschlossen, gegebenenfalls bis zum Renteneintritt. Unter bestimmten einzuhaltenden Voraussetzungen können aber auch befristete Arbeitsverträge abgeschlossen werden. Die *kalendermäßige Befristung* eines Arbeitsvertrags ohne Vorliegen eines sachlichen Grunds ist grundsätzlich nur bei neu eingestellten Mitarbeitern und nur bis zur Höchstbefristungsdauer von zwei Jahren möglich. In diesem Zeitraum sind bis zu drei Verlängerungen des befristeten Arbeitsvertrags zulässig.

---

**BEISPIEL**

Das Arbeitsverhältnis wird für sechs Monate befristet bis zum 31.12.2018 geschlossen und dann zweimal um sechs Monate verlängert, sodass das Arbeitsverhältnis letztendlich zum 31.12.2019 endet.

---

Erfreulich ist, dass der Gesetzgeber der Situation von Startups mit geringer Kapitalausstattung Rechnung getragen und eine Sonderregelung für Startups hinsichtlich der Befristung eingeführt hat. Diese Sonderregelung wird als sogenanntes *Startup-Privileg* bezeichnet. Es besagt, dass in den ersten vier Jahren des Bestehens eines neu gegründeten Unternehmens (maßgebend ist die tatsächliche Aufnahme der nach § 138 Abgabenordnung anzeigepflichtigen Tätigkeit) befristete Arbeitsverträge ohne Sachgrund bis zur Dauer von vier Jahren abgeschlossen und bis zu dieser Dauer mehrfach verlängert werden können. Diese erweiterten Möglichkeiten gelten nur für echte Neugründungen und nicht, wenn z.B. Unternehmen gekauft oder fusioniert werden.

───── **BEISPIEL** ─────────────────────────────────────────────

Ein Startup stellt im dritten Jahr nach der Gründung einen neuen Arbeitnehmer befristet für sechs Monate bis zum 31.12.2017 an. Das Arbeitsverhältnis wird in der Folge sechs Mal um sechs Monate befristet verlängert, sodass es letztendlich zum 31.12.2020 endet.

───────────────────────────────────────────────────────────────

## Hinweis: Fortsetzung nach Endzeitpunkt

Als Arbeitgeber sollten Sie Folgendes beachten: Wenn ein Arbeitnehmer das Arbeitsverhältnis über den kalendermäßig bestimmten Endzeitpunkt hinaus mit Wissen des Arbeitgebers fortsetzt (z.B. weil der Abschluss einer Vereinbarung über eine weitere befristete Fortsetzung des Arbeitsvertrags versäumt wurde), gilt das Arbeitsverhältnis als auf unbestimmte Zeit verlängert (wird also zu einem ganz normalen unbefristeten Arbeitsverhältnis), es sei denn, der Arbeitgeber widerspricht der Fortsetzung unverzüglich ohne schuldhaftes Zögern, also so schnell, wie es nur möglich ist.

Neben der rein kalendermäßigen Befristung gibt es ebenfalls noch die Befristung aus *sachlichem Grund* und die *Zweckbefristung*. Ein sachlicher Grund liegt insbesondere vor, wenn

- der betriebliche Bedarf an der Arbeitsleistung nur vorübergehend besteht,
- die Befristung im Anschluss an eine Ausbildung oder ein Studium erfolgt, um den Übergang des Arbeitnehmers in eine Anschlussbeschäftigung zu erleichtern,
- der Arbeitnehmer zur Vertretung eines anderen Arbeitnehmers beschäftigt wird,
- die Eigenart der Arbeitsleistung die Befristung rechtfertigt,
- die Befristung zur Erprobung erfolgt,
- in der Person des Arbeitnehmers liegende Gründe die Befristung rechtfertigen,
- der Arbeitnehmer aus Haushaltsmitteln vergütet wird, die haushaltsrechtlich für eine befristete Beschäftigung bestimmt sind,
- die Befristung auf einem gerichtlichen Vergleich beruht.

Diese sachlichen Gründe sind nicht abschließend, z.B. beinhaltet das Wissenschaftszeitvertragsgesetz eine Befristungsregel wegen einer Drittmittelfinanzierung, etwa im Rahmen von Förderprojekten.

Ein Arbeitnehmer wird zum Zwecke der Vertretung des krankheitsbedingt ausgefallenen Arbeitnehmers X eingestellt. Das befristete Arbeitsverhältnis endet dann nach Rückkehr des Arbeitnehmers X. Der befristet eingestellte Mitarbeiter muss allerdings mindestens zwei Wochen vorher über die Rückkehr des erkrankten Kollegen informiert werden.

---

Befristungen mit Sachgrund können beliebig oft abgeschlossen und verlängert werden, für sie gilt kein Anschlussverbot. Es ist zu beachten, dass mit der Zahl der Befristungen die Anforderungen an die von Ihnen vorzunehmende *Bedarfsprognose*, dass der betriebliche Bedarf an der Arbeitsleistung nur vorübergehend besteht, für eine Befristung steigen.

---

### Hinweis: Schriftform bei Befristung

Die Befristung eines Arbeitsvertrags (egal aus welchem Grund) ist immer nur rechtswirksam, wenn sie schriftlich *vor Beginn* des Arbeitsverhältnisses vereinbart wurde. Nachträgliche Befristungen sind unwirksam. Das Schriftformerfordernis ist bei jeder Anschlussbefristung zwingend einzuhalten.

---

## Teilzeit

Der Teilzeitarbeitsvertrag ist ein *herkömmlicher Arbeitsvertrag*, in dem lediglich die Begrenzung der Arbeitszeit zusätzlich geregelt ist. Es handelt sich, ungeachtet der reduzierten Arbeitszeit, beim Teilzeitarbeitsverhältnis um ein vollwertiges Arbeitsverhältnis, sodass dem teilzeitbeschäftigten Arbeitnehmer die gleichen Rechte und Pflichten wie bei einem Vollzeitarbeitsverhältnis zustehen. Befristungen sind ebenfalls unter den oben dargestellten Grundsätzen möglich.

In Teilzeitarbeitsverhältnissen bietet es sich wegen des gesetzlichen Urlaubsanspruchs an, die Arbeitszeit auf bestimmte Wochentage oder zumindest auf eine Anzahl von Wochentagen festzulegen, da der Arbeitnehmer bei freier Einteilung ansonsten Anspruch auf den gesetzlichen Mindesturlaub für eine Fünftagewoche, also z. B. 20 Tage, erhält.

---
**BEISPIEL**

---

Ein Teilzeitarbeitsverhältnis über zehn Stunden in der Woche wird auf zwei Wochentage je fünf Stunden verteilt. Somit erhält der Arbeitnehmer acht Tage gesetzlichen Mindesturlaub. Würde die Verteilung der zehn Stunden nicht geregelt oder auf die fünf Wochentage je zwei Stunden verteilt, würde dem Teilzeitarbeitnehmer ein Mindesturlaub von 20 Arbeitstagen zustehen.

---

# Werkstudenten beschäftigen

Startups beschäftigen sehr häufig Studenten, halten aber nicht die zu beachtenden Besonderheiten ein. Für Studenten findet meist das sogenannte *Werkstudentenprivileg* Anwendung. Dies besagt, dass Studenten unter bestimmten Voraussetzungen nicht der Sozialversicherung unterliegen, sodass das Startup keine Abgaben für Kranken-, Pflege- und Arbeitslosenversicherung zahlen muss. Das ist ein großer Vorteil.

Die Rentenversicherung ist von dem Werkstudentenprivileg allerdings nicht betroffen, sodass grundsätzlich eine Versicherungspflicht in der Rentenversicherung besteht, soweit wiederum keine geringfügige Beschäftigung vorliegt.

---

## Hinweis: Befreiung von der Rentenversicherungspflicht

In der Rentenversicherung gilt bei einer geringfügig entlohnten Beschäftigung die Versicherungsfreiheit nur, wenn sich der Student von der Rentenversicherungspflicht ausdrücklich befreien lässt.

---

Voraussetzung des Werkstudentenprivilegs ist neben der *Immatrikulation* an einer Hochschule oder einer sonstigen der wissenschaftlichen oder fachlichen Ausbildung dienenden Schule (z.B. auch Technische Hochschulen, Fachhochschulen) insbesondere, dass die *wöchentliche Arbeitszeit* während des Semesters *20 Stunden* nicht überschreitet.

---

## Praxistipp: Immatrikulationsbescheinigung

Sie sollten jedes Semester eine aktuelle Immatrikulationsbescheinigung des Werkstudenten als Nachweis der Studenteneigenschaft anfordern und diese Pflicht in den Werkstudentenvertrag aufnehmen.

---

*Ausnahmen von der 20-Stunden-Regelung* gelten bei überwiegend während der Abend- und Nachtstunden oder am Wochenende geleisteter Arbeit, während der vorlesungsfreien Zeit, innerhalb einer von vornherein vereinbarten kurzfristigen Beschäftigung von maximal drei Monaten oder 70 Arbeitstagen oder wenn im Laufe eines Beschäftigungsjahres nicht mehr als 26 Wochen (182 Kalendertage) über 20 Stunden pro Woche gearbeitet wird (sogenannte »26-Wochen-Regelung«).

Trifft eine dieser Ausnahmen zu, darf in der Regel mehr als 20 Stunden gearbeitet werden.

Entscheidend ist letztlich immer, dass in der Gesamtschau die Tätigkeit als ordentlicher Student während der Beschäftigung überwiegt.

Dies sollte sich auch in der Lebenssituation des Studenten widerspiegeln.

Das Werkstudentenprivileg ist nicht anwendbar bei einem *Teilzeitstudium*, bei der *Promotion* oder *beruflichen Weiterbildungen* an der Universität, und es endet mit Ablegung der Abschlussprüfung, auch wenn weiterhin eine Immatrikulation besteht (eine Ausnahme bildet bei Juristen »der Verbesserungsversuch«).

Die Höhe des Gehalts ist für die Frage der Anwendbarkeit des Werkstudentenprivilegs nicht relevant.

---

## Hinweis: Werkstudentenvertrag

Ein normaler Arbeitsvertrag eignet sich für einen Werkstudenten nicht, da die Besonderheiten des Werkstudentenprivilegs berücksichtigt werden müssen (das Studium muss z.B. im Zweifel rechtlich Vorrang vor der Arbeit beim Arbeitgeber haben).

Die folgenden Klauseln sollten Sie daher im Werkstudentenvertrag zusätzlich berücksichtigen:

*§ 2 Arbeitszeit*

*Sollte das Studium vom Arbeitnehmer wider Erwarten eine Absenkung der Arbeitszeit erforderlich machen, vereinbaren die Parteien, über diesen Punkt mit dem Ziel zu verhandeln, eine angemessene Arbeitszeitregelung zu treffen, die ein ordnungsgemäßes Studium ermöglicht.*

*Sofern Mehrarbeit erforderlich ist und vom Arbeitnehmer abgeleistet wird, vereinbaren die Parteien, dass während der Vorlesungszeiten die wöchentliche Arbeitszeit in einem Umfang von höchstens 20 Arbeitsstunden nicht überschritten wird, sodass der Arbeitnehmer seinem Studium stets in ausreichendem Maße Rechnung tragen kann.*

*§14 Immatrikulationsbescheinigung/Krankenversicherungsnachweis*

*(1) Der Arbeitnehmer wird dem Arbeitgeber halbjährlich die Immatrikulationsnachweise der Hochschule, sobald sie ihm zugegangen sind, unaufgefordert im Original vorlegen. Ändert sich der Studentenstatus vom Arbeitnehmer bzw. ist eine Änderung seines Status absehbar, ist er verpflichtet, dies unverzüglich dem Arbeitgeber mitzuteilen.*

*(2) Der Arbeitnehmer versichert, dass es sich bei seinem Studium der [XXXXX] um einen Erststudiengang handelt und er kein weiteres Studium aufgenommen oder abgeschlossen hat.*

*(3) Der Arbeitnehmer ist verpflichtet, dem Arbeitgeber seine Kranken- und Pflegeversicherung in schriftlicher Form nachzuweisen und den Arbeitgeber über eventuelle Änderungen in diesem Bereich unverzüglich zu informieren.*

*(4) Für eventuelle Schäden, die sich aus einer Verletzung der vorstehenden Verpflichtungen bzw. einer fehlerhaften Auskunft des Arbeitnehmers ergeben, haftet dieser gegenüber dem Arbeitgeber.*

---

# Was Sie bei der Anstellung von Praktikanten beachten müssen

Es herrscht oft ein Halbwissen darüber, was z.B. hinsichtlich der Bezahlung und der Abführung von Sozialversicherungsbeiträgen und des Mindestlohns bei Praktikanten gilt.

Der Praktikant ist zunächst kein Arbeitnehmer im arbeitsrechtlichen Sinne, da nicht die Arbeitsleistung im Vordergrund des Vertragsverhältnisses steht, sondern der *Ausbildungszweck*. Steht der Ausbildungszweck nicht im Vordergrund des Praktikums (die reine Bezeichnung des Arbeitsverhältnisses als Praktikum und der Abschluss eines Praktikumsvertrags sind dabei zur Beurteilung nicht ausschlaggebend), sondern eine fremdbestimmte (Vollzeit-)Tätigkeit in persönlicher Abhängigkeit, sind Sie in der Regel verpflichtet, dem als »Praktikanten« eingestellten Mitarbeiter die übliche Vergütung eines entsprechenden Arbeitnehmers zu zahlen. Des Weiteren können die Schutzvorschriften für Arbeitnehmer Anwendung finden. Der Ausbildungszweck sollte deshalb durch Festlegung von Ablauf und Inhalt des Praktikums in einem *Praktikumsplan* sorgfältig dokumentiert und das Vertragsverhältnis entsprechend »gelebt« werden.

Soweit ein Praktikum zulässigerweise *ohne Entgelt, Aufwandsentschädigung* oder *Beihilfe* vereinbart wird, entfällt die Sozialversicherungspflicht. Bei entgeltlichen Praktika ist zwischen Praktika, die von der Studienordnung vorgeschrieben werden (sogenannte *Pflichtpraktika*), und Praktika, die *freiwillig* durchgeführt werden, zu differenzieren.

Bei Pflichtpraktika entfällt die Sozialversicherungspflicht, da es sich bei den Praktika, die von der Studienordnung vorgeschrieben werden, lediglich um eine Verlagerung der Ausbildung von der Hochschule in den Betrieb handelt.

Bei freiwilligen Praktika eines Studenten ist wiederum das Werkstudentenprivileg anzuwenden, wenn sie während des Studiums absolviert werden. Bei Praktika, die vor oder nach einem Studium ausgeübt werden, ohne dass der Praktikant immatrikuliert ist, oder von Personen ohne Studentenstatus durchgeführt werden, sind diese Privilegien nicht anzuwenden. Das Praktikum ist dann zu vergüten, wobei meist der Mindestlohn beachtet werden muss. Eine andere Frage ist, ob Sozialversicherungsbeiträge abzuführen sind. Hier ist wiederum zwischen freiwilligen und Pflichtpraktika zu unterscheiden.

---

### Hinweis: Immer Kontakt mit der Krankenversicherung aufnehmen

Aufgrund der nicht einheitlichen und unübersichtlichen Regelungen in der Sozialversicherung von Praktikanten sollte in jedem Fall Kontakt zu der zuständigen Krankenversicherung aufgenommen und vor Anstellung eines Praktikanten ein Statusfeststellungsverfahren durchgeführt werden.

---

Bei einem freiwilligen Praktikum haben Praktikanten Anspruch auf einen jährlichen gesetzlichen Mindesturlaub von mindestens 20 Werktagen im Jahr bei einer Fünftagewoche, der aber in Bezug auf die Praktikumsdauer anteilig berechnet werden kann.

Für Laien sehr schwierig festzustellen ist, ob der Mindestlohn in Höhe von € 9,35 (Stand 1. Januar 2020) pro Stunde für Praktikanten gilt.

**Anspruch auf Mindestlohn haben grundsätzlich:**

- Praktikanten außerhalb einer Ausbildung oder eines Studiums mit einer abgeschlossenen Berufsausbildung oder einem Studienabschluss.
- Freiwillige Praktika begleitend zu Studium oder Ausbildung ab dem vierten Monat.
- Freiwillige Praktika begleitend zu Studium oder Ausbildung, wenn bereits ein solches Praktikumsverhältnis mit demselben Auszubildenden bestanden hat.
- Freiwillige Praktika zur Orientierung bei der Berufs- und Studienwahl ab dem vierten Monat.

**Vom Mindestlohn ausgenommen:**

- Von der Studienordnung etc. vorgeschriebene Pflichtpraktika im Rahmen von Schule, Ausbildung oder Studium.
- Freiwillige Praktika begleitend zu Studium oder Ausbildung bis zu drei Monaten (Achtung, hier gibt es Ausnahmen).
- Freiwillige Praktika bis zu drei Monaten, die zur Orientierung bei der Berufs- oder Studienwahl dienen.
- Einstiegsqualifizierungen nach dem Dritten Sozialgesetzbuch.
- Jeder Praktikant unter 18 Jahren ohne Berufsabschluss.

# Geringfügige Beschäftigung

Von einer geringfügigen Beschäftigung (einem *Minijob*) spricht man, wenn maximal ein Arbeitsentgelt von regelmäßig monatlich € 450 bzw. eine gesamte Jahresvergütung von € 5.400 gezahlt wird oder die Beschäftigung von vornherein auf nicht mehr als *zwei Monate* oder insgesamt *50 Arbeitstage* im Kalenderjahr begrenzt ist und *nicht berufsmäßig* ausgeübt wird.

Geringfügig Beschäftigte haben grundsätzlich die gleichen Rechte wie Vollzeitbeschäftigte, z.B. Anspruch auf Entgeltfortzahlung und bezahlten anteiligen Erholungsurlaub.

> **Hinweis: Mindestlohngesetz**
>
> Der gesetzliche Mindestlohn ist ab dem 1. Januar 2020 auf € 9,35 angehoben worden. Es ist eine rechnerische *Höchstarbeitszeit* von 48,12 Stunden im Monat einzuhalten, da der derzeitige Mindestlohn von € 9,35 pro Stunde nicht unterschritten werden darf.
>
> Vorsicht: Der Mindestlohn ändert sich kontinuierlich.

Nach dem Mindestlohngesetz bestehen in Bezug auf geringfügige Beschäftigungen *Aufzeichnungspflichten* der Arbeitszeit. Sie müssen zwingend Beginn, Ende und Dauer der täglichen Arbeitszeit des Arbeitnehmers bis spätestens zum siebten auf den Tag der Arbeitsleistung folgenden Kalendertag aufzeichnen und für mindestens zwei Jahre aufbewahren.

Ein Vorteil für den Arbeitnehmer bei der geringfügigen Beschäftigung ist, dass er keine Sozialabgaben zahlen muss, wenn er nur € 450 im Monat bzw. eine gesamte Jahresvergütung von € 5.400 verdient.

In Bezug auf diese Verdienstgrenzen ist zu beachten, dass die Vorteile einer geringfügigen Beschäftigung entfallen, wenn das Arbeitsentgelt *erheblichen Schwankungen* unterliegt.

─────── **BEISPIEL** ───────────────────────────

Erhebliche Schwankungen beim Arbeitsentgelt

Ihr Mitarbeiter erhält im Rahmen einer geringfügigen Beschäftigung während eines Kundenauftrags € 1.500 für drei Monate von Ihnen. Ab dem vierten Monat zahlen Sie dem Mitarbeiter nur noch € 100 für weitere neun Monate, da Sie leider keine Aufträge mehr akquirieren konnten.

## Erfindungen und Urheberrechte von Mitarbeitern

Da dieser Punkt nach meiner Erfahrung früher oder später immer mal relevant wird, sei hier noch einmal ausdrücklich auf die Übertragung von Erfindungen und Urheberrechten von Mitarbeitern auf das Startup hingewiesen.

Für die Übertragung von *technischen Erfindungen* (Vorstufe eines Patents) und Verbesserungsvorschlägen gibt das *Arbeitnehmererfindergesetz* den Rahmen vor. Es bestimmt, dass Erfindungen vom Arbeitnehmer zu melden sind und automatisch auf den Arbeitgeber übergehen, wenn der Arbeitgeber die Erfindung nicht innerhalb einer Frist ausdrücklich freigibt.

Fehlt es in einem Arbeitsvertrag an einer Regelung zu den Rechten an den Erfindungen und sind anderweitige vertragliche Regelungen nicht vorhanden, erhält der Arbeitgeber aufgrund des Bestehens des Arbeitnehmererfindergesetzes und dessen Regelungen trotzdem einen gesetzlichen Zugriff auf die Erfindung des Arbeitnehmers.

Im *Urheberrecht* gibt es ähnliche Regelungen nur für *Computerprogramme.* Diese regeln, dass ausschließlich der Arbeitgeber zur Ausübung aller vermögensrechtlichen Befugnisse an dem Computerprogramm berechtigt ist – sofern nichts anderes vereinbart ist –, wenn ein Computerprogramm von einem Arbeitnehmer in Wahrnehmung seiner Aufgaben oder nach den Anweisungen seines Arbeitgebers geschaffen wird. Trotzdem empfehle ich Ihnen sehr, auch eine Regelung über die Urheberrechte in den Arbeitsvertrag von Entwicklern aufzunehmen.

Es bestehen aber keine ausdrücklichen urheberrechtlichen Regelungen für die übrigen Werke, etwa für Bilder, Fotos, Zeichnungen, Filme, Texte und Musikdateien. Es ist daher noch wichtiger, dass Regelungen zur Übertragung von *Nutzungs- und Verwertungsrechten* an den vom Arbeitnehmer geschaffenen urheberrechtlichen geschützten Werken mit Arbeitsbezug in den Arbeitsvertrag aufgenommen werden.

Handelt es sich z.B. bei den Programmierern nicht um Arbeitnehmer des Startups (dies gilt in der Regel auch für die Geschäftsführer), sind schriftliche Übertragungsverträge nötig. Bei Geschäftsführern kann dies auch im Geschäftsführeranstellungsvertrag geregelt werden. Des Weiteren werden die Marken, Patente, Designs und Gebrauchsmuster häufig auf die Gründer und nicht auf das Startup eingetragen, in dem Fall müssen diese schriftlich auf das Startup übertragen werden.

## Die Problematik der Scheinselbstständigkeit

Auch wenn es verlockend anmutet, einem »Mitarbeiter« keinen Arbeitsvertrag, sondern eine *freie Mitarbeit* anzubieten, sind mit dieser Konstellation häufig ganz *erhebliche Risiken* verbunden, da die genaue Abgrenzung oftmals schwierig ist. Echte freie Mitarbeiter nach den deutschen Arbeitsgesetzen und der entsprechenden Auslegung der Gesetze durch die Rechtsprechung sind sehr selten in Startups anzutreffen.

### Was unterscheidet freie Mitarbeit von einem Arbeitsverhältnis?

Die *rechtlichen Anforderungen* an das Bestehen eines freien Mitarbeitsverhältnisses sind streng. Sowie ein Dienstvertragsverhältnis bestimmte Kriterien eines Arbeitsverhältnisses erfüllt, wird es rechtlich auch so behandelt. Die Rede ist dann von einer sogenannten *Scheinselbstständigkeit.* Das Sozialgesetzbuch VI trifft eine zur Abgrenzung heranzuziehende Klarstellung:

### Definition Beschäftigung

Beschäftigung ist die nicht selbstständige Arbeit, insbesondere in einem Arbeitsverhältnis. Anhaltspunkte für eine Beschäftigung sind eine Tätigkeit nach Weisungen und eine Eingliederung in die Arbeitsorganisation des Weisungsgebers.

Nicht nur die vertragliche Regelung, dass der freie Mitarbeiter weisungsfrei und unabhängig von Arbeitszeiten oder -orten tätig werden darf, ist demnach entscheidend, sondern vor allem, dass dies in der Praxis auch so gelebt wird.

Kriterien sind dabei, inwieweit der Auftragnehmer in die Arbeitsorganisation des Auftraggebers eingegliedert ist (hat er z.B. einen Arbeitsplatz/Schreibtisch beim Auftraggeber, eine Visitenkarte des Unternehmens), einem Weisungsrecht unterliegt und die Arbeitszeit selbstbestimmt einteilen kann.

Wenn ein Auftragnehmer *lediglich für einen Auftraggeber* tätig wird und dabei weisungsgebunden ist, geht die Rechtsprechung in der Regel von einer abhängigen Beschäftigung aus, die als Arbeitsverhältnis und nicht als freie Mitarbeit gewertet wird. Es kommt maßgeblich auf den *tatsächlichen äußeren Anschein* der Tätigkeit an.

---

### Praxistipp: Visitenkarten und E-Mail-Adressen

Startups sind recht großzügig im Verteilen von Visitenkarten des Startups und einer E-Mail-Adresse für nur lose mit ihnen verbundene »Freiberufler«. Das Vorliegen einer eigenen Visitenkarte eines Startups mit dem Namen des Freiberuflers sowie der Erhalt einer eigenen Firmen-E-Mail-Adresse werden von der Rechtsprechung teilweise als Indizien für den Status eines Angestellten interpretiert. Allein genügen diese wohl nicht, um ein Arbeitsverhältnis zu begründen und eine Eingliederung in die Arbeitsorganisation des Startups anzunehmen, sie stellen aber Indizien in der Abwägung zur Beurteilung des Status des Freiberuflers dar und sollten aus rechtlichen Gründen vermieden werden. Wenn Sie sich über diese rechtlichen Bedenken hinwegsetzen, sollten Sie zumindest einen kennzeichnenden Zusatz in die E-Mail-Adresse aufnehmen (z.B. durch den Zusatz »ext« – *mustermann.max_ext@firma.de*). Das Gleiche gilt für die Gestaltung der Visitenkarte, auf der ein Zusatz aufgenommen werden sollte, der darauf hinweist, dass der Träger der Visitenkarte kein Angestellter des Startups ist (z.B. »External Consultant« oder »selbstständiger Berater« etc.).

---

### Die Bedeutung vertraglicher Regelungen

In einem Vertrag über freie Mitarbeit müssen die Elemente der Unabhängigkeit und Weisungsungebundenheit klar geregelt sein. Solch eine Vereinbarung kann enthalten, dass die vereinbarte Leistung auch *durch Dritte erbracht* werden kann, sowie die Klarstellung, dass der Auftragnehmer *parallel für andere Auftraggeber* tätig werden kann oder dass er *Einzelaufträge ablehnen darf*. In der Praxis besteht das Problem, dass auch Auftragsverhältnisse eine gewisse Bindung an die Weisungen des Auftraggebers voraussetzen.

Ein freier Mitarbeiter hat aber niemals Anspruch auf *Erholungsurlaub* oder *Entgeltfortzahlungen*, sodass solche Formulierungen bei freien Mitarbeitern vermieden werden müssen und diese Leistungen nicht gewährt werden dürfen.

Des Weiteren sollte der freie Mitarbeiter *Rechnungen schreiben* und *Sozialabgaben* selbst leisten.

Den einzelnen Formulierungen eines Freier-Mitarbeiter-Vertrags kommt insofern erhebliche Bedeutung zu. Achten Sie detailliert auf die Formulierungen in einem solchen Vertrag.

### Die Bedeutung der tatsächlichen Ausübung

Von noch größerer Bedeutung ist die Einhaltung der rechtlichen Mindestanforderungen in der *tatsächlichen Ausübung* der Tätigkeit. Nicht die vertragliche Regelung, z.B. der Abschluss eines »Freier-Mitarbeiter-Vertrags«, mit oben wiedergegebenen Punkten ist letztendlich maßgeblich, sondern die tatsächliche Umsetzung und Durchführung der Zusammenarbeit. Unabhängig von den Formulierungen eines Freier-Mitarbeiter-Vertrags wird eine Tätigkeit von den zuständigen Behörden als Arbeitsverhältnis gewertet, wenn es an der nötigen *Unabhängigkeit* in der *täglichen Praxis* fehlt.

Klarstellende Regelungen im Vertrag, nach denen sich Auftraggeber und Auftragnehmer einig sind, dass durch diesen Vertrag kein arbeits- und kein sozialversicherungsrechtliches Beschäftigungsverhältnis begründet wird und der Auftragnehmer selbst für seine steuerlichen und sozialversicherungsrechtlichen Belange Sorge trägt, haben nur deklaratorische Bedeutung. Das heißt, dass es von den Gerichten als ein Arbeitsverhältnis angesehen wird, wenn es in der Praxis wie ein Arbeitsverhältnis gelebt wird. Da der Umgehungsanreiz aus der Sicht eines potenziellen Arbeitgebers aus wirtschaftlichen Gründen sehr hoch ist, ist die Auslegung der Behörden streng, und die Sanktionen sind teilweise drastisch.

### Risiken und Folgen von Scheinselbstständigkeit

Der sozial(versicherungs)rechtliche Begriff des Beschäftigungsverhältnisses ist nicht deckungsgleich mit dem des Arbeitsverhältnisses. Auch ohne ein Arbeitsverhältnis kann ein sozialversicherungspflichtiges Beschäftigungsverhältnis vorliegen. In Fall der Scheinselbstständigkeit drohen schnell *empfindliche Bußgelder* bis hin zu *Strafverfahren* wegen des Verstoßes gegen das *Schwarzarbeitsverbot*.

Nach § 266a Abs. 1 Strafgesetzbuch (StGB) kann mit Freiheitsstrafe bis zu fünf Jahren oder mit Geldstrafe bestraft werden, wer als Arbeitgeber Sozialversicherungsbeiträge der Einzugsstelle vorenthält. Sollte sich im Nachhinein feststellen lassen, dass es sich um ein Arbeitsverhältnis gehandelt hat, sind die eingesparten Sozialversicherungsbeiträge zuzüglich 6 % Zinsen pro Jahr und gegebenenfalls Versäumniszuschläge (1 % pro Monat) vom Auftraggeber, der nun zum Arbeitgeber wird, nachzuzahlen.

—— **BEISPIEL** ——

Relevanz der Versäumniszuschläge

Ein gut laufendes Software-Startup mit drei Geschäftsführern zahlt keine Sozialversicherungsbeiträge auf die Gehaltszahlungen an die Geschäftsführer, da davon ausgegangen wird, dass es sich um sogenannte beherrschende Gesellschafter-Geschäftsführer handelt. Der Sozialversicherungsträger fordert daher für die Jahre 2013, 2014 und 2015 insgesamt € 180.000 an Sozialabgaben nach. Das Startup wehrt sich zunächst vor Gericht gegen den Rückforderungsbescheid. Das Gerichtsverfahren wird im Jahr 2020 abgeschlossen. Zur Vereinfachung wird einmal unterstellt, dass die gesamten Sozialversicherungsbeiträge bereits zum 1. Januar 2013 fällig waren. Bis 2020 sind dann ca. € 75.000 zusätzlich an Verzugszinsen beziehungsweise Säumniszuschläge zu zahlen, sodass insgesamt € 255.000 zu zahlen sind, wenn das Startup den Rechtsstreit verliert.

Der Auftragnehmer wird in diesem Fall zum Arbeitnehmer und kann zusätzlich in den Genuss der ihm dadurch zuteilwerdenden Arbeitnehmerrechte kommen (Anspruch auf bezahlten Urlaub, Entgeltfortzahlung im Krankheitsfall, gegebenenfalls Mindestlohn, Überstundenvergütung oder Kündigungsschutz etc.). Das ist ein erhebliches und nicht zu unterschätzendes Risiko. Ihr als »freier Mitarbeiter« beschäftigter Auftragnehmer kann vor dem Arbeitsgericht erreichen, dass festgestellt wird, dass tatsächlich ein Arbeitsverhältnis vorliegt (sogenannte »Statusklage«), und so die »Einstellung« als Arbeitnehmer erzwingen.

## Hinweis: Scheinselbstständigkeitsrisiko in der Due Diligence

Da eine nachträgliche Klassifizierung von »Freiberuflern« als Arbeitnehmer zu erheblichen Nachzahlungen von Lohnsteuer und Sozialversicherungsbeiträgen führt, kann dieses Risiko bei Grenzfällen im Rahmen der Due Diligence einer Finanzierungsrunde oder eines Unternehmensverkaufs mit einem Risikoabschlag sanktioniert werden, der sich negativ auf die Bewertung des Startups und damit auf den Kaufpreis oder die Investmenthöhe auswirken kann. Dies gilt auch für unwirksame Arbeitsvertragsklauseln, wenn durch diese Klauseln ein monetäres Risiko begründet wird.

## Hinweis: Statusfeststellungsverfahren unbedingt durchführen!

Um Sicherheit in Bezug auf den Status eines Vertragsverhältnisses in Hinblick darauf zu erlangen, ob ein Dienstverhältnis im Sinne einer freien Mitarbeit oder eine Scheinselbstständigkeit bzw. ein Arbeitsverhältnis besteht, können die Beteiligten bei der Clearingstelle der Deutschen Rentenversicherung Bund einen Antrag auf verbindliche Klärung der Statusfrage nach § 7a SGB IV einreichen (sogenanntes »Statusfeststellungsverfahren«). Für die Antragstellung wird von der Clearingstelle der Deutschen Rentenversicherung ein entsprechendes Formular zur Verfügung gestellt. Zur Statusermittlung sind eine Reihe von Angaben und die Vorlage verschiedener Unterlagen erforderlich. Die Entscheidung der Clearingstelle ist für alle Träger der gesetzlichen Sozialversicherung bindend. Sie können sich also so lange darauf verlassen, bis sich an dem Sachverhalt etwas ändert, dann bedarf es eines neuen Verfahrens.

# Überstundenvergütung

In Startups wird in der Regel viel und lange gearbeitet, und es fallen zahlreiche Überstunden an.

Die *Überstunden* werden häufig nicht erfasst und nicht gesondert bezahlt oder durch Freizeitausgleich abgegolten. Unter Umständen befinden sich Klauseln in den Arbeitsverträgen, die besagen, dass Überstunden mit dem Grundgehalt mitvergütet werden. Diese Regelungen in Arbeitsverträgen, die eine *pauschale Abgeltung aller geleisteten Überstunden* durch das Grundgehalt vorsehen, sind *unwirksam*.

Allerdings können Sie mit dem Grundgehalt eine bestimmte Anzahl an Überstunden abgelten. Um wie viele Überstunden es sich genau handelt, muss für den Arbeitnehmer aus dem Arbeitsvertrag ersichtlich und transparent sein. Möglich ist eine Klausel, die Überstunden im Umfang von 10 % der monatlichen Arbeitszeit oder eine konkrete Anzahl in diesem Rahmen, z. B. 10 Stunden pro Monat, pauschal mit abgilt. Das Verhältnis von mitvergüteten Überstunden zur regulären Arbeitszeit muss in einem angemessenen Verhältnis stehen und sollte (aus Gründen der Rechtssicherheit, da die zulässige Höhe noch nicht endgültig von den Gerichten geklärt ist) nicht mehr als *maximal 10 %* der vereinbarten Arbeitszeit oder bei einer 40-Stunden-Woche *16 Stunden im Monat* betragen.

Es ist darauf zu achten, dass unter Berücksichtigung der nicht vergüteten Überstunden der Mindestlohn nicht unterschritten wird. Wenn die Klausel ein Unterschreiten des Mindestlohns ermöglicht, ist diese auf jeden Fall unwirksam.

---
### BEISPIEL
---

Formulierungshilfe

*»Mit der Vergütung gemäß Ziffer [XXXX] sind sämtliche Tätigkeiten des Arbeitnehmers aus diesem Vertrag inklusive Über- und Mehrarbeit abgegolten, soweit die Mehrarbeit monatlich [ANZAHL DER MITVERGÜTETEN ÜBERSTUNDEN] Stunden nicht überschreitet. Darüber hinausgehende Überstunden werden durch Freizeitausgleich abgegolten; eine Vergütung erfolgt nur ausnahmsweise, wenn die Gewährung durch Freizeitausgleich nicht möglich ist.«*

---

Für Mitarbeiter, die sogenannte *Dienste höherer Art* erbringen und/oder ein *besonders hohes Gehalt* beziehen (z. B. Rechtsanwälte, Geschäftsführer etc.), können die gesamten Überstunden pauschal mit dem Grundgehalt abgegolten werden.

> ### Hinweis: Überstundenvergütung für Geschäftsführer
>
> Der Bundesfinanzhof hat entschieden, dass die Überstundenvergütung für einen Geschäftsführer nicht üblich ist, sodass die Überstundenvergütung grundsätzlich eine verdeckte Gewinnausschüttung an den Gesellschafter-Geschäftsführer darstellt, und zwar unabhängig von der Höhe oder der Angemessenheit der Gesamtbezüge des Geschäftsführers.

Konsequenz ist, dass die Überstundenvergütung beim Startup nicht als Betriebsausgabe anerkannt wird. Daher ist davon abzuraten, dem Geschäftsführer Überstunden zu vergüten.

Achten Sie auf die Überstunden Ihrer Mitarbeiter. Wenn Sie die gesetzlichen
Grenzen aus dem Arbeitszeitgesetz überschreiten, drohen *Nachzahlungsansprüche*
des Arbeitnehmers und ein *Ordnungswidrigkeitsverfahren* mit einem Bußgeld. In
schweren Fällen kann es zu einer *Strafbarkeit* (z. B. des Geschäftsführers) führen.

## Urlaubsverfall

Der Europäische Gerichtshof hat mit zwei Entscheidungen vom 6. November
2018 die Urlaubspraxis in deutschen Unternehmen umgedreht und entschieden,
dass ein Arbeitnehmer seine gesetzlichen Urlaubstage nicht schon deshalb zum
Jahresende verliert, weil er zuvor keinen Urlaubsantrag gestellt hat.

Nach der Entscheidung des Europäischen Gerichtshofs tritt der Verfall des Urlaubsanspruchs nur dann ein, wenn der Arbeitgeber den Arbeitnehmer auch tatsächlich in die Lage versetzt hat, seinen Urlaub zu nehmen.

Damit liegt die Initiativpflicht nunmehr beim Arbeitgeber, der seinerseits auf die
Arbeitnehmer zugehen und sie über noch offene Urlaubsansprüche sowie deren
möglichen Verfall informieren muss.

Zu empfehlen ist daher eine individuelle Information an jeden Arbeitnehmer darüber, in welcher Höhe Urlaubsansprüche für das laufende Urlaubsjahr bestehen
und zu welchem Zeitpunkt diese verfallen, wenn der Urlaub nicht vollständig genommen wird.

Des Weiteren sollten Sie im Zuge dieser Information eine Frist setzen, innerhalb
der bereits zu Jahresanfang die individuellen Urlaubswünsche (zumindest in wesentlichen Teilen) anzuzeigen sind.

Die Einhaltung der Frist sollten Sie überwachen, und zur Jahresmitte sollte eine
weitere Information mit einer expliziten Aufforderung erfolgen, nicht genommene
Urlaubstage wegen des drohenden Verfalls zu nehmen. Ein rein formularmäßiger
Hinweis (z. B. im Arbeitsvertrag) ist nicht mehr ausreichend.

## Homeoffice

Beliebt ist in Startups auch die Arbeit im Homeoffice, also die Arbeit des Arbeitnehmers von zu Hause aus. Derzeit gibt es noch keinen Anspruch des Arbeitnehmers
auf Homeoffice-Arbeit. Rechtlich gesehen, sind mit der erlaubten Homeoffice-Arbeit (oder eigentlich korrekter als häusliche Telearbeit bezeichnet) allerdings einige
Anforderungen und Risiken verbunden, und es können erhebliche Kosten entste-

hen. Der Arbeitgeber ist nämlich für die Einrichtung des Homeoffice zuständig und trägt grundsätzlich auch die damit verbundenen Kosten. Damit sind nicht nur die Kosten für die Anschaffung von Mobiliar, Computern und anderer Hard- und Software gemeint, sondern auch die anfallenden Strom- und Heizkosten bis hin zu einem Anteil an den Mietzahlungen.

Außerdem sind die Vorschriften des Arbeitsschutzgesetzes und der Arbeitsstättenverordnung auch im Homeoffice einzuhalten.

Sie können deshalb die Ausgestaltung des häuslichen Arbeitsplatzes nicht dem Arbeitnehmer überlassen, sondern müssen sich bis in die Details (flimmerfreier Bildschirm, kippsichere Stühle) um einen sicheren Arbeitsplatz bemühen.

Schließlich kann der Arbeitgeber eine Tätigkeit im Homeoffice auch nicht einfach so wieder beenden.

Ist das Homeoffice der einzige vereinbarte Arbeitsort des Arbeitnehmers, hat dies auch Auswirkungen auf die Reisespesen, da Dienstreisen beginnen, sobald das Homeoffice verlassen wird.

Falls Sie trotzdem Homeoffice-Arbeit erlauben wollen, sollten Sie zumindest eine zumeist recht umfangreiche Vereinbarung mit dem Arbeitnehmer schließen, der die Rechte und Pflichten der Parteien hinsichtlich der Homeoffice-Arbeit regelt.

## Verpflichtung auf das Datengeheimnis

Nach Meinung der unabhängigen Datenschutzbehörden sind Arbeitgeber verpflichtet, ihre Arbeitnehmer auf die Einhaltung der datenschutzrechtlichen Vorgaben beim Umgang mit personenbezogenen Daten (anderer Personen wie z.B. Kunden) zu unterrichten. Hierfür sollten Sie dem Arbeitsvertrag eine entsprechende Anlage beifügen und sich von jedem Arbeitnehmer unterzeichnen lassen. Gleichzeitig informieren Sie mit diesem Merkblatt Ihre Mitarbeiter ganz einfach über die Verpflichtungen bezüglich des Datenschutzes am Arbeitsplatz.

## Checkliste: Was gehört mindestens in einen Arbeitsvertrag?

Die Punkte ohne Klammern sollte dabei jeder »normale« Arbeitsvertrag enthalten. Besonderheiten sind zumindest in den folgenden Verträgen zusätzlich zu berücksichtigen: Teilzeitarbeitsvertrag, geringfügige Beschäftigung, befristeter Arbeitsvertrag, Werkstudentenvertrag und Praktikumsvertrag.

- Aufgabengebiet und Arbeitsort (gegebenenfalls Hinweis auf verschiedene Arbeitsorte)
- Beginn und gegebenenfalls Befristung auf die Probezeit
- (Vertragsstrafe bei Nichtantritt)
- Arbeitszeit

- Vergütung (Zusammensetzung Grundvergütung und Sonderzahlung)
- Erstattung von Aufwendungen und sonstigen Leistungen
- (Dienstfahrzeug)
- Arbeitsverhinderung
- Urlaub (gesetzlicher Mindesturlaub und freiwillig zusätzlich gewährter Urlaub)
- Nebentätigkeiten, Wettbewerb und Beteiligungen
- Geheimhaltung
- Übertragung und Umgang mit Erfindungen und technischen Verbesserungsvorschlägen des Arbeitnehmers
- Übertragung von Nutzungsrechten an Urheberrechte und verwandte Schutzrechte
- Telefon-, EDV- und E-Mail-Nutzung (insbesondere, ob die Privatnutzung erlaubt ist)
- Dauer und Beendigung des Arbeitsverhältnisses
- (Vertragsstrafe bei Vertragsbruch)
- Herausgabe von Arbeitsmitteln und Unterlagen
- (Vertragsstrafe bei Herausgabeverweigerung)
- Ausschlussfristen/Verfallsklausel
- Schriftformerfordernis
- salvatorische Klausel
- Anlage mit Stellenbeschreibung
- Anlage mit Verpflichtung auf das Datengeheimnis

---

**Hinweis: Vertragsexemplare**

Es ist darauf zu achten, dass die Unterschriften von Arbeitgeber und Arbeitnehmer jeweils im Original auf beiden Exemplaren des Vertrags enthalten sind und beide Vertragspartner ein beidseitig unterzeichnetes Exemplar erhalten.

---

## Wann findet das Kündigungsschutzgesetz Anwendung?

Startups scheuen sich anfangs häufig, Arbeitnehmer im Rahmen eines »normalen«, unbefristeten Vollzeitarbeitsverhältnisses anzustellen. Hintergrund ist das hartnäckige Gerücht, dass unbefristete Arbeitsverhältnisse nur unter besonders schweren Voraussetzungen gekündigt werden können und dass eine teure Abfindung zu zahlen ist, um einen Arbeitnehmer mit unbefristetem Vertrag wieder loszuwerden.

Der deutsche Kündigungsschutz nach dem Kündigungsschutzgesetz greift für Startups aber erst bei mindestens zehn beschäftigten Vollzeitmitarbeitern, wobei Teilzeitbeschäftigungsverhältnisse zusammengerechnet werden. Zumindest die Gesellschafter-Geschäftsführer zählen dabei nicht zu den Arbeitnehmern, sodass in den meisten Fällen *die Regelungen des Kündigungsschutzgesetzes für Startups in der Anfangsphase keine Anwendung finden.*

Wird dieser Schwellenwert von zehn Vollzeitarbeitnehmern nicht erreicht, kann den Arbeitnehmern mit unbefristeten Arbeitsverhältnissen ohne Kündigungsgrund gekündigt werden, soweit mit der Kündigung nicht gegen *gesetzliche Verbote* verstoßen (z.B. Mutterschutz) oder *sittenwidrig* bzw. *diskriminierend* gekündigt wird. Des Weiteren muss ein Mindestmaß an sozialer Rücksichtnahme eingehalten werden.

Sittenwidrigkeit ist nach der Rechtsprechung des Bundesarbeitsgerichts insbesondere in krassen Fällen anzunehmen, wenn die Kündigung auf einem verwerflichen Motiv des Kündigenden beruht oder wenn die Kündigung aus anderen Gründen dem Anstandsgefühl aller billig und gerecht Denkenden – wie die Juristen Treu und Glauben definieren – widerspricht. Das sind Fälle, die jedem Menschen auffallend ungerecht sind (z.B. eine Kündigung, die ausschließlich aufgrund von Homosexualität ausgesprochen wird).

Wenn das Startup die *Schwelle von zehn Vollzeitarbeitnehmern* überschreitet, sind die Konsequenzen erheblich. Die Karten zwischen Startup und Arbeitnehmer werden neu gemischt mit dem Ergebnis, dass sich die Position des Arbeitnehmers deutlich verbessert.

Sobald der Kündigungsschutz greift, können Sie nicht mehr grundlos kündigen, ohne zu riskieren, eine Kündigungsschutzklage zu verlieren. Das gilt für alle Mitarbeiter des Startups und nicht nur für den elften und die weiteren später angestellten Mitarbeiter.

## Praxistipp: Anwendbarkeit des Kündigungsschutzgesetzes

Bei der Anstellung des zehnten Vollzeitmitarbeiters sollte sich das Startup der dargestellten Konsequenzen bewusst sein. Ab einer Unternehmensgröße von zehn Vollzeitarbeitnehmern empfiehlt es sich umso mehr, die Probezeit wirklich zur Erprobung der neuen Mitarbeiter zu nutzen, um herauszufinden, ob Startup und Mitarbeiter wirklich dauerhaft zusammenpassen. Es kann sinnvoll sein, »echte« externe Dienstleister zu beauftragen, um die Schwelle nicht zu erreichen. Wenn das Kündigungsschutzgesetz Anwendung findet, kann zur Absicherung des Startups mit Befristungen der Arbeitsverhältnisse gearbeitet werden.

In der sechs Monate dauernden Probezeit greift der Kündigungsschutz des Kündigungsschutzgesetzes, auch wenn Sie mehr als zehn Vollzeitmitarbeiter haben, noch nicht, sodass Sie während der Probezeit ohne Kündigungsgrund z.B. mit Zweiwochenfrist kündigen können.

### Hinweis: Es kann bis zum letzten Tag der Probezeit gekündigt werden

Da im Fall einer Kündigung der Zugang der Kündigung ausschlaggebend ist, können Sie noch am letzten Tag der Probezeit mit einer Frist von zwei Wochen kündigen.

Eine Sonderregelung gilt für *Ausbildungsverhältnisse*, die nach Ablauf der für Ausbildungsverhältnisse anwendbaren maximalen Probezeit von vier Monaten bis zur Beendigung des Berufsausbildungsverhältnisses nicht ordentlich gekündigt werden können.

### Hinweis: Elternzeit

Berufstätige Eltern haben auch in Startups einen Anspruch auf Elternzeit mit der Folge unbezahlter Freistellung. Der Staat übernimmt während der Freistellung eine einkommensabhängige Unterstützung. Allerdings muss der Arbeitnehmer die Elternzeit rechtzeitig, das heißt in der Regel spätestens 13 Wochen vor Beginn der Elternzeit, schriftlich einreichen. Unmittelbar vor und während der Elternzeit besteht ein besonderer Kündigungsschutz, sodass ohne die Zustimmung der zuständigen Behörde nicht gekündigt werden kann.

Das Startup ist bei Anwendbarkeit des Kündigungsschutzgesetzes und nach der Beendigung der Probezeit bei Kündigungen verpflichtet, *betriebsbedingte* (z.B. Absatzschwierigkeiten/fehlende Rentabilität, Betriebsstilllegung oder Verlagerung des Betriebs), *verhaltensbedingte* (z.B. dauernde Unpünktlichkeit, Arbeitsverweigerung, Tätigkeit für einen Wettbewerber, Straftaten mit Arbeitsbezug, Verstoß gegen Arbeitsschutzvorschriften, mehrmalige Beleidigungen oder sexuelle Belästigung von Kollegen) oder *personenbedingte Kündigungen* (z.B. fehlende oder erloschene Arbeitserlaubnis, fehlende fachliche Eignung, lang anhaltende oder häufige Kurzerkrankungen und negative Zukunftsprognose, Alkoholismus oder Drogensucht) auszusprechen.

Einer verhaltensbedingten Kündigung muss, außer bei schweren Fehlverhalten im Vertrauensbereich (z.B. Straftaten wie Diebstahl, Betrug und Unterschlagung hinsichtlich nicht nur äußerst geringwertiger Sachen), regelmäßig eine einschlägige *Abmahnung* des Arbeitgebers vorausgehen (bei Bagatellen gegebenenfalls auch mehr als eine Abmahnung). Eine Pflicht zur pauschalen dreimaligen Abmahnung, wie oftmals angenommen wird, gibt es nicht. Die Abmahnung muss bestimmten arbeitsrechtlichen Anforderungen genügen.

In der Abmahnung muss das exakte zeitlich und örtlich individualisierte Fehlverhalten konkret bezeichnet werden, ein Vertragsverstoß muss vorgeworfen und es muss mit Kündigung im Wiederholungsfall gedroht werden. Darüber hinaus muss die Unterschrift eines Berechtigten enthalten sein.

Die abgemahnten Gründe dürfen Sie nicht mehr in einer späteren Kündigung als Kündigungsgrund nutzen. Es müssen neue Verfehlungen, die zeitlich nach der Abmahnung geschehen sind, hinzukommen (z. B. weitere Verspätungen).

*Verhaltensbedingte Kündigungen* müssen Sie bestenfalls mit einiger Vorlaufzeit vorbereiten. Dies wird in den kleinen Mitarbeiterteams des Startups häufig vermieden, um das Unternehmensklima nicht zu belasten. Ich rate Ihnen aus diesem Grund auch nur dann zu einer Abmahnung, wenn Sie die Entscheidung, sich von dem Mitarbeiter zu trennen, schon getroffen haben.

Die *gesetzlichen Kündigungsfristen* einer ordentlichen Kündigung richten sich danach, wie lange ein Mitarbeiter bereits bei Ihnen beschäftigt ist. Besteht das Arbeitsverhältnis nach der Probezeit noch nicht zwei Jahre, kann das Arbeitsverhältnis mit einer Kündigungsfrist von vier Wochen zum 15. oder zum Ende eines Kalendermonats gekündigt werden. Nach den ersten zwei Jahren besteht folgende Staffelung, die bei fehlender Vereinbarung im Arbeitsvertrag nur für den Arbeitgeber gilt:

---

Arbeitsverhältnis hat ...

1. zwei Jahre bestanden, einen Monat zum Ende eines Kalendermonats,
2. fünf Jahre bestanden, zwei Monate zum Ende eines Kalendermonats,
3. acht Jahre bestanden, drei Monate zum Ende eines Kalendermonats,
4. zehn Jahre bestanden, vier Monate zum Ende eines Kalendermonats,
5. zwölf Jahre bestanden, fünf Monate zum Ende eines Kalendermonats,
6. 15 Jahre bestanden, sechs Monate zum Ende eines Kalendermonats,
7. 20 Jahre bestanden, sieben Monate zum Ende eines Kalendermonats.

---

Von diesen Fristen kann grundsätzlich nicht zum Nachteil des Arbeitnehmers abgewichen werden, allerdings können Sie die Kündigungsfristen zugunsten des Arbeitnehmers vertraglich verlängern. Wenn es keine andere Vereinbarung im Arbeitsvertrag gibt, hat der Arbeitnehmer immer nur eine Kündigungsfrist von vier Wochen zum 15. oder zum Ende eines Kalendermonats, aber auch diese Frist können Sie vertraglich verlängern. Um zu beurteilen, wie lange die Kündigungsfrist beträgt, muss daher in den *Arbeitsvertrag* und gegebenenfalls in einen *geltenden Tarifvertrag* geschaut werden.

**Hinweis: Kündigung aus wichtigem Grund**

Arbeitgeber können Arbeitnehmer *fristlos kündigen*, wenn ein sogenannter wichtiger Grund vorliegt. Das ist zum Beispiel der Fall, wenn ein Arbeitnehmer seinen Vorgesetzten schwer beleidigt, die Arbeit verweigert oder in den Urlaub fährt, ohne sich diesen vorher genehmigen zu lassen. Arbeitgeber müssen dem Arbeitnehmer dann innerhalb von zwei Wochen nach solch einem Vorfall kündigen. Außerdem muss die außerordentliche Kündigung auf Nachfrage des Arbeitnehmers schriftlich begründet werden.

## Kündigungsschreiben richtig an Mitarbeiter übermitteln

Die *korrekte Formulierung des Kündigungsschreibens* ist nicht besonders anspruchsvoll, da es nur wenige formelle Anforderungen gibt. Aus dem Schreiben muss lediglich klar hervorgehen, dass Sie das Arbeitsverhältnis dauerhaft beenden möchten.

Die Kündigung muss *im Original* von einem Vertretungsberechtigten des Startups (am besten dem zur Einzelvertretung berechtigten Geschäftsführer oder Prokuristen) unterzeichnet sein und dem zu kündigenden Mitarbeiter im *Original ausgehändigt* werden, sodass Kündigungen per E-Mail, WhatsApp, Telefax und Telefon etc. generell ausscheiden.

Leider verursacht der Beweis über den Empfang (juristisch: Zugang) des Originals des Kündigungsschreibens in der Praxis ganz erhebliche Probleme.

Der Versand eines Kündigungsschreibens – lediglich per *Einschreiben mit Rückschein* – ist nicht zu empfehlen, da hier eine Mitwirkungshandlung des zu kündigenden Mitarbeiters nötig ist. Die Kündigung sollte am besten *persönlich übergeben werden*, und der Arbeitnehmer sollte den *Erhalt* auf dem *Kündigungsschreiben quittieren*.

Ist dies nicht möglich (auch Arbeitnehmern, die krank zu Hause im Bett liegen, darf gekündigt werden), sollten Sie die Kündigung zumindest in Begleitung unbeteiligter Zeugen (Arbeitnehmer unterhalb der Geschäftsführung können in der Regel Zeugen sein, nicht aber der Geschäftsführer) persönlich zustellen. Das kann immer noch Beweisprobleme vor Gericht hervorrufen, wenn der zu kündigende Arbeitnehmer nicht angetroffen wird, da der Zeuge häufig nicht den Inhalt des Kündigungsschreibens bezeugen kann (es könnte ja ein leeres Blatt in dem Umschlag gesteckt haben). Aus diesem Grund sollte sich der Zeuge die Kündigung durchlesen und dabei zusehen, wie das Kündigungsschreiben in den Briefumschlag gesteckt wird. Der Zeuge sollte ein kleines schriftliches Protokoll mit genauer Uhrzeit anfertigen und unterschreiben, das beim Startup archiviert wird. Das Lesen, Eintüten und Einwerfen in den Briefkasten können Sie zusätzlich zu Beweiszwecken auf Video aufzeichnen.

Zusätzlich können Sie erwägen, ein weiteres Kündigungsschreiben parallel per *Einschreiben mit Rückschein* zu verschicken. Eins gilt ebenfalls immer: Warten Sie mit der Kündigung nie bis zum letzten Tag der Kündigungsfrist, sondern planen Sie einen Puffer ein, falls z. B. der Arbeitnehmer plötzlich erkrankt oder nicht zur Arbeit erscheint.

Auch wenn dies alles ein wenig umständlich erscheint, können sich die Mühen, wenn es zu Auseinandersetzungen vor dem Arbeitsgericht kommt, durchaus lohnen.

---

### Hinweis: Kündigung von anderen Verträgen

Diese Grundsätze sollten Sie nicht nur bei der Zustellung von Kündigungen bei Arbeitsverhältnissen anwenden, sondern auch, wenn Sie andere wichtige Verträge, z. B. Lizenzverträge, Mietverträge, Kooperationsverträge etc., kündigen. Allerdings können die Formerfordernisse abweichen, da gegebenenfalls nicht, wie bei Arbeitsverhältnissen, die Schriftform gilt.

---

### Einvernehmliche Beendigung

Eine einvernehmliche Beendigung des Arbeitsverhältnisses ist z. B. durch den Abschluss eines *Aufhebungsvertrags* möglich. Im Aufhebungsvertrag werden meist Regelungen wie Urlaubsabgeltung, Zeitguthaben, Zeugnis(-Note), Beendigungszeitpunkt, (unwiderrufliche) Freistellung, Abfindungszahlungen, Aufhebung eines Wettbewerbsverbots, Rückgabe des Firmeneigentums und eine Generalquittung vereinbart.

### Zeugnis

Sie müssen Ihren Arbeitnehmern spätestens zum letzten Tag des Arbeitsverhältnisses ein schriftliches Zeugnis ausstellen. Dabei gibt es zwei Arten von Zeugnissen: zum einem das einfache und zum anderen das qualifizierte Zeugnis. Das einfache Zeugnis enthält Angaben über Art und Dauer der Beschäftigung, das qualifizierte Zeugnis darüber hinaus ebenfalls Ausführungen zur Leistung und zum Verhalten des Arbeitnehmers. Der Arbeitnehmer kann von Ihnen die Ausstellung eines qualifizierten Zeugnisses verlangen. Das Zeugnis muss ein Datum enthalten, auf dem Firmenbriefbogen in deutscher Sprache erteilt werden, es ist persönlich zu unterschreiben und darf keine Flecken, unübliche Knicke, Streichungen oder eine Vielzahl von Rechtschreibfehlern enthalten. Als Datum ist in der Regel der letzte Tag des Arbeitsverhältnisses aufzunehmen. Arbeitszeugnisse müssen wahr, wohlwollend und vollständig sein. Der wichtigste Bestandteil des Zeugnisses ist die Gesamtnote, die normalerweise folgendermaßen ausgedrückt wird.

Er führte alle Aufgaben...

- Note 1: »stets zu unserer vollsten Zufriedenheit aus.«
- Note 2: »stets zu unserer vollen Zufriedenheit aus.«
- Note 3: »zu unserer vollen Zufriedenheit aus.«/»stets zu unserer Zufriedenheit aus.«
- Note 4: »zu unserer Zufriedenheit aus.«
- Note 5: »insgesamt zu unserer Zufriedenheit aus.«

Die Zeugnissprache ist eine Wissenschaft für sich, da durch eine sogenannte Wohlwollenspflicht klar negative Formulierungen nicht verwendet werden sollten.

Für ein Zeugnis der Note 1 ist daher der »massive« Einsatz von aufwertenden Adverbien (stets, jederzeit, sehr, in höchstem Maße) und Adjektiven (groß, hoch, äußerst) erforderlich, was dazu führt, dass das Zeugnis häufig übertrieben wirkt. Ein befriedigendes Zeugnis gilt eher als unterdurchschnittlich. Dementsprechend ist in einem Gerichtsprozess auch die Beweislast verteilt. Erteilen Sie ein unterdurchschnittliches Zeugnis mit der Note 3, 4 oder 5, müssen Sie beweisen, dass Ihr Arbeitnehmer unterdurchschnittliche Leistungen erbracht hat. Möchte Ihr Arbeitnehmer ein Zeugnis mit der Note »gut« oder gar »sehr gut« erteilt bekommen, muss er beweisen, dass er überdurchschnittliche Leistungen gezeigt hat.

Das qualifizierte Zeugnis gliedert sich grob in folgende Bestandteile:

- Überschrift
- Einleitungssatz
- Tätigkeits- und Aufgabenbeschreibung
- Leistungsbeurteilung
- Führungsbeurteilung, soweit der Arbeitnehmer eine Führungsposition bekleidete
- Gesamtnote
- Schlussabsatz (ist nicht zwingend erforderlich, aber allgemein üblich)
- Datum, Unterschrift

Wenn Sie Ihren Arbeitnehmer selbst das Zeugnis schreiben lassen, muss es trotzdem der Wahrheit entsprechen. Zumindest theoretisch gibt es nämlich einen Schadensersatzanspruch des nächsten Arbeitsgebers, wenn das Zeugnis unwahr ist und dadurch ein Schaden entsteht.

## Checkliste: Kündigung bei weniger als zehn Mitarbeitern

- Warum soll gekündigt werden?
- Kündigungsschutz wirklich nicht anwendbar? Wie viele Mitarbeiter hat das Startup?

- Außerordentliche aus wichtigem Grund (gegebenenfalls mit Kündigungsgrund, Zweiwochenfrist beachten) oder ordentliche Kündigung (ohne Kündigungsgrund).
- Ermittlung der Kündigungsfrist, Durchsicht des Arbeitsvertrags, wenn nichts im Arbeitsvertrag steht, Blick ins Gesetz (z.B. § 622 BGB) und gegebenenfalls in den Tarifvertrag.
- Ist der Mitarbeiter ordentlich unkündbar, z.B. Mutterschutz, Elternzeit, bestellter Datenschutzbeauftragter, Schwerbehinderung, Auszubildender nach Ablauf der Probezeit, Betriebsratsmitglied?
- Sind die Belehrungen hinsichtlich der Meldung bei der Agentur für Arbeit in der Kündigung enthalten?
- Gibt es einen Betriebsrat, dann vor Kündigung unbedingt anhören.
- Kündigung vom einzelvertretungsberechtigten Geschäftsführer oder Prokuristen unterschrieben?
- An die Abgeltung der Urlaubsansprüche durch unwiderrufliche Freistellung denken.
- Beweisbaren Zugang der Kündigung sicherstellen (am besten Empfangsbestätigung durch Unterschrift des Mitarbeiters auf der Zweitschrift des Kündigungsschreibens).
- Der Zeugnisanspruch muss spätestens zum Beendigungszeitpunkt erfüllt werden.
- Hatte der Mitarbeiter einen Firmen-Laptop oder Handy, dann Rückgabevereinbarung mit Datenlöschungsbestätigung schließen.

## Rückgabe von Eigentum des Startups

Nach der Kündigung muss bei der Abwicklung des Arbeitsverhältnisses Ihr ehemaliger Arbeitnehmer Handy, Schlüssel, Laptop, Unterlagen und anderes Firmeneigentum herausgeben. Es bietet sich an, hierfür eine schriftliche Rückgabebestätigung unterzeichnen zu lassen. In der Rückgabebestätigung sollten Sie sich gleichzeitig schriftlich bestätigen lassen, dass alle privaten Daten von den technischen Geräten des Startups vor Rückgabe entfernt wurden. Ansonsten kann es datenschutzrechtliche Probleme beim Zugriff auf die Daten bzw. bei der Löschung der Daten geben, zumindest wenn die private Nutzung der technischen Geräte nicht verboten war.

---
**BEISPIEL**
---

Es sind schon hohe Abfindungen vor Gericht im Rahmen von Vergleichen für Arbeitnehmer mit dem Argument ausgehandelt worden, dass Verstöße gegen das Datenschutzrecht vorlagen. Den Arbeitnehmern wurde nämlich nach Beendigung des Arbeitsverhältnisses nicht die Möglichkeit gegeben, ihre privaten Daten von ihren vom Arbeitgeber zur Verfügung gestellten Geräten zu löschen.

Löscht der Arbeitgeber diese Daten selbst, obwohl die Privatnutzung der technischen Geräte nicht verboten wurde, kann dies sogar strafbares Verhalten darstellen.

Dieser Situation können Sie durch das im *Anhang* beigefügte Muster eines Bestätigungsschreibens für die Rückgabe von Firmeneigentum und Löschungsbestätigung sehr einfach vorbeugen.

## Mitarbeiterbeteiligungen zur Bindung von wichtigen Mitarbeitern

Die Firmen Stihl und Trumpf haben sie, und für Startups bieten sich bei richtiger Gestaltung ebenfalls erhebliche Vorteile. Sie stehen besonders als Startup auf dem Arbeitsmarkt in einem *harten Wettbewerb um qualifizierte Arbeitskräfte* und können keine Gehälter wie etablierte Unternehmen und Konzerne zahlen. Gerade ein Startup benötigt zum Erfolg aber die besten und engagiertesten Mitarbeiter.

Es ist zwar ein gewisser Trend zu verzeichnen, dass viele Absolventen sich vorstellen können, für Startups anstatt für große Beratungen, Konzerne oder Großkanzleien zu arbeiten, trotzdem müssen Sie die besonders qualifizierten und erstklassigen Mitarbeiter zusätzlich inzentivieren, etwa hinsichtlich der *Flexibilität des Arbeitsplatzes* (z.B. Homeoffice-Möglichkeiten) oder eben über eine *Mitarbeiterbeteiligung* oder eine andere Erfolgsbeteiligung am Startup.

Vielfach erhalten nicht alle Mitarbeiter bei einem Startup eine Mitarbeiterbeteiligung, sondern nur die wirklich wichtigsten *Key-Personen* auf *C-Level* (z.B. CEO, CFO, CTO), die *Träger des technischen Know-hows* oder die *Top-Programmierer*.

Mitarbeiterbeteiligungen sind derzeit insgesamt noch nicht sehr verbreitet. Schätzungen gehen davon aus, dass die Beschäftigten derzeit nur in 2 % der Unternehmen am Kapital und in 9 % der Unternehmen am Erfolg beteiligt sind. Diese Quote ist bei Startups aber sicherlich um einiges höher und nimmt stetig zu, da Mitarbeiterbeteiligungsprogramme derzeit in Mode gekommen sein scheinen.

Die Ausgestaltung von Management- und Mitarbeiterbeteiligungsprogrammen kann dabei sehr vielschichtig sein.

Der Begriff *ESOP* (*Employee Stock Ownership Program* oder *Employee Stock Ownership Plan*) ist dabei eine Art Oberbegriff, unter den alle möglichen verschiedenen Mitarbeiterbeteiligungsmodelle gefasst werden können.

Eine Mitarbeiterbeteiligung kann im Rahmen von *Gewinn-* oder *Erfolgsbeteiligungen*, über eine *Kapitalbeteiligung* oder durch eine *Kombination beider Modelle* umgesetzt werden.

Als Erstes müssen Sie überlegen, ob Ihr Mitarbeiter an einem laufenden Gewinn des Startups partizipieren oder nur im Fall eines Unternehmensverkaufs beteiligt sein soll. Letztlich sind auch Kombinationen möglich. Dabei ist ebenfalls zu bedenken, dass von professionellen Investoren finanzierte Startups in der Regel keine Gewinne ausschütten, sondern alle Gewinne in das Wachstum des Startups reinvestieren.

Konkrete Modelle der Mitarbeiterbeteiligung sind z. B. Belegschaftsaktien, Beteiligung über Mitarbeitergesellschaften, Unterbeteiligungen, Genussrecht und Genussschein, wirkliche GmbH-Anteile, Mitarbeiterdarlehen, stille Beteiligungen und Virtual-Stock-Options/virtuelle Beteiligungen.

In den meisten Fällen wollen die Gründer die Mitarbeiter nur im Fall eines Exits, seltener auch am laufenden wirtschaftlichen Erfolg teilhaben lassen. Dass der Mitarbeiter eine formale Gesellschafterstellung einnimmt und die regulären Gesellschafterrechte erhält, ist meist nicht gewollt. Häufig werden dem Mitarbeiter gar keine Mitbestimmungs- oder Kontrollrechte eingeräumt, sondern lediglich Informationsrechte gewährt.

Hintergrund ist, dass die Gründer vermeiden möchten, dass die *Gesellschafterstruktur* und damit die *Abstimmungen auf Gesellschafterebene* zu kompliziert werden. Investoren bevorzugen ebenfalls eine möglichst einfache Gesellschafterstruktur aus wenigen Gesellschaftern. Des Weiteren sollen *Kosten* für *notarielle Beurkundungen* und *Steuernachteile* durch sogenannte *trockene Steuerlasten* vermieden werden.

---

### Hinweis: Trockene Steuerlasten

Je nach Ausgestaltung kann sich die steuerliche Einordnung einer Mitarbeiterbeteiligung sehr unterschiedlich darstellen. Um vor wirklich schmerzhaften Überraschungen im Rahmen von Schenkungs- und Lohnsteuer geschützt zu sein, ist unbedingt zu empfehlen, dass Sie vor Einführung eines Mitarbeiterbeteiligungsprogramms einen Steuerberater kontaktieren und sich die steuerliche Auswirkungen für das Startup-Unternehmen, die Mitarbeiter und gegebenenfalls die Gesellschafter erläutern lassen. Als »trockene Steuerlast« wird z. B. die Situation bezeichnet, dass ein Mitarbeiter für den Erhalt einer Beteiligung Lohnsteuer bezahlen muss, obwohl für ihn keine Möglichkeit besteht, die Beteiligung zu veräußern und hieraus die zur Bezahlung der Steuern notwendige Liquidität zu schöpfen. Hier kann es schnell um sehr große Summen gehen.

---

Aus diesen Gründen werden die sogenannten *virtuellen Mitarbeiterbeteiligungen* (auch als »Phantom Shares« bezeichnet) bei Startups immer beliebter, die bei richtiger Gestaltung diese Nachteile vermeiden.

Nachfolgend wird daher lediglich das häufig von Startups bevorzugte Modell der virtuellen Beteiligung bei einer GmbH dargestellt, da eine Darstellung aller Mitarbeiterbeteiligungsmodelle, insbesondere an der Aktiengesellschaft, den Umfang dieses Buchs sprengen würde.

## Was ist eine virtuelle Beteiligung?

Bei einer virtuellen Mitarbeiterbeteiligung erwirbt der Mitarbeiter bei Eintritt eines bestimmten definierten Ereignisses *keine realen Geschäftsanteile*, sondern wird lediglich »virtuell« durch einen Vertrag so beteiligt, das er *monetär* (bei einem Exit) so behandelt wird, als wäre er Gesellschafter oder hätte Geschäftsanteile des Startups.

Bei einer virtuellen Mitarbeiterbeteiligung wird der begünstigte Mitarbeiter rein schuldrechtlich, also per Vertrag zwischen Startup und Mitarbeiter oder Startup und Gründern, wirtschaftlich so gestellt, als wäre er mit einer *bestimmten Beteiligungsquote* (z.B. 1%) am Stammkapital des Startups beteiligt. Häufig ist die Beteiligung aber auf ein definiertes Exit-Ereignis beschränkt, sodass im Unterschied zu anderen Mitarbeiterbeteiligungsmodellen Ihr Mitarbeiter keinen Anspruch auf einen jährlich auszuschüttenden Gesellschaftsgewinn erhält, sondern erst beim Verkauf des Unternehmens seine Gewinnbeteiligung als *Bruchteil des Kaufpreises* bzw. *der Wertsteigerung des Startups* seit Gewährung der virtuellen Mitarbeiterbeteiligung erhält.

---

### Hinweis: Arbeitsvertragliche Inzentivierung

Neben diesen virtuellen Mitarbeiterbeteiligungsprogrammen können Sie Ihre Mitarbeiter natürlich auch auf arbeitsvertraglicher Basis, z.B. durch Bonusvereinbarungen, Tantiemen oder Meilensteinzahlungen, inzentivieren. Es sind natürlich auch Kombinationen aus einem Mitarbeiterprogramm und einer arbeitsvertraglichen Bonusregelung möglich, sodass der Mitarbeiter nicht nur im Fall eines Exits, sondern laufend am Unternehmenserfolg beteiligt ist.

---

Wenn vom Startup bzw. den Gesellschaftern kein Exit angestrebt wird, ist die rein virtuelle Beteiligung häufig nicht die für den Mitarbeiter passende Beteiligungsform, da, wenn kein Exit-Ereignis zustande kommt, die virtuelle Beteiligung faktisch wertlos ist.

Von einem virtuellen Mitarbeiterbeteiligungsprogramm sind unterschiedliche Interessen betroffen, nämlich die der *Gründer-Gesellschafter*, des *Startups,* der *Mitarbeiter* sowie der *Investoren-Gesellschafter*. Hintergrund ist, dass z.B. für die Gründer-Gesellschafter andere Regelungen gelten können als für die Investoren-Gesellschafter. Die Investoren-Gesellschafter bestehen manchmal darauf, dass nur die Gründer-Geschäftsanteile durch das virtuelle Mitarbeiterprogramm verwässert werden. Die Investoren behalten demnach ihren ungekürzten Anteil am Exit-Erlös. Die Mitarbeiter bekommen dann ihre wirtschaftliche Beteiligung also faktisch nur aus dem Kaufpreisanteil, den die Gründer aus dem Unternehmensverkauf erhalten.

---
#### BEISPIEL
---

Ein Startup wird für € 10 Millionen verkauft. Es wird ein Mitarbeiterbeteiligungsprogramm in Höhe von 10% der Geschäftsanteile des Startups festgelegt und an die Mitarbeiter zugeteilt. Gleichzeitig wird in einem Beteiligungsvertrag vereinbart, dass sich die zwei Gründungsgesellschafter, die jeweils 25% der realen Geschäftsanteile halten, verpflichten, die wirtschaftlichen Auswirkungen des Mitarbeiterbeteiligungsprogramms in Höhe von jeweils bis zu 5% des Verkehrswerts der Geschäftsanteile des Startups, also jeweils € 500.000, zu tragen. Dies bedeutet dann, dass der Exit-Erlös der anderen (Investoren-)Gesellschafter durch das Mitarbeiterbeteiligungsprogramm nicht geschmälert wird. Der Investor erhält für seine 50% der Geschäftsanteile daher € 5 Millionen des Kaufpreises, die Gründungsgesellschafter erhalten jeweils € 2 Millionen, also für ihre insgesamt gemeinsam gehaltenen 50% nur € 4 Millionen des Kaufpreises und damit € 1 Million weniger als der Investor bei eigentlich gleicher Anteilshöhe.

---

Es ist sehr wichtig und daher bewusst darauf zu achten, was in dem virtuellen Mitarbeiterbeteiligungsprogramm konkret als *Exit-Ereignis* definiert ist, da dies nicht nur als der vollständige Verkauf aller Geschäftsanteile an dem Startup definiert sein kann, sondern auch als sogenannter *Change of Control* bei z.B. einem Verkauf von mehr als 50% oder 75% der Geschäftsanteile. Da kommt es dann auf die konkrete Formulierung bzw. Definition im Mitarbeiterbeteiligungsprogramm an.

Die virtuelle Beteiligung des Mitarbeiters kann und sollte im Rahmen eines *Vestings* (eventuell mit *Bad-* und *Good-Leaver-Klauseln* und einem *einjährigen Cliff*) abgesichert sein und erst nach und nach steigen, je nachdem, wie lange der Mitarbeiter für das Startup arbeitet. Im Bad-Leaver-Fall ist die virtuelle Beteiligung häufig wieder vollständig zurückzugeben.

Ein großer Vorteil von Beteiligungsmodellen und auch des virtuellen Beteiligungsmodells ist, dass die Interessen der Mitarbeiter mit den Interessen der Gesellschafter in Einklang gebracht werden können. Durch die mögliche Beteiligung am Exit-Erlös wird der Mitarbeiter nämlich eine *Exit-Orientierung* einnehmen, was ebenfalls von den Exit-orientierten Finanzinvestoren unterstützt wird. Des Weiteren wird durch ein virtuelles Beteiligungsprogramm die Liquidität des Startups geschont, weil eine virtuelle Mitarbeiterbeteiligung ein Vergütungsbestandteil darstellt und sich Startup und Mitarbeiter dadurch häufig auf ein geringeres Grundgehalt einigen können. Die Liquidität kann dann für die Expansion des Startups eingesetzt werden. Ein wirklicher Gesellschafterstatus ist mit der virtuellen Beteiligung ebenfalls nicht verbunden, sodass Ihr Mitarbeiter damit *keine Mitsprache-*

*rechte* und *keine Kontrollrechte* im Rahmen der Gesellschafterversammlung, sondern nur *geringe Informationsrechte* erhält. Schließlich werden bei der richtigen Gestaltung ungewollte steuerliche Effekte und Notarkosten vermieden.

Da die vertragliche Vereinbarung zur Gewährung von virtuellen Anteilen einen rein schuldrechtlichen Vertrag darstellt, die keine Schaffung neuer Geschäftsanteile im Wege einer Kapitalerhöhung sowie der Beurkundung und Eintragung in das Handelsregister erfordert, wird der organisatorische und finanzielle Aufwand der Ausgabe von virtuellen Anteilen deutlich reduziert und zwingt die Gesellschaft gleichzeitig auch nicht zur Veröffentlichung der (virtuellen) Gewährung von Geschäftsanteilen im Handelsregister, wie es bei einer realen Zuteilung von Geschäftsanteilen der Fall wäre.

Ein weiterer Hintergrund für die Wahl dieses Konstrukts ist, dass die Gründer vermeiden wollen, dass die Gesellschafterstruktur und damit die Koordination der Gesellschafter auf Gesellschafterebene zu kompliziert werden. In der Regel bevorzugen Investoren auch eine möglichst einfache Gesellschafterstruktur, die aus nur wenigen Gesellschaftern besteht.

Neben diesen Vorteilen ist der Hauptgrund für dieses Modell das deutsche Steuerrecht und der rechtliche Rahmen des Gesellschaftsrechts. In Deutschland kann der Erhalt von (realen) Geschäftsanteilen zu einer steuerlichen Angelegenheit werden, wenn Sie nicht Gründer einer Gesellschaft sind und somit nicht von Anfang an Gesellschafter einer Gesellschaft sind. Wenn Sie ein Gründer sind, besitzen Sie die Geschäftsanteile zum Nennwert, und der Wert dieser Geschäftsanteile ist mit der Zeit gestiegen. Gibt Ihnen jemand Anteile an einem Unternehmen mit einem bereits durch z.B. eine Finanzierungsrunde ermittelten Wert, behandelt das Finanzamt dies häufig als Lohnsteuer. Der Empfänger dieser Geschäftsanteile wird aufgrund der Bewertung dieser Anteile steuerpflichtig. Im deutschen Steuerrecht werden Sie bei Erhalt des Werts besteuert, und da eine Bewertung der Anteile festgelegt wurde, haben Sie etwas von Wert erhalten, was zu versteuern ist, wenn Sie echte Anteile erhalten.

In der Praxis wird der Mitarbeiter den Gesellschaftern und insbesondere den professionellen Investoren wie den VC-Gesellschaften dann auch monetär nicht völlig gleichgestellt.

So wird im Rahmen des virtuellen Beteiligungsprogramm meist geregelt sein, dass von der Exit-Beteiligung des Mitarbeiters in Höhe eines bestimmten Prozentsatzes des erzielten Kaufpreises noch die *Anschaffungskosten der Investoren* und eventuell ein darüber hinausgehender Betrag (sogenannte *Liquidationspräferenzen*) abgezogen werden. Des Weiteren können die *Rückzahlungen der Gesellschafterdarlehen* an die Gründer den Kaufpreis drücken, da sie vorab vom Käufer vom Kaufpreis abgezogen werden. Teilweise werden Beratungskosten, Steuern und Ähnliches abgezogen, bevor der Mitarbeiter gemäß seiner virtuellen Beteiligung, z.B. für einen 1%igen virtuellen Anteil, vergütet wird.

Ein Startup wird für € 10 Millionen an ein Unternehmen verkauft. Ein Mitarbeiter hat eine virtuelle Beteiligung von 1% der Geschäftsanteile, die voll gevestet sind. Die Zahlung, die der Mitarbeiter erhält, wird aber in den seltensten Fällen € 100.000 betragen, da die virtuellen Mitarbeiterbeteiligungsmodelle so in der Regel nicht ausgestaltet werden. Zunächst werden Liquiditätspräferenzen der Investoren abgezogen. Haben die Investoren beispielsweise € 1 Million in das Startup investiert und eine Liquiditätspräferenz in Höhe von 1,5 vereinbart, wird von dem Kaufpreis zunächst € 1,5 Millionen abgezogen und vorab an den Investor verteilt. Des Weiteren werden die Beratungskosten in Höhe von z.B. € 150.000 der Transaktion sowie gegebenenfalls die zu zahlenden Steuern vom Kaufpreis abgezogen. Schließlich wird auch noch ein Gesellschafterdarlehen in Höhe von € 100.000 vom Kaufpreis abgezogen. Dies würde in dem Beispielfall bedeuten, dass die 1%ige virtuelle Beteiligung nicht € 100.000, sondern nur € 82.500 wert ist (€ 10 Mio. − € 1,5 Mio. − € 150.000 − € 100.000 = € 8.250.000 als Basiswert für die 1%ige virtuelle Beteiligung = € 82.500).

Dieses Beispiel stellt die wirtschaftliche Beteiligung immer noch etwas vereinfacht dar. In der Praxis werden die virtuellen Beteiligungen anhand von mathematischen Formeln errechnet, da der Mitarbeiter meist nur am *Wertzuwachs des Startups* beteiligt werden soll. Es wird dann bei der Auszahlung zum Exit-Zeitpunkt die Differenz zwischen dem ursprünglichen *Ausübungspreis* (Strike Price) bei Zuteilung der virtuellen Mitarbeiterbeteiligung und dem dann erzielten Verkehrswert bezahlt, das heißt, der Mitarbeiter bekommt den Anstieg des Unternehmenswerts entsprechend seiner virtuellen Beteiligung ausgezahlt.

Das virtuelle Beteiligungsprogramm wird nach einer Finanzierungsrunde mit einer Post-Money-Bewertung von € 3 Millionen aufgesetzt, und die virtuellen Anteile in Höhe von 10% werden gleichmäßig an zehn Mitarbeiter verteilt. Das Unternehmen wird vier Jahre später für € 10 Millionen an einen Großkonzern verkauft. Gehen wir zur Vereinfachung davon aus, dass die GmbH immer nur 25.000 Geschäftsanteile ausgegeben hatte, es also keine Verwässerung gibt. Die Mitarbeiter waren während des Vesting-Zeitraums ununterbrochen für das Startup tätig, sodass 100% der virtuellen Geschäftsanteile gevestet sind. Jeder der 25.000 Geschäftsanteile hatte dann einen Wert und einen Strike Price von € 120 (25.000 x € 120 = € 3 Mio.) bei Zuteilung an die Mitarbeiter. Zum Verkaufszeitpunkt lag der Wert bei € 400 je Geschäftsanteil (25.000 x € 400 = € 10 Mio.). Der Wertzuwachs beträgt demnach € 280 pro Geschäftsanteil (€ 400 − € 120 = € 280). Bei 2.500 im virtuellen Mitarbeiterprogramm befindlichen Geschäftsanteilen bedeutet dies, dass ein Betrag in Höhe von € 700.000 an die zehn Mitarbeiter ausgeschüttet wird (2.500 x € 280 = € 700.000). Jeder der mit 1% virtuell beteiligten zehn Mitarbeiter erhält demnach einen »Bonus« von € 70.000, wenn ansonsten keine Liquidationspräferenzen (siehe oben) etc. abgezogen werden.

Der Strike Price kann theoretisch auch auf € 1 pro Geschäftsanteil festgelegt werden, dann partizipiert der virtuell beteiligte Mitarbeiter an der gesamten Wertsteigerung des Startups. Dies kann sich aber aus steuerlichen Nachteilen verbieten. Normalerweise wird in Deutschland für den Strike Price die Bewertung der letzten Finanzierungsrunde genommen.

---

### Hinweis: Allgemeiner Gleichbehandlungsgrundsatz

Auch bei (virtuellen) Mitarbeiterbeteiligungsprogrammen ist in Deutschland der Allgemeine Gleichbehandlungsgrundsatz zu beachten. Aus diesem Grund ist zu empfehlen, jedem Mitarbeiter die gleiche Summe an virtuellen Anteilen zu gewähren und auch objektiv begründen zu können, warum nur bestimmte Mitarbeiter virtuell beteiligt werden. Falls die Höhe der virtuellen Beteiligung je Mitarbeiter unterschiedlich ausfallen soll, sollte dies objektiv begründet werden können. Der Gleichbehandlungsgrundsatz gilt auch für die Festlegung des Strike Price. In zeitlicher Hinsicht können aber natürlich unterschiedliche Bewertungen festgelegt werden, z.B. wenn eine neue Finanzierungsrunde abgeschlossen wurde.

---

Die Beteiligung erfolgt in der Praxis über einen sogenannten *Virtual-Stock-Option-Vertrag* oder einen *Virtual Employee Stock Ownership Plan*, der zwischen den Gesellschaftern und der GmbH geschlossen wird, und einem *Allocation Letter*, der zwischen dem Mitarbeiter und der GmbH geschlossen wird und dem der vESOP als verbindliche Anlage beigefügt wird. Das Vertragskonstrukt sorgt dann dafür, dass der Mitarbeiter im Fall des Exits wirtschaftlich z.B. wie ein (Gründungs-)Gesellschafter behandelt wird. Des Weiteren sollte die Einführung des virtuellen Mitarbeiterbeteiligungsprogramms im Rahmen eines *Gesellschafterbeschlusses* beschlossen werden, und gegebenenfalls sollten die Arbeitsverträge der virtuell beteiligten Mitarbeiter angepasst werden, indem auf das Mitarbeiterbeteiligungsprogramm verwiesen wird.

##### ———— BEISPIEL EINER KLAUSEL ————

*»Neben der in § [...] geregelten Vergütung nimmt der Mitarbeiter am Mitarbeiterbeteiligungsprogramm (VSOP) teil. Dieses wird in einem separaten Vertrag geregelt.«*

---

Ein Virtual Employee Stock Ownership Plan kann ein sehr umfangreiches Vertragswerk sein. Häufige Klauseln beinhalten die folgenden Punkte:

- Inhalt des virtuellen Beteiligungsprogramms, insbesondere die Höhe der für das Programm zur Verfügung gestellten Anteile.
- Ausschluss der Übertragbarkeit der virtuellen Anteile.
- Vesting.

- Verwässerungsschutz (wird normalerweise nicht gewährt).
- Exit-Beteiligung (Definition Exit-Ereignis und Rechenformel mit Rechenbeispielen).
- Abfindungsrecht.
- Was passiert mit der virtuellen Beteiligung bei einer Umwandlung in eine Aktiengesellschaft?
- Laufzeit.
- Änderungen des Virtual Employee Stock Ownership Plan.
- Steuern und Sozialversicherungsbeiträge.
- Zahlungsbedingungen.
- Haftungsausschluss.
- Vertraulichkeit.
- Datenschutz.
- Schlussbestimmungen (Gerichtsstand, anwendbares Recht, Schriftform).

---

### Praxistipp: Verträge gleich auf Englisch oder Deutsch/Englisch erstellen lassen

Wenn das virtuelle Mitarbeiterbeteiligungsprogramm gleich auf Englisch aufgesetzt wird, können einige Übersetzungskosten gespart werden. Meist muss es sowieso später übersetzt werden, wenn Sie ausländischen Angestellten eine virtuelle Beteiligung einräumen oder einen internationalen Investor gewinnen möchten.

---

Virtuelle Mitarbeiterbeteiligungen können auch an Berater, freie Mitarbeiter und externe Experten ausgegeben werden, die beteiligten Personen müssen nicht die formale Stellung eines Angestellten haben.

---

### Hinweis: Rückstellung bilden

Zu bedenken ist noch, dass die Ansprüche der Mitarbeiter aus den virtuellen Beteiligungen nach herrschender Meinung wohl eine im Jahresabschluss auszuweisende Verbindlichkeit darstellen. Das gilt zumindest für die bereits gevesteten virtuellen Geschäftsanteile, also typischerweise noch nicht während der sogenannten »Cliff-Periode«, in der erst nach Ablauf einer Mindestdauer von meist einem Jahr der Anspruch auf die virtuellen Anteile definitiv wird. Diese Verbindlichkeit ist gegebenenfalls jedes Jahr erneut durch ein Gutachten zu belegen, da bei Startups normalerweise jedes Jahr eine Wertsteigerung des Unternehmens eintreten sollte. Steigt der Wert des Unternehmens, steigt auch der Wert der Verbindlichkeit und damit der zu bildenden Rückstellung. Dies kann das Ergebnis und damit auch das Kapital des Startups belasten.

---

Es kann nur noch einmal ausdrücklich empfohlen werden, dass die einzelnen an einem ESOP beteiligten Personen jeweils eine steuerliche Prüfung der Auswirkungen des ESOP-Programms vornehmen lassen. Dies gilt noch mehr bei der Beteiligung ausländischer oder im Ausland lebender Arbeitnehmer.

## Checkliste: vESOP

- Existiert bereits ein vESOP?
- Sehen Regelungen der Gesellschafter oder der Gesellschaft bereits ein vESOP vor?
- Wer »bezahlt« oder speist das vESOP mit virtuellen Anteilen? Wer verwässert? Nur die Gründungsgesellschafter oder alle Gesellschafter?
- Ist das Exit-Ereignis eindeutig definiert?
- Wie viele Anteile soll der Mitarbeiter erhalten? Dabei ist der Allgemeine Gleichbehandlungsgrundsatz zu beachten!
- Wie ist das Vesting geregelt (Dauer, Vesting-Cliff, Accelerated Vesting)?
- Welche Rangfolge besteht im Hinblick auf vESOP und Liquidationspräferenzen?
- Unterliegt das vESOP der Verwässerung?
- Welche Beschlüsse unter Gesellschaftern oder Gremien der Gesellschaft sind erforderlich?
- Wie hoch soll der Strike Price sein?
- Hat der Mitarbeiter den Allocation Letter unterzeichnet?
- Liegt eine steuerliche Begutachtung des vESOP vor?
- Müssen Rückstellungen für die virtuellen Mitarbeiterbeteiligungen gebildet werden?

# KAPITEL 7

# Fehlerfreie Websites, Geschäftsbriefe und AGB erstellen

Jedes Startup hat mittlerweile einen Internetauftritt, bei dem es einige rechtliche Anforderungen einzuhalten gilt. Das Gleiche betrifft Geschäftsbriefe sowie den Umgang mit Geschäftspartnern und ihre personenbezogenen Daten. Meine Erfahrung aus der Beratung von Startups ist, dass die rechtlichen Anforderungen an das Impressum, die Datenschutzerklärung sowie an Disclaimer, Geschäftsbriefe und AGB fast nie vollständig eingehalten werden.

## Rechtliche Anforderungen an das Impressum einer Website

Bei den Pflichtangaben im Impressum einer Website wird viel falsch gemacht. Das liegt vor allem daran, dass in letzter Zeit laufend weitere Pflichtangaben hinzukommen. Die Anforderungen an das Impressum (juristisch korrekt: die *Anbieterkennzeichnung*) sind auf verschiedene Gesetze verstreut, was es nicht einfacher macht. Pflichtangaben sind z.B. vornehmlich im *Telemediengesetz*, im *Rundfunkstaatsvertrag*, im *Verbraucherstreitbeilegungsgesetz* und in der *Dienstleistungsinformationsverordnung* geregelt. Für besondere Berufsgruppen bestehen in weiteren Gesetzen zusätzliche Anforderungen (z.B. für Rechtsanwälte, Versicherungsmakler, Versicherungen, Ärzte und Banken etc.).

Jedes Unternehmen muss auf seiner Website ein Impressum vorhalten, das *leicht erkennbar*, *unmittelbar erreichbar* und *ständig verfügbar* ist. Was in der Praxis unter diesen Begriffen zu verstehen ist, wird von den Gerichten teilweise unterschiedlich eingeschätzt. Ob ein Nutzer die Informationen auf Ihrer Website wirklich zur Kenntnis nimmt, ist jedenfalls nicht relevant. Entscheidend ist, dass Ihr Unternehmen die Informationen leicht zugänglich macht.

## Leichte Erkennbarkeit

Leicht erkennbar sind die *Pflichtinformationen*, wenn

- ein Link auf der Homepage eine geläufige Bezeichnung wie »Impressum«, »Über uns«, »Kontakt«, »Anbieterkennzeichnung« oder »Allgemeine Informationspflichten nach § 5 TMG« nutzt,
- die Pflichtinformationen der übrigen Navigation der Seite optisch nicht untergeordnet, also nicht versteckt sind und
- ein Link auch wirklich auf die Pflichtinformationen verweist.

Bezeichnungen wie »Backstage«, »Copyright« oder »§ 5 TMG« sind nach Auffassung der Gerichte nicht ausreichend.

Beachten Sie, wenn Sie mit Ihrem Unternehmen auf *Facebook* vertreten sind, dass mehrere Gerichte entschieden haben, dass das Impressum im Bereich *Info* nicht leicht genug zu erkennen ist (siehe weiter unten in diesem Kapitel im Abschnitt *Impressumspflicht bei Social-Media-Profilen*).

Auch ein bloßes Kontaktformular als solches genügt hinsichtlich der Pflichtinformationen nicht, ebenso wenig wie ein Unterbringen der Pflichtinformationen in den *allgemeinen Geschäftsbedingungen*.

Sie sollten daher, wenn möglich, als sicherste Variante einen Link zum Impressum in der *Kopfzeile der Website* platzieren, der jeweils ohne Scrollen erreicht werden kann. Hintergrund ist, dass einige Gerichte in der Vergangenheit entschieden hatten, dass ein Scrollen der geforderten »leichten Erkennbarkeit« widerspricht. Diese Auffassung teilen heute jedoch nur noch sehr wenige Gerichte.

Eindeutig *unzulässig* ist hingegen, dass die Pflichtinformationen am Ende einer langen Seite bewusst versteckt oder durch die grafische Gestaltung gezielt verborgen werden – wenn beispielsweise ein Nutzer durch acht leere Seiten scrollen muss, um am Ende das Impressum zu erreichen.

Ist Ihr Angebot auf Deutschland ausgerichtet, sind auch die entsprechenden Pflichtinformationen in deutscher Sprache zu verfassen.

## Unmittelbare Erreichbarkeit

Unmittelbar erreichbar ist ein Impressum, wenn es nicht mehr als *zwei Mausklicks* von jeder Seite des Angebots bzw. der Homepage entfernt ist (»Two Clicks Away«). Grundsätzlich ist daher der Link auf das Impressum auf *jeder Unterseite* anzubringen, da der Einstieg über Suchmaschinen und Links von anderen Webseitenbetreibern auch auf Unterseiten der Website erfolgen kann. Bei kostenpflichtigen Diensten mit Log-in ist zudem darauf zu achten, dass zumindest die Anbieterkennzeichnung für den Nutzer ohne Log-in und kostenlos verfügbar ist.

Schließlich muss die Anbieterkennzeichnung mittels handelsüblicher und gängiger *Standardsoftware* (also mit dem Webbrowser) darstellbar sein. Das Impressum ist daher möglichst in reinem HTML zu realisieren (nicht als Bilddatei). Dabei soll die Darstellung ohne besondere Erweiterungen des Browsers (Plug-ins) möglich sein (z. B. ActiveX, JavaScript, Flash Player, MS Word etc.), selbst wenn die Erweiterungen, z. B. Flash-Technologien, gängig sind.

## Ständige Verfügbarkeit

Ständig verfügbar ist ein Impressum, wenn es *jederzeit abrufbar* ist. Die Pflichtinformationen müssen deswegen generell rund um die Uhr über Ihre Internetpräsenz verfügbar sein und sollten sich zu Beweiszwecken auch, z. B. als PDF-Dokument, ausdrucken lassen. Eine technisch bedingte kurze Unerreichbarkeit stellt allerdings noch keinen Verstoß gegen die Impressumspflichten dar.

## Umfang der Informationspflicht

Die meisten der inhaltlichen Mindestanforderungen an das Impressum finden Sie in § 5 TMG Nr. 1–7:

### Allgemeine Informationen, die jedes Unternehmen anführen muss

- Name/Firma/Rechtsform, Anschrift/Niederlassung, Vertretungsberechtigte, z. B. Geschäftsführer.
- Mindestens ein Vorname ist bei natürlichen Personen zu nennen; Abkürzungen des Vornamens sind nicht zulässig, akademische Grade sind nicht erforderlich, aber zulässig.
- Als Adresse muss eine vollständige postalische Anschrift, kein bloßes Postfach, angegeben werden. Eine zusätzliche Nennung eines Postfachs ist möglich.
- Die Gesellschaftsform ist zu benennen. Bei der Unternehmergesellschaft darf der zwingende Zusatz »(haftungsbeschränkt)« nicht fehlen. Bei der GmbH & Co. KG darf nicht vergessen werden, dass es sich um zwei verschiedene Unternehmen handelt und es dementsprechend auch Pflichtinformationen von zwei Unternehmen bedarf. Es muss jeweils das vollständige Impressum der GmbH und der KG angegeben werden.
- Es ist immer zu empfehlen, eine Telefonnummer anzugeben. Eine Pflicht zur Angabe besteht allerdings für Onlinehändler. Alle anderen Webseitenbetreiber müssen in der Regel keine Telefonnummer angeben. Wenn sichergestellt ist, dass während der üblichen Geschäftszeiten eine Antwort in spätestens 30 bis 60 Minuten erfolgt, können Sie statt einer Telefonnummer auch ein Kontaktformular verwenden. Eine automatische E-Mail-Eingangsbestätigung er-

füllt diese Anforderung nicht, da es um die Beantwortung der Anfrage innerhalb dieser Zeit geht.

- Von der ausschließlichen Angabe teurer kostenpflichtiger Mehrwertnummern ist abzuraten, da dies von den Gerichten kritisch beurteilt wurde.
- Die Nennung einer Telefaxnummer (falls überhaupt vorhanden) ist nicht zwingend.
- Die E-Mail-Adresse sollten Sie ausschreiben. Die E-Mail-Adresse darf z.B. anstelle des @-Zeichens andere eindeutige Ersatzzeichen wie (ät) enthalten um z.B. Spam zu vermeiden. Ein eingetragener Kaufmann muss zumindest die Abkürzung e.K. aufführen.
- Die Registernummer/das Registergericht ist anzugeben, falls die Gesellschaft in ein Register eingetragen ist.
- Anzugeben ist auch die vom Bundesamt für Finanzen vergebene Umsatzsteuer-Identifikationsnummer nach § 27 a UStG oder eine Wirtschafts-Identifikationsnummer nach § 139 c AO, sofern Sie als Anbieter über eine solche Nummer verfügen. Die allgemeine Steuernummer, z.B. 45/534/00876, oder die neue persönliche ID-Steuernummer für Privatpersonen müssen und sollten Sie hingegen nicht angeben.

─────── **BEISPIEL** ───────────────────────────────────

Informationen, die im Impressum einer GmbH vorhanden sein sollten

»Muster GmbH

Musterstraße 1

20000 Hamdburg

*E-Mail:* info@muster.de

*Telefon:* +49 40 – 1234567

*Geschäftsführer:* Max Mustermann

*Handelsregisternummer:* ####

*Registergericht:* Amtsgericht Hamburg

*Umsatzsteuer-Identifikationsnummer:* DE1234567890«

---

### Spezielle Informationen für besondere Berufsgruppen

Bei behördlicher Zulassung ist auch die jeweilige *Aufsichtsbehörde* (mit Adresse) anzugeben: z.B. bei Banken und Versicherungen. Bei verkammerten freien Berufen wie Ärzten, Steuerberatern, Architekten, Rechtsanwälten etc. muss die *zuständige Kammer* aufgeführt werden. Andere Unternehmen wie Bewachungsunternehmen, Gaststätten, Inkassobüros, Makler etc. müssen das jeweilige Gewerbeaufsichtsamt angeben. Sie sollten am besten die postalische Adresse, die Telefonnummer und gegebenenfalls auch einen Link zur Homepage der zuständigen Institution angeben.

Alle Onlinehändler, die ihre Waren oder Dienstleistungen auch an Verbraucher verkaufen, müssen nach der Verordnung (EU) Nr. 524/2013 über die Onlinebeilegung verbraucherrechtlicher Streitigkeiten (kurz ODR-Verordnung, *Online Dispute Resolution*) spätestens ab dem 15. Februar 2016 einen Link auf die von der EU-Kommission zur Verfügung gestellten Onlineplattform zur Streitbeilegung setzen. Dieser Link kann z. B. ins Impressum aufgenommen werden. Der Text zum Link im Impressum kann z. B. wie folgt lauten:

---
**BEISPIEL EINER KLAUSEL**

*»Online-Streitbeilegung (Art. 14 Abs. 1 ODR-Verordnung): Die Europäische Kommission stellt unter ec.europa.eu/consumers/odr/ eine Plattform zur Online-Streitbeilegung bereit.«*

---

Ab dem 1. Februar 2017 gelten nach dem Verbraucherstreitbeilegungsgesetz weitere Regelungen für Unternehmer, die am 31. Dezember des vorangegangenen Jahres zehn oder mehr Personen beschäftigten. Diese Unternehmen müssen dann auf ihrer Website und in den allgemeinen Geschäftsbedingungen erklären, inwieweit sie bereit oder verpflichtet sind, an Streitbeilegungsverfahren vor einer Verbraucherschlichtungsstelle teilzunehmen. Wenn Sie verpflichtet oder bereit sind, an einem Verbraucherschlichtungsverfahren teilzunehmen, müssen Sie auf die zuständige Stelle inklusive Anschrift und Webseite hinweisen.

---
**BEISPIEL**

*»Wir sind nicht bereit und nicht verpflichtet, an einem Streitbeilegungsverfahren vor einer Verbraucherschlichtungsstelle teilzunehmen.«*

---

### Informationspflichten für Angehörige von freien Berufen

Bei *reglementierten freien Berufen*, die ein universitäres Diplom, eine staatliche Prüfung oder Ähnliches voraussetzen (z. B. Ärzte, Apotheker, Rechtsanwälte, Steuerberater, Wirtschaftsprüfer, Psychotherapeuten, Zahntechniker, Orthopädietechniker, Augenoptiker, Hörgeräteakustiker, Architekten, Innenarchitekten etc.), müssen Sie zudem noch folgende Angaben ins Impressum setzen:

* die zuständige Kammer/Aufsichtsbehörde,
* die gesetzliche Berufsbezeichnung und in welchem Staat sie verliehen wurde,
* die einschlägigen berufsrechtlichen Regelungen und wie diese zugänglich sind (am besten in Form eines Links) und
* die jeweilige Berufshaftpflichtversicherung (Name und Anschrift des Versicherers sowie der räumliche Geltungsbereich).

Zusatzinformationen eines Rechtsanwalts

*»Berufshaftpflichtversicherung:*

*ERGO Versicherung AG, Victoriaplatz 1, 40477 Düsseldorf*

*Räumlicher Geltungsbereich: Mitgliedsländer der Europäischen Union*

*Berufsbezogene Angaben:*

*Gesetzliche Berufsbezeichnung: Rechtsanwalt*

*Berufsbezeichnung verliehen in: Bundesrepublik Deutschland*

*Zuständige Kammer:*

*Hanseatische Rechtsanwaltskammer Hamburg*

*Valentinskamp 88*

*20355 Hamburg*

*Tel.: (+49) 40 357441-0*

*Fax: (+49) 40 357441-41*

*Mail: info@rak-hamburg.de*

*Web: www.rak-hamburg.de*

*Es gelten die folgenden berufsrechtlichen Regelungen:*

*Bundesrechtsanwaltsordnung (BRAO)*

*Fachanwaltsordnung (FO)*

*Rechtsanwaltsvergütungsgesetz (RVG)*

*Berufsordnung für Rechtsanwälte (BORA)*

*Die vorstehenden Regelungen können eingesehen werden unter http://www.brak.de/.«*

## Liquidation

Bei AG und GmbH/UG in der Abwicklung (der Geschäftsaufgabe) muss ein entsprechender Liquidationsvermerk ins Impressum aufgenommen werden (»Startup GmbH in Liquidation oder Startup GmbH i.L.«). Des Weiteren wird ein Liquidator aufgenommen.

*»Startup GmbH in Liquidation*

*Liquidator: Max Mustermann, Musterstraße 44, 20095 Hamburg«*

## Inhaltlich verantwortliche Person

Bei *journalistisch-redaktionell gestalteten Angeboten* (z.B. Blogs) muss zusätzlich eine inhaltlich verantwortliche Person genannt werden. Dies ist immer zusätzlich nötig, selbst wenn es sich um dieselbe Person handelt, die als Vertretungsberechtigter angegeben ist. Der inhaltlich Verantwortliche muss seinen ständigen Wohnsitz im Inland haben. Wenn Sie sich nicht sicher sind, ob es sich um ein journalistisch-redaktionell gestaltetes Angebot handelt, sollten Sie besser einen inhaltlich Verantwortlichen nach § 55 Abs. 2 Rundfunkstaatsvertrag (kurz RfStV) angeben.

---

**BEISPIEL**

*»Inhaltlich verantwortlich i.S.v. § 55 Abs. 2 RfStV:*
*Max Mustermann, Musterstraße 44, 20095 Hamburg«*

---

Das Grund- oder Stammkapital Ihrer Gesellschaft müssen Sie nicht zwingend angeben. Machen Sie jedoch freiwillig Angaben dazu, ist die Höhe des Stamm- oder Grundkapitals anzugehen. Sofern nicht alle zu leistenden Einlagen als Geldsumme eingezahlt sind, müssen Sie den Gesamtbetrag der ausstehenden Einlagen aufführen.

---

### Praxistipp: Impressumsgenerator

Sie können auch ein automatisch generiertes Impressum in die Webseite einbinden. Einen guten derzeit kostenlosen Impressumsgenerator bietet der Kollege Rechtsanwalt Plutte unter *https://ra-plutte.de/impressum-generator/* an.

---

## Impressumspflicht bei Social-Media-Profilen

Sie können inzwischen davon ausgehen, dass die Impressumspflicht auch für *alle geschäftsmäßig genutzten Social-Media-Profile* gilt, wie z.B. Instagram, Twitter, Snapchat, Facebook, YouTube, XING, Pinterest, LinkedIn etc. Sie können das Impressum entweder ganz ausschreiben (also Name, Adresse, Kontaktmöglichkeiten etc.) oder zu dem Impressum auf Ihrer Unternehmenswebsite (außerhalb des Unternehmensauftritts bei Facebook) verlinken. Es muss dann aber deutlich werden, dass dieses Impressum auch für die Facebook-Seite des Unternehmens gelten soll. Daher sollten die Social-Media-Profile, für die das verlinkte Impressum auf der Homepage gelten soll, namentlich benannt und verlinkt werden:

---

**BEISPIEL**

Angaben zum Impressum auf der Website

*»Dieses Impressum gilt auch für unsere Social-Media-Profile auf Facebook unter www.facebook.de/profil und Twitter unter www.twitter.de/profil.«*

---

Wichtig ist, dass es im Social-Media-Profil erkennbar ist, dass der Link zum Impressum der Unternehmenswebsite geht, z.B. *»Impressum: http//…«.* Daher ist lediglich die Angabe einer Websiteadresse nicht ausreichend. Auf den Zusatz »Impressum:« kann man dabei verzichten, wenn der Link selbstsprechend ist und z. B. »*http//....de/impressum*« heißt.

Bemerkenswert ist, dass die Platzierung des Links im Facebook-Register *Info* nach dem Landgericht Aschaffenburg nicht ausreichend sein soll, was vielfach kritisiert wurde. Bis vor Kurzem gab es eigentlich keine wirklich praktikablen Lösungen, das Impressum im Facebook-Profil oder zum Beispiel bei XING unterzubringen. Mittlerweile stellen die meisten Social-Media-Plattformen allerdings eine voreingestellte Möglichkeit zur Verfügung, ein Impressum in das Profil zu integrieren. Einige Social-Media-Plattformen (derzeit z. B. bei Instagram und Twitter) stellen aber immer noch kein konkretes Eingabefeld zur Verfügung. Unabhängig davon muss die Impressumspflicht jedoch wahrgenommen werden. Demzufolge müssen Sie eine »kreative Lösung« finden.

---

**Praxistipp: Wie soll das Impressum in die Social-Media-Plattform integriert werden?**

Sie sollten das Impressum so einbauen, dass der Link zum Impressum (es sollte auch so bezeichnet werden) auf dem Bildschirm sichtbar ist, ohne dass gescrollt werden muss. Darüber hinaus ist darauf zu achten, dass das Impressum auf *mobilen Endgeräten*, z. B. in Apps, ebenfalls ordnungsgemäß abrufbar ist.

---

Kein Impressum benötigt z. B. ein persönliches Facebook-Profil, auf das nur Ihre Freunde, Bekannte und Familie Zugriff haben. Hier ist aber Vorsicht geboten, wenn die Privatperson auch als Einzelperson beruflich tätig ist und Inhalte mit Bezug auf diesen Beruf postet – so z. B. eine Privatperson, die Fotograf ist und auch professionelle Fotos auf der Facebook-Seite präsentiert.

## Konsequenzen bei Verstößen

Fehlt ein Impressum oder ist es nicht vollständig, kann das von der zuständigen Verwaltungsbehörde als *Ordnungswidrigkeit* geahndet werden (was jedoch sehr selten passiert). Es können aber auch Abmahnungen, einstweilige Verfügungen und Unterlassungsklagen von *Verbraucherschutzverbänden* und *Wettbewerbern* erfolgen. Häufig werden Abmahnungen hinsichtlich der folgenden Punkte ausgesprochen:

- Impressum fehlt.
- Impressum unvollständig.
- Erkennbarkeit und Erreichbarkeit des Impressums ungenügend, Impressum »versteckt«.

# Datenschutzhinweise auf einer Website/Bestellung eines Datenschutzbeauftragten

Es besteht derzeit keine generelle gesetzliche Pflicht, auf jeder Website Datenschutzhinweise einzubinden. Soweit Sie allerdings als Websitebetreiber personenbezogene Daten des Nutzers (z.B. Vor- und Nachname, Telefonnummer, Telefaxnummer, E-Mail-Adresse, Anschrift, gegebenenfalls IP-Adresse) erheben, sind Sie verpflichtet, über die Erhebung dieser Daten im Rahmen einer sogenannten *Datenschutzerklärung* zu informieren. Dies gilt eigentlich für jede (gewerblich genutzte) Website, insbesondere aber z.B. für Blogs mit Kommentarfunktion und Onlineshops etc. Es müssen daher nahezu alle Webseiten eine rechtskonforme Datenschutzerklärung im Sinne des Telemediengesetzes und der Datenschutzgesetze aufweisen.

Sie sollten den Informationspflichten, die nicht mit den zuvor aufgeführten Pflichtinformationen im Impressum zu verwechseln sind, am besten im Rahmen einer eigenen Unterseite mit dem Titel »Datenschutzhinweise«, »Datenschutzerklärung« oder »Privacy Policy« nachkommen. Der Link zur Datenschutzerklärung sollte, wie auch das Impressum, *leicht zu erkennen*, *unmittelbar zu erreichen* und *ständig verfügbar* sein.

Es ist zu empfehlen, dass die Datenschutzerklärung von jedem Punkt des Internetangebots aus erreichbar ist. Üblich ist z.B. ein Link in der Navigations- oder Fußleiste – analog zum Impressum.

---

### Praxistipp: Datenschutzerklärung nicht verstecken

Die Datenschutzhinweise sollten nicht im Impressum »versteckt« werden. Wenn die Datenschutzerklärung zusammen mit dem Impressum über einen Link zugänglich gemacht werden soll, sollte dieser Link auch mit »Impressum/Datenschutzerklärung« bezeichnet werden.

---

In der Praxis werden der Einfachheit halber im Rahmen von Datenschutzerklärungen gleichzeitig auch zusätzliche Einwilligungen in die Datenverarbeitung gemäß Bundesdatenschutzgesetz eingeholt (z.B. für die Übermittlung der Daten an Dritte). Dass dies nicht wirksam ist, wenn in der Datenschutzerklärung lediglich auf eine Einwilligung hingewiesen wird, ist sicherlich einleuchtend:

Unwirksame Einwilligungsklausel

*»Wenn Sie unsere Webseite nutzen wollen, willigen Sie in die Erhebung, Speicherung und Weitergabe Ihrer personenbezogenen Daten ein. Wenn Sie das nicht möchten, können Sie unsere Webseite nicht nutzen.«*

Es gelten insgesamt sehr strenge Maßstäbe hinsichtlich der wirksamen Einholung einer Einwilligungserklärung. Auch viele etablierte Unternehmen machen hier Fehler.

Die Einwilligung des Betroffenen nach dem Bundesdatenschutzgesetz muss *freiwillig* (das heißt, es muss eine echte Alternative geben), *informiert* (vor Abgabe der Einwilligungserklärung muss der Betroffene über den vorgesehenen Zweck der Erhebung, Verarbeitung oder Nutzung seiner personenbezogenen Daten im Einzelnen informiert werden), jederzeit für die Zukunft *widerruflich* und *schriftlich* erfolgen (Ausnahme: elektronische Einwilligung). Dabei muss der Einwilligungstext drucktechnisch hervorgehoben werden, z.B. durch Fettdruck, Umrandung, Schriftart oder Schriftgröße. Des Weiteren sollte durch eine entsprechende Überschrift deutlich werden, dass eine Einwilligung abgegeben wird, z.B. »Datenschutzrechtliche Einwilligungsklausel«.

Der Düsseldorfer Kreis, der Zusammenschluss der deutschen Aufsichtsbehörden für den Datenschutz, hat im Internet auf seiner Webseite eine Orientierungshilfe zur wirksamen Einholung einer Einwilligung veröffentlicht (*https://www.bfdi.bund. de/SharedDocs/Publikationen/Entschliessungssammlung/DuesseldorferKreis/OH_ EinwilligungInFormularen.html*), die noch konkretere Anforderungen aufstellt.

Diese hohen Anforderungen werden in Datenschutzerklärungen so gut wie nie eingehalten.

### Hinweis: Elektronische Einwilligung

Für die elektronische Einwilligung z.B. auf einer Webseite sind nach dem Telemediengesetz einige Besonderheiten zu beachten. Danach muss der Webseitenbetreiber sicherstellen, dass

- der Nutzer die Einwilligung bewusst und eindeutig erteilt hat,
- die Einwilligung protokolliert wird,
- der Nutzer den Inhalt der Einwilligung jederzeit abrufen und
- mit Wirkung für die Zukunft widerrufen kann, worauf vorab hinzuweisen ist, z.B. in der verlinkten Datenschutzerklärung.

Es besteht somit die Gefahr, dass die vermeintlich abgegebene Einwilligung in der Datenschutzerklärung unwirksam ist.

Es sollte daher das Einholen der Einwilligung und die Information durch die Datenschutzerklärung getrennt erfolgen. Es empfiehlt sich, eine Einwilligung durch das Anklicken eines Kästchens einzuholen (ein sogenanntes *Opt-in*). Ist es technisch oder praktisch nicht möglich, ein anklickbares Kästchen in Ihre Website einzubinden, müssen Sie sich darüber im Klaren sein, dass Sie in der Regel über keine wirksame Einwilligungserklärung verfügen.

### Umfang der Datenschutzerklärung

Gemäß dem Telemediengesetz müssen Sie als Websitebetreiber Ihre Nutzer in allgemein verständlicher Form darüber unterrichten, in *welcher Art* (wie), in *welchem Umfang* (was) und zu *welchem Zweck* (warum) Sie personenbezogene Daten erheben, verwenden und gegebenenfalls ins Ausland übermitteln.

Die konkrete Gestaltung einer Datenschutzerklärung hängt dabei stets davon ab, welche Daten Sie im Einzelfall für welche Zwecke nutzen und welche *Social-Media-Plug-ins* Sie beispielsweise verwenden.

Über folgende Punkte müssen Sie Ihre Nutzer in verständlicher Weise mindestens informieren, sodass Datenschutzerklärungen über 20 Seiten Länge nicht ungewöhnlich sind:

- Ihre Nutzer müssen wissen, welche personenbezogenen Daten konkret erhoben und verwendet werden (z.B. Inhalt eines Kontaktformulars, Hinweis auf Newsletter-Versand, Bonitätsprüfung).
- Die Verarbeitung personenbezogener Daten, aus denen die rassische und ethnische Herkunft, politische Meinungen, religiöse und weltanschauliche Überzeugungen oder die Gewerkschaftszugehörigkeit hervorgehen, sowie die Verarbeitung von genetischen und biometrischen Daten zur eindeutigen Identifizierung einer natürlichen Person, Gesundheitsdaten oder Daten zum Sexualleben oder der sexuellen Orientierung einer natürlichen Person sind grundsätzlich untersagt. Art. 9 Abs. 2 der Datenschutzgrundverordnung (DSGVO) enthält jedoch einen Ausnahmekatalog.
- Des Weiteren sollten Sie in der Datenschutzerklärung darüber informieren, wenn Zugriffsdaten/Server-Logfiles oder Cookies gespeichert werden, eine Kontaktaufnahme, z.B. über ein Kontaktformular, ermöglicht wird oder Kommentare, Beiträge, Kommentarabonnements oder Newsletter angeboten werden.
- Außerdem müssen Sie den Nutzer darüber aufklären, welche Daten bei der »Einbindung von Diensten und Inhalten Dritter« (z.B. Kartenmaterial von Google Maps, Videos von YouTube, RSS-Feeds oder Grafiken von anderen Webseiten) erhoben werden.
- Zudem muss über den möglichen Widerruf einer Einwilligung sowie über Änderungen, Berichtigungen und Aktualisierungen der Datenschutzerklärung informiert werden.

- Weiterhin müssen Sie angeben, warum die Daten erhoben und gespeichert werden (der sogenannte *Verwendungszweck*: z.B. zur Beantwortung von Anfragen, um einen Newsletter versenden zu können, oder zur Beweissicherung beim Double-Opt-in-Verfahren).

- Wichtig ist auch, wohin personenbezogene Daten gegebenenfalls übermittelt werden (z.B. an Partnerunternehmen). Insbesondere sollten auch Stellen in Drittstaaten konkret benannt werden.

- Wenn folgende Angebote bzw. Tools oder Social-Media-Plug-ins in die Website eingebunden sind, muss dies ebenfalls in der Datenschutzerklärung angegeben werden, da in diesen Tools und Plug-ins personenbezogene Daten erhoben werden (es handelt sich dabei nicht um eine abschließende Aufstellung der Tools):

  – Dazu gehören z.B. Google Analytics, Google AdSense, Google Firebase, Google Fonts, Piwik, eTracker, Facebook-Social-Plug-ins, Twitter, Jetpack/Wordpress.com-Stats, Sound-Cloud-Widget, Akismet, Flattr, MailChimp, Mailjet, Amazon-Partnerprogramm.

  – Zu diesen Tools und Social-Media-Plug-ins muss jeweils konkret dargelegt werden, wie diese Dienste personenbezogene Daten erheben. Es reicht allerdings nicht immer aus, der Informationspflicht in der Datenschutzerklärung nachzukommen. Zum Teil, z.B. wenn Sie personenbezogene Daten nutzen wollen, müssen Sie eine datenschutzrechtliche Einwilligung einholen, die grundsätzlich nachweisbar, etwa durch eine Bestätigungsmail, eingeholt werden muss (z.B. »Double-Opt-in« zur Newsletter-Werbung im Bestellablauf oder bei Versand personenbezogener Daten in ein Land ohne ein »angemessenes Schutzniveau« [Opt-in]).

- Des Weiteren müssen Sie die Nutzer Ihrer Angebote über ihr Widerspruchsrecht informieren, wenn

  – Wenn Sie Nutzerprofile erstellen oder

  – Newsletter an Bestandskunden auf Grundlage von § 7 Abs. 3 UWG versendet werden. Der Hinweis muss zusätzlich im Newsletter selbst enthalten sein.

---

### Praxistipp: Datenschutzgenerator

Bevor Sie gar keine Datenschutzerklärung vorhalten, bietet es sich an, dass Sie eine automatisch generierte Datenschutzerklärung in Ihre Website einbinden. Einen guten Datenschutzerklärungsgenerator bietet der Kollege Dr. Schwenke unter *https://datenschutz-generator.de/* an. Dieser ist derzeit bis zu einem Jahresumsatz des Startups in Höhe von € 5.000 kostenlos.

---

Die Datenschutzerklärung sollten Sie stets bei der Einbindung von neuen Tools, Social-Media-Plug-ins sowie technischen und sonstigen Neuerungen überprüfen und gegebenenfalls anpassen.

## Datenschutzerklärung bei Social-Media-Profilen

Bei *Social-Media-Profilen* werden in einigen Fällen die Informationspflichten bereits durch die Datenschutzerklärung der Social-Media-Plattform erfüllt. Nur wenn die Plattform selbst keine Datenschutzerklärung bietet oder im Rahmen des Social-Media-Auftritts zusätzliche Daten von den Besuchern erhoben werden (z. B. im Rahmen eines Gewinnspiels), müssen Sie eine eigene Datenschutzerklärung vorhalten. Dies ist aber noch nicht von der Rechtsprechung entschieden worden. Sie sollten daher dort, wo die technische Möglichkeit besteht, bereits jetzt eine Datenschutzerklärung in ein Social-Media-Profil aufnehmen.

### Hinweis: Cookie-Richtlinie

Inzwischen muss man als Websitebesucher fast immer einen Hinweis auf den Einsatz von Cookies auf der Website durch Anklicken bestätigen. Auch vorher hatte ich bereits empfohlen, auf der Website eine »Cookie-Einwilligung« einzuholen, obwohl die Rechtslage etwas unübersichtlich war, da die europäischen Regelungen den deutschen Regelungen teilweise widersprachen. Zum Mai 2018 ist die Einwilligung durch die unmittelbare Geltung der Datenschutzgrundverordnung sowieso Pflicht geworden.

Es gibt allerdings unterschiedliche Meinungen dazu, wie die Cookie-Einwilligung bzw. -Bestätigung konkret zu erfolgen hat. Dies können Sie schon an den verschiedensten Umsetzungen auf den Websites der großen deutschen Unternehmen sehen. Die strengste Meinung verlangt, dass die Cookie-Einwilligung/-Bestätigung vor Nutzung der Website erfolgen muss. Man kann die Website also gar nicht betreten, ohne vorher den Cookies zuzustimmen. Nur dann handelt es sich um ein echtes sogenanntes Opt-in. Dazu dürften Cookies erst dann bei den Nutzern gespeichert werden, wenn diese vorab über sie aufgeklärt und sich mit ihnen einverstanden erklärt haben.

Viele Startups entscheiden sich aus Usability-Gründen nicht für die sicherste Lösung und verwenden nur ein normales Cookie-Banner.

Der europäische Gerichtshof (EuGH) hat im Oktober 2019 nun endgültig bestätigt, dass *Cookies nur mit aktiver Einwilligung* der Nutzer eingesetzt werden dürfen, sodass dies jetzt auch so umgesetzt werden muss und von einer anderen Umsetzung abzuraten ist.

Cookies dürfen daher erst nach einer ausdrücklichen und informierten Einwilligung auf den Geräten der Nutzer verarbeitet werden, es sei denn, sie sind unbedingt erforderlich.

Der Einsatz unbedingt erforderlicher Cookies bedarf keiner Einwilligung der Nutzer. Es existiert jedoch kein verbindlicher Katalog notwendiger Cookies.

Cookies für Zwecke des Marketings oder der Erstellung von Statistiken werden eindeutig als nicht unbedingt erforderlich betrachtet.

Um die vom EuGH formulierten Anforderungen zukünftig umsetzen zu können, werden daher einfache Cookie-Banner, die man einfach wegklickt oder stehen lässt, als Einwilligung nicht ausreichen.

Die Einwilligung muss ausdrücklich per Klick, am besten auf eine Schaltfläche oder sonst eine Checkbox, erklärt werden. Nicht zulässig ist laut dem EuGH eine Opt-out-Lösung, bei der die Cookies beim Betreten der Website bereits aktiv sind und Nutzer sie deaktivieren müssen.

Bitte denken Sie auch daran, dass das Cookie-Banner nicht die Links zum Impressum und der Datenschutzerklärung verdecken darf, was häufig im Footer der Seite der Fall ist.

# Quick-Check Datenschutzbeauftragter

In meiner täglichen Arbeit beobachte ich immer wieder, dass bei Startups, aber auch bei etablierten Unternehmen, erhebliche Unsicherheit darüber besteht, wann es erforderlich ist, einen *betrieblichen* oder *externen Datenschutzbeauftragten* zu bestellen. Startups gehen meist davon aus, dass die Bestellung eines Datenschutzbeauftragten erst bei größeren Unternehmen erforderlich ist. Dies trifft aber nicht immer zu.

## Hinweis: Datenschutzgrundverordnung

Im Mai 2018 ist die EU-Datenschutzgrundverordnung in Kraft getreten, die in Deutschland unmittelbar Anwendung findet. Des Weiteren wird es voraussichtlich ein deutsches Umsetzungsgesetz zur Datenschutzgrundverordnung geben.

### Wann ist die Bestellung eines betrieblichen Datenschutzbeauftragten vorgeschrieben?

Im Bundesdatenschutzgesetz ist festgelegt, dass auch *nicht öffentliche Stellen* verpflichtet sein können, einen Datenschutzbeauftragten zu bestellen. Nicht öffentliche Stellen sind z. B.:

- juristische Personen, z. B. GmbH, UG (haftungsbeschränkt), e. V., AG und Parteien,
- Personengesellschaften, z. B. GbR, oHG, GmbH & Co. KG oder KG,
- Freiberufler, z. B. Ärzte, Rechtsanwälte, sowie inhabergeführte Einzelfirmen und nicht rechtsfähige Vereine.

Ein Datenschutzbeauftragter ist für nicht öffentliche Stellen in vier Fällen vorgeschrieben, wovon die ersten beiden insbesondere für Startups relevant sind:

1. Wenn die Kerntätigkeit des Verantwortlichen oder Auftragsverarbeiters in Verarbeitungsvorgängen besteht, die aufgrund ihrer Art, ihres Umfangs und/oder ihrer Zwecke eine umfangreiche regelmäßige und systematische Beobachtung von betroffenen Personen erforderlich machen, und zwar unabhängig von der Anzahl der Daten verarbeitenden Mitarbeiter (z.B. Auskunfteien, Adressverlage).

2. Wenn (ebenfalls unabhängig von der Anzahl der Daten verarbeitenden Mitarbeiter) die Kerntätigkeit des Verantwortlichen oder Auftragsverarbeiters in der umfangreichen Verarbeitung besonderer Kategorien von Daten (Art. 9 DSGVO) oder von Daten über strafrechtliche Verurteilungen und Straftaten (Art. 10 DSGVO) besteht, z.B. bei Gesundheitsdaten, Gewerkschaftszugehörigkeiten, Daten, mit denen Persönlichkeitsbewertungen ermöglicht werden.

3. Wenn *mindestens 20 Personen* des Unternehmens mit der automatisierten Verarbeitung von personenbezogenen Daten ständig beschäftigt sind.

4. Schwellenwertunabhängig, wenn Verarbeitungen erfolgen, die einer Datenschutz-Folgenabschätzung (Art. 35 DS-GVO) unterliegen, oder personenbezogene Daten geschäftsmäßig zum Zweck der Übermittlung, der anonymisierten Übermittlung oder für Zwecke der Markt- oder Meinungsforschung verarbeitet werden.

Unerheblich ist, ob es sich um *interne* (Personal-/Mitarbeiterdaten) oder *externe* (Kunden, Interessenten, Geschäftspartner, Dritte) *personenbezogene Daten* handelt. Um die Zahl der Mitarbeiter zu ermitteln, die an der Verarbeitung personenbezogener Daten mitwirken, werden alle im Unternehmen tätigen »Personen« mitgezählt, also auch freie Mitarbeiter, Leihkräfte, Teilzeitkräfte, Auszubildende, Praktikanten und Geschäftsführer.

### Wie ist der Datenschutzbeauftragte zu bestellen?

Sie müssen *innerhalb eines Monats* nach Aufnahme der die Bestellungspflicht auslösenden Daten verarbeitenden Tätigkeit einen internen oder externen Datenschutzbeauftragten schriftlich bestellen. Hierzu sind einige Formalitäten zu beachten. Die für diese Aufgabe ausgewählte Person muss die *Bestellungsurkunde* mit unterschreiben. Der Datenschutzbeauftragte ist unmittelbar dem Inhaber, Geschäftsführer, Vorstand oder einer vergleichbaren Person unterstellt und muss die *erforderliche Fachkunde* und *Zuverlässigkeit* nachweisen.

### Vergleich: Externer vs. interner Datenschutzbeauftragter

Es gibt grundsätzlich zwei Möglichkeiten, wie Sie der Verpflichtung zur Bestellung eines Datenschutzbeauftragten nachkommen können. Sie können einen *eigenen zuverlässigen Mitarbeiter fortbilden*, damit er die nötige Fachkunde erlangt und zum internen Datenschutzbeauftragten bestellt werden kann. Alternativ können Sie einen *externen Dienstleister beauftragen*, sodass ein sogenannter externer Datenschutzbeauftragter bestellt wird.

---

### Praxistipp: Externen Datenschutzbeauftragten bestellen

Meine praktische Erfahrung zeigt, dass die Bestellung eines externen Datenschutzbeauftragten eine Reihe von Vorteilen mit sich bringt. Ein Rechtsanwalt, der das Startup laufend berät, wird jedoch häufig im Interessenskonflikt stehen, kann daher nicht unabhängig im Sinne des Datenschutzrechts sein und darf in der Regel nicht bestellt werden.

---

Zunächst besteht bei der Benennung von Mitarbeitern als internen Datenschutzbeauftragten die Gefahr, dass ein Mitarbeiter ernannt wird, der aus rechtlichen Gründen nicht wirksam als interner Datenschutzbeauftragter bestellt werden kann. Nicht geeignet sind aufgrund ihrer Stellung beispielsweise die Geschäftsleitung, Familienangehörige des Arbeitgebers, der Personalabteilungsleiter und der Leiter der EDV-Abteilung. Eine Fehlbesetzung ist insbesondere dann ärgerlich, wenn bereits Fortbildungskosten entstanden sind, die schnell einige Tausend Euro betragen. Insbesondere Startups neigen dazu, der Geschäftsführung nahestehende Personen als Datenschutzbeauftragte zu bevorzugen. Viele Startups bestehen auch nur aus den Gründern, die alle als Geschäftsführer in der Geschäftsleitung tätig sind.

Weitere Vorteile des externen Datenschutzbeauftragten sind im Folgenden kurz dargestellt:

- Hohe Kosten für die Ausbildung sowie zusätzliche jährliche Weiterbildungskosten des internen Datenschutzbeauftragten entfallen.

- Bessere Absicherung in Haftungsfragen durch Einkauf des externen Datenschutzbeauftragten, da der externe Datenschutzbeauftragte für seine Beratung im vollen Umfang haftet. Des Weiteren besteht die Möglichkeit, die Haftpflichtversicherung des externen Datenschutzbeauftragten in Anspruch zu nehmen.

- Ein interner Datenschutzbeauftragter hat während und auch noch ein Jahr nach Entbindung von seinen Tätigkeiten einen gesetzlichen Kündigungsschutz, sodass die Abberufung eines internen Datenschutzbeauftragten praktisch häufig nicht durchsetzbar ist. Bei einem externen Dienstleister müssen Sie sich ausschließlich an die vertraglich zugesicherten Kündigungsfristen des Beratungsvertrags halten.

- Der externe Datenschutzbeauftragte hat oftmals eine transparente Kostenstruktur durch vertraglich festgelegte Pauschalpreise und Stundensätze. Im

Gegensatz hierzu sind die konkreten Kosten des internen Datenschutzbeauftragten häufig unklar, da Kosten für Literatur, Büro, Arbeitsausfall, Weiterbildungen inklusive Übernachtung und Verpflegung zusammengerechnet werden müssen.

- Freihaltung von Unternehmensressourcen.
- Professionelle Anbieter haben häufig eine Vielzahl von Kunden und daher ein umfassendes Know-how aus anderen Firmen und Branchen sowie ein deutlich umfassenderes und aktuelleres Fachwissen.
- Der externe Datenschutzbeauftragte hat eine neutrale Position im Unternehmen, sowohl nach außen gegenüber Kunden und Aufsichtsbehörden als auch innerhalb des Unternehmens.

Ein Nachteil kann aber darin bestehen, dass sich der externe Datenschutzbeauftragte in die Betriebsabläufe und gegebenenfalls in ein Softwareprodukt einarbeiten muss. Der interne Datenschutzbeauftragte kennt das Startup sowie Geschäftsabläufe und verantwortliche Personen meist schon sehr gut.

Bei der Nicht- oder Falschbestellung eines betrieblichen Datenschutzbeauftragten bei vorliegender gesetzlicher Verpflichtung greifen zunächst die allgemeinen Rechtsfolgen nach den Datenschutzgesetzen (siehe hierzu den folgenden Abschnitt). Weiterhin sind aufgrund der Nicht- oder Falschbestellung gegebenenfalls keine *ISO-Zertifizierungen* möglich, und es droht der Verlust von Kunden. Der Datenschutzbeauftragte muss oft in Verträgen namentlich benannt werden. Häufig wird hier fälschlicherweise der Geschäftsführer des Startups eingetragen.

---

### Hinweis: Falschbestellung

Zu beachten ist, dass auch bei der Falschbestellung – z.B. bei der nicht rechtzeitigen oder mündlichen Bestellung, fehlender Zuverlässigkeit, Eignung oder Fachkunde – gegebenenfalls die gleichen Rechtsfolgen drohen wie bei einer Nichtbestellung.

---

## Datenschutz bei Unternehmensverkäufen

Leider wird häufig auch im *Transaktionsgeschäft*, z.B. beim Verkauf des Startups, noch nicht ausreichend auf den Datenschutz geachtet. Insbesondere bei Asset-Deals, in denen die Wirtschaftsgüter des Unternehmens einzeln übertragen werden, können Kundendaten (z.B. E-Mail-Adressen, Telefonnummern und Namen von Kunden eines Onlineshops) nicht problemlos mit übertragen werden. Gerichtlich ist insbesondere noch nicht geklärt, ob Einwilligungserklärungen in die Datennutzung der Kunden, die ursprünglich gegenüber dem verkaufenden Unternehmen abgegeben wurden, auf den Käufer übertragen werden können.

Insoweit hat auch das Bayerische Landesamt für Datenschutzaufsicht festgestellt und in einer Pressemitteilung vom 30. Juli 2015 darauf hingewiesen, dass es sowohl gegen den Verkäufer als auch gegen den Käufer einer Unternehmenstransaktion erhebliche Bußgelder in fünfstelliger Höhe verhängt hat, weil diese rechtswidrig Kundendaten im Rahmen eines Asset-Deal-Unternehmensverkaufs übertragen haben.

Hinzu kommt, dass die Kundendaten gegebenenfalls einen wesentlichen Wert des Zielunternehmens darstellen. So ist es denkbar, dass sich der Kauf eines Unternehmens wirtschaftlich nicht auszahlt, wenn die Kundendaten aufgrund eines datenschutzrechtlichen Verwendungsverbots nicht genutzt werden dürfen.

Der Präsident des Bayerischen Landesamts für Datenschutz kündigte an, auch in Zukunft Datenschutzverstöße bei Asset-Deals mit Geldbußen ahnden zu wollen, damit die Unternehmen endlich auf das Thema aufmerksam würden.

Sie sollten daher für sich eine datenschutzrechtliche Prüfung vor einer geplanten Transaktion vornehmen, da Sie als Gründer ansonsten durch die abgegebenen Garantien gegebenenfalls persönlich für den Schaden haften.

Eventuell müssen Sie auch Ihren Berater bei einer Transaktion im Rahmen eines Asset-Deals auf diese (recht neue) Thematik hinweisen.

## Rechtsfolgen bei Datenschutzverstößen

Bei fehlenden oder falschen Informationen über die Datenerhebung oder andere Datenschutzverstöße konnten die *Datenschutzbehörden* bis 2018 *Bußgelder* von lediglich bis zu € 300.000 verhängen. Nun sind Bußgelder bis € 20 Mio. oder bis zu 4% des weltweit erzielten Jahresumsatzes möglich.

Es wurde aber, zumindest gegenüber Startups, häufig vor Verhängung eines Bußgelds von den Datenschutzbehörden die Möglichkeit eingeräumt, den Datenschutzverstoß im Rahmen einer Stellungnahme und Nachbesserung abzustellen. Zumindest die Basics des Datenschutzes müssen jetzt aber auch von Startups eingehalten werden, da mittlerweile immer mehr Bußgelder verhängt werden.

Wenn es sich um einen *vorsätzlichen Verstoß* handelt, kann sich die Geschäftsleitung unter Umständen auch *strafbar* machen. Es zeichnet sich insgesamt der Trend ab, dass die Datenschutzbehörden immer häufiger Verstöße gegen das Datenschutzrecht wirklich ahnden, was noch vor einigen Jahren nicht ernsthaft der Fall war. Es ist daher dringend zu empfehlen, insgesamt alle Datenschutzbestimmungen, auch bei Startups, einzuhalten.

---

### Hinweis: Aufdeckungsrisiko

Die Möglichkeiten der Aufdeckung eines Verstoßes sollten auch nicht unterschätzt werden. In meiner Beratungspraxis kommt es immer wieder vor, dass Konkurrenten, verärgerte Mitarbeiter oder Kunden sich an die Datenschutzaufsichtsbehörden wenden, die jedem angezeigten Verstoß nachgehen müssen.

---

Schließlich haben mittlerweile einige Gerichte entschieden, dass kostenpflichtige Abmahnungen, einstweilige Verfügungen und Klagen auch von Wettbewerbern nach dem Gesetz gegen den unlauteren Wettbewerb erfolgen können, wenn Datenschutzbestimmungen nicht eingehalten werden. Es ist daher nur eine Frage der Zeit, bis in Abmahnwellen z.B. die fehlenden oder fehlerhaften Datenschutzerklärungen auf einer Website abgemahnt werden.

---

**BEISPIEL**

Es hat schon erste Abmahnungen von Wettbewerbern wegen fehlender Anonymisierung beim Einsatz von Google Analytics oder wegen fehlender oder versteckter Datenschutzerklärung auf einer Homepage gegeben.

---

*Verbraucherverbände* haben ebenfalls ein eigenes gesetzlich normiertes Klagerecht und können gegen Datenschutzverstöße mit Abmahnungen, einstweiligen Verfügungen und im Klageverfahren vorgehen.

---

**BEISPIEL**

Die Verbraucherzentrale NRW hat 12 Wearables-Unternehmen und 24 Fitness-Apps auf Datenschutzkonformität überprüft und im Anschluss 9 Anbieter (Apple, Fitbit, Garmin, Jawbone, Polar, Runtastic, Striiv, MyFitnessPal und Withings) wegen Datenschutzverstößen abgemahnt.

---

Auch Privatpersonen können theoretisch den Webseitenbetreiber bei fehlender Datenschutzerklärung verklagen, was bisher aber, soweit mir bekannt ist, noch nicht vorgekommen ist.

---

### Hinweis: Sanktionsverschärfung im Datenschutzrecht

Die Sanktionen im Datenschutzrecht haben sich durch die unmittelbare Geltung der EU-Datenschutzgrundverordnung zum Mai 2018 in Deutschland erheblich verschärft (Bußgelder bis € 20 Mio. oder bis zu 4% des weltweit erzielten Jahresumsatzes). Ich kann Ihnen also nur raten, den Datenschutz sehr ernst zu nehmen und die Datenschutzgesetze einzuhalten.

---

# Welche Wirkung hat ein Disclaimer auf der Website oder in einer E-Mail?

Neben dem Impressum und der Datenschutzerklärung beinhaltet mittlerweile fast jeder Internetauftritt auch einen sogenannten *Disclaimer*. Der Begriff Disclaimer ist wohl am besten mit *Haftungsausschlussklausel* zu übersetzen. Mit diesem Disclaimer wird versucht, sich von der *Haftung für verlinkte Inhalte* zu distanzieren bzw. eine *Abmahnung* von Wettbewerbern oder Schutzrechteinhabern ohne vorherige Kontaktaufnahme zu verhindern. In der E-Mail-Signatur eines Startups ist ebenfalls fast immer ein Disclaimer enthalten, der z. B. die Haftung für in der E-Mail enthaltende Viren ausschließen oder bei einer fehlgeleiteten E-Mail dem Empfänger eine Pflicht zur Löschung auferlegen soll.

Ein *pauschaler Disclaimer* ist für eine Haftungsfreistellung aber in den meisten Fällen zumindest in Deutschland *wirkungslos*. Man geht mit einem Disclaimer unter Umständen sogar das *Risiko* ein, dass dieser Disclaimer selbst einen Grund für eine Abmahnung liefert und abgemahnt werden kann.

---
**BEISPIEL**

Von der Verwendung eines Disclaimers, der den Wortlaut »Keine Abmahnung ohne vorherigen Kontakt!« oder einen ähnlichen enthält, ist abzuraten, da er keine Rechtswirkung entfaltet.

---

Das Wettbewerbsrecht sieht die Abmahnungsmöglichkeit mit Kostenerstattung, z. B. der Rechtsanwaltskosten, vor, sodass der versuchte Ausschluss dieser Möglichkeit auch wieder gegen das Wettbewerbsrecht verstoßen und gegebenenfalls abgemahnt werden kann. Des Weiteren besteht unter Umständen durch einen solchen Disclaimer für den Verletzten die Möglichkeit, sofort eine viel teurere Klage einzureichen, da man diesen Disclaimer gegebenenfalls dahin gehend auslegen kann, dass auf eine vorherige Abmahnung verzichtet wird, die die günstigste Möglichkeit ist, den Rechtsstreit zu beenden.

Ein Disclaimer in E-Mails hat in Deutschland keine (zusätzliche) rechtliche Wirkung, weil man dem Empfänger nicht einseitig z. B. Löschungspflichten auferlegen kann. Letztlich »schadet der folgende Disclaimer aber nicht« und kann gegebenenfalls im internationalen Geschäftsverkehr rechtliche Wirkungen entfalten.

---
**BEISPIEL**

*»Diese E-Mail und ihre Anlagen enthalten vertrauliche und/oder rechtlich geschützte Informationen. Wenn Sie nicht der richtige Adressat sind oder diese E-Mail irrtümlich erhalten haben, informieren Sie bitte den Absender und löschen diese Mail. Das unerlaubte Kopieren sowie die unbefugte Weitergabe dieser E-Mail und der darin enthaltenen Informationen sind nicht gestattet.«*

---

Folgender *Linkdisclaimer*, der auf das Urteil des Landgerichts Hamburg Bezug nimmt, ist jedenfalls unwirksam und sollte nicht verwandt werden:

---
**BEISPIEL**

*»Mit dem Urteil vom 12. Mai 1998 hat das Landgericht Hamburg entschieden, dass man durch die Anbringung eines Links die Inhalte der gelinkten Seiten ggf. mit zu verantworten hat. Dies kann nur dadurch verhindert werden, dass man sich ausdrücklich von diesem Inhalt distanziert. Für alle Links auf dieser Home-*

---

*page gilt: Ich distanziere mich hiermit ausdrücklich von allen Inhalten aller verlinkten Seitenadressen auf meiner Homepage und mache mir diese Inhalte nicht zu eigen.«*

Auch der nachfolgende Webseitendisclaimer wurde von Gerichten als wettbewerbswidrig und damit für abmahnbar erklärt, sodass Sie ihn nicht verwenden sollten:

―――― BEISPIEL ――――――――――――――――――――――――――――――

*»Die Inhalte der Webseite werden mit größter Sorgfalt erstellt. Dennoch kann keine Garantie für Aktualität und Vollständigkeit übernommen werden.«*

# Welche Pflichtangaben gehören in Geschäftsbriefe?

Die wenigsten Startups halten die rechtlichen Anforderungen an die Inhalte von Geschäftsbriefen ein. Häufig bleibt dies sanktionslos, sollte aber doch beachtet werden, weil Behörden und Wettbewerber ansonsten gegebenenfalls rechtlich die Möglichkeit haben, gegen Ihr Startup vorzugehen.

Zunächst ist es wichtig für Sie, zu wissen, was überhaupt unter rechtlichen Gesichtspunkten als »Geschäftsbrief« zu verstehen ist. Vom Grundsatz her ist unter einem Geschäftsbrief jede *schriftliche Mitteilung* aus dem *geschäftlichen Bereich* des Unternehmers oder Unternehmens an einen bestimmten *individualisierten* (namentlich benannten) *Dritten* zu verstehen (Postwurfsendungen an unbestimmte Adressaten – z.B. alle Haushalte in Hamburg – und Zeitungsinserate fallen nicht hierunter).

Der Begriff ist weit aufzufassen – *fast jeglicher externe Schriftverkehr* mit einem Dritten ist als Geschäftsbrief zu qualifizieren. Geschäftsbriefe sind beispielsweise alle Nachrichten, die beim Empfänger in Schriftform, sowohl auf Papier als auch auf dem Bildschirm ankommen, also alle Rechnungen, Angebote, Auftragsbestätigungen, Bestellscheine sowie Quittungen. Auch *Telefaxschreiben* und *E-Mails* mit Geschäftsbezug sind als Geschäftsbrief einzuordnen, die Pflichtangaben gehören daher auch in die *E-Mail-Signatur*.

---

### Hinweis: Weitergehende Anforderungen an Rechnungen und das Impressum

Bei der *Rechnung* gibt es als spezielle Form des Geschäftsbriefs zusätzliche Anforderungen, die in § 14 Umsatzsteuergesetz zu finden sind und streng einzuhalten sind.

Das Gleiche gilt für das Impressum einer Homepage, das deutlich strengeren gesetzlichen Anforderungen unterliegt als der Geschäftsbrief (siehe oben in diesem Kapitel im Abschnitt *Rechtliche Anforderungen an das Impressum einer Website*).

---

Keine Geschäftsbriefe sind rein *interne Mitteilungen* innerhalb desselben Unternehmens, z.B. bei der Korrespondenz zwischen Abteilungen oder Niederlassungen und dem Schriftverkehr zwischen Geschäftsführung und Gesellschaftern.

Im Rahmen bestehender Geschäftsverbindungen können Sie auf die erforderlichen Angaben verzichten, sofern üblicherweise vorgedruckte Formulare wie beispielsweise Lieferscheine oder Auftragsbestätigungen verwendet werden. Die Gebräuchlichkeit ist anhand der jeweiligen Branche zu bestimmen.

Die Anforderungen an die vorgeschriebenen Angaben in Geschäftsbriefen unterscheiden sich je nach Gesellschaftsform, in der Sie Ihr Startup organisiert haben.

### Nicht-Kaufmann/Gesellschaft bürgerlichen Rechts

Für Unternehmen, die nicht im Handelsregister eingetragen sind (z.B. die Gesellschaft bürgerlichen Rechts), gelten die gesetzlichen Vorschriften zu den Pflichtangaben in Geschäftsbriefen grundsätzlich nicht.

Allerdings müssen auf allen Geschäftsbriefen die ausgeschriebenen Vor- und Nachnamen der Gesellschafter sowie die ladungsfähige Anschrift des Nicht-Kaufmanns oder der GbR angegeben werden. Der Zusatz »Gesellschaft des bürgerlichen Rechts« bzw. die Abkürzung »GbR« ist zwar nicht vorgeschrieben, ist aber aus Gründen der Klarheit zu empfehlen.

### Im Handelsregister eingetragene Unternehmen oder eingetragene Kaufleute

Für im Handelsregister eingetragene Unternehmen oder eingetragene Kaufleute gibt es besondere gesetzliche Vorschriften für die Gestaltung von Geschäftsbriefen.

Als Grundsatz gilt, dass die Pflichtangaben auf den Geschäftsbriefen dazu dienen sollen, Ihren Geschäftspartnern zu ermöglichen, sich schon bei Beginn der Geschäftsbeziehung über die wesentlichen Verhältnisse Ihres Unternehmens zu informieren. Für alle im Handelsregister eingetragenen Unternehmen gelten folgende *Pflichtangaben*:

- Firmenname in Übereinstimmung mit dem im Handelsregister eingetragenen Wortlaut.
- Die jeweilige Bezeichnung der Rechtsform. Diese sollte ausgeschrieben oder mit einer gebräuchlichen Abkürzung verwendet werden, wie: AG, e.Kfm, GmbH, oHG, KG, UG (haftungsbeschränkt) – der in Klammern gesetzte Zusatz »haftungsbeschränkt« gehört ebenfalls zu den Pflichtangaben und darf bei der UG nicht fehlen.
- Der Ort der Handelsniederlassung des Unternehmens. Gemeint ist der z.B. im Gesellschaftsvertrag angegebene Satzungssitz, nicht der Verwaltungssitz.
- Registergericht und Nummer, unter der die Firma in das Handelsregister eingetragen ist; dabei genügt die abgekürzte Form (z.B. »AG Hamburg HRB 12345«).

### Zusätzliche Pflichtangaben für die Gesellschaft mit beschränkter Haftung (GmbH) und die Unternehmergesellschaft (haftungsbeschränkt)

Zusätzlich müssen Sie bei der GmbH und der UG (haftungsbeschränkt) folgende Pflichtangaben machen:

- Alle *Geschäftsführer* und – sofern die Gesellschaft einen *Aufsichtsrat* gebildet und dieser einen Vorsitzenden hat – der Vorsitzende des Aufsichtsrats mit Nachnamen und mindestens einem ausgeschriebenen Vornamen.
- Befindet sich die Gesellschaft in *Liquidation* (das heißt in der Abwicklung/ Auflösung), müssen anstelle der Geschäftsführer die Liquidatoren auf den Geschäftsbriefen genannt werden, und es muss der Zusatz »in Liquidation« hinter der Bezeichnung der Rechtsform aufgenommen werden. Wird die Gesellschaft insolvent, ist neben (im Amt bleibenden) Geschäftsführern (oder Liquidatoren) zusätzlich der Insolvenzverwalter zu nennen.

Sie sollten darauf verzichten, das Stammkapital der Gesellschaft auf dem Geschäftsbrief zu nennen, da dies keine Pflichtangabe darstellt. Wenn Sie das Stammkapital angeben, sind weitere Anforderungen einzuhalten.

Bei der GmbH & Co. KG müssen die Pflichtangaben der GmbH und der KG beachtet werden.

### Zusätzliche Pflichtangaben für die Aktiengesellschaft

Die Aktiengesellschaft muss auf ihren Geschäftsbriefen diese zusätzlichen Angaben machen:

- Die Vorstandsmitglieder sowie der Vorsitzende des Aufsichtsrats mit Vor- und Nachnamen. Der Vorstandsvorsitzende muss auch so bezeichnet werden.
- Falls die Gesellschaft abgewickelt wird, ist ein entsprechender Hinweis notwendig (siehe oben).

Angaben über das Kapital der Aktiengesellschaft gehören auch hier nicht zu den Pflichtangaben. Wollen Sie diese Angaben auf den Geschäftsbriefen aufführen, müssen Sie weitere Voraussetzungen einhalten, sodass ich in der Regel davon abrate, Angaben in Geschäftsbriefen über das Kapital zu machen.

## Gestaltung der Geschäftsbriefe

Da es keine gesetzlichen Vorgaben gibt, wo genau die Pflichtangaben in Geschäftsbriefen aufzuführen sind, können Sie die Geschäftsbriefe grafisch so gestalten, wie es Ihnen gefällt. Üblicherweise werden die Pflichtangaben zwar in der *Fußzeile*, im *Briefkopf* oder bei sehr umfangreichen Pflichtangaben auf der *Rückseite des Geschäftsbriefs* aufgeführt, zwingend ist das jedoch nicht. Die Angaben müssen aber *deutlich erkennbar* und *lesbar* sein.

Die E-Mail- und Internetadressen, die Telefon- und Faxnummern, die Umsatz-steuer-Identifikationsnummer sowie die Bankverbindung (mit Bankleitzahl oder IBAN und BIC) gehören zwar nicht zu den Pflichtangaben in Geschäftsbriefen, es ist aber natürlich sinnvoll, sie trotzdem aufzunehmen, da sie die Kommunikation mit Dritten dann erheblich erleichtert. Für Geschäftsbriefe gilt in der Regel eine Aufbewahrungsfrist von sechs Jahren. Rechnungen und Buchungsbelege müssen grundsätzlich zehn Jahre verwahrt werden.

---

**Praxistipp:**

Die Firma Reisswolf veröffentlicht auf ihrer Homepage jährlich umfangreiche Übersichten darüber, welche Dokumente wann vernichtet werden können (*http://www.reisswolf.de/*).

---

## Rechtsfolge eines Verstoßes

Wenn Sie die gesetzlichen Vorschriften zu den Pflichtangaben nicht befolgen, kann das Registergericht bei Handelsregisterunternehmen ein Zwangsgeld von bis zu € 5.000 verhängen.

Abmahnungen, einstweilige Verfügungen und Klagen von Konkurrenten nach dem Wettbewerbsrecht sind nur bei gezielter Irreführung oder Verdeckung der Identität möglich. Fehlen lediglich unwesentliche Angaben, ist eine Abmahnung in der Regel nicht berechtigt.

Außerdem können im Schadensfall Schadensersatzansprüche gegen die Gesellschaft bestehen. Wenn fehlerhafte Informationen unschwer erkennbar sind, scheiden derartige Ansprüche jedoch aus; z.B. sind Fehler in der Firmenbezeichnung nicht haftungsbegründend, wenn z.B. die GmbH bzw. die Unternehmergesellschaft (haftungsbeschränkt) durch die Registergerichtsnummer hinreichend identifizierbar ist.

# Allgemeine Geschäftsbedingungen (AGB)

*Allgemeine Geschäftsbedingungen* bzw. »*das Kleingedruckte*« begegnen Ihnen regelmäßig im Alltag und werden eigentlich nie von Ihnen durchgelesen. Dies ist der Hintergrund, warum der Gesetzgeber sehr strenge Regelungen bei der Verwendung von AGB festsetzt. Diese Regelungen schützen Verbraucher generell mehr als vermeintlich geschäftserfahrene Unternehmer.

Allgemeine Geschäftsbedingungen sind vorformulierte vertragliche Klauseln, die vom Verwender gestellt werden, den Vertragsgegenstand konkretisieren und standardisieren und zur Abwicklung von Verträgen über eine *Vielzahl von Fällen* dienen.

---

## Hinweis: Sehr viele Verträge fallen unter das AGB-Recht

Es ist wichtig, zu verstehen, dass sehr viele Verträge die Definition der AGB erfüllen und daher den strengen Regelungen des AGB-Rechts unterliegen. Schließlich wird in der Praxis immer ein vorformulierter Vertrag von einer Partei gestellt. Die rechtliche Definition von AGB schließt also sehr viele Verträge ein, die nicht wie klassische AGB, sondern wie ganz »normale« Verträge aussehen. Dies können z.B. Lizenzverträge, Kaufverträge und Mietverträge sein, die z.B. auch unterschrieben sein können. Die Ausführungen in diesem Kapitel gelten also grundsätzlich nicht nur für die allgemeinen Geschäftsbedingungen, die man z.B. einem Kaufvertrag beifügt, sondern für alle Verträge, die Sie standardisieren und öfter verwenden (wollen).

Ein Grund, warum viele Unternehmen AGB verwenden, ist, dass die gesetzlichen Regelungen, auf die bei fehlenden vertraglichen Regelungen ansonsten zurückgegriffen werden müsste, nicht nur bei innovativen Geschäftsmodellen oft lückenhaft oder gar nicht im Gesetz vorhanden sind. Des Weiteren lässt sich mit AGB ein grober, im besten Fall individuell auf das Geschäftsmodell abgesteckter vertraglicher Rahmen spannen.

Die »Vielzahl von Fällen« hört sich erst einmal so an, als ob es sich um Hunderte Fälle handeln müsste. Dies ist aber nicht der Fall, eine »Vielzahl von Fällen« wird vielmehr schon bei einmaliger Verwendung mit »Wiederholungsabsicht«, spätestens aber bei dreimaliger Verwendung angenommen.

Bei Verträgen mit Verbrauchern, also im B2C-Geschäft, reicht die einmalige Verwendung, falls die Vertragsbedingungen vorformuliert sind und der Verbraucher auf den Inhalt keinen Einfluss hat.

Nicht vorformuliert und damit keine AGB sind Vertragsbedingungen, die Sie im Einzelnen tatsächlich ausgehandelt haben. Diese tatsächlich ausgehandelten Vertragsbedingungen werden auch *Individualvereinbarungen* genannt. Ein »Aushandeln« erfordert nach der Rechtsprechung, dass »die Regelungen einschließlich des gesetzesfremden Kerngehalts vom Verwender ernsthaft zur Disposition gestellt werden und der anderen Partei eine Gestaltungsfreiheit zur Wahrung ihrer eigenen Interessen mit der realen Möglichkeit eingeräumt wird, die inhaltliche Ausgestaltung der Vertragsbedingungen beeinflussen zu können«. Nicht juristisch ausgedrückt kann man sagen, dass tatsächlich über jeden einzelnen Punkt des Vertrags im Einzelnen verhandelt worden sein muss. Da eine Klausel auch aus mehreren Kerngehalten bestehen kann, muss die konkrete Klausel bzw. über jeden Kerngehalt einer Klausel tatsächlich verhandelt werden.

»Aushandeln« ist daher deutlich mehr als reines »Verhandeln«. Der anderen Partei lediglich die Wahl lassen, ob sie den Vertrag samt AGB unterzeichnet oder nicht, reicht jedenfalls nicht.

Eine reine Änderungsbereitschaft des Verwenders, d. h. die Bereitschaft, die Klausel auf Wunsch anzupassen, reicht ebenfalls nicht aus.

Die Hürde des »Aushandelns« ist von der Rechtsprechung sehr hoch gesetzt worden. Hinzu kommt, dass, selbst wenn Sie die gesamten strengen Kriterien des Aushandelns einhalten, Sie dies auch beweisen müssen. Das wird in den meisten Fällen nur sehr schwer möglich sein, da das Aushandeln selten beweisbar dokumentiert wird und unbeteiligte Zeugen selten bei Vertragsverhandlungen anwesend sind.

Sie sollten daher davon ausgehen, dass fast jeder vorformulierte Vertrag, der von einer Partei gestellt oder übersandt wird, als allgemeine Geschäftsbedingungen und nicht als Individualvereinbarung zu qualifizieren ist.

Es ist aber auch möglich, dass nur einzelne Klauseln innerhalb der AGB ausgehandelt wurden und andere nicht; dann sind nur die ausgehandelten Klauseln einer Prüfung nach dem AGB-Recht entzogen.

Wenn Sie beabsichtigen, sich darauf zu berufen, dass die Klauseln ausverhandelt wurden, sollten Sie aus Beweiszwecken auch die *Vertragsverhandlungen* und deren einzelne Stufen *dokumentieren* und *archivieren*. Wenn Sie das nicht tun, können Sie später vor Gericht meist nicht beweisen, dass es sich um eine Individualvereinbarung handelt.

---

### Hinweis: Flucht in eine andere Rechtsordnung bei Verträgen

Manchmal entscheiden sich Unternehmen im B2B-Geschäft daher gegen die Anwendbarkeit von deutschem Recht und vereinbaren die Anwendbarkeit einer anderen Rechtsordnung, um der scharfen deutschen Inhaltskontrolle der AGB zu entgehen und insbesondere hinsichtlich der Haftungsbeschränkung flexibler zu sein.

---

Es gibt eine Vielzahl verschiedener AGB-Varianten bzw. allgemeiner Bedingungen, die sich nach Tätigkeit, Geschäftsmodell und Branche erheblich unterscheiden können. Beispielsweise gibt es *allgemeine Verkaufsbedingungen*, *allgemeine Einkaufsbedingungen*, *allgemeine Servicebedingungen*, *allgemeine Hostingbedingungen*, *allgemeine Beratungsbedingungen* und *allgemeine Mietbedingungen*. Die Klauseln eines Beratervertrags oder eines Hostingvertrags können aber – wie oben ausgeführt – auch rechtlich als AGB qualifiziert werden, und dies selbst dann, wenn es zusätzlich allgemeine Beratungs- oder allgemeine Hostingbedingungen gibt.

## Wann sind AGB wirksam in den Vertrag einbezogen worden?

Die besten allgemeinen Geschäftsbedingungen nützen Ihnen nichts, wenn sie nicht zur Anwendung kommen, weil Sie sie nicht wirksam in den Vertrag einbezogen haben und sie damit nicht Vertragsbestandteil geworden sind. Leider scheitert es meiner Erfahrung nach oft schon an einer wirksamen Einbeziehung der allgemeinen Geschäftsbedingungen.

---

**BEISPIEL**

Die AGB sind so klein gedruckt, dass man sie kaum lesen kann.

Es wird nicht auf die Geltung der eigenen AGB hingewiesen, da das Angebot keinen Hinweis auf die eigenen nur auf der Website online gestellten AGB enthält.

---

Beachten müssen Sie auch, dass nicht passende AGB – wie im Beispiel unten – nicht wirksam in den Vertrag einbezogen worden sind.

---

**BEISPIEL**

Wenn Sie den allgemeinen Verkaufsbedingungen einen reinen Serviceauftrag beigefügt haben, werden im Zweifel gar keine wirksamen Bedingungen in den Vertrag einbezogen, weil die allgemeinen Verkaufsbedingungen etwas ganz anderes regeln.

---

### Verwendung von AGB gegenüber Verbrauchern

Allgemeine Geschäftsbedingungen werden gegenüber Verbrauchern nur Vertragsbestandteil, wenn auf sie hingewiesen wird, der Vertragspartner in zumutbarer Weise *von ihrem Inhalt Kenntnis erlangen kann* und mit der Geltung der AGB einverstanden ist. Der Hinweis kann schriftlich, mündlich oder telefonisch erfolgen. Allerdings trägt der Verwender der AGB die Beweislast vor Gericht, dass er einen Hinweis auf die Geltung der eigenen AGB gegeben hat. Werden die AGB nicht dem Angebot beigefügt oder gesondert übersandt, sollten Sie unbedingt schriftlich auf sie hinweisen.

---

### Praxistipp: Hinweis auf AGB

Auch der Zeitpunkt, zu dem der Hinweis gegeben wird, ist wichtig. Der Hinweis muss spätestens bei Vertragsschluss gegeben werden, das heißt im Zusammenhang mit den Erklärungen, die zum Abschluss des konkreten Vertrags geführt haben. Der Hinweis auf die AGB, der erst auf dem Lieferschein, der Rechnung/dem Kassenbon oder der Empfangsbestätigung erfolgt, ist nicht ausreichend für eine wirksame Einbeziehung der AGB in den Vertrag, da der Hinweis dann nicht vor bzw. bei Vertragsschluss erfolgt ist, was zwingend erforderlich ist.

---

Der Hinweis muss so angeordnet und gestaltet sein, dass er für Durchschnittskunden auch bei flüchtiger Betrachtung nicht übersehbar sein darf. Sind Ihre AGB z. B. nur mit Mühe zu entziffern, werden sie nicht Vertragsbestandteil.

---

### Praxistipp: Schriftgröße

Als Richtschnur für die Lesbarkeit kann gelten: maximal drei bis fünf Zeilen pro Zentimeter Text. Der Bundesgerichtshof hat dazu ausgeführt, dass AGB, die »nur mit Lupe« lesbar sind, nicht wirksam sind (z. B. AGB mit einer Zeichenhöhe von weniger als 1 mm auch bei einem Zeilenabstand von mehr als 1 mm).

---

Des Weiteren muss Ihr Vertragspartner zumutbar die *Möglichkeit der Kenntnisnahme* der AGB haben. Bei einem Vertragsschluss unter *Anwesenden* (z. B. im Geschäft) müssen Sie die AGB vorlegen oder die Vorlage anbieten. Bei einem ausdrücklichen Hinweis genügt es aber, dass die kompletten AGB zur Einsicht bereitgehalten werden, z. B. aushängend an der Wand des Ladengeschäfts.

Bei einem Vertragsschluss unter *Abwesenden* müssen die kompletten AGB in der Regel an den Vertragspartner übersandt werden. Die Aufforderung, die AGB im Geschäft des Verwenders einzusehen, genügt nicht, ebenso wenig wie das Angebot, die AGB kostenlos zu übersenden.

Bei *Vertragsschlüssen im Internet* brauchen nach Meinung des Bundesgerichtshofs die AGB dem für den Vertragsschluss maßgeblichen Schreiben allerdings nicht zwingend beigefügt zu werden.

Mit dem Geltungshinweis müssen Sie dann aber zumindest einen gut sichtbaren Hinweis auf die Abrufbarkeit im Internet unter Angabe einer konkreten Fundstelle (Website/Link) verbinden. Dort müssen Sie die *AGB als downloadbares PDF-Dokument* vorhalten.

---

### Hinweis: Abmahngefahr

Zu beachten ist aber, dass die Bereitstellung der AGB im Internet Konkurrenten und Verbraucherverbänden das Auffinden der AGB z. B. mithilfe von Suchmaschinen erleichtert. Dies führt dazu, dass das Risiko von Abmahnungen durch Wettbewerber oder Verbraucherverbände, die einzelne Klauseln der AGB für unwirksam halten, steigt.

---

### Verwendung von AGB gegenüber Unternehmern

Bei nationalen Sachverhalten müssen die allgemeinen Geschäftsbedingungen im unternehmerischen Verkehr vor Vertragsschluss nicht vorgelegt, übergeben oder

---

dem für den Vertragsschluss maßgeblichen Schreiben beigefügt werden. Zwischen Unternehmern reicht es aus, erkennbar und deutlich auf die allgemeinen Geschäftsbedingungen zu verweisen und die zumutbare Kenntnisnahmemöglichkeit einzuräumen.

Aber auch im unternehmerischen Verkehr muss sich die vertragliche Einigung der Vertragsparteien auch auf die Einbeziehung der AGB erstrecken. Widerspricht der Vertragspartner den AGB, sind sie nicht wirksam einbezogen.

In der Praxis kommt es (vom Sonderproblem der sich widersprechenden AGB abgesehen, vor allem darauf an, den anderen Vertragsteil deutlich und frühzeitig, jedenfalls vor Vertragsschluss, auf die Geltung der AGB hinzuweisen.

Mit dem Geltungshinweis muss dann aber zumindest ein Angebot auf Übersendung der AGB oder, was auch genügt, ein gut sichtbarer Hinweis auf die Abrufbarkeit im Internet unter Angabe einer konkreten Fundstelle (Website/Link) verbunden werden. Dort müssen Sie die AGB dann wiederum als *downloadbares PDF-Dokument* vorhalten.

---

### BEISPIEL

#### Einbeziehungsklausel für ein Angebot

*»Soweit schriftlich nicht anders vereinbart, gelten die allgemeinen Verkaufsbedingungen (AGB) der Muster GmbH in der jeweils aktuellen Fassung. Die AGB sind im Anschluss an unser Angebot beigefügt bzw. können auf unserer Homepage unter http://www.muster.de (hier der konkrete Link zur Webseite, von der die AGB auch als PDF-Dokument herunterladbar sind) eingesehen werden. Die AGB werden bei einer Bestellung/Beauftragung fester Bestandteil des jeweiligen Vertrags.«*

---

### Praxistipp: Auch im B2B-/Geschäftsverkehr AGB übersenden

Auch gegenüber Unternehmern sollten nach Möglichkeit die AGB dem Vertragspartner zusammen mit dem Geltungshinweis übersandt werden, wenn dies nicht zu umständlich ist. Noch besser wäre es, sich den Empfang bestätigen zu lassen oder sogar eine Unterschrift des Vertragspartners unter die AGB zu bekommen. Dies ist aber natürlich zumindest im Massengeschäft nicht mehr praktikabel. Im internationalen Geschäftsverkehr müssen die AGB dem Vertragspartner häufig zwingend vor Vertragsschluss körperlich zugänglich gemacht, also übergeben werden.

---

Bei nicht einbezogenen allgemeinen Geschäftsbedingungen bleibt der Vertrag im Übrigen grundsätzlich wirksam; an die Stelle der unwirksamen Klauseln treten dann die gesetzlichen Vorschriften.

# Kollision von AGB

Was passiert, wenn beide Vertragsparteien (z.B. Käufer und Verkäufer) jeweils Bezug auf ihre AGB nehmen und ihre eigenen AGB zum Vertragsinhalt machen wollen und dann der Vertrag ohne weitere Klärung über diesen Punkt geschlossen und durchgeführt wird? Welche AGB sind wirksam in den Vertrag einbezogen? Dieses Problem nennt man Kollision verschiedener AGB – in Englisch auch *Battle of Terms*.

## Kollisionen in Deutschland

In Deutschland – besser gesagt, nach der Beurteilung des deutschen Rechts – bedeutet das, dass hinsichtlich der nicht übereinstimmenden Klauseln in beiden AGB ein sogenannter *Dissens* vorliegt. Dies hat wiederum zur Folge, dass die sich widersprechenden Klauseln oder Klauseln, die nur von einem Vertragspartner verwendet werden, *nicht Vertragsbestandteil* werden. Es gilt dann ausschließlich der übereinstimmende Regelungsgehalt beider AGB, der sich meist –wenn überhaupt – auf die Rechtswahlklausel beschränkt. Häufig bleibt also bei einer solchen Betrachtung wenig von den jeweiligen AGB übrig, sodass stattdessen die gesetzlichen Regelungen greifen und Anwendung finden.

Voraussetzung ist aber, dass bei beiden Vertragsparteien eine sogenannte *Abwehrklausel* in den AGB enthalten ist. Hat eine Vertragspartei keine Abwehrklausel in den AGB und den AGB des Vertragspartners auch nicht ausdrücklich widersprochen, setzen sich die AGB der Vertragspartei mit Abwehrklausel durch und finden Anwendung auf das Vertragsverhältnis.

---
**BEISPIEL**
---

### Abwehrklausel

*»Unsere AGB gelten ausschließlich. Abweichende, entgegenstehende oder ergänzende Allgemeine Geschäftsbedingungen des Käufers werden nur dann und insoweit Vertragsbestandteil, als wir ihrer Geltung ausdrücklich schriftlich zugestimmt haben. Dieses Zustimmungserfordernis gilt in jedem Fall, beispielsweise auch dann, wenn wir in Kenntnis der AGB des Käufers die Lieferung an ihn vorbehaltlos ausführen.«*

---

## Kollisionen bei internationalen Sachverhalten

Kollidieren AGB im internationalen Geschäftsverkehr, wird diese Kollision entweder wie nach deutschem Recht aufgelöst (nur was sich nicht widerspricht, wird Vertragsbestandteil –die sogenannte Restgültigkeitstheorie), oder die AGB werden Vertragsbestandteil, auf die zuletzt von einer der Vertragsparteien unwidersprochen hingewiesen wurde (Theorie des letzten Wortes). Dies kann zu einem langwierigen »Pingpong« führen, in dem die Parteien immer wieder Bezug auf die AGB nehmen und z.B. auf eine Auftragsbestätigung noch eine Auftragsbestätigung der

Auftragsbestätigung erfolgt etc. Bei der Anwendung der Restgültigkeitstheorie muss dann recht umständlich das auf das Vertragsverhältnis anwendbare Recht ermittelt werden.

## In welcher Sprache müssen AGB vorgehalten werden

Viele Geschäftsmodelle im Internet sind nicht nur auf die deutschsprachigen Märkte beschränkt. Werden z.B. Produkte international über das Internet verkauft, stellt sich die Frage nach der Sprache, in der die AGB verfasst sein müssen. So ist von Ihnen zu klären, ob Sie deutsche und englische AGB oder sogar AGB in allen Sprachen der Länder benötigen, in die Sie Produkte liefern möchten.

Zum Teil wird vertreten, dass es zur wirksamen Einbeziehung von AGB, zum Beispiel in einen Kaufvertrag, nötig ist, dass die AGB in der zwischen den Vertragsparteien bzw. dessen Vertretern praktizierten *Verhandlungssprache* abgefasst sind.

Die Verwendung mehrerer Sprachen macht jede dieser Sprachen zur Verhandlungssprache, sodass AGB in einer dieser Sprache ausreichen.

Um eine Verhandlungssprache in diesem Sinne handelt es sich dabei allerdings nicht schon dann, wenn im Einzelfall kurze schriftliche Mitteilungen in dieser Sprache erfolgt sind, im Übrigen aber durchgehend eine andere Sprache verwandt wurde.

---

**BEISPIEL**

Wenn die Verhandlungen über einen Kaufvertrag zwischen einem deutschen Verkäufer und einem französischen Käufer fast durchgehend in englischer Sprache geführt werden und gelegentlich deutschsprachige Mitteilungen des Verkäufers erfolgen, sind deutschsprachige AGB des Verkäufers aus Sprachgründen nicht wirksam einbezogen, da hier die Verhandlungen auf Englisch geführt wurden.

---

Es kommt daher oftmals maßgeblich darauf an, in welcher Sprache das Angebot erstellt wurde und in welcher Sprache sich die Parteien über das Angebot ausgetauscht haben. Wenn es keine individuelle Kommunikation zwischen den Vertragspartnern gab, würde es beispielsweise bei einem Onlineshop auf die Sprache ankommen, in der die Webseite verfasst ist.

Die *Landessprache des Verwendungsgegners* ist in der Regel auch ausreichend.

---

**Praxistipp: Kosten der AGBS**

Beauftragen Sie einen Rechtsanwalt mit der Erstellung von AGB, ist zum Abschluss einer Honorarvereinbarung mit Zeitvergütung oder zur Vereinbarung einer Pauschalvergütung zu raten. Ansonsten werden bei der gesetzlichen Vergütung nach dem Rechtsanwaltsvergütungsgesetz die Umsätze der Produkte, die

---

unter Einbeziehung der erstellten AGB verkauft werden, mit den Jahren der Verwendung der AGB multipliziert, sodass gegebenenfalls ein sehr hoher Bezugswert zur Berechnung der Rechtsanwaltsgebühren herangezogen wird und so sehr hohe Kosten entstehen können.

## Kopieren von AGB vom Konkurrenten?

Gerade Startups sind aus finanziellen Gründen manchmal recht kreativ in der Vermeidung von Kosten für Berater. Sie suchen sich einen größeren Wettbewerber, der ungefähr das gleiche Geschäftsmodell hat, kopieren die AGB von diesem Wettbewerber und passen sie gegebenenfalls noch ein wenig an. Ich rate Ihnen von dem Kopieren fremder AGB ab. Allerdings ist es schon sinnvoll, sich die AGB von Wettbewerbern und insbesondere die branchenspezifischen Regelungen vor der Erstellung eigener AGB einmal anzusehen, soweit solche vorhanden sind.

Hintergrund ist, dass allgemeine Geschäftsbedingungen beispielsweise *urheberrechtlich geschützt* sein können. Außerdem besteht vielfach ein *wettbewerblicher Schutz* gegen das Kopieren. Bei der Übernahme fremder AGB können demnach teure Abmahnungen drohen. Schließlich enthalten zahlreiche AGB, auch von sehr großen Unternehmen, unwirksame Bestimmungen und passen selten auf das eigene Geschäftsmodell.

### Hinweis: Gekennzeichnete AGB

Teilweise werden von Rechtsanwälten auch absichtlich (Rechtschreib-)Fehler an verschiedenen Stellen der von ihnen erstellten AGB eingebaut, sodass der Rechtsanwalt eine Übernahme auf einfachem Weg beweisen kann. Beispielsweise wird das gleiche Wort in drei verschiedenen Schreibweisen in den AGB geschrieben. Werden durch das Kopieren alle drei Fehler übernommen, liegt eine Übernahme nahe, auch wenn die AGB ansonsten umfangreich angepasst wurden.

## Haftungsbeschränkung in AGB

Ein wichtiger Punkt in AGB ist immer wieder die *Haftungsbeschränkung*, da das gesetzliche Haftungssystem in Deutschland extrem streng ist. Die Schadensersatzpflicht besteht in der Höhe unbeschränkt bereits für einfachste Fahrlässigkeit und auch für mittelbare, also von der eigentlichen Leistung weit entfernte Schäden und kann so das Vertragsvolumen erheblich übersteigen.

Der Kauf einer Software für ein Onlineshopsystem, die nur einige Tausend Euro kostet, kann schnell Schäden in Millionenhöhe verursachen, wenn die Software nicht funktioniert.

---

Leider sind die Möglichkeiten in AGB, diese sehr weitgehende Haftung wirksam zu beschränken, sehr eingeschränkt. Hier besteht fast keine Flexibilität, und es kommt auf fast jedes Wort der Haftungsbeschränkungsklausel an, damit diese wirksam ist. Es ist generell schwierig, die Haftung in AGB in großem Umfang auszuschließen.

### Hinweis: Leistungsbeschreibung des Angebots zur Haftungsbeschränkung nutzen

Eine weitere Möglichkeit der faktischen Haftungsbeschränkung ist, die Leistungsbeschreibung positiv wie auch negativ zu definieren (z.B. Art, Umfang und Güte des konkreten Vertragsgegenstands/Kaufgegenstands und was insbesondere nicht von dem Angebot umfasst ist). Als Faustregel gilt, dass die wesentlichen Bestandteile des Geschäfts nicht der Inhaltskontrolle nach AGB-Recht unterliegen.

## Checkliste: Allgemeine Verkaufsbedingungen

In allgemeinen Verkaufsbedingungen von Produkten werden häufig die folgenden Punkte geregelt (bei Softwareprodukten kommen noch einige weitere Punkte hinzu):

- Allgemeines und Geltungsbereich (z.B. zur Einbeziehung und Änderungen der AGB)
- Vertragsschluss (Angebot und Annahme)
- Widerruf bei B2C-Verträgen
- Lieferfristen und Lieferverzug
- Gefahrübergang, Abnahme, Annahmeverzug
- Mitwirkungspflichten des Kunden
- Preise und Zahlungsbedingungen
- Eigentumsvorbehalt
- Mängelansprüche des Käufers
- Haftungsbeschränkung/Haftungsausschluss
- Verjährung
- Datenschutz
- Exportbeschränkungen
- Rechtswahl und Gerichtsstand

# Checkliste: Vermeidung von Fehlern bei der Verwendung von AGB

- Versteckte Regelungen: Eigenständige Regelungsbereiche in AGB dürfen nicht unter fremden Überschriften »versteckt« werden, wo man eine solche Regelung nicht erwarten würde, z.B. versteckte Datenschutzhinweise in AGB.
- Die AGB stehen in einer zu kleinen Scrollbox.
- Es entstehen Widersprüche zu anderen Texten auf der Website.
- Klauseln müssen verständlich sein und dürfen dem Verwender kein Auslegungsspielraum geben.
- Es werden Regelungen verwendet, die die Kenntnis der Rechtslage voraussetzen: Daher sind Formulierungen wie »soweit gesetzlich möglich/zulässig« oder »soweit sich aus zwingendem Recht nichts anderes ergibt« unzulässig.
- Unzulässige, z.B. überraschende Klauseln, beispielsweise ein versteckter kostenpflichtiger Vertragsschluss, dürfen in AGB nicht verwendet werden.
- Es dürfen keine Klauseln (etwa im Bereich Informationspflichten für Verbraucher) fehlen.
- AGB müssen in der Vertragssprache einbezogen werden.
- AGB müssen wirksam und nicht zu spät in den Vertrag einbezogen werden.
- Falsche, nicht zum Vertragsgegenstand passende AGB, z.B. allgemeine Verkaufsbedingungen bei Vermietung von Gegenständen, müssen vermieden werden.
- Fremde AGB sollten nicht übernommen werden.
- AGB müssen zum Geschäftsmodell passen.
- Die AGB wurden nicht wirksam in den Vertrag einbezogen.
- Versandkosten werden nur in den AGB oder erst im Warenkorb angezeigt.
- Eine eigene Abwehrklausel in den AGB fehlt.
- Es werden unzulässige Klauseln verwendet (alle ebenfalls relevant, da sie von Wettbewerbern kostenpflichtig abgemahnt werden können):
  - Ersatzlieferung bzw. Lieferung eines gleichwertigen Produkts in AGB vorbehalten.
  - Unzulässiger Selbstbelieferungsvorbehalt.
  - Lieferfristen unverbindlich oder nicht hinreichend bestimmt.
  - Unkonkrete Lieferzeitangabe »in der Regel«.
  - Unzulässiger Teillieferungsvorbehalt.
  - Transportrisiko auf Verbraucher übertragen.
  - Unverzügliche Rügepflicht bei Transportschäden.
  - Vollständiger Ausschluss der Gewährleistung.
  - Pauschale Begrenzung der Gewährleistung auf ein Jahr bei gebrauchter Ware.

- Gewährleistung nur gegen Vorlage des Kaufbelegs.
- Händler behält sich die Wahl der Gewährleistungsart vor.
- Pauschaler Haftungs- bzw. Schadensersatzausschluss.
- Unzulässige Haftungsbeschränkungen (z.B. pauschale Beschränkung der Haftung auf die Höhe des Kaufpreises).
- Unzulässige Schriftformklauseln in AGB für Nebenabreden oder Vertragsänderungen.
- Unzulässige Festlegung von Erfüllungsort oder Gerichtsstand.
- Unzulässige herkömmliche salvatorische Klausel in AGB.

# KAPITEL 8

# Das Berater-Einmaleins

## Was beeinhaltet dieses Kapitel?

Das letzte Kapitel erläutert die unterschiedlichen Beratergruppen (Steuerberater/ Wirtschaftsprüfer, Notare, Rechtsanwälte, Patentanwälte, M&A-, Förder- und Unternehmensberater sowie Coaches und Experten wie Business-Angels, etablierte Unternehmer und Wissenschaftler) und gibt Tipps bei der Mandatierung und der richtigen Auswahl von Beratern, die zu den besonderen Bedürfnissen eines Startups passen.

Sie erfahren, wie Berater abrechnen (Stunden- oder Tagessätze, Pauschal- oder Erfolgsvergütung oder Vergütung nach den gesetzlichen Vergütungsordnungen), und ich stelle Ihnen einige Fördermöglichkeiten (vor allem Zuschüsse) für Beratungsleistungen vor.

## Berater ist nicht gleich Berater

Die Wahl der richtigen Berater kann entscheidend für den Erfolg Ihres Startups sein. Ein versierter und gut vernetzter Berater kann Ihnen nicht nur mit seinem *Fachwissen* weiterhelfen, sondern hat im besten Fall ein *großes Netzwerk* und kann *nützliche Kontakte* vermitteln. Wie bereits in Kapitel 3, *Wie finanziere ich mein Startup?*, dargestellt, ist es z.B. sehr viel wahrscheinlicher, dass Sie eine Finanzierung von Investoren einwerben können, wenn der potenzielle Investor zunächst von jemandem angesprochen wird, den er kennt und dem er bestenfalls sogar vertraut.

___ BEISPIEL ___

Entrepreneure, die schon einmal ein Unternehmen erfolgreich verkauft haben, sind oftmals nicht nur selbst Investoren, sondern kennen auch andere Investoren, wie z.B. Business-Angels oder Venture-Capital-Unternehmen.

Die richtigen Berater können für Ihr Startup auch in vielen anderen Bereichen wertvoll sein. Zunächst werde ich versuchen, die unterschiedlichen Beratergruppen zu kategorisieren. Diese Kategorisierung sagt natürlich nichts über die Qualifizierung und Kompetenz des einzelnen Beraters in der jeweiligen Kategorie aus.

---

### Hinweis: Beraterkosten sind Betriebsausgaben

Für alle geschäftlich verursachten Beraterkosten gilt, dass diese als Betriebsausgaben steuerlich abzugsfähig sind.

---

## Der Unterschied zwischen einem Experten und einem Berater

Zunächst nehme ich eine Unterscheidung vor zwischen *unterstützenden Experten*, denen es nicht vordergründig um das Honorar für die Beratungsleistung geht, und den *Beratern*, die Beratungsleistungen üblicherweise gegen ein erfolgsunabhängiges Beratungshonorar erbringen.

Experten sind für mich also z. B. etablierte Unternehmer, Business-Angels, Wissenschaftler und andere hochkarätige technische Experten oder Markt-Insider, die Startups vordergründig mit ihren Netzwerken und ihrem Fachwissen unterstützen und beraten.

Diese Experten verlangen oftmals kein marktübliches Honorar, sondern handeln aus anderen Motiven.

---

### Hinweis: Motivation der Berater

Überlegen Sie sich immer, welche Motivation ein Berater hat. Will der Berater mit Ihnen Geld verdienen, ist er bereit, Ihnen kostenlos völlig altruistisch weiterzuhelfen, oder erwartet er zumindest eine Aufwandsentschädigung, reale oder virtuelle Geschäftsanteile oder eine eigene Investmentmöglichkeit? Erhofft er sich Ansehen als Förderer von Startups, will er als innovativer Unternehmer wahrgenommen werden, oder möchte er vertrauliche Informationen und Markt-Insights erhalten? Natürlich kann es eine Kombination aus mehreren dieser Gründe sein.

Das Zielsystem des Beraters zu kennen, ist wichtig, weil niemand etwas ohne einen Grund macht, und nur wenn Sie sein Zielsystem kennen, können Sie ihn richtig einschätzen und motivieren.

---

Die Gewährung von Geschäftsanteilen sollte nur bei den hochkarätigsten Experten in Betracht gezogen werden. Das kann insbesondere dann von Vorteil sein, wenn die Experten auf diese Weise inzentiviert werden und somit ein Eigeninteresse am Erfolg des Startups bekommen.

Eine gute Möglichkeit, besonders hochkarätige Experten einzubinden, ist z. B. der *Beirat* bei der GmbH oder der *Aufsichtsrat* bei der Aktiengesellschaft. Häufig wird in den ersten Jahren, wenn noch keine nennenswerten Umsätze erzielt werden, »nur« eine *Aufwandsentschädigung* von den Experten verlangt, die sich bei hochwertigen Beratern ohne Zweifel lohnt.

---
**BEISPIEL**
---

Wenn Sie aus der Universität oder einem Forschungsinstitut ausgründen, können Sie überlegen, den vormals betreuenden Professor oder den Abteilungsleiter des Fachbereichs des Forschungsinstituts für den Beirat zu gewinnen.

---

Der Investor lässt sich häufig nach einer Finanzierungsrunde im Beteiligungsvertrag das Recht einräumen, ein Beiratsmitglied zu benennen, weitere Beiratsmitglieder können Sie oftmals selbst normieren.

Der Beirat sollte, in Ergänzung zum eigenen *wissenschaftlichen Know-how* und dem Fachwissen des Investors, noch durch weitere Experten komplettiert werden, z. B. in Form von etablierten Unternehmern, Marktexperten, Vertriebsexperten, Rechtsanwälten oder Steuerberatern.

Viele Gründer stören sich oftmals an dem Aufwand der Vorbereitung von Beiratssitzungen und den fehlenden Detailkenntnissen der Beiräte, kombiniert mit ungefragten Ratschlägen. Aber schon allein die Tatsache, dass zwei- bis viermal im Jahr der Status formuliert und präsentiert werden muss, ist von Vorteil. Auch kann die kritische Begleitung durch den eigenen Beirat viel mehr als von außen kommende Kommentierungen bewirken. Das Netzwerk und darüber der Zugang zu weiteren Finanzierungen, Märkten und Technologien sollten ein weiteres Kriterium zur Wahl der Beiräte sein. Wenn Ihre Beiräte größtenteils auf Vergütungen und Reisegeld verzichten und sich immer am Sitz der Gesellschaft und nicht an Flughäfen bzw. Bahnhöfen treffen wollen, ist das ein Zeichen für einen inhaltlich getriebenen Beirat.

# Der Unterschied zwischen verkammerten Beratern und freien Beratern

Eine weitere Unterscheidung lässt sich zwischen den in Kammern organisierten Beratern (in sogenannten Kammerberufen) und den Beratern vornehmen, die keinen besonderen standes- und berufsrechtlichen Regelungen unterworfen sind. Kammerberufe sind zum Beispiel:

- beratende Ingenieure
- Steuerberater
- Wirtschaftsprüfer
- Rechtsanwälte

- Patentanwälte
- Notare

Diese Berater bezeichne ich nachfolgend als »verkammerte Berater«.

Die verkammerten Berufe sind grundsätzlich durch gesetzliche *Gebühren-* und *Berufsordnungen* reglementiert, die die Grundsätze der Vergütung und die Beratungspflichten festlegen.

In den Kammerberufen darf nur tätig werden, wer persönlich und fachlich ausreichend qualifiziert ist, was durch Prüfungen und eine Zulassung sichergestellt werden soll. Des Weiteren wird durch die zwingende Einhaltung der standes- und berufsrechtlichen Regelungen sichergestellt, dass die verkammerten Berater ihren Beruf gewissenhaft und nach bestimmten Qualitätsstandards ausüben. Für Kammerberufe besteht außerdem eine Pflicht zum Abschluss einer *Berufshaftpflichtversicherung*.

Die Berufsbezeichnungen, z.B. Rechtsanwalt oder Wirtschaftsprüfer, sind geschützt, sodass sich kein Berater ohne Erfüllung der berufsspezifischen Anforderung z.B. als Rechtsanwalt bezeichnen darf.

--- **BEISPIEL** ---

Als Rechtsanwalt darf man sich z.B. nur bezeichnen, wenn man ein rechtswissenschaftliches Studium abgeschlossen, das erste und zweite Staatsexamen bestanden sowie den zweijährigen Referendariatsdienst absolviert hat, von der Rechtsanwaltskammer zugelassen wurde und eine Berufshaftpflichtversicherung mit der Mindestversicherungssumme von € 250.000 unterhält.

Alle anderen Berater werden im Folgenden von mir als »freie Berater« bezeichnet. Der Markt der freien Berater setzte sich nach Angaben des Bunds Deutscher Unternehmensberater (BDU) im Jahr 2017 bezogen auf den Marktumsatz aus folgenden Beratungsfeldern zusammen:

- 24,4 % Strategieberatung
- 44,1 % Organisations- und Prozessberatung
- 21,6 % IT-Beratungsleistungen
- 9,9 % Human-Resources-Beratung

Freie Berater sind zum Beispiel:

- Mergers-&-Acquisitions-(M&A-)Berater
- Fördermittelberater
- Unternehmensberater
- Betriebsberater
- (Gründungs-)Coaches
- Consultants

Diese Berufsbezeichnungen sind nicht geschützt, und es gibt keine den Kammern entsprechende Stelle, die Ausbildung, Qualität oder Fachwissen dieser Berater überprüft. Es kann sich daher jeder z. B. als Unternehmensberater, Fördermittelberater oder Consultant selbstständig machen.

───── **BEISPIEL** ─────

Ein Schulabbrecher ohne Ausbildung, ein Handwerker und auch ein Universitätsprofessor können ihre Leistungen als Unternehmensberater oder Coach anbieten.

Bei den freien Beratern besteht *keine gesetzliche Gebührenordnung*, sodass die Honorare völlig frei gestaltet werden können, und auch *keine Pflicht zum Abschluss einer Vermögenshaftpflichtversicherung*.

---

### Hinweis: Gütesiegelgemeinschaft

Der *Bund Deutscher Unternehmensberater BDU e. V.* ist ein Wirtschafts- und Berufsverband der Management- und Personalberater, der vor dem Hintergrund der nicht geschützten Berufsbezeichnung seine Mitglieder zu bestimmten einzuhaltenden Standards, die an die verkammerten Berufe angelehnt sind, verpflichtet und so die Mitgliedschaft im BDU als Qualitätsmerkmal herausstellt (sogenannte Gütesiegelgemeinschaft). Konkret müssen sich seine Mitglieder eigenen entwickelten Berufsgrundsätzen zur Berufsausübung, zur Verschwiegenheit, zu Interessenkollisionen, fremden Vermögenswerten, Werbung, Honorar und Weiterbildung unterwerfen. Wer Mitglied im BDU werden will, muss darüber hinaus bereits fünf Jahre als Berater tätig sein und drei Kundenreferenzen vorlegen sowie eine risikoadäquate Berufshaftpflichtversicherung abschließen.

---

## Auswahl eines passenden Beraters

Die Suche nach einem geeigneten Berater sollte bestenfalls von Ihrer Seite oder Ihrem Netzwerk ausgehen. Berater, die Sie im Rahmen einer Kaltakquise ansprechen, sollten besonders vorsichtig begutachtet werden.

Überlegen Sie im Vorfeld, wie hoch Ihr *Beratungsbudget* ist, wo konkret Ihr *Beratungsbedarf* besteht, von welchem *Beratungszeitraum* und *-umfang* Sie ausgehen und welches *Ziel* Sie mit der Beratung erreichen möchten. Bedenken Sie auch, dass es innerhalb eines Beratungstypus verschiedene Fachrichtungen gibt.

───── **BEISPIEL** ─────

Rechtsanwalt A mag für das Rechtsgebiet Arbeitsrecht genau der Richtige sein, nicht jedoch für das Rechtsgebiet Gesellschaftsrecht.

Es ist auch nicht zu unterschätzen, wie wichtig es ist, dass die »Chemie zwischen den Parteien stimmt« und dass Sie Ihrem Berater vertrauen. Das *Vertrauen* zum Berater ist neben seiner *fachlichen Kompetenz* entscheidend, insbesondere wenn es sich um einen besonders kritischen Beratungsgegenstand oder eine längere Zusammenarbeit handelt. Wenn Sie beim Kennenlernen des Beraters gleich ein schlechtes Gefühl haben, suchen Sie am besten weiter, meist ist das erste Gefühl nicht verkehrt.

Fragen Sie nach *Referenzen*, bestenfalls von Unternehmen Ihrer Branche und Größe. Auch die Berater der Kammerberufe, die gesetzlich zur Verschwiegenheit verpflichtet sind, können sich eine Einwilligung ihrer Mandanten einholen und dürfen sie dann als Referenz nennen. Häufig übersenden z. B. Rechtsanwaltskanzleien aber auch nur anonymisierte Referenzen, was meiner Meinung nach kein Ausschlusskriterium sein muss.

Vereinbaren Sie ein Treffen oder Telefonat, um sich kennenzulernen. Ein Vorgespräch sollte kostenfrei möglich sein, wenn es noch nicht vordergründig um die inhaltliche Beratung geht, sondern die Beratungsbedingungen und die Mandatierung geklärt werden sollen.

Stellen Sie sicher, dass Ihr Gesprächspartner auch derjenige ist, der die Beratung später durchführen wird.

Sie können sich auch eine zweite Meinung einholen und das Beratungsangebot bzw. den Vertrag mit dem Berater gegebenenfalls von einer erfahreneren und Ihnen vertrauten Person überprüfen lassen.

*Bewertungen im Internet* sind mit Vorsicht zu genießen und sollten meiner Meinung nach nur als erstes Indiz genommen werden, da Bewertungen häufig aus Gefälligkeit abgegeben werden oder aber das Bild von Querulanten verfälscht sein könnte.

Treffer auf den ersten Seiten von Internetsuchmaschinen sind in erster Linie ein Hinweis darauf, wie viel Geld ein Berater oder eine Kanzlei in die Suchmaschinenoptimierung oder in Anzeigen investiert hat, und sind damit in Bezug auf eine Beurteilung ebenfalls mit Vorsicht zu genießen. Es gibt Rechtsanwaltskanzleien, die monatlich fünfstellige Beträge in Onlinewerbung und Suchmaschinenoptimierung investieren. Am Ende des Kapitels habe ich eine Checkliste zur Beraterauswahl beigefügt.

---

### Hinweis: Berater, die Ihr Netzwerk bereits beraten haben

Am besten fragen Sie andere Gründer oder befreundete Unternehmer, denen Sie vertrauen, nach ihren Erfahrungen mit einem Berater oder Beratungsunternehmen oder bitten um eine Empfehlung.

---

Es gibt einige Fragen, die man stellen kann, um zu sehen, ob jemand wirklich im Venture-Capital-Bereich tätig ist und Erfahrungen in diesem Bereich hat. Ich frage dann zum Beispiel:

### »Wer ist Don Valentine?«

Wenn der Berater Don Valentine nicht kennt, hat er höchstwahrscheinlich nicht besonders viel mit dem Venture-Capital-Bereich zu tun. Don Valentine kann als der »Godfather of Venture Capital« bezeichnet werden. Er hat 1972 das inzwischen weltweit erfolgreichste Venture-Capital-Unternehmen mit dem Namen Sequoia Capital gegründet. Sequoia Capital hat in den ersten Finanzierungsrunden z.B. in Airbnb, Atari, Apple, Dropbox, Google, Oracle, LinkedIn, PayPal, Yahoo!, YouTube, WhatsApp und Instagram investiert. Leider ist Don Valentine im Jahr 2019 verstorben.

Ein Rechtsanwalt aus dem Venture-Capital-Bereich sollte aus dem Stegreif die Standardbegriffe »Vesting«, »ESOP« und »Downround« erklären können.

Ein Steuerberater, der das Holding-Modell oder Mitarbeiterprogramme durch virtuelle Geschäftsanteile nicht kennt, berät wahrscheinlich auch nicht besonders viele Startups.

## Sollte man einen schriftlichen Beratungsvertrag abschließen?

Ein *Beratungsvertrag* oder *Beratervertrag* ist nicht im Bürgerlichen Gesetzbuch oder anderweitig geregelt, sodass die Bezeichnung zumindest ungenau ist, aber auch nicht schadet. Bei den als Beratungsverträgen bezeichneten Verträgen handelt es sich formaljuristisch entweder um einen *Dienstvertrag* (typischerweise z.B. einen Arbeitsvertrag), einen *entgeltlichen Geschäftsbesorgungsvertrag* (typischerweise z.B. Marken- und Patentanmeldungen und Beratungen eines Rechtsanwalts), einen *Werkvertrag* (typischerweise z.B. bei Programmierleistungen, der Erstellung von Gutachten oder dem Entwurf von Verträgen) oder einen *Maklervertrag* (z.B. typischerweise beim Headhunting).

In der Praxis kommen oftmals auch Kombinationen aus den gerade genannten Verträgen vor. Nicht ausschlaggebend für die Einordnung eines Vertrags ist die Bezeichnung der Parteien für den Vertrag, also wie der Vertrag überschrieben und genannt wird. Entscheidend ist lediglich, was im Vertrag inhaltlich geregelt wird und was von den Vertragsparteien tatsächlich gewollt ist. Aus den verschiedenen Vertragstypen ergeben sich unterschiedliche gesetzliche Rechtsfolgen, z.B. hinsichtlich der Gewährleistungsregelungen und Haftungskonsequenzen.

Der wichtigste Unterschied besteht bei den »Beraterverträgen« zwischen dem *Dienst-* und dem *Werkvertrag*. Die Abgrenzung des Dienstvertrags vom Werkvertrag ist leider sehr komplex und ein Dauerthema vor den Gerichten. In der Praxis ist er von ganz erheblicher Bedeutung.

Der Bundesgerichtshof nimmt die Abgrenzung anhand der Formel vor, dass beim Dienstvertrag die *ordnungsgemäße Erbringung der Dienstleistung,* beim Werkvertrag aber auch ein *bestimmter Erfolg* geschuldet wird.

Den Vertrag ordnungsgemäß erfüllt hat der Berater damit beim Werkvertrag erst durch den Erfolgseintritt.

Selbst wenn der Berater seine Dienste ordentlich verrichtet hat, bekommt er keinen Werklohn, wenn der Erfolg ausgeblieben ist. Dabei ist es grundsätzlich unerheblich, wie lange der Berater für die Erreichung des Erfolgs benötigt. Das Erfüllungsrisiko des Werkvertrags liegt bei dem Berater.

───── **BEISPIEL** ──────────────────────────────────────────

Eindrucksvoll lässt sich der Unterschied anhand von Softwareentwicklungen erläutern. Handelt es sich aufgrund der inhaltlichen Ausgestaltung des Vertrags und dem tatsächlich gewollten um einen Werkvertrag, muss der Softwareentwickler eine funktionierende Software abliefern. Ist ein Dienstvertrag abgeschlossen worden, werden – etwas vereinfacht dargestellt – die Stunden seiner Programmierversuche bezahlt, ohne dass ein konkretes Ergebnis geschuldet wird. Wenn die Software gar nicht funktioniert, bekommt der Softwareentwickler beim Werkvertrag erst einmal kein Geld und muss weitere Zeit in die Programmierung stecken, ohne dass er hierfür zusätzlich bezahlt wird. Beim Dienstvertrag kann gegen Bezahlung weiter programmiert werden, oder das Projekt kann erfolglos abgebrochen werden. In beiden vorgenannten Fällen des Dienstvertrags erhält der Softwareentwickler auch seine bisherige Arbeitszeit vergütet.

───────────────────────────────────────────────────────────

---

### Hinweis: Schließen Sie Werkverträge, wenn es Ihnen auf das Arbeitsergebnis ankommt

Ein Startup wird demnach immer versuchen, möglichst einen Werkvertrag abzuschließen, wenn es einen Berater beauftragt, und dazu einen konkreten Erfolg vereinbaren; für den Berater ist meist der Dienstvertrag in der Beratungssituation vorteilhafter.

---

Alle »Beraterverträge« bedürfen grundsätzlich keiner *schriftlichen* oder *mündlichen Form,* sondern können auch durch schlüssiges Verhalten der Vertragspartner zustande kommen, also letztlich durch die Arbeitsaufnahme des Beraters.

Bei allen Beratungen ist es aber generell vorteilhaft, wenn Sie nicht lediglich ein Angebot des Beraters (mündlich oder durch schlüssiges Verhalten) annehmen (was in der Praxis häufig noch der Fall ist), sondern einen *schriftlichen Beratervertrag* schließen, der die folgenden Punkte regelt:

- Leistungsumfang, in dem beschrieben ist, was der Berater genau machen soll.
- Das Honorar, die Zahlungsbedingungen und Abrechnungseinheiten (z. B. Tages- oder Stundensätze, Pauschalen oder Vergütungen nach den gesetzlichen Vergütungsverordnungen).
- Termine für die Erbringung der Leistungen (bei umfangreichen Projekten exakte Zwischenschritte).
- Alle Kosten inklusive Nebenkosten, wie beispielsweise Reisekosten oder Kommunikationskosten wie Porto etc.
- Welcher Berater die Leistungen erbringt und ob Dritte (Unterauftragnehmer) einbezogen werden dürfen.
- Regelungen zur Vertraulichkeit.
- Regelungen zum Datenschutz, gegebenenfalls zur Auftragsdatenverarbeitung.
- Regelung über die Rechte an den Arbeitsergebnissen.
- Keine Bindung an Vertragslaufzeiten oder an die Abnahme einer bestimmten Anzahl von Beratungstagen.
- Regelung, unter welchen Umständen Sie vom Vertrag zurücktreten bzw. den Vertrag kündigen können, wenn Sie merken, dass der Berater nicht zu Ihnen passt oder Sie unzufrieden mit der Qualität der Beratung sind.

Sie müssen weiterhin unbedingt darauf achten und sicherstellen, dass der *Berater-vertrag nicht als Arbeitsvertrag oder Arbeitnehmerüberlassung* eingestuft wird. Daher sollte ein besonderes Augenmerk darauf geworfen werden, dass in dem Beratervertrag weder »Lohnfortzahlung« noch »Urlaub« vereinbart wird und dass der Berater grundsätzlich frei in der Einteilung seiner Arbeitszeit ist, keinen dauerhaften Arbeitsplatz im Unternehmen hat, nicht den Weisungen des Unternehmens unterworfen ist und keine eigene Unternehmensvisitenkarte erhält. Mit anderen Worten: Der Berater darf nicht in die *Betriebsorganisation* des Startups integriert werden.

Wenn ein Vertrag zu viele der gerade angesprochenen Punkte beinhaltet, könnte der Berater irgendwann behaupten, von Ihrem Startup angestellt zu sein, und eine Feststellungsklage einreichen, in der festgestellt werden soll, dass der Berater Arbeitnehmer ist. Hat der Berater hiermit Erfolg, würden ihm die sehr weitgehenden Arbeitnehmerrechte, wie Urlaubsanspruch, gegebenenfalls Kündigungsschutz und auch Lohnanspruch, zustehen. Des Weiteren wären dann Sozialabgaben abzuführen.

---

### Hinweis: Haftung der Geschäftsführung trotz Beauftragung eines (rechtlichen) Beraters?

Man könnte meinen, dass Sie als Geschäftsführer nicht haften, wenn Sie eine schwierige Entscheidung aufgrund eines Rats eines Beraters treffen, der sich nachträglich als falsch herausstellt. Dem ist leider nicht immer so.

Im Rahmen eines Haftungsprozesses wegen fehlerhafter Geschäftsleitung sind Sie als Geschäftsführer nämlich verpflichtet, zu beweisen, dass Sie nicht schuldhaft gehandelt haben. Die Geschäftsführung darf nach der Rechtsprechung des Bundesgerichtshofs nicht blind auf die Fachkompetenz und den (Rechts-)Rat des Beraters vertrauen.

Es ist vielmehr erforderlich, dass Sie darlegen können, einen qualifizierten und unabhängigen (gegebenenfalls nicht vorbefassten oder scheinselbstständig beschäftigten) Berater ordnungsgemäß ausgewählt und ihn zutreffend und umfassend über alle für den zu beurteilenden Prüfungsgegenstand relevanten Umstände informiert zu haben. Außerdem sind Sie als Geschäftsführer verpflichtet, das Beratungsergebnis im Rahmen einer Plausibilitätskontrolle auf Widersprüche und Begründungsschwächen selbst zu überprüfen.

Aus Beweisgründen sollten Sie daher den datierten Prüfauftrag mit Fragen und Prüfungsfrist, den mitgeteilten Sachverhalt, das schriftliche Beratungsergebnis, die weitere Korrespondenz mit dem Berater und die Art und das Ergebnis der Plausibilitätskontrolle schriftlich dokumentieren. Ansonsten haften Sie gegebenenfalls für die fehlerhafte Geschäftsführungsmaßnahme, z.B. den verspäteten Insolvenzantrag, und zwar unabhängig davon, ob sich der Berater dann dem Unternehmen gegenüber auch schadensersatzpflichtig gemacht hat.

---

# Was bei der Beauftragung von Rechtsanwälten zu beachten ist

Viele Startups haben zunächst Berührungsängste mit Rechtsanwälten und Kanzleien. Dies verwundert nicht besonders, da Startups wenig Geld haben, gute Rechtsberatung nicht billig ist und daher die Sorge vor hohen Kosten anwaltlicher Beratung besteht.

Trotzdem empfehle ich Ihnen, sich schon frühzeitig zu informieren, ob es passende Rechtsanwälte oder eine Kanzlei für Ihr Startup gibt. Wenn Sie erst nach einem Rechtsanwalt suchen, wenn Sie bereits unter dem Druck einer Frist aufgrund eines *konkreten Ereignisses*, wie einer *Abmahnung* oder eines *anwaltlichen Schreibens* einer Gegenpartei, eines *Behördenschreibens* oder aufgrund eines *Fristablaufs* stehen, haben Sie häufig nicht die Zeit, sich ausreichend zu informieren und den passenden Rechtsanwalt zu finden. Auch ohne Zeitdruck ist es nicht einfach, einen passenden Rechtsanwalt für ein bestimmtes Rechtsgebiet zu finden, der sich auch mit den speziellen Problemen von Startups auskennt.

Die Rechtsgebiete teilen sich zunächst grob in *Strafrecht*, *Zivilrecht* und *Öffentliches Recht* auf. Diese drei Rechtsgebiete lassen sich jeweils weiter unterteilen.

Strafrecht ist wohl selbsterklärend, im Öffentlichen Recht wird das Verhältnis zwischen Bürger und Staat geregelt, und im Zivilrecht werden die rechtlichen Verhältnisse zwischen Bürgern, zwischen Unternehmen oder zwischen Bürgern und Unternehmen geregelt. Letzteres wird deshalb auch als *Bürgerliches Recht* bezeichnet.

Sie werden als Existenzgründer zunächst in erster Linie zivilrechtliche Beratung benötigen. Zivilrecht beinhaltet z.B. alles, was im Bürgerlichen Gesetzbuch, im Handelsgesetzbuch, im GmbH-Gesetz sowie im Marken-, Urheber- und Patentrecht geregelt ist.

Sie werden wahrscheinlich nicht mit allen diesen Rechtsgebieten in Kontakt kommen. Die folgenden Rechtsgebiete werden aber vermutlich früher oder später auf Sie zukommen, sodass Sie, bevor Sie konkreten Beratungsbedarf haben, Rechtsanwälte identifizieren sollten, die diese Bereiche abdecken.

Als Erstes kommt der Gründer meist mit dem *Gesellschaftsrecht* (Gründung des Unternehmens, Rechtsformwahl, Gesellschaftsverträge, Gesellschafterversammlungen, Finanzierung etc.) in Berührung. Von großer Bedeutung ist zudem oft das *allgemeine Vertragsrecht* (Vertragsmuster, AGB, Mietverträge, Fragen des elektronischen Geschäftsverkehrs etc.). Weitere wichtige Bereiche sind das *Arbeitsrecht* (Arbeitsverträge, Kündigungen, Urlaub, freie Mitarbeiter/Scheinselbstständige, geringfügig Beschäftigte, Praktikanten, Mindestlohn etc.) und der *gewerbliche Rechtsschutz* (vor allem bei innovativen oder kreativen Unternehmen: Geheimhaltungsvereinbarungen, Markenanmeldungen/Markenrecht, Wettbewerbsrecht, Patente, Urheberrecht, gegebenenfalls Abmahnungen etc.) sowie alle Themen rund um das Internet, also das *IT-Recht* (Onlineshop, Software, Datenschutz, Impressumspflichten, Cookie-Richtlinie).

Hinzu kommen gegebenenfalls *geschäftsmodellspezifische Rechtsgebiete*, wie das Versicherungsrecht bei InsurTech-Unternehmen oder das Bankrecht bei FinTech-Unternehmen.

Hoch spezialisierte Rechtsanwälte bieten oftmals nur eines dieser Unterrechtsgebiete an, also z.B. nur Arbeitsrecht, Gesellschaftsrecht oder den gewerblichen Rechtsschutz.

Aber auch mehrere zivilrechtliche Unterrechtsgebiete können meiner Ansicht nach ohne Qualitätseinbußen von einem Rechtsanwalt angeboten werden, soweit die Zahl der Rechtsgebiete überschaubar bleibt.

Analog zum Arzt in der Medizin sollte im Startup-Business die richtige Kanzlei und der betreuende Rechtsanwalt dabei *problemorientiert* ausgesucht werden. Ein Hautarzt beispielsweise hat zwar im Studium etwas über psychische Erkrankungen gehört, kann eine Person mit Depressionen aber nicht besonders gut oder zumindest nicht so gut wie ein Psychiater behandeln. Daher ist es wichtig, zu verstehen, dass fast jedes rechtliche Problem in ein Rechtsgebiet eingeordnet werden kann. Der ausgewählte Rechtsanwalt sollte dann bestenfalls auf dieses Rechtsgebiet spezialisiert sein.

> ### Hinweis: Sehr breites Beratungsspektrum
>
> Wenn ein Einzelanwalt zu viele verschiedene Rechtsgebiete selbst anbietet, sollten Sie genau hinsehen, da es sehr zeitaufwendig ist, als Rechtsanwalt auf vielen Rechtsgebieten auf dem Laufenden zu sein und zu bleiben.

---

**BEISPIEL**

Ein Einzelanwalt, der Verwaltungsrecht und Strafrecht sowie Zivilrecht anbietet, deckt damit im Grunde das gesamte Beratungsspektrum ab. Es wird ihm dann wahrscheinlich nicht möglich sein, überall über ein vertieftes Wissen zu verfügen und sich auf dem neuesten Stand über Gesetzesänderungen und die aktuelle Rechtsprechung zu halten.

---

Neben den Spezialgebieten der Rechtsanwälte gibt es Unterschiede bei der Kanzleigröße. *Internationale Großkanzleien* und *überregionale Kanzleien* bieten oft eine große Bandbreite an hoch spezialisiertem Fachwissen an, sind aber vergleichsweise teuer. Als sogenannte »Anwaltsboutiquen« bezeichnet man kleinere spezialisierte Einheiten, die sich meist auf die Beratung in einem Rechtsgebiet (z.B. Arbeitsrecht, Strafrecht oder gewerblicher Rechtsschutz etc.) oder in wenigen Rechtsgebieten beschränken (oft Fachanwälte).

Es gibt auch *spezialisierte Einzelanwälte*, die eine Beratung nur in Einzelbereichen anbieten und dadurch über große Erfahrung verfügen.

---

Als *MDP-Kanzleien* (multidisziplinäre Praxis) bezeichnet man die Zusammenschlüsse von Rechtsanwälten, Steuerberatern und Wirtschaftsprüfern, die überwiegend Unternehmen an diesen Schnittstellen umfassend beraten.

Internationale Großkanzleien sind darauf ausgerichtet, in größeren Teams mit fachgebietsübergreifendem Know-how zu beraten. Man hat dort dann für jedes Unterrechtsgebiet einen anderen Ansprechpartner in der Kanzlei. Typischerweise beraten sie im Bereich großer Unternehmenstransaktionen oder anderen vor allem für Großunternehmen relevanten Bereichen.

Trotz des meist umfassenden Beratungsangebots und des hohen Renommees aufgrund der namhaften Mandantschaft großer Kanzleien sollten Sie sich als Startup vor der Beauftragung einer solchen Kanzlei über die Wirtschaftlichkeit Gedanken machen. Meist lassen sich die Rechtsberatungsbedarfe ohne Qualitätseinbußen von kleineren Kanzleien zu günstigeren Konditionen decken. Insbesondere spezialisierte Boutiquen sind zunehmend auch die Wahl größerer Unternehmen.

Der Erwerb eines *Fachanwaltstitels* besagt, dass der Rechtsanwalt eine gewisse Praxiserfahrung in einem spezialisierten Rechtsgebiet hat (z.B. dass er 120 Stunden eines theoretischen Kurses belegt hat, eine jährliche Fortbildungspflicht besteht und eine größere Anzahl an praktischen Fällen aus dem Spezialgebiet nachgewiesen wurden). Beispiele von Fachanwaltschaften sind:

- Steuerrecht (z.B. Mitarbeiterbeteiligungsprogramm)
- Arbeitsrecht (z.B. Kündigungen, Arbeitsverträge)
- Insolvenzrecht (z.B. Unternehmen in der Krise)
- gewerblicher Rechtsschutz (z.B. Marken, Patente, Designs, Wettbewerbsrecht)
- Handels- und Gesellschaftsrecht (z.B. Gesellschaftsgründungen, Geschäftsführerangelegenheiten, Finanzierungsrunden)
- Urheber- und Medienrecht (z.B. Abmahnungen von Bildern, Tauschbörsen)
- Informationstechnologierecht (z.B. Softwareverträge, Datenschutz)

Am besten fragen Sie andere Gründer oder befreundete Unternehmer nach einer Empfehlung eines Rechtsanwalts oder einer Kanzlei. Dabei sollten Sie allerdings vor jeder erneuten Mandatierung überlegen, ob der Rechtsanwalt, der schon einmal beauftragt wurde, auch ein Experte in dem Rechtsgebiet der neuen Angelegenheit ist, in der Sie Rechtsrat benötigen.

### Wie rechnen Rechtsanwälte ab?

Es gibt im Wesentlichen zwei gängige Vergütungssysteme für Rechtsanwälte: die *gesetzliche Gebührenordnung* nach dem Rechtsanwaltsvergütungsgesetz (kurz: RVG) und die häufiger im Wirtschaftsrecht anzutreffende *Zeitvergütung nach Stundensätzen*. Daneben gibt es noch die Möglichkeit, *Pauschalhonorare* oder unter bestimmten Voraussetzungen *Erfolgsvergütungen* zu vereinbaren.

Ein Gespräch, bei dem es zunächst lediglich um Abrechnungsart und Kostenberechnung geht, sollte für den Mandanten kostenlos und unverbindlich möglich sein. Zu beachten ist, dass die genannten Stundensätze oder RVG-Sätze meist noch nicht die 19% Umsatzsteuer enthalten, die noch dazugerechnet werden müssen.

### Abrechnung nach den Gebühren des Rechtsanwaltsvergütungsgesetzes

Die Gebühren nach dem RVG hier im Einzelnen zu erläutern, würde den Rahmen dieses Buchs sprengen. Grundsätzlich sind bei der Abrechnung nach dem RVG zwei »Stellschrauben« wichtig, damit man die Höhe der Rechtsanwaltskosten ermitteln kann: Sie müssen wissen, wie hoch der sogenannte *Streitwert/Gegenstandswert* ist und welche *Gebühr* oder *Gebühren* angesetzt werden.

In der Regel belaufen sich die Gebühren in einer Größe zwischen 0,1 und 2,5 und dienen als Multiplikator. Bestimmte Gebühren sind in der Höhe festgelegt, z.B. im Gerichtsverfahren die 1,3 Verfahrens-, 1,2 Termins- oder 1,0-Einigungsgebühr. Die außergerichtlichen Gebühren sind oftmals als *Rahmengebühr* ausgestaltet und vom Rechtsanwalt selbst nach »billigem Ermessen« in der Höhe festzulegen, je nachdem, wie umfangreich und schwierig die zu bearbeitende Angelegenheit war.

Der Rechtsanwalt verdient dann mehr, wenn es sich seiner Meinung nach um eine umfangreiche und schwierige Angelegenheit gehandelt hat.

Die Geschäftsrahmengebühr für außergerichtliche Vertretung beispielsweise liegt zwischen 0,5 und 2,5, was eine sehr große Spanne darstellt und zu sehr unterschiedlichen Kosten für den Mandanten führen kann.

---

### Hinweis: Gebühren über 1,3 für eine außergerichtliche Tätigkeit

Befindet sich eine höhere Gebühr als eine 1,3-Gebühr auf der Rechnung für eine außergerichtliche Streitigkeit, bedeutet dies, dass es sich um eine schwierige und/oder umfangreiche Angelegenheit gehandelt hat. Hier dürfen Sie durchaus beim Rechtsanwalt nachfragen und eine Begründung verlangen. Das gilt umso mehr, je näher die vom Rechtsanwalt festgesetzte Gebühr an die Höchstgebühr von 2,5 herankommt.

---

Die Höhe der Gebühr wird dann mit einem Betrag multipliziert, der sich unmittelbar aus dem Gegenstandswert ergibt. Eine Tabelle mit dem vom Gegenstandswert abhängigen Wert einer Gebühr findet sich in Anlage 2 zum RVG.

*Tabelle 8-1: Wert einer Gebühr gemäß Gegenstandswert*
*(Fundstelle: BGBl. I 2013, 2703)*

| Gegenstandswert bis ... € | 1,0-Gebühr = ... € | Gegenstandswert bis ... € | 1,0-Gebühr = ... € |
|---|---|---|---|
| 500 | 45,00 | 50000 | 1163,00 |
| 1000 | 80,00 | 65000 | 1248,00 |
| 1500 | 115,00 | 80000 | 1333,00 |
| 2000 | 150,00 | 95000 | 1418,00 |

*Tabelle 8-1: Wert einer Gebühr gemäß Gegenstandswert*
*(Fundstelle: BGBl. I 2013, 2703) (Fortsetzung)*

| Gegenstandswert bis ... € | 1,0-Gebühr = ... € | Gegenstandswert bis ... € | 1,0-Gebühr = ... € |
|---|---|---|---|
| 3 000 | 201,00 | 110 000 | 1 503,00 |
| 4 000 | 252,00 | 125 000 | 1 588,00 |
| 5 000 | 303,00 | 140 000 | 1 673,00 |
| 6 000 | 354,00 | 155 000 | 1 758,00 |
| 7 000 | 405,00 | 170 000 | 1 843,00 |
| 8 000 | 456,00 | 185 000 | 1 928,00 |
| 9 000 | 507,00 | 200 000 | 2 013,00 |
| 10 000 | 558,00 | 230 000 | 2 133,00 |
| 13 000 | 604,00 | 260 000 | 2 253,00 |
| 16 000 | 650,00 | 290 000 | 2 373,00 |
| 19 000 | 696,00 | 320 000 | 2 493,00 |
| 22 000 | 742,00 | 350 000 | 2 613,00 |
| 25 000 | 788,00 | 380 000 | 2 733,00 |
| 30 000 | 863,00 | 410 000 | 2 853,00 |
| 35 000 | 938,00 | 440 000 | 2 973,00 |
| 40 000 | 1 013,00 | 470 000 | 3 093,00 |
| 45 000 | 1 088,00 | 500 000 | 3 213,00 |

Hinzu kommen üblicherweise kleinere Pauschalen für Porto und Telekommunikation (meist pauschal € 20) oder Fahrt- und Abwesenheitskosten sowie 19 % Umsatzsteuer.

─── **BEISPIEL** ───────────────────────────

Wenn Sie den Rechtsanwalt mit einer außergerichtlichen Beratung hinsichtlich eines Kaufvertrags über einen kaputten € 1.000 teuren Drucker, der sofort zurückgegeben werden soll, beauftragen, beträgt der Gegenstands- oder Streitwert € 1.000. Abzuklären, um die genauen Kosten festzulegen, ist dann noch die Gebühr, die der Rechtsanwalt als Multiplikator geltend macht.

Nehmen wir in unserem Beispiel eine Mittelgebühr von 1,3 für eine außergerichtliche Beratung an, verursacht das Kosten von € 147,56, wie Sie der folgenden Berechnung entnehmen können.

| | |
|---|---|
| 2300 Geschäftsgebühr (Wert 1.000,00 €, Satz: 1,30) | 104,00 € |
| 7002 Post- und Telekommunikationspauschale | 20,00 € |
| Nettobetrag | 124,00 € |
| 19 % Umsatzsteuer | 23,56 € |
| **Rechtsanwaltskosten** | **147,56 €** |

Die Höchstgebühr von 2,5 verursacht im gleichen Fall Kosten von € 261,80, was fast den doppelten Betrag darstellt.

| | |
|---|---:|
| 2300 Geschäftsgebühr (Wert 1.000,00 €, Satz: 2,50) | 200,00 € |
| 7002 Post- und Telekommunikationspauschale | 20,00 € |
| Nettobetrag | 220,00 € |
| 19 % Umsatzsteuer | 41,80 € |
| **Rechtsanwaltskosten** | **261,80 €** |

Bei einer markenrechtlichen Streitigkeit liegt der Streitwert schnell über € 100.000, z. B. bei € 150.000. Dann sieht die oben dargestellte Rechnung folgendermaßen aus:

| | |
|---|---:|
| 2300 Geschäftsgebühr (Wert 150.000,00 €, Satz: 1,30) | 2.285,40 € |
| 7002 Post- und Telekommunikationspauschale | 20,00 € |
| Nettobetrag | 2.305,40 € |
| 19 % Umsatzsteuer | 438,03 € |
| **Rechtsanwaltskosten** | **2.743,43 €** |

Die Höchstgebühr von 2,5 verursacht im gleichen Fall dann Kosten von € 5.253,85.

| | |
|---|---:|
| 2300 Geschäftsgebühr (Wert 150.000,00 €, Satz: 2,50) | 4.395,00 € |
| 7002 Post- und Telekommunikationspauschale | 20,00 € |
| Nettobetrag | 4.415,00 € |
| 19 % Umsatzsteuer | 838,85 € |
| **Rechtsanwaltskosten** | **5.253,85 €** |

Aus diesen Beispielen wird deutlich, dass Sie darauf achten sollten, welchen Schwierigkeitsgrad und welchen Umfang der Rechtsanwalt selbst festlegt.

Auch beim Gegenstands- oder Streitwert kann es unterschiedliche Bezugsgrößen geben. Bei Zahlungsklage über Schadensersatzforderungen oder wegen Nichtzahlung einer fälligen Forderung ist die Ermittlung des Gegenstandswerts noch für den Laien möglich, da er dann dem geforderten Betrag entspricht. Bei Streitigkeiten, die Gegenstände betreffen, ist der Streitwert schon nicht mehr so ganz einfach zu ermitteln, da hier der Zeitwert oder Kaufpreis des Gegenstands als Streitwert in Betracht kommt.

Bei anderen rechtlichen Streitigkeiten ist die Ermittlung des Streitwerts für einen Laien dann kaum noch möglich, da die Streitwerte z. B. in Unterlassungsansprüchen und -klagen durch die Rechtsprechung in vorherigen Entscheidungen festgelegt wurden. Bei Unterlassungsklagen im Markenrecht liegt der Streitwert schnell zwischen € 50.000 und 150.000, bei berühmten Marken auch mal bei € 500.000, ohne dass in einem streitigen Verfahren um so hohe Summen im Rahmen von z. B. Schadensersatz gestritten wird.

## Praxistipp: Vorherige Kostenschätzung

Wenn der Rechtsanwalt nach dem RVG abrechnet, sollte möglichst vorab geklärt werden, wie hoch seiner Meinung nach der Streitwert und die außergerichtlichen und gerichtlichen Kosten der Beratung/Vertretung sein werden.

### Abrechnung einer Zeitvergütung nach Stundensätzen

Bei einer vereinbarten Zeitvergütung richten sich die Kosten nach dem *tatsächlichen Zeitaufwand* für den Rechtsanwalt und dem vereinbarten Stundensatz.

Der durchschnittliche Stundensatz eines Rechtsanwalts liegt unabhängig vom Rechtsgebiet nach Zahlen des Soldan Institut für Anwaltsmanagement aus dem Jahr 2008 bundesweit bei ca. € 182 zuzüglich Umsatzsteuer. Bei mittelgroßen Wirtschaftskanzleien mit weniger als 50 Rechtsanwälten lag der durchschnittliche Stundensatz 2018 laut der Fachzeitschrift Juve bei hoch spezialisierten Partnern bei € 340 zuzüglich Umsatzsteuer und bei angestellten Rechtsanwälten bei € 265 zuzüglich Umsatzsteuer. Es ist davon auszugehen, dass in internationalen Großkanzleien der durchschnittliche Stundensatz noch höher ausfallen wird, jedenfalls sind Stundensätze über € 500 keine Seltenheit.

Dabei gibt es regional große Unterschiede (z.B. höhere Sätze in Ballungsräumen und Großstädten, niedrigere z.B. in Ostdeutschland) sowie hinsichtlich der Spezialisierung der Kanzlei, der Kanzleigröße, des Renommees, des gesuchten Rechtsgebiets (die höchsten Stundensätze werden z.B. im Wirtschaftsstrafrecht erzielt) und zwischen den bearbeitenden Anwälten (Partner sind deutlich teurer als angestellte Anwälte, die auch als *Associates* bezeichnet werden). Ein Startup wird meiner Meinung nach kompetente spezialisierte Rechtsanwälte zumindest in der Anfangsphase für Stundensätze bis € 260 zuzüglich Umsatzsteuer finden.

Grundsätzlich sollten Sie um eine möglichst genaue *Aufwands-* und *Kostenschätzung* bitten und regelmäßig »Wasserstandsmeldungen« zum Kostenstand erfragen.

## Hinweis: Kostenschätzung im ersten Telefonat

Gründer fragen mich fast immer im ersten Telefonat, nachdem ich Ihnen meinen Stundensatz gesagt habe, was die Beratung nach meiner Einschätzung insgesamt kosten wird, also wie viele Stunden ich benötigen werde.

Hierzu eine Aussage im ersten Telefonat zu treffen, ist in den meisten Fällen ohne die Sichtung der Unterlagen nicht möglich (außer bei z.B. immer ähnlichen Tätigkeiten wie der Anmeldung einer deutschen Marke).

> Startups können die Kostenentwicklung entscheidend beeinflussen, indem Sie Ihren Rechtsanwalt von Anfang an über alle Aspekte und Fragestellungen in Kenntnis setzen und einzureichende Unterlagen immer mit größter Sorgfalt vorbereiten.
>
> Bei Vertragsverhandlungen kommt es natürlich auch darauf an, wie die Gegenseite reagiert und ob sie verhandlungsbereit ist.

Sie sollten weiterhin darauf achten, dass eine genaue und nachvollziehbare Erfassung und Aufstellung der Stunden erfolgt und in der Rechnung enthalten ist. Der Rechnung ist dafür eine *Zeitaufstellung* (engl. Time Sheet) beigefügt, die stets nachvollziehbar sein und konkret bezeichnen sollte, welche Tätigkeiten geleistet wurden.

Fragen Sie immer, wie *Reisezeiten* abgerechnet werden (z.B. könnte der halbe Stundensatz vereinbart werden), sonst müssen Sie davon ausgehen, dass die Reisezeit ebenfalls mit dem vereinbarten Stundensatz abgerechnet wird.

> ### Hinweis: Existenzgründerrabatt
>
> Es empfiehlt sich in jedem Fall, konkret nach einem Existenzgründerrabatt zu fragen. Vielfach gibt es für neu gegründete Unternehmen günstigere Konditionen, wenn die Aussicht auf eine länger währende Mandantenbindung besteht.

Denkbar sind ebenfalls *Pauschalbeträge* als »feste Deckelung« oder ein sogenannter »*Cap*« (*Höchstbetrag*), wobei dann besonderes Augenmerk auf die enthaltenen Leistungen zu legen ist. Möglich sind im Startup-Bereich manchmal beispielsweise auch Stundungen eines Teils der Vergütung, bis z.B. eine Finanzierungsrunde abgeschlossen ist. Manchmal werden auch vergünstigte Stundensätze vereinbart, die sich in einem definierten Erfolgsfall, z.B. beim Unternehmensverkauf, erhöhen.

Für die Abrechnung von Bedeutung ist weiterhin, in welcher Minutentaktung abgerechnet wird: Wird minutengenau oder in 3-, 5-, 6-, 10- oder 15-Minuten-Taktung abgerechnet? Am weitesten verbreitet ist wohl die *6-Minuten-Taktung* der Stunde auf eine Zehnerstelle hinter dem Komma in 0,1er-Schritten.

Die Taktung bedeutet, dass die Einheit in der Regel jeweils auf die nächste Einheit aufgerundet wird (von besonderer Bedeutung z.B. bei kurzen Telefonanrufen).

###### ─── BEISPIEL ───────────────────────────

Es ist eine 6-Minuten-Taktung vereinbart. Der Rechtsanwalt erstellt einen Vertrag in 4 Stunden und 13 Minuten. Auf der Rechnung werden durch die Aufrundung auf die nächste Einheit dann 4 Stunden und 18 Minuten, also 4,3 Stunden, abgerechnet.

---

—— **BEISPIEL** ——

Wird auf Schadensersatz in Höhe von € 1.000 geklagt und vor Gericht vollumfänglich gewonnen, muss die Gegenseite Ihnen für Ihren Rechtsanwalt eine 1,3-Verfahrensgebühr in Höhe von € 104 und eine 1,2-Termingebühr in Höhe von € 96 sowie € 20 Auslagenpauschale und gegebenenfalls Umsatzsteuer in Höhe von € 41,80 erstatten, also insgesamt € 261,80. Wenn Sie vorab mit dem eigenen Anwalt einen Stundensatz in Höhe von € 225 vereinbart haben und er für die gemeinsamen Besprechungen, die Erstellung der Klageschrift, die Erwiderungen auf die Gegenargumente und durch Wahrnehmung des Gerichtstermins 10 Stunden für den Fall benötigt hat, schulden Sie Ihrem Rechtsanwalt eine Vergütung von € 2.250 zuzüglich Umsatzsteuer, also insgesamt € 2.677,50. Von der gegnerischen Partei bekommen Sie aber nur € 261,80 erstattet. Dann haben Sie trotz des vollen Obsiegens im Gerichtsprozess draufgezahlt, wie die Beispielrechnung zeigt:

€ 1.000 Schadensersatz

€ 261,80 Kostenerstattung für Rechtsanwaltskosten

– € 2.677,50 Kosten des eigenen Rechtsanwalts

---

– € 1.415,70

Einen Gerichts- und Rechtsanwaltskostenrechner gibt es im Internet unter anderem auf der Homepage des Anwaltsvereins: *https://anwaltverein.de/de/service/prozesskostenrechner*.

## Womit sollte ich auch bei knapper Kasse einen Rechtsanwalt beauftragen?

Die häufigsten Probleme, die dem Gründer in der Anfangsphase begegnen, betreffen das Gesellschafts- und Markenrecht. Die Beratung zum *Gesellschaftsvertrag*, zumindest wenn mehrere Personen an dem Unternehmen beteiligt sind, ist sehr wichtig. Unter den Gesellschaftern gibt es häufig Meinungsverschiedenheiten (Ausscheiden oder Aufnahme neuer Gesellschafter bzw. Investoren, Tätigkeiten neben dem Unternehmen, Scheidung des Ehepartners eines Gesellschafters, Streit über strategische Entscheidungen etc.). Diese Sachverhalte sollten am besten so weit wie möglich im Gesellschaftsvertrag und z. B. ergänzenden Gesellschaftervereinbarungen geregelt werden, bevor es zum Streit kommt. Eine Beratung zum Gesellschaftsvertrag ist meiner Meinung nach daher sehr wichtig.

Des Weiteren sind Beratungen zum *Markenrecht* wichtig, da hier sehr teure Auseinandersetzungen drohen, wenn eine Produktbezeichnung, eine Domain oder der angemeldete Firmenname Markenrechte Dritter verletzt.

Produktbezeichnungen und der Firmenname sollten daher stets von einem Rechtsanwalt überprüft werden.

Basiert Ihr Geschäftsmodell auf einer *Technologie*, ist die Prüfung von Schutzrechten Dritter, die Sie gegebenenfalls verletzen, und die Prüfung, ob die eigene Technologie geschützt werden kann, ebenfalls wichtig.

# Benötigen Sie von Anfang an einen Steuerberater?

Nach Erledigung der anfänglichen Formalitäten und Amtsgänge bei der Gründung müssen Sie die Entscheidung treffen, ob Sie für *Finanzbuchhaltung*, *Lohnbuchhaltung* und die *steuerlichen Angelegenheiten* eine professionelle Steuerberatung in Anspruch nehmen oder ob Sie diese Angelegenheiten vollständig oder teilweise (z. B. nur die Finanzbuchhaltung) selbst erledigen.

Am einfachsten sind die steuerlichen Pflichten beim kleinen Einzelunternehmen, der Gesellschaft bürgerlichen Rechts oder als Freiberufler einzuhalten. In diesem Fall können z. B. Gewinne in der Steuererklärung in der Regel über die *Einnahmen-Überschuss-Rechnung* ermittelt und versteuert werden.

Wenn keine Erfahrungen in steuerrechtlichen Angelegenheiten im Gründungsteam vorhanden sind oder bei der Gründung einer Kapitalgesellschaft wie der Unternehmergesellschaft, der GmbH oder der Aktiengesellschaft würde ich immer empfehlen, einen Steuerberater zu beauftragen, da bei Kapitalgesellschaften z. B. eine *Eröffnungsbilanz* erstellt werden muss, der Gewinn durch Erstellung eines *Jahresabschlusses* (Bilanz und Gewinn-und-Verlust-Rechnung) zu ermitteln ist und die Grundsätze der *ordnungsgemäßen Buchführung* strikt einzuhalten sind.

Wer kostenbewusst vorgehen will und schon über Erfahrungen in der komplexen und sich ständig ändernden Steuermaterie verfügt, kann mit guten EDV-Programmen in Eigenregie hinsichtlich der Finanzbuchhaltung vorgehen und einen Steuerberater beispielsweise »nur« für den Abschluss des Geschäftsjahres und für besondere steuerliche Einzelfragen hinzuziehen.

Viele Existenzgründer stellen nach einiger Zeit fest, dass die Buchhaltung laufend mehr Zeit und insbesondere Einarbeitungszeit in Anspruch nimmt, da vielfach ein

Basiswissen im Umgang mit Buchhaltungssoftware und in der Erfassung und Übermittlung der Daten fehlt.

Des Weiteren müssen Sie Software für die Buchhaltung anschaffen, was zum Teil wiederum mit Kosten verbunden ist. Dann sind gegebenenfalls einige unnötige Ausgaben getätigt worden, die nicht nötig gewesen wären, wenn von Anfang an ein Steuerberater beauftragt worden wäre.

### Hinweis: Pünktlich Steuerpflichten erfüllen

Erfüllen Sie auf jeden Fall Ihre steuerlichen Pflichten fristgemäß. Neben den hohen Versäumniszuschlägen kann es Ihnen sonst passieren, dass Sie in eine ungünstigere Risikoklasse rutschen und eine Betriebsprüfung wahrscheinlicher wird.

Zu bedenken ist ebenfalls, dass mögliche Fehler bei der Buchhaltung teuer werden können, im schlimmsten Fall könnte es sogar passieren, dass Sie sich strafrechtlich verantworten müssen.

### Hinweis: Beauftragung von Steuerberatern

Wenn die eigenen Kenntnisse in puncto Buchhaltung/Steuern eher begrenzt sind, gibt es meiner Meinung nach (abgesehen von den Kosten) kein wirkliches Argument gegen die Beauftragung eines Steuerberaters. So können Sie sich ganz auf die Geschäftsidee konzentrieren. Bei Einzelfragen und Steuergestaltungen ist ein Steuerberater Pflicht.

Ein engagierter Steuerberater sollte einen regelmäßig erscheinenden Newsletter mit Entwicklungen und Neuerungen im Steuerrecht versenden und über Musterformulare für die meisten Standards wie Reisekostenabrechnung, Bewirtungen etc. verfügen.

### Hinweis: Erstberatungsgespräch

Es kann sich anbieten, alle Fragen zu Steuerthemen zu sammeln und dann ein Erstberatungsgespräch mit dem Steuerberater zu vereinbaren. Unter Umständen kann dies bei Steuerberatern, die auf Startups spezialisiert sind, kostenlos erfolgen bzw. verrechnet werden, wenn Sie den Steuerberater anschließend beauftragen.

# Das Steuerberaterhonorar verstehen

Es gibt im Wesentlichen wie bei den Rechtsanwälten zwei gängige Vergütungssysteme für Steuerberater nach der Steuerberatervergütungsverordnung (StBVV), die Abrechnung nach *Gegenstandswerten* und die *Zeitvergütung* nach Stundensätzen, gegebenenfalls ist auch die Vereinbarung von *Pauschalbeträgen* möglich. In einer Vielzahl von Fällen wird es ein Mix aus allen drei Vergütungsarten sein.

Ein Gespräch, bei dem es zunächst lediglich um Abrechnungsart und Kostenberechnung geht, sollte für das Startup kostenlos und unverbindlich möglich sein. Zu beachten ist, dass die genannten Stundensätze oder StBVV-Sätze meist ohne Umsatzsteuer angegeben werden und die 19 % Umsatzsteuer noch dazugerechnet werden muss.

Es empfiehlt sich in jedem Fall, konkret nach einem *Existenzgründerrabatt* zu fragen. Vielfach gibt es für neu gegründete Unternehmen günstigere Konditionen, da bei der Steuerberatung noch mehr als bei Rechtsanwälten die Aussicht auf eine länger währende und nachhaltige Mandantenbindung besteht.

### Gebühren nach der Steuerberatervergütungsverordnung

Die Gebühren nach der StBVV können hier ebenfalls nicht im Einzelnen erläutert werden, sie sind aber ähnlich wie bei Rechtsanwälten geregelt. Auch in der steuerlichen Beratung hat der Steuerberater in außergerichtlichen Angelegenheiten oft Anspruch auf eine *Rahmengebühr*, die sich danach richtet, wie umfangreich und schwierig die Angelegenheit war.

Des Weiteren richtet sich die Höhe der Vergütung nach dem Wert, den der Gegenstand für das Startup hat (Gegenstandswert). Dafür gibt es eine gesetzlich bestimmte Gegenstandswerttabelle mit Schwellenwerten.

### Abrechnung einer Zeitvergütung nach Stundensätzen

Bei einer vereinbarten Zeitvergütung richten sich die Kosten nach dem *tatsächlichen Zeitaufwand* und dem mit dem Startup vereinbarten Stundensatz. Der durchschnittliche Stundensatz liegt weit unter dem von Rechtsanwälten. Dabei gibt es ebenfalls regional große Unterschiede (z. B. höhere Sätze in Ballungsräumen und Großstädten, niedrigere z. B. in Ostdeutschland) sowie im Hinblick auf die Spezialisierung der Kanzlei, die Kanzleigröße, das Renommee, das gesuchte Steuergebiet und den bearbeitenden Steuerberater (erfahrene Partner können teurer als junge angestellte Steuerberater sein). Die Stundensätze spezialisierter Steuerberater liegen nicht selten über € 150, die von großen internationalen Beratungen auch über € 250 für die Tätigkeit eines Partners. Ansonsten verweise ich auf die Ausführungen zur Zeitvergütung von Rechtsanwälten oben in diesem Kapitel im Abschnitt *Wie rechnen Rechtsanwälte ab?*

## Welcher Steuerberater passt zu meinem Startup?

Internationale Beratungen und große überregionale Steuerkanzleien bieten oft eine große Bandbreite hoch spezialisierter Experten an, sind aber vergleichsweise teuer.

Internationale Großkanzleien sind darauf ausgerichtet, mit größeren Teams und fachgebietsübergreifendem Wissen zu beraten. Typischerweise beraten sie im Bereich großer Unternehmenstransaktionen oder in anderen vor allem für Großunternehmen relevanten Bereichen (z. B. im internationalen Steuerrecht und bei Steueroptimierungsmodellen).

Meist lassen sich zumindest nationale Steuerberatungsbedarfe ohne Qualitätseinbußen von kleineren Kanzleien zu günstigeren Konditionen decken.

## Wann beauftrage ich einen Steuerberater?

Steuerberater bieten in der Regel einen umfangreichen *Leistungskatalog* an, aus dem Sie nach Ihren individuellen Bedürfnissen auswählen können. Viele Kanzleien kümmern sich heute nicht mehr nur um Steuererklärungen, Lohn- und Gehaltsabrechnungen, Jahresabschlüsse und Finanzbuchhaltung, sondern haben ihren Service auf Bereiche wie Existenzgründungsberatung, betriebswirtschaftliche Beratungen und Beratungen bei Unternehmenskäufen und -nachfolgen erweitert.

Sinnvoll ist eine Beratung meiner Meinung nach zumindest zu folgenden Themen:

- Vor der Gesellschaftsgründung, insbesondere bei der Gründung einer GmbH & Co. KG.
- Wenn Sie einen Exit, also einen Unternehmensverkauf, anstreben, sollten Sie sich vor der Gründung einer Kapitalgesellschaft bei einem spezialisierten Steuerberater über das sogenannte Holdingmodell informieren.
- Wer unerfahren auf dem Gebiet der Finanzbuchhaltung oder Lohnbuchhaltung ist, sollte hierfür unbedingt einen Steuerberater beauftragen.
- Hinsichtlich der Erstellung von Steuererklärungen, Bilanzen und Jahresabschlüssen.
- Wenn Sie ein (virtuelles) Mitarbeiterbeteiligungsmodell einführen wollen, kann dies zu einer sogenannten trockenen Steuerbelastung führen, das heißt, es werden Steuerzahlungen fällig, ohne dass man tatsächlich einen Geldbetrag bekommen hat.
- Wenn die Gesellschafter Geschäftsanteile verkaufen wollen oder das Unternehmen insgesamt verkauft wird oder neue Gesellschafter aufgenommen werden (z. B. Business-Angels oder andere Investoren im Rahmen von Kapitalerhöhungen).

- Wenn nach der Gründung noch weitere »Gründer« aufgenommen werden sollen und Geschäftsanteile für eine sehr geringe oder ohne die Zahlung eines Kaufpreises übertragen werden sollen.
- Zu Einzelfragen hinsichtlich der Vergütung von Geschäftsführern, Gesellschafterdarlehen mit Rangrücktritt, Umsatzsteuersachverhalten mit Auslandsbezug.
- Bei Umwandlungsvorgängen, wenn die Gesellschaftsform geändert wird.
- Im Rahmen von Unternehmenskrisen, wenn Sie in die Nähe der Überschuldung geraten, ist eine Steuerberatung sinnvoll, um zu beurteilen, ob eine Überschuldung wirklich vorliegt.
- Wenn Sie Verträge mit nahen Angehörigen abschließen.

Einen Steuerberater, der sich auf Startups spezialisiert hat, benötigen Sie zumindest bei *Mitarbeiterbeteiligungen*, zum *Holdingmodell*, beim *Exit* und gegebenenfalls, um eine *Finanzierungsrunde* zu begleiten. Es kann sich daher anbieten, mit diesen Spezialfragen zu einem anderen Steuerberater zu gehen als mit der Buchhaltung und anderen Standardfragen wie der Bilanz.

---

### Hinweis: Verträge von Steuerberatern

In meiner Beratungspraxis kommt es immer wieder vor, dass die Steuerberater Verträge für die von mir betreuten Startups erstellen oder Musterverträge zur Verfügung stellen. Unabhängig davon, dass Steuerberater keine reine Rechtsberatung vornehmen dürfen und diese Tätigkeit auch nicht von der Berufshaftpflichtversicherung des Steuerberaters umfasst ist, sind die Vorlagen oftmals veraltet, die Dokumente sind häufig nicht auf die konkrete Situation angepasst und können ganz oder teilweise unwirksam sein. Beispiele sind Arbeitsverträge, Geschäftsführeranstellungsverträge (hier ist insbesondere bei vermeintlich beherrschenden Gesellschaftergeschäftsführern hinsichtlich der Sozialversicherungspflicht aufzupassen), Gesellschaftsverträge, Gesellschafterbeschlüsse, Darlehensverträge mit Rangrücktritt (hier ist insbesondere hinsichtlich des Rangrücktritts aufzupassen).

Von diesem Vorgehen ist dringend abzuraten, wenn in der Steuerberatersozietät keine Rechtsanwälte beschäftigt und die Vertragsmuster nicht auf die konkrete Situation angepasst sind.

---

# Wann benötigen Sie einen Patentanwalt?

Die Bezeichnung Patentanwalt ist eigentlich nicht ganz korrekt, denn der Patentanwalt ist *kein Rechtsanwalt* im eigentlichen Sinne, da er kein rechtswissenschaftliches Studium absolviert hat. Ein Patentanwalt hat ein *technisches* oder *naturwissenschaftliches Studium* abgeschlossen und im Anschluss an dieses Studium eine dreijährige Ausbildung beim Deutschen Patent- und Markenamt absolviert. Daher sind Patentanwälte eben keine klassischen Juristen, sondern rechtlich gebildete Naturwissenschaftler.

---

### Praxistipp: Den Patentanwalt technologiebezogen aussuchen

Auch beim Patentanwalt gilt dasselbe wie beim Arzt und Rechtsanwalt: Nicht jeder Patentanwalt ist für jede Patentanmeldung der richtige. Ganz grob lassen sich die Patentierungsgebiete in Biotechnologie, Chemie, Elektrotechnik, Maschinenbau, Pharmazie und Physik unterteilen. Ein Patentanwalt mit einem Chemie-Hintergrund ist im Regelfall nicht der richtige Patentanwalt für eine Erfindung im Bereich des Maschinenbaus. Sie sollten daher immer nach dem Hintergrund bzw. der jeweiligen Fachrichtung des Patentanwalts fragen.

---

## Tätigkeiten des Patentanwalts

Ein Patentanwalt leistet rechtliche Beratung auf dem Gebiet des gewerblichen Rechtsschutzes. Der Bereich des gewerblichen Rechtsschutzes beinhaltet das *Arbeitnehmererfinderrecht*, das *Designrecht*, das *Gebrauchsmusterrecht*, das *Halbleiterschutzrecht*, das *Markenrecht*, das *Patentrecht*, das *Sortenschutzrecht* und das *Lizenzrecht*.

Unter Umständen berät er noch Teile des *Kartell-*, *Wettbewerbs-* und *Urheberrechts*, wenn diese gewerbliche Schutzrechte betreffen. Andere Rechtsbereiche werden von Patentanwälten nicht beraten.

Für die meisten Startups wird hauptsächlich das Patent- und Markenrecht relevant.

Der Patentanwalt hilft bei der Einschätzung der Erteilungswahrscheinlichkeit einer Erfindung, der Bewertung von Erfindungen und Schutzrechten z. B. bei Unternehmensverkäufen, entwickelt Patent- und Patentierungsstrategien und erstellt *Patentanmeldungen*, indem er die Erfindung in ein rechtliches Konstrukt übersetzt. Des Weiteren reicht der Patentanwalt Patentanmeldungen, Markenanmeldungen, Gebrauchsmuster (das sogenannte kleine Patent) und Designanmeldungen (früher Geschmacksmuster) bei den jeweiligen Patent- und Markenämtern ein.

Der Patentanwalt kann gegebenenfalls eine *Marken-* und *Patentüberwachung* nach erfolgreicher Patent- oder Markenanmeldung anbieten, potenzielle Verletzer ermitteln und diese gegebenenfalls durch Abmahnungen, einstweilige Verfügungen und Gerichtsverfahren verfolgen.

Eine Besonderheit im Patentrecht und teilweise im Markenrecht ist die Tatsache, dass die angegriffene Partei oftmals zurückschlägt und in einer sogenannten »Löschungsklage« versucht, das Patent oder die Marke aus verschiedenen Gründen löschen zu lassen. Damit wird versucht, sich der Grundlage der ursprünglichen Verletzungsklage zu entledigen, weil die angreifende Partei sich nicht mehr auf ein gelöschtes Schutzrecht berufen kann.

Dies ist gegebenenfalls bei einem »Angriff« auf einen Verletzer zu berücksichtigen und sollte mit dem Patentanwalt zuvor erörtert werden. Gerichtsverfahren im gewerblichen Rechtsschutz sind sehr teuer, weil im Fall des Unterliegens neben den Rechtsanwaltskosten zusätzlich auch die Kosten eines Patentanwalts erstattungsfähig sind.

In Betracht kommen können auch *außergerichtliche (Vergleichs-)Verhandlungen* über den Verkauf oder die Lizenzierung des Patents oder der Marke.

Schließlich *überwachen* Patentanwaltskanzleien die *Fristen* der Einzahlung der jährlichen Gebühren und verwalten die Patentanmeldungen nach der Eintragung.

Es herrscht bei der deutschen Patentanmeldung zwar kein (Patent-)Anwaltszwang, es ist jedoch aufgrund der oft komplexen Anmeldeprozesse zu empfehlen, einen Patentanwalt zu beauftragen.

Falls der Erfinder, der eine Patentanmeldung einreichen will, keinen Wohnsitz/ Sitz im Inland hat, muss er sich von einem Patentanwalt oder einem Rechtsanwalt vertreten lassen.

## Kosten des Patentanwalts

Da es keine Gebührenordnung (wie etwa bei Rechtsanwälten das Rechtsanwaltsvergütungsgesetz) für Patentanwälte gibt, wird das Honorar mit Patentanwälten individuell vereinbart. Meistens werden dabei *Pauschalhonorare* oder *Stundensätze* wie bei Rechtsanwälten vereinbart.

Das Honorar für eine deutsche Patentanmeldung beträgt häufig zwischen € 4.000 und € 8.000 zuzüglich Umsatzsteuer, je nach Umfang und der Komplexität der Erfindung.

Zusätzlich können Kosten für Recherchen und die Bearbeitung von Prüfbescheiden entstehen. In Einzelfällen fallen deutlich höhere Kosten an.

Für ein *europäisches Patent* liegen die Kosten drei bis fünf Mal höher, je nachdem, in welchen Ländern Sie das Patent validieren möchten.

Wenn der Patentanwalt die Fälligkeiten der Jahresgebühren nach der Patenterteilung überwacht, belaufen sich diese Kosten pro Patent, Jahr und Land auf ca. € 100 zuzüglich Umsatzsteuer.

Bei der Patentanmeldung entstehen neben den Kosten des Patentanwalts die Gebühren des Patent- und Markenamts im Rahmen des Anmeldeprozesses und im Anschluss die jährlichen Gebühren zur Verlängerung des Patentschutzes.

## Hinweis: Erteilungswahrscheinlichkeit

Leider fällt es Gründern oftmals schwer, ihre eigene Technologie bzw. die Patentierbarkeit richtig einzuschätzen. Die Technologien sind häufig nicht neu und oder nicht so einzigartig, wie angenommen.

Eine Patentanmeldung kann auf der anderen Seite auch aus strategischen Gründen sinnvoll sein, selbst wenn die Erteilungswahrscheinlichkeit gering ist, da ein Ablehnungsbescheid erst nach längerer Zeit erlassen wird. In der Zwischenzeit hat eine Patentanmeldung gegebenenfalls schon einen Wert, z.B. bei der Unternehmensbewertung, weil zumindest die Chance auf eine Patenterteilung besteht.

### Förderung von Patentanmeldungen über das Programm WIPANO

Das *Förderprogramm* des Bundesministeriums für Wirtschaft und Energie trägt den Namen *WIPANO*, was für »Wissens- und Technologietransfer durch Patente und Normung« steht. Das Programm WIPANO ersetzt die sehr ähnliche bereits abgelaufene Patentförderung »Schutz von Ideen für gewerbliche Nutzung«, kurz »SIGNO«.

Der erste Förderschwerpunkt des WIPANO-Programms unterstützt die KMUs bei der *Patentierung* und *wirtschaftlichen Verwertung* ihrer Innovationen und Ideen und ist im Vergleich zu anderen Förderungen relativ unkompliziert und unbürokratisch zu beantragen. Das Förderprogramm bezuschusst bei Startups oder KMUs, die bisher noch kein Patent oder Gebrauchsmuster angemeldet haben oder deren letzte Patent- oder Gebrauchsmusteranmeldung länger als fünf Jahre zurückliegt, die Patentierungskosten bis maximal 50% der Gesamtkosten bis zu einem Maximalbetrag in Höhe von € 16.575. Die Zuwendung wird als nicht rückzahlbarer Zuschuss in Form einer Anteilsfinanzierung gewährt, also handelt es für Sie letztlich um geschenktes Geld.

Die Zuschüsse sind in *fünf Leistungspakete (LPs)* untergliedert, deren Abfolge sich am innerbetrieblichen Entwicklungsprozess orientiert. Es können in jedem Leistungspaket maximal 50% der förderfähigen Kosten übernommen werden. In einem Teilpaket nicht ausgegebene Kosten können Sie aber nicht in ein anderes Leistungspaket überführen.

Das WIPANO-Programm unterstützt Sie bei dem gesamten Prozess der Patentanmeldung durch finanzielle Zuschüsse in einzelnen Schritten von der groben Überprüfung bis hin zur Verwertung des Patents.

Sie müssen allerdings externe Berater, wie Patentanwälte, beauftragen, um die Förderung geltend machen zu können. Eine Durchführung der Dienstleistungen im Rahmen der Leistungspakete durch die Mitarbeiter des Startups selbst (z.B. eigene Patentrecherchen oder Patentanmeldungen in den öffentlichen Registern) ist nicht zulässig.

Die Bearbeitung des Antrags beansprucht nach Aussage des Projektträgers ca. vier Wochen.

In der folgenden Tabelle werden die Inhalte und die Fördersummen je Leistungspaket dargestellt.

### LP1 – Grobprüfung der Erfindung

Zuschuss: 50% der Kosten, maximal € 375

- Kursorische Prüfung von Erfindungen einschließlich Übersichtsrecherche zur Neuheit.
- Inanspruchnahme von Beratungsleistungen.

### LP2 – Detailprüfung der Erfindung

Zuschuss: 50% der Kosten, maximal € 1.200

- Ausführliche Prüfung der Erfindung gegenüber dem aktuellen Stand der Technik.
- Prüfung auf wirtschaftliche Verwertbarkeit (z.B. Wirtschaftsrecherchen, Konkurrenzanalyse oder Experteninterviews).
- Kosten-Nutzen-Analyse.

### LP3 – (Strategie-)Beratung und Koordinierung zur Patentanmeldung (Prio-Anmeldung und eine weitere Anmeldung)

Zuschuss: 50% der Kosten, maximal € 2.000

- (Strategie-)Beratung und Koordinierung zur Schutzrechtsanmeldung.
- Unterstützung bei der Auswahl und Beauftragung eines Patentanwalts und der Abstimmung der Schutzrechtsstrategie zwischen Startup und Patentanwalt.
- Unterstützung bei der Kommunikation mit dem Patentanwalt.
- Begleitung der Schutzrechtsanmeldungen in Abstimmung mit dem Zuwendungsempfänger und dem beauftragten Patentanwalt.

### LP4 – Patentanmeldung (Amtsgebühren und Ausgaben für Patentanwälte)

Zuschuss: 50% der Kosten, maximal € 10.000

- Patentanwaltsleistungen im Zusammenhang mit der Schutzrechtsanmeldung.
- Gebühren der Schutzrechtsanmeldung beim entsprechenden Patentamt.

### LP5 – Aktivitäten zur Verwertung

Zuschuss: 50% der Kosten, maximal € 3.000

- Erarbeitung einer schutzrechtsbezogenen Verwertungsstrategie.
- Prüfung der Verwertungsmöglichkeiten.

- Messeteilnahmen (eigener Messestand/Geschäftsanbahnungen).
- Prototypenbau.
- Zulassungs-, Normungsberatung (aber keine Förderung der Teilnahme an Normungsgremien).
- Marken- und/oder Designanmeldung.

---

**BEISPIEL**

---

Sie melden ein Patent beim Deutschen Patent- und Markenamt über einen Patentanwalt an, der Sie zunächst im Rahmen einer Erstberatung zu Ihrer Erfindung berät und dafür pauschal € 200 in Rechnung stellt. Anschließend führt er eine sehr umfangreiche »Stand-der-Technik-Recherche« durch und stellt dafür € 5.000 in Rechnung.

Die Ergebnisse der Recherche sind gut, daher entscheiden Sie sich, die Erfindung zum Patent anzumelden. Dabei entstehen Patentgebühren des DPMA in Höhe von z.B. € 600. Der Patentanwalt stellt eine Rechnung über € 3.000 für die Ausarbeitung der Patentanmeldung.

Anschließend wird noch die Produktbezeichnung durch einen Rechtsanwalt als Wortmarke geschützt. Das DPMA nimmt dafür Gebühren in Höhe von € 300, der Rechtsanwalt stellt eine Rechnung über € 600 für die Markenanmeldung. Eine Internationalisierung der Patentanmeldung soll nicht mehr stattfinden.

Die Gesamtkosten belaufen sich also insgesamt auf € 9.700:

€ 200 Erstberatung beim Patentanwalt (LP1)

€ 5.000 Stand-der-Technik-Recherche (LP2)

€ 3.000 Ausarbeitung der Patentanmeldung durch den Patentanwalt (LP4)

€ 600 Gebühren des DPMA für die Patentanmeldung (LP4)

€ 300 Gebühren des DPMA für die Markenanmeldung (LP5)

€ 600 Markenanmeldung durch den Rechtanwalt (LP5)

Im vorliegenden Fall sind allerdings nicht die Gesamtkosten in Höhe von € 9.700 für die Berechnung des 50-%-Zuschusses relevant. Sie müssen die Kosten jeweils einem der fünf Leistungspakete zuordnen und die Höchstbeträge der einzelnen Leistungspakete beachten.

Im LP2 stehen nur maximal € 1.200 zur Verfügung, sodass von den für die Stand-der-Technik-Recherche aufgewendeten Kosten in Höhe von € 5.000 nur € 1.200 und keine 50 %, also € 2.500, erstattet werden.

Mithin sind lediglich Gesamtkosten in Höhe von € 7.100 – € 200 (LP1), € 2.400 (LP2), € 3.000 und € 600 (LP4), € 300 und € 600 (LP5) – für den Zuschuss relevant. Die Förderung beträgt daher letztlich € 3.550 und nicht 50 % der Gesamtkosten (€ 4.850).

---

Zu beachten ist auch: Für die Inanspruchnahme einer Förderung von LP4 sind LP1 und LP2 zwingend durchzuführen. Sollte im Rahmen von LP4 eine ausländische Schutzrechtsanmeldung erfolgen, muss zwingend auch LP3 durchgeführt werden.

Sie müssen für die durchzuführenden Leistungspakete in Vorleistung gehen und diese komplett *vorfinanzieren*. Sie erhalten erst nach Beendigung des Vorhabens und nach abgeschlossener Prüfung des Verwendungsnachweises 50 % der zuwendungsfähigen Ausgaben erstattet. Zwischenabrechnungen sind nicht möglich, sodass Sie die Liquidität erst einmal vorhalten müssen, da die 50%ige Erstattung bis zu zwei Jahre nach Ihrer Begleichung der Kosten dauern kann. Die Nachweise und Belege müssen Sie spätestens innerhalb einer dreimonatigen Frist nach Beendigung des Programms einreichen.

Das Produkt bzw. Verfahren, das Gegenstand der geförderten Schutzrechtsanmeldung sein wird, soll in wenigen Sätzen im Antrag beschrieben werden. Dies erfordert eine nachvollziehbare Darstellung des mit der Erfindung zu lösenden Problems, eine Beschreibung des Lösungsansatzes sowie eine grobe Abgrenzung zum Stand der Technik. Eine bloße Umschreibung des Einsatzgebiets oder der Vorteile genügt nicht.

---

**Hinweis:**

Der Antrag kann im Internet über »easyonline« unter der Internetadresse *https:// foerderportal.bund.de/easyonline/formularassistent.jsf* erstellt werden.

---

Zusätzlich zum Antrag müssen noch folgende Unterlagen beigefügt werden:

- Erklärung des Antragstellers über den KMU-Status
- Handelsregistereintrag des Unternehmens
- Darstellung der Erfindung/Idee/Innovation
- Erklärung der Bekanntheit der Strafbarkeit von Subventionsbetrug

---

**Hinweis: Dringende Fälle**

Müssen Sie aus wichtigen Gründen (z.B. aufgrund eines Messeauftritts oder für ein kurzfristiges Investorengespräch) schon vor Ablauf der regulären Antragsbearbeitungszeit von ca. vier Wochen mit Ihrem Projekt beginnen, können Sie nach vorheriger telefonischer Kontaktaufnahme mit dem Projektträger Jülich einen Eilantrag stellen.

---

Als Zuwendungsempfänger oder Begünstigter kommen neben den KMUs auch Hochschulen und Forschungseinrichtungen in Betracht. Die Förderung für Hochschulen und Forschungseinrichtungen werde ich hier jedoch aus Platzgründen nicht behandeln.

Der zweite Schwerpunkt des Förderprogramms WIPANO ist die *Diffusion von Forschungsergebnissen durch Normungen und Standardisierungen*, auf den hier ebenfalls nicht eingegangen wird.

---

**Hinweis: Weitere Informationen**

Weitere Informationen über das WIPANO-Programm hinsichtlich der Förderung von Hochschulen und Forschungseinrichtungen und zum zweiten Schwerpunkt des Programms, insbesondere zur Aufbereitung der Ergebnisse für nationale und internationale Normungen (ISO, DIN), zur Unterstützung der Marktdurchdringung, z.B. durch Entwicklung von Prüfnormen und zur Entwicklung von einheitlichen Schnittstellen und Standardprozessen, können unter *https://www.ptj.de/wipano* eingesehen werden.

---

# Was unterscheidet den Notar vom Rechtsanwalt?

Der Notar ist im Unterschied zum Rechtsanwalt, der eine Partei vertritt, zur *Unabhängigkeit* und *Unparteilichkeit* verpflichtet. Er berät daher beide Vertragsparteien. Regional unterschiedlich sind in den jeweiligen Bundesländern entweder *hauptberufliche Notare* (sogenannte »Nur-Notare«) zu finden oder *Rechtsanwaltsnotare*, die zugleich als Rechtsanwalt zugelassen sind. Nur-Notare haben meistens wesentlich mehr Urkundenrollennummern, also mehr Beurkundungsfälle, als Rechtsanwaltsnotare, weil sie nicht zusätzlich als Rechtsanwälte tätig sind, und haben damit unter Umständen mehr Erfahrung. Notare in Großstädten und Ballungsräumen haben ebenfalls häufiger mit komplizierteren Startup-spezifischen Gründungen und Finanzierungsrunden zu tun.

Der Notar begegnet Existenzgründern und Startups vor allem auf folgenden Rechtsgebieten.

## Der Notar hilft im Gesellschaftsrecht

Das erste Mal begegnen Startups dem Notar z.B. bei der *Gründung einer Kapitalgesellschaft* (Unternehmergesellschaft, GmbH, Aktiengesellschaft). Des Weiteren ist der Gang zum Notar nötig, wenn eine Kapitalgesellschaft nach dem Umwandlungsgesetz in eine andere Gesellschaft umgewandelt werden soll, sowie bei einer *Finanzierungsrunde* einer Kapitalgesellschaft, bei *Kapitalerhöhungen*, *Satzungsänderungen* (Sitzverlegung, Gesellschaftszweckänderungen oder allen anderen Änderungen des Gesellschaftsvertrags), *Handels- und Vereinsregisteranmeldungen* und der *Bestellung* und *Abberufung* von Prokuristen und Geschäftsführern.

Sie müssen ebenfalls bei Vereinbarungen, die *Verfügungen* über die *Geschäftsanteile* treffen (Verkauf, Option, gegebenenfalls Treuhandverhältnisse etc.), und bei der *Einrichtung* von *Zweigniederlassungen* von Gesellschaften einen Notar hinzuziehen. Häufig werden auch die *Gesellschaftervereinbarungen* und der *Beteiligungsvertrag* notariell beurkundet.

---

### Praxistipp: Zweigniederlassung

Bei der Gründung einer Zweigniederlassung sollte berücksichtigt werden, dass eine Pflicht zur eigenen Buchführung der Zweigniederlassung besteht. Dieser zusätzliche Verwaltungsaufwand und die damit entstehenden zusätzlichen Kosten sind häufig nicht gewollt.

---

## Auch Familienrecht kann relevant werden

Des Weiteren könnte die Erstellung von *Eheverträgen* für Gründer interessant sein, da einige Mustergesellschaftsverträge eine Klausel mit einer Verpflichtung für Gesellschafter enthalten, einen Ehevertrag abzuschließen und damit im Fall der Scheidung des Gründers die Geschäftsanteile vor dem Zugriff des Ehegatten zu schützen.

## Der Notar kann notarielle Urkunden erstellen

Ein weiterer wichtiger Punkt ist aber auch, dass der Notar *notarielle Urkunden* erstellen kann. Eine Besonderheit der notariellen Urkunde besteht bei entsprechender Gestaltung darin, dass die in der notariellen Urkunde enthaltenen Ansprüche (z. B. Geldforderungen) *sofort vollstreckbar* sind.

Dies bedeutet, dass Sie bei Streitigkeiten nicht mehr klagen müssen, sondern die Ansprüche sofort ohne vorheriges Klageverfahren vollstrecken (z. B. durch Pfändung von Bankkonten oder durch die Beauftragung eines Gerichtsvollziehers) und durchsetzen können. Das ist ein deutlicher *zeitlicher* und *finanzieller Vorteil*, weil dann zunächst ein langwieriges Gerichtsverfahren durch die Instanzen erspart bleibt.

Aus diesem Grund kann es bei wichtigen Vereinbarungen/schwierigen Vertragspartnern vorteilhaft sein, zumindest die Möglichkeit des Abschlusses einer notariellen Urkunde zu bedenken. Natürlich sind dafür Beurkundungskosten zu zahlen.

## Worauf sollte ich im Notartermin achten?

Im Notartermin, z. B. bei der Gründung einer GmbH, werden verschiedene Dokumente verlesen. Der Notar wird einige Stellen des Gesellschaftsvertrags erläutern und vereinzelt Nachfragen stellen und selbst während des Verlesens der Dokumente gegebenenfalls noch Änderungsvorschläge machen.

Die zu beurkundenden Dokumente werden meiner Erfahrung nach meist durch die juristischen Angestellten des Notariats erstellt, mit denen häufig die gesamte Korrespondenz vor dem Notartermin verläuft, und nicht durch den Notar selbst. Jeder Gründer darf und sollte im Notartermin alle Fragen an den Notar stellen, die er hat. Der Notar wird alle sachlichen Fragen beantworten. Wenn Sie hinsichtlich einer Regelung unsicher sind, lassen Sie sich die Regelung erklären. Selbst im Notartermin können und werden häufig noch einige Punkte z.B. des Gesellschaftsvertrags verhandelt und geändert.

## Kann ich jeden Notar nehmen?

Der deutsche Notar darf zwar grundsätzlich seinen *Amtsbereich* (in der Regel den Amtsgerichtsbezirk, z.B. Hamburg) für seine Amtshandlungen nicht verlassen, Sie können aber zu jedem Notar Ihrer Wahl gehen und diesen beauftragen.

---
**BEISPIEL**

---

Sie können eine GmbH mit Sitz in Hamburg bei einem Berliner Notar gründen. Sie können aber keinen Berliner Notar an Ihren Hamburger Sitz der Firma einladen, um dort die Gründung einer Tochtergesellschaft vorzunehmen.

---

Falls Sie oder andere Beteiligte die deutsche Sprache nicht ausreichend gut beherrschen, muss unter Umständen ein *vereidigter Dolmetscher* zum Notartermin hinzugezogen werden, oder der Notar kann gegebenenfalls einen mitgebrachten *Muttersprachler vereidigen*.

---

### Hinweis: Notarauskunft

Die Notarauskunft der Bundesnotarkammer enthält alle aktiven Notare. Außerdem kann dort nach Sprachkompetenzen der Notare recherchiert werden. Die Notarauskunft ist im Internet unter dem Link *http://www.deutsche-notarauskunft.de/* erreichbar.

---

### Mit welchen Notarkosten ist zu rechnen?

Notare erheben für ihre Tätigkeit bundeseinheitliche Gebühren nach dem *Gerichts-* und *Notarkostengesetz*. Die Notarkosten richten sich nicht nach dem Aufwand, sondern entsprechend einem von der Leistung unabhängigen sogenannten *Geschäftswert*. Bei einer GmbH-Gründung ist dies z.B. ein Mindestwert von € 30.000, der als Basis für die Berechnung der Notarkosten dient. Die Gebühren steigen nicht linear, sondern sind stark degressiv ausgestaltet.

Abweichende Kostenvereinbarungen mit ermäßigten oder erhöhten Kosten sind verboten und unwirksam, sodass die Kosten des Notars immer anfallen und grundsätzlich nicht verhandelbar sind. Allerdings ist es trotzdem möglich, die Höhe der notariellen Kosten zu beeinflussen (zur Reduzierung der Gründungskosten am Beispiel der GmbH-Gründung siehe den Abschnitt *Reduzierung der Gründungskosten bei der GmbH-Gründung* in Kapitel 1).

Des Weiteren können Notarkosten für die gleiche Tätigkeit auch unterschiedlich hoch ausfallen, weil der Notar bei der Ermittlung des Geschäftswerts gewisse Freiheiten hat und es verschiedenen Ansichten zur Ermittlung des Geschäftswerts geben kann.

---

## Praxistipp: Tätigkeiten ohne Beurkundungspflicht

Die Standardleistungen der Notare beinhalten zahlreiche Tätigkeiten, bei denen gar keine Pflicht besteht, einen Notar zu beauftragen. In bestimmten Konstellationen können so die Gründungskosten des Notars fast halbiert werden.

---

### Notarkosten bei Finanzierungsrunden

Hat man erfolgreich eine Finanzierungsrunde abgeschlossen, sollte das Investment für die Skalierung des Startups zur Verfügung stehen. Leider können einige in der Beteiligungs- und Gesellschaftervereinbarung geregelte Pflichten, wie z.B. Mitveräußerungspflichten (Drag-along), Mitveräußerungsrechte (Tag-along), Vesting-Regelungen, Zustimmungs- oder Vorkaufsrechte den gesamten Beteiligungsvertrag beurkundungsbedürftig werden lassen, sodass neben den Kosten für die eigentliche Kapitalerhöhung und gegebenenfalls Satzungsänderung auch für die Beurkundung der Beteiligungs- und Gesellschaftervereinbarung weitere hohe Notargebühren anfallen.

Dies kann in Einzelfällen bei hohen Finanzierungsrunden zu enormen Notarkosten führen.

Es kommt häufiger vor, dass Notare einen Beteiligungsvertrag nicht als einheitlichen Beurkundungsgegenstand abgerechnet haben, sondern dass jeder einzelnen Erklärung innerhalb des Beteiligungsvertrags Werte beigemessen und diese addiert wurden. Dies machte z.B. in einem konkreten Fall bei einer Finanzierung in Höhe von € 440.000 einen Unterschied in Höhe von ca. € 8.000 bei den Notarkosten aus.

---

## Praxistipp: Kostenschätzung und Erläuterung der Notarrechnung

Der Notar muss zumindest auf Nachfrage die Notarkosten erläutern und aufschlüsseln. Des Weiteren kann man vor der Beurkundung eine Kostenschätzung des Notars einholen, was insbesondere bei der Beurkundung von Beteiligungsverträgen in Erwägung gezogen werden sollte. Sie können immer überlegen, die Notarrechnung vom zuständigen Landgericht überprüfen zu lassen, was kostenlos möglich ist.

---

# Freie Berater

Freie Berater sind nach eigener Definition Berater, die nicht in einer Kammer organisiert und keiner gesetzlichen Berufsordnung unterworfen sind (siehe oben).

*Beratungshonorare* werden in der Regel als Tageshonorare auf der Basis von Beratertagen vereinbart. Seltener rechnen die freien Berater auch auf Stundenbasis, zu Pauschalhonoraren oder erfolgsabhängig ab. Dies unterscheidet sich aber je nach Branche sehr.

Die *Tagessätze* variieren erfahrungsgemäß je nach Qualifikation, Know-how oder Problemlösungskompetenz zwischen ca. € 500 und € 4.000. In der Startup-Beratung sollte meiner Meinung nach ein Tagessatz maximal € 2.000 betragen. Ein Tagessatz ist normalerweise auf acht Stunden Arbeitszeit ausgelegt. Entscheidender als der Tagessatz sind letztlich aber immer die *Gesamtkosten* einer Beratung.

## M&A-Berater können der Geschäftsführung Arbeit abnehmen

Mergers-&-Acquisitions-Berater sind Berater, die Sie oder die Gegenseite bei einem *Unternehmensverkauf* oder einer *Finanzierungsrunde* beraten. Sie sind neben Rechtsanwälten, Steuerberatern und Wirtschaftsprüfern bei einer Transaktion tätig.

Sie unterstützen bei der Unternehmensbewertung, der Investorensuche, den Vertragsverhandlungen (häufig im Rahmen der Moderation) und der Due Diligence, sie leisten aber weder Steuerberatung noch Rechtsberatung. M&A-Berater sind häufig hauptsächlich als *Moderatoren* und *Koordinatoren* der Transaktion tätig und kümmern sich z.B. um den Datenraum bei der Due Diligence.

Dabei sollten M&A-Berater nicht nur über nationale, sondern auch internationale Kontakte zu Investoren verfügen. Es gibt verschiedene Mitgliedschaften in internationale M&A-Organisationen, nach denen Sie sich bei Ihren potenziellen M&A-Beratern erkundigen sollten.

Es ist immer ratsam, sich den sogenannten »Track-Record«, also die in der Vergangenheit betreuten Transaktionen der Berater, anzusehen.

Typischerweise übernehmen M&A-Berater unter anderem die folgenden Tätigkeiten:

- Ist-Situationsanalyse (Chancen und Risiken).
- Unternehmensbewertung.
- Entwicklung einer Verkaufsstrategie (was soll verkauft werden: Share- oder Asset-Deal, exklusive Lizenz, Unternehmenssparte, Technologie für ein bestimmtes Marktsegment oder Anwendungsbereiche).
- Erstellung der Informationen zur *Unternehmensentwicklung* und dem *Geschäftsmodell*.

- Beratung zur Finanzierung der Transaktion (Bezahlung der Rechtsanwälte, Steuerberater und M&A-Berater bei Scheitern oder Erfolg des Verkaufs oder der Finanzierungsrunde).

- Investorensuche und -ansprache, gegebenenfalls ohne das Startup sofort zu offenbaren, Erstellen einer Liste von potenziellen Käufern oder Investoren (Long List).

- Erstellung von Unternehmenspräsentationen (z. B. Pitch-Deck, Businessplan).

- Informationsaustausch mit Investoren.

- Zusammenstellung des Projektteams und Koordination der Wirtschaftsprüfer, Steuerberater und Rechtsanwälte.

- Projektplanung, Coaching und Vorbereitung von Management-Gesellschafter-Gesprächen.

- Datenraumvorbereitung, Datenraumeinrichtung, Datenraumkoordination.

- Begleitung bei der Due Diligence.

- Moderation der Vertragsverhandlungen.

- Gegebenenfalls Durchführung eines Bieterverfahrens.

- Öffentlichkeitsarbeit, Pressemeldungen.

---

### Praxistipp: Tagesgeschäft

M&A-Berater können hilfreich dabei sein, das Management des Startups im M&A-Prozess zu entlasten. Für die Geschäftsführung sind oftmals kaum noch Kapazitäten für das Tagesgeschäft übrig, wenn sie sich allein um die Akquisition kümmern muss. Beteiligungsprozesse oder Unternehmensverkäufe dauern mehrere Monate, sodass sehr hohe Kosten für die M&A-Berater entstehen können, diese lohnen sich aber unter Umständen, wenn das Tagesgeschäft dafür ungestört und ohne Umsatzeinbußen weiterlaufen kann.

---

### Vergütung von M&A-Beratern

Die Vergütungsstruktur besteht häufig aus einer *erfolgsabhängigen Komponente* und einer *Zeitaufwandskomponente*, die von den jeweiligen M&A-Beratern unterschiedlich gewichtet werden. Dabei kann die erfolgsorientierte Komponente sehr hoch ausgestaltet sein.

Die Kosten für M&A-Berater werden bei Transaktionen schnell fünfstellig, manchmal sechsstellig. Üblich sind Zu- bzw. Abschläge von Tages- oder Stundensätzen, je nachdem, ob der Verkauf oder die Finanzierungsrunde letztlich abgeschlossen oder abgebrochen wird.

Es wird ein Stundensatz in Höhe von € 200 vereinbart. Bei Verkauf oder Abschluss der Finanzierungsrunde erhält der M&A-Berater einen Zuschlag von € 50 pro geleistete Stunde. Die Beratung hat 200 Stunden gedauert. Platzt die Finanzierungsrunde, erhält der Berater ein Honorar in Höhe von € 40.000, bei erfolgreichem Abschluss € 50.000.

# Fördermittelberater und Gründungscoaches

Die Handelskammern und Förderbanken der jeweiligen Länder bieten regelmäßig *individuelle Fördermittelberatungen* an. Teilweise gibt es in den Bundesländern darüber hinaus noch weitere Beratungs- bzw. Kontaktstellen, in Hamburg berät z. B. die Innovations Kontakt Stelle (IKS) auf sehr hohem Niveau zu Fördermitteln und Kooperationen. Die Beratung durch diese Stellen ist für das Startup weitestgehend kostenlos.

Neben diesen Stellen gibt es *private Fördermittelberater*, die sich für ihre Leistungen bezahlen lassen. Leider gibt es unter den Fördermittelberatern einige schwarze Schafe.

## Hinweis: Kaltakquise von Fördermittelberatern

Die Alarmglocken sollten schrillen, wenn Sie ohne Anlass von einem Berater mit dem Hinweis angesprochen werden, dass dieser Kontakte zu Investoren oder anderen Finanzierungsquellen oder Fördertöpfen hätte und diese gegen Vergütung zur Verfügung stellte.

Wenn in Erwägung gezogen wird, den Fördermittelberater zu mandatieren, sollte zunächst erfragt werden, wie er auf das Startup aufmerksam geworden ist und wie seine Abrechnungsmodalitäten aussehen. Des Weiteren sollte er einige Referenzen benennen können, die Sie kontaktieren dürfen.

Der Gründungscoach ist zwar ebenfalls kein geschützter Beruf, die KfW hatte aber eine Datenbank mit Gründungscoaches, auch als KfW-Gründungsberater bezeichnet, aufgebaut, die aber leider zum 31. Dezember 2019 eingestellt wurde.

## (Teil-)Förderung der Beratung durch das Fördermittelprogramm »Förderung unternehmerischen Know-hows«

Die Zielsetzung dieses Programms ist es, mit unterschiedlich hohen Zuschüssen zu den Kosten einer Beratungsmaßnahme Startups und KMU den Zugang zu *externem Expertenrat* zu erleichtern. Der Zuschuss beträgt zwischen 50 % und 80 % der

Beratungskosten je nach Region bzw. 90 % bei Unternehmen in der Krise. Der Maximalbetrag der förderungsfähigen Beraterkosten liegt zwischen € 3.000 und € 4.000. Die Förderungshöhe beträgt maximal € 3.200 (siehe unten beigefügte Tabelle). Der Zuschuss wird als *De-Minimis-Beihilfe* gewährt.

Den Zuschuss können *Jungunternehmen* in den ersten zwei Jahren nach Handelsregisteranmeldung und *Bestandsunternehmen* ab dem dritten Jahr nach der Gründung sowie Unternehmen, die sich in *wirtschaftlichen Schwierigkeiten* befinden, erhalten.

Inhaltlich sind *allgemeine Beratungen* zu allen wirtschaftlichen, finanziellen, personellen und organisatorischen Fragen der Unternehmensführung möglich. Spezielle Beratungen sind für Unternehmen möglich, die z. B. von Unternehmerinnen, Migranten oder Unternehmern mit anerkannter Behinderung geführt werden.

Überwiegende Rechts- und Steuerberatungen sind hingegen ausgeschlossen. Dies bedeutet, dass zwar am Rande auch rechtliche oder steuerliche Themen Inhalt der Beratung sein dürfen, sie dürfen aber nicht den Schwerpunkt der Beratung bilden. Rechtsanwälte und Steuerberater sind daher nicht per se von einer geförderten Beratung ausgeschlossen.

─────── **BEISPIEL** ────────────────────────────────

Die konkrete Ausarbeitung von Verträgen, die Aufstellung von Jahresabschlüssen oder Buchführungsarbeiten sind im Rahmen der geförderten Beratung nicht erlaubt. Nicht erlaubt sind weiterhin z. B. die Erstellung einer Homepage, die reine Arbeits- und Personalvermittlung oder Beratungen, die überwiegend Versicherungsfragen betreffen oder gutachterliche Stellungnahmen darstellen. Seminare oder Workshops werden ebenfalls nicht gefördert, es muss sich um eine Einzelberatung handeln.

─────────────────────────────────────────────────────

Vor Antragstellung müssen Jungunternehmen und Unternehmen in Schwierigkeiten ein *kostenloses Informationsgespräch* mit einem regionalen Ansprechpartner über die Zuwendungsvoraussetzungen führen.

Zum Nachweis seiner Beratereigenschaft muss der Berater eine Beratererklärung, einen Lebenslauf sowie einen Qualitätsnachweis hochladen.

┌─────────────────────────────────────────────────────────────┐

### Hinweis: Antragsplattform

Die Anträge können nur online über die Antragsplattform des Bundesamts für Wirtschaft und Ausfuhrkontrolle (BAFA) unter der Internetadresse *https://fms.bafa.de/BafaFrame/unternehmensberatung* gestellt werden.

└─────────────────────────────────────────────────────────────┘

**Höhe des Beratungszuschusses**

Die folgende Tabelle gibt einen Überblick über Beratungszuschüsse je nach Unternehmensart.

*Tabelle 8-2: Höhe des Beratungszuschusses*

| Unternehmensart | Bemessungs-grundlage | Region | Förder-satz | Maximaler Zuschuss |
|---|---|---|---|---|
| Junge Unternehmen, die nicht länger als zwei Jahre am Markt sind | 4.000 Euro | neue Bundesländer (ohne Berlin und ohne Region Leipzig) | 80 % | 3.200 Euro |
| | | Region Lüneburg | 60 % | 2.400 Euro |
| | | alte Bundesländer mit Berlin und Region Leipzig | 50 % | 2.000 Euro |
| Bestandsunternehmen ab dem dritten Jahr nach Gründung | 3.000 Euro | neue Bundesländer | 80 % | 2.400 Euro |
| | | Region Lüneburg | 60 % | 1.800 Euro |
| | | alte Bundesländer mit Berlin und Region Leipzig | 50 % | 1.500 Euro |
| Unternehmen in Schwierigkeiten | 3.000 Euro | alle Standorte | 90 % | 2.700 Euro |

# Checkliste: Identifizierung und Beauftragung eines Beraters

- *Ohne konkreten Beratungsbedarf Berater vorab identifizieren:*
    - Berater für die Standards (z.B. Rechtsberatung in bestimmten Rechtsgebieten, Steuerberater) identifizieren.
    - Andere Vertrauenspersonen nach Empfehlungen fragen.
    - Soweit vorhanden, Bewertungen ansehen.
    - Beratungsrahmendaten von identifizierten Beratern abfragen (Vergütung, Leistungen/Fachwissen etc.).
    - Bestenfalls Berater kennenlernen.
    - Berater in einer internen Datenbank speichern.
- *Mit konkretem Beratungsbedarf:*
    - In welchem Fachgebiet benötige ich Hilfe?
    - Welcher Berater hat dieses Fachwissen?
    - Haben Vertrauenspersonen bereits Erfahrungen mit dem Berater gemacht?
    - Hat der Berater Referenzen? Referenzen überprüfen!
    - Wie rechnet der Berater ab (Gebührenordnung/Stunden/Tagessatzbasis)?
    - Ist es möglich, zur Kostensicherheit einen Pauschalbetrag oder Cap (Höchstbetrag) zu vereinbaren, ansonsten Kostenvoranschlag oder Kostenschätzung möglich?

- Kann der Basisstunden- oder -tagessatz durch eine erfolgsabhängige Vergütung reduziert werden (dann im Erfolgsfall aber teurer).
- Nachfrage nach Startup-Rabatt.
- Gibt es Fördermöglichkeiten, um den Berater zu bezahlen?
- Weiteres Beratungsangebot einholen.
- Beratervertrag abschließen oder Angebot annehmen.
- Zwischenabrechnungen oder Kostenstand abfragen.
- Berater gegebenenfalls bewerten und weiterempfehlen.
- Mit guten Beratern, bei denen die Chemie zwischen den Parteien stimmt, Kontakt halten.

# Anhang: Mustertexte

Die Verwendung von Vertragsmustern erleichtert die Arbeit. Es wird aber keinerlei Haftung für die korrekte Anwendung im Einzelfall und Aktualität zum Zeitpunkt der Verwendung übernommen. Die Muster können daher nur Anregungen liefern und sind stets an die individuellen Bedürfnisse des Einzelfalls anzupassen.

# Muster für den Beschluss der Geschäftsführerbestellung

*Nachfolgend ein Muster eines Beschlusses der Geschäftsführerbestellung, in dem jeder Geschäftsführer allein vertretungsberechtigt ist und von dem Verbot des Selbstkontrahierens (§ 181 BGB: der Geschäftsführer darf Verträge für die GmbH mit sich selbst abschließen, sodass er für beide Vertragsparteien unterschreibt) befreit ist (siehe hierzu auch den Eintrag Selbstkontrahieren im Glossar). Wenn einer der Geschäftsführer nicht vom Verbot des Selbstkontrahierens befreit werden soll oder nur gemeinsam mit einem anderen Geschäftsführer oder Prokuristen die GmbH vertreten können soll, kann dieses Muster nicht verwendet werden.*

### Geschäftsführerbestellung

Wir, Michael Mustermann und Max Mustermann als alleinige Gesellschafter der Startup GmbH i.G. mit dem Sitz in Hamburg, halten hiermit unter Verzicht auf die Einhaltung aller durch Gesetz oder Satzung vorgeschriebenen Formen und Fristen der Einberufung und Ankündigung eine Gesellschafterversammlung der Startup GmbH i.G. ab und beschließen einstimmig:

### BESTELLUNG

1. Herr Michael Mustermann, von Beruf Rechtsanwalt, wohnhaft in Hamburg, wird mit sofortiger Wirkung zum Geschäftsführer bestellt. Herr Mustermann vertritt die Gesellschaft allein. Er ist von den Beschränkungen des § 181 BGB befreit.

2. Herr Max Mustermann, von Beruf Diplom-Wirtschaftsingenieur, wohnhaft in Braunschweig, wird mit sofortiger Wirkung zum Geschäftsführer bestellt. Herr Mustermann vertritt die Gesellschaft allein. Er ist von den Beschränkungen des § 181 BGB befreit.


Hamburg, den                           Hamburg, den


_____                _____

Mustermann                             Mustermann

# Muster für eine Liste der Gesellschafter und der übernommenen Geschäftsanteile

Liste der Gesellschafter
und der übernommenen Geschäftsanteile
bei Gründung
der
Startup GmbH
mit Sitz in Hamburg

| Gesellschafter | Wohnort | Geburtsdatum | Geschäftsanteile | Laufende Nummer |
|---|---|---|---|---|
| Michael Mustermann | Hamburg | 02.02.1977 | 12.500 Geschäftsanteile zu je 1 EUR | 1–12.500 |
| Max Mustermann | Hamburg | 01.01.1991 | 12.500 Geschäftsanteile zu je 1 EUR | 12.501–25.000 |
| Summe: | | | 25.000 | |

Hamburg, den _____

_____

Geschäftsführer Mustermann

# Muster für eine Unbedenklichkeitsanfrage an die Industrie- und Handelskammer hinsichtlich firmenrechtlicher Zulässigkeit

An die

Industrie- und Handelskammer [ORT]

[ADRESSE]

Betreff: Anfrage zur Unbedenklichkeit der Firma einer neu zu gründenden Gesellschaft

Sehr geehrte Damen und Herren,

wir planen derzeit, eine Gesellschaft mit beschränkter Haftung unter der Firma

»[NAME] GmbH«

mit dem Sitz in [ORT] zu gründen.

Bitte teilen Sie uns kurz schriftlich mit, ob seitens der IHK firmenrechtliche Bedenken bestehen. Wir bitten auch, falls keine Bedenken bestehen, uns dies kurz schriftlich mitzuteilen.

Vielen Dank.

Mit freundlichen Grüßen

[NAME]

# Muster für eine Niederschrift über die ordentliche Gesellschafterversammlung der Firma Startup GmbH

In den Geschäftsräumen der Gesellschaft in Hamburg erschienen heute, den _____ um _____ Uhr:

1. der **Geschäftsführer der Gesellschaft**

   Herr Max Mustermann

2. die **Gesellschafter**

   Herr Max Mustermann, mit 12.500 Geschäftsanteilen mit den laufenden Nummern 1–12.500 und einem Nennbetrag in Höhe von € 12.500, und

   Herr Michael Mustermann, mit 12.500 Geschäftsanteilen mit den laufenden Nummern 12.501–25.000 und einem Nennbetrag in Höhe von € 12.500.

Den Vorsitz in der Versammlung übernahm im allseitigen Einverständnis Herr Max Mustermann.


Der Vorsitzende stellte fest:

I. Die Gesellschafterversammlung ist unter Verzicht auf form- und fristgerechte Ladung unter Mitteilung folgender Tagesordnung einberufen worden:

   1. Feststellung des Jahresabschlusses zum 31. Dezember 20__

   2. Ergebnisverwendung

   3. Entlastung des Geschäftsführers

II. Das Stammkapital der Gesellschaft von € 25.000 ist in Höhe von € 25.000 d.h. mit 100 % der Stimmen vertreten. Die Versammlung ist beschlussfähig.


Hierauf beschloss die Gesellschafterversammlung im Wege der mündlichen Abstimmung wie folgt:

Zu TOP 1: Der Jahresabschluss zum 31. Dezember 20__ wird festgestellt.

Zu TOP 2:

_____

_____

(z.B. Der Jahresfehlbetrag in Höhe von € 5.000 wird auf neue Rechnung vorgetragen.)

Zu TOP 3: Dem Geschäftsführer wird für das Geschäftsjahr 20___ Entlastung erteilt.

Die Beschlüsse zu Pkt. 1. bis 3. der Tagesordnung wurden einstimmig gefasst. Zu TOP 3 hat der Gesellschafter Max Mustermann nicht mit abgestimmt, da er als Geschäftsführer nach § 47 Abs. 4 S. 1 GmbHG nicht stimmberechtigt ist.

Nach Erledigung der Tagesordnung wurde die Gesellschafterversammlung um _____ Uhr beendet.

Hamburg, den _____


_____        _____

Herr Max Mustermann                          Herr Michael Mustermann

Gesellschafter/Geschäftsführer               Gesellschafter

# Muster für eine Bestätigung über die Rückgabe von Firmeneigentum

### Bestätigung über Rückgabe von Firmeneigentum

Hiermit bestätigen wir, die [Startup GmbH, Startupstraße 10 in 20000 Hamburg], die Rückgabe folgenden Firmeneigentums der [Startup GmbH] (Unzutreffendes bzw. noch nicht zurückgegebenes Eigentum der [Startup GmbH] bitte streichen):

Rückgabe des Sicherheitshauptschlüssels für das gesamte Objekt;

Rückgabe des Zwischentürschlüssels für die Technik/Produktion;

Rückgabe des firmeneigenen Laptops Marke Apple MacBook Pro 15,4 Retina 2,2 GHz i7 16 GB 256 GB SSD betriebsfähig, inkl. Ladekabel;

Rückgabe des Mobiltelefons Marke Apple iPhone 7 128 GB, inklusive Ladekabel und Kopfhörer;

Rückgabe der Arbeitskleidung;

Sonstiges _____.

Frau/Herr [ehemaliger Mitarbeiter] bestätigt hiermit, dass er/sie alle privaten Daten von dem Firmenlaptop und allen anderen zurückgegebenen technischen Geräten vor Rückgabe gelöscht hat.

Soweit sich weiteres Firmeneigentum im Besitz von Frau/Herrn [Mitarbeiter] befindet, wird er/sie dieses unverzüglich zurückgegeben.


Datum                          Datum


Bestätigung der Rückgabe        Ich habe alle privaten Daten von den
                                technischen Geräten des Arbeitgebers
                                gelöscht.


_____          _____

Arbeitgeber                     Arbeitnehmer

# Glossar

**Accelerator**   Ein Accelerator ist eine Institution, die Startups in einem bestimmten Zeitraum durch Coaching und Ressourcen (z.B. Arbeitsplätze, Netzwerke, geringe Geldsummen meist bis maximal € 25.000, Veranstaltung eines Demo-Days) zu einer schnelleren Entwicklung verhilft und sich im Gegenzug z.B. Gesellschaftsanteile einräumen lässt.

**Accelerated Vesting**   Accelerated Vesting (*siehe* Vesting) bedeutet, dass im Fall der Übertragung aller Geschäftsanteile oder in einem anderen definierten Fall, z.B. einem Change of Control, die gesamten Geschäftsanteile sofort gevestet sind oder es zumindest einen Bonus gibt, z.B. von einem Jahr. Das Accelerated Vesting gibt es in Form der Single Trigger- und des Double Trigger-Acceleration. Single Trigger-Acceleration meint normalerweise, dass der Gründer bei einem Verkauf oder einem Change of Control sofort die gesamten Gesellschaftsanteile vestet. Beim Double Trigger Acceleration bedarf es zweier Ereignisse, um den »Trigger« auszulösen. Meistens sind das der Verkauf des Startups oder ein anderer Change of Control und die Auflösung des Beschäftigungsverhältnisses (durch das Startup) mit dem Gründer nach der Transaktion ohne wichtigen Grund.

**Acqui Hire**   Acqui Hire ist die Abkürzung für Acquisition Hire. Es ist ein relativ neuer Trend der großen Tech-Firmen wie Yahoo! und Google und bezeichnet einen Unternehmenskauf, der nur getätigt wird, um die Mitarbeiter des Startups zu rekrutieren.

**Aufgeld (Agio)**   Aufgeld wird der Geldbetrag genannt, den ein Investor beispielsweise neben der Zahlung des Stammkapitals (z.B. im Rahmen der Kapitalerhöhung) in die Kapitalrücklage des Startups einzahlt.

**Basket**   Ein Basket bezeichnet die Höhe der (gegebenenfalls kumulierten) Schäden (z.B. € 10.000), die ein Käufer nach Akquisition eines Unternehmens insgesamt erlitten haben muss, bevor er das Recht hat, diese Schäden gegenüber dem Verkäufer oder den ehemaligen Gesellschaftern des Unternehmens geltend zu machen. Mit einem Basket soll ausgeschlossen werden, dass der Käufer kleine Forderungen geltend macht, es sei denn, diese addieren sich auf einen bestimmten relevanten Betrag.

**Beihilfe**   Eine Beihilfe ist vereinfachend dargestellt eine öffentliche Zuwendung bzw. Subvention. Sie bedeutet für das empfangende Startup einen wirtschaftlichen Vorteil gegenüber anderen Unternehmen, die eine solche Zuwendung nicht erhalten. Zuwendungen können in allen Formen staatlicher Förderung, z.B. als Zuschüsse, Beteiligungen, zinsverbilligte Darlehen oder Bürgschaften/Garantien, gewährt werden.

**Bootstrapping**   Bootstrapping wird eine Finanzierungsform der Unternehmensgründung genannt, bei der die Gründer eigenes Geld in ihr Startup investieren und auf eine externe Finanzierung verzichten. Umgangssprachlich wird damit häufig auch der sparsame Umgang mit finanziellen Mitteln (in Situationen, in denen die Liquidität zu Ende geht etc.) gemeint.

**Break-up Fee**   Eine Break-up Fee ist eine vertraglich vereinbarte Zahlung einer bestimmten Geldsumme, die die angefallenen Kosten z.B. des Investors für Rechtsanwälte ausgleichen soll. Üblicherweise wird diese vom Startup an den potenziellen Käufer gezahlt, wenn das Startup die Vertragsverhandlungen zu einem späten Zeitpunkt im Verhandlungsprozess einseitig abbricht oder der Abschluss oder Vollzug des Vertrags aus Gründen scheitert, die allein das Startup zu vertreten hat.

**Bridge-Finanzierung (Überbrückungsfinanzierung)**   Als Bridge-Finanzierung werden häufig kurzfristig zur Verfügung gestellte finanzielle Mittel bezeichnet, die einem Startup zur Vorbereitung eines Börsengangs oder einer Finanzierungsrunde zur Verfügung gestellt werden. Das Ziel ist z.B. die Verbesserung der Eigenkapitalquote oder die Ermöglichung von Vertragsverhandlungen, ohne Gefahr zu laufen, während der Verhandlung in Liquiditätsprobleme zu geraten.

**Buy-out**   Buy-out meint den Aufkauf eines Startups durch das Management (Management-Buy-out) oder die Mitarbeiter (Employee-Buy-out). Wenn der Aufkauf des Startups größtenteils fremdfinanziert ist, spricht man von einem Leveraged (einem fremdfinanzierten) Buy-out.

**Call-Put-Konstruktion**   Bei der Call-Put-Konstruktion handelt es sich um einen abgestuften Exit eines oder mehrerer Investoren aus dem Startup. Einem der Anteilseigner wird die Übernahme weiterer Unternehmensanteile angeboten. Gleichzeitig wird den Altgesellschaftern eines Startups eine Put-Option (Verkaufsoption) angeboten, um ihre Unternehmensanteile verkaufen zu können.

**Cap Table (Kapitalisierungstabelle)**   In einem Cap Table werden alle Anteilsverteilungen und Finanzierungen systematisch dargestellt. Der Cap Table soll eine Übersicht darüber verschaffen, wer wie viele Anteile an dem Startup hält. Außerdem sollten aus einem Cap Table die investierten Summen und die zugrunde liegende Unternehmensbewertung ersichtlich sein.

**Carry**   Als »Carry« oder »Carried Interest« wird eine Gewinnbeteiligung von z.B. 10 bis 30% des Managements eines Venture-Capital-Fonds bezeichnet. Diese setzt aber meist erst ein, wenn die externen Investoren des Fonds ihr Kapital mit einer *Mindestverzinsung* (z.B. 6 bis 15% pro Jahr) zurückerhalten haben.

**Cashflow**  Der Cashflow meint die Differenz von Einnahmen und Ausgaben innerhalb eines Zeitraums, z. B. eines Geschäftsjahres. Da der Cashflow Aufschluss über die Ertrags- und Finanzkraft eines Startups gibt, ist er für Kreditgeber und Investoren sowie Gesellschafter eines Startups von großer Bedeutung.

**Change of Control (Kontrollwechsel)**  Ein Change of Control tritt ein, wenn ein Startup verkauft wird oder so viele Geschäftsanteile eines Startups gekauft werden, dass das Startup durch die Stimmrechte des neuen Gesellschafters kontrolliert werden kann (normalerweise mindestens 50 % der Gesellschaftsanteile). In Verträgen wird häufig konkret definiert, was als Change of Control von den Parteien angesehen wird.

**Closing**  Das Closing folgt dem Signing (Unterzeichnen) der Verträge und bezeichnet einen Stichtag oder Termin, an dem ein erfolgreicher Unternehmensverkauf durch Vollzug der Transaktion durch Übertragung der Anteile des Startups beendet wird. Alle sogenannten Closing-Bedingungen sind zum Stichtag zu erfüllen.

**Cliff**  In der Startup-Welt ist ein Cliff ein Terminus, der die Zeitspanne bezeichnet, die dem Vesting vorausgeht. In der Cliff-Periode werden noch keine Anteile gevestet (siehe Vesting). Beispielsweise vestet ein Gründer seine Anteile über zwei Jahre und vereinbart ein Cliff über ein Jahr. Verlässt der Gründer in dem ersten Jahr, also in der Cliff-Periode, das Startup, hätte er noch keine Anteile gevestet und würde das Startup ohne Anteile verlassen. Das Cliff muss sozusagen erst erklommen werden, bevor der »anteilige Erwerb« im Rahmen des Vestings einsetzt. Am ersten Tag nach Erreichen des Cliffs werden dann häufig die Anteile rückwirkend für die Cliff-Periode gevestet.

**Company-Building**  Als Company-Building bezeichnet man eine Gründungsform, bei der sich ein Investor aktiv an der Entstehung eines Startups von Anfang an beteiligt, z. B. indem er eigene Ideen und Zeit einbringt, Teams zusammenstellt etc.

**Copycat**  Der Begriff Copycat bezeichnet ein Unternehmen, das eine Geschäftsidee eines anderen Unternehmens kopiert. Ob dieses Kopieren legal oder illegal ist, besagt der Begriff nicht.

**Crowdfunding (Schwarmfinanzierung)**  Crowdfunding (z. B. auf Plattformen wie Seedmatch.de oder Kickstarter.com) ist häufig eine Vorfinanzierung von vielen Investoren, die z. B. ein Produkt vorab kaufen, das erst noch mit dem Geld der Investoren (fertig) entwickelt werden muss. Die Geldgeber erhalten häufig weder eine finanzielle Gegenleistung noch eine Beteiligung an der Gesellschaft. Als Gegenleistung werden neben dem Produkt manchmal auch Nutzungserweiterungen oder Premium-Mitgliedschaften eingeräumt.

**Crowdinvesting (Schwarminvestments)**  Crowdinvesting beschreibt eine Finanzierung über Internetplattformen von Startups durch viele einzelne Investoren, die häufig nur kleine Summen investieren. Mit dem eingenommenen Geld kann

z. B. das Eigenkapital aufgebaut werden. Als Gegenleistung werden z. B. stille Beteiligungen an dem Unternehmen eingeräumt. Crowdinvesting und Crowdfunding können einen zusätzlichen Marketingeffekt haben, da die Investoren unter Umständen auch als Markenbotschafter agieren.

**Crowdsourcing**  Crowdsourcing meint die bezahlte oder unbezahlte Auslagerung von Aufgaben/Forschung oder Projekten/Entwicklungen z. B. aus einem Unternehmen an eine Gruppe von Internetnutzern. Wikipedia ist z. B. ein unbezahltes Crowdsourcing-Projekt.

**Cushion-Investment**  Als Cushion wird investiertes Geld bezeichnet, das als »Polster« bei finanziellen Schwierigkeiten oder unvorhersehbaren Marktgelegenheiten zum Einsatz kommen soll.

**Dead Equity**  Dead Equity bezeichnet Anteile einer Person an einem Unternehmen, die weder durch Geld- noch durch Zeiteinsatz etwas zum Startup beiträgt (z. B. ausgestiegene Gründer).

**Deal Breaker**  Ein Deal Breaker ist eine Tatsache, die so wichtig ist, dass z. B. ein Investor bei deren Kenntnisnahme Abstand von seinem Investment nimmt und damit ein Vertrag nicht zustande kommt.

**Deal Flow**  Der Deal Flow sind die Investitionsmöglichkeiten, die einem Investor von Risikokapital vorgeschlagen werden, z. B. von anderen Investoren, über Startup-Netzwerke und durch das Einsenden von Unterlagen der Gründer. Größere professionelle Investoren erhalten z. B. über 1.000 Investmentmöglichkeiten im Jahr. Ein guter hochwertiger Deal Flow ist sehr wichtig für professionelle Investoren.

**De-minimis-Beihilfen**  Bei De-minimis-Beihilfen handelt es sich um staatliche Förderungen, die als so gering gelten, dass ihre Auswirkungen auf den Wettbewerb in der Europäischen Union nicht spürbar sind und daher auch nicht bei der Europäischen Kommission angemeldet und genehmigt werden müssen. Damit De-minimis-Beihilfen nicht doch zu einer spürbaren Wettbewerbsverzerrung führen, darf ein Unternehmensverbund im laufenden sowie in den beiden vorangegangenen Kalenderjahren insgesamt höchstens € 200.000 De-minimis-Beihilfen erhalten.

**D&O-Versicherung**  D&O-Versicherung steht für Directors-and-Officers-Versicherung und stellt eine besondere Form der Vermögensschadenhaftpflichtversicherung dar. Die D&O-Versicherung versichert in erster Linie Geschäftsführer und Vorstände, aber auch Aufsichtsräte.

**Discounted-Cashflow-Verfahren**  Bewertungsverfahren eines Unternehmens, das schon Umsätze macht. Mithilfe dieses Bewertungsverfahrens wird der Wert eines Unternehmens durch Diskontierung von Cashflows ermittelt.

**Down Exit**  Ein Down Exit ist ein Unternehmensverkauf zu einem Kaufpreis, der unter dem insgesamt in den Finanzierungsrunden eingesammelten Geld liegt.

**Down-Round**   Eine Down-Round ist ein Terminus, der für eine Finanzierungsrunde genutzt wird, die das Startup geringer als die vorherige Finanzierungsrunde bewertet. Das Startup hat in diesem Fall an Wert verloren.

**Drag-Along**   Drag-Along ist eine Veräußerungspflicht, die es dem Investor ermöglicht, die Veräußerung der gesamten Anteile des Startups von den Mitgesellschaftern zu verlangen.

**Due Diligence**   Due Diligence ist ein Begriff aus dem amerikanischen Haftungsrecht und bedeutet »den Umständen angemessene Sorgfalt und Aufmerksamkeit«. Die Due Diligence ist die technische, rechtliche, wirtschaftliche und steuerliche Analyse, Prüfung und Bewertung eines Kaufgegenstands, z.B. eines Startups.

**Earn-out**   Der Earn-out beschreibt den erfolgsabhängigen Zusatzpreis, zu dem ein Startup neben dem häufig sofort fälligen Basispreis verkauft wird. Die Gesellschafter-Geschäftsführer eines Startups erhalten häufig nur einen Teil ihrer Exit-Summe sofort, für den Rest muss das Startup bestimmte Meilensteine erfüllen. So kann sichergestellt werden, dass die Gesellschafter-Geschäftsführer nicht sofort nach dem Exit kündigen und sich weiter für das Unternehmen einsetzen.

**Earnings Before Interest and Taxes (EBIT)**   Mit EBIT ist der Gewinn eines Unternehmens ohne Berücksichtigung von Steuern, Zinsen und einmaligen Ausgaben gemeint.

**Eigenkapital (Equity)**   *Eigenkapital* meint das Vermögen eines Startups, das dem Startup zur Verfügung steht, wenn alle Schulden, Verbindlichkeiten und auch das Fremdkapital abgezogen wurden. Eigenkapital kann von den Gesellschaftern (z.B. durch Kapitalerhöhungen) eingebracht oder durch das Stehenlassen von erwirtschafteten Gewinnen im Startup aufgestockt werden (z.B. in der Gewinnrücklage oder als stille Reserve).

**Einbringungsvertrag**   Als Einbringungsvertrag wird der Vertrag bezeichnet, mit dem bei einer GmbH-Gründung die Sacheinlagen in die Gesellschaft eingebracht werden. Der Einbringungsvertrag muss beurkundet werden.

**Elevator Pitch**   Der Elevator Pitch ist eine kurze Unternehmenspräsentation, die dazu dienen soll, einen Investor innerhalb von 30 Sekunden bis maximal zwei Minuten von einer Geschäftsidee zu überzeugen (Länge einer Fahrstuhlfahrt). Ziel dabei ist, das Interesse des Investors zu wecken, um die Möglichkeit zu bekommen, ein weiteres Gespräch zu führen oder den Businessplan oder ein Pitch-Deck einreichen zu dürfen.

**Entrepreneur**   Ein Entrepreneur ist ein Unternehmer.

**ESOP/vESOP**   ESOP ist eine englische Abkürzung und bedeutet »Employee Stock Ownership Plan« bzw. »virtuell Employee Stock Ownership Plan«. Sie bezeichnet ein Mitarbeiterbeteiligungsprogramm, bei dem Mitarbeitern oder selten auch Beratern eine Beteiligung am Exit-Erlös des Startups eingeräumt wird. Der Mitarbeiter wird meist kein Gesellschafter des Startups, aber finanziell im Fall eines Exits so behandelt, als hätte er Geschäftsanteile an dem Startup gehalten.

**Executive Summary**    Auf der Suche nach einer Finanzierung kann die Executive Summary, die den Businessplan normalerweise auf zwei bis vier Seiten zusammenfasst, von besonderer Bedeutung sein. Potenzielle Investoren nutzen die Executive Summary gern, um einen ersten Eindruck vom Startup zu gewinnen.

**Exit**    Ein Exit ist der Ausstieg von Investoren oder den Gründern aus dem Unternehmen durch Verkauf des Unternehmens bzw. der Unternehmensanteile. Der Exit kann z.B. durch den Verkauf an ein anderes Unternehmen (Trade Sale), den Rückkauf durch Gründer (Buy Back) oder einen Börsengang (Going Public) erfolgen.

**Factoring**    Das Factoring ist eine Finanzierungsform, die mittlerweile auch für Startups im Rahmen von Liquiditätsengpässen relevanter wird. Beispielsweise wird eine Rechnung an einen Factorer verkauft, wofür das Startup einen großen Teil der Rechnungssumme sofort erhält und den Rest nach Zahlung des Kunden. Dafür zahlt das Startup eine Gebühr.

**Family Office**    Es gibt Single Family Offices, die das Vermögen einer superreichen Familie verwalten, und Multi Family Offices, die die Vermögen von mehreren sehr reichen Familien verwalten. Family Offices investieren in erster Linie in VC-Unternehmen und nicht direkt in Startups.

**Financing-out-Klausel**    In die Investitionsverträge wird manchmal ausdrücklich eine Financing-out-Klausel aufgenommen, die klarstellt bzw. es dem potenziellen Käufer ermöglicht, ohne Vertragsstrafe von dem Deal Abstand zu nehmen. Eine Reverse-Break-up-Fee-Klausel regelt das Gegenteil.

**Finder's Fee**    Eine Finder's Fee ist der Betrag, der an einen Dritten, z.B. eine Bank, für die Vermittlung eines Investments gezahlt wird. Die Finder's Fee wird meist erst fällig und bezahlt, wenn wirklich investiert oder gekauft wird.

**Fire Sale (Notverkauf)**    Ein Startup-Unternehmen wird, z.B. um die Insolvenz abzuwenden, häufig zu einer geringen Bewertung an einen Wettbewerber verkauft.

**Freedom to Operate**    Ob eine Erfindung ältere Patente oder Schutzrechte Dritter verletzt, wird in einer sogenannten *Freedom-to-Operate-Recherche* geprüft.

**Fundraising (Mittelbeschaffung)**    Fundraising beschreibt alle Aktivitäten eines Startups, um die benötigten Ressourcen, häufig Finanzierungen, zu beschaffen. Bis zum Closing einer Finanzierung vergehen häufig sechs Monate.

**Genussrechtskapital**    Genussrechte gehören wie stille Beteiligungen und Nachrangdarlehen zum Mezzanine-Kapital, einer Mischform aus Fremd- und Eigenkapital. Für das zur Verfügung gestellte Genussrechtskapital wird vom Investor ein sogenanntes Genussrecht (Wertpapier) erworben. Dieses sichert eine jährliche Ausschüttung aus dem Bilanzgewinn oder eine Beteiligung am Verkaufserlös, gewährt aber kein Stimmrecht und steht durch Rangrücktritt im Rang hinter allen anderen Gläubigern. Bekanntestes Beispiel für diese Finanzierungsform in jüngster Vergangenheit ist der Windparkbetreiber Prokon.

**Gesellschaftervereinbarung** Die nicht im Handelsregister zu veröffentlichende Gesellschaftervereinbarung regelt neben dem Gesellschaftsvertrag das Miteinander der Gesellschafter, die Vertragsparteien der Gesellschaftervereinbarung werden. Die Gesellschaftervereinbarung darf nicht mit dem Gesellschaftsvertrag verwechselt werden.

**Good Leaver/Bad Leaver** Good-Leaver-/Bad-Leaver-Klauseln unterscheiden nach den Gründen des Ausscheidens eines Gesellschafters aus der Gesellschaft. Ein »Good Leaver« scheidet ordentlich und unverschuldet aus, z.B. aufgrund einer langen Krankheit. Ein »Bad Leaver« lässt das Unternehmen im Stich, z.B. aufgrund einer Kündigung, oder hat sich etwas zu Schulden kommen lassen, z.B. eine Pflichtverletzung begangen. Ob der Gesellschafter als Good Leaver oder Bad Leaver eingestuft wird, kann sich auf die Abfindung für die eingezogenen Gesellschaftsanteile auswirken. Der Good Leaver bekommt häufig den Verkehrswert für seine Anteile, während der Bad Leaver z.B. den Buch- oder Nominalwert erhält.

**Go-Shop** Eine Go-Shop-Klausel erlaubt einem Startup, das verkauft wird und bereits ein verbindliches Kaufangebot erhalten hat, ein Vergleichsangebot einzuholen. Das bereits vorliegende Angebot gilt dann als Basisangebot. Die Go-Shop-Periode dauert normalerweise nur einen oder zwei Monate. Das Gegenteil ist die No-Shop-Klausel.

**Gremienvorbehalt** Ein Gremienvorbehalt wird von Investoren verlangt und ist häufig nicht verhandelbar. Er ist eine aufschiebende Bedingung für ein Investment, die Bestand hat, solange das zuständige Organ der Investmentgesellschaft der Transaktion noch nicht zugestimmt hat. Der Investmentmanager des Investors stellt seinen Gesellschaftern oder dem zuständigen Organ das Ergebnis der Due Diligence in einem Investment-Memorandum vor. Aufgrund dieser Datenbasis beantragt er die Zustimmung des zuständigen Gremiums, sich an dem Startup zu beteiligen. Es kann also passieren, dass ein sicher geglaubter Deal auf den letzten Metern scheitert. Es sollte darauf geachtet werden, dass der Investor bei negativer Investmententscheidung keine Kosten für Due Diligence etc. vom Startup erstattet bekommen kann.

**Inkubator** Inkubatoren (Brutkästen) sind Einrichtungen oder Institutionen (häufig sogenannte Gründerzentren), die Unternehmen bei der Existenzgründung unterstützen und begleiten. Zum Beispiel stellen Inkubatoren Startups Beratung, Coaching, Räumlichkeiten, Infrastruktur, Netzwerke und Know-how bereit, also eine Umgebung, die den Start der Unternehmung erleichtern soll.

**IPO (Initial Public Offering), Primary Offering, Going Public, Börsengang** Die Begriffe beschreiben das erstmalige öffentliche Angebot einer bislang nicht börsennotierten Aktiengesellschaft, Aktien der Gesellschaft zu zeichnen – mit der Zielsetzung, die Aktien an einer Wertpapierbörse zum Handel zuzulassen und zu notieren.

**Kapitalerhöhung**   Die Kapitalerhöhung beschreibt die Aufstockung des Eigenkapitals eines Unternehmens. Diese erfolgt häufig im Rahmen einer Finanzierungsrunde und/oder der Aufnahme von weiteren Gesellschaftern.

**KMU (kleine und mittlere Unternehmen)**   KMU wird oft als Akronym anstelle des Begriffs Mittelstand verwendet. Es bezeichnet die Gesamtheit der kleinen und mittleren Unternehmen.

**Later Stage Financing**   Later Stage Financing bezeichnet die Spätphasenfinanzierung von Expansionen, Übernahmen oder Überbrückungen bei KMU. Later-Stage-Finanzierungen folgen der Early-Stage-Finanzierung.

**Lead-Investor**   Der Lead-Investor übernimmt die Führungsrolle unter mehreren Investoren einer Finanzierungsrunde und organisiert den Beteiligungsprozess.

**Limited (Ltd.)**   Die Limited ist eine häufig verwendete Rechtsform für Unternehmen in Großbritannien. Sie wird in Deutschland kaum noch genutzt.

**Liquiditätsplanung**   Die Liquiditätsplanung erfasst alle Zahlungsströme eines Unternehmens innerhalb eines bestimmten Zeitraums.

**Liquidation-Preference**   Der Begriff der Liquidation-Preference taucht häufig im Term-Sheet und im Beteiligungsvertrag auf und kann sehr unterschiedlich ausgestaltet werden. Die Regelungen zur Liquidation-Preference legen fest, wer im Rahmen eines Exits wann und wie am erzielten Kaufpreis beteiligt wird, und sind daher von äußerst großer Bedeutung. VC-Unternehmen wollen grundsätzlich bevorzugt werden und zunächst zumindest ihr Investment erstattet bekommen, häufig aber auch zusätzlich das Investment sogenannter »Multiplikatoren«. Dies ist z.B. das Eineinhalb- oder Zwei- fache des Investments oder eine Verzinsung des eingesetzten Investments als Mindestrendite, bevor der Resterlös nach Gesellschaftsanteilen unter allen Gesellschaftern (also je nach Gestaltung gegebenenfalls auch wieder dem VC/Investor) verteilt wird. Bei einem niedrigen Kaufpreis für das Startup kann es daher passieren, dass die Gründer im schlechtesten Fall nichts vom Kaufpreis erhalten. Für die Gründungsgesellschafter ist ein Korridorverfahren (ein sogenanntes Catch-up) besser. Hierbei werden die Gründungsgesellschafter ab einem bestimmten Exit-Erlös der Investoren den Investoren wieder gleichgestellt.

**Lock-up-Periode**   Die Lock-up-Periode bezeichnet einen Zeitraum von z.B. drei Jahren, in dem die Gründer die von ihnen gehaltenen Geschäftsanteile nur mit Zustimmung der Investoren verkaufen dürfen.

**M&A**   M&A steht für *Mergers* and *Acquisitions* und meint Zusammenschlüsse (*Mergers*) und Übernahmen (*Acquisitions*) von Unternehmen.

**Media for Equity**   Media for Equity bezeichnet die Beteiligung von Medienunternehmen an Startups durch Geschäftsanteile. Statt direkter Kapitalinvestitionen werden z.B. Zeitslots für TV-Werbung oder Anzeigenplätze in Magazinen bereitgestellt.

**Mezzanine-Finanzierung** Mezzanine ist eigentlich ein Begriff aus der Architektur und kann mit Zwischengeschoss übersetzt werden. Im Bereich der Unternehmensfinanzierung stellt der Begriff »Mezzanine-Finanzierung« einen Oberbegriff für eine Vielzahl von Finanzierungsinstrumenten dar, die eine Zwitterstellung zwischen Eigen- und Fremdkapital einnehmen. Zur Mezzanine-Finanzierung gehören z.B. Nachrangdarlehen, Gesellschafterdarlehen, Wandel- und Optionsanleihen, Vorzugsaktien, Genussscheine sowie die typische und atypische stille Beteiligung.

**Milestones (Meilensteine)** Milestones sind fest vereinbarte Ziele, bei deren Erreichen z.B. weiteres Kapital ausgezahlt wird.

**Minimal Viable Product (MVP)** MVP bezeichnet eine Technik/Methode, mit der Startups den Entwicklungszyklus von Produkten abkürzen. Das Minimal Viable Product ist ein neues Produkt, das mit minimalem Aufwand entwickelt wird und mit noch teilweise unfertigen Eigenschaften (good enough) potenziellen Kunden angeboten wird. So wird zu einem frühen Zeitpunkt überprüft, ob Kunden dieses Produkt kaufen würden.

**Non-Disclosure-Agreement (NDA), Geheimhaltungs- oder Vertraulichkeitsvereinbarung** Das Non-Disclosure-Agreement soll sicherstellen, dass z.B. bei Gesprächen mit potenziellen Investoren oder bei Kooperationen/Forschungsvorhaben die vertraulichen Informationen nicht vom Investor/Kooperationspartner ohne Zustimmung genutzt werden dürfen –insbesondere falls es nicht zu einem Investment kommt.

**Pay-to-Play-Klausel** Durch Pay-to-Play-Klauseln werden Investoren motiviert, sich an weiteren Finanzierungsrunden des Startups zu beteiligen. Die Motivation wird dadurch sichergestellt, dass der Investor, der sich an einer weiteren Finanzierungsrunde (z.B. Series A) nicht entsprechend seiner Beteiligungsquote beteiligt, bestraft wird. Er verliert eingeräumte Sonderrechte wie seinen Verwässerungsschutz, Vetorechte und seine Liquidationspräferenz. Für Investoren mit begrenzten Mitteln kann die *Pay-to-Play*-Klausel daher ein gefährliches Instrument darstellen.

**Pari Passu** Pari Passu heißt eigentlich, dass mehrere unterschiedliche Parteien in einem Vertrag gleich behandelt werden. Wenn sich beispielsweise ein privater Investor an einem Startup beteiligt, beteiligt sich der Innovationsstarter Fonds Hamburg zu gleichen Bedingungen an einem Startup und erhält dieselben Konditionen wie der Privatinvestor.

**Pitchen** *Der Pitch* bezeichnet die »Verkaufspräsentation«, mit der sich Berater (z.B. Rechtsanwälte, Investmentbanken, M&A-Berater oder Wirtschaftsprüfer) im Rahmen des *Beauty Contest* beim Auftraggeber vorstellen. Der Begriff Pitchen wird aber auch immer häufiger für die Kurzpräsentationen verwendet, die Startups vor potenziellen Investoren halten.

**Pitch Deck**  Das Pitch Deck ist eine Kurzvorstellung des Startups, die die Geschäftsidee, den Markt, das Team, die Unternehmenssituation und den Finanzbedarf prägnant darstellt. Im Internet, unter anderem auf den Seiten des Business-Insiders, sind einige Pitch Decks von großen Internetfirmen wie Airbnb, Contently, Foursquare, LinkedIn, XING und Tinder zu finden. Die Crowdfunding-Plattform Seedmatch hält einen Leitfaden für Startups zum Pitch Deck vor, der einen ersten Überblick gibt: *https://www.seedmatch.de/system/files/pitch_deck.pdf*.

**Post-Money-Bewertung**  Die Post-Money-Bewertung stellt den Unternehmenswert des Startups nach einer Finanzierungsrunde dar, also häufig die Pre-Money-Bewertung zuzüglich des eingebrachten Kapitals des Investors (Ausnahmen: z.B. verschiedene Share-Klassen oder Secondaries).

**Pre-Money-Bewertung**  Die Pre-Money-Bewertung ist die Bewertung eines Unternehmens vor einer Finanzierungsrunde.

**Private Equity**  Private Equity ist Eigenkapital, das von privaten oder institutionellen Anlegern bereitgestellt wird und nicht aus den Aktienmärkten stammt.

**Rangrücktritt**  Ein Rangrücktritt ist die Erklärung eines Darlehensgebers im Fall der Insolvenz, im Rang der Verteilung der Insolvenzmasse mit seiner Forderung hinter alle anderen Gläubiger zurückzutreten und erst auf Ebene der Gesellschafter berücksichtigt zu werden. Hierdurch wird das gewährte Darlehen im Fall der Insolvenz häufig wertlos. Vorteil eines Rangrücktritts ist, dass die Forderungen auf Rückgewähr des Darlehens nicht bei den Verbindlichkeiten des Startups zu berücksichtigen sind. Da diese Verbindlichkeiten im Rahmen der insolvenzrechtlichen Überschuldungsbilanz also nicht mehr als Fremdkapital, sondern als Eigenkapital qualifiziert werden, kann durch einen solchen Rangrücktritt eine Überschuldung bzw. drohende Insolvenz zunächst vermieden werden.

**Ratchet**  Ratchet bezeichnet eine Bonus- und/oder Malusvereinbarung, bei der abhängig von der Zielerreichung des Unternehmens Eigenkapitalanteile zu Vorzugskonditionen vom Verkäufer (Bonus) oder Käufer (Malus) erworben werden können.

**Return-on-Investment (ROI) (Kapitalrendite)**  Das Return-on-Investment ist das Verhältnis zwischen Investition und Gewinn. Das eingesetzte Kapital sollte einen Rückfluss erwirtschaften.

**Reverse Break-up Fee**  Eine Reverse Break-up Fee ist eine definierte Vertragsstrafe, die an ein Startup gezahlt wird, wenn der potenzielle Käufer von dem Kauf eines Startups Abstand nimmt, z.B. weil er die nötige Finanzierung für den Kauf nicht bekommt. Reverse Break-up Fees werden in letzter Zeit immer populärer. Eine Reverse Break-up Fee ist aber nur selten durchsetzbar.

**Reverse Vesting**  Mit Reverse Vesting ist vereinfacht die Situation gemeint, in der ein Gründer bereits alle Anteile an einem Startup erhalten hat, diese aber wieder an das Startup oder die anderen Gesellschafter übertragen muss, da er das Startup während der Vesting-Periode verlässt. Dies ist zumindest in Deutschland der

Regelfall und kommt auch noch bei späteren Finanzierungsrunden vor und hat vor allem steuerliche Vorteile für die Gesellschafter.

**Roadmap**   Roadmaps sind Strategie- oder Projektpläne, z.B. Produkt-, Technologie-, Forschungs- und Branchen-Roadmaps.

**Roadshow**   Die Roadshow ist eine Verkaufsveranstaltung, die häufig vom Management und Vertretern der Banken im Rahmen eines Börsengangs (IPO) initiiert/durchgeführt wird. Bei der Roadshow sollen institutionelle Investoren das Unternehmen persönlichen kennenlernen.

**Rumpfwirtschaftsjahr**   Ein Rumpfwirtschaftsjahr beschreibt ein Wirtschaftsjahr, das weniger als zwölf Monate umfasst. Dies ist häufig der steuerlich relevante Zeitraum zur Ermittlung des Gewinns nach Gründung oder Liquidation der Gesellschaft.

**Sachgründungsbericht**   Der Sachgründungsbericht wird bei einer GmbH-Gründung benötigt, bei der das Stammkapital durch die Einbringung einer Sache oder eines Vermögenswerts in die GmbH eingebracht wird. Im Sachgründungsbericht sind die Umstände darzustellen, aus denen sich die Werthaltigkeit der Sacheinlagen ergibt, z.B. Dokumente zu Anschaffungs- oder Herstellungskosten.

**Satzung**   Die Satzung ist der Vertrag, den z.B. eine GmbH ausgestaltet (synonym wird der Begriff Gesellschaftsvertrag verwandt).

**Secondary**   Ein Secondary oder eine Secondary Transaction ist der Verkauf von Geschäftsanteilen der Altgesellschafter (Gründer oder Investoren) an Finanzinvestoren als Neugesellschafter. Die Altgesellschafter erhalten dann das Geld für die Geschäftsanteile, sodass dieses Investment dem Startup nicht zur Expansion und Weiterentwicklung des Geschäftsmodells zur Verfügung steht. Spätere Finanzierungsrunden bestehen manchmal aus einer Kombination aus Primary (Kapitalerhöhung) und Secondary.

**Second Closing**   Mit Second Closing ist eine Strukturierung von Finanzierungsrunden gemeint, die es ermöglicht, dass eine Finanzierungsrunde für interessierte Investoren zu den identischen wirtschaftlichen Rahmenbedingungen für einen begrenzten Zeitraum offen gehalten wird, sodass diese sich auch nach dem Closing noch beteiligen können. Das Second Closing wird rechtlich durch sogenanntes genehmigtes Kapital ermöglicht.

**Seed-Finanzierung/Early Stage Financing**   Die Seed-Finanzierung ist die frühe, häufig die erste Investition in ein Startup. Seed-Finanzierungen sind zwar oftmals geringe finanzielle Investments (meist deutlich unter € 500.000), doch bringt der Investor als zusätzliches Plus/Benefit daneben oft auch seine Erfahrungen und sein Netzwerk ein.

**Selbstkontrahierungsverbot**   Nach § 181 BGB kann der Geschäftsführer als gesetzlicher Vertreter der GmbH im Namen der Gesellschaft grundsätzlich keine Geschäfte im eigenen Namen mit sich selbst (so genanntes Selbstkontrahieren oder Insichgeschäft) oder als Vertreter eines Dritten (so genannte Mehrvertretung) vornehmen. Von diesem Verbot kann die Gesellschafterversammlung den Geschäftsführer aber befreien.

**Share Purchase Agreement (SPA), Aktien- und Geschäftsanteilskaufvertrag**
SPA steht für *Share Purchase Agreement* und bezeichnet einen Vertrag, mit dem Gesellschaftsanteile übertragen werden.

**Shoot-out-Klausel** Sogenannte *Shoot-out-Klauseln* sind Klauseln, die bei Pattsituationen in Zwei-Personen-GmbHs verhindern sollen, dass einer der Gesellschafter die GmbH blockiert. Zum Beispiel sind beide Gesellschafter berechtigt, dem jeweils anderen Gesellschafter die eigene Gesellschaftsbeteiligung unter Nennung eines bestimmten Preises zum Ankauf anzubieten. Der Angebotsempfänger ist dann bei Nichtannahme dieses Angebots verpflichtet, seine Gesellschaftsbeteiligung unverzüglich zum selben Kaufpreis an den Anbietenden zu verkaufen und abzutreten.

**Side Letters** Ein Side Letter ist ein Vertrag zwischen einem Startup und einem bestimmten Investor. Der Vertrag räumt diesem einen Investor bestimmte zusätzliche Rechte ein, die nicht in dem eigentlichen Vertrag mit allen anderen Investoren aufgeführt werden.

**Smart Money** Als Smart Money wird häufig eine Kombination aus Kapital, Knowhow und Kontakten z. B. von erfahrenen Business-Angels bezeichnet.

**Société à responsabilité limitée (S.A.R.L.)** Die Société à responsabilité limitée ist eine französische Gesellschaftsform, die mit der deutschen GmbH bzw. der UG vergleichbar ist. Wie bei der Unternehmergesellschaft bedarf es allerdings nur € 1 Stammkapital.

**Societas Europaea, abgekürzt SE** Die Societas Europaea ist eine europäische Aktiengesellschaft.

**Speed Pitch** Ein Speed Pitch ist die kurze und prägnante Präsentation (ca. fünf Minuten) einer Geschäftsidee gegenüber einem Investor. Noch kürzer ist der Elevator Pitch (ca. 30 Sekunden bis zwei Minuten).

**Special Purpose Vehicle (Zweckgesellschaft)** Ein Special Purpose Vehicle (SPV) ist normalerweise ein für einen bestimmten Zweck (z. B. ein Investment, die Anschaffung eines Gegenstands) gegründetes Tochterunternehmen eines größeren Unternehmens. Eingesetzt werden SPV vor allem für strukturierte Finanzierungen, um so den Zugriff von Gläubigern auf Vermögenswerte des Investors/Unternehmens zu vermeiden und den Finanzierungsgegenstand gegen Insolvenzrisiken abzuschirmen.

**Stille Beteiligung** Die Beteiligung ist »still«, da sie bei der GmbH anonym bleiben kann und nicht ins Handelsregister eingetragen wird. Häufig handelt es sich um die Gewährung eines Gewinnanspruchs gegen Zahlung einer Einlage.

**Strategischer Investor**  *Strategische Investoren* sind Investoren, die mit dem Erwerb vor allem geschäftspolitische Ziele wie die Erzielung von Synergien, die Erschließung neuer Märkte oder die Erweiterung ihrer Produktpalette verfolgen.

**Sweat Equity**  Sweat Equity bezeichnet den unentgeltlichen Einsatz der Arbeitskraft von Gründern in ihr Unternehmen. Gründer sind dazu bereit, da sie durch ihre Geschäftsanteile am Wertzuwachs des Startups partizipieren.

**Sweet Equity**  Sweet Equity ist ein Begriff, der umgangssprachlich Mitarbeiterbeteiligungen am Unternehmen beschreibt, die zur Incentivierung von Mitarbeitern verwendet werden. Die beteiligten Mitarbeitergruppen sind neben der Managementebene häufig die Unternehmensgründer und die Gesellschafter.

**Syndicate (Syndikat)**  Ein Syndicate ist eine Gruppe von Investoren, die gemeinsam in ein Startup investieren.

**Tag-Along**  Tag-Along ist ein Mitveräußerungsrecht, das dem Investor oder anderen Gesellschaftern ermöglicht, sich beim Verkauf von Gesellschaftsanteilen durch einen Gesellschafter an diesen »anzuhängen« und ebenfalls eigene Anteile mit zu verkaufen. Das Mitveräußerungsrecht ist insbesondere für Gesellschafter mit wenigen Anteilen wichtig, da es sicherstellt, dass sie ihre Anteile zu denselben Konditionen wie Gesellschafter mit vielen Anteilen verkaufen können. Die Tag-Along-Rechte können z. B. im Term-Sheet und dann im Beteiligungsvertrag oder in der Satzung festgehalten werden.

**Tantieme**  Tantiemen sind neben dem Festgehalt in Startups ein gängiger Gehaltsbestandteil von Geschäftsführern, mit dem sie am Erfolg des Unternehmens beteiligt werden.

**Term-Sheet**  Das Term-Sheet ist eine schriftliche und häufig (zumindest weitgehend) unverbindliche Absichtserklärung, mit der das Interesse an einer Transaktionsdurchführung bekundet wird. Investoren erwarten aber meist, dass im Term-Sheet getroffene Regelungen später bei der Verhandlung des Beteiligungsvertrags auch eingehalten werden, sodass eine gewisse faktische Bindungswirkung besteht. Im Term-Sheet werden die wichtigsten Rahmenbedingungen (Kaufpreis, Struktur des Deals, Rechte und Pflichten, weiteres Vorgehen, Zeitablauf, Vesting, Drag-Along, Tag-Along, Liquidation-Preferences etc.) des späteren verbindlichen Beteiligungs- oder Unternehmenskaufvertrags festgelegt. Auch wenn die Bezeichnung Term-Sheet die geläufigste ist – häufig ist mit »Memorandum-of-Understanding (MoU)«, »Letter-of-Intent (LoI)« oder »Heads-of-Agreement« dasselbe gemeint.

**Time to Market (TTM)**  Time to Market ist die Zeitspanne zwischen der Idee für ein Produkt oder einer Dienstleistung und dessen Markteinführung.

**Unique Selling Proposition (USP), Unique Selling Point**  USP beschreibt eine unter marktwirtschaftlichen Gesichtspunkten herausragende Eigenschaft (Alleinstellungsmerkmal) eines Produkts oder einer Dienstleistung. Durch den USP hat das Produkt oder die Dienstleistung gegenüber der Konkurrenz einen überlegenen Wettbewerbsvorteil, etwa beim Preis, hinsichtlich der Technologie oder im Nutzen.

**Venture Capital (VC), Risikokapital, Wagniskapital** Hierbei handelt es sich um höhere Summen an Risikokapital, die von professionellen Investoren mit dem Ziel investiert werden, möglichst einen hohen Return zu erzielen. Die meisten VC-Gesellschaften verfügen über einen eigenen Fonds, der von einer Vielzahl von Geldgebern und zu einem geringen Teil auch von den Managern der VC-Gesellschaft gespeist wird.

**Venture Debt** Eine relativ neue Finanzierungsform für reifere Startups, die schon solide Umsätze sowie entsprechende Sicherheiten aufweisen können.

**Verwässerungsschutz (Anti Dilution)** Verwässerungsschutz ist eine Vereinbarung zum Schutz des VC oder der Altgesellschafter für weitere Finanzierungsrunden, in denen das Startup z. B. niedriger bewertet wird. Der Verwässerungsschutz garantiert den jeweiligen Gesellschaftern bei einer Kapitalerhöhung, dass die Proportion der Geschäftsanteile an der Gesellschaft nicht verändert wird. Bei einer Kapitalerhöhung erhalten die Altgesellschafter ein Bezugsrecht der neu ausgegebenen Anteile, um die Beteiligungsquote konstant zu halten.

**Vesting, Gründer-Vesting** Vesting ist eine Vereinbarung im Gesellschaftsvertrag oder Beteiligungsvertrag, nach der die Gründer Anteile am Startup erst über einen längeren Zeitraum verdienen müssen. Der Gründer startet also bei 0 % zu Beginn des Vesting-Zeitraums (z. B. vier Jahre) und erhält erst nach und nach (z. B. 25 % pro Jahr) seine Anteile an dem Startup. Endet die (operative) Tätigkeit (z. B. als Geschäftsführer) für das Unternehmen im Vesting-Zeitraum aufgrund eines definierten Events, erhält der Gründer nicht alle versprochenen Anteile an dem Startup. Einfach ausgedrückt, müssen die vollen Anteile an dem Startup erst im Laufe der Zeit durch die operative Tätigkeit für das Startup verdient werden.

**Vesting Schedule** Eine Vesting Schedule ist der Zeitplan, in dem das Vesting festgelegt wird. Normalerweise basiert die Vesting Schedule rein auf einem Zeitmoment (z. B. drei Jahre mit einem einjährigen Cliff – siehe Cliff). Die Vesting Schedule kann aber auch auf der Erreichung von Milestones basieren.

**Vinkulierung** Ein *GmbH-Geschäftsanteil* ist grundsätzlich *durch einen notariell beurkundeten Vertrag frei übertragbar.* Es besteht aber auch die Möglichkeit, im Gesellschaftsvertrag Voraussetzungen für die Übertragbarkeit von Geschäftsanteilen zu vereinbaren, z. B. durch die Zustimmung der GmbH oder der Gesellschafterversammlung. Dies wird als Vinkulierung bezeichnet. Durch eine Vinkulierung eines Geschäftsanteils soll erreicht werden, dass keine unerwünschten Personen Gesellschafter der GmbH werden.

**Vor-GmbH** Mit Abschluss des notariell beurkundeten Gesellschaftsvertrags beim Notar entsteht die sogenannte Vor-GmbH. Mit Eintragung in das Handelsregister wird die Vor-GmbH zur GmbH. Die durch die Vor-GmbH begründeten Rechte und Pflichten gehen damit auf die GmbH über. Nicht zu verwechseln ist die Vor-GmbH mit der Vor-Gründungsgesellschaft, die in der Phase vor der notariellen Beurkundung des Gesellschaftsvertrags beim Notar entsteht.

**Vor-Gründungsgesellschaft** Schließen sich mehrere Personen zu dem Zweck zusammen, z.B. eine GmbH oder UG zu gründen, entsteht zunächst die sogenannte Vor-Gründungsgesellschaft. Bei ihr handelt es sich in der Regel um eine Gesellschaft bürgerlichen Rechts. Die Vor-Gründungsgesellschaft darf nicht mit der sogenannten Vor-GmbH verwechselt werden.

**Warm Introductions** Als Warm Introduction wird die Kontaktherstellung zwischen Startup und Investor durch eine dritte Person bezeichnet. Gegenteil ist das Cold-Calling oder Cold-Mailing.

**Weighted Average** Im Falle einer Down-Round, also der Bewertungsreduzierung eines Startups, bekommt der Investor einer früheren Finanzierungsrunde noch weitere Geschäftsanteile hinzu, ohne weiter investieren zu müssen. Die »Weighted Average«-Methode ist dabei die Berechnungsmethode dafür, wie viele Geschäftsanteile der Investor der früheren Finanzierungsrunde noch bekommt. In der Regel werden beide Finanzierungsrunden zusammengerechnet und es wird ein durchschnittlicher (»Weighted Average«) Wert aus beiden Finanzierungsrunden festgesetzt. Die früheren Investoren werden im Ergebnis dann so gestellt, als hätten sie in der früheren Finanzierungsrunde zu dem niedrigeren Durchschnittspreis pro Geschäftsanteil investiert.

# Index

## Über den Autor

Rechtsanwalt Jan Schnedler, LL.M., berät seit vielen Jahren technologieorientierte innovative Startups. 2011 gründete er seine eigene Rechtsanwaltskanzlei. Nebenbei ist er in der Geschäftsführung des Artificial Intelligence Center Hamburg (ARIC) tätig. Er ist Schiedsrichter am Czech Arbitration Court, zertifizierter Datenschutzbeauftragter und Mentor beim Google Launchpad Accelerator und hat selbst mehrere Startups wie z.B. die Ynicorn GmbH gegründet.

## Rezensieren
Sie dieses Buch

## Senden
Sie uns Ihre Rezension
unter **www.oreilly.de/rez**

## Erhalten
Sie Ihr Wunschbuch aus
unserem Verlagsangebot